Kaum jeden Wild

ROM

Ein archäologischer Führer

Filippo Coarelli

Herder Freiburg · Basel · Wien

Die italienische Originalausgabe erschien unter dem Titel
Guida Archeologica di Roma bei Arnoldo Mondadori Editore
Redaktion: Fernando Solinas, Francesca Pomini
Graphische Gestaltung: Daniele Baroni, Guido Regazzoni
Zeichnungen und Kartographie: Marina Bighellini, Enrico Macchini
Photographien: Mauro Pucciarelli
Die Texte für die christlichen Bauten wurden in Zusammenarbeit
mit Luisanna Usai verfaßt

Übersetzung von Agnes Allroggen-Bedel

Satzarbeiten: Freiburger Graphische Betriebe
Druck und buchbinderische Verarbeitung:
Officine Grafiche di Verona della Arnoldo Mondadori Editore 1975
ISBN 3-451-17247-X

Inhalt

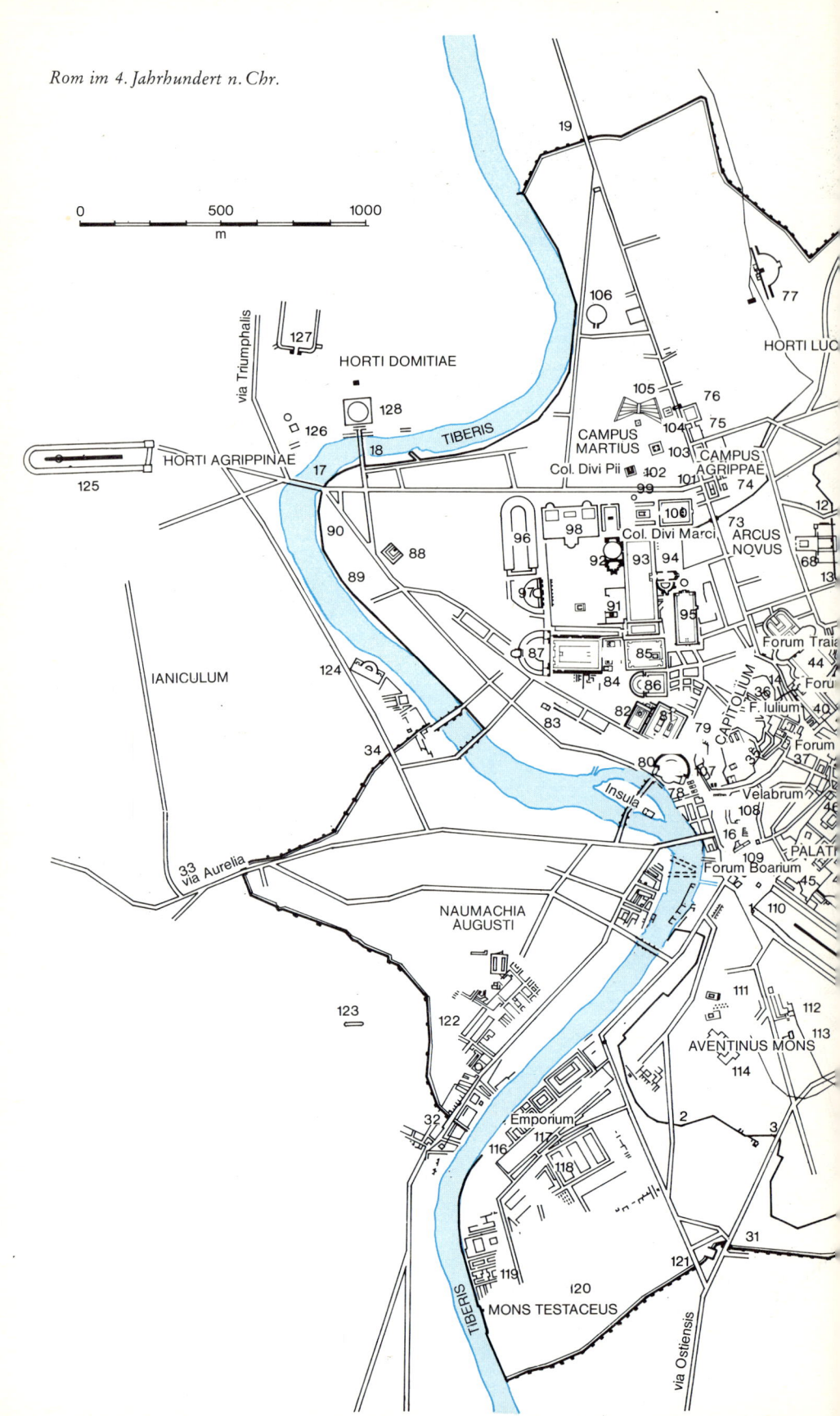

Rom im 4. Jahrhundert n. Chr.

0   500   1000
m

19

via Triumphalis

127

HORTI DOMITIAE

128

126

18

TIBERIS

106

77

HORTI LUC

105

76

104   75

CAMPUS
MARTIUS

Col. Divi Pii   103

CAMPUS
AGRIPPAE

102

101   74

99

HORTI AGRIPPINAE

17

90

100   73

ARCUS
NOVUS

125

96   98

Col. Divi Marci

68   12

88

92   93   94

13

89

95

IANICULUM

97   91

Forum Traia

124

87   85

44

F. Iulium

14

84   86

36   40   Foru

34

83   79   Forum

33

82   CAPITOLIUM   35

via Aurelia

80   107   Velabrum

Insula   78   108   PALATI

NAUMACHIA
AUGUSTI

16   109

Forum Boarium   45   110

111

112

123   122   AVENTINUS MONS   113

114

2   3

32   Emporium

116   117

118

31

119   121   via Ostiensis

TIBERIS   120

MONS TESTACEUS

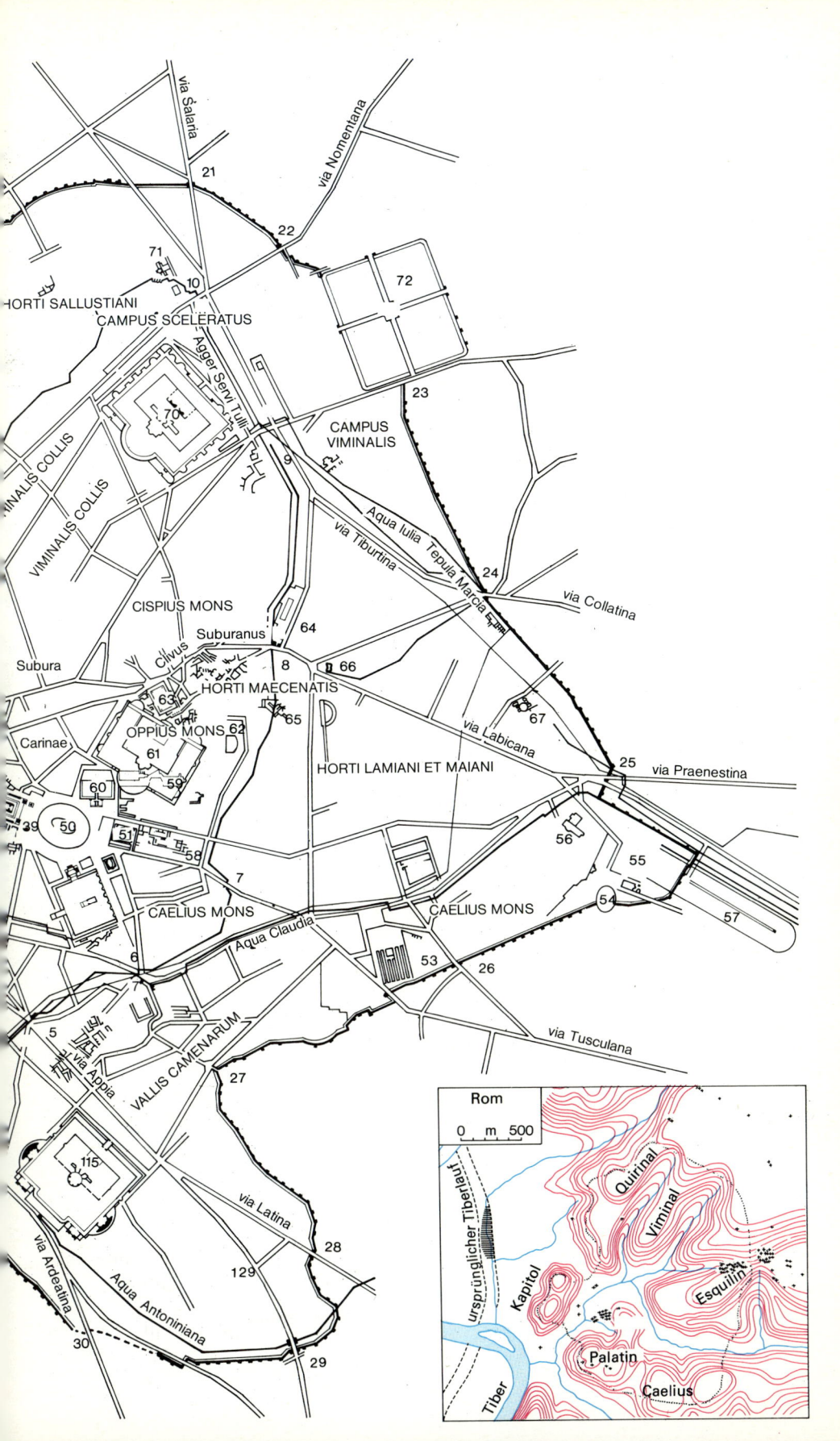

via Salaria
via Nomentana
21
22
71
10
HORTI SALLUSTIANI
CAMPUS SCELERATUS
72
Agger Servi Tulli
70
23
CAMPUS VIMINALIS
9
VIMINALIS COLLIS
VIMINALIS COLLIS
Aqua Iulia Tepula Marcia
via Tiburtina
24
via Collatina
CISPIUS MONS
Suburanus
64
Subura
Clivus
8
66
Subura
63
HORTI MAECENATIS
65
67
via Labicana
Carinae
OPPIUS MONS
62
61
59
HORTI LAMIANI ET MAIANI
25
via Praenestina
60
39
50
56
55
51
58
54
7
CAELIUS MONS
CAELIUS MONS
57
6
Aqua Claudia
53
26
via Tusculana
5
via Appia
VALLIS CAMENARUM
27
115
via Latina
28
via Ardeatina
Aqua Antoniniana
129
30
29

Rom

0   m   500

ursprünglicher Tiberlauf

Quirinal
Viminal
Esquilin
Kapitol
Tiber
Palatin
Caelius

Einleitung

Roms wichtige geographische Lage bei der Furt unterhalb der Tiberinsel am Schnittpunkt des Wasser- und des Landweges von Etrurien nach Latium und Campanien bedarf keiner besonderen Erklärung. Man muß nur vom Gianicolo aus die Via della Lungaretta, deren Verlauf dem der antiken Via Aurelia entspricht, bis zum Tiber verfolgen, wo der moderne Ponte Palatino nicht weit von dem uralten Pons Sublicius über den Fluß führt. Auf der anderen Seite der Brücke befindet man sich im Bereich des Forum Boarium, eines uralten, schon vor der Gründung der Stadt bestehenden Marktes, und gelangt von da durch das Tal, in dem der Circus Maximus liegt, schon bald zur Gabelung der Via Appia und der Via Latina, die von hier nach Campanien führen. Diese wie ein Fossil in der modernen Stadt noch erkennbare Kraftlinie ist letztlich das genetische Element und die Hauptursache für die Existenz der Stadt.

Der griechische Schriftsteller Strabon, ein Zeitgenosse des Augustus, berichtet, daß es zwischen der Stadt und dem an der Tibermündung gelegenen Ostia keine bedeutenden Siedlungen gab. Doch war dies nicht immer so. Zwischen dem Ende der Bronze- und dem Beginn der Eisenzeit waren fast alle am Fluß gelegenen Hügel dicht besiedelt; auf dem Kapitol, wo später Rom lag, gab es seit dem 14. Jahrhundert v. Chr. eine Siedlung. Nach der Überlieferung entstand die Stadt durch Synoikismos, d. h. durch den Zusammenschluß benachbarter Siedlungen, die sich dem bedeutendsten dieser Zentren unterordneten, nämlich der Siedlung auf dem Palatin. Höchstwahrscheinlich verlief die Entwicklung tatsächlich so; die ersten Versuche einer Urbanisierung fallen mit der Steigerung der landwirtschaftlichen Produktivität zusammen, die durch das Ansammeln von Überschüssen ein Zusammenziehen der bisher verstreut siedelnden Bevölkerung ermöglichte. Nachdem so die Stufe des bloßen Überlebens überwunden war, konnten sich Handwerks- und Dienstleistungsbetriebe als Grundlagen jeder städtischen Kultur entwickeln. Ein zweiter Faktor ist der Beginn der griechischen Kolonisation, der nicht zufällig mit dem Gründungsdatum Roms (Mitte 8. Jh.) zusammenfällt. Wie die kürzlich auf dem Forum Boarium gefundene griechische Keramik aus dem 8. Jahrhundert v. Chr. beweist, begannen die Handelsbeziehungen zwischen Rom und diesen ersten Kolonien (Ischia, Cuma) sogleich nach ihrer Gründung.

Eine für die Stadtentwicklung außerordentlich wichtige Phase fällt in die Mitte des 7. Jahrhunderts v. Chr., also in die Zeit, in der nach der sagenhaften Überlieferung der König Ancus Marcius regierte. Er soll die erste hölzerne Tiberbrücke, den Pons Sublicius, gebaut und zum Schutz des Brückenkopfes auf der anderen Tiberseite den Gianicolo besetzt haben. Gleichzeitig soll er auch den Hafen an der Tibermündung, nämlich Ostia, angelegt und zur Sicherung der Verbindung mit Rom alle auf der linken Tiberseite zwischen Rom und Ostia gelegenen Siedlungen beseitigt haben. Die Überlieferung wird durch die Ergebnisse einer kürzlich in Decima durchgeführten Grabung bestätigt; die Nekropole dieser Siedlung, die wahrscheinlich mit dem antiken Politorium zu identifizieren ist, wurde gegen Ende des 7. Jahrhunderts plötzlich aufgegeben.

Die wachsende Macht der Stadt erklärt, weshalb am Ende des 7. Jahrhunderts die Etrusker eingriffen; Rom war für sie inzwischen eine Schlüsselposition geworden.

Das Jahrhundert, in dem Rom, ohne seinen latinischen Volkscharakter und seine latinische Kultur zu verlieren, von einer etruskischen Dynastie beherrscht wurde, ist zugleich das seiner endgültigen Urbanisierung. Verwaltungsmäßig wurde die Stadt in 4 Regionen oder *Tribus (Palatina, Collina, Esquilina* und *Suburana)* eingeteilt, deren Ausdehnung insgesamt wesentlich größer war als die der ursprünglichen Siedlung auf dem Palatin. Die Servianische Stadtmauer vermittelt eine Vorstellung von der damaligen Stadtgröße; der Verlauf der Mauer war im 6. Jahrhundert v. Chr. fast genau der gleiche wie nach der Wiederherstellung im 4. Jahrhundert v. Chr. Die umschlossene, wenngleich nicht vollständig besiedelte Fläche betrug 426 Hektar, war also größer als die jeder anderen Stadt auf der italienischen Halbinsel. Reichtum und Macht des „Großen Rom der Tarquinier" gehen auch aus der Anzahl und den Dimensionen der damals gegründeten Heiligtümer hervor, unter denen das des *Juppiter Capitolinus* mit dem größten bisher bekannten etruskischen Tempel das bedeutendste ist.

Die Bautätigkeit der etruskischen Herrscher beschränkte sich jedoch nicht auf Heiligtümer; der großartige Mauerring wurde schon erwähnt, dessen älteste Bauphase aus Cappelaccio-Blöcken auf die Mitte des 6. Jahrhunderts v. Chr. zurückgeht. Eindrucksvoll war auch das von den Tarquiniern angelegte Kanalisations- und Entwässerungssystem, das die sumpfigen und ungesunden Niederungen bewohnbar machte. Am wichtigsten waren die *Cloaca Maxima*, mit der das Forumstal saniert wurde – damals wurde der Forumsplatz zum ersten Mal gepflastert –, und der Kanal, mit dem die *Vallis Murcia* trockengelegt wurde, wo die Tarquinier den Circus Maximus, das erste Bauwerk für öffentliche Darbietungen, errichteten. Der aus den frühesten Jahren der Republik stammende erste Vertrag mit Karthago, den Polybius überliefert, vermittelt eine Vorstellung von der territorialen Expansion der Stadt im 6. Jahrhundert v. Chr.; aus ihm geht hervor, daß damals das von Rom beherrschte Gebiet bis zum Capo Circeo und nach Terracina reichte.

Auch in den Jahrzehnten nach 509 v. Chr. ging die Bautätigkeit in bemerkenswertem Umfange weiter: in diesen Jahren entstanden einige der bedeutendsten Heiligtümer, so z. B. der Saturn-Tempel, der Dioskuren-Tempel auf dem Forum und der Ceres-Tempel am Fuß des Aventin. Der griechische Einfluß, der bei diesen Gründungen deutlich wird, hatte seine Entsprechung im Import griechischer Keramik, der bis zur Mitte des 5. Jahrhunderts ohne Unterbrechung weiterging. Zu diesem Zeitpunkt, der mit der Herrschaft der *Decem viri* und der Verkündung der Zwölf-Tafel-Gesetze zusammenfällt, setzte eine schwere Krise ein, die mit den heftigen Auseinandersetzungen zwischen Patriziern und Plebejern und mit dem Verlust der Ländereien im südlichen Latium, nach dem Abfall der Volsker, zusammenfällt, eine Krise, die auch das übrige Italien, Etrurien und Großgriechenland, erfaßte. Ein einziger bedeutenderer Tempel wurde während dieser Zeit gegründet, nämlich der des Apoll im Marsfeld. Außerdem entstand damals die *Villa Publica*, deren Errichtung mit der Einsetzung der Censoren in Verbindung zu bringen ist. Am Anfang des 4. Jahrhunderts v. Chr. erholte sich die Stadt von dem Rückschlag, den ihr das vorausgegangene, vom Überlebenskampf gegen die Nachbarvölker beherrschte Jahrhundert versetzt hatte. Ein erstes Zeichen des Wiederaufschwungs war die Zerstörung der gefährlichsten Rivalin, der etruskischen Stadt Veji. Kurz darauf eroberten jedoch die Gallier Rom. Die Bedeutung dieses Ereignisses wurde von der römischen Geschichtsschreibung wahrscheinlich übertrieben; dem

Brand, den die Gallier legten, schiebt man die Zerstörung der meisten alten Dokumente zur Stadtgeschichte und damit die Schuld an der unsicheren Kenntnis ihrer ersten Jahrhunderte zu. Daß man über die Jahre vor 390 v. Chr. so wenig unterrichtet ist, hat andere Gründe, z. B. die Seltenheit schriftlicher Zeugnisse aus einer so frühen Zeit. Auch die Mängel in der Stadtplanung und die unregelmäßige Bebauung der älteren Viertel, die Livius dem raschen Aufbau nach dem Brand zuschreibt, können nur mit einem allmählichen, langsamen Wachstum erklärt werden. Einem Wiederaufbau der gesamten Stadt im 4. Jahrhundert v. Chr. hätte sicher ein regelmäßigerer Plan zugrunde gelegen. Im übrigen weisen auch Gebäude, deren Bauphasen aus archaischer Zeit und aus dem 4. Jahrhundert v. Chr. bekannt sind (z. B. die Regia und zahlreiche Tempel), keinerlei größere Ausbesserungen oder gar Veränderungen des Grundrisses und der Orientierung auf.

Im 4. und 3. Jahrhundert v. Chr. fand ein beachtlicher Aufschwung in der Bautätigkeit statt. Bedeutendste Baumaßnahme ist der Wiederaufbau der Stadtmauern, deren Unzulänglichkeit sich bei den Gallier-Angriffen gezeigt hatte. Der Mauerring aus Tuffblöcken von Grotta Oscura wurde 377 v. Chr. begonnen und um die Jahrhundertmitte beendet. Gleichzeitig entstanden die großen Anlagen auf dem Kapitol und dem Palatin; außerdem wurden zahlreiche Tempel teils neu angelegt, teils wiederaufgebaut oder verändert. Eine Vorstellung vom Aussehen dieser Bauten vermitteln die Tempel A und C auf dem Largo Argentina. Das damals erreichte städteplanerische Niveau zeigen einige neu angelegte Straßen (insbesondere die Via Appia) und vor allem die erste Wasserleitung, deren Bau 312 v. Chr. vom Censor Appius Claudius Caecus begonnen wurde.

Spätestens seit dem Beginn des 5. Jahrhunderts v. Chr. arbeiteten Künstler aus Großgriechenland in Rom, doch geschah dies nun in größerem Umfang; dies zeigt, daß das durchschnittliche kulturelle Niveau gestiegen war und daß die Römer gelernt hatten, die Erzeugnisse der griechischen Kunst zu schätzen. Künstlerisch bedeutende Keramikwerkstätten begannen in der Stadt zu arbeiten und exportierten ihre Erzeugnisse in den gesamten Bereich des westlichen Mittelmeers. In öffentlichen Gebäuden und auf Plätzen wurden Bronzestatuen aufgestellt. In der zweiten Hälfte des 4. Jahrhunderts v. Chr. standen im Comitium die Statuen des Pythagoras und des Alkibiades, beides sicherlich Werke großgriechischer Künstler, 296 wurde das alte Viergespann aus Terrakotta im Giebel des kapitolinischen Juppiter-Tempels, ein Werk des Etruskers Vulca, durch ein Viergespann aus Bronze ersetzt. In denselben Jahren wurden auf dem Kapitol zwei Kolossalstatuen von Herkules und Juppiter aufgestellt, außerdem die Bildnisse der Könige Roms. Eine Vorstellung von diesen Werken gibt die als „kapitolinischer Brutus" bekannte Bronzebüste. Immer häufiger beschäftigten sich griechische Schriftsteller mit Rom; einer von ihnen bezeichnet die Stadt sogar als griechisch.

Diese eindrucksvolle Entwicklung fällt zeitlich mit der Eroberung Italiens (von den Samniten-Kriegen bis zu den Feldzügen gegen Tarent und Pyrrhus) und danach der Siziliens und Sardiniens zusammen. Es ist die klassische Phase der römischen Republik, deren expansive Kraft sich vor allem auf eine breite Schicht kleiner und mitteloser Grundbesitzer stützte, die den Kern des Heeres bildeten. Und es ist die Periode der römischen Geschichte, auf die am Ende der Republik und in der Kaiserzeit die Schriftsteller mit Sehnsucht zurückblickten. Ihnen und ihrer idealisierenden Darstellung verdankt man letztlich auch die noch heute herrschende Vorstellung von Rom als einer armen, ländlichen, der griechischen Kultur fernstehenden Stadt – eine sicherlich ungenaue, wenn auch nicht völlig verkehrte Vorstellung.

Die Ausdehnung des römischen Staates war bis zum Zweiten Punischen Krieg noch mit einem Stadtstaat und Mittelpunkt eines Bundesstaates vereinbar. Seit dem Beginn des 2. Jahrhunderts v. Chr. zeichnete sich jedoch eine Krise ab, die ganz allmählich das Gefüge des republikanischen Staates zerstörte und die ihren Abschluß in der Schaffung des Imperiums fand. Diese Krise betraf vor allem die Wirtschaft. Die kleinen und mittleren Landbesitzer waren infolge des Krieges gegen Hannibal und der Kriege im Orient verarmt. Der Großgrundbesitz, der im Handelsverkehr größere Gewinne erzielte, bekam die Oberhand und verdrängte allmählich die Kleinbauern. So bildete sich eine Proletarierklasse, die nach Rom auswanderte und dort die Klientele der großen herrschenden Familien vergrößerte. Auf politischem Gebiet fand eine Parallelerscheinung statt: die politische Macht konzentriert sich immer mehr in den Händen einiger weniger Familien aus dem Senatorenstand, die auch die wirtschaftliche Macht besaßen. Die Versuche der Gracchen, die Situation durch einen Umsturz zu verändern, scheiterten in Saturninum kläglich. Da die Mittelschicht, die dem römischen Heer die Soldaten stellte, zerstört wurde, entstand ein aus Proletariern zusammengesetztes Heer, praktisch ein Söldnerheer, das keinerlei gewachsene Bindungen an die Republik hatte und das zuletzt die Macht in die Hände seiner eigenen Führer legte.

Die beiden letzten Jahrhunderte der Republik sind wirtschaftlich, sozial und städtebaulich von entscheidender Bedeutung für die Stadt, deren Bild sie für die kommenden Jahrhunderte prägten. Die Einwohnerzahl wuchs durch Einwanderer aus den immer mehr entvölkerten italischen Städten so stark, daß große, einfache Wohnviertel mit mehrstöckigen Miethäusern geschaffen werden mußten; es entstanden die noch in der Kaiserzeit gebräuchlichen *insulae*. Der Druck, den diese Massen ausübten, und das Bestreben, sich ihre politische Unterstützung zu sichern, bestimmten andererseits wieder die großen und mächtigen Familien zu einer Prestigepolitik. So wurden das Forum, das Kapitol und vor allem das Marsfeld allmählich mit Portiken, Gärten, prächtigen Tempeln und Bauwerken für öffentliche Darbietungen überzogen, während gleichzeitig neue Bauten für die Versorgung der Stadt (ein Hafen und Magazine) notwendig wurden. Diese beiden Gesichtspunkte, der funktionale und der repräsentative, die aus ihnen resultierende Gliederung der Stadt in spezialisierte Viertel und das Entstehen riesiger einfacher Wohn- und Geschäftsviertel waren auch in der Kaiserzeit noch charakteristisch.

Die Prestige- und Repräsentationsarchitektur entwickelte sich vor allem auf dem Forum, auf dem Kapitol und im Marsfeld. Hier entstand auf dem Gelände beim Circus Flaminius eine Anzahl von Tempeln, an denen griechische Architekten und Künstler mitarbeiteten. Die Bautätigkeit von Pompejus, Cäsar und Augustus verstärkte lediglich diese Entwicklung, die dadurch begünstigt wurde, daß es sich um öffentlichen Grund und Boden handelte. Bei Strabon ist eine eindrucksvolle Beschreibung dieses Viertels am Beginn der Kaiserzeit nachzulesen: neben den noch freien Grundstücken reihten sich in ununterbrochener Folge öffentliche Gebäude, Säulenhallen, Tempel, Thermen, drei Theater und ein Amphitheater. Man verdankt diese Anlagen der Bautätigkeit des römischen Adels, der während der Kriege Emporgekommenen, die den Adel entmachteten, und zuletzt dem fähigsten dieser Emporkömmlinge, Cäsars Erben und Nachfolger.

Allmählich wurden auch in anderen Stadtteilen Repräsentationsbauten errichtet, z.B. auf dem Forum Holitorium und dem Forum Boarium, deren wirtschaftliche Funktionen die zu Beginn des 2. Jahrhunderts v. Chr. gegründeten großen Geschäftsviertel südlich vom Aventin übernehmen. Der „Monte Testaccio", der „Scherbenberg", ist noch heute ein eindrucksvolles Überbleibsel dieses Viertels.

Parallel zur Entwicklung des öffentlichen Bauwesens fand eine Expansion der privaten Bautätigkeit statt; es wurden große, mehrstöckige Wohnblocks errichtet, die jetzt zum ersten Mal auftretenden *insulae* („Inseln"), von denen wegen der kaiserzeitlichen

Umbauten kaum noch Reste vorhanden sind, und Häuser für die Reichen, die *domus*. Sie wurden in der Anlage an luxuriöse hellenistische Herrschersitze angeglichen, indem man das alte Atriumhaus durch eine Säulenhalle griechischen Ursprungs, das Peristyl, ergänzte und es außerdem mit Marmor- und Mosaikfußböden, Wandmalereien und vergoldeten Decken immer reicher ausstattete. Innerhalb der Stadt, vor allem auf dem Palatin und auf dem Esquilin, wurden zahlreiche, zum Teil noch heute sichtbare Reste solcher Häuser gefunden.

Cicero berichtet, daß Cäsar eine völlige Neugestaltung Roms plante; ein großartiger Bebauungsplan sah in verschiedenen Stadtteilen, besonders auf dem Marsfeld und in Trastevere, Veränderungen vor. Unter anderem war eine Verlegung des Tiber geplant, um die Flußwindungen am Marsfeld zu begradigen und um den Zusammenschluß des Marsfeldes mit einem Teil des *Ager Vaticanus* zu ermöglichen. Der Tod des Diktators vereitelte diese Pläne. Trotzdem bestimmte Cäsar einen Teil der weiteren Stadtentwicklung; die Zerstörung des Comitium, der Bau der neuen Curia Iulia, der gleichnamigen Basilika und der neuen Rednertribüne *(Rostra)* machten die Neuorientierung des Forums endgültig, der Bau des Cäsar-Forums bereitete den Weg für die späteren Kaiser-Foren.

Die Baupolitik des Augustus war weniger großartig und radikal als die Cäsars, knüpfte jedoch unmittelbar an sie an. Die Stadt wurde völlig neu gegliedert und in 14 Regionen aufgeteilt, deren Ordnung bis zum Ende der Antike bestehenblieb. Zugleich wurde eine Wachtruppe gegründet und mit den Aufgaben einer städtischen Polizei und Feuerwehr betraut; die Tiberufer und das Flußbett wurden befestigt und neue Wasserleitungen, die ersten öffentlichen Thermen (die des Agrippa), zwei Theater, ein Amphitheater sowie einige öffentliche Bibliotheken angelegt. 82 Heiligtümer wurden neu gebaut oder restauriert. Das Forum Romanum, das seine ursprüngliche politische Funktion eingebüßt hatte, bekam seine endgültige Gestalt, nämlich die einer monumentalen Platzanlage, während ein neues Forum, das des Augustus, an das schon vorhandene Cäsar-Forum angeschlossen wurde. Vor allem auf dem Marsfeld verwirklichten der *Princeps* und seine Höflinge ihre Bauvorhaben in großem Stil; an der Grenze des Marsfeldes entstand das große Kaisergrab, das die sterblichen Reste des Kaisers, seiner Angehörigen und seiner Nachfolger aufnehmen sollte.

Die ersten Nachfolger des Augustus folgten mit ihren Bauwerken im wesentlichen der ihnen vorgegebenen Linie. Erst bei Nero sind einige grundsätzliche Neuerungen zu erkennen. Die Gelegenheit dazu bot ihm der große Brand des Jahres 64 n. Chr., bei dem drei der augusteischen Regionen vollständig zerstört, sieben schwer beschädigt und nur vier ganz verschont blieben. In den folgenden Jahren wurde vor allem der Bau der *Domus Aurea* betrieben, wobei ein großer Teil des Stadtzentrums in eine gigantische Villa verwandelt wurde – ein deutliches Zeichen für die autokratischen Neigungen des Kaisers. Es wurde jedoch auch ein Bebauungsplan fertiggestellt, dessen Besonderheiten Tacitus überliefert: die neuen Viertel waren regelmäßig angelegt und hatten breite, mit Portiken eingefaßte Straßen; man vermied gemeinsame Mauern mehrerer Gebäude, begrenzte ihre Höhe und schränkte die Verwendung brennbarer Materialien ein, an deren Stelle man fast ausschließlich Steine und Ziegel benutzte. Zu den bedeutendsten öffentlichen Gebäuden aus neronischer Zeit gehören der Markt auf dem Caelius *(Macellum Magnum)* und die Nero-Thermen auf dem Marsfeld, das erste Beispiel des später kanonischen Thermentyps mit regelmäßigem Grundriß.

Auch unter den Flavischen Kaisern wurde die Stadt von Brandkatastrophen heimgesucht: 69 n. Chr. brannte das Kapitol, 80 n. Chr. Kapitol und Marsfeld. Die beiden ersten Kaiser mußten die Stadt aus den Trümmern der verschiedenen Brände wiederaufbauen; die bedeutendste Aufgabe war hierbei der Wiederaufbau des Juppiter-Tempels

Die vierzehn augusteischen Regionen

I Porta Capena; II Caelemontium; III Isis et
Serapis; IV Templum Pacis: V Esquiliae; VI Alta
Semita; VII Via Lata; VIII Forum Romanum

et Magnum; IX Circus Flaminius; X Palatium;
XI Circus Maximus; XII Piscina Publica;
XIII Aventinus; XIV Transtiberim

auf dem Kapitol. Daneben bestand ihre wichtigste Leistung in der Auflösung der
Domus Aurea, deren Gelände mit Ausnahme eines kleinen Bereichs vollständig der
Öffentlichkeit zurückgegeben wurde. Der große künstliche See wurde trockengelegt
und durch ein gigantisches neues Amphitheater, das Kolosseum, ersetzt, der Tempel
des Divus Iulius, den Nero in ein Nymphäum umgestaltet hatte, wurde wiederhergestellt, und neben der Domus Aurea wurden innerhalb kurzer Zeit die Titus-Thermen,
wohl eine Umgestaltung der Privatthermen Neros, errichtet. Auf der großen neuen,
dem Frieden geweihten Platzanlage, dem *Templum Pacis*, wurden die Statuen aufgestellt, die Nero als Schmuck seines Palastes vor allem in Griechenland und in Kleinasien
gesammelt hatte. Obwohl für die großen öffentlichen Baumaßnahmen der Flavier die
gegen Nero gerichtete Einstellung charakteristisch war, mußten sie doch bei der Planung und Ordnung der Stadt selbst den früheren, schon ins Werk gesetzten Plänen
folgen; die neronische „Neue Stadt" *(Urbs Nova)* war innerhalb der vier Jahre zwischen dem Stadtbrand und dem Tod Neros nicht völlig aufgebaut worden. Im Jahre
73 n. Chr. setzten Vespasian und Titus als Sondermaßnahme eine fast vergessene republikanische Behörde wieder ein, um das Stadtgebiet zu erweitern: das Amt des Censors.
Offensichtlich war eine städtebauliche Neuordnung der Anlaß für diese Maßnahme.

Domitian, der dritte flavische Kaiser, führte das von seinen Vorgängern begonnene Werk weiter; nach dem Brand von 80 n. Chr. wurden das Marsfeld und das Kapitol fast völlig neu errichtet. Dabei entstanden neue Anlagen, vor allem ein neues Forum, das Nerva weihte und *Forum Transitorium* nannte, außerdem der Titus-Bogen und der Tempel für Vespasian und Titus. Auf dem Marsfeld wurden ein Stadion und in der Nähe ein Odeon errichtet, ein Gebäude für den Kult der Kaiserfamilie, auf dem Quirinal an der Stelle von Vespasians Privathaus ein Tempel für die flavische Familie *(Gens Flavia)*. Wohl das großartigste Gebäude war jedoch der neue Palast auf dem Palatin, der bis zum Ende der Kaiserzeit offizieller Wohnsitz der Kaiser blieb.

Im 2. Jahrhundert n. Chr., in der Zeit zwischen Trajan und den Severern, erreichte die Stadt ihre größte Ausdehnung und ihre höchste Einwohnerzahl. Der Bau des größten und prächtigsten Kaiser-Forums, des Trajans-Forums, ist bezeichnend für die Bautätigkeit zu Beginn des 2. Jahrhunderts n. Chr. Um in einem inzwischen völlig zugebauten Gebiet Platz für diese Anlage zu schaffen, mußte der Sattel zwischen Kapitol und Quirinal eingeschnitten und mehrere altehrwürdige Gebäude, darunter das *Atrium Libertatis,* abgerissen werden. Tiefgreifende Veränderungen sind besonders bei den Nutzbauten im öffentlichen und privaten Bereich festzustellen. Hier zeichnete sich gerade der Architekt des Trajans-Forums, Apollodor von Damaskus, aus. Ihm verdankt man zweifellos den Entwurf für die eng mit dem Forum verbundenen Trajans-Märkte und für die großen Thermen auf dem Oppius, bei denen der Typ der großen Kaiserthermen, den Caracalla und Diokletian später übernahmen, zum ersten Mal bis in alle Einzelheiten geprägt wurde.

Mit Hadrian und Antoninus Pius erreichte die Bautätigkeit ihren Höhepunkt. Seit 123 n. Chr. wurde auf den Ziegeln das Konsulatsjahr angegeben; dieser neue Brauch ist ein deutliches Anzeichen dafür, daß angesichts einer besonders lebhaften Bautätigkeit die Ziegelbrennereien völlig umstrukturiert werden mußten. Sie zeigt sich weniger in einzelnen Bauwerken als vielmehr in der Errichtung ganzer Stadtviertel mit mehrstöckigen Mietshäusern. Damals wurde z. B. das östlich von der Via Lata in der VII. Region gelegene Viertel völlig verstädtert. Nicht zu vergessen sind auch die neue Villa Hadrians außerhalb der Stadt bei Tivoli und das große, für die antoninische Familie bestimmte Mausoleum.

In Ostia, Roms alter Hafenstadt, kann man eine recht gute Vorstellung vom damaligen Aussehen der Stadt gewinnen; die dort ausgegrabenen Viertel stammen großenteils aus dem 2. Jahrhundert n. Chr. Nach einer neuen Brandkatastrophe zur Zeit des Commodus wurde in severischer Zeit Beachtliches geleistet; das *Templum Pacis,* die *Horrea Piperataria* und die *Porticus Octaviae* wurden wieder aufgebaut, auf dem Palatin wurde neben dem Kaiserpalast das *Septizodium,* eine Prachtfassade zur Via Appia hin, errichtet. Das eindrucksvollste Bauwerk aus dieser Zeit sind jedoch die neuen Thermen, die Caracalla in der XII. Region errichten ließ; sie gehören zu den besterhaltenen kaiserzeitlichen Bauten in Rom. Ebenfalls in die Zeit Caracallas gehört der Tempel des Serapis auf dem Quirinal, der wohl der größte und prächtigste Tempel in der ganzen Stadt war.

Eine planimetrische Darstellung der Stadt aus diesen Jahren ihrer größten Ausdehnung bieten die Fragmente eines aus der Zeit des Septimius Severus stammenden marmornen Stadtplans, der eine Mauer des damals restaurierten *Forum Pacis* bedeckte. Mit dem 3. Jahrhundert und der heftigen sozialen und ökonomischen Krise des Reichs verlangsamte sich auch der Städtebau und kam schließlich fast ganz zum Stillstand. Zu den bedeutendsten Bauwerken des 3. Jahrhunderts gehören der Tempel des Heliogabal auf dem Palatin und der von Aurelian auf dem Marsfeld errichtete Sol-Tempel. Das bemerkenswerteste Bauwerk ist jedoch zugleich ein aufschlußreicher Beleg für die damaligen

Verhältnisse: der große Mauerring, mit dem Aurelian die Stadt umschloß, ist ein offenkundiges Symbol für die militärische Schwäche des Imperiums.

Mit Diokletian und den Tetrarchen kam, parallel zu dem teilweise geglückten Versuch, das Imperium völlig neu zu ordnen, auch für die Stadt wieder ein Aufschwung. Während der Herrschaft des Carinus hatte im Jahre 283 n. Chr. ein Brand die Innenstadt zum größten Teil zerstört; bei dem energisch betriebenen Wiederaufbau mußten das Cäsar-Forum, die Curia, der Saturn-Tempel, das Pompejus-Theater und die dahinter gelegenen Portiken erneuert werden. Der Kaiser wollte jedoch seinen Namen auch mit einem großen, völlig neuen Bauwerk verbinden; so entstanden zwischen dem Viminal und dem Quirinal die Diokletians-Thermen, die größten Thermen, die je gebaut wurden. Aus jenen Jahren stammen wohl die nach Regionen gegliederten Gebäudeverzeichnisse, deren Zweck zwar noch nicht klar ist, die jedoch eine Anzahl wertvoller Informationen über die spätantike Stadt liefern.

Auch in dem Programm des Maxentius, der Rom zu seiner Hauptstadt gewählt hatte, ist das Bestreben deutlich, die inzwischen verkommene alte Stadt wiederaufzuwerten. Eine fieberhafte Bautätigkeit entwickelte sich: Wiederaufbau des Tempels der Venus und Roma, Bau der neuen kaiserlichen Villa, des Circus und des Fürstengrabes an der Via Appia und vor allem der großen, erst von Konstantin fertiggestellten Basilika. Zwar vollendete Konstantin mehrere dieser Bauten und nahm auch selbst einige andere Bauwerke in Angriff, z.B. die Konstantins-Thermen auf dem Quirinal, doch richtete er seine Aufmerksamkeit schon bald ganz auf die neue Hauptstadt Konstantinopel. Von da an konzentrieren sich alle Bemühungen der städtischen Behörden auf die Erhaltung und Ausbesserung der alten Bauwerke, die zumeist ihre Funktion verloren hatten und unaufhaltsam ihrem allmählichen Verfall entgegengingen. Neben und über der alten Stadt wuchs eine neue: das christliche Rom.

DIE GROSSEN ÖFFENTLICHEN BAUTEN

Die Servianische Stadtmauer

Wenn der Reisende an der Stazione Termini die im Volksmund als „Dinosaurier" bezeichnete Bahnhofshalle verläßt, stößt er gleich auf der Piazza dei Cinquecento auf den größten und eindrucksvollsten Rest der republikanischen Stadtbefestigung. Die uralte, quer zu dem modernen Bau stehende Mauer aus verwitterten graugelben Blöcken vermittelt eine erste knappe Zusammenfassung dessen, was für die Stadtgeschichte am charakteristischsten ist: die mehr als 27 Jahrhunderte andauernde, ununterbrochene historische Kontinuität.

Der älteste Mauerring ist im allgemeinen unter dem Namen „Servianische Mauer" bekannt. Ihr erster Erbauer in der Mitte des 6. Jahrhunderts v. Chr. soll Servius Tullius, der sechste König von Rom, gewesen sein. Die heute sichtbare Mauer aus Tuffsteinen von Grotta Oscura ist erst sehr viel später entstanden; sie ist in die Mitte des 4. Jahrhunderts v. Chr. zu datieren. Die heute übliche Tendenz, der antiken Überlieferung jegliche Wahrscheinlichkeit abzusprechen, ist hier jedoch nicht gerechtfertigt, da es durchaus Indizien für die Existenz eines älteren Mauerringes gibt.

1. Den Schriftquellen zufolge hat Servius Tullius den Esquilin ins Stadtgebiet einbezogen, vielleicht auch den Quirinal und den Viminal; dies erscheint durch das Vorhandensein von Tempeln bestätigt, die zumindest auf dem Esquilin seit dem 6. Jahrhundert v. Chr. nachweisbar sind. Man kann kaum annehmen, daß die Stadt, die auf dieser völlig ebenen Seite keinerlei natürlichen Schutz besaß, offen und ungeschützt geblieben sei, als rasche Beute für jedweden Angreifer. Die mächtige Absperrung zur Verteidigung der Stadt im Gebiet zwischen dem Quirinal und dem Esquilin, der *Agger*, muß schon im 6. Jahrhundert v. Chr. einen Vorgänger gehabt haben.

2. In der Stadt sind an mehreren Stellen Mauerzüge aus Cappellaccio erhalten, dem bröckeligen einheimischen Tuff, der fast ausschließlich in archaischer Zeit verwendet wurde. Die Mauern unter der Kirche S. Sabina und auf dem Viminal wurden außerdem später, sicherlich im 4. Jahrhundert v. Chr., restauriert, und zwar mit Tuffsteinblöcken aus Grotta Oscura, was beweist, daß die Mauer aus Cappellaccio älter als diese Restaurierungen aus Grotta-Oscura-Tuff ist.

3. Neuere Grabungen haben gezeigt, daß viele Städte in Etrurien und Latium, auch solche, die durch ihre Lage sehr viel besser geschützt waren, schon seit dem 6. Jahrhundert v. Chr., wenn nicht noch früher, einen Verteidigungsring hatten.

Fast überall hat jedenfalls diese ältere Mauer aus Cappellaccio-Tuff den gleichen Verlauf wie die spätere aus Grotta-Oscura-Tuff. Letztere war 390 v. Chr. nach der Besetzung durch die Gallier geschaffen worden, bei der sich die Schwäche der Verteidigungsanlagen gezeigt hatte. Das genaue Datum nennt uns Livius, der berichtet, daß 378 v. Chr. die Censoren den Auftrag zum Bau einer neuen Mauer aus Quadern („*saxo quadrato*")

*Die Servianische Mauer auf dem Aventin (Viale
Aventino). Der Bogen gehört zu einer spätrepublikanischen Schießkammer*

vergaben. Verwendet wurde Tuff aus den Steinbrüchen von Grotta Oscura, die nach
der Eroberung Vejis im Jahre 396 v. Chr. für die Römer zugänglich geworden waren.
Im Jahre 353, während des Zweiten Punischen Krieges, 217 und 212, und während
des Bürgerkrieges zwischen Marius und Sulla, 87 v. Chr., wurden die Mauern ausgebessert.
Die Bautechnik ist bei der Mauer des 4. Jahrhunderts die gleiche wie bei der früheren:
die im allgemeinen ca. 59 cm, also zwei römische Fuß hohen Blöcke sind so angeordnet,
daß Läufer- und Binderschichten miteinander wechseln. Die Gesamthöhe lag bei 10 m,

die Mauerdicke betrug bisweilen mehr als 4 m. Zahlreiche Bauhütten arbeiteten gleichzeitig nebeneinander; dies ist klar erkennbar bei den „Nahtstellen", wo die einzeln ausgeführten Abschnitte zusammentreffen, aber nicht immer genau aneinander anschließen. Bei dem Mauerstück am Bahnhof läßt sich die Länge eines von einer Werkstatt ausgeführten Abschnittes abschätzen: es waren ungefähr 36 m. Auch der Betrieb im Steinbruch war sorgfältig durchorganisiert; dies geht aus den zahlreichen auf den Blöcken sichtbaren Marken hervor, die als Kontrollmarken zu erklären sind, mit denen die Arbeit der einzelnen Werkstätten oder Arbeiter überwacht wurde. In diesem Zusammenhang sind zwei Beobachtungen von besonderer Bedeutung. Erstens verwendete man nur im Steinbruch von Grotta Oscura solche Marken: dies kann man nur als Folge organisatorischer Maßnahmen erklären, wie sie für ein besonders großes Unternehmen notwendig sind. Hierbei muß es sich um den Bau der Stadtmauer handeln. Zweitens bestehen die Marken des Steinbruchs aus Buchstaben, von denen einige nicht zum lateinischen Alphabet gehören; es sieht so aus, als könne es sich hierbei nur um Griechisch handeln. Dies ließe auf die Anwesenheit von Architekten oder gar ganzen Bauhütten aus Großgriechenland schließen, deren Aufenthalt in Rom schon in so früher Zeit von großer historischer Bedeutung wäre.

Die Mauer war insgesamt fast 11 km lang und umschloß eine Fläche von 426 ha; auch wenn nicht das ganze Gebiet innerhalb der Mauern besiedelt war, so handelte es sich doch um die größte Stadt der italischen Halbinsel. Der Verlauf der Mauer kann anhand der erhaltenen Reste und mit Hilfe der antiken Schriftquellen erschlossen werden. Das Kapitol lag innerhalb der Mauern, die auf der Seite zum Marsfeld auf halber Höhe den Hügel entlangliefen (die zum Teil noch sichtbaren Mauerreste sind nicht mit den gleichzeitigen, sehr ähnlichen Stützmauern zu verwechseln, die zur Terrassierung der Hügelkuppe gehören). Ein Tor, vermutlich die *Porta Catularia*, muß am Ende der hohen Treppe mit hundert Stufen („*centum gradus*") gelegen haben. Auf der entgegengesetzten Nordseite öffnete sich zu Füßen der *Arx*, ungefähr da, wo heute der Eingang zum Museo del Risorgimento ist, die *Porta Fontinalis*. Die Mauer führte dann über den Sattel zwischen Kapitol und Quirinal, wo sie jedoch wegen der Veränderung des Geländes beim Bau des Trajansforums völlig verschwunden ist; nur hinter den *Mercati Traianei* sind bei der Salita del Grillo noch einige Reste zu sehen.

Ein wenig weiter findet sich am Largo Magnanapoli, also auf dem Quirinal, ein bedeutender Mauerabschnitt. Auf der Grünfläche in der Mitte des Platzes steht ein Mauerrest, der vermutlich zu der *Porta Sanquinalis* gehörte. In dem benachbarten Palazzo Antonelli (Haus Nr. 158) ist ein Bogen aus bearbeitetem Tuff von Monteverde erhalten. Es handelt sich hierbei nicht, wie man zunächst annehmen möchte, um ein Tor, sondern um die Öffnung einer Schießkammer. Sie war wohl für Katapultgeschosse bestimmt, denn der Bogen befand sich ursprünglich in beachtlicher Höhe (unterhalb von ihm wurden mehrere Quaderschichten festgestellt). Die Mauer muß an dieser Stelle, wahrscheinlich im Jahre 87 v. Chr., restauriert worden sein.

Von hier folgte die Mauer den West- und Nordhängen des Quirinal. In diesem Abschnitt lagen die *Porta Salutaris* und die *Porta Quirinalis*, von denen in der Via Salandra und in der Via Carducci noch einige Reste zu sehen sind. Danach bog die Mauer scharf nach Süden um und erreichte die *Porta Collina*, von der die *Via Alta Semita* ausging, deren Verlauf dem der heutigen Via del Quirinale und Via XX Settembre entsprach. Einige Reste des Tores entdeckte man Ende des vorigen Jahrhunderts beim Bau des früheren Finanzministeriums unter dessen Nordecke.

Hier begann der am stärksten befestigte Teil der Stadtmauer, der *Agger*. Er reichte bis zur *Porta Esquilina* (später durch den Bogen des Gallienus in der Via Carlo Alberto ersetzt) und schützte die schwächste Seite der Stadt auf dem vom Quirinal, dem Viminal

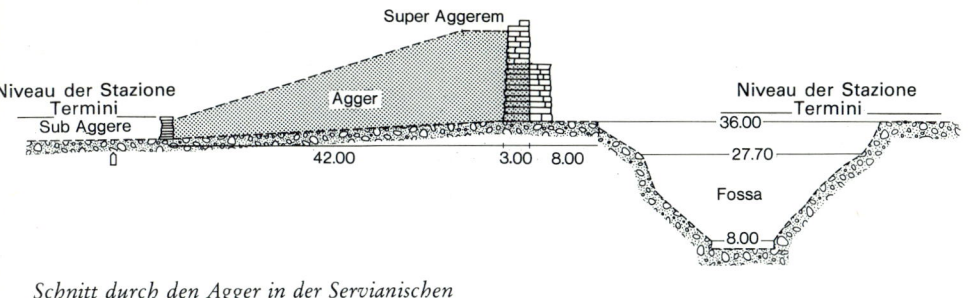

Super Aggerem

Agger

Niveau der Stazione
Termini
Sub Aggere

Niveau der Stazione
Termini

36.00

42.00   3.00 8.00   27.70

Fossa

8.00

Schnitt durch den Agger in der Servianischen
Mauer (bei der Stazione Termini)

und dem Esquilin gebildeten Plateau. Ungefähr auf der Mitte des *Agger,* im Zentrum der heutigen Piazza dei Cinquecento, stand die *Porta Viminalis,* von der noch einige Reste erhalten sind. Mehrere antike Schriftsteller beschreiben die mächtige Befestigungsanlage des *Agger.* In augusteischer Zeit schreibt Strabon:

„Servius ergänzte die anderen Hügel noch durch den Esquilin und den Viminal, die von außen leicht anzugreifen sind. Man hob deshalb einen tiefen Graben aus, schüttete die Erde auf der inneren Seite daneben auf und erhielt so einen Erdwall von sechs Stadien (1110 m) Länge am inneren Rand des Grabens. Hierauf errichtete man eine Mauer mit Türmen, die von der Porta Collina bis zur Porta Esquilina reichte. Ein drittes Tor ist in der Mitte des Erdwalls; es ist nach dem Viminal benannt."

Im Gegensatz zu Strabon schätzte Dionysios von Halikarnass die Länge des *Agger* auf sieben Stadien (1295 m), was der tatsächlichen Länge (ca. 1300 m) am nächsten kommt. Dionysios gibt weitere Maße an. Die Breite (100 Fuß; 29,60 m) und die Tiefe (30 Fuß; 8,90 m) des Grabens, doch betragen die tatsächlichen Ausmaße etwa 36 × 17 m. Es ist deshalb anzunehmen, daß Dionysios seine Angaben einer Quelle entnahm, die vor der späteren Erweiterung der Grabenanlage geschrieben wurde.

Hinter dem Graben stand eine ca. 10 m hohe Mauer, an deren Innenseite der Erdwall aufgeschüttet war. Er wurde wiederum von einer ca. 30–40 m von der Außenmauer entfernten Stützmauer auf der anderen Seite abgesichert.

Die bedeutendsten Reste des *Agger* sind auf der Piazza dei Cinquecento und der Piazza Manfredo Fanti zu sehen.

Der weitere Verlauf der Mauer ist weniger klar. Hinter dem Auditorium des Maecenas finden sich auf der Piazza Leopardi einige Reste, danach verschwindet die Mauer wieder. Sie muß dem Oppius gefolgt, von da ins Tal hinab- und dann auf den Caelius hinaufgestiegen sein. In der Nähe der Kirche SS. Quattro Coronati muß sich die *Porta Querquetulana* befunden haben. Das andere auf dem Caelius gelegene Tor, die *Porta Caelimontana,* ist erhalten: es handelt sich um den in augusteischer Zeit restaurierten Bogen des Dolabella und des Silanus bei der Kirche S. Maria in Domnica. Danach führt die Mauer durch das Tal zwischen dem Caelius und dem Aventin; hier lag, nicht weit von der gebogenen Seite des Circus Maximus, wo heute die sog. „Passeggiata Archeologica" beginnt, die *Porta Capena.* Via Appia und Via Latina haben hier ihren Ausgangspunkt, von dem sie zunächst gemeinsam von der Stadt wegführen, um sich etwas später zu trennen.

Der Mauerring schloß den Großen und den Kleinen Aventin ein. Im Viale Aventino ist hier noch ein prächtiges Mauerstück erhalten, das beachtlichste außer dem auf der Piazza dei Cinquecento. Nur die Vorderseite ist aus Tuffblöcken, der Kern selbst besteht aus Gußmauerwerk. Oberhalb der 8. Steinlage öffnet sich ein Bogen, der – wie auch der beim Palazzo Antonelli – zu einer Schießkammer gehörte. Die Bauweise deutet darauf hin, daß es sich um ein in späterer Zeit, vermutlich 87 v.Chr., wiederaufgebautes Mauerstück handelt. Weitere Reste sind in der Via S. Anselmo und unter der Kirche S. Sabina erhalten. Die Mauer führte also auf halber Höhe über den Hügel bis zum äußersten Südhang. In diesem Abschnitt waren die *Porta Naevia,* die *Porta Raudusculana* und die *Porta Lavernalis.*

Am unklarsten ist der Verlauf der Servianischen Mauer zwischen Aventin und Kapitol. Der einen Theorie zufolge war die Stadt auf der Flußseite nicht befestigt; nur zwei Mauerzüge zwischen den beiden Hügeln und dem Fluß schützten das Forum Boarium. Zwischen dem Aventin und dem Tiber soll sich die *Porta Trigemina,* zwischen dem Kapitol und dem Tiber die *Porta Flumentana* und die *Porta Carmentalis* befunden haben. Die andere Theorie nimmt einen parallel zum Tiber verlaufenden Mauerzug an, der vom Aventin aus zur Südwestecke des Palatin und von da aus zum Kapitol führte.

Aus neuen Untersuchungen und Funden geht hervor, daß die Mauer sehr viel dichter am Tiber entlanglief; bei der Kirche S. Maria in Cosmedin, bei der Piazza Bocca della Verità und beim Tempel des *Portunus* wurden in verschiedenen Epochen immer wieder Mauerreste gesehen. Die *Porta Trigemina* und die *Porta Flumentana,* beide von Augustus restauriert, standen mit den Inschriften bis zum 15. Jahrhundert und wurden erst damals abgerissen. Die *Trigemina* stand in unmittelbarer Nähe von S. Maria in Cosmedin, die *Flumentana* beim Tempel des *Portunus.*

Die *Porta Carmentalis* muß bei S. Omobono, am Fuß des Kapitols gelegen haben. Gegen Ende des 3. Jahrhunderts v.Chr. wurde dieser Mauerabschnitt, der seit 212 v.Chr. durch einen Brand unbrauchbar geworden war, als Stützmauer für einen mächtigen Damm gegen den Tiber wiederverwendet. Damals wurden wahrscheinlich die beiden Mauerzüge zwischen Kapitol, Aventin und Tiber gebaut, die eine entsprechende Befestigungsanlage in Trastevere und am Gianicolo voraussetzen; zur Zeit der Bürgerkriege im 1. Jahrhundert v.Chr. war dieses Gebiet anscheinend schon innerhalb der Mauern.

Die *Porta Esquilina* (Bogen des Gallienus), die *Caelimontana* (Bogen des Dolabella und des Silanus), die *Trigemina* und die *Flumentana* wurden allesamt in augusteischer Zeit wiederaufgebaut, als Richtpunkte für die Einteilung der Stadt in 14 Regionen und vor allem als Ausgangspunkte für die großen Straßen, deren Länge von diesen Toren aus gemessen wurde. Aber schon damals benutzte man die Mauern nicht mehr; der *Agger* wurde zum Teil von den Gärten des Maecenas eingenommen. Seit dieser Zeit brauchte Rom als Beherrscherin des Mittelmeers keine Stadtmauern mehr. Erst zur Zeit der Barbareneinfälle, die im 3. Jahrhundert n.Chr. einsetzten, ließ Aurelian einen neuen, erweiterten Mauerring errichten.

Die Aurelianische Stadtmauer

Als im Verlauf des 3. Jahrhunderts n. Chr. die schwere wirtschaftliche und politische Krise allen die Schwäche des Imperiums bewußtmachte, begriff man, daß Rom unbedingt mit einem neuen Mauerring geschützt werden mußte. Schon unter Mark Aurel hatten die Quaden und die Markomannen die Julischen Alpen überschritten und Aquileia belagert. Zur Zeit des Gallienus wurde erst richtig klar, welche Gefahr die germanischen Stämme darstellten; fünf Feldzüge mußten zwischen den Jahren 254 und 259 gegen sie geführt werden. An der befestigten Grenze, dem *Limes*, mußte die starre Verteidigungslinie zugunsten einer beweglicheren Verteidigungsweise aufgegeben werden, bei der Mailand, Verona und Aquileia als die wichtigsten Stützpunkte dienten. Seit damals war man sich der Möglichkeit bewußt, daß die Barbaren bis zur Hauptstadt vordringen könnten. Aurelian (270–275 n. Chr.), der in immer ferneren Gegenden in

Die Aurelianische Mauer

Kriege verwickelt war (vor allem gegen Palmyra), wurde zum Bau einer neuen Mauer veranlaßt. Die Arbeiten wurden 271 aufgenommen und rasch vorangebracht, so daß sie beim Tod des Kaisers schon fast abgeschlossen gewesen sein müssen. Die endgültige Fertigstellung der Mauer erfolgte jedoch erst unter dem 276–282 regierenden Kaiser Marcus Aurelius Probus.

Bei ihrem Bau waren hauptsächlich städtische Maurerverbände beschäftigt. Das Verteidigungssystem war zunächst recht bescheiden, es genügte jedoch zur Abwehr von Stämmen, die eine längere Belagerung technisch nicht durchhalten konnten. Die aus Ziegelsteinen errichtete Mauer war ungefähr 6 m hoch und 3,50 m tief. Alle 100 Fuß (29,60 m) hatte sie einen Turm mit quadratischem Grundriß und einer Schießkammer im oberen Stockwerk. Die wichtigsten Tore bestanden aus zwei gleichen Torbögen nebeneinander, die seitlich mit Travertin verkleidet waren und von zwei halbrunden Türmen eingerahmt wurden. Bei manchen Toren war der doppelte Bogen durch einen einfachen ersetzt, die bescheideneren waren in die Mitte eines Mauerabschnittes zwischen zwei quadratischen Türmen eingefügt und hatten keine flankierenden Seitentürme.

Die geschätzte Gesamtlänge beträgt knapp 19 km (18 837 m). Die Mauer folgt einer klar erkennbaren strategischen Linie, indem sie die Hügel umschließt und es vermeidet, sehr große und deshalb für die Verteidiger gefährliche Gebäude außerhalb des Mauerringes zu lassen. Die Eile, mit der gearbeitet wurde, wird dadurch bezeugt, daß verschiedene Gebäude einfach in die Mauer verbaut wurden; zu erwähnen sind unter anderen das Prätorianer-Lager (Castra Praetoria), die Bögen der Aqua Claudia bei der Porta Maggiore, das Amphitheatrum Castrense, die Umfassungsmauer der Gärten der Acilier (Horti Aciliorum) auf dem Pincio („Muro Torto") und die Pyramide des C. Cestius.

Die Befestigungsanlage muß schon recht bald als unzureichend erschienen sein, so daß man sie unter Maxentius zum erstenmal umbaute und verstärkte. An der Bauweise – abwechselnd Schichten aus Ziegelsteinen und kleinen Tuffblöcken (opus listatum) – ist dieser Teil der Mauer klar von dem früheren zu unterscheiden. Damals begann man auch mit dem Ausheben von zusätzlichen Gräben, doch wurde die Grabenanlage nie vollendet.

Die bedeutendsten und gewaltigsten Bauarbeiten fanden zur Zeit des Honorius und des Arcadius in den Jahren 401–402 statt, um eventuellen Angriffen der Goten standhalten zu können. Wie aus Inschriften hervorgeht, hatte der damals allmächtige Stilicho das Werk – praktisch eine Verdoppelung der Mauerhöhe – veranlaßt. Damals wurde der auf den Mauern herumführende Wehrgang durch einen geschlossenen mit zahlreichen Schießscharten ersetzt. Oberhalb davon wurde ein neuer Wehrgang mit Zinnen angelegt. Eine der wichtigsten Veränderungen der Mauerführung war die Einbeziehung des Hadrians-Mausoleums in die Befestigungsanlage als vorgeschobene Festung auf der rechten Tiberseite. Die doppelten Durchgänge einiger Tore wurden damals auf einen einzigen Eingang reduziert; außerdem erhöhte und verstärkte man die Türme. Ein zweites Tor auf der Stadtseite, das durch zwei Mauern mit dem Haupttor verbunden war, machte die Türme zu regelrechten Festungen, die, im Notfall auch auf sich selbst gestellt, durchhalten konnten.

Im Lauf des 6. Jahrhunderts führte man während der Goten-Kriege, hauptsächlich auf Betreiben Belisars, weitere Befestigungsarbeiten durch. Eine spätbyzantinische Beschreibung der Mauer und die lebendige Schilderung Prokops in seiner Geschichte des Gotenkrieges sind die zuverlässigsten zeitgenössischen Zeugnisse. Die Mauer soll insgesamt 383 Türme, 7020 Zinnen, 5 Haupttore, 116 Latrinen und 2066 große Fenster an der Außenseite gehabt haben.

Wir beschreiben die Mauer fortlaufend im Uhrzeigersinn und beginnen bei der *Porta Cornelia* (auch *Porta Aurelia*), der späteren Porta di San Pietro beim *Pons Aelius*, der heutigen Engelsbrücke. Von dort begleiteten die Mauern das linke Tiberufer am Marsfeld und bogen dann auf der Höhe der *Piazza del Popolo* nach Osten um. Dieser Mauerzug ist fast völlig verschwunden. Von der *Porta Flaminia*, der heutigen Porta del Popolo, führte die gleichnamige Straße zum *Pons Milvius*, wo die Via Cassia von der Via Flaminia abzweigte.

An der *Porta Flaminia* beginnt ein recht gut erhaltener Abschnitt (abgesehen von dem ersten Stück, das modern ist), der mit mehreren Biegungen den Pincio umschließt, den antiken „Hügel der Gärten" *(Collis Hortulorum)*. Die heute an der Mauer entlangführende Via del Muro Torto verdankt ihren Namen der gewaltigen Retikulatmauer, die als Stützmauer der *Horti Aciliorum* diente, später jedoch in die Stadtmauer einbezogen wurde.

Auf der Spitze des Hügels war ein kleineres Tor, die *Porta Pinciana*, von der die ältere Via Salaria *(Via Salaria Vetus)* ausging. Hier beginnt einer der besterhaltenen Teile der Aurelianischen Mauer, zu dem 18 noch guterhaltene Türme gehören (an einigen Stellen sind sogar Wohnungen in die Mauer eingebaut).

Auf der Höhe der Piazza Fiume stand die 1870 abgerissene *Porta Salaria*, deren Grundriß auf dem modernen Straßenpflaster angegeben ist. Sie hatte einen einzigen Eingang zwischen zwei halbrunden Türmen. Von hier ging die *Via Salaria Nova* aus, deren Verlauf im wesentlichen dem der modernen Via Salaria entspricht. Gleich östlich von dem Tor ist im oberen Teil der Mauer die am besten erhaltene Latrine zu sehen; sie besteht aus einem Vorsprung, der die Form eines halben Zylinders hat, und wird von zwei Konsolen aus Travertin gestützt.

Auch das anschließende Stück bis zur *Porta Nomentana* ist recht gut erhalten. Hier begann die *Via Nomentana*, die bis heute ihren antiken Namen behalten hat. Das Tor lag 75 m weiter östlich als die erst zwischen 1561 und 1565 von Pius IV. errichtete Porta Pia, die ein Werk Michelangelos ist. Von dem alten, heute zugemauerten Stadttor sind noch die aus Ziegel errichteten Pfosten und der halbrunde rechte Turm erhalten; der linke wurde 1827 abgerissen.

Zwischen der *Porta Nomentana* und den *Castra Praetoria* waren im Abstand von ca. 43 m zwei verborgene Eingänge, einer davon fast neben dem Prätorianerlager. Beide wurden beim Umbau zur Zeit des Honorius zugemauert.

Die Kaserne der Prätorianer *(Castra Praetoria)* wurde vollständig in die Mauer einbezogen. Die ursprüngliche Umfassungsmauer aus der Zeit des Tiberius hatte eine Höhe von 4,73 m, sie wurde oben 2,50–3 m höher gebaut und, indem man die Fundamente freilegte, auch unten um 2,30 m erhöht. Außerdem bekam sie quadratische, in unregelmäßigen Abständen angeordnete Türme. Die Tore auf der Nord- und der Ostseite wurden geschlossen, das Tor auf der Südseite blieb, ist aber heute nicht mehr vorhanden; ein großer Teil dieser schlechter erhaltenen Seite fehlt. Unmittelbar südlich der Prätorianerkaserne liegt ein mit Travertin verkleidetes Tor, dessen Name nicht bekannt ist. Man nennt es im allgemeinen „Porta Chiusa", da es – sicherlich in später Zeit – außer Betrieb gesetzt und zugemauert wurde. Es ist in der Via Monzambano 4–6 zwischen modernen Gebäuden zu sehen. Hier führte die Straße hindurch, die von der *Porta Viminalis* in der Severischen Mauer zur Via Tiburtina hinführt, mit der sie sich dann vereinigt.

Bis zur *Porta Tiburtina* ist die Mauer nur teilweise erhalten, meist nur noch der untere, an mehreren Stellen von modernen Straßen durchschnittene Teil.

Die *Porta Tiburtina* war ursprünglich nur ein monumentaler Straßenbogen, der in augusteischer Zeit (5 v. Chr.) errichtet wurde, um die *Aqua Marcia*, die *Aqua Tepula* und die *Aqua Iulia* über die Via Tiburtina hinüberzuleiten. Der Bogen wurde in der gleichen Weise in die Mauer einbezogen wie die Bögen der *Aqua Claudia* bei der Porta Maggiore. Beim Umbau unter Honorius wurde ein neuer Eingang vor den alten gesetzt, den Pius IX. 1869 abreißen ließ. Auf der Außenseite des Tores ist noch ein guterhaltenes, zwischen modernen Häusern eingezwängtes Stück Mauer sichtbar.

Der augusteische Bogen aus Travertin ist mit toskanischen Pfeilern gegliedert und in den Bogenscheiteln mit Bukranien verziert. Sein Erhaltungszustand ist ausgezeichnet. Das antike Straßenniveau liegt hier wesentlich tiefer als das heutige. Durch die zweistöckige Attika laufen die beiden Wasserleitungen, deren Zufluß an den Seiten zu sehen ist. In die Attika sind zwei Inschriften eingemeißelt, eine von Augustus aus dem Jahre 5 v. Chr. und eine von Titus aus dem Jahre 79 n. Chr., die sich auf die Restaurierung der *Aqua Marcia* bezieht. Auf der anderen Seite befindet sich eine Inschrift des Honorius zur Restaurierung der Mauer.

Auf halbem Weg zwischen der *Porta Tiburtina* und der *Porta Praenestina* (Porta Maggiore) ist ein kleiner Mauerdurchlaß mit einem Türstock darüber; vielleicht diente sie als Zugang zu den *Horti Liciniani*, zu denen das benachbarte, unter dem Phantasienamen „Tempel der Minerva Medica" bekannte Gebäude gehörte. Zwischen dem fünften und dem sechsten Turm nach der *Porta Tiburtina* wurde die Fassade eines großen Ziegelbaus, vielleicht eines mehrstöckigen Wohnhauses (fast 16 m hoch, über 30 m lang) in die Mauer einbezogen. Die zugemauerten Fenster der drei Stockwerke und die Travertinkonsolen des Balkons im zweiten Stock sind noch gut zu erkennen. Statt des Gebäudes hätte hier ein Turm stehen müssen, der jedoch nicht gebaut wurde.

Man gelangt nun zu einem der bemerkenswertesten Tore in der Aurelianischen Mauer, der *Porta Praenestina* (jetzt Porta Maggiore). Ursprünglich handelte es sich um zwei riesige Straßenbögen, mit denen die Aqua Claudia die Via Labicana und die Via Praenestina überquerten und die dann in Stadttore umgewandelt wurden. Unter Honorius wurde dann eine weiter vorgeschobene Bastion mit einem neuen Tor und neuen Türmen geschaffen; in einen der Türme war das Grab des Eurysaces eingebaut. Vielleicht stammt das Tor auf der Gegenseite, dessen Reste kürzlich bei der Umgestaltung des Platzes entdeckt wurden, aus der gleichen Zeit. Dieser nur aus einigen Abbildungen bekannte Teil der Befestigungsanlage wurde 1838 abgerissen. Die Inschrift des Honorius, die ursprünglich über dem Tor angebracht war, ist heute an der Außenseite der Porta Maggiore in die Mauer eingelassen. Auf der Attika befindet sich die Inschrift des Claudius und unterhalb davon die von Titus und Vespasian, die sich auf die Restaurierungen von 71 und 81 n. Chr. beziehen. Es handelt sich um die originalen Inschriften, die jeweils auf beiden Seiten des Tors angebracht waren.

Der folgende Mauerabschnitt wechselt plötzlich die Richtung und führt ein ganzes Stück weit nach Osten; es handelt sich hierbei um einen Teil der *Aqua Claudia*, deren Arkaden man vermauerte, um sie so in eine Verteidigungsmauer zu verwandeln. Auf der Höhe des *Circus Varianus*, von dem nur einige spärliche Reste erhalten sind, trennt sich die Stadtmauer wieder von dem Aquädukt und wendet sich nach Süden. In dem dabei entstandenen, von der Mauer umschlossenen Vorsprung war das *Sessorium*, die spätantike Kaiser-Residenz, eingeschlossen. Einige Reste davon sind in der Kirche S. Croce in Gerusalemme verbaut.

Danach gelangt man zu einem der bedeutendsten Bauten, die in die Mauer einbezogen wurden, dem sogenannten *Ampitheatrum Castrense*. Dieses kleine, ganz aus Ziegelsteinen errichtete Gebäude ist nur wenige Jahrzehnte vor der Mauer entstanden und gehörte wahrscheinlich zum *Sessorium*. Eine Hälfte der Ellipse ragt aus der Mauer heraus. Die von Halbsäulen eingefaßten Arkaden wurden vermauert und der obere Teil des Bauwerks erhöht.

Sehr gut erhalten ist auch der kürzlich restaurierte Mauerabschnitt zwischen dem *Amphitheatrum Castrense* und der *Porta Asinaria*. An einigen Stellen ist innen statt der einfachen eine doppelte Galerie darübergesetzt, wodurch die an dieser Stelle beachtlichen Niveauunterschiede ausgeglichen werden. Der äußere, mehrmals ein-gestürzte Mauermantel ist da und dort durch moderne Mauern ergänzt. Die wesentlich besser erhaltene Innenseite ist nur schwer zugänglich, da sich hier ein Depot der städtischen Omnibus- und Straßenbahngesellschaft ATAC befindet.

Unmittelbar hinter der 1574 erbauten Porta S. Giovanni liegt auf wesentlich niedrige-rem Niveau die vor einiger Zeit restaurierte *Porta Asinaria*, ein gutes Beispiel für die kleineren, ursprünglich nicht mit Türmen versehenen Tore. Bei dem Umbau durch Kaiser Honorius wurden zwei halbrunde Türme hinzugefügt, die innen an die beiden früheren quadratischen Türme stoßen. Die Via Asinaria, von der in einiger Entfernung die Via Tusculana abzweigt, gab dem Tor seinen Namen.

Unter S. Giovanni in Laterano verschwindet die Mauer wieder. Hier lag eine andere, 1868 entdeckte Pforte, die zum Palast der Laterani führte. Zu diesem gehörten die mächtigen, auf einem längeren Stück in die Mauer eingeschlossenen Substruktionen, die man hinter dem Sportplatz in der Via Sannio sieht.

Von hier bis zur *Porta Metrovia* weist die Mauer bedeutende mittelalterliche und mo-derne Umbauten auf. Das heute „Metronia" genannte Tor war eine einfache, unbedeu-tende Pforte. Für den modernen Straßenverkehr wurden an dieser Stelle zahlreiche Mauerdurchbrüche gemacht. Eine Inschrift von 1157 an einem der Türme erinnert an die Restaurierung der Mauer und des Tors. Hier beginnt der am besten erhaltene und wohl auch interessanteste Teil der Aurelianischen Mauer, die bis zur Porta Ardeatina einen weiten Bogen beschreibt. Der erste Abschnitt zwischen der *Porta Metrovia* und der *Porta Latina* wird zur Zeit von der Stadt Rom restauriert, auf dem anschließen-den Stück zwischen der Porta Latina und der Porta Ardeatina bis hin zur Bastione di Sangallo sind die Arbeiten bereits abgeschlossen. Seit einigen Jahren ist auf diesem Stück ein Spazierweg eingerichtet (zur Zeit nur ab der Porta S. Sebastiano zugänglich). Von hier aus kann man einen recht guten Überblick gewinnen. Außerdem bewegt man sich hier inmitten von Gärten und freiem Gelände in einer Landschaft, die trotz einiger in den letzten Jahren errichteter anmaßender Luxusvillen im wesentlichen noch unbe-rührt ist. Dieser Teil der Stadtmauer soll deshalb ausführlicher und gründlicher be-schrieben werden (vgl. den Plan Seite 30–31).

Die *Porta Latina*, bei der die gleichnamige Straße beginnt, ist eines der besterhaltenen und schönsten Stadttore. Die Fassade aus Travertin ist im wesentlichen noch aurelia-nisch und wurde unter Honorius nur wenig verändert. Damals verkleinerte man das ursprünglich wesentlich größere Tor, von dem noch Spuren vorhanden sind. Im obe-ren, vielleicht von Honorius aufgestockten Geschoß öffneten sich fünf kleine Bogen-fenster zu der dahinterliegenden Geschützkammer. Sie wurden später, wahrscheinlich während des Gotenkrieges, geschlossen. Der halbrunde Turm auf der linken Seite stammt großenteils noch aus aurelianischer Zeit, während der rechte im Mittelalter wieder aufgebaut wurde. Über dem Bogenscheitel ist das Monogramm Konstantins noch erkennbar. Das Tor konnte – wie alle wichtigen Zugänge zur Stadt – doppelt verschlossen werden: außen mit zwei Torflügeln und innen mit einem Gitter, das seit-lich in Auskehlungen von oben nach unten bewegt wurde und im Notfall den Zugang sofort sperren konnte. Der innere, befestigte Hof mit dem Gegentor ist heute völlig verschwunden. Man kennt ihn jedoch von mehreren Stichen und Zeichnungen von der Renaissance bis zum 18. Jahrhundert.

Durch eine antike Pforte hinter dem westlichen Torturm (1) gelangt man zum Wehr-gang und der Geschützkammer, deren Mauerwerk im 17. Jahrhundert erneuert wurde.

Die Schießscharten im Wehrgang zwischen dem Torturm und dem nächsten Turm (2) wurden, ebenso wie die im nächsten Mauerabschnitt, während des vorigen Jahrhunderts vergrößert. Auf der Höhe des mittelalterlichen Turms 2 (12. Jh.) biegen die Mauern nach Südosten um. Es folgt ein im 15. Jahrhundert unter Pius II., dessen Wappen in die äußere Mauer eingelassen ist, stark restaurierter Abschnitt. Turm 3 ist teilweise, Turm 4 fast völlig eingestürzt und zum Teil durch eine moderne Mauer ersetzt. Turm 5 ist ganz verschwunden, und auch von Turm 6 ist nur sehr wenig erhalten. Die äußere Mauer wurde teils 1562 (Wappen von Pius IV. an der Außenseite), teils im 18. Jahrhundert restauriert. Damals erneuerte man den oberen Abschluß. Hinter Turm 7, von dem nur der untere Teil erhalten ist, biegt die Mauer nach Westen um. Dieser Abschnitt stammt aus der Mitte des 17. Jahrhunderts. An der Außenseite sind eine Inschrift und das Wappen von Papst Alexander VII. angebracht. Auch zwischen Turm 8 und 9 ist nur der untere Teil der Mauer antik, der obere wurde im 18. Jahrhundert errichtet. Hinter Turm 9, von dem recht wenig übriggeblieben ist, folgt bis Turm 10 ein guterhaltener Wehrgang. Turm 10 wurde 1623 restauriert (Inschrift und Wappen Urbans VIII.). Das folgende Stück bis Turm 11 ist gut erhalten und besteht, wie das vorige, aus sechs Arkaden. Der untere Teil von Turm 11 ist antik, der obere mittelalterlich. Turm 12 ist großenteils wieder aufgebaut. Nach einem letzten Stück Wehrgang erreicht man die *Porta S. Sebastiano.*

Das Tor wurde in der Antike *Porta Appia* genannt (wie üblich war die von ihm ausgehende Straße namengebend). Diese Toranlage ist bei weitem die größte und am besten erhaltene der gesamten Aurelianischen Mauer. Fünf Bauphasen sind zu unterscheiden:

1. In dem frühesten, aurelianischen Bau öffneten sich – wie bei allen wichtigen Toren jener Zeit – zwei Bögen zwischen zwei halbrunden Türmen. Auf der, von der Stadt aus gesehen, rechten Seite ist noch der Ansatz des einen Bogens zu sehen. Über dem Bogen saß wie bei der *Porta Latina* ein zweites Stockwerk mit Bogenfenstern (vgl. die Abbildung Seite 30).

2. Bei der ersten Umgestaltung wurden die Türme vergrößert, wobei die früheren völlig eingebaut wurden. Der Grundriß war hufeisenförmig. Außerdem wurde ein zusätzliches Stockwerk aufgesetzt. Vielleicht kam damals der innere Festungshof hinzu, dessen Westflügel noch erhalten ist. Als Gegentor diente der schon vorhandene sogenannte Drusus-Bogen.

3. In der dritten Phase wurden – wahrscheinlich unter Honorius – die großen quadratischen, mit Marmor verkleideten Fundamente geschaffen, mit denen die Türme umschlossen waren.

4. In der vierten Phase wurden nur einige Änderungen im Inneren der Türme vorgenommen.

5. In der fünften Phase erhöhte man die Türme und den Torbau um ein weiteres Geschoß.

An den Marmorverkleidungen der Unterzone sind einige Bossen stehengeblieben, wofür man verschiedene technische Erklärungen gefunden hat. Am wahrscheinlichsten ist, daß es sich um Meßpunkte für die Steinmetze handelte. Auf dem linken Pfosten (vom Eintretenden aus gesehen) ist der Erzengel Gabriel eingemeißelt und eine Inschrift in seltsamem, mittelalterlichem Latein erinnert an die Schlacht, in der die Römer am 29. September 1327 Robert von Anjou, den König von Neapel, besiegten. Das Eingangstor war wie bei der *Porta Latina* mit einer Flügeltür und einem Gitter, das von der oberen Geschoßkammer herabgelassen werden konnte, gesichert. Die kürzlich restaurierten Innenräume erfuhren zahlreiche Umgestaltungen, vor allem in den Jahren 1942–1943, als der Sekretär der Faschistischen Partei, Ettore Muti, hier seinen Sitz hatte.

Aus jenen Jahren stammen die Schwarzweiß-Mosaiken, die in der Geschoßkammer und an einigen anderen Stellen noch vorhanden sind. In der Geschoßkammer sieht man die Travertinkonsolen, mit denen die Gitter gehalten wurden. In diesem Raum und in den Türmen wird das „Museo delle Mura" aufgebaut, das vor einiger Zeit vervollständigt und der Öffentlichkeit zugänglich gemacht wurde. Der fertige Teil des Museums enthält Modelle der verschiedenen Bauphasen und der Tore, Abgüsse der Monogramme und Mauertypen sowie Darstellungen der *Porta Appia* aus verschiedenen Epochen.

Auch der folgende Mauerabschnitt zwischen der Porta S. Sebastiano und der von Antonio da Sangallo d. J. angelegten Bastion („Bastione del Sangallo") ist der Öffentlichkeit zugänglich. Im Turm 4 ist eine spätbyzantinische Madonna mit Kind gemalt. Die Wehrgänge zwischen den Türmen 1 bis 6 und 10 bis 12 sind in ihrem originalen Aufbau besonders gut erhalten. In Turm 11 ist noch die ursprüngliche Treppe zu sehen. Man kann auf die obere Plattform steigen, von der man die Mauern sehr schön überblicken kann. Gleich hinter diesem Turm macht die Mauer eine Biegung, in der ein früherer Eingang liegt, der während einer späteren Bauphase geschlossen wurde. An dieser Stelle schließen die Mauern ein Grab aus der frühen Kaiserzeit ein. Auf der Höhe des vollständig zerstörten Turmes 14 endet der Weg auf der Mauer. Hier beginnt die große Bastion, die 1537 von Antonio da Sangallo d. J. begonnen wurde und die kürzlich restauriert wurde. Hier lag die *Porta Ardeatina*, die zusammen mit einem Teil der Mauer zerstört wurde, um Platz für die Bastion zu gewinnen.

Hinter dem Bastione del Sangallo verläuft die Mauer in gerader Linie nach Nordwesten und biegt dann, einen spitzen Winkel bildend, nach Südwesten und Westen ab, um die Ausläufer des „Kleinen Aventin" zu umschließen. Dieser Mauerabschnitt weist ausgiebige Restaurierungen, vor allem aus der Renaissance auf; fast alle Türme sind neu aufgebaut. Die Mauer wurde an der Innenseite von einer antiken Straße begleitet, die von den Caracalla-Thermen kam.

So gelangt man zur Porta S. Paolo, der antiken *Porta Ostiensis,* die neben der Porta S. Sebastiano am besten erhalten ist. Auch hier lassen sich verschiedene Phasen unterscheiden: zuerst hatte das Tor wie üblich zwei von halbrunden Türmen eingefaßte Eingänge. Zur Zeit des Maxentius wurden zwei scherenförmig angelegte Mauern mit einem Gegentor, das aus zwei Travertinbögen besteht, hinzugefügt. Es ist das einzige vollständig erhaltene Beispiel dieses Tortyps in der Aurelianischen Mauer. Man verstärkte damals auch die Türme auf der Innenseite. Unter Honorius fand die übliche Umgestaltung statt: der doppelte Torbogen wurde zu einem einzigen Durchgang verkleinert und die Türme aufgestockt. Die beiden Torbögen des hinteren Tors blieben bei diesem Umbau erhalten. Außerdem kann man noch spätere Umgestaltungen erkennen. Durch dieses Tor drangen im Jahre 594 die Goten unter Führung Totilas in die Stadt Rom ein.

Hier begann die *Via Ostiensis*, die zu Roms altem Hafen führte. Im Tor ist das „Museo della Via Ostiense" untergebracht, das Modelle des antiken Ostia, der claudischen und trajanischen Hafenanlagen sowie Abgüsse von Reliefs und Inschriften zeigt, aus denen der Verlauf und die Gestaltung der antiken Straße zu rekonstruieren sind. In der Geschoßkammer sind unter anderem drei bemalte Lunetten (mit Prometheus, Vögeln und anderen Motiven) ausgestellt, die aus einem severischen Grab im Felsen gegenüber der Apsis von S. Paolo fuori le Mura stammen.

Westlich von dem Tor steht eine der bedeutendsten Grabanlagen vom Beginn der Kaiserzeit: die Pyramide des C. Cestius, die ebenfalls in die Mauer verbaut wurde. Hinter der Pyramide war eine Pforte, die vielleicht zur älteren *Via Ostiensis* gehörte, die auf dieses Tor zuführte. Der Eingang wurde schon zur Zeit des Maxentius aufgegeben,

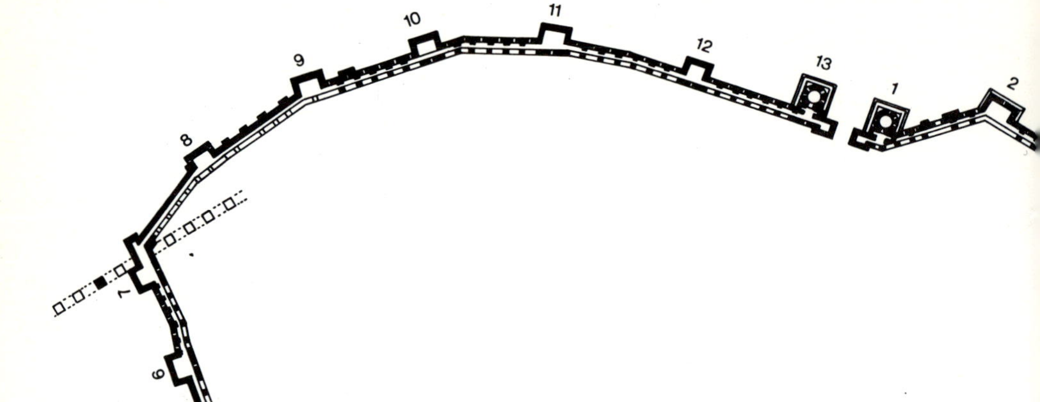

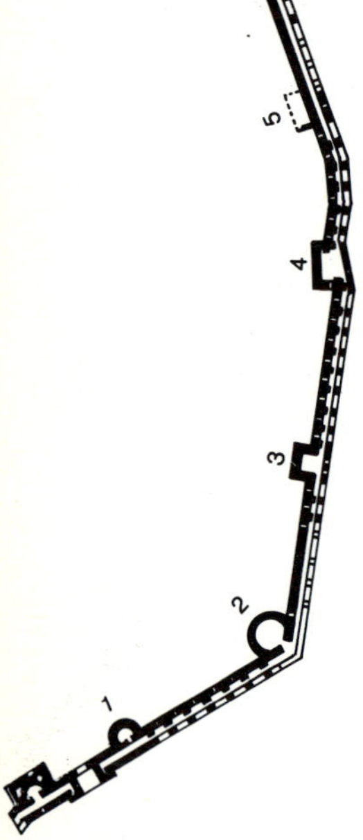

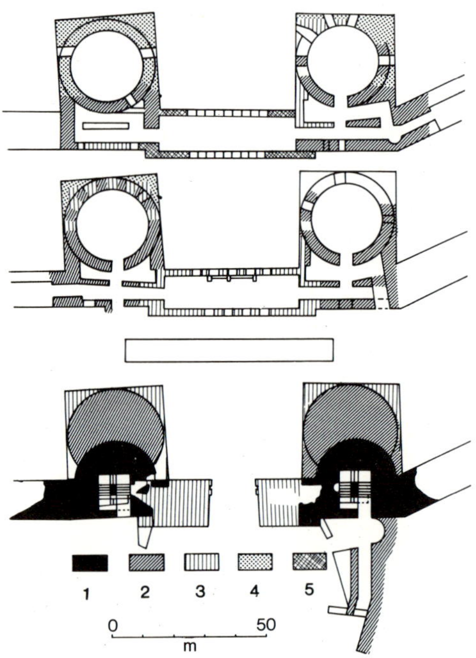

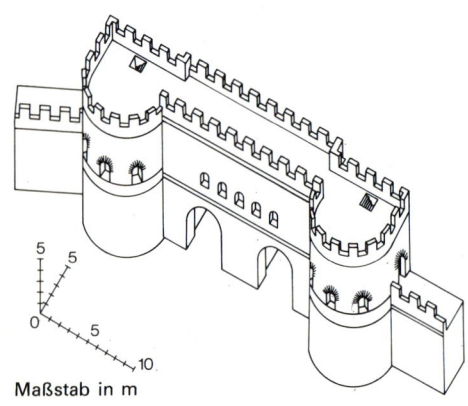

Grundrisse der Porta Appia in verschiedenen Höhen
mit Angabe der verschiedenen Bauphasen

Maßstab in m

Rekonstruktion der ersten Bauphase
der Porta Appia

4
5
6
7
8
9
10
11
12
13
14

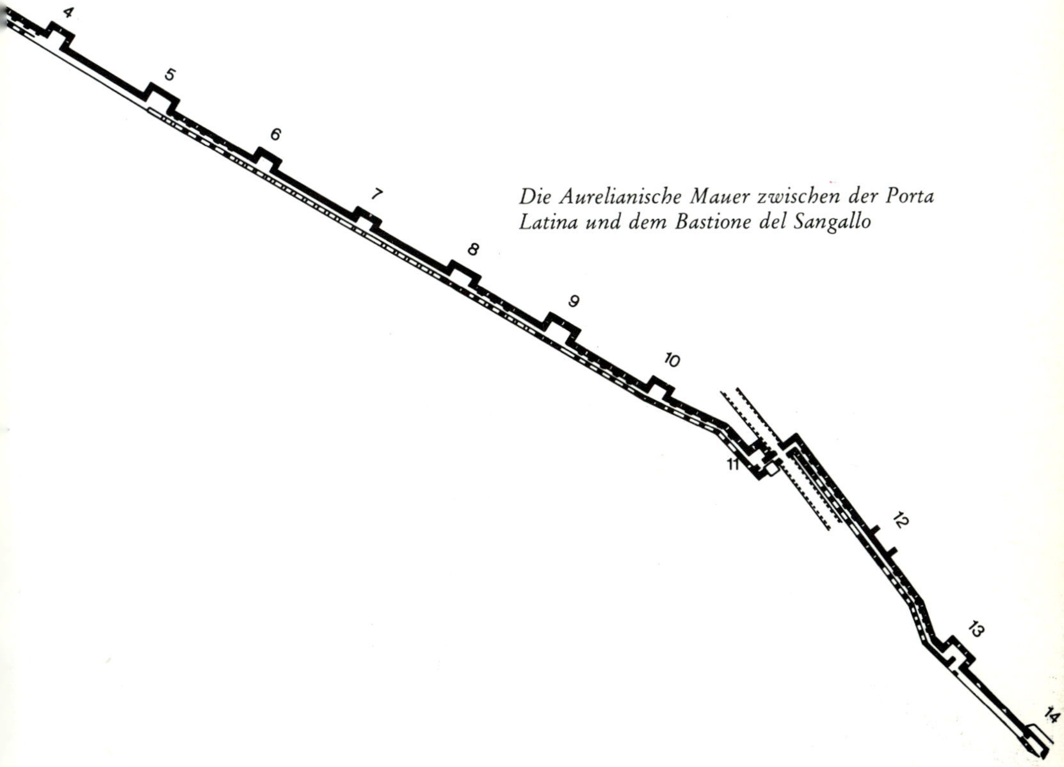

Die Aurelianische Mauer zwischen der Porta Latina und dem Bastione del Sangallo

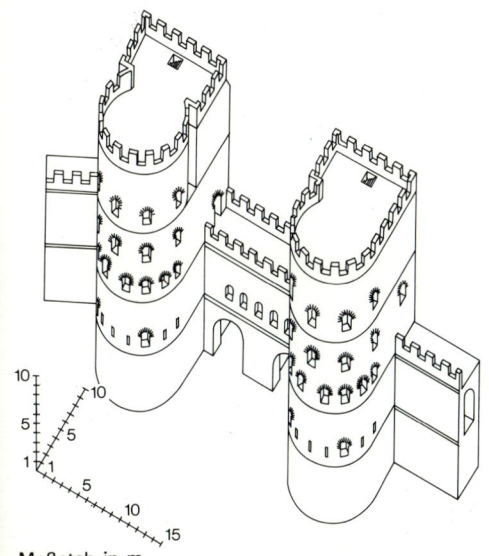

10
5
1
10
5
1
5
10
15
Maßstab in m

Rekonstruktion der zweiten Bauphase der Porta Appia

wie aus einem Ziegelstempel hervorgeht, der in der Vermauerung gefunden wurde. 1888 wurden die Überreste abgerissen. Der folgende, auf den Tiber gerade zulaufende Mauerabschnitt, der die Markthallen (das *Emporium*) und den Scherbenberg *(Testaceus Mons)* umschloß, weist starke Veränderungen aus verschiedenen Zeiten auf. Nachdem die Mauer den Tiber erreicht hatte, begleitete sie ihn ca. 800 m nach Norden und verlief dann am anderen Ufer weiter. Am Tiber standen zwei mittelalterliche Türme, bei denen man im Notfall den Fluß mit Ketten sperren konnte. Zweifellos gab es antike Vorgängerbauten, die dem gleichen Zweck dienten.

Auf der rechten Flußseite schloß die Mauer einen großen Teil des hier gelegenen Stadtteils ein, der *Ager Vaticanus* blieb jedoch außerhalb des Mauerringes. Das eingefaßte Gebiet hatte die Form eines Dreiecks, dessen Spitze auf dem Gianicolo an der Stelle der heutigen Porta S. Pancrazio lag. Sie ersetzt die antike *Porta Aurelia*, von der die gleichnamige Straße ausging.

In Trastevere gab es zwei weitere Tore: im Süden die *Porta Portuensis*, die nach der Straße zu den Häfen des Claudius und Trajan benannt ist (das Tor wurde 1643 zerstört, als man es durch die wesentlich weiter nördlich gelegene Porta Portese ersetzte), und im Norden ein anderes Tor an der Stelle, wo heute die 1498 erbaute Porta Settimiana steht. Auf der rechten Tiberseite ist von der Mauer nur sehr wenig erhalten. Das gleiche gilt für ihre Fortsetzung auf der linken Seite des Tibers bis zur Porta S. Pietro am *Pons Aelius*, dem Ausgangspunkt unserer Beschreibung.

Die Wasserleitungen

Über die römischen Wasserleitungen besitzen wir äußerst genaue Kenntnisse, was nicht nur an ihrem im allgemeinen sehr guten Erhaltungszustand liegt, sondern vor allem an dem Glücksfall, daß wir das Buch des Frontinus haben, der im Jahre 97 n. Chr. Aufseher über das Wasserleitungssystem war (Curator aquarum). Frontinus, ein wichtiger Konsularbeamter der spätflavischen und trajanischen Zeit, sammelte in seinem Buch eine Menge wertvoller Nachrichten verschiedenster Art; von der Lage und Ergiebigkeit der Quellen, über den Verlauf und die Kapazität der Leitungen bis hin zur Anzahl und Organisation der Angestellten dieses wichtigen Teils der römischen Verwaltung. Da die Nachrichten aus offizieller Quelle stammen, sind sie denkbar genau und zuverlässig.

Frontinus schildert die Geschichte der römischen Wasserversorgung von der Gründung der Stadt bis zum Bau der ersten Wasserleitung: „Nach der Gründung der Stadt begnügten sich die Römer 441 Jahre lang mit dem Wasser, das sie aus dem Tiber, aus Brunnen oder aus Quellen schöpften. Noch heute hält man die Quellen in ehrfürchtigem Andenken und verehrt sie kultisch. Man glaubt nämlich, sie könnten Krankheiten heilen wie die Camenae-, die Apollo- und die Iuturna-Quelle. Heute fließen die *Aqua Appia*, der *Anio Vetus*, die *Aqua Marcia*, die *Tepula*, die *Iulia*, die *Virgo*, die *Alsietina* (oder *Augusta*), die *Claudia* und der *Anio Novus* in die Stadt." Frontinus gibt uns hier in chronologischer Reihenfolge ein Verzeichnis der damals vorhandenen Wasserleitungen. Später kamen noch die *Aqua Traiana* und die *Aqua Alexandriana* hinzu. Insgesamt floß eine außerordentlich große Menge Trinkwasser nach Rom, das ohne Zweifel die bestversorgte Stadt nicht nur der antiken Welt, sondern vielleicht aller Epochen gewesen ist. Die Wasserleitungen sollen hier in der von Frontinus gegebenen chronologischen Reihenfolge behandelt werden.

Aqua Appia. Die älteste Wasserleitung nach Rom wurde von dem Censor des Jahres 312 v. Chr., Appius Claudius Caecus, gebaut, dem gleichen, der die nach ihm benannte Straße schuf. In Wirklichkeit soll ein Kollege des Appius Claudius, nämlich C. Claudius Venox, die Quellen entdeckt haben, die zwischen dem achten und neunten Meilenstein der Via Praenestina entsprangen. Die Länge der Leitung, die bis auf ein kurzes Stück auf der Höhe der Porta Capena unterirdisch verlegt ist, betrug mehr als 16 km (16561 m). Die Leitung kam, wie viele andere, bei der „Alten Hoffnung" (Spem Veterem) in die Stadt. Von da führte sie zum Caelius, den sie in seiner ganzen Länge durchlief, überquerte das Tal zwischen dem Caelius und dem Aventin auf Bögen, die an die Porta Capena herangebaut waren, und mündete, nachdem sie den ganzen Aventin in einer unterirdischen Leitung durchquert hatte, bei der Porta Trigemina auf das Forum

Das Netz der Wasserleitung im antiken Rom

Boarium. Die Leitung wurde an mehreren Stellen gefunden, sie bestand aus fest miteinander verbundenen, in der Mitte ausgehöhlten Tuffblöcken. Ihre Kapazität betrug
73 000 m³ Wasser pro Tag.

Anio Vetus. Die zweite römische Wasserleitung entstand nur wenige Jahre später, sie
wurde 272 v. Chr. von dem Censor Manius Curius Dentatus gebaut. Sie ist sehr viel
länger als die Appia (63 640 m) und entnimmt ihr Wasser dem Anio zwischen Vicovaro
und Mandela. Die ebenfalls unterirdische Leitung führte bei der *Spes Vetus* in die Stadt,
durchquerte den Esquilin und endete in der Nähe der Stazione Termini. Ihre höchste
Kapazität waren ungefähr 175 920 m³ am Tag.

Aqua Marcia. Diese Leitung wurde von dem Praetor Q. Marcius Rex im Jahre 144
v. Chr. angelegt und ist noch heute eine der wichtigsten Wasserleitungen Roms. Auch
sie wurde vom Anio abgeleitet, aber von einer weiter flußaufwärts gelegenen Stelle.
Ihre Gesamtlänge beträgt etwas mehr als 91 km. Wie üblich führte sie bei der *Spes
Vetus* in die Stadt, hatte dann bis zur Porta Tiburtina denselben Verlauf wie die Aurelianischen Mauern, in die ihre Bögen zum Teil verbaut wurden, und führte von da mit
einem etwa der heutigen Via Marsala entsprechenden Verlauf zur Stazione Termini
und in die Gegend des ehemaligen Finanzministeriums. Von hier verzweigte sie sich
in mehrere Stadtteile. Eine wichtige Abzweigung führte zum Kapitol – zweifellos über
den Sattel, der es mit dem Quirinal verbindet –, das wegen seiner Höhe erst zu diesem
Zeitpunkt an die Wasserversorgung angeschlossen werden konnte. Die Kapazität der
Leitung, der zweitgrößten nach dem *Anio Novus*, betrug ungefähr 187 600 m³ pro Tag.

Aqua Tepula. Sie wurde 125 v. Chr. von den Censoren Cn. Servilius Caepio und L. Cassius Longinus begründet und kam aus der Umgebung von Marino in den Albaner Bergen. Bei der *Spes Vetus* erreichte sie die Stadt. Von da an nahm sie den gleichen Weg wie die *Aqua Marcia.* Sie war eine der kleinsten Wasserleitungen; ihre Kapazität betrug nur 17 800 m³.

Aqua Iulia. Diese Wasserleitung wurde 33 v. Chr. gebaut und kam aus der gleichen Gegend wie die *Aqua Tepula*, mit der sie damals in einer insgesamt 21 677 m langen, neuen Leitung vereinigt wurde. Die Kapazität betrug fast 48 240 m³. In der Stadt hatte sie den gleichen Verlauf wie die *Aqua Marcia.*

Aqua Virgo. Die Wasserleitung verdankt ihren Namen einem Mädchen, das durstigen Soldaten den Weg zu einer Quelle wies. Auch diese Leitung wurde von Agrippa geschaffen (19 v. Chr.). Sie hat einen völlig anderen Verlauf als die übrigen. Ihre Quellen entspringen in der Nähe der *Aqua Iulia*, die Leitung erreicht am Abhang des Pincio die Stadt. Die bis dahin unterirdische Leitung wurde von den Gärten des Lukull (bei der Piazza di Spagna) auf Bögen weitergeführt, von denen in der Via del Nazareno und in der Via del Bufalo noch einige zu sehen sind (wie aus Inschriften hervorgeht, handelt es sich bei dem Stück in der Via del Bufalo um eine claudische Restaurierung). Die Leitung überquerte die *Via Lata* (Via del Corso) auf dem Bogen des Claudius und führte entlang der Via del Seminario weiter. Die Bögen endeten, wie Frontinus berichtet, vor der Fassade der *Saepta*, also in unmittelbarer Nachbarschaft des Pantheon. Von hier erreichte das Wasser durch eine unterirdische Leitung die Thermen des Agrippa. Die *Aqua Virgo* speist heute die Fontana di Trevi. Ihre Kapazität betrug 100 160 m³.

Aqua Alsietina. Dieses, nach Aussage des Frontinus untrinkbare Wasser wurde von Augustus im Jahre 2 v. Chr. nach Rom geleitet. Es kam von zwei Seen, dem Lago di Martignano und dem Lago di Bracciano, und erreichte Rom durch den Gianicolo. Wahrscheinlich sollte es nur die *Naumachia*, den von Augustus angelegten künstlichen See in Trastevere speisen. Die Länge der Leitung betrug ca. 32 815 m, ihre Kapazität 15 680 m³.

Aqua Claudia. Der Bau dieser Wasserleitung wurde zugleich mit dem *Anio Novus* von Caligula im Jahre 38 n. Chr. begonnen und von Claudius 52 n. Chr. abgeschlossen. Ohne Zweifel ist die *Aqua Claudia* die großartigste Schöpfung dieser Art. Das Wasser wurde beim 38. Meilenstein der *Via Sublacensis* gesammelt und erreichte Rom nach einer 68 681 m langen Strecke, auf der es 15 060 m weit oberirdisch geleitet wurde. Vor Rom wurde die Wasserleitung auf den letzten 10 508 m über Bögen geführt; die Ruinen dieser Arkadenreihe gehören zu den berühmtesten und eindrucksvollsten Eigenheiten der Römischen Campagna. Die Leitung erreichte Rom bei der *Spes Vetus;* ihr auffallendster Bestandteil ist hier der monumentale, als Porta Maggiore bekannte Doppelbogen. Auf der Attika sind außer der Inschrift für Claudius zwei weitere Inschriften zur Erinnerung an die von Vespasian (71 n. Chr.) und von Titus (81 n. Chr.) durchgeführten Restaurierungen angebracht. Der Doppelbogen und die Bögen rechts und links davon wurden später in die Aurelianische Mauer einbezogen.
Auf der Höhe der Porta Maggiore wurde zur Zeit Neros eine Leitung abgezweigt, die auf Bögen zum Caelius führte und mehr oder weniger der *Aqua Appia* folgte. Die Bögen sind in der Nähe von S. Giovanni, auf der Piazza della Navicella und oberhalb vom Bogen des Dolabella und Silanus sichtbar. Von hier führte die Leitung zum Tempel

des Claudius, um das östlich davon gelegene neronische Nymphäum zu speisen. Domitian verlängerte die Bögen der Wasserleitung bis zu den Kaiserpalästen auf dem Palatin. Die kühne Konstruktion, mit der dabei das Tal zwischen dem Caelius und dem Palatin überwunden werden mußte, wurde später von Septimius Severus restauriert. Die Kapazität der *Aqua Claudia* betrug 184 280 m³ Wasser am Tag.

Anio Novus. Die Leitung wurde gleichzeitig mit der Aqua Claudia gebaut und nahm weitgehend denselben Weg. Ihre Gesamtlänge betrug 86 876 m, ihre Kapazität überstieg mit 189 520 m³ die aller übrigen.

Aqua Traiana. Da sie nach der Abfassung des Traktats des Frontinus gebaut wurde, ist man über sie sehr viel schlechter unterrichtet. Sie wurde 109 n. Chr. gebaut und versorgte vor allem Trastevere, speiste aber auch die Thermen des Trajan. Ihre Quellen lagen in der Nähe des Braccianer Sees. Von hier erreichte die Leitung nach einem Weg von 32 500 m den Gianicolo, nachdem sie zunächst der Via Clodia und der Via Cassia, danach bis zur Porta S. Pancrazio der Via Aurelia folgte. 1912 wurde unterhalb der Accademia Americana in der Via Angelo Masina ein langer, aus *opus mistum* errichteter Abschnitt der Wasserleitung gefunden.

Aqua Alexandriana. In der chronologischen Reihe der römischen Wasserleitungen steht die von Kaiser Alexander Severus im Jahre 226 n. Chr. erbaute *Aqua Alexandriana* am Schluß. Ihr Wasser stammt von einer Quelle bei Colonna (3 km nördlich des Dorfes). Es wird bis zur Porta Maggiore über ein Aquädukt aus Ziegelsteinbögen entlang der Via Praenestina und der Via Labicana nach Rom geleitet. Das Wasser wurde unter anderem für die Thermen des Alexander Severus verwendet, die im Marsfeld anstelle der Thermen des Nero errichtet wurden.

Die Kapazität der neun älteren Wasserleitungen, von denen man gesicherte Zahlen besitzt, betrug also ingesamt ca. 992 200 m³ täglich. Schätzt man die Bevölkerung Roms in trajanischer Zeit auf 1 Million, so ergibt sich je Einwohner eine verfügbare Wassermenge von ca. 1000 Liter pro Tag; 1968 waren es in Rom nur 475 Liter je Einwohner.

DAS RELIGIÖSE UND
POLITISCHE ZENTRUM DER STADT

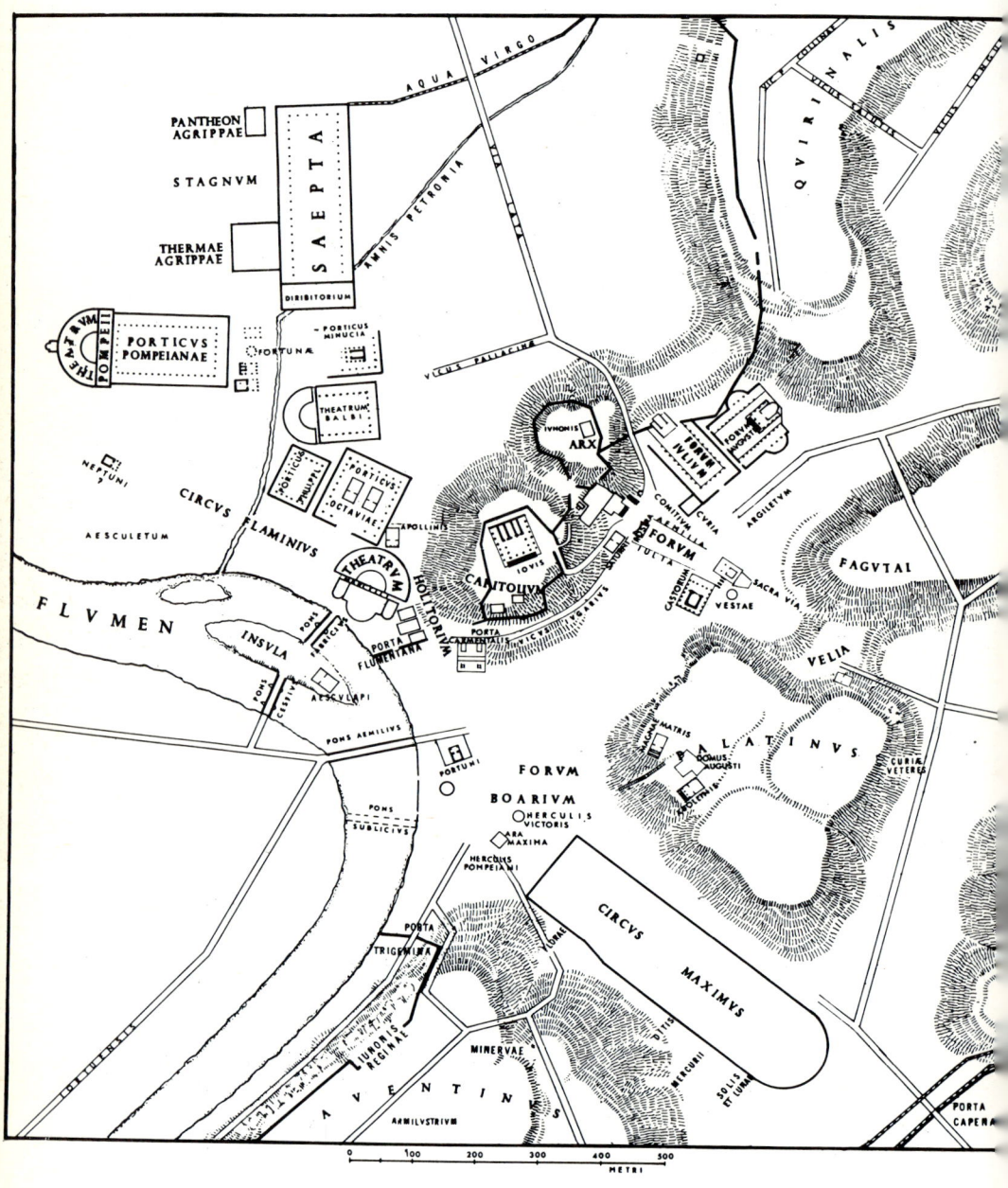

Das Stadtzentrum mit den öffentlichen Bauten
in augusteischer Zeit (Zeichnung: L. Cozza)

Die kapitolinische Wölfin. Etruskische Arbeit
vom Ende des 6. Jahrhunderts v. Chr.

Das Kapitol

Geschichte und städtebauliche Entwicklung

Von allen sieben römischen Hügeln war zweifellos das Kapitol am besten als Festung geeignet. Bei S. Maria in Aracoeli erreicht die Hügelkuppe eine Höhe von 46 m über dem Meeresspiegel. Wichtiger noch als die Höhe war jedoch die Form des Hügels, der auf allen Seiten, außer gegen den Quirinal, von unzugänglichen Felsen begrenzt wird. Noch heute sind die beiden Hügelkuppen zu erkennen (*Capitolium* und *Arx*), die von einer Senke (*Asylum*) getrennt werden. Die Senke entspricht der heutigen Piazza del Campidoglio, von der rechts und links die von Vignola gebauten Treppen zur Kirche S. Maria in Aracoeli (*Arx*) und zum Garten bei der Via del Tempio di Giove (*Capitolium*) führen.

Nach der Überlieferung soll hier Saturn eine Siedlung gegründet haben, wohl die älteste im Bereich der späteren Stadt Rom. Ein Altar am Fuß des Hügels (der zu Beginn der Republik durch einen Tempel ersetzt wurde) und ein Tor zum Kapitol waren nach dem Gott Saturn benannt; vielleicht führte dies zu der Sage von der Gründung. Das hohe Alter der kapitolinischen Besiedlung wird durch bronzezeitliche Keramikfunde im Bereich der Kirche S. Omobono, am Fuß des Kapitols, bestätigt; die aus dem 14.–13. Jahrhundert v. Chr. stammende Keramik ist die älteste, die bisher in Rom gefunden wurde.

In früher Zeit sollen die Sabiner, die der Sage nach auf dem Quirinal saßen, über das Kapitol geherrscht haben. Der Verrat der Römerin Tarpeia, die den Angreifern die Tore öffnete, soll ihnen die Eroberung ermöglicht haben; statt sie zu belohnen, hätten die Sabiner sie unter ihren Schilden begraben und getötet. Ursprünglich bezeichnete der Name „Tarpeia" nur die Schutzgottheit des Hügels, dessen ältester Name *Mons Tarpeius* lautete und dessen steil abfallender Südrand den Namen *Rupes Tarpeia* behielt. Die Statue der Gottheit, die in der Art einer Trophäe aus einem Waffenhaufen herausragt, muß die Sage angeregt haben.

Zu den wichtigsten Ereignissen in der Geschichte des Kapitols gehört zweifellos der Bau des Tempels für Juppiter, Juno und Minerva, mit dem Tarquinius Priscus, der erste etruskische König, begann und den Tarquinius Superbus weiterführte. Die Einweihung fand erst am Anfang der republikanischen Ära statt. Schon vorher gab es andere ältere Heiligtümer: der Tempel des *Iuppiter Feretrius* soll nach der Sage sogar von Romulus selbst gegründet worden sein. Er muß die gleichen, mit dem Triumph

Das Kapitol

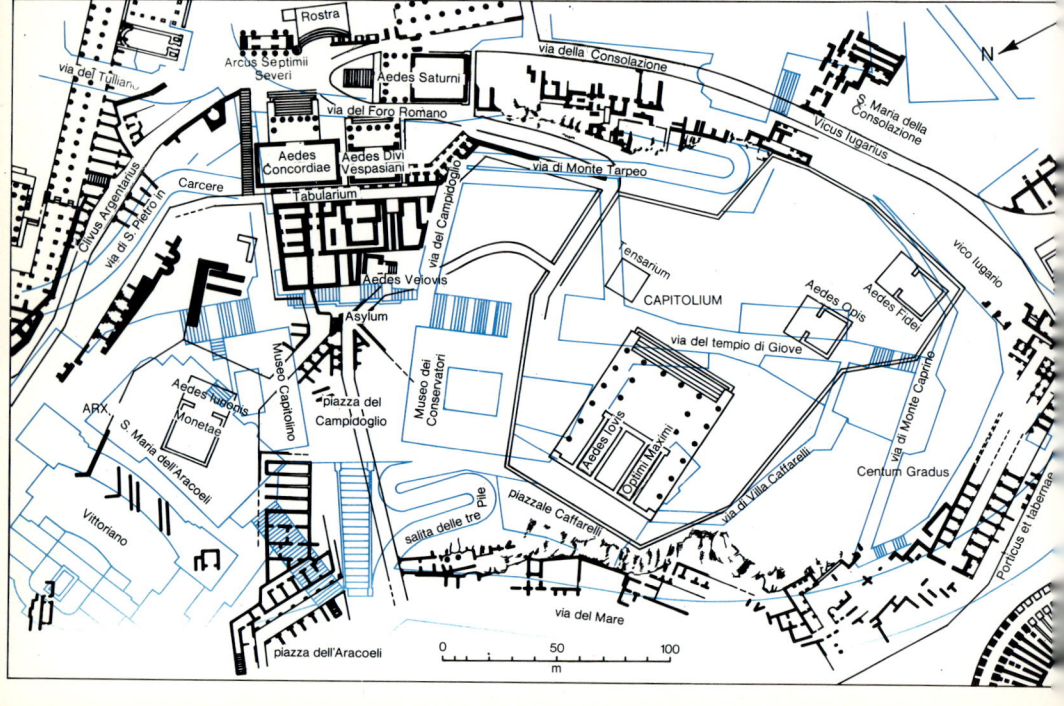

verbundenen Funktionen gehabt haben wie der spätere Juppiter-Tempel. In der Umgebung des Tempels waren die Heiligtümer des *Terminus* und der *Iuventus*, die in das neue Gebäude mit einbezogen werden mußten, da man sie nicht versetzen konnte – eine Lösung, die charakteristisch ist für den religiösen Traditionalismus der Römer. Das berühmteste Ereignis in der Geschichte des Kapitols ist die Verteidigung während der Besetzung der Stadt durch die Gallier (390 v. Chr.). Bald danach, im Jahre 383, wurde der Hügel mit einer mächtigen Terrassierungsmauer abgestützt, die auch als Befestigungsanlage diente.

133 v. Chr. wurde Tiberius Gracchus während einer Versammlung in der Umgebung des Tempels getötet. An der Stelle (wahrscheinlich am oberen Ende der Treppe, die zum Marsfeld hinunterführte, den *centum gradus*) wurde später eine vom Volk sehr verehrte Porträtstatue des Gracchus aufgestellt.

83 v. Chr. zerstörte ein furchtbarer Brand das Kapitol und damit auch den ehrwürdigen Juppiter-Tempel. Mit dem Wiederaufbau wurde Q. Lutatius Catulus, ein Parteigänger Sullas, beauftragt. Die Arbeiten dauerten mindestens bis 69 v. Chr. Eine kürzlich entdeckte Inschrift nennt den Namen des Architekten (ober besser: eines der Architekten): Cornelius.

Im Jahre 69 n. Chr., während der Anarchie nach Neros Tod, entwickelte sich zwischen den Anhängern Vespasians, die sich auf das Kapitol zurückgezogen hatten, und den Anhängern des Vitellius eine Schlacht um den Hügel. Dabei entstand wieder ein schrecklicher Brand, der das Kapitol von neuem zerstörte. Die Gebäude waren gerade erst von Vespasian, dem neuen Kaiser, restauriert worden, als im Jahre 80 n. Chr. ein neuer Brand aufloderte. Unter der Herrschaft des Titus brannte das Marsfeld vollständig ab, das Feuer griff anschließend auch auf den Hügel über und zerstörte die eben restaurierten Gebäude. Die Last des Wiederaufbaus hatte Domitian zu tragen, der nach dem Tod seines Bruders Titus im Jahre 81 n. Chr. Kaiser geworden war. Aus dieser Phase sind einige Bauwerke erhalten: der Tempel der *Dei Consentes* und der des Titus und Vespasian am Abhang des Kapitols auf der Forumsseite.

Der *Clivus Capitolinus* war die einzige befahrbare Straße, die auf das Kapitol führte. Sie bildete die Fortsetzung der *Via Sacra* und begann vor der Fassade des Saturn-Tempels. Ein beachtliches Stück ist gleich hinter der Halle der *Dei Consentes* zu sehen. Dahinter ist die Straße mit einem großen Teil des südlichen Abhanges abgestürzt. Sie muß ein Stück weiter geradeaus geführt haben, um dann mit einer Biegung nach Norden vor dem Juppiter-Tempel zu enden. Der *Clivus Capitolinus* war der letzte Abschnitt auf dem Weg der Triumphzüge.

Man kennt bisher nur zwei weitere Zugänge zum Kapitol. Die *Scalae Gemoniae* führten zur *Arx* hinauf und entsprachen wahrscheinlich der modernen Treppe zwischen dem *Carcer* und dem *Concordia-Tempel*; auf sie warf man die Leichen der Hingerichteten aus dem benachbarten Gefängnis. Wahrscheinlich waren die *Gradus Monetae*, die von den antiken Schriftstellern erwähnt werden, eine Verlängerung dieser Treppe bis zum Tempel der Iuno Moneta an der höchsten Stelle der Festung.

Auf den folgenden Seiten:
Modell des antiken Rom (v. I. Gismondi –
Museo della Civiltà Romana in Rom):
1. Blick von Südosten auf das Stadtzentrum
mit dem Kolosseum im Vordergrund.
2. Blick von Norden auf das Marsfeld:
Unten links die Ustrina von Mark Aurel und
Antoninus Pius, rechts das Domitians-Stadion

und oben die Theater des Balbus und Pompejus.
3. Blick von Südwesten auf die Stadtmitte mit dem
Aventin und dem Circus Maximus im Vordergrund.
4. Blick von Westen auf die Stadtmitte:
Links das Kapitol mit dem Juppiter-Tempel,
in der Mitte das Forum Romanum und oben
die Kaiser-Foren

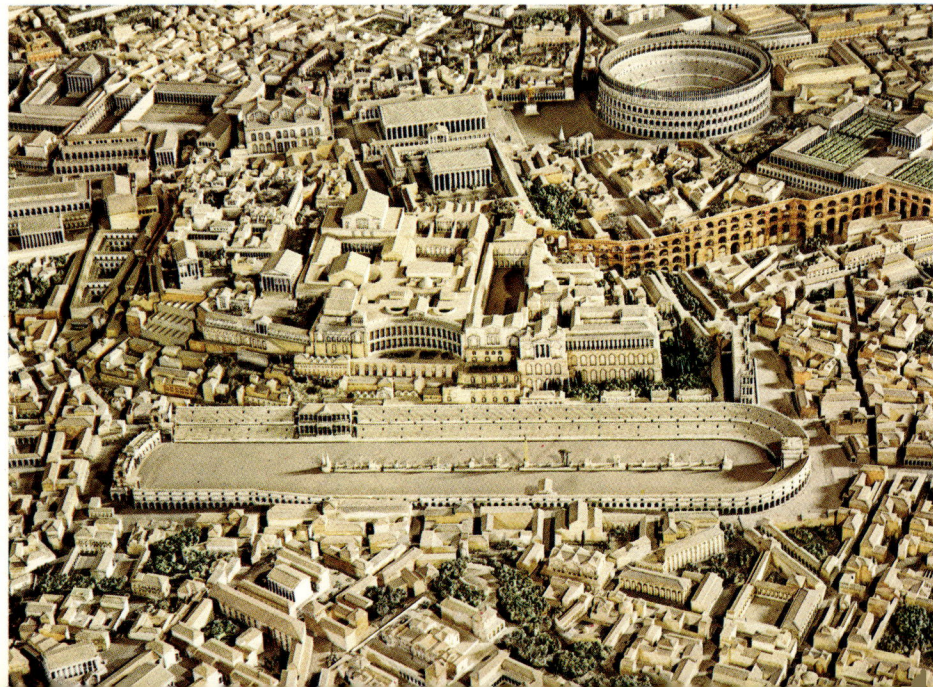

1

3

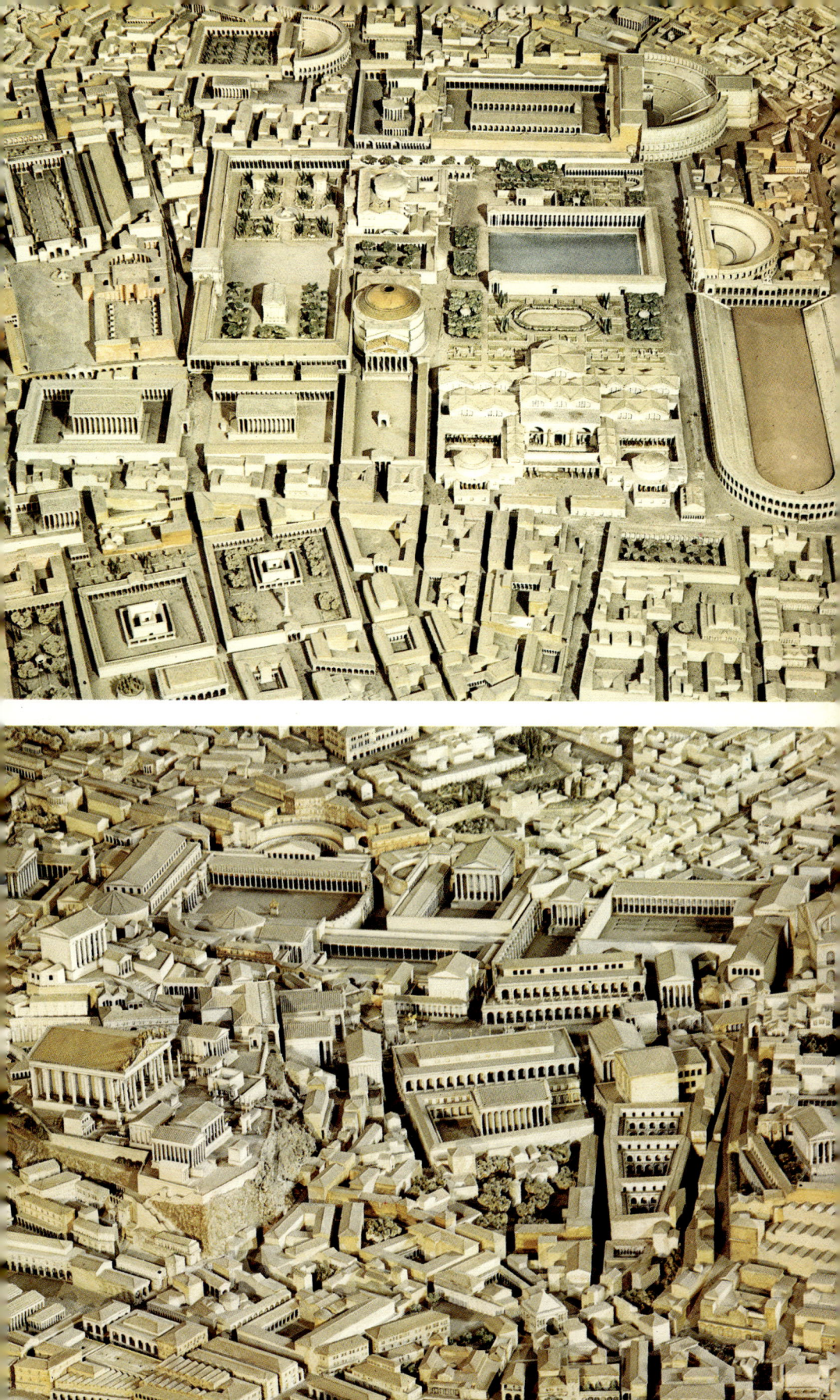

Den dritten Zugang bildete eine Treppe mit dem bezeichnenden Namen *Centum Gradus* (Hundert Stufen). Sie führte auf der Seite des Tarpeischen Felsens nach Süden bis auf die Höhe des Marcellus-Theaters hinunter. Ein Fragment des severischen Marmorstadtplans zeigt den oberen Teil der Treppe, dessen Abschluß ein Bogen bildete. Wahrscheinlich war dies der *Fornix Calpurnius*, bei dem Tiberius Gracchus ermordet wurde.

Beschreibung der Bauten und Denkmäler

Den wichtigsten Teil des Hügels bildete selbstverständlich die südliche Kuppe, das *Capitolium*. Hier erhob sich der bedeutendste Tempel der offiziellen römischen Staatsreligion, der Tempel der kapitolinischen Trias, Juppiter, Juno und Minerva. Die Errichtung dieses gigantischen Bauwerks, das auf die etruskischen Könige von Rom zurückgeht, bezeugt die Bedeutung der Stadt und das Machtstreben ihrer Herrscher im 6. Jahrhundert v. Chr. Das Heiligtum sollte das des latinischen Bundes auf dem *Mons Albanus* ersetzen und Rom dadurch zum unbestreitbaren Mittelpunkt des Bündnisses machen.

Die heute sichtbaren Mauerreste aus Cappellaccio-Quadern gehören zum Unterbau. Das größte und am besten erhaltene Stück kann man im Museo Nuovo Capitolino sehen (innerhalb des Konservatorenpalastes). Ein Überrest des rückwärtigen Teils befindet sich in den Anlagen auf dem Piazzale Caffarelli, die vordere rechte Ecke der Fassade liegt in der Via del Tempio di Giove. Aus den Resten des Podiums kann man auf die für jene Zeit außerordentliche Größe des Gebäudes schließen, das ungefähr 53 m breit und 63 m lang war. Es handelt sich um den größten Tempel tuskanischer Ordnung, der je gebaut wurde; er allein würde Reichtum und Macht des „großen Rom der Tarquinier" schon überzeugend genug darstellen.

Oberhalb vom Podium standen auf drei Seiten je eine Reihe von sechs Säulen, die auf der Frontseite wohl dreifach gestaffelt waren. Die Rückseite bestand nur aus einer fensterlosen Mauer. In der rückwärtigen Hälfte des Gebäudes lagen die drei *cellae:* die mittlere war Juppiter geweiht, die rechte Minerva und die linke Juno. Den First schmückte ein Viergespann aus Terrakotta, ein Werk des aus Veji stammenden Bildhauers Vulca. Die am Anfang dieses Jahrhunderts in Veji gefundenen großartigen Terrakottastatuen, die wie der Tempel des kapitolinischen Juppiter an das Ende des 6. Jahrhunderts zu datieren sind, vermitteln eine klare Vorstellung von den Werken dieses Künstlers (die Skulpturen aus Veji, darunter der berühmte Apoll, befinden sich im Museo di Villa Giulia in Rom). Im Jahre 296 v. Chr. ersetzten die Brüder Ogulnii (die auch die Bronzelöwin für das Lupercal in Auftrag gaben) das alte Viergespann aus Terrakotta durch eines aus Bronze.

Während der Brandkatastrophen von 83 v. Chr., 69 n. Chr. und 80 n. Chr. wurde der Tempel jedesmal völlig zerstört und dreimal aus Marmor wieder aufgebaut. Anscheinend verwendete Sulla beim ersten Wiederaufbau Säulen vom Tempel des Zeus Olympios in Athen. Die wahrscheinlich vom Zeus des Phidias beeinflußte Kultstatue wurde von einem griechischen Bildhauer geschaffen, dessen Name überliefert ist. Er hieß Apollonios und war vermutlich der Sohn des Nestor, dessen Name auf dem sogenannten Torso vom Belvedere steht. Kopien der Juppiter-Statue waren in den Capitolia der Munizipien und der Kolonien aufgestellt; am bekanntesten ist die aus Otricoli im Vatikan.

Vor der Tempelfassade, zu der eine breite Treppe hinaufführte, lag die *Area Capitolina*, ein weiträumiger Platz, der heute zum Teil von den Gärten an der Via del Tempio

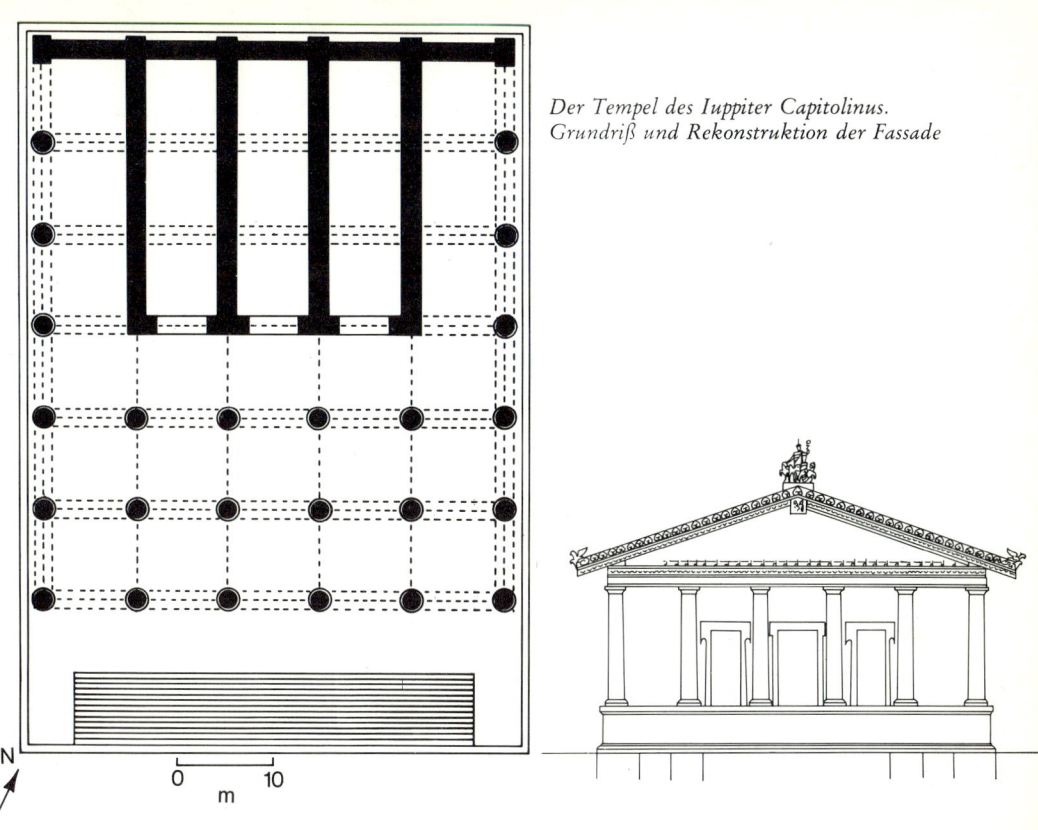

Der Tempel des Iuppiter Capitolinus.
Grundriß und Rekonstruktion der Fassade

di Giove eingenommen wird. Der größte Teil ist jedoch nicht mehr vorhanden, sondern wurde bei den vielen Erdrutschen verschüttet, von denen der Hügel hier immer wieder heimgesucht wurde. Von den zahlreichen Denkmälern, mit denen der Platz vollgestellt war, ist außer einem quadratischen Fundamentkern aus *opus caementicium* mit Kalkstein-Einsprengseln nichts mehr vorhanden. Er wurde am Ende des vorigen Jahrhunderts beim Bau der Via del Tempio di Giove gefunden und durch die Straße in zwei Teile zerschnitten (zu beiden Seiten der Straße sind kurz vor der Ecke des Tempels noch einige Reste zu sehen). Das Fundament hält man im allgemeinen für das Podium vom Tempel des *Iuppiter Custos,* den Domitian zur Erinnerung an die Gefahr, in der er sich bei der Belagerung des Kapitols durch Vitellius befand, errichtet hat. Die quadratische Form des Gebäudes scheint nicht zu einem Tempel zu passen. Sein Standort, rechts von der Fassade des Juppiter-Tempels und genau in dessen Achse, scheint der gleiche zu sein wie der eines Gebäudes, das auf einem der Reliefs Mark Aurels (auf dem Treppenabsatz im Konservatorenpalast aufgehängt) dargestellt ist. Seine Benennung, und damit auch die des Gebäudes, ist unsicher: es dürfte sich um das *Tensarium* handeln, also um die Remise, in der die heiligen Wagen untergebracht waren, auf denen bei besonderen Anlässen, wie z. B. den *Ludi Romani*, die kapitolinischen Götterbildnisse im Festzug umhergefahren wurden. Möglicherweise handelt es sich aber auch um die *Ara gentis Iuliae.*

Eine unendliche Reihe kleinerer Tempel, Heiligtümer, Siegeszeichen und Statuen standen auf dem Platz vor dem Tempel. Mehrmals mußte man darangehen, ihn vor allem von den Statuen und Trophäen zu räumen, die dann an andere Plätze gebracht wurden. Dies geschah z. B. auf Veranlassung der Censoren des Jahres 179 v. Chr. und zur Zeit des Augustus, der eine große Anzahl von Statuen zum Marsfeld bringen ließ. Von den Tempeln kennt man den der *Fides*, der auf der Südseite des Platzes stand; wahrscheinlich gehören die in der Nähe der Kirche S. Omobono entdeckten, bei einem Erdrutsch vom Hügel herabgestürzten Reste zu diesem Tempel. Es handelt sich um einen Teil des Podiums aus Gußmauerwerk (opus caementicium), um Säulenfragmente und einen großen weiblichen Marmorkopf, der wahrscheinlich zu der Kultstatue gehörte. Diese Reste werden im allgemeinen mit dem Tempel der Ops in Verbindung gebracht, der ebenfalls am Rand der Area Capitolina stand; es ist jedoch wahrscheinlich, daß er weiter im Norden lag. Daß es sich um den Tempel der Fides (der Treue) handeln muß, beweisen unter anderem die ungefähr gleichzeitig mit den oben beschriebenen Resten entdeckten zweisprachigen Inschriften (griechisch und lateinisch) mit Weihungen kleinasiatischer Völker vom Ende des 2. und Anfang des 1. Jahrhunderts v. Chr. Diese Weihinschriften befanden sich sicherlich ursprünglich in der Nähe des Fides-Tempels, da die Göttin als Beschützerin von Verträgen und diplomatischen Beziehungen galt.

Unter den vom Kapitol herabgestürzten Bauteilen sind ferner die Fragmente einer mit Reliefs von Victorien und Trophäen verzierten Basis aus schwarzem Marmor zu erwähnen. Vielleicht gehörten sie zur Basis der Bronzegruppe, die Jugurthas Unterwerfung darstellte und ein Geschenk des Königs Bakchos von Mauretanien an Sulla war. Dieses Denkmal schmälerte den Ruhm, den Marius im Krieg gegen Jugurtha erworben hatte, und es war eine der Ursachen für die Spannungen zwischen beiden Männern.

Mit diesem Siegesmal wurde eine Kopie des Aristogeiton gefunden, eines der Tyrannenmörder aus der Gruppe, die von Kritios und Nesiotes geschaffen und vermutlich im Jahre 476·v. Chr. auf der Athener Agora aufgestellt worden war. Daß eine ähnliche Statue auf dem Kapitol stand, kann kaum Zufall sein; auffallend ist die chronologische Übereinstimmung zwischen der Ermordung des Hipparch, eines der Söhne von Peisistratos, im Jahre 514 und der Vertreibung seines Bruders, des Tyrannen Hippias, im Jahre 510 mit der im Jahre 509 v. Chr. erfolgten Vertreibung des Tyrannen Tarquinius Superbus, die zugleich den Beginn der römischen Republik bedeutete.

Die Statue des Aristogeiton stand neben den Bronzestatuen der Könige Roms, die vermutlich im 4. Jahrhundert v. Chr. auf der Area Capitolina aufgestellt worden waren, und neben der Statue des Brutus, der die Tarquinier vertrieben hatte. Auf Grund ihrer Ausführung ist die Kopie des Aristogeiton ins 1. Jahrhundert v. Chr. zu datieren. Zu ihrer Aufstellung wurden zahlreiche Vermutungen angestellt; eine dieser Hypothesen ist die, daß es sich um eine symbolische Darstellung des Scipio Nasica handle, der für die Ermordung des Tiberius Gracchus die Hauptverantwortung trug. Tatsächlich warf der römische Adel dem Tribun, der ganz in der Nähe ermordet worden war, monarchistische Bestrebungen vor. Eine ähnliche Episode ereignete sich wenig später. Als Brutus und Cassius, die Mörder Cäsars, nach Athen kamen, ehrte sie die Stadt mit Statuen, die neben denen der Tyrannenmörder auf der Agora aufgestellt wurden.

Auf dem Clivus Capitolinus stand – wohl am Eingang zur Area Capitolina – einer der ältesten Triumphbögen, den Scipio Africanus 190 v. Chr. errichtet hatte. Der Bogen war mit sieben Statuen und zwei Pferden, die vermutlich zu Reiterstatuen gehörten, geschmückt. Die Statuen dürften die bedeutendsten Mitglieder der Familie geehrt haben. Davor standen zwei Marmorbrunnen.

Zu den ältesten Überresten im Gebiet des Capitolium gehört ein Depot mit Weihgeschenken, das unter dem Gebäude zwischen der Via del Campidoglio und der Via di Monte Tarpea entdeckt wurde. Die ältesten Funde gehen bis in das 7. Jahrhundert v. Chr. zurück. Vom Clivus Capitolinus stammt auch die bekannte Buccheroschale mit etruskischen Inschriften, die eine wichtige Bestätigung für die Anwesenheit der Etrusker in Rom während des 6. Jahrhunderts v. Chr. darstellt.

Am besten erhalten sind die Gebäude im Asylum, der Senke zwischen den beiden Hügelkuppen. Das bedeutendste Baudenkmal ist das Tabularium, dessen mächtige

Fassade noch heute das Forum beherrscht. Der Bau, in dem die Staatsarchive untergebracht waren, geht auf Q. Lutatius Catulus zurück, der nach dem Brand des Jahres
83 v. Chr. mit dem Wiederaufbau betraut war. Eine kürzlich auf der Via Prenestina
entdeckte Grabinschrift (jetzt im Hof des Krankenhauses Fatebenefratelli auf der Tiberinsel) hat uns möglicherweise den Namen des Architekten überliefert: *(L(ucius) Cornelius L(uci) f(ilius) Vot(uria tribu)/Q(uinti) Catuli co(n)s(ulis) praef(ectus) fabr(um)/
censoris architectus* („Lucius Cornelius, Sohn des Lucius, aus der Tribus Voturia,
Baurat unter dem Konsul Quintus Lutatius Catulus und sein Architekt, als er Censor
war"). Lutatius Catulus war 78 v. Chr. Konsul und 65 v. Chr. Censor, trat jedoch sofort
wieder vom Amt zurück. Lucius Cornelius, ein römischer Bürger, der, wie aus der
Tribus zu schließen ist, wohl aus Ostia stammte, arbeitete offensichtlich in jenen Jahren
unter Lutatius Catulus am Wiederaufbau des Kapitols.
Wir kennen zwei Inschriften, die sich auf das *Tabularium* beziehen. Die eine wurde
beim *Tabularium* auf der Seite zum Forum hin gefunden und ist jetzt an der Nordseite
des Gebäudes angebracht. Sie lautet: *[Q. Lu]tatius Q(uinti) f(ilius) Q(uinti) n(epos)
C[atulus co(n)s(ul) / de s]en(atus) sent(entia) faciundu[m coeravit / eidemque
[p]rob[avit]* („Quintus Lutatius Catulus, Sohn des Quintus und Enkel des Quintus,
Konsul, vergab auf Senatsbeschluß den Auftrag und erteilte den Zuschlag für dieses
Bauwerk"). Die andere, wichtigere Inschrift ist verloren, doch wurde sie im Mittelalter
abgeschrieben: *Q(uintus) Lutatius Q(uinti) f(ilius) Q(uinti) [n(epos)] Catulus
co(n)s(ul)/substructionem et tabularium/de s(enatus) s(ententia) faciundum coeravit,
[ei]demque/pro[bavit].* Der Text ist nahezu der gleiche wie bei der anderen Inschrift,
nur wird hier auch das Bauwerk selbst erwähnt, das aus einer Substruktion und dem
darüber gelegenen *Tabularium* bestand. Dies stimmt mit dem Befund überein; das
Gebäude steht auf einem hohen Unterbau, der nicht nur der Sicherung diente, sondern
auch das Staatsarchiv auf das Niveau des *Asylum* erheben sollte. Der 73,60 m lange
Unterbau ist aus regelmäßigen Blöcken aus Aniene-Tuff und Peperin gebaut. Durch
das Podium des Tempels für Vespasian und Titus wurde der Zugang verbaut, hinter
dem eine noch heute recht gut erhaltene Treppe in dem engen Raum zwischen der
Fassade und dem Felsen liegt. Sie führt zu einigen Räumen im ersten Geschoß, die
ihr Licht durch schmale Fenster empfangen. Oberhalb davon verläuft ein langer offener
Gang, der in mehrere Abschnitte gegliedert ist; jeder ist eigens überwölbt und öffnet
sich mit einem Bogen zum Forum hin. Die Arkaden sind mit dorischen Halbsäulen
aus Peperin eingefaßt, Kapitelle und Architrav sind aus Travertin. Daneben sind Reste
eines dorischen Metopen- und Triglyphenfrieses erhalten, über dem sich zweifellos
ein weiteres Geschoß befand. Zu ihm müssen die korinthischen Travertin-Säulen gehört haben, deren Fragmente unterhalb der Fassade gefunden wurden (jetzt in der Halle
der *Dei Consentes*). Daß es dieses Obergeschoß gab, geht auch daraus hervor, daß auf
der Höhe des ersten Stockwerks nur fünf unzureichende Räume liegen. Die massive
Fundamentierung hinter ihnen muß das obere Geschoß getragen haben, in dem das
Archiv selbst untergebracht war.
Der Bau ist eines der interessantesten Beispiele jener republikanischen Architektur,
die zwischen der Mitte des 2. und des 1. Jahrhunderts v. Chr. in ganz Mittelitalien verbreitet war. Es seien hier nur die Heiligtümer in Palestrina, Tivoli, Ferentinum (Frosi-
none) und in Terracina erwähnt. Vor allem das aus sullanischer Zeit stammende Herku-
les-Heiligtum in Tivoli ist mit dem Tabularium eng verwandt. In beiden Bauten sind
einige Neuheiten eingeführt, so z. B. der von Halbsäulen eingerahmte Bogen, ein Motiv,
das in der späteren römischen Architektur immer wieder verwendet wurde, und das
Kreuzgewölbe.
Der offene Gang bildete eine Art überdachter Verbindungsstraße zwischen *Capitolium*

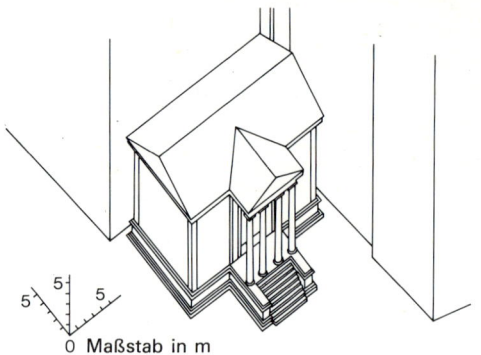

0   Maßstab in m

und *Arx*, man hat von hier aus einen großartigen Blick über das Forum. Im Gang werden ein Stück Gebälk vom Concordia-Tempel aus augusteischer Zeit und der Abguß des mit Opfergeräten geschmückten Architravs vom Tempel des Vespasian und Titus aufbewahrt. In den übrigen Räumen befinden sich einige Mosaiken aus Häusern, die für den Bau des *Tabularium* zerstört werden mußten. Sie gehören zu den ältesten Mosaiken in Rom (nicht nach dem 2. Jh. v. Chr.).
Die Südwestecke des *Tabularium* springt etwas zurück, da hier auf ein älteres Gebäude Rücksicht genommen werden mußte. Bei dem 1939 gefundenen Bau handelt es sich um den Tempel des Veiovis, einer jugendlichen Unterweltsgottheit, die wohl aus dem Kreis der etruskischen Götter stammt. Der Tempel wurde 192 v. Chr. geweiht und in der Mitte des 2. Jahrhunderts zum ersten Mal restauriert. In seinem jetzigen Zustand stammt das Gebäude aus einer späteren Phase, wahrscheinlich derselben wie das Tabularium (78 v. Chr.). Außerdem sind Ausbesserungen mit Ziegeln aus der Zeit Domitians festzustellen, die sicher nach dem großen Brand von 80 n. Chr. ausgeführt wurden. Der Bau ähnelt dem Concordia-Tempel; wie bei diesem ist die architektonische Form durch die Enge des zur Verfügung stehenden Raumes bedingt. Wie auch Vitruv in seinem Buch „Über die Architektur" erwähnt, hatte der Tempel über dem Travertinpodium eine Cella, die breiter als tief war, und davor eine Halle mit vier Säulen an der Stirnseite, zu der eine Treppe hinaufführte. In der Vorhalle steht noch ein kleiner Marmoraltar. Die große, in der Umgebung des Tempels gefundene Kultstatue wird in einem der benachbarten Räume des *Tabularium* aufbewahrt; leider fehlen Kopf und Hände, die vermutlich ein Attribut hielten. Zu Resten des Tempels, die unterhalb vom Senatorenpalast liegen, gelangt man im allgemeinen durch den Eingang von Sixtus IV. auf der linken Seite.
Der wichtigste Tempel auf der *Arx* war der Iuno Moneta (der „Mahnerin") geweiht. Wahrscheinlich stand er an der Stelle der Kirche S. Maria in Aracoeli, doch fand man bis jetzt noch keinerlei Spuren. Auch das schöne archaische Terrakotta-Antefix, das im Garten der Kirche gefunden wurde, kann nicht von dem Tempel stammen, da dieser 343 v. Chr. gegründet wurde, das Antefix jedoch an den Anfang des 5. Jahrhunderts v. Chr. zu datieren ist. Der Überlieferung zufolge soll Camillus nach einem Sieg über die Aurunker den Tempel gestiftet haben. In der Nähe befand sich später die römische Münzprägestelle; daraus entstand die Bezeichnung *moneta* (= Geld), die noch heute in zahlreichen romanischen Sprachen weiterlebt.
Der Mauerrest aus Cappellaccio-Tuff in dem kleinen Garten über dem Museo del Risorgimento gehörte vielleicht zum Podium eines Tempels.
Von einigen der orientalischen Kulte, die seit der spätrepublikanischen Zeit auf dem

Kapitol vertreten waren, gibt es noch Spuren: *Caelestis, Mithras* und *Isis* wurden hier verehrt. Das Isis-Heiligtum auf dem Kapitol war sehr alt und bedeutend. Es ist seit 58 v. Chr. sicher bezeugt, da es in jenem Jahr auf Beschluß des Senats zerstört wurde. Es wurde jedoch wieder aufgebaut, denn Domitian konnte sich während der Belagerung des Kapitols durch die Anhänger des Vitellius dorthin flüchten und sich dadurch retten, daß er seine Haare abrasierte und sich als Isis-Priester verkleidete. Außerdem sind einige Priester der kapitolinischen Isis aus Inschriften bekannt. Der kleine Obelisk mit einer Inschrift Ramses' II., den man im 16. Jahrhundert v. Chr. in die Villa Celimontana brachte, muß zu diesem Tempel gehört haben, der in dieser Gegend in der Nähe der *Arx* angenommen wird.

Beim Ausheben eines Verbindungsganges zwischen den beiden Museen, in dem jetzt das Lapidarium untergebracht ist, wurden unter der Piazza del Campidoglio weitere, aus der Kaiserzeit stammende Ruinen gefunden. Man kann hier die Reste einiger Wohnhäuser aus dem 2. Jahrhundert n. Chr. sehen, die zu beiden Seiten einer Straße stehen. Sie sind aus Ziegelsteinen und Tuffretikulat gebaut, ihre Balkone wurden von Travertinkonsolen gestützt. Ein weiterer wichtiger Fund ist eine archaische Zisterne mit drei Verzweigungen, die unter der östlichen Ecke des Konservatorenpalastes in den Tuff gehauen ist.

Während der Sanierung des Kapitols („Isolamento", 1931–42) wurden an den Abhängen zahlreiche Gebäude entdeckt. Am bedeutendsten ist sicherlich das große, mehrstöckige Wohnhaus *(insula)*, das unterhalb der Treppe zur Kirche S. Maria in Aracoeli, neben dem Denkmal für Vittorio II. zu sehen ist und an den Fels gebaut war. Außer dem Erdgeschoß, dem darüberliegenden Zwischengeschoß und drei weiteren Stockwerken gibt es Spuren von einem vierten, das möglicherweise nicht einmal das letzte Stockwerk war. Die Ladenräume im Erdgeschoß öffnen sich zu einem Hof, den eine von Pfeilern getragene Halle umgibt. Wahrscheinlich wurden sie als Verkaufslokale benutzt. Sie haben eine direkte Verbindung zu dem darübergelegenen Halbstock, dessen Holzfußboden nicht erhalten ist. Über den von Travertinkonsolen gestützten Laubengang gelangte man in die Mietwohnungen, zu denen jeweils eine große Anzahl von Räumen gehörte, die durch rechteckige Fenster beleuchtet wurden. Die Räume werden immer enger, je weiter man zu den oberen Stockwerken hinaufsteigt.

Das aus dem 2. Jahrhundert n. Chr. stammende Gebäude ist ein bezeichnendes Beispiel für die angespannte städtebauliche Situation Roms während der Kaiserzeit, wie man sie besonders aus Ostia kennt. Man nimmt an, daß hier ungefähr 380 Personen unter sicherlich nicht gerade komfortablen Bedingungen lebten. Es war eine regelrechte Schlafstelle für die Armen, die uns die Klagen der zeitgenössischen lateinischen Schriftsteller (z. B. Martial und Juvenal) verständlich macht. Es bestätigt sich hier auch, daß die ärmeren Bewohner in den oberen Stockwerken lebten. Man erinnere sich an die zweihundert Stufen *(ducentas scalas)*, die Martial bis zu seiner Wohnung hinaufsteigen mußte, und an die ständige Bedrohung durch Einsturz und Brand, die Juvenal erwähnt. Das war die Kehrseite Roms, der prächtigen Stadt mit ihren Monumenten, Foren, Gärten, Thermen und großen Prachtvierteln: so sah für Millionen Menschen in der Stadt der Alltag aus.

Das Forum Romanum

Das Forum Romanum:
1. Basilica Aemilia; 2. Heiligtum der Venus Cloacina; 3. Janus-Tempel?; 4. Comitium; 5. Lapis Niger; 6. Curia; 7. Ehrendenkmäler; 8. Bogen des Septimius Severus; 9. Rostra Iulia; 10. Saturn-Tempel; 11. Portikus der Dei Consentes; 12. Tempel des Vespasian und Titus; 13. Concordia-Tempel; 14. Carcer Tullianus; 15. Forums-Platz; 16. Basilica Iulia; 17. Dioskuren-Tempel; 18. Iuturna-Quelle; 19. Domitianischer Baukomplex; 20. Cäsar-Tempel; 21. Augustus-Bogen; 22. Regia;

23. Vesta-Tempel und Haus der Vestalinnen; 24. Tempel des Antoninus und der Faustina; 25. Archaischer Begräbnisplatz; 26. sog. Tempel des Romulus; 27. Tempelchen des Dionysos?; 28. Maxentius-Basilika; 29. Titus-Bogen; 30. Tempel der Venus und Roma.

Rechte Seite oben:
Blick auf das Forum Romanum von Süden

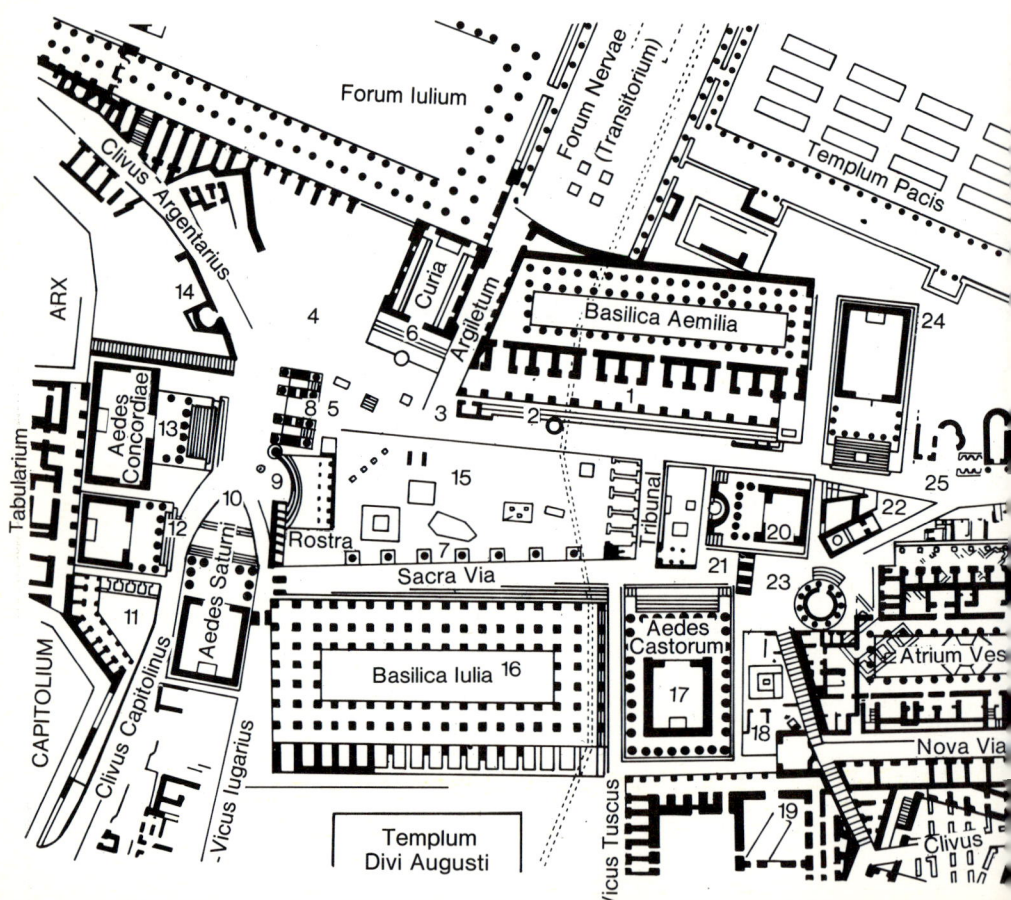

Forum Iulium · Forum Nervae (Transitorium) · Templum Pacis · Clivus Argentarius · ARX · Tabularium · Aedes Concordiae · Aedes Saturni · CAPITOLIUM · Clivus Capitolinus · Vicus Iugarius · Curia · Argiletum · Rostra · Basilica Aemilia · Sacra Via · Basilica Iulia · Templum Divi Augusti · Aedes Castorum · Tribunal · Atrium Ves · Nova Via · Vicus Tuscus · Clivus

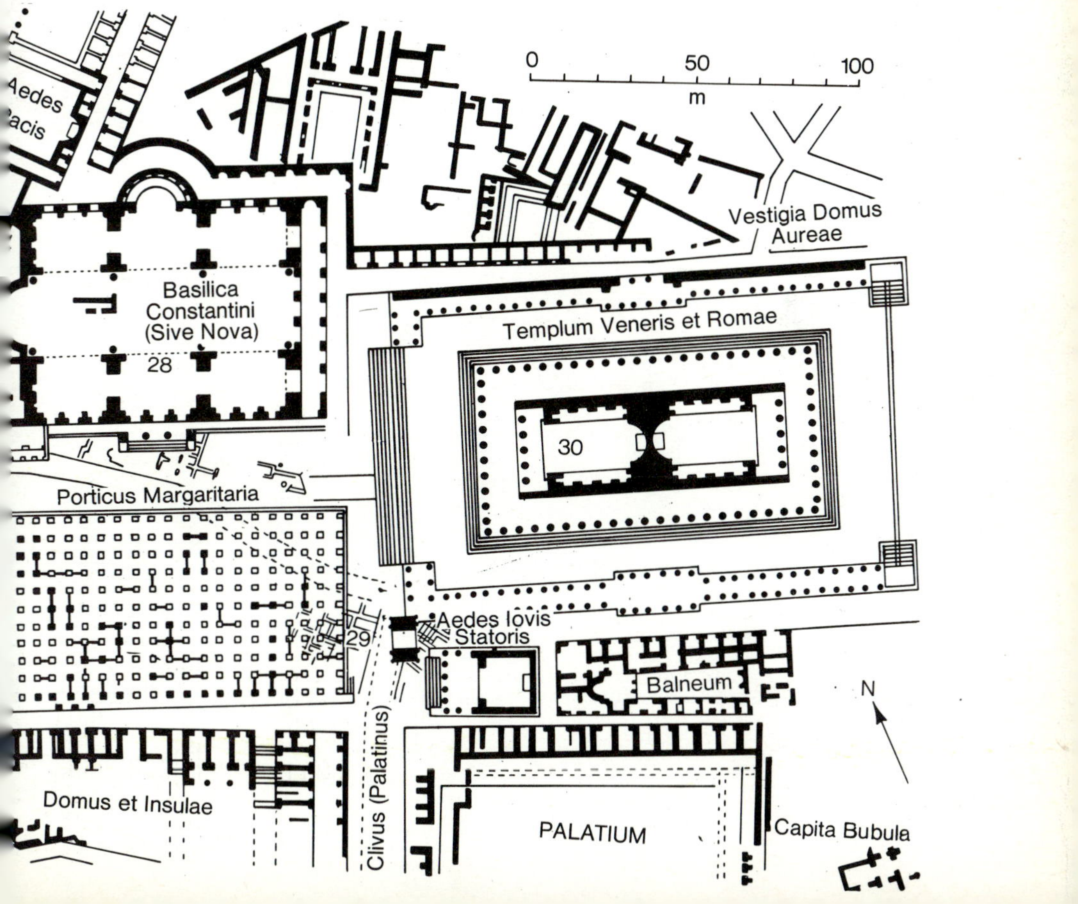

Aedes
Pacis

0   50   100
         m

Vestigia Domus
Aureae

Basilica
Constantini
(Sive Nova)
28

Templum Veneris et Romae

30

Porticus Margaritaria

Aedes Iovis
Statoris

Balneum

N

29

Domus et Insulae

Clivus (Palatinus)

PALATIUM

Capita Bubula

Geschichte und städtebauliche Entwicklung

Das Forumstal ist großenteils durch die Verwitterung der vulkanischen Tuffschicht entstanden, die zu einem guten Teil den Boden in der römischen Campagna bedeckt. Die Erosion erfolgte durch die vielen kleinen Bäche, die zum Tiber fließen. Die Senke zwischen dem Kapitol und dem Palatin zieht sich nach Südwesten gegen den Fluß bis zum *Velabrum* hin, das seinen Namen wahrscheinlich ebenfalls von einem Wasserlauf hat.

Übereinstimmend betonen alle antiken Schriftsteller, wie sumpfig und unwirtlich das Tal des Forums einst war. Und in der Tat entstanden die ersten Siedlungen auf den Hügeln, während die Niederung damals lediglich als Bestattungsplatz benutzt wurde. Die Grabungen beim Tempel des Antoninus und der Faustina zeigten, ebenso wie andere vereinzelte Entdeckungen beim Tempel des *Divus Iulius* und bei der Reiterstatue Domitians, daß ein großer Teil des Tals mit der Siedlung auf dem Palatin nichts zu tun hatte, da sie sich nur bis zu den Ausläufern des Hügels hinzog. Ihre Grenze bildete wahrscheinlich die *Via Sacra*, eine natürliche, in der Talsohle gelegene Straße. Auf der einen Seite der Straße, die wahrscheinlich mit dem antiken *pomerium*, der Stadtgrenze, zusammenfällt, fand man uralte Gebäude (die *Regia*, das Heiligtum der Vesta), während gleich jenseits der Straße, auf der Nordseite der Begräbnisplatz beginnt.

Er wurde seit der frühen Eisenzeit (9. Jh. v. Chr.) ununterbrochen bis in die letzten Jahrzehnte des 7. Jahrhunderts v. Chr. benutzt; danach hörten die Bestattungen plötzlich auf; gleichzeitig (um 600 v. Chr. oder etwas früher) wurde das Forum zum ersten Mal gepflastert. Welche Folgerungen aus diesem bezeichnenden Zusammentreffen zu ziehen sind, ist klar: das Forum lag nun nicht mehr außerhalb der Stadt, sondern war ein Teil der Siedlung geworden. Vergleicht man den archäologischen Befund und die schriftliche Überlieferung, so fällt eine Reihe weiterer Übereinstimmungen auf: am Ende des 7. Jahrhunderts v. Chr. (überliefertes Datum: 616 v. Chr.) soll die Herrschaft der etruskischen Tarquinier über Rom begonnen haben. Der erste König, Tarquinius Priscus, soll die Errichtung mehrerer öffentlicher Bauten in Angriff genommen haben, insbesondere ein großangelegtes Kanalsystem zur Entwässerung der sumpfigen Talsenken. Der wichtigste dieser Kanäle war die *Cloaca Maxima*, deren Verlauf auf dem zentralen Forumsgelände noch heute zu erkennen ist. Sie soll den Wasserlauf auf dem Forum kanalisiert und damit die Senke benutzbar gemacht haben. Diese Nachricht ist nicht von den archäologischen Befunden zu trennen, aus denen hervorgeht, daß das Forum nicht mehr als Begräbnisplatz benutzt und zum ersten Mal gepflastert wurde. Die Besiedelung des Tals setzte aber auch voraus, daß die beiden Hügel auf der anderen Seite, das Kapitol und der Quirinal, besetzt und in die Palatin-Stadt einbezogen wurden. Dies soll ebenfalls unter der Herrschaft der etruskischen Könige geschehen sein. Der Bau des gigantischen Tempels für den *Iuppiter Optimus Maximus* auf dem Kapitol, den Tarquinius Priscus begann, ist der beste Beweis dafür, daß die Vereinigung der Siedlungen bereits vollzogen war.

Damals muß sich die Gliederung des Gebiets in zwei Teile mit genau bestimmten Funktionen herausgebildet haben: unterhalb der *Arx*, der nördlichen Hügelkuppe des Kapitols, das *Comitium*, auf dem Politik getrieben wurde, südlich davon das eigentliche Forum mit dem Markt. Wie alt das *Comitium* (Versammlungsplatz) ist, geht daraus hervor, daß es im allerersten römischen Kalender erwähnt wird und daß es für die frühesten Versammlungen der Kurien benutzt wurde. Außerdem fand man hier einen Baukomplex, den *Lapis Niger*, der höchstwahrscheinlich noch aus der Zeit der Könige stammt (6. Jh. v. Chr.).

Nach der Überlieferung wurde die Republik 509 v. Chr. gegründet. Dieses Datum, das mit der Einweihung des kapitolinischen Juppiter-Tempels und dem Beginn der Konsularlisten übereinstimmt, wurde durch neuere Ausgrabungen bestätigt. Das alte Gebäude der *Regia*, das in der römischen Überlieferung als Haus des Numa galt, wurde nach einem Brand in anderer Form wieder aufgebaut, und zwar eben am Ende des 6. Jahrhunderts v. Chr. Die Vertreibung der Tarquinier war aber keineswegs eine gewaltsame Unterbrechung in der Entwicklung der Stadt. Wenn es überhaupt einen Rückschlag gab, so erfolgte dieser kurz vor der Mitte des 5. Jahrhunderts v. Chr. In den ersten Jahrzehnten der Republik wurden auf dem Forum sogar zwei bedeutende Heiligtümer gebaut, der Saturn-Tempel und der Tempel des Castor und Pollux. Der Saturn-Tempel war vielleicht schon in der Königszeit begonnen worden, er stand an der Stelle eines uralten Altars. Bei den Dioskuren handelt es sich um einen eingeführten griechischen Kult, was unter anderem durch die griechischen Namen bezeugt wird. Eine kürzlich in Lavinium entdeckte Weihinschrift an die beiden Gottheiten vom Ende des 6. Jahrhunderts v. Chr. bestätigt die bisherige Chronologie und beweist, daß der Kult aus Großgriechenland, wahrscheinlich auf dem Seeweg aus Tarent, eingeführt wurde.

Während der zweiten Hälfte des 5. Jahrhunderts v. Chr. bleibt die Geschichte des Forums – wie die der übrigen Stadt – im Dunkeln. Unter den legendären Begebenheiten, von denen die lateinischen Schriftsteller berichten, ist zumindest eine historisch und von grundsätzlicher Bedeutung. Gegen die Jahrhundertmitte wurde ein Gesetzeswerk abgefaßt, vielleicht in Anlehnung an griechische Vorbilder, und auf Bronzetafeln eingeritzt, die man an der *Rostra* aufhängte. Es sind die berühmten „Zwölf-Tafel-Gesetze", die lange Zeit die Grundlage des römischen Rechts bildeten und die in Bruchstücken literarisch überliefert sind.

Erst im 4. Jahrhundert v. Chr. fand wieder eine nennenswerte Bautätigkeit statt. 390 v. Chr. plünderten und brandschatzten die Gallier die Stadt, ein Ereignis, das in der Überlieferung wahrscheinlich übertrieben dargestellt wurde: jedenfalls legt das völlige Fehlen archäologischer Befunde, die auf das Ereignis hinweisen, diesen Schluß nahe. Camillus, dem Besieger der Gallier, wird der Bau des Concordia-Tempels am Fuß des Kapitols zugeschrieben (367 v. Chr.). Der Ädil C. Flavius, ein Schützling des großen Appius Claudius, errichtete derselben Gottheit im Jahre 305 v. Chr. ein Tempelchen in der Umgebung des *Volcanal*, und im *Comitium* wurden ihr während des 4. und 3. Jahrhunderts v. Chr. mehrere Statuen aufgestellt.

Der große städtebauliche Aufschwung des Forums erfolgte jedoch erst, nachdem Rom in den Punischen Kriegen die uneingeschränkte Macht über das westliche Mittelmeer errungen hatte. Mit den Kriegen gegen die hellenistischen Staaten im Osten erweitert Rom seinen Herrschaftsbereich auch auf das östliche Mittelmeer, das jetzt zu einem römischen Binnengewässer wurde. Die eifrige Bautätigkeit, die innerhalb weniger Jahre das Aussehen des Forums veränderte, entsprach den Bedürfnissen einer Reichshauptstadt. Vier Basiliken entstanden im 2. Jahrhundert v. Chr. (*Basilica Porcia, Basilica Aemilia, Basilica Sempronia* und *Basilica Opimia*), die Tempel der *Concordia* und der *Dioskuren* – um nur die größten zu nennen – wurden neu gebaut. Am Anfang des 1. Jahrhunderts v. Chr. gab der sullanische Wiederaufbau des Kapitols dem Platz einen würdigen und prächtigen Hintergrund, nämlich das *Tabularium*. Zuvor hatte das Forum durch die *Basilica Sempronia*, die an der Stelle der späteren *Basilica Iulia* stand, und die *Basilica Aemilia* eine regelmäßige Form bekommen. Dadurch waren die Voraussetzungen für eine allgemeine, organische Neugestaltung geschaffen, die im Werk Cäsars und Augustus' ihren Abschluß fand. Der baulichen Entwicklung entsprach eine Verlagerung der politischen Funktionen von dem mittlerweile zu eng gewordenen Comitium auf das Forum, wo die gesetzgebenden Versammlungen zusammentraten,

während andererseits ein großer Teil der wirtschaftlichen Funktionen vom Forum weg in eigens hierfür errichtete Gebäude verlagert wurde (der neue Markt, das *Macellum*, wurde von den Censoren des Jahres 179 v. Chr. monumental wiederaufgebaut). Mit der Krise der Republik und der Machtübernahme durch Persönlichkeiten mit monarchistischen Bestrebungen ist eine weitere Veränderung in den Funktionen des Forums festzustellen, die sich in der baulichen Neuordnung ausdrückt. Schon 54 v. Chr. hatte Cäsar eine Erweiterung des Platzes nach Norden in Angriff genommen und mit dem Bau des *Forum Caesaris* begonnen, das den späteren Kaiserforen den Weg bereitete. Die Eingriffe des Diktators in die Gestaltung des alten Platzes waren radikal. Das *Comitium* verschwand so gut wie ganz und ging zum großen Teil in dem neuen Forum auf. Der alte Sitz des Senats, die *Curia Hostilia*, wurde an anderer Stelle wieder aufgebaut. Sie ist in bezeichnender Weise zu einem Anhängsel des Cäsar-Forums geworden. Die *Basilica Iulia*, ein viel mächtigerer Bau als die alte *Basilica Sempronia*, und der Wiederaufbau der *Basilica Aemilia* schlossen die völlige Umgestaltung der Längsseiten ab. Die Baupolitik des Augustus, die klüger und zugleich schillernder war, mußte diese revolutionäre Entwicklung berücksichtigen. Die östliche Schmalseite des Platzes nahm nun der Tempel des vergöttlichten Diktators ein, der – wie die Rednerbühne auf der gegenüberliegenden Seite – mit Schiffsschnäbeln verziert war. Die sich allmählich abzeichnenden propagandistischen Bedürfnisse der Herrscherfamilie bestimmten die weiteren Eingriffe: ein Triumphbogen für die Enkel des Kaisers, Gaius und Lucius Caesar, wurde nördlich vom Tempel des vergöttlichten Iulius erbaut und dem Bogen des Augustus auf der anderen Seite gegenübergestellt. Dadurch wurde die Thronfolge, für die die beiden jungen Leute vorgesehen waren, eindringlich vor Augen geführt. Auf ihren frühen Tod folgte die fieberhafte Bautätigkeit des Tiberius, des neuen Nachfolgers, dem der Wiederaufbau des Dioskuren- und des Concordia-Tempels zu verdanken ist. Als Kaiser errichtete Tiberius sich selbst einen Bogen am äußersten Ende der *Via Sacra*, der dem Bogen des Augustus genau gegenüberstand. Hinter der äußerlichen Achtung der Tradition, die typisch ist für die Politik des Augustus, erscheint das Verlangen, sie als Instrument seiner dynastischen Ziele zu benutzen. Im Augustus-Forum tritt dies noch unverhüllter zu Tage. Das Forum, seiner politischen Funktion beraubt, war zum Hintergrund der Repräsentation geworden, dazu bestimmt, den Glanz des Kaiserhauses zu erhöhen. Die Struktur, die Augustus dem Platz verliehen hatte, blieb lange Zeit unverändert; die hinzukommenden Gebäude wie der Tempel des Vespasian und Titus und der des Antoninus und der Faustina ordneten sich der Grundidee unter. Erst Domitian wagte es, seiner betont monarchischen Politik entsprechend, mit einer gigantischen Reiterstatue die Anlage zu sprengen. Da die Statue in der Mitte des Platzes stand, machte sie ihn zum bloßen architektonischen Rahmen und zerstörte so das vorsichtige und zerbrechliche Gleichgewicht, das Augustus beabsichtigt hatte. Als die Statue nach dem gewaltsamen Tod des Kaisers zerstört worden war, fand das Beispiel keine Nachahmung. Erst am Ende des 3. Jahrhunderts v. Chr., als die diokletianische Reform die letzten Reste des augusteischen Prinzipats, das auf der rechtlichen Fiktion einer Fortführung der Republik und auf der Doppelherrschaft von Senat und Kaiser basierte, weggewischt hatte, und als das Imperium auch rechtlich eine Monarchie geworden war, da besetzten von neuem platzraubende Bauten das Forum: sieben Ehrensäulen auf der Südseite, die Denkmäler zur Erinnerung an die Dezennalienfeier der Tetrarchie und vor allem die Reiterstatue Konstantins, die wie ein Symbol den Platz der domitianischen Statue wieder besetzte.

Die Phokas-Säule, die 608 in der Mitte des Platzes bei der Rednertribüne errichtet worden war, beschließt die Geschichte des Forums. Zugleich bezeichnet sie eine neue Epoche. Sie feiert die unwahrscheinlichen Verdienste eines byzantinischen Kaisers, der durch die Ermordung seines Vorgängers Mauritius und seiner fünf Söhne an die Macht gekommen war. Aber auch das tatsächliche Verdienst dieser Persönlichkeit gegenüber der Stadt Rom bezeichnet eine Epoche: Phokas schenkte das Pantheon an Bonifaz IV., der es in eine Kirche verwandelte. Nur dieser Schenkung ist es zu verdanken, daß der Bau bis heute erhalten blieb.

Die Ausgrabungen auf dem Forum

In der Renaissance begann man, das Forum wieder zu entdecken, nachdem es im Mittelalter jahrhundertelang verlassen und vergessen war. Paradoxerweise fiel das wiedererwachte Interesse an der römischen Antike mit einer Phase zusammen, in der die bis dahin zum größten Teil erhaltenen und mit einer hohen Erdschicht geschützten Monumente einer radikaleren Zerstörung ausgesetzt waren als jemals zuvor. Die Bauwut, die mit der Rückverlegung des Heiligen Stuhls aus dem Exil von Avignon nach Rom einsetzte, führte zu einer intensiven Ausbeutung antiker Baumaterialien. Das weite, unbebaute Gelände des Forums („Campo Vaccino", „Kuhweide" genannt) verwandelte sich in einen gigantischen Steinbruch mit fast unerschöpflichen Vorräten an Marmor und anderen Steinarten. Was nicht direkt verwendet wurde, wanderte in die zahlreichen Kalköfen und wurde zu Kalk verarbeitet. Auf diese Weise verschwand trotz der vergeblichen Beschwörungen einiger weniger Gelehrter ein großer Teil der Gebäude auf dem Forum. Nur weniges blieb von dieser vandalischen Zerstörung verschont (in der Hauptsache Inschriften und Skulpturen). Die zahlreichen Zeichnungen und Studien von Künstlern der Renaissance geben ein blasses, aber kostbares Bild der zerstörten Denkmäler.

Im 17. Jahrhundert endet dieser Vandalismus. Der Steinbruch auf dem Forum galt offensichtlich als erschöpft. Am Ende dieser Periode begann mit der wissenschaftlichen Archäologie eine neue Phase. Die erste wissenschaftliche Grabung auf dem Forum fand 1788 statt. Sie wurde von einem in Rom lebenden Schweden, C. F. von Fredenheim, geleitet, der einen Teil der *Basilica Iulia* erforschte. Die systematische Freilegung der Ruinen begann am Anfang des 19. Jahrhunderts, als zunächst unter der Leitung von Carlo Fea, dann von Antonio Nibby der Südwestteil des Platzes zwischen dem Kapitol und dem Dioskuren-Tempel erforscht wurde. Dieser Phase der Grabungen, die bis in die Mitte des Jahrhunderts dauerte, kommt unter anderem das Verdienst zu, die seit dem 17. Jahrhundert bestehenden Theorien widerlegt zu haben, nach denen das Forum und das Comitium sehr viel weiter im Süden, beim Velabrum, gelegen sein sollen.

Die bei weitem fruchtbarste Periode begann jedoch mit dem Anschluß Roms an den neuen italienischen Staat. Zwischen 1871 und 1905 wurde nacheinander unter der Leitung von Pietro Rosa, Giuseppe Fiorelli und Giacomo Boni praktisch das ganze heute sichtbare Gelände freigelegt. Von besonderer Bedeutung war die von 1898 bis 1922 dauernde Grabungsleitung von Giacomo Boni. Ihm verdankt man unter anderem die Entdeckung des Cäsar-Tempels (1898), des *Lapis Niger* (1899), des Vesta-Tempels und des Vestalinnen-Hauses (1899), der *Regia* (1900), der Juturna-Quelle (1900), der Kirche S. Maria Antiqua (1900–1901) und des archaischen Begräbnisplatzes (1902–1903). Nachfolger von Giacomo Boni war Alfonso Bartoli, auf den vor allem die vollständige Ausgrabung des Vesta-Tempels und der *Basilica Aemilia* sowie die Restaurierung der *Curia* zurückgehen. Unter seinen Nachfolgern (P. Romanelli, G. Carettoni und L. Fabbrini) wurden an verschiedenen Stellen Tiefengrabungen vorgenommen (im *Comitium*, der *Basilica Iulia* und der *Basilica Aemilia*, in der Umgebung des Cäsar-Tempels und des Augustus-Bogens sowie in der *Regia*).

Beschreibung der Monumente

Vor der Besichtigung des Forums empfiehlt es sich, zunächst von einem höhergelegenen Platz aus einen Überblick über das Ganze zu gewinnen. Den besten Blick hat man von der Terrasse an der rechten Seite des Senatorenpalastes auf dem Kapitol oder von den Arkaden des *Tabularium* (der Eingang ist kurz vor der eben erwähnten Terrasse). Am Ende der Besichtigung kann man auf den Palatin steigen, wo man von der Terrasse der Farnesinischen Gärten an der Nordspitze des Hügels ebenfalls einen weiten Ausblick genießen kann.

Die Terrasse auf dem Kapitol schließt an die Südseite des *Tabularium* an (vgl. Kapitol). Unterhalb von ihr sieht man rechts ein Stück des *Clivus Capitolinus,* dessen antikes Straßenpflaster gut erhalten ist. Links davon liegt die Halle der *Dei Consentes;* es folgen die drei korinthischen Säulen vom Tempel des Vespasian und Titus und das querformatige Podium des Concordia-Tempels.

Auf der anderen Seite der modernen Straße, die den Abhang des Kapitols vom Forumstal trennt, sieht man rechts die acht jonischen Säulen des Saturn-Tempels, jenseits davon die große Fläche der fast vollständig zerstörten *Basilica Iulia* und dahinter das Podium des Dioskuren-Tempels mit den drei aufrecht stehenden Säulen. In der Mitte des Platzes liegen hintereinander die *Rostra,* der Tempel des *Divus Iulius,* der den Platz nach Osten hin abschließt, und rechts davon, etwas im Hintergrund, der Tempel der Vesta mit dem Haus der Vestalinnen. Links ragt über dem Bogen des Septimius Severus die Ziegelfassade der *Curia* hervor, daneben folgen die Ruinen der *Basilica Aemilia* und der guterhaltene Tempel des Antoninus und der Faustina, in den im 17. Jahrhundert die Kirche S. Lorenzo in Miranda hineingebaut wurde. Links begrenzen die Maxentius-Basilika, das Kolosseum und der Titus-Bogen den Blick über das Forum, rechts liegt der von Bäumen bekrönte Palatin.

Der Eingang zum Forum ist heute in der Via dei Fori Imperiali auf der Höhe der Via Cavour. Zwischen der *Basilica Aemilia* und dem Tempel des Antoninus und der Faustina steigt man über einen sanft abfallenden Weg zum antiken Niveau des Platzes hinunter.

Die Denkmäler werden hier zur Erleichterung für den Besucher in topographischer Reihenfolge, vom Eingang ausgehend, in Form eines Rundgangs beschrieben. Man kann jedoch auch – was anzuraten ist – einen ungefähr der geschichtlichen Abfolge entsprechenden Weg wählen, wodurch die Besichtigung sicherlich länger und anstrengender wird, die historische und bauliche Entwicklung der Anlage jedoch besser ver-

standen werden kann. In diesem Fall beginnt man die Besichtigung bei dem archaischen
Begräbnisplatz und setzt sie fort mit der *Regia* und der vom Vesta-Tempel, der
Juturna-Quelle und dem Dioskuren-Tempel gebildeten Einheit. Danach geht man zum
Comitium mit dem *Lapis Niger* und zur *Curia*, um von dort aus mit der *Basilica Aemilia*
dem üblichen Besichtigungsrundgang wieder zu folgen.
Der Abhang des Kapitols mit der Portikus der Dei Consentes, dem Tempel des Vespasian und Titus, dem Tempel der Concordia und dem Carcer Tullianus ist in den normalen Verlauf des Rundgangs nicht einbezogen. Da diese Bauten außerhalb des abgeschlossenen Forumsbezirks liegen, müssen sie beim Herabsteigen vom Kapitol,
besichtigt werden.

Die Basilica Aemilia. Von den vier Basiliken aus republikanischer Zeit ist nur die *Basilica Aemilia* erhalten (die *Basilica Porcia*, die *Sempronia* und die *Opimia* sind völlig
verschwunden), doch wurde ihr Aussehen durch zahlreiche Restaurierungen während
der Kaiserzeit verändert. 179 v. Chr. wurde sie von den Censoren M. Aemilius Lepidus
und M. Fulvius Nobilior gegründet. Da sich Fulvius um den Bau besonders kümmerte,
nannte man sie in der ersten Zeit *Fulvia* oder auch *Aemilia* und *Fulvia*. Nachdem jedoch
mehrere Mitglieder der Familie der Aemilier die Basilika restauriert hatten (78, 54, 34
und 14 v. Chr., sowie unter Tiberius, 22 n. Chr.), bekam sie den noch heute gebräuchlichen Namen. Die letzte Restaurierung fand nach einem Brand statt, bei dem einige
Münzen in den Fußboden einschmolzen. Dadurch läßt er sich an den Beginn des
5. Jahrhunderts n. Chr. datieren; er muß mit der Verwüstung Roms durch Alarich im
Jahre 410 n. Chr. zusammenhängen. Die Brandspuren wurden damals unter einem
neuen, höhergelegenen Fußboden verdeckt. Der Bautyp, der nach dem Zweiten Punischen Krieg in Italien eingeführt wurde, scheint aus den großen Städten des hellenistischen Ostens zu kommen. Der Name selbst ist eindeutig griechischer Herkunft; möglicherweise geht er auf die „Königshalle" *(stoà basileios)* auf der Athener Agora zurück.
Im allgemeinen nimmt man an, daß diese Gebäude die Funktionen einer Börse und
eines Gerichtssaals hatten. In der antiken Welt gab es jedoch noch keine so zweckge-
bundenen Gebäudetypen; sie waren infolgedessen wesentlich weniger zahlreich als
heute und dienten jeweils verschiedenen Zwecken. So ist die Basilika in Wirklichkeit
nichts anderes als ein weiter, überdachter Raum, der während der schlechten Jahreszeit
die Funktionen des Forums übernahm. Gerichtsverhandlungen und all die Handelsge-
schäfte, die sonst auf dem Forum abgewickelt wurden, fanden dann in der Basilika
statt. Man mußte einen möglichst weiten Raum mit Hilfe von Säulen- oder Pfeilerreihen
überdecken, die als Stützen für das Dach dienten und eine Anzahl von Schiffen bildeten.
Das Beleuchtungsproblem wurde meist dadurch gelöst, daß man das Mittelschiff ein
Stockwerk höher baute als die Seitenschiffe, so daß man im oberen Teil des Mittelbaus
große Fenster anbringen konnte. Die *Basilica Aemilia* muß von Anfang an diesem
Schema entsprochen haben; das ergab sich bei einer Tiefengrabung, bei der ein Teil
des älteren Gebäudes freigelegt wurde (sichtbar auf der Westseite). Man konnte feststellen, daß der Grundriß bei den späteren Umbauten unverändert geblieben ist. Der einzige wichtigere Unterschied zu dem vorher beschriebenen Schema ist die Verdoppelung

des nördlichen Seitenschiffs: um den zur Verfügung stehenden Platz so gut wie irgend möglich auszunutzen, wurden statt des einen Seitenschiffes zwei kleinere gebaut. Die Fassade auf der am Forumsplatz gelegenen Südseite war zweistöckig und bestand aus je sechzehn Arkaden, die auf Pilastern mit vorgelegten Halbsäulen aufruhten. Nach dem Brand von 410 wurde der Portikus durch eine sehr viel dichtere Säulenreihe ersetzt. Die Säulen waren aus Granit und standen auf Basen aus weißem Marmor. Drei davon, die auf der zum Tempel des Antoninus und der Faustina gelegenen Ostseite gefunden wurden, hat man wieder aufgerichtet. Ein Stück weiter östlich davon befindet sich (nicht am Fundplatz) die große Weihinschrift für Lucius Caesar, den *Princeps iuventutis*. Wahrscheinlich gehörte sie zusammen mit den Fragmenten einer anderen, an Gaius, den Bruder des Lucius, gerichteten Weihinschrift zu dem Bogen, der den beiden zukünftigen Erben des Augustus errichtet worden war. Dieser Bogen muß zwischen der Ecke der Basilica Aemilia und dem Tempel des Divus Iulius gestanden haben, in spiegelbildlicher Entsprechung zum Bogen des Augustus, der auf der anderen Seite an den Cäsar-Tempel anschloß. Entlang dem Portikus der Basilika lag eine Reihe kleiner, aus Tuffquadern errichteter Räume (*tabernae*), die eine kaiserzeitliche Wiederherstellung jener *tabernae novae* – Geschäftsräume für Bankiers – sind, hinter denen in republikanischer Zeit die Basilika entstanden war. Durch drei Eingänge gelangte man in den Innenraum (ungefähr 70 × 29 m), der von Säulen aus sogenanntem afrikanischem Marmor (der in Wirklichkeit aus Kleinasien stammt) in vier Schiffe gegliedert wird. Diese Säulen, ein großer Teil der verstreut herumliegenden marmornen Architekturfragmente und der Marmorboden gehen auf die augusteische Restaurierung zurück. An mehreren Stellen sind die Spuren des Brandes von 410 und die Reste der damals geschmolzenen Münzen sichtbar. Beim Eingang auf der Nordostseite ist der Abguß eines Frieses aufgestellt, dessen Original im Antiquarium auf dem Forum aufbewahrt wird. Der Fries, auf dem Szenen aus der römischen Gründungssage dargestellt sind, stammt von der Restaurierung zur Zeit Cäsars.

Auf der Westseite sieht man unter einem Schutzdach die Reste der älteren, auf einem tiefer gelegenen Niveau gebauten Basilika aus Tuffquadern von Grotta Oscura.

Das Heiligtum der Venus Cloacina. Neben den Stufen zur Basilica Aemilia steht auf der Westseite eine runde Marmorbasis, auf dem sich ursprünglich ein kleines Gebäude befand. Wie aus Münzbildern hervorgeht, handelte es sich um ein nicht überdachtes Heiligtum, das aus einer niedrigen, runden Umfassungsmauer und zwei Kultbildern bestand (auch der Vergil-Kommentator Servius spricht von den Statuen der *Cloacina* ausdrücklich im Plural). Wahrscheinlich stellten die beiden Statuen die ältere Gottheit, die *Cloacina*, und die mit ihr später identifizierte Venus dar. Das kleine, aber wichtige Heiligtum war eng mit der *Cloaca Maxima* verbunden, die an dieser Stelle in das Forum einmündete. Hier sollen zwei wichtige Ereignisse der sagenhaften Gründungsgeschichte Roms stattgefunden haben: die Heere der Römer und Sabiner wurden hier nach dem Krieg, den sie wegen des berühmten Raubes miteinander führten, gereinigt (ein ähnliches Ereignis wird mit der *Venus Murcia* verbunden; vergleiche das Kapitel über den *Circus Maximus*), und hier wurde Virginia von ihrem Vater getötet, um ihre Ehre vor den Nachstellungen des Appius Claudius zu retten.

Der Tempel des Janus. Über dem *Argiletum,* der Straße, die zwischen der Basilica Aemilia und der Curia hindurch zur Subura führte, stand ursprünglich ein Doppelbogen, der das älteste und wichtigste Heiligtum des Janus war. Die Statue des Gottes mit den beiden Gesichtern, der als Beschützer jedes Ein- und jedes Ausgangs galt, stand in der Mitte des Durchgangs. Bevor die Stadt durch die Einbeziehung des Kapitols erweitert wurde, hat hier vielleicht ein altes Stadttor gestanden. Eine neronische Münze zeigt die einzige Darstellung des später spurlos verschwundenen Gebäudes. Die Tore wurden bekanntlich in Friedenszeiten geöffnet und in Kriegszeiten verschlossen. Dem Vergil-Kommentator Servius zufolge wurde der Bau unter Domitian abgerissen und durch einen *Quadrifrons* (vierseitiger Bogen) in der Mitte des benachbarten *Forum Transitorium* ersetzt. Dies würde das völlige Verschwinden erklären.

Das Comitium. Von dem alten politischen Mittelpunkt der Stadt sind nach den großen Umgestaltungen zur Zeit Cäsars und Augustus' heute nur noch wenige Reste zu sehen. Die Anlage nahm die Nordecke des Forums zwischen der Basilica Aemilia, dem Bogen des Septimius Severus und dem Cäsar-Forum ein, das später mit der *Curia Iulia* einen großen Teil der Fläche beanspruchte. Das *Comitium* war ein *templum*, das heißt eine von den Auguren geweihte und deshalb nach den wichtigsten Punkten ausgerichtete Fläche; dies ist den antiken Schriftstellern und den verschiedenen erhaltenen Resten zu entnehmen (Kultbrunnen, *Lapis niger* und *Rostra vetera*). Für die Rekonstruktion der Lage und der Anordnung ist eine Stelle bei Plinius d. Ä. besonders wertvoll: Vor der Einführung der ersten Sonnenuhr (während des Ersten Punischen Krieges, 263 v. Chr.) verkündete ein Ausrufer die wichtigsten Stunden des Tages. Er stand auf den Stufen der *Curia Hostilia* (des ältesten Sitzes des Senats) und beobachtete den Lauf der Sonne zwischen der *Rostra* und der *Graecostasis*, um die Mittagsstunde anzukündigen, und zwischen der *Columna Maenia* und dem *Carcer*, um den Sonnenuntergang zu verkünden. Hieraus geht klar hervor, daß die Curia selbst nördlich vom Comitium lag, während sich Rostra und Graecostasis im Süden befanden. Das wird bestätigt durch die Lage der Rostra zwischen Comitium und Forumsplatz, die auch von anderen Schriftstellern bezeugt ist. Zum Glück kennt man wenigstens von zweien der Monumente, die Plinius aufzählt, die genaue Lage: vom *Carcer Tullianus*, dem sogenannten *Mamertinus,* und von der republikanischen *Rostra,* einem halbrund gebogenen Fundament zwischen dem *Lapis Niger* und der Fassade der *Curia Iulia* (sichtbar durch eine Falltür im augusteischen Travertinpflaster). Dadurch kann die Lage der übrigen zum Comitium gehörenden Gebäude sicher bestimmt werden.

Das Comitium in Paestum und das in Cosa, die beide 273 v. Chr. gebaut wurden und offensichtlich das stadtrömische Vorbild nachahmten, bilden die Grundlage für die Rekonstruktion der Anlage auf dem Forum: sie war kreisrund und ringsherum von Stufen umgeben. Dies geht auch aus der Form der ältesten Rostren hervor, die kreisbogenförmig waren, mit der konkaven Seite nach Norden, und aus Stufen bestanden. Bestätigt wird es durch die häufige Erwähnung der Stufen des Comitium in den Schriftquellen. Es ist nicht ausgeschlossen, daß hier auch die frühesten Gladiatorenkämpfe stattfanden. Möglicherweise ist die Form des Amphitheaters von der des Comitium abgeleitet.

Die Bauten, die den verschiedensten Zwecken dienten, waren alle rund um den kreisförmigen Platz angeordnet. Im Norden stand in der Mitte die *Curia Hostilia*, die von Tullius Hostilius, dem dritten König von Rom, errichtet worden sein soll. Sulla erweiterte sie 80 v. Chr., als der Senat von 300 auf 600 Mitglieder vergrößert worden war. Nach dem Brand von 52 v. Chr. baute der Sohn des Diktators sie wieder auf. Weiter nordwestlich folgte, gleich neben der Curia, die *Basilica Porcia*, die älteste von allen Basiliken. Sie wurde 184 v. Chr. von Cato Censorius errichtet und ebenfalls beim Brand von 52 v. Chr. zerstört, aber nie wieder aufgebaut. Auf ihrer anderen Seite lag der heute noch erhaltene Carcer (vgl. Seite 76–81), daneben stand die Columna Maenia. An der Westseite des Comitium lag wahrscheinlich ein weiterer Versammlungsplatz der Senatoren, das *Senaculum*. Die Südseite wurde von der *Graecostasis* (einer erhöhten

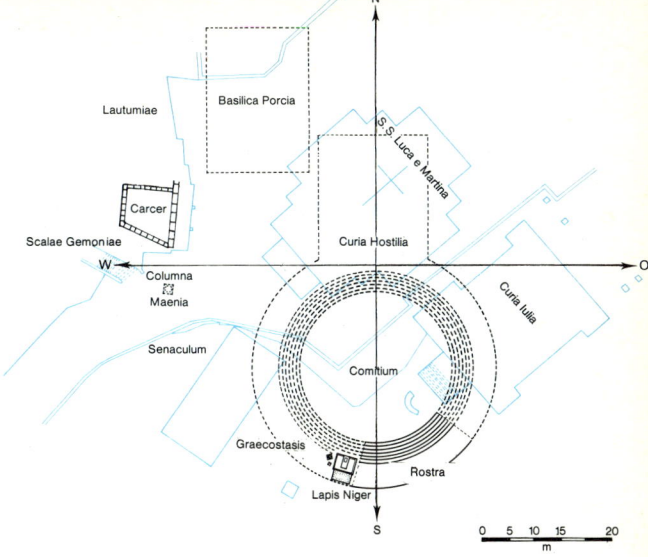

Plattform, auf der die auswärtigen Botschafter an den Sitzungen des Senats teilnehmen durften; der Name ist von den Griechen als der bedeutendsten Volksgruppe hergeleitet) und den *Rostra* abgeschlossen, der Rednertribüne, die ihren Namen 338 v. Chr. bekam, als die Vorderteile der bei Antium gekaperten Schiffe an ihr befestigt wurden. Der *Lapis Niger* (vgl. unten) befand sich wohl zwischen diesen beiden Bauten.

Der zur Verfügung stehende Raum im Comitium muß mit einer Fülle von Statuen und Denkmälern der verschiedensten Art angefüllt gewesen sein: in der Graecostasis ein kleines Heiligtum der Concordia aus Bronze (304 v. Chr. von dem patrizischen Ädil Cn. Flavius errichtet), neben der Curia die Statue des Auguren Attus Naevius (der Überlieferung zufolge eine Stiftung von Tarquinius Priscus), die Statuen des Alkibiades und des Pythagoras („der verdienteste und der weiseste Grieche"), die am Ende des 4. Jahrhunderts v. Chr. aufgestellt wurden, auf der Rostra die Statuen der drei Sibyllen (oder Parzen), des Camillus und der im Amt zu Tode gekommenen, 229 v. Chr. nach Illyrien entsandten Botschafter. Auf dem eigentlichen Platz stand vermutlich die *Ficus Ruminalis,* der Feigenbaum, unter dem die Zwillinge Romulus und Remus von der Wölfin gesäugt worden sein sollen.

Das Comitium war der älteste Schauplatz römischer Politik nach dem Zusammenschluß zur Stadt. Seine verschiedenen Bestandteile bildeten ein funktionales Ganzes, das ein getreues Spiegelbild der römischen Verfassung und ihrer drei Elemente war: der zentrale Platz ist für die Volksversammlung in ihrer ältesten Form, die Zusammenkünfte der Männergemeinschaft in ihrer ursprünglichen Stammesgliederung vorgesehen, die *Curia* und das *Senaculum* für den Senat und die *Rostra* für die Beamten, die auf der Rednertribüne ihre Meinung vertreten. Das Comitium war vom Ende der Königszeit bis zur späten Republik der Mittelpunkt des politischen Lebens und der Gerichtsbarkeit. In spätrepublikanischer Zeit gingen zahlreiche Funktionen des Comitium auf das Forum über, vor allem die Versammlungen der *Tribus,* die gesetzgeberische Gewalt bekommen hatten und auch auf dem Kapitol tagten. Die Wahlversammlungen (der *Tribus,* der Bezirke, oder der *Centuriae,* der Heeresversammlungen) fanden dagegen seit jeher an einem eigens dafür bestimmten Ort auf dem Marsfeld statt, der den Namen *Ovilia* oder *Saepta* bekam (vgl. das Kapitel über das Marsfeld, S. 237).

Der Lapis Niger. Am 10. Januar 1899 stieß man in der Nähe der *Curia Iulia* plötzlich auf ein etwa quadratisches Stück schwarzen Marmorfußbodens, das mit einem Streifen aus weißem Marmor von dem augusteischen Travertinpflaster abgesetzt war. Der Fund wurde sofort zu einer – leider sehr verderbten – Stelle bei dem Schriftsteller Festus in Beziehung gesetzt, wo auf einen „schwarzen Stein im Comitium" (lapis niger in Comitio) hingewiesen wird. Der Stein bezeichnete einen Kultplatz, den man für das Grab des Romulus hielt, der anderen Überlieferungen zufolge jedoch eher mit dem Hirten Faustulus oder mit Hostus Hostilius, dem Großvater des dritten Königs von Rom, zusammenhängen soll.

Bei der Ausgrabung fand man unter dem schwarzen Marmor einen archaischen Baukomplex (heute über eine kleine Treppe zu erreichen). Er besteht aus einer erhöhten Fläche mit einem Altar (A, B) darauf, dessen drei Anten oben zerstört sind. Daneben (G) steht ein Säulenstumpf (oder eine Statuenbasis) und ein zylindrischer Stein, ein Cippus, mit einer Inschrift (H). Auch die Inschrift ist im oberen Teil verstümmelt. Sie ist in archaischem Latein geschrieben, und zwar immer abwechselnd von oben nach unten und von unten nach oben („Boustrophedon": wie beim Pflügen wird am Ende jeder Zeile einfach gewendet). Leider fehlt ein Stück, dessen Länge schwer zu bestimmen ist. In der Umschrift sieht die Inschrift so aus: QVOI HON – – – / – – – SAKROS ES / ED SORD – – – ‖ – – – OKA FHAS / RECEI IO – – – / – – – EVAM / QVOS RE – – – ‖ – – – M KALATO / REM HAB – – – / – – – TOD IOVXMEN / TA KAPIAD OTAV – – – ‖ – – – M ITER PE – – – / – – – / M QVOI HA / VELOD NEQV – – – / – – – IOD IOVESTOD ‖ LOVQVIOD QO – – –. In klassischem Latein würde sie ergänzt ungefähr so lauten: „Qui hunc (locum violaverit manibus) sacer esto sordes ... loca fas regi ... divam quos ... calatorem ... iumenta capiat ut ... iter per ... cui ... neque ... iusta licitatione..." Der Ort ist also heilig, und wer ihn schändet, wird mit schrecklichen Strafen bedroht; jemanden den unterirdischen Gottheiten zu weihen kommt einem Todesurteil gleich. Die Weihinschrift scheint an einen König gerichtet (der Dativ RECEI entspricht dem lateinischen regi, dem Könige), außerdem ist von einem calator (einem öffentlichen Ausrufer), von iouxmenta (iumenta, also Pferden) und wahrscheinlich auch von einem gerechten Urteil die Rede. Die alten Buchstabenformen, die dem kalkedonischen griechischen Alphabet noch sehr nahestehen, von dem das lateinische abgeleitet ist, erlauben eine Datierung der Inschrift in die Zeit um das 6. Jahrhundert v. Chr.; es handelt sich also um die älteste lateinische Inschrift auf einem Monument. Ziemlich sicher stammt sie noch aus der Zeit vor der Republik. Der erwähnte König scheint deshalb ein wirklicher Herrscher gewesen zu sein, nicht der rex sacrorum, der nach 509 v. Chr. die kultischen Aufgaben des Königs übernahm. Noch wichtiger ist die Tatsache, daß rex im Dativ steht: es ist also von etwas die Rede, was dem König erlaubt ist. Das Denkmal erinnert mit dem Altar und der Statue (auch wenn die niedrige runde Basis eine Säulentrommel gewesen sein sollte, muß sie doch wegen ihres kleinen Formats und weil sie einzeln gefunden wurde, als Statuenbasis gedient haben) weniger an ein Grab als vielmehr an ein kleines Heiligtum. Daß es neben dem Comitium liegt, zwischen der Rostra und der Graecostasis, kann kein Zufall sein. Der griechische Schriftsteller Dionysios von Halikarnass, der zur Zeit des Augustus lebte, erwähnt eine Statue des Romulus im Volcanal, neben der sich eine Inschrift „mit griechischen Buchstaben" befand. Dies bedeutet vermutlich nicht, daß die Inschrift griechisch war, sondern daß ihre Buchstaben, wie üblicherweise die archaischen lateinischen Inschriften, den griechischen ähnlich waren. Da dieser Kultplatz nicht weit vom Lapis Niger entfernt war, kann es sich durchaus um eine Kopie der Inschrift und um die Statue handeln, die man nach der Verschüttung des älteren Kultplatzes zum Volcanal brachte.

Das sagenhafte „Grab des Romulus" wird durch den archäologischen Befund gesichert. Die Gestalt des Romulus ist zweifellos nur eine Erfindung (Romulus ist von Rom abgeleitet und nicht umgekehrt). Aber wie bei dem kürzlich in Lavinium entdeckten „Grab

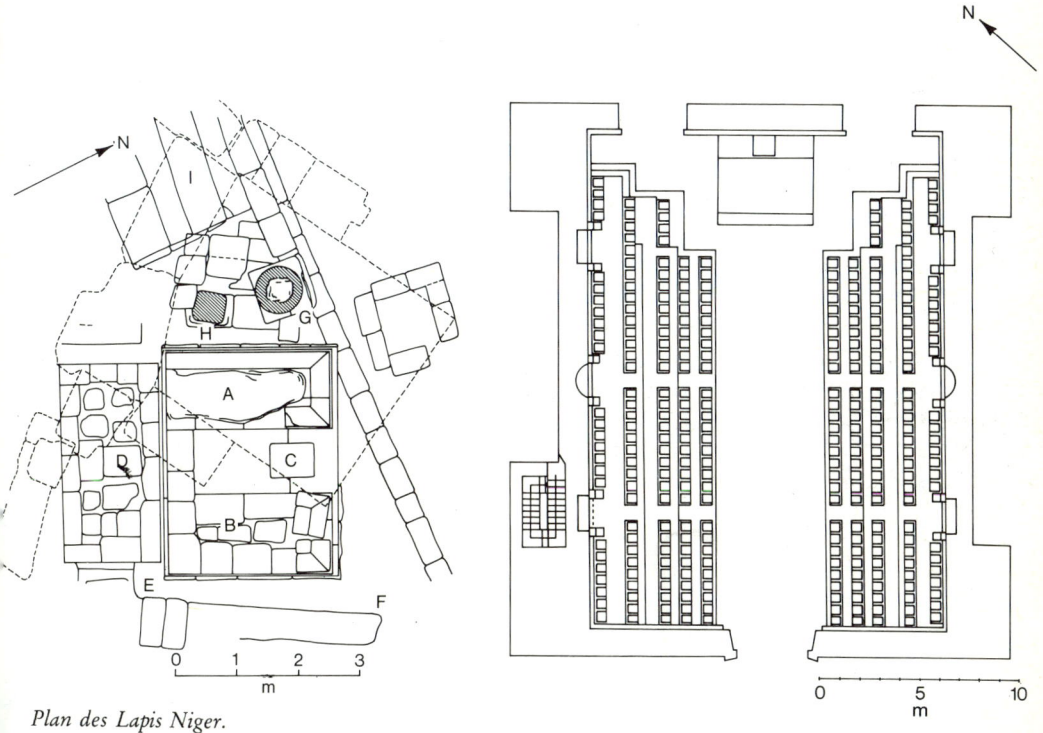

Plan des Lapis Niger.
Grundriß der Curia mit Angabe der Senatorensitze

und Heiligtum des Äneas" muß man hier ein *Heroon* annehmen, eine Kultstätte, die dem vergöttlichten Gründer der Stadt geweiht war. Aufschlußreich ist der Vergleich mit griechischen Städten, in denen das *Heroon* des wirklichen oder vermeintlichen Stadtgründers in der Nähe des Marktplatzes lag. Wenn es sich wirklich um das *Heroon* des Romulus handelt, so wäre damit bewiesen, daß es die Sage von dem Stadtgründer schon im 6. Jahrhundert v. Chr. gab, mitten in der Zeit der Tarquinierherrschaft. Hierfür gibt es auch Indizien im Zusammenhang mit der Sage von der Geburt des Servius Tullius.

Die Curia. Der große Ziegelbau an der Ecke zwischen dem Argiletum und dem Comitium ist die *Curia Iulia*, die Cäsar als Ersatz für die 52 v. Chr. abgebrannte *Curia Hostilia* errichten ließ und die Augustus am 28. August 29 v. Chr. weihte. 1930–1936 wurde das Gebäude, das Anfang des 7. Jahrhunderts in die Kirche S. Adriano umgewandelt wurde, restauriert. Sein jetziges Aussehen verdankt es dem letzten Wiederaufbau unter Diokletian nach dem Brand von 283 n. Chr., bei dem das ganze Viertel zwischen dem Cäsar-Forum und der Basilica Iulia zerstört worden war. Vorher hatte Domitian im Jahre 94 n. Chr. den Bau schon einmal restauriert.
Die Vorstellung, die man bis vor kurzem von der Curia hatte, wurde durch neuere Forschungen wesentlich verändert. Man stellte sich ein System von Gebäuden vor, zu dem außer der Curia selbst noch das *Chalcidicum*, das *Secretarium Senatus* und das *Atrium Minervae* gehörten, eine Vorstellung, die größtenteils auf einer Zeichnung von Antonio Sangallo d. J. beruhte. In Wirklichkeit war das *Chalcidicum* nichts anderes als eine Säulenhalle vor der Curia, die auch auf einer augusteischen Münze abgebildet

ist. Das *Secretarium Senatus*, das nicht, wie im allgemeinen angenommen wird, der Sitz der Verwaltung, sondern der des Sondergerichts für Senatoren war, wurde erst am Ende der Kaiserzeit gegründet und war vermutlich in einer der *tabernae* am Cäsar-Forum untergebracht. Das *Atrium Minervae* ist wohl lediglich eine irrtümliche Bezeichnung für das Nerva-Forum.

Neuere Untersuchungen hinter dem Gebäude haben gezeigt, daß es die im allgemeinen als *Atrium Libertatis* bezeichnete Gruppe von Räumen überhaupt nicht gab (zum Atrium Libertatis vgl. den Abschnitt über das Cäsar-Forum, S. 103–107). Die Curia schloß unmittelbar an den Portikus des Cäsar-Forums an, für das sie bezeichnenderweise nur eine Art Anbau war. Die diokletianische Curia hat einen rechteckigen Grundriß. Außen wird sie von breiten Pfeilern gestützt, die in einer Flucht mit der Fassade liegen und mit Giebeln bekrönt sind. Im vorderen linken Pfeiler führt eine Treppe zum Dachgeschoß. In der Fassade sind auf unterschiedlicher Höhe noch die Spuren mittelalterlicher Begräbnisnischen in der Mauer zu sehen. Ursprünglich war sie in der unteren Hälfte mit Marmorplatten, in der oberen mit Stuck, der Marmorplatten vorstellen sollte, verkleidet. Sie hatte drei große Fenster und eine Tür, deren originale Bronzeflügel seit dem 17. Jahrhundert das mittlere Tor von S. Giovanni in Laterano verschließen; die Bronzetüren an der Curia sind Nachbildungen.

Der großartige Innenraum hat eine flache Decke (die jetzige Holzdecke ist selbstverständlich modern), er ist 21 m hoch, 18 m breit und 27 m lang. Diese Maße entsprechen mehr oder weniger den Proportionen, die Vitruv für den Bau einer Curia vorschlägt; nach dem Vorschlag dieses augusteischen Architekturtheoretikers soll die Höhe ungefähr die Hälfte der Summe von Breite und Länge betragen. Der Grund für diese beachtliche Höhe ist wahrscheinlich in den Erfordernissen der Akustik zu suchen.

Der Marmorfußboden, der teilweise mit antiken Marmorfragmenten ausgebessert und rekonstruiert ist, stammt aus diokletianischer Zeit, ebenso die Gestaltung der Wände mit architektonischen Motiven: für Statuen bestimmte Nischen, die von kleinen, auf Konsolen stehenden Säulen eingefaßt sind. Auf die Umwandlung in eine Kirche gehen dagegen die byzantinischen Malereien zurück, deren Reste vor allem auf der Innenseite der Fassade zu sehen sind. Der Saal ist in drei längliche Abschnitte geteilt. Den linken nehmen drei breite, niedrige Stufen ein, auf denen die Sessel der ca. 300 Senatoren standen. Zwischen den beiden Türen in der Rückwand ist ein breiter Sockel für die Vorsitzenden mit einer Basis, auf der offensichtlich die Victoria-Statue aus Tarent stand, die Oktavian in der Curia aufgestellt hat. Um diese Statue entbrannte am Ende des 4. Jahrhunderts der Streit zwischen dem heiligen Ambrosius und Aurelius Symmachus, einem der letzten heidnischen Senatoren in Rom; Ambrosius siegte, und die Statue wurde entfernt.

In der Curia sind heute zwei große Reliefs ausgestellt, die als *Plutei* oder *Anaglypha Traiani* bekannt sind. Sie wurden in der Mitte des Forumsplatzes gefunden und waren ursprünglich wohl Brüstungen einer Rednerbühne; wahrscheinlich gehörten sie nicht, wie zumeist behauptet wird, zu den Rostra, sondern zu der Tribüne, die an der Stelle von Domitians Reiterstatue errichtet wurde. Auf den Reliefs sind Szenen aus dem Prinzipat Trajans dargestellt: auf dem linken, unvollständigen werden den Bürgern ihre Steuerschulden erlassen und die Verzeichnisse der Schulden in Anwesenheit des Kaisers verbrannt, auf dem rechten werden die *alimenta* eingesetzt, niedrig verzinste Darlehen für die Landwirtschaft, deren Ertrag für die Unterstützung notleidender Kinder verwendet werden sollte.

Als zeitgenössische Darstellungen des Forums, auf dem die Szenen sich abspielen, sind die beiden Reliefs von hohem Wert. Ein Motiv ist auf beiden wiederholt: die Statue des Marsyas neben dem Feigenbaum, der in der Mitte des Platzes stand. Die identische

Die Curia Iulia. Der jetzige Bauzustand stammt aus diokletianischer Zeit

Stellung von Statue und Baum zeigt, daß es sich nicht etwa um die beiden gegenüberliegenden Seiten des Forums handelt, sondern beide Male um die Südseite. Auf dem linken Relief erkennt man rechts die Rostra, links daneben den korinthischen Tempel des Vespasian und Titus, dann einen Bogen (das *Tabularium?*), den jonischen Saturn-Tempel, die Baulücke, durch die der *Vicus Iugarius* führt, und die Arkaden der Basilica Iulia. Auf dem rechten Relief folgt auf der rechten Seite die Fortsetzung der Basilica Iulia, links davon die Baulücke mit dem *Vicus Tuscus*, dann der Bogen des Augustus und die Rednerbühne beim Cäsar-Tempel. Vor der Basilica Iulia ist der Kaiser, auf einem Thron sitzend, dargestellt, vielleicht eben dem, von dem die Reliefs stammen. Auf ihrer Rückseite sind die Tiere dargestellt, die bei den großen römischen Festen geopfert wurden: Schwein, Widder und Stier.

Die Ehrendenkmäler. In der Gegend zwischen der Curia, dem Bogen des Septimius Severus und dem Forumsplatz stehen mehrere Sockel von Ehrendenkmälern, meist mit einer Inschrift.

Nicht weit vom *Lapis Niger* steht bei der Curia eine Marmorbasis mit einer Weihinschrift des Maxentius an „Mars und die Gründer der Ewigen Stadt"; ganz offensichtlich besteht ein Zusammenhang mit dem *Heroon* des Romulus. Der Name des Kaisers wurde weggemeißelt, als er 312 n. Chr. in der Schlacht am Pons Milvius besiegt und getötet worden war.

Neben dem Bogen des Septimius Severus steht der Sockel einer Reiterstatue, die aufgrund der Inschrift Konstantin zuzuweisen und in die Jahre 352–353 zu datieren ist.

Am Rand des Platzes befindet sich in der Nähe des *Lapis Niger* ein hoher Sockel mit einer Weihinschrift, in der Arcadius, Honorius und Theodosius für ihren 403 errungenen Sieg über die Goten unter Alarich gefeiert werden. Der Name des Stilicho, des Siegers in jener Schlacht, wurde nach dessen Ermordung im Jahre 408 getilgt. Es handelt sich um eine wiederverwendete Basis, wie die zur Befestigung einer Reiterstatue bestimmten seitlichen Löcher zeigen. Nicht weit davon, etwas näher beim Septimius-Severus-Bogen, steht der Marmorsockel einer Ehrensäule. Auf der Vorderseite erinnert

Bogen des Septimius Severus. Die Ziffern bezeichnen die einzelnen Reliefs

Bogen des Septimius Severus. Ausschnitt aus dem rechten Relief der Westseite (8, IV)

eine Inschrift auf einem Schild, den zwei Viktorien halten, an das zehnjährige Bestehen der Tetrarchie *(Caesarum decennalia feliciter)*, der Herrschaft der vier Kaiser (zwei *Augusti* und zwei *Caesares*), die 293 n. Chr. von Diokletian eingesetzt worden waren. Die Inschrift hängt sicher mit dem Besuch zusammen, den der Kaiser im Jahre 303 Rom abstattete. Die Säule stand möglicherweise hinter den Rostra; ein wenige Jahre später ausgeführtes Relief am Konstantinsbogen stellt die Rednerbühne und dahinter fünf Säulen dar. Zwei andere, ähnliche Basen mit Inschriften, die in der Renaissance gefunden wurden, inzwischen jedoch verlorengegangen sind, gehörten wahrscheinlich dazu; die eine erwähnte das zwanzigjährige Jubiläum der Augusti *(Augustorum vicennalia feliciter)*, die andere das zwanzigjährige Jubiläum der Imperatores *(Vicennalia Imperatorum)*. Die letztere stand vermutlich in der Mitte, ihre Säule trug eine Juppiter-Statue, während auf den vier anderen die Statuen jeweils eines Kaisers standen.

Die Reliefs auf den anderen drei Seiten zeigen (von links nach rechts): die Opferung eines Stiers, eines Widders und eines Schweins, ein Trankopfer des Kaisers, den die Siegesgöttin bekrönt, an den Gott Mars (am Altar des Gottes auf dem Marsfeld), die sitzend dargestellte Göttin Roma und den Kopf des Sonnengottes Sol mit einem Strahlenkranz sowie eine Prozession der Senatoren. Neben dem Kaiser und Mars stehen der *Flamen Martialis* (Priester des Mars) mit seiner charakteristischen Kopfbedeckung, ein Knabe mit Räucherwerk in einem Kästchen und ein Bläser. Links schließt ein Mann in der Toga die Darstellung ab. Der Togaträger auf der rechten Seite symbolisiert den Senat *(Genius Senatus)*.

Dieses genau datierte Denkmal ist ein entscheidender Anhaltspunkt für die Kenntnis der römischen Bildhauerkunst im 4. Jahrhundert. Es begegnen einander hier zwei recht unterschiedliche Stilrichtungen. Auf den beiden Seiten mit den Siegesgöttinnen und dem Opfer des Kaisers herrscht eine stark „optische" Gestaltungsweise vor, die für die Kunst des 3. Jahrhunderts charakteristisch ist, mit einer Vorliebe für das eingetiefte, mit dem laufenden Bohrer gearbeitete Relief. Auf den beiden anderen Seiten ist dagegen eine viel betontere Körperlichkeit festzustellen, die in den Reliefs des Konstantinsbogens dann voll ausgebildet erscheint.

An der Südseite des Platzes reihen sich sieben große, aus Ziegeln gemauerte Sockel aneinander, auf denen ebenfalls Ehrensäulen standen. Zwei davon wurden wieder aufgerichtet. Aufgrund der Ziegelstempel sind diese Denkmäler in die Tetrarchen-Zeit, an den Anfang des 4. Jahrhunderts zu datieren.

Der Bogen des Septimius Severus. Zwischen den Rostra und der Curia steht der mächtige, eindrucksvolle Bogen des Septimius Severus. Er hat drei Durchgänge und ist

Der Septimius-Severus-Bogen

20,88 m hoch, 23,27 m breit und 11,20 m tief. Das Baujahr (203 n. Chr.) geht aus der Inschrift hervor. Zu den beiden seitlichen Durchgängen gelangte man über einige Stufen, durch den mittleren führte wohl eine Straße, die oberhalb des jetzigen Niveaus lag, das dem der augusteischen Zeit entspricht. Auf beiden Seiten des obersten Stockwerks, in dem sich vier kleine Räume befinden, ist eine große Inschrift mit der Widmung an Severus und Caracalla angebracht (1): „Dem Imperator Caesar Septimius Severus, dem Sohn des Marcus, dem Pius, Pertinax, Augustus, Vater des Vaterlandes, dem Besieger der Parther, der Araber und des parthischen Adiabene, dem Pontifex Maximus, der zum elften Mal Träger der Macht eines Tribuns, zum elften Mal zum Imperator ernannt, zum dritten Mal Konsul und Prokonsul ist; und dem Imperator Caesar Marcus Aurelius Antoninus, Sohn des Lucius, dem Augustus, Pius, Felix, der zum sechsten Mal die Macht eines Tribuns hat, dem Konsul, Prokonsul, dem Vater des Vaterlandes; den besten und stärksten Fürsten, für die Rettung des Staates und Erweiterung des Herrschaftsbereichs des römischen Volkes und für ihre außerordentlichen Leistungen in der Heimat und im Ausland. Der Senat und das Volk von Rom.“ Die vierte Zeile weist Spuren einer Umarbeitung auf. Es ist eine Reihe von Löchern zur Befestigung der Bronzebuchstaben zu erkennen, die jedoch nicht mit den tatsächlich angebrachten Buchstaben übereinstimmen. An der Stelle des heute sichtbaren *OPTIMIS FORTISSIMISQUE PRINCIPIBUS* kam man *P. Septimio Getae nob. Caesari* lesen, also eine Widmung an Geta, den anderen Sohn des Septimius Severus, den sein Bruder nach dem Tod des Vaters ermordete; sein Name wurde auf allen Staatsdenkmälern getilgt.

Der Bogen ist aus Travertin und Ziegelsteinen gebaut und vollständig mit Marmor verkleidet. Die beiden Hauptseiten werden von je vier Säulen auf hohen Sockeln belebt.

Der Bildschmuck ist außerordentlich reich und enthält die folgenden Motive: in den Zwickeln neben dem mittleren Bogen zwei Darstellungen des Gottes Mars (3), über dem Scheitel dieses Bogens (2) Siegesgöttinnen mit Trophäen und zu ihren Füßen die Personifikationen der vier Jahreszeiten, vier Gottheiten, zwei männliche und zwei weibliche, in den Zwickeln der kleineren Bögen (5; zu bestimmen ist nur die Gestalt des Hercules), Flußgottheiten über den Scheiteln dieser Bögen (4) und darüber ein kleiner Fries, auf dem der Triumph des Kaisers dargestellt ist (6). Auf den drei freien Seiten der Säulensockel sind römische Soldaten mit gefangenen Parthern dargestellt (7). Der wichtigste und eigentümlichste Teil des Bildschmucks sind jedoch die vier großartigen Bildfelder (3,92 m hoch, 4,72 m breit) oberhalb der kleinen Bögen (8). Hier sind die Hauptereignisse der beiden Feldzüge gegen die Parther dargestellt. Die Darstellung beginnt auf der zum Forum gelegenen Seite und wird auf der anderen, von links nach rechts um den Bogen herum, fortgeführt. Die Reliefs werden im folgenden von oben nach unten beschrieben (vgl. Abb. S. 72 f).

I. (Sehr schlecht erhalten) Drei Bildzonen übereinander: A. Aufbruch des römischen Heeres aus dem Lager in Carrhae oder Zeugma; B. Kampf; C. Ansprache des Septimius Severus an das Heer, rechts Befreiung der von den Parthern besetzten Stadt Nisibis.

II. Drei Bildzonen übereinander: A. Das römische Heer greift mit Kriegsmaschinen die Stadt Edessa an, die sich daraufhin unterwirft; B. rechts die Unterwerfung der Osroer und des Königs Abgar unter die Herrschaft des Septimius Severus, links die Ansprache des Kaisers an das Heer; C. rechts der Kriegsrat des Kaisers in einem befestigten Lager, links der Kaiser, die folgende Schlacht kommandierend.

III. Zwei Bildzonen übereinander: A. Angriff auf die Stadt Seleukia am Tigris und Flucht der Parther; B. Übergabe der Stadt und Unterwerfung der Parther vor dem Kaiser.

IV. Zwei Bildzonen übereinander: A. Angriff auf Ktesiphon mit Kriegsmaschinen und Eroberung der Stadt; B. Abschließende Ansprache des Kaisers vor Ktesiphon.

Die Reliefs stehen denen auf der Mark-Aurel-Säule künstlerisch sehr nahe; man vermutete deshalb, die Darstellungen seien von dem typischen Schema der Säulen mit umlaufenden Bildfriesen übernommen. In Bildstreifen übereinander angeordnete Szenen sind jedoch keineswegs auf die Säulen beschränkt, sondern spätestens seit der Mitte der republikanischen Zeit typisch für die bei den Triumphzügen mitgeführten Bilder, auf denen die siegreichen Generäle ihre Feldzüge darstellen ließen. Man weiß außerdem, daß Septimius Severus derartige Bilder aus dem Osten schickte, die möglicherweise als Vorbilder für die Reliefs dienten.

Wie aus einer Münze des Jahres 204 hervorgeht, stand auf dem Bogen ein Viergespann aus Bronze mit den beiden Kaisern.

Die Rostra, der Umbilicus Urbis und das Volcanal. Nach der völligen Umgestaltung des Comitium, die Cäsar begonnen und Augustus abgeschlossen hatte, wurde die Rednerbühne auf die Westseite des Forums verlegt. Von den kaiserzeitlichen *Rostra* (geweiht 29 v. Chr.) sind Reste der Vorderseite aus großen Tuffquadern erhalten, die fast an den Bogen des Septimius Severus anschließen (Länge ca. 23,80 m, d. h. 80 römische Fuß). Der aus kleinen Bruchsteinen gemauerte Teil ist restauriert. Die großen Löcher für die Stifte, mit denen die Schiffsvorderteile befestigt wurden, sind gut zu erkennen. Der rückwärtige, zum Kapitol hin gelegene Teil ist eine halbrunde Treppe, wahrscheinlich in Anlehnung an die ursprüngliche Tribüne. Zwischen diesen beiden Teilen stützten zwei Pilaster aus Ziegelsteinen (ursprünglich wohl aus Travertin) die eigentliche Plattform, die wohl aus Holz war. Zum Septimius-Severus-Bogen hin ist die gebogene rückwärtige Mauer reich mit Marmor verkleidet (Portasanta und Africano); hier öffnete

Bogen des Septimius Severus
I. Linkes Relief auf der Seite zum Forum
II. Rechtes Relief auf der Seite zum Forum
III. Linkes Relief auf der Seite zum Kapitol
IV. Rechtes Relief auf der Seite zum Kapitol

sich ein dreieckiger Raum, in dem an der Rückseite wohl eine Treppe zur oberen Plattform führte. Eine aus Ziegelsteinen errichtete Verlängerung der Tribüne nach Norden
ist in einer Inschrift des Ulpius Iunius Valentinus, des Präfekten der Stadt zur Zeit
der Kaiser Leo und Anthemius, um 470 erwähnt. Man vermutete, daß dieses Bauwerk
mit einem Sieg über die Vandalen zusammenhänge, und bezeichnete diese Erweiterung
deshalb als *Rostra Vandalica.*
Auf der Seite zum Volcanal stand neben den Rostra die *Columna Rostrata*, eine mit
Schiffsvorderteilen verzierte Säule, die Gaius Duilius nach dem Sieg über die Karthager
bei Mylai im Jahre 260 v. Chr., errichtet wurde. Der Sockel, den Augustus in Marmor
mit derselben Inschrift wiederherstellen ließ, wurde im 16. Jahrhundert beim Bogen
des Septimius Severus an seinem ursprünglichen Standplatz entdeckt; er ist jetzt im
Konservatorenpalast auf dem Kapitol ausgestellt.
Zwischen den Rostra und dem Bogen des Septimius Severus sieht man einen zylindrisch
geformten Ziegelbau aus severischer Zeit, den *Umbilicus Urbis* („Nabel der Stadt"),
der in Anlehnung an griechische Sitte den Mittelpunkt der Stadt bezeichnete. Auf der

Rekonstruktion des Saturn-Tempels

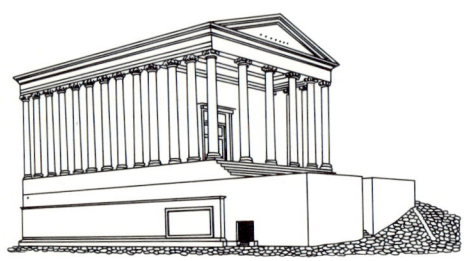

anderen Seite stand das *Milliarium Aureum,* eine von Augustus im Jahre 20 v. Chr. errichtete Säule, die den idealen Schnittpunkt aller Straßen des Reiches bezeichnete und auf der die Entfernungen von Rom bis zu den wichtigsten Städten angegeben waren. Fragmente der Säule wurden zu verschiedener Zeit gefunden. Ein Stück des Sokkels, das mit Palmetten verziert ist, ist vor dem Tempel des Saturn zu sehen.

Gleich hinter dem Umbilicus Urbis sieht man unter einem modernen Schutzdach Spuren von Abarbeitungen. Wahrscheinlich gehörten sie zu einem der ältesten Heiligtümer in der Stadt, dem Altar des Vulkan *(Volcanal),* den der Sabiner-König Titus Tatius gegründet haben soll. Im Bereich des Volcanal standen mehrere Denkmäler, unter anderem ein Viergespann aus Bronze und die Statuen des Romulus und des Horatius Cocles.

Der Saturn-Tempel. Der große jonische Tempel, der am Fuß des Kapitols, südwestlich von der Rostra steht, hat eine lange Geschichte. Zuvor gab es hier einen uralten Altar, der mit der sagenhaften, von Saturn auf dem Kapitol gegründeten Stadt in Beziehung gestanden haben soll. Das hohe Alter des Kultes und die Siedlung auf dem Kapitol, die schon seit vorgeschichtlicher Zeit bestand, geben der Sage eine gewisse Wahrscheinlichkeit.

Schon in der Königszeit soll mit dem Bau des Tempels begonnen worden sein. Die Weihung fand erst während der republikanischen Zeit, vermutlich 498 v. Chr. statt. Es handelt sich mithin um den ältesten republikanischen Tempel nach dem des Iuppiter Capitolinus. Der Bau wurde 42 v. Chr. von Munatius Plancus vollständig wieder aufgebaut und nach dem Brand von 283 n. Chr. restauriert. Was von dem Aufbau des Tempels heute zu sehen ist, nämlich die acht Säulen und der Giebel, geht wahrscheinlich auf diese Restaurierung zurück (der Giebel wurde großenteils aus älterem Material gebaut). Die Inschrift auf dem Fries erinnert an den Wiederaufbau nach einem Brand *(Senatus populusque romanus incendio consumptum restituit).*

Das prächtige, mit Travertin verkleidete Podium wurde bei dem von Munatius Plancus durchgeführten Wiederaufbau errichtet. Vor dem Podium stand ein Vorbau, der innen hohl war und der heute großenteils eingestürzt ist. Man gelangte durch eine Tür hinein, deren Schwelle noch erhalten ist. Vermutlich befand sich hier das *Aerarium,* der römische Staatsschatz.

In der Ostseite des Podiums sind zahlreiche, regelmäßig angeordnete Löcher so angeordnet, daß sie ein großes rechteckiges Feld ergeben; hier wurden wohl die öffentlichen Bekanntmachungen angebracht, die in den antiken Schriftquellen erwähnt sind.

Am 17. Dezember, dem Tag der Tempelweihung, feierte man das Ende des Jahres mit einem ausgelassenen Fest.

Östlich vom Tempel endete die *Via Sacra,* die hier auf den *Vicus Iugarius* stößt und danach als *Clivus Capitolinus,* mit einer Biegung um die Tempelfassade herum, weiterführte. Kurz vor der Kreuzung stand der Bogen des Tiberius, der 16 n. Chr. für die Siege des Germanicus errichtet wurde. Heute sind keinerlei Spuren mehr vorhanden.

Jenseits des Clivus Capitolinus (von dem hier ein großes Stück mit der antiken Pflasterung erhalten ist) schloß eine Gruppe von Bauten die Westseite des Forums ab: im Norden der Portikus der Dei Consentes, weiter südlich der Tempel des Vespasian und Titus, dann der Tempel der Concordia und das Gefängnis.

Der Portikus der Dei Consentes. Varro berichtet, daß beim Forum die zwölf vergoldeten Statuen der *Dei Consentes,* sechs Götter und sechs Göttinnen, aufgestellt waren, offensichtlich eine Übertragung der griechischen Zwölfgötter des Olymp *(dodekatheon)* ins Römische.

1834 wurde oberhalb des Saturn-Tempels ein seltsames Gebäude entdeckt: acht aus Ziegelsteinen errichtete Räume, die im stumpfen Winkel zueinander angeordnet sind. Davor lagen die Reste einer Säulenhalle, die 1858 wieder aufgerichtet und restauriert wurden. Der Portikus steht auf einer Erhöhung, in der sich auf niedrigerem Niveau sieben weitere Räume befinden. In sechs davon waren wahrscheinlich die Statuen der zwölf Götter zu je zweien aufgestellt. Die Inschrift auf dem Gebälk des Portikus berichtet, daß die Kultbilder der Dei Consentes und das Gebäude, in dem sie aufbewahrt wurden, auf Veranlassung des Vettius Agorius Praetextatus, des Stadtpräfekten im Jahre 367, wiederhergestellt wurden. Die Räume selbst, der Architrav und die Kapitelle (sie sind korinthisch und enthalten Darstellungen von Trophäen) gehören jedoch zur vorangegangenen, vermutlich flavischen Bauphase. Die Wiederherstellung des Portikus ist eines der spätesten Zeugnisse des wiederaufgelebten Heidentums im 4. Jahrhundert; man verdankt sie einer Persönlichkeit, deren Abneigung gegen das damals schon vorherrschende Christentum bekannt ist.

Der Tempel des Vespasian und des Titus. Neben dem Portikus der Dei Consentes steht das Fundament eines Tempels, der an die große Stützmauer des Tabularium so eng anschließt, daß ein Eingang zum Tabularium wegen des Tempels geschlossen werden mußte. Die Benennung des Tempels ergibt sich aus der noch heute auf dem Architrav sichtbaren Inschrift: *[r]estituer(unt)*. Im 8. Jahrhundert schrieb ein Pilger, der sogenannte „Anonymus von Einsiedeln", dem man eine Fülle von Bemerkungen über seine Rom-Reise verdankt, die Inschrift ab, die damals noch vollständig erhalten war (wahrscheinlich war auch der Tempel noch nicht zerfallen): *DIVO VESPASIANO AUGUSTO S.P.Q.R./IMPP. CAESS. SEVERUS ET ANTONINUS PII FELICES AUGG. RESTITUER.* Es handelt sich also um den Tempel, den der Senat dem vergöttlichten Vespasian weihte und der von Septimius Severus und Caracalla restauriert wurde. Aus anderer Quelle weiß man, daß der Tempel auch dem Titus geweiht war; aus diesen Fakten ergibt sich eindeutig, daß dieses Bauwerk erst von Domitian fertiggestellt worden sein kann.
Das 33 m lange und 22 m breite Gebäude besteht aus einer geräumigen Cella mit sechs Säulen davor und je einer Säule vor den beiden Anten. Im Inneren der Cella befindet sich ein Podium, auf dem die Statuen der beiden vergöttlichten Kaiser standen. Von der Vorhalle sind nur noch an der Nordecke drei korinthische Säulen (15,20 m hoch) erhalten. Darüber liegt ein Stück Architrav mit dem Rest der Inschrift und einem Fries, auf dem Opfergeräte dargestellt sind. Wieviel noch aus der ersten Bauphase erhalten ist, zeigt der flavische Stil der Kapitelle und Skulpturen. Die severische Restaurierung muß sich – ähnlich wie beim Pantheon – auf einige Ausbesserungen beschränkt haben.

Der Concordia-Tempel. In geringem Abstand steht neben dem Tempel des Vespasian und Titus ein prächtiges Podium, das ebenfalls an das Tabularium angebaut ist. Die Identifizierung des Baus als Tempel der Concordia (Göttin der Eintracht) ist gesichert; er ist unter anderem auch zusammen mit dem benachbarten Saturn-Tempel auf einem Fragment des severischen Stadtplans *(Forma Urbis)* dargestellt. Die Gründung soll auf Camillus zurückgehen und das Ende der Kämpfe zwischen Patriziern und Plebejern gefeiert haben, die in diesem Jahr (367 v. Chr.) mit den Gesetzen des Licinius Sextus, der politischen Gleichsetzung der beiden römischen Stände, abgeschlossen wurden. Der Tempel wurde dann im Jahre 121 v. Chr. nach der Ermordung des Gaius Gracchus und seiner Anhänger und schließlich zwischen 7 v. Chr. und 10 n. Chr. (dem Jahr der Neuweihung) von Tiberius wiederhergestellt.

Die Cella erhielt ihre jetzige Form – sie ist 45 m breit und nur 24 m tief – erst beim letzten Umbau; man wollte so den zur Verfügung stehenden Raum möglichst gut aus-nützen. Damals beanspruchte man auch einen Teil des Geländes, den zuvor die 121 v. Chr. errichtete *Basilica Opimia* einnahm; tatsächlich wird diese von da an nie mehr erwähnt. Vor der Cella lag eine Vorhalle mit sechs Säulen. Von dem prächtigen Bau des Tiberius ist nichts mehr erhalten als das Podium und die Schwelle zur Cella, die aus zwei riesigen Blöcken aus Portasanta-Marmor besteht und in die ein Merkur-Stab eingemeißelt ist. Ein Teil des reichverzierten Gebälks wird im *Tabularium* aufbewahrt, ein Kapitell aus der Cella (korinthisch, mit je zwei Widderpaaren) ist im Antiquarium auf dem Forum zu sehen.
Tiberius verwandelte das Gebäude in ein Museum; die Aufzählung der dort aufbe-wahrten Kunstgegenstände hat Plinius d. Ä. überliefert. Es handelte sich zumeist um griechische Bildwerke aus hellenistischer Zeit. Während der Republik war der Tempel, in dem sich bisweilen der Senat versammelte, Schauplatz wichtiger historischer Ereig-nisse. Hier hielt Cicero seine vierte Rede gegen Catilina, und hier verurteilte der Senat den Seianus zum Tode.

Der Carcer Tullianus. Daß es sich bei dem antiken Gebäude am Fuß des Kapitols, unter der kleinen Kirche S. Giuseppe dei Falegnami, um das Gefängnis handelt, ist gesi-chert; Plinius erwähnt, daß es westlich von der Curia lag (vergleiche den Plan des Comitium); eine andere Quelle vermerkt, daß es in unmittelbarer Nachbarschaft des Concordia-Tempels und ganz nahe beim Forum lag. Die Überreste stimmen genau

Portikus der Dei Consentes, im Hintergrund
das Tabularium

Kopf eines der Dioskuren-Pferde von der
Iuturna-Quelle. Archaistisches griechisches
Werk vom Ende des 2. Jahrhunderts v. Chr.
(Antiquarium)

Kapitell einer Säule aus dem Innern des
von Tiberius in augusteischer Zeit
wieder aufgebauten Concordia-Tempels

Marcus Curtius stürzt sich in den Abgrund.
Die Reliefplatte wurde für eine beim
Lacus Curtius aufgestellte Inschrift des
L. Naevius Surdinus wiederverwendet, es
stammt aus dem 2. bis 1. Jahrhundert v. Chr.

Schnitt durch den Carcer

Grundriß der beiden übereinanderliegenden
Stockwerke des Carcer

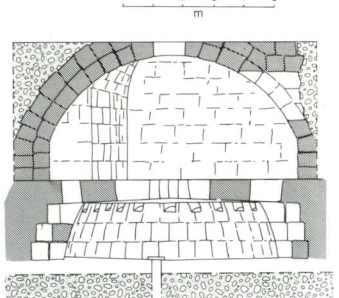

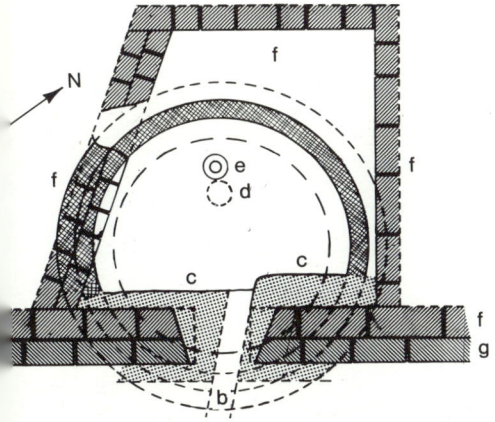

mit den antiken Beschreibungen überein. Das heute sichtbare Gebäude ist nur ein Teil des antiken *Carcer*, wahrscheinlich handelt es sich um das sogenannte *Tullianum*, den geheimsten, ganz innen gelegenen Teil des Gefängnisses. Sein Name gab vermutlich den Anlaß dafür, daß man Servius Tullius (oder Tullius Hostilius) für den Gründer hielt, während Livius den Ancus Marcius als Gründer nennt.

Eine Rampe mit Stufen führt auf die Höhe des antiken Niveaus. Die jetzige Fassade aus Travertin stammt vom Beginn der Kaiserzeit, wie die große Inschrift mit den Namen der beiden Konsuln C. Vibius Rufinus und M. Cocceius Nerva angibt (das Datum ist unsicher, es muß zwischen 39 und 42 n. Chr. liegen). Die Fassade überdeckt eine ältere aus Tuff von Grotta Oscura. Durch eine wohl erst in neuerer Zeit angelegte Türöffnung gelangt man in ein Gelaß mit trapezförmigem Grundriß. Es ist aus Tuffblöcken gebaut, die vom Monteverde und vom Anio stammen und deshalb in die zweite Hälfte des 2. Jahrhunderts v. Chr. zu datieren sind. Der ursprüngliche Eingang war wohl die kleine, heute zugemauerte Pforte in der rechten Wand, die über dem Niveau des heutigen Fußbodens liegt. Jenseits dieser Pforte waren die übrigen Räume des Gefängnisses, die *Lautumiae* (Steinbruch) genannt wurden, weil sie in antike Tuffsteinbrüche hineingehauen waren. Im Fußboden öffnet sich ein kreisrundes Loch, das einstmals der einzige Eingang zu dem darunterliegenden Raum war, zu dem man heute über eine moderne Treppe gelangt. Dieses Gelaß hat die Form eines Kreises, von dem auf der Ostseite ein Segment abgeschnitten wurde. Er ist vollständig aus Peperinblöcken ohne Mörtel gebaut. Es war dies der geheimste und schrecklichste Teil des Gefängnisses, der unter dem Namen *Tullianum* bekannt ist. Das Wasser, das auch heute noch eindringt, führte zu der Annahme, es habe sich ursprünglich um eine Zisterne gehandelt. Es ist jedoch wahrscheinlicher, daß der Bau von Anfang an als Gefängnis diente. In dieses Verlies wurden die Staatsgefangenen geworfen, nachdem sie den Triumphzug ihrer römischen Besieger miterleben mußten; dann erdrosselte man sie. Dieses Schicksal wurde unter anderen auch Jugurtha und Vercingetorix zuteil; hier gingen aber auch Römer zugrunde: die Anhänger des C. Gracchus, die Mitverschwörer Catilinas, Seianus und seine Söhne. Die Einkerkerung der heiligen Petrus und Paulus in diesem Gefängnis ist dagegen eine mittelalterliche Legende.

Am eindringlichsten beschreibt Sallust diesen Ort des Schreckens: „Im Gefängnis gibt es einen Tullianum genannten Teil, auf der linken Seite (vom Herabsteigenden aus gesehen) etwa 12 Fuß unter der Erde gelegen. Er ist ringsum mit dicken Wänden umgeben und mit einem steinernen Gewölbe überdeckt. In seiner Verwahrlosung, seiner Dunkelheit und seinem Gestank bietet er einen abstoßenden Anblick."

Es sei hier an Jugurthas Unerschrockenheit erinnert; als man ihn ins Tullianum warf, wandte er sich an seine Henker mit der Bemerkung: „Wie kalt doch eure Bäder sind, Römer!"

Der mittlere Teil des Forums. Die erste Pflasterung des Forums erfolgte zu Beginn der Etruskerherrschaft, also wahrscheinlich am Ende des 7. Jahrhunderts v. Chr. Während der republikanischen Zeit wurde das Pflaster mehrfach erneuert (Spuren davon sind an verschiedenen Stellen auf dem Forum zu sehen). Das heutige Pflaster ist durch eine Inschrift datiert, deren große Buchstaben bei der Phokas-Säule sichtbar sind: *L. Naevius L. f. Surdinus pr.* Den gleichen Text findet man auf einem Relief, das in unmittelbarer Nähe gefunden wurde; ein Abguß davon ist auf dem *Lacus Curtius* aufgestellt, das Original befindet sich im Konservatorenpalast. Naevius war als *praetor inter cives et peregrinos* mit der Rechtsprechung zwischen Römern und Ausländern beauftragt. Man nahm im allgemeinen an, daß die Inschrift mit dem benachbarten Tribunal des Praetors in Zusammenhang stehe. Kürzlich wurde jedoch gezeigt, daß die

Anbringung der Inschrift wie in anderen Fällen (z.B. Forum von Terracina, von Saepinum, von Velia) nur so verstanden werden kann, daß Surdinus das Pflaster des Forums erneuerte. Er muß in augusteischer Zeit gelebt haben, vermutlich war er um 12 v. Chr. Praetor. Die Erneuerung des Pflasters fand wohl wegen des großen Brandes statt, der in jenem Jahr einen großen Teil des Forums zerstörte – die Basilica Aemilia, die Tempel der Vesta und der Dioskuren und die Basilica Iulia fielen ihm zum Opfer – und nach dem viele Gebäude wieder aufgebaut wurden.

Das neue Pflaster wurde über das frühere, cäsarische gelegt. An einigen Stellen auf dem Forum fehlt das augusteische, so daß man das darunterliegende ältere Pflaster sehen kann. Zwischen den *Rostra* und dem *Lacus Curtius* sind in dem älteren, cäsarischen Pflaster mehrere quadratische Öffnungen zu beobachten, die zu senkrechten Schächten führen. Es handelt sich dabei um die Zugänge eines unterirdischen Systems von Gängen, das sich unter dem gesamten Forumsplatz erstreckt und das sicherlich von Cäsar geschaffen wurde. Ausgräber konnten im vorigen Jahrhundert Reste von hölzernen Aufzügen in den senkrechten Schächten feststellen. Wahrscheinlich hängt diese Anlage mit den Gladiatorenspielen zusammen, die in republikanischer Zeit auf dem Forum stattfanden (zu vergleichen sind die unterirdischen Anlagen im Kolosseum). Das neue Pflaster des Surdinus verschloß diese Öffnungen und legte die unterirdischen Gänge still. Es ist bezeichnend, daß gerade am Beginn der augusteischen Zeit die Gladiatorenspiele auf dem Forum aufhörten: damals errichtete Statilius Taurus auf dem Marsfeld das erste feste Amphitheater.

Von den *Rostra* steht auf einem Stufensockel eine Säule, das späteste Ehrendenkmal auf dem Forum. Ihre Weihinschrift lautet folgendermaßen: *Optimo clementiss[imo piissi]moque / principi domino n(ostro) / F[ocae imperat]ori / perpetuo a d(e)o coronato, [t]riumphatori / semper Augusto / Smaragdus ex praepos(ito) sacri palatii / ac patricius et exarchus Italiae / devotus eius clementiae / pro innumerabilibus pietatis eius beneficiis et pro quiete / procurata Ital(iae) ac conservata libertate / hanc sta[tuam maiesta]tis eius / auri splend[ore fulge]ntem huic / sublimi colu[m]na[e ad] perennem / ipsius gloriam imposuit ac dedicavit / die prima mensis Augusti, indict(ione) und(ecima) / p(ost) c(onsulatum) pietatis eius anno quinto* („Dem höchsten, mildesten und frömmsten Fürsten, unserem Herrscher Phokas, dem ständigen, von Gott gekrönten Kaiser, dem Triumphator und immerwährenden Augustus hat Smaragdus, ehemaliger Vorsteher des kaiserlichen Palastes, Patrizier und Exarch von Italien, ergeben Seiner Milde, als Dank für die unzähligen Wohltaten Seiner Barmherzigkeit und für die Ruhe und Freiheit, die Italien erhalten wurden, diese Statue Seiner Majestät, blitzend vom Glanz des Goldes, hier auf die höchste Säule gestellt zu Seinem ewigen Ruhm und sie Ihm geweiht am ersten Tag des Monats August, in der elften Indiktion im fünften Jahr nach dem Konsulat Seiner Milde").

Die Säule selbst ist mit Sicherheit nicht aus dem Jahre 608, in dem die Statue geweiht wurde, sondern offensichtlich älter (wahrscheinlich aus dem 2. Jh. n. Chr.) und hier wieder verwendet. Der heute fehlende Teil der Stufen wurde zerstört, als man die Inschrift des Surdinus freilegte. Die schwülstigen Lobsprüche in der Inschrift (die in einem Brief Papst Gregors an den Kaiser wiederholt werden) können nicht vergessen machen, auf welche Weise Phokas 602 an die Macht kam: durch die Ermordung seines Vorgängers Mauritius und seiner fünf Söhne. Daß der Herrscher Rom und dem Papst gegenüber tatsächlich großzügig war, geht aus seiner Schenkung des Pantheons hervor, das 609 in eine Kirche mit dem Namen S. Maria ad Martyres umgewandelt wurde. Phokas selbst wurde im folgenden Jahr seinerseits abgesetzt und von Heraklius beseitigt.

Vor den Rostra ist eine quadratische Fläche im Pflaster ausgespart; hier standen zweifellos der Feigenbaum, der Ölbaum und der Weinstock und vielleicht die Marsyas-Statue, die auf den trajanischen Reliefs in der Curia dargestellt ist. Vor einigen Jahren pflanzte man drei solche Bäume wieder an dieser Stelle.

Etwas östlich von der Surdinus-Inschrift ist eine trapezförmige Fläche eingetieft. Hier ist ein Teil der alten Pflasterung aus der Zeit Cäsars erhalten. Wo diese fehlt, sieht man die noch frühere aus Tuffplatten. An der Ostseite ist ein Zwölfeck aus bröckeligem Tuff (Cappellaccio), in dem ein runder, in der Mitte offener Sockel, wahrscheinlich der untere Teil einer Brunnenfassung, steht. Weiter westlich sieht man zwei rechteckige Einlassungen, die vermutlich für Altäre bestimmt waren. Diese Anlage ist mit Sicherheit als der *Lacus Curtius* zu identifizieren, von dem verschiedene Sagen handeln. Der einen zufolge soll es sich ursprünglich um einen Abgrund gehandelt haben, in den während des Krieges zwischen den Römern und den Sabinern der Sabiner-Führer *Mettius Curtius* mit seinem Pferd hineinstürzte. Nach einer anderen Version war es dagegen ein Römer, Marcus Curtius, der sich auf einen Orakelspruch hin opferte. Wahrscheinlicher ist jedoch die Version von Livius, der zufolge es sich einfach um den Konsul des Jahres 445 v. Chr. *(C. Curtius)* handelte, der auf Anweisung des Senats die Stelle umfrieden ließ, die von einem Blitz getroffen worden war.

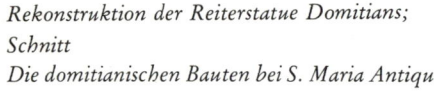

Rekonstruktion der Reiterstatue Domitians;
Schnitt
Die domitianischen Bauten bei S. Maria Antiqua

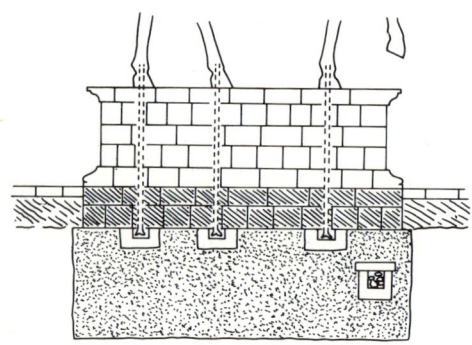

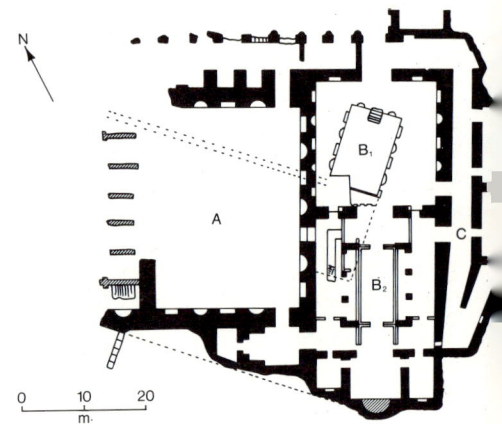

1553 wurde in der Nähe ein Relief gefunden, das zum Lacus Curtius gehört haben muß. Es stammt noch aus republikanischer Zeit, denn die Inschrift des Surdinus, die auf der Rückseite eingemeißelt ist, wurde nachträglich hinzugefügt. Ein Abguß des Reliefs ist auf dem Pflaster des *Lacus Curtius* aufgestellt. In augusteischer Zeit pflegte das Volk Münzen in den Brunnen zu werfen, wie das heute noch bei der Fontana di Trevi üblich ist. Neben dem Lacus Curtius wurde 69 n. Chr. der Kaiser Servius Sulpicius Galba ermordet.

Etwas östlich vom Lacus Curtius ist eine rechteckige Eintiefung von ungefähr 1 m. Hier muß nach der Beschreibung des Dichters Statius die 91 n. Chr. errichtete bronzene Reiterstatue Domitians *(Equus Domitiani)* gestanden haben. Außer der zeitgenössischen Beschreibung des Statius gibt auch eine Münze Aufschluß über das Denkmal. Man weiß beispielsweise, daß unter dem erhobenen Vorderhuf des Pferdes der Rhein dargestellt war. Das Denkmal war zu Ehren der Siege Domitians über die Germanen errichtet worden. Die drei noch heute sichtbaren ausgehöhlten Travertinblöcke, die in das Gußmauerwerk eingeschlossen sind, dienten wohl der Befestigung der durch den ganzen Sockel hindurchgeführten Metallstifte, mit denen die Beine des Pferdes verankert waren. Aus dem Befund ist auf eine Statue zu schließen, die insgesamt nicht weniger als 8 m hoch (mit Sockel 12–13 m) und ebensolang war. Das riesige Denkmal stand jedoch nicht lange; es wurde gleich nach der Ermordung Domitians (96 n. Chr.) abgerissen. Daß man das Pflaster nicht ausbesserte, zeigt, daß ein neues Bauwerk die Stelle des früheren einnahm. Wahrscheinlich handelte es sich um die Tribüne, die auf einem der trajanischen Reliefs dargestellt ist und zu der vermutlich die reliefgeschmückten Schranken gehörten. Da die beiden Reliefs weiter nördlich auf zwei Säulen aufgestellt waren, muß diese Rednerbühne ihrerseits wieder zerstört und durch ein anderes Bauwerk ersetzt worden sein. Möglicherweise war dies die Reiterstatue des Septimius Severus auf dem Forum oder auch die des Konstantin, deren Inschrift der „Anonymus von Einsiedeln" abschrieb, mit der Bemerkung, sie befinde sich in der Mitte des Forumsplatzes. Einige Forscher halten einen weiter östlich liegenden Sockelrest für die Basis der Konstantins-Statue.

Die Basilica Iulia. Die Basilica Iulia nimmt den gesamten Raum zwischen dem Saturn-Tempel und dem Tempel der Dioskuren ein. Sie wird von den beiden Hauptstraßen, die vom Tiber zum Forum führen, begrenzt, dem *Vicus Iugarius* im Westen und dem *Vicus Tuscus* im Osten. Wahrscheinlich mußten für den Bau der Basilika in ihren jetzigen Ausmaßen die beiden Straßen verlegt und begradigt werden; unter dem Straßenpflaster wurden Reste republikanischer Bauten gefunden.

Das 101 m lange und 49 m breite Gebäude nimmt die Stelle ein, an der eine der ältesten Basiliken stand: die vom Censor Tiberius Sempronius Gracchus, dem Vater der beiden berühmten Gracchen, im Jahre 170 v. Chr. errichtete *Basilica Sempronia*. Livius berichtet, daß Gracchus zu diesem Zweck das Haus des Scipio Africanus, das an dieser Stelle stand, zusammen mit den angrenzenden Läden habe abreißen lassen. Die Basilica Iulia war sicherlich sehr viel größer als die Basilica Sempronia, denn sie verdrängte auch die schon vor dem älteren Bau vorhandene Gruppe von Geschäftslokalen (*Tabernae Veteres*), deren Pendants die *Tabernae Novae* auf der anderen Seite des Platzes vor der Basilica Aemilia waren.

Der Bau wurde von Cäsar wahrscheinlich schon 54 v. Chr. begonnen, gleichzeitig mit der Wiederherstellung der Basilica Aemilia und dem Bau des neuen Cäsar-Forums, von dem Cicero in einem seiner Briefe an Atticus berichtet. Augustus vollendete die Basilika. Kurz danach brannte sie jedoch bei dem großen Brand des Jahres 12 v. Chr. vollständig ab. Nach dem Wiederaufbau wurde sie den beiden Adoptivsöhnen des Kaisers, Gaius und Lucius, geweiht, behielt jedoch ihren ursprünglichen Namen. 283 n. Chr. brannte sie wieder ab und wurde von Diokletian erneut aufgebaut.

Von dem Gebäude ist wegen der wiederholten Plünderungen nur sehr wenig erhalten, eigentlich nur das Podium, zu dem an der Ostecke sieben und an der Westecke eine Stufe hinaufführen. Auch die heute sichtbaren, aus Ziegeln gemauerten Pfeiler stammen aus dem vorigen Jahrhundert. Immerhin läßt sich der Grundriß rekonstruieren. Das Gebäude, das besonders prächtig gewesen sein muß, hatte fünf Schiffe: der große Raum in der Mitte (82 m lang und 18 m breit) war auf allen vier Seiten mit je zwei Portiken versehen. Da der äußere Portikus auf der Seite zum Forum zweistöckig war, muß der Mittelsaal drei Stockwerke hoch gewesen sein. Hier hatte das Tribunal der *Centumviri* seinen Sitz. Der Raum konnte mit Vorhängen oder hölzernen Trennwänden unterteilt werden, so daß vier Tribunale gleichzeitig tagen konnten. Nur bei besonders wichtigen Gerichtsverhandlungen benötigte man den ganzen Saal. Hiervon berichtet Plinius d. J.: Bei einem seiner Prozesse drängte sich die Menge nicht nur im Saal, sondern auch auf den oberen Galerien. Auf den Stufen zum Forum und auf dem Fußboden der Portiken sind noch die eingeritzten Spuren zahlreicher Spiele zu erkennen (Dame, Mühle), mit denen sich die Müßiggänger und Faulenzer, die in großer Zahl auf dem Platz herumlungerten, die Zeit vertrieben. Es gibt auch einige eingeritzte Zeichnungen, die wahrscheinlich Statuen aus der Umgebung darstellen. In diesem Zusammenhang sind zwei Sockel mit den Inschriften „*Opus Polycliti*" und „*Opus Timarchi*" zu erwähnen, die ungefähr in der Mitte vor der Fassade stehen. Sie trugen ursprünglich zwei Statuen der berühmten griechischen Bildhauer (und zwar die Originale, keine Kopien) und wurden, nach der Buchstabenform zu urteilen, in severischer Zeit aufgestellt. Auf einem der Sockel wird in einer Inschrift des Gabinius Vettius Probianus, des Stadtpräfekten im Jahre 416 gedacht, der eine Statue von einem anderen Platz in die Basilica Iulia bringen ließ. Ähnliche, in dieser Gegend gefundene Sockel lassen vermuten, daß dieser Vorgang mit der Plünderung der Stadt durch Alarich zusammenhängt, die wenige Jahre zuvor stattgefunden hatte.

Bei Tiefengrabungen fand man unter der Mitte des Gebäudes einige Mauern, die vermutlich zur *Basilica Sempronia* gehörten, und darunter die Reste eines Privathauses mit einem *Impluvium*. Dies muß das Haus des Scipio Africanus gewesen sein. Außerdem wurden – neben anderen Kleinfunden – zwei archaische Terrakotta-Antefixe gefunden, die an das Ende des 6. oder den Anfang des 5. Jahrhunderts v. Chr. zu datieren sind und die möglicherweise zur ältesten Bauphase des benachbarten Dioskuren-Tempels gehörten.

Auf der Rückseite sind einige Läden an die Basilika angebaut, die wahrscheinlich an einer antiken Straße lagen. In dem noch unausgegrabenen Gebiet unter dem ehemaligen Krankenhaus „della Consolazione", jenseits der Basilika, muß der Tempel des vergöttlichten Augustus gewesen sein. An der Straßenecke zum *Vicus Tuscus* (der „Etrusker-Straße") muß die Statue des *Vertumnus* gestanden haben, einer Gottheit etruskischer Herkunft. Auch die Bewohner des angrenzenden, nach ihnen benannten Viertels waren Etrusker, die im Gefolge des Königs Tarquinius Priscus nach Rom gekommen sein sollen.

Der Tempel des Castor und Pollux. Unmittelbar östlich vom Vicus Tuscus stehen auf einem hohen Podium noch drei Säulen vom Tempel der Dioskuren (oder, wie die Römer sie häufig nannten, „Castores"). Der griechische Kult wurde sehr früh, am Anfang des 5. Jahrhunderts v. Chr., in Rom eingeführt. Als die Römer gegen die Latiner kämpften, die als Verbündete des Tarquinius Superbus die Stadt zurückerobern wollten, da sollen während der Schlacht am Lacus Regillus (499 v. Chr.) zwei geheimnisvolle Reiter erschienen sein, die die Römer zum Sieg führten. Kurz danach sah man die beiden, wie sie ihre Pferde an der Juturna-Quelle tränkten, dann verkündeten sie den Sieg in der Stadt und verschwanden gleich darauf. Das Volk erkannte in ihnen die Dioskuren, und der Diktator Aulus Postumius Albinus gelobte ihnen einen Tempel, den dann sein Sohn 484 v. Chr. weihte. Die frühzeitige Einführung der beiden Götter in Latium ist inzwischen durch einen Fund in Lavinium (bei Pratica di Mare) bestätigt worden; dort fand man ein archaisches Bronzeblech vom Ende des 6. Jahrhunderts v. Chr. mit einer Weihinschrift für Castor und Pollux. Durch die stark an das Griechische erinnernden sprachlichen Eigentümlichkeiten erscheint die Herkunft aus einer großgriechischen Stadt – wahrscheinlich Tarent – gesichert. In Rom wurde der Kult sicherlich auf Veranlassung der Patrizier eingeführt; daß ein fremdländischer Kult im engsten Stadtgebiet, innerhalb des *Pomerium*, ohne weiteres angesiedelt werden konnte, beweist dies. Die Dioskuren, die Schutzherren der Ritter, d. h. der Aristokratie, in Großgriechenland, waren auch in Rom die besonderen Schutzgottheiten des Adels.

Der Tempel wurde 117 v. Chr. von L. Caecilius Metellus Dalmaticus wieder aufgebaut, danach nochmals von Verres, dem durch Ciceros Angriffe berühmt gewordenen Propraetor von Sizilien, und schließlich nach dem Brand 12 v. Chr. von Tiberius, der 6 n. Chr. den neuen Tempel weihte. Dieser Phase gehören die heute noch sichtbaren mächtigen Überreste an. Vom Podium ist nur noch der Kern aus Gußmauerwerk erhalten; die Tuffblöcke unter den tragenden Teilen wurden von Plünderern weggeschafft. Einer der Marmorblöcke vom Tempel ist als Sockel der Reiterstatue Mark Aurels auf dem Kapitol wiederverwendet. Das Podium stammt großenteils noch vom Wiederaufbau des Jahres 117 v. Chr. und umschließt Reste des früheren Baus. In der Cella sind unterhalb des Niveaus der tiberischen Säulen Reste eines schwarzweißen Mosaikfußbodens mit Rautenmuster erhalten, die vom Wiederaufbau des Metellus stammen müssen.

Der vordere Teil des Podiums, zu dem man über zwei seitliche Treppchen gelangte, war vermutlich mit Schiffsvorderteilen geschmückt und gehörte, zusammen mit den kaiserzeitlichen Rostra und denen am Podium des Cäsar-Tempels, zu den drei Rednerbühnen *(Rostra tria)* auf dem Forum, von denen in der literarischen Überlieferung die Rede ist. Mehrere entscheidende Ereignisse der republikanischen Geschichte fanden hier statt. Auf der Rednerbühne verkündete Cäsar seine Agrargesetze, im Tempel versammelte sich mehrmals der Senat. Das Podium diente auch als Tribüne für die Vorsitzenden der gesetzgebenden Versammlungen. Außerdem weiß man, daß im Tempel das Eichamt seinen Sitz hatte und daß hier die Läden von Bankiers lagen, wahrscheinlich in den kleinen Räumen, die sich im Podium jeweils unter den Interkolumnien befanden (auf der Ostseite teilweise erhalten).

Die Juturna-Quelle. In seiner Abhandlung über die Wasserleitungen erwähnt Frontinus am Ende des 1. Jahrhunderts n. Chr., daß die Römer, bevor Appius Claudius im Jahre 312 v. Chr. Censor wurde, das Wasser aus dem Tiber, aus Brunnen oder den wenigen Quellen im Stadtgebiet schöpften. Die wichtigste Quelle entsprang am Fuß des Palatin zwischen dem Tempel der Vesta und dem der Dioskuren. Wie meistens in der antiken Welt, verehrte man die Quelle als Gottheit, in diesem Fall als die Nymphe Iuturna und Schwester des Königs Turnus. Ihr Wasser wurde für heilbringend gehalten.

Bei der Grabung von 1900 fand man die Quelle, die schon in republikanischer Zeit prächtig ausgebaut worden war: ein annähernd quadratisches Becken mit Marmorverkleidung. Es liegt ungefähr 1 m unter dem heutigen Niveau, das dem der augusteischen Pflasterung entspricht; die Anlage muß also republikanisch sein, nicht, wie im allgemeinen behauptet wird, frühkaiserzeitlich. Dies beweist auch das Mauerwerk aus *opus quasi reticulatum*, das für das Ende des 2. und den Anfang des 3. Jahrhunderts v. Chr. typisch ist. Man sieht auch Ausbesserungen aus einem anderen Tuff in *opus reticulatum*, die zweifellos vom Beginn der Kaiserzeit stammen. Sie müssen mit dem tiberischen Wiederaufbau des Dioskuren-Tempels zusammenhängen, während der Bau des Beckens offensichtlich auf Metellus zurückgeht (117 v. Chr.). Eine Bestätigung hat man in den Marmorstatuen der Dioskuren, die zerbrochen im Becken gefunden wurden und die ursprünglich auf dem Sockel in der Mitte aufgestellt waren (jetzt im Antiquarium auf dem Forum ausgestellt). Die Statuen sind keine griechischen Originale, wie bisweilen behauptet wurde, sondern Werke in einem archaistischen Stil, wie er für den Späthellenismus typisch ist; auch sie sind, wie die gesamte Anlage, ans Ende des 2. Jahrhunderts v. Chr. zu datieren. An den Statuen sind Brandspuren und Ausbesserungen mit Carrara-Marmor (der ursprüngliche ist griechisch) zu beobachten. Der Brand von 12 v. Chr. muß auch die Quelle zerstört haben, auf die vielleicht ein Teil des benachbar-

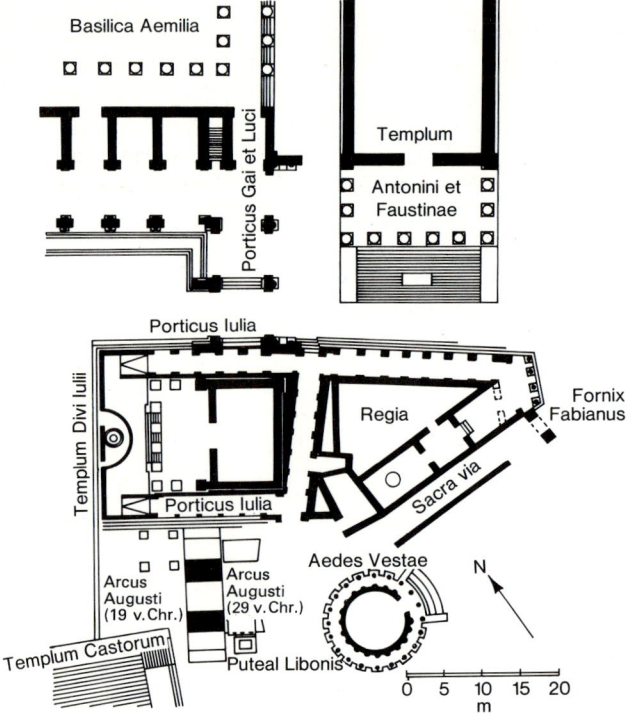

Der Cäsar-Tempel und die umliegenden Bauten

ten Dioskuren-Tempels herabstürzte, so daß die Statuen restauriert werden mußten. Es ist ganz offensichtlich, daß Tempel und Quelle eine Einheit bildeten. Das zeigen auch die Statuen der Dioskuren, die beim Tränken ihrer Pferde dargestellt sind, so wie es die Sage erzählt.

Auf dem Beckenrand steht der Abguß eines hier gefundenen Sockels (das Original befindet sich im Antiquarium) aus trajanischer Zeit, auf dem die beiden Dioskuren, ihre Eltern Juppiter und Leda und die Nymphe Iuturna dargestellt sind. Etwas weiter südlich steht ein Tempelchen mit einer Weihinschrift für Iuturna, das wahrscheinlich ebenfalls in trajanischer Zeit errichtet wurde. Davor ist ein marmornes Brunnenbecken mit einer zweimal wiederholten Inschrift des Ädils *M. Barbatius Pollio,* der zur Zeit von Cäsar und Augustus lebte, sowie ein Altar aus severischer Zeit, auf dem Iuturna und Turnus dargestellt sind. Hinter der Quelle erstreckt sich nach Osten ein Gebäude, dessen verschiedene Bauphasen von der späten Republik bis in konstantinische Zeit reichen. Die *Tabernae,* die an das Haus der Vestalinnen anschließen, stützten eine Rampe, die zum Palatin hinaufführte. Sie sind aus unregelmäßigen Steinen *(opus incertum)* gebaut und stammen aus republikanischer Zeit. Das Gebäude wurde unter Konstantin mit Ziegeln völlig erneuert und mit schwarz-weißen Mosaikfußböden ausgestattet.

Zwei Inschriften auf einem Cippus, der sich noch an seinem ursprünglichen Platz in dem Raum bei dem Tempelchen befindet, nennen die Bauzeit und den Zweck des Gebäudes. Mit der einen weiht der Aufseher über die Wasserversorgung und Getreideverteilung *(Curator aquarum et Minuciae) Flavius Maesius Egnatius Lollianus* dem Kaiser Konstantin eine Statue, in der anderen teilt er mit, daß er im Jahr 328 an dieser Stelle die *Statio aquarum,* d. h. das Büro der Wasserversorgung, baute. Die Wasserverwaltung wurde also in jenem Jahr von ihrem ursprünglichen Sitz hierher verlegt; vorher war sie wahrscheinlich bei den Tempeln auf dem Largo Argentina (vgl. das Kapitel über das Marsfeld, S. 250).

Verschiedene Statuen schmückten das Gebäude. Eine davon, ein Äskulap (vielleicht sollte der Gott der Heilkunst an die heilende Kraft des Quellwassers erinnern) steht noch an ihrem ursprünglichen Platz, eine weitere, ein Apoll in archaisierendem Stil, wurde ins Antiquarium gebracht.

Unmittelbar südlich von der Quelle liegt ein wahrscheinlich aus trajanischer Zeit stammender Raum, der durch Hinzufügung einer Apsis in das christliche Oratorium der „Vierzig Märtyrer" umgewandelt wurde. Ein Wandgemälde auf der Rückwand, das wahrscheinlich aus dem 8. Jahrhundert stammt, zeigt den Märtyrertod der vierzig christlichen Soldaten in Armenien zur Zeit der diokletianischen Verfolgungen.

Der domitianische Gebäudekomplex und die Kirche S. Maria Antiqua. Südlich vom Dioskuren-Tempel und der Juturna-Quelle erstreckt sich ein bedeutender Gebäudekomplex, der das Verbindungsglied zwischen dem Forum Romanum und dem Palatin darstellt.

Im wesentlichen besteht er (vgl. Abb. S. 80) aus einem großen, ganz aus Ziegeln errichteten Saal (A), der ursprünglich überwölbt war. Auf der Seite zum Forum hin sind Portiken, auf der zum Vicus Tuscus Ladenlokale vorgelagert. Das Gebäude ist aufgrund der Ziegelstempel in die letzten Jahre der Regierung Domitians zu datieren, die *Tabernae* dagegen stammen aus hadrianischer Zeit. Der im Osten anschließende Komplex besteht aus einem quadratischen, nicht überdachten Raum (B 1), wahrscheinlich einem Atrium, von dem man durch drei Eingänge in einen auf allen vier Seiten von Portiken umgebenen Hof (B 2) gelangt, an dessen Rückseite drei Räume liegen. Unter dem Atrium wurde ein älterer Raum mit einem rechteckigen Becken, wahrscheinlich einem *Impluvium*, gefunden, der aufgrund der Ziegelstempel in die Zeit Caligulas zu datieren ist. Dieser Raum und ein weiterer, der unter dem benachbarten Saal A gefunden wurde, sind anders orientiert: ihre Achse verläuft wie die der dahintergelegenen *Horrea Agrippiana* (Getreidespeicher) in Ost-West-Richtung. Den dritten Bestandteil bildet eine Rampe (C) auf den Palatin.

Die Deutung und Benennung dieser Gebäude ist nicht einfach. Die bei der Ausgrabung aufgestellte Hypothese, es handle sich um den Augustus-Tempel, kann inzwischen ausgeschlossen werden; wahrscheinlich handelt es sich um eine Art monumentalen Eingangstrakt zu den Kaiserpalästen auf dem Palatin, denn die Anlage ist gleichzeitig mit der Domus Augustana entstanden. Mit der früheren Bauphase aus der Zeit Caligulas läßt sich die Nachricht verbinden, daß der Kaiser den Eingang zur Domus Tiberiana verlegte und bis an den Dioskuren-Tempel heranbaute. Hier muß die kaiserliche Palastwache, die Prätorianergarde, untergebracht gewesen sein.

Im 6. Jahrhundert wurde der Saal B 2 zu einer Kirche umgebaut, die der Muttergottes geweiht wurde und nach der Gründung einer weiteren Marienkirche, im Tempel der Venus und Roma, den Namen S. *Maria Antiqua* bekam. Der Raum war sehr geeignet für eine Kirche, denn der umlaufende Portikus konnte leicht in Seitenschiffe umgewandelt werden. Die Malereien, die aus dem 6. bis 9. Jahrhundert stammen und in mehreren Schichten übereinanderliegen, sind von außerordentlicher Wichtigkeit für die Geschichte der frühchristlichen Malerei.

Unmittelbar südlich von den zuvor beschriebenen Bauten sind dort, wo der Vicus Tuscus zum Velabrum abbiegt, die Ruinen eines bemerkenswerten Gebäudes zu sehen. Es besteht aus einem großen Hof, an dem auf allen Seiten kleine Räume liegen und in dessen Mitte sich ein kleinerer Raum befindet. Hierin war eine Weihinschrift an den Genius der *Horrea Agrippiana* angebracht; es handelt sich also um die großen Getreidelager, die Agrippa zur Zeit des Augustus hier bei *Velabrum* in einer Gegend mit besonders regem Geschäftsleben erbauen ließ.

Der Cäsar-Tempel. Nach der Ermordung Cäsars in der Curia des Pompejus auf dem Marsfeld (bei den Tempeln auf dem Largo Argentina; vgl. S. 250) wurde seine Leiche auf das Forum, und zwar in die Nähe der Regia gebracht, wo der offizielle Sitz des Diktators war, der ja die Aufgaben des obersten Priesters zu erfüllen hatte. Hier wurde die Leiche verbrannt und eine Marmorsäule mit der Inschrift „*Parenti Patriae*" („dem Vater des Vaterlandes") errichtet. Später entfernte man die Säule und baute an ihrer Stelle den Tempel des *Divus Iulius*, des vergöttlichten Cäsar. In Rom war dies der erste Fall einer Vergöttlichung nach dem Tode. Der orientalische Brauch wurde von den hellenistischen Herrschern übernommen und dann von allen Kaisern nachgeahmt. Auf dem Forum allein stehen als Beispiele die Heiligtümer des Vespasian und Titus, sowie des Antoninus und der Faustina.

Der Tempel, den Augustus errichtete und am 18. August 29 v. Chr. weihte, steht an der Ostseite des Forums, dessen Abschluß er bildet. Nach den zerstörerischen Plünderungen, vor allem im 15. Jahrhundert, sind nur noch einige Reste vom Gußmauerwerk des Podiums erhalten. Die Lücken und Aushöhlungen im Podium entsprechen den statisch wichtigsten Punkten, also den Säulen und den Cellamauern; an diesen Stellen wurden nämlich Tuffblöcke verwendet, die man bei den späteren Plünderungen wegtransportierte. Der vordere Teil des Podiums bildet eine halbkreisförmige Einbuchtung, in deren Mitte der Kern eines Rundaltars steht. Wahrscheinlich ist dies die Stelle, an der Cäsar verbrannt wurde. Aus unbekannten Gründen wurden später der Halbkreis und der runde Altar in eine gerade Mauer eingebunden. An diesem Podium waren die bei Actium erbeuteten Schiffsschnäbel aus der Flotte von Antonius und Cleopatra befestigt. Über zwei seitliche Treppen gelangte man auf die Plattform. Der Tempel war wahrscheinlich korinthisch. Er bestand aus einer Cella mit sechs Säulen davor und zweien an den Längsseiten. Die Fragmente der marmornen Verzierungen sind teils noch beim Tempel, teils im Antiquarium auf dem Forum. Besonders schön ist ein Fries mit Siegesgöttinnen, deren Körper in Ranken enden.

Im Inneren der Cella stand eine Statue Cäsars mit einem Stern, dem *Sidus Iulium*, über der Stirn, der, wie aus Münzbildern hervorgeht, auch im Giebel dargestellt war. Ein Portikus umgab den Tempel auf drei Seiten, vermutlich war dies „die" *Porticus Iulia*.

Der Bogen des Augustus. Rechts vom Cäsar-Tempel sieht man die spärlichen Reste eines Bogens mit drei Durchgängen, bei denen es sich zweifellos um den vom Senat errichteten Bogen handelt, mit dem die Rückgabe der von Crassus bei Carrhae (55 v. Chr.) an die Parther verlorenen Feldzeichen gefeiert wurde. Dieser Bogen stand, wie berichtet wird, „*iuxta aedem divi Iulii*" („neben dem Tempel des vergöttlichten Julius"). In dieser Gegend wurde 1546 eine große, 2,67 m lange Inschrift mit einer Weihung an Augustus vom Jahre 29 v. Chr. gefunden, die nur zu einem anderen, 29 v. Chr. nach der Schlacht bei Actium geweihten Bogen gehört haben kann. Eine neuere Grabung brachte eine Lösung des Problems: etwas weiter östlich wurden die Fundamente eines zweiten Bogens gefunden, der nur einen einzigen Durchgang hatte. Dies ist ganz offensichtlich der 29 v. Chr. geweihte, den man 19 v. Chr. durch einen neueren Bogen ersetzte, auf dem jedoch die ältere Inschrift mit angebracht wurde. Es handelt sich um einen für die Politik des Augustus typischen Zug: jede Erinnerung an die Bürgerkriege sollte getilgt werden.

Die erhaltenen Architekturfragmente (ein Reliefstück mit Darstellung einer Victoria befindet sich in Kopenhagen) und ein Münzbild ermöglichen die zeichnerische Rekonstruktion des Bogens. Nur der mittlere Durchgang war ein Bogen, die beiden seitlichen waren flach gedeckt und mit Giebeln verziert. Oberhalb der seitlichen Durchgänge standen die Statuen zweier Parther (der rechte gibt gerade die Feldzeichen zurück), über dem Bogen in der Mitte stand Augustus in einem Viergespann. In den kleineren Durchgängen waren die Konsular- und Triumphats-Fasten in die Wände eingelassen, lange, in Marmor gemeißelte Listen sämtlicher Konsuln und siegreicher Feldherren seit dem Beginn der Republik. Früher hatte man gemeint, sie seien an der Regia angebracht gewesen, doch konnte inzwischen bewiesen werden, daß sie zum Bogen des Augustus gehören. Auch diese Einzelheit paßt ausgezeichnet zum Bild der augusteischen Politik, deren Bestreben zwar auf die Veränderung der staatlichen Ordnung gerichtet war, die jedoch den Anschein zu erwecken suchte, sie bewahre die republikanische Verfassung oder stelle sie sogar wieder her. Wie auf dem gleichzeitigen Augustus-Forum sollte auch hier demonstriert werden, daß die gesamte geschichtliche und sagenhafte Vergangenheit Roms von der Vorsehung dazu bestimmt war, in das Prinzipat einzumünden. In Umkehrung eines berühmten Satzes kann man sagen, daß nichts verändert wurde, um alles zu verändern.

Auf der anderen Seite des Cäsar-Tempels entsprach dem Augustus-Bogen spiegelbildlich der Bogen für Gaius und Lucius Caesar.

Die Regia. Das unregelmäßige Gebäude zwischen dem Tempel des Divus Iulius im Westen, dem Vesta-Tempel und Vestalinnen-Haus im Süden und dem Tempel des Antoninus und der Faustina im Norden konnte mit Sicherheit als *Regia* identifiziert werden. Sie soll von Numa, dem zweiten König Roms, als sein Haus errichtet worden sein. Die Herkunft und Bedeutung ihres Namens ist klar; laut Festus ist die Regia „das Haus, in dem der König wohnt". Doch bleibt zu fragen, ob es sich tatsächlich um den König selbst handelte oder aber um seinen republikanischen Vertreter, den *Rex sacrorum* („König in den Angelegenheiten des Kultes"), der zu Beginn der Republik die priesterlichen, nicht aber die politischen und militärischen Aufgaben des Königs übernahm. In Wirklichkeit war die Regia nie die Wohnung des Rex sacrorum, die sich vielmehr auf der Velia befand. Festus sagt, daß man „nicht nur den Weg zwischen der *Regia* und dem Haus des *Rex sacrorum*, sondern auch das Stück von da an bis zum Heiligtum der Strenia als *Via Sacra* bezeichnen müsse", woraus sich eine klare Unterscheidung zwischen der Regia und dem Haus des Rex sacrorum ergibt. Die Regia war auch nicht das Wohnhaus des obersten Priesters *(Pontifex Maximus);* dieser wohnte in der *Domus publica* („Haus des Staates") bei dem Haus der Vestalinnen. Die Regia war also nur der Ort, an dem diese Priester ihren Dienst versahen.

Im Innern der Regia befanden sich Heiligtümer der *Ops Consiva* (Göttin der Ernte) und des *Mars*. Hier wurden die heiligen Schilde aufbewahrt, die bei Festzügen von den *Salii* (den „Springern" oder „Tänzern", einer uralten Priesterschaft) herumgetragen wurden. Außerdem waren in der Regia die überaus wichtigen Archive der Priester, der Kalender und die Annalen der Stadt untergebracht.

Eine Tiefengrabung brachte vor einiger Zeit Klarheit über die verschiedenen Bauphasen der Regia. Zunächst standen hier nur einige Hütten, ähnlich wie die auf dem Palatin gefundenen. Gegen Ende des 7. Jahrhunderts v. Chr. wurden sie durch ein anderes Gebäude, wohl ein Heiligtum, ersetzt. Nach einem Brand und einem Wiederaufbau kurz nach der Mitte des 6. Jahrhunderts wurde das Gebäude dann zum ersten Mal in seiner typischen, bis zum Ende der Kaiserzeit beibehaltenen Form errichtet. Dieses Ereignis ist in die letzten Jahre des 6. Jahrhunderts v. Chr. zu datieren; die genaue Übereinstimmung mit dem überlieferten Anfangsjahr der Republik (509) ist auffallend.

In ihrer jetzigen Form wurde die Regia also nicht mehr für einen König gebaut, sondern für den *Rex sacrorum,* den Oberpriester, der zu Beginn der republikanischen Zeit die kultischen Aufgaben des Königs übernommen hatte. Die außerordentlich enge Verwandtschaft mit einem Gebäude auf der Agora in Athen, dessen Ähnlichkeit im Grundriß, in den Ausmaßen und der Entstehungszeit schwerlich zufällig sein kann, ist als ein Beweis für das Bestehen enger Beziehungen zwischen Griechenland und Rom schon in so früher Zeit zu werten.

Die Anlage besteht aus zwei Teilen. Im Süden liegt ein langgestreckter, rechteckiger Bau, der ost-westlich orientiert und in drei Räume untergliedert ist. Der mittlere diente als Eingangsraum, von dem man in die beiden anderen gelangte. Im östlichen war vermutlich das Heiligtum der *Ops,* im westlichen, wo ein runder Altar steht, das des *Mars.* Im Norden schließt sich ein weiter, trapezförmiger Grundriß mit einer Säulenreihe an, zweifellos ein offener Hof (vielleicht das *Atrium Regium?*). Hier sind einige Brunnenschächte zu sehen, bei denen auch die beiden in der Überlieferung erwähnten Lorbeerbäume gestanden haben müssen. Im Süden trennte eine Straße das Gebäude vom Vesta-Tempel, mit dem es jedoch funktional verbunden war.

Die Regia kann kein Wohnhaus gewesen sein. Sie war vielmehr ein Heiligtum, das in der Form einem Wohnhaus nachgebildet war. Der Grundriß ist ähnlich wie bei den Häusern in Acquarossa, einer etruskischen Siedlung bei Viterbo, die ins 7. Jahrhundert v. Chr. zu datieren sind. Die Regia wurde im 3. Jahrhundert v. Chr., im Jahre 148 v. Chr. und im Jahre 36 v. Chr. jeweils vollständig neu gebaut. Bemerkenswert ist, daß die späteren Wiederaufbauten den Grundriß, der als heilig galt, nicht im geringsten veränderten. Die herumliegenden Marmor-Fragmente gehören zu dem spätesten, von Domitius Calvinus errichteten Bau. Die Regia kann zur Zeit nicht besichtigt werden.

Zwischen der Regia und dem Haus der Vestalinnen stand auf der Via Sacra einer der ältesten römischen Triumphbogen, der *Fornix Fabianus.* Q. Fabius Maximus errichtete ihn 121 v. Chr. zur Erinnerung an seinen Sieg über die Allobroger, im Jahre 56 v. Chr. restaurierte sein Enkel den Bogen. Fragmente der zugehörigen Inschrift wurden schon im 16. Jahrhundert in dieser Gegend gefunden. Der genaue Standort des Bogens war jedoch unbekannt und konnte erst in neuerer Zeit durch Tiefengrabungen festgestellt werden (vgl. Plan S. 84).

Der Vesta-Tempel und das Haus der Vestalinnen. An der Südseite der Via Sacra stand gegenüber von der Regia das Heiligtum der Vesta, das eines der ältesten und vornehmsten in Rom war. Zusammen mit dem Haus der Vestalinnen bildete es einen einheitlichen Baukomplex *(Atrium Vestae),* der seinerseits von der Lage und der Funktion her mit der *Regia,* dem Haus des Pontifex Maximus *(Atrium publicum)* und dem des *Rex Sacrorum* in enger Beziehung stand. Wie die Regia das Heiligtum war, in dem die ursprünglich am engsten mit dem König verbundenen Kultstätten untergebracht wurden, so war der Tempel der Vesta nichts anderes als ein Ersatz für das wichtigste häusliche Herdfeuer, nämlich das im Haus des Königs. Es stand als Symbol für alle anderen und bildete so das „Herdfeuer des Staates". Die Töchter des Königs, die es ursprünglich zu bewachen hatten, wurden durch eine Gruppe von Priesterinnen ersetzt.

Die Vestalinnen bildeten die einzige weibliche Priesterschaft in Rom. Sie waren mit der Bewachung des Feuers und anderen, eng mit dem häuslichen Kult verbundenen und hier ins allgemeine übertragenen Riten betraut. Sie stammten aus Patrizierfamilien und wurden im Alter von sechs bis zehn Jahren aufgenommen. Dreißig Jahre lang mußten sie in der Priesterschaft bleiben und waren zur Keuschheit verpflichtet. Verletzte eine Vestalin diese Regel, wurde sie mit dem Tode bestraft. Da ihr Blut nicht vergossen werden durfte, begrub man sie lebendig in einem unterirdischen Verlies im servianischen *Agger* auf dem Quirinal in der Nähe der Porta Collina. Der Ort wurde *Campus sceleratus* („schändlicher Ort") genannt. Ihr Komplize wurde im Comitium zu Tode gestäupt.

Dafür genossen die Vestalinnen jedoch auch bedeutende Privilegien: sie unterstanden nicht mehr der väterlichen Gewalt (dessen Rechte und Pflichten übernahm zum Teil der Pontifex Maximus), sie besaßen beträchtliche finanzielle Mittel und waren hoch angesehen. Als äußere Kennzeichen ihrer privilegierten Stellung besaßen sie verschiedene Sonderrechte: als einzige durften sie innerhalb der Stadt im Wagen fahren, bei Schauspielen waren ihnen Ehrenplätze reserviert, und außerdem bekamen sie ein (wahrscheinlich gemeinsames) Grab in der Stadt.

Das *Atrium Vestae* war in seiner ältesten Bauphase wesentlich kleiner als der heute sichtbare Komplex. Außerdem hatte es eine andere, nach den vier Himmelsrichtungen ausgerichtete Orientierung. Reste dieser Anlage sind auf der Nordseite des Hauses ungefähr 1 m unter dem kaiserzeitlichen Niveau noch sichtbar (A). Schon damals war der Tempel mit einer Umfriedung eingefaßt, die ihn eng mit dem Haus der Priesterinnen verband. Man weiß nicht, ob er schon von Anfang an seine typische kreisrunde Form hatte; bemerkenswert ist jedenfalls, daß in allen Bauphasen der Eingang auf der Ostseite blieb.

Das Gebäude erhielt seine heutige Form bei der letzten Wiederherstellung nach dem Brand von 191 n. Chr. durch Julia Domna, die Frau des Septimius Severus. Als Aufbewahrungsort für das heilige Feuer war der Bau besonders starker Brandgefahr ausgesetzt und wurde mehrmals durch Brände zerstört. Sein Podium besteht aus Gußmauerwerk (Durchmesser ca. 15 m) und ist mit Marmor verkleidet. Darüber stehen die Basen der korinthischen Säulen. Im Innern der ebenfalls runden Cella brannte Tag und Nacht

Das Haus der Vestalinnen: 1. Phase (republikanisch und frühkaiserlich) und 2. Phase (neronisch)

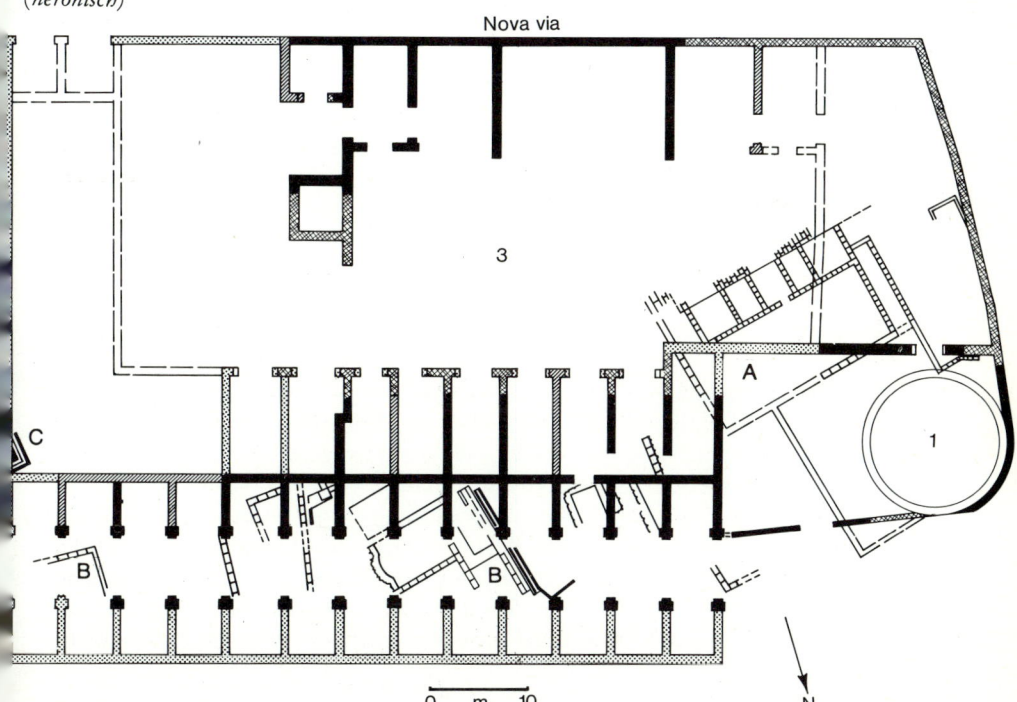

Nova via

3

A

C

1

B

B

0   m   10

N

das heilige Feuer. Das konische Dach mußte deshalb für den Rauchabzug in der Mitte offen sein. Vor einigen Jahren wurde ein Teil des Tempels wieder aufgebaut. Dazu verwendete man neben den originalen Marmorfragmenten Ergänzungen aus Travertin.

Ein schwieriges Problem ist die Identifizierung des *Penus Vestae* (Schatzkammer der Vesta), den außer den Vestalinnen niemand sehen durfte. Dieses Allerheiligste *(sancta sanctorum)* enthielt als Unterpfänder für das Bestehen des Reiches die Gegenstände, die Äneas nach der Sage aus Troja mitgebracht haben soll, darunter das *Palladium*, ein archaisches Götterbild der Minerva. Vielleicht war die trapezförmige, nur von der Cella aus zugängliche Aushöhlung (2,40 × 2,40 m) im Podium des Tempels der *Penus*.

Östlich vom Tempel liegt der Eingang zum Haus der Vestalinnen. Rechts davon steht eine Ädikula (2), die – der Inschrift im Fries zufolge – auf Senatsbeschluß mit öffentlichen Mitteln errichtet wurde.

Unter dem Steg, der heute zum Innenhof (3), einer Art Peristyl, führt, sind die Reste eines älteren republikanischen Baues (A) zu sehen. Er ist anders orientiert und mit Mosaiken ausgestattet, in die unregelmäßige Marmorstückchen eingefügt sind (sog. „lithostroton"). Um den großen, mit Portiken eingefaßten Hof herum liegen die Zimmer des großen, ursprünglich mehrstöckigen Hauses (auf der Südseite sind zwei Stockwerke erhalten).

Die heute sichtbare Gestalt des ganz aus Ziegeln errichteten Gebäudes ist das Ergebnis zahlreicher Umgestaltungen. Die Baugeschichte ist recht gut erforscht. Man weiß, daß Augustus, der nach dem Tod des Lepidus im Jahre 12 v.Chr. oberster Priester geworden war, den Sitz der Priesterschaft in sein Haus auf den Palatin verlegte und die alte Behausung des Pontifex Maximus, das *Atrium Publicum*, den Vestalinnen schenkte, die es endgültig in das *Atrium Vestae* einbezogen. Bei Tiefengrabungen kamen einige Reste zutage, die auf der Nordseite des Hauses an der Via Sacra zu sehen sind (B). Als bei dem neronischen Stadtbrand von 64 n.Chr. auch der Vesta-Tempel und das Haus der Vestalinnen zerstört wurden, ersetzte man die beiden Bauten (und vielleicht auch das Haus des *Rex sacrorum*) durch das heute sichtbare Gebäude, das auf einem höheren Niveau errichtet ist. Trotz zahlreicher späterer Veränderungen bewahrte es seine damalige Größe, Gestalt und Orientierung; die Nordwest-Südost-Richtung, die man dem Bau damals gab, entspricht der des Forums insgesamt. Nach der neronischen Phase fand ein Umbau statt, der in trajanische Zeit zu datieren ist, und danach eine Restaurierung, die ebenso wie der Wiederaufbau des Vesta-Tempels Kaiser Septimius Severus zuzuschreiben ist. Nach der offiziellen Abschaffung der heidnischen Kulte, die zunächst von Kaiser Theodosios im Jahre 391 n.Chr. sanktioniert und dann durch die Niederlage der letzten Kämpfer für das Heidentum in Aquileia im Jahre 394 n.Chr. endgültig besiegelt wurde, verließen die letzten Vestalinnen das Haus, das von Beamten, zunächst des kaiserlichen, dann des päpstlichen Hofes weiterbenutzt wurde.

Das Zentrum der Anlage bildete während der letzten Bauphase ein geräumiger rechteckiger Hof, der ursprünglich von einer zweistöckigen Säulenhalle umgeben war (3). In der Mitte des Hofes befanden sich drei Wasserbecken: zwei kleinere quadratische außen und in der Mitte ein rechteckiges Becken, das später (wohl in konstantinischer Zeit) durch eine achteckige, aus Ziegeln gemauerte Anlage (4) ersetzt wurde, die wohl zur Gartenarchitektur zu rechnen ist. In den Portiken standen die vielen Statuen der obersten Vestalinnen (die *Virgo Vestalis Maxima* ist die Vorsteherin der Gemeinschaft). Zahlreiche Statuen und Sockel wurden gefunden. Die meisten lagen an der Westseite des Hofes aufeinandergehäuft und sollten offenbar zu Kalk verarbeitet werden. Die

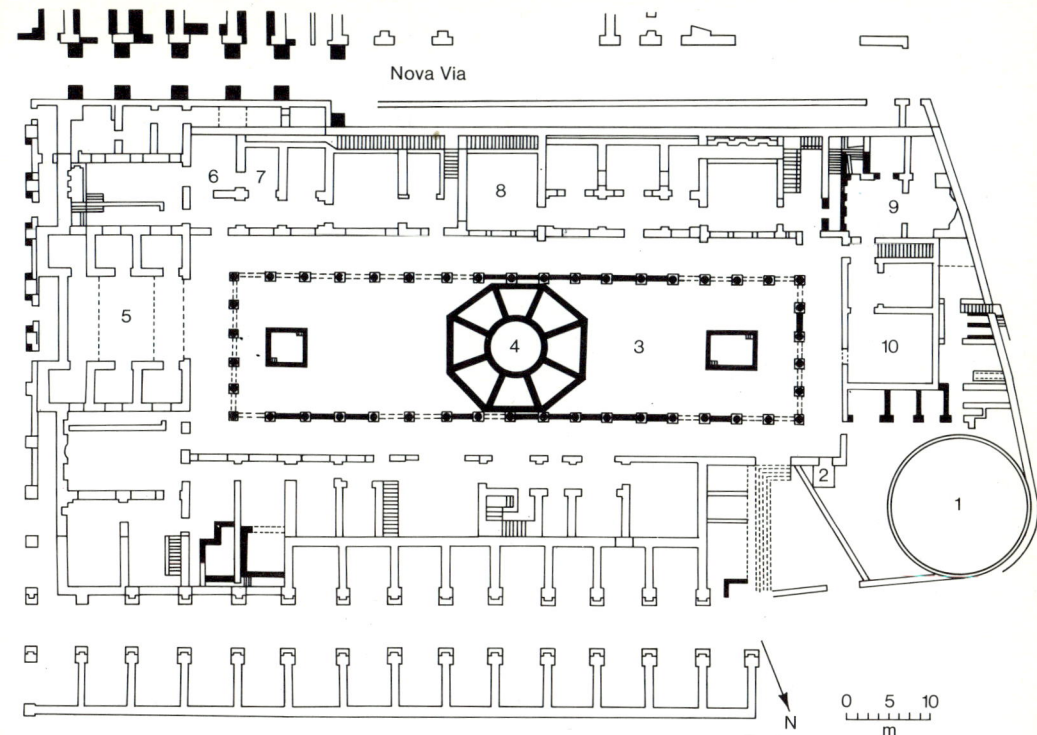

Nova Via

*Das Haus der Vestalinnen in der mittleren
und späten Kaiserzeit*

besten Statuen kamen ins Thermen-Museum, einige andere blieben mitsamt ihren Sokkeln an Ort und Stelle. Da man nicht weiß, wo sie ursprünglich standen, ist ihre Aufstellung ebenso wie die Zusammenstellung der Sockel und Statuen willkürlich. Die Inschriften gehören alle zur spätesten Phase des Gebäudes; die frühesten sind severisch. Folgende Vestalinnen bekamen hier Statuen geweiht: Numisia Maximilla (201 n. Chr.), Terentia Flavola (drei Statuen, die in den Jahren 209, 213 und 215 n. Chr. aufgestellt wurden), Campia Severina (240), Flavia Mamilia (242), Flavia Publica (zwei Statuen, 247 und 257), Coelia Claudiana (286), Terentia Rufilla (zwei Statuen, 300 und 301) und Coelia Concordia (380). Einige dieser Statuensockel (nämlich die der Campia Severina, Flavia Mamilia, Terentia Rufilla und Coelia Concordia) sind nicht mehr im Atrium ausgestellt. Bemerkenswert ist eine auf das Jahr 364 n. Chr. datierte Basis, die auf der Südseite bei der Treppe zur Via Nova aufgestellt ist: der Name der Vestalin wurde getilgt, man kann jedoch noch den ersten Buchstaben, ein C, erkennen. Vielleicht handelt es sich um die Vestalin Claudia, von der Prudentius, ein christlicher Dichter vom Ende des 4. Jahrhunderts, berichtet. Sie trat aus der Priesterschaft der Vestalinnen aus, um Christin zu werden, so daß es gut möglich ist, daß es ihr Name ist, der von den letzten Anhängern des Heidentums verflucht und getilgt wurde.

An der Ostseite liegt ein großer, ursprünglich überwölbter Raum (5), der fälschlich als *Tablinum* bezeichnet wird. Auf jeder Seite schließen sich drei Zimmer an, von denen jedes einer Vestalin gehörte. In diesem Teil des Gebäudes, wo auch früher schon ein Heiligtum war (C), hat man mit großer Wahrscheinlichkeit das Laren-Heiligtum zu erkennen, das in dieser Gegend lag. Vielleicht war hier die Marmorstatue des Numa, des zweiten Königs von Rom und Gründers des Vesta-Kultes, aufgestellt (die Statue befindet sich heute im Antiquarium). Die Räume auf der insgesamt am besten erhaltenen Südseite öffnen sich auf einen langen Gang. Im ersten Raum ist ein Backofen (6), im nächsten eine Mühle mit gut erhaltenem Mühlstein (7), und danach folgt wahrscheinlich die Küche (8). Vor dieser führt eine Treppe zum oberen Stockwerk, wo die Priesterinnen ihre Zimmer und zahlreiche, mit Heizungsanlagen ausgestattete Baderäume hatten. Wie der Ansatz einer weiteren Treppe oberhalb vom sogenannten Tablinum zeigt, gab es noch ein weiteres Stockwerk, in dem hauptsächlich die Dienerschaft gewohnt haben dürfte. Am äußersten Ende des Südflügels führen zwei Treppen ins Obergeschoß. Hier liegt gleich westlich ein Saal mit einer Apsis (9), wohl ein Heiligtum. Von Cicero weiß man, daß oberhalb von dem ältesten Haus der Vestalinnen an der *Via Nova* und beim Palatin ein Hain war, der *Lucus Vestae*, aus dem 390 v. Chr. eine – unbeachtet gebliebene – Stimme die Römer vor dem drohenden Angriff der Gallier gewarnt haben soll. Später wurde dieser geheimnisvollen Gottheit, die man *Aius Locutius* („sprechende Stimme") nannte, ein Heiligtum geweiht. Möglicherweise befand sich im Apsidensaal, dessen Lage mit der Beschreibung Ciceros übereinstimmt, dieses alte, später ins Haus der Vestalinnen eingegliederte Heiligtum. Die Westseite wird zum größten Teil von einem großen rechteckigen Raum (10) eingenommen, der dem sogenannten *Tablinum* gegenüberliegt und den man im allgemeinen als *Triclinium* bezeichnet. Die Räume auf der Nordseite sind so schlecht erhalten, daß über ihr ursprüngliches Aussehen und ihren Verwendungszweck nicht einmal Hypothesen aufgestellt werden können.

Der Tempel des Antoninus und der Faustina. Der große, guterhaltene Tempel nördlich von der *Regia*, in den die Kirche S. Lorenzo in Miranda hineingebaut ist, trägt auf dem Architrav eine große Weihinschrift, durch die seine Benennung gesichert ist: *Divo Antonino et / Divae Faustinae ex S(enatus) c(onsulto)*. Es handelt sich um den Tempel, den Antoninus Pius 141 n. Chr. für seine im gleichen Jahr verstorbene und vergöttlichte Frau Faustina errichtet hatte. Beim Tod des Kaisers wurde der Tempel auch ihm geweiht; man fügte damals die erste Zeile der Inschrift hinzu.
Der Tempel steht auf einem hohen Podium mit vorgelagerter Treppe (die aus Ziegeln gemauerten Stufen wurden in der Gegenwart ergänzt), auf der in der Mitte die Reste des antiken, aus Ziegeln aufgemauerten Altars stehen. Die Fassade besteht aus sechs großen, 17 m hohen Säulen aus Cipollino (Marmor aus Euböa, der in der Antike als karystischer Marmor bezeichnet wurde) mit korinthischen Kapitellen aus weißem Marmor. Rechts und links schließen an den Längsseiten zwei weitere Säulen an. Die Cella ist aus Peperinquadern gebaut. Die beiden Hauptseiten schmückt ein Fries mit heraldischen Greifen und pflanzlichen Ornamentmotiven. Die kalte, klassizistische Arbeit der Reliefs ist typisch für den antoninischen Stil.
Auf dem Podium stehen auch einige Statuen, die vielleicht zum Tempel gehörten. An den aus einem Block gehauenen Säulen sieht man oben schräge Einkerbungen, in die Stricke herumgelegt wurden, mit deren Hilfe man die Säulen ganz offensichtlich niederreißen wollte, um sie als Baumaterial zu verwenden.
Auf der linken, mittleren Säule sind einige Darstellungen eingeritzt, unter anderem Herkules und der Nemeische Löwe.

Der archaische Friedhof und die obere Via Sacra. Rechts vom Tempel des Antoninus und der Faustina wurde an einer der wenigen nicht überbauten Stellen auf dem Forum 1902 ein Überrest des großen Friedhofs gefunden, der einst den größten Teil des Forumstals eingenommen haben muß. Der Grabungsplatz wurde wieder zugeschüttet, doch kennzeichnete man die einzelnen Gräber durch die Bepflanzung.
Es sind insgesamt vierzig Gräber, die alle aus der Eisenzeit stammen. Die Erwachsenen-

gräber, zumeist Aschenbestattungen, gehen bis auf das 9. Jahrhundert v. Chr. zurück. Dagegen reichen einige Kindergräber (fast ausschließlich Erdbestattungen) bis an das Ende des 7. Jahrhunderts v. Chr. Die Erdbestattungen, bei denen auch ausgehöhlte Baumstämme als Särge verwendet wurden, sind jünger als die Urnengräber. Bei diesen finden sich meist die typischen Hüttenurnen, die getreue Abbilder der gleichzeitigen Architektur sind: die Häuser haben ovalen Grundriß und auf jeder Seite einen Giebel. Das Fundmaterial ist jetzt im Antiquarium ausgestellt. Das kleine republikanische Gebäude, das man unmittelbar östlich davon auf einem tieferen Niveau als dem der jetzigen Via Sacra sieht, wurde zu Unrecht für ein Gefängnis gehalten.

Der Abschnitt der Via Sacra, der bei der *Regia* beginnt und dann nach Osten über die Velia (den Hügelsattel zwischen Palatin und Esquilin) führt, erhielt den Namen *Sacra Via Summa*. Das heute sichtbare Basaltpflaster stammt aus der frühen Kaiserzeit vor dem neronischen Brand von 64 n. Chr. Danach wurde der Weg begradigt und auf einem höheren Niveau wieder mit Basalt gepflastert. Leider zerstörten die Ausgräber im 19. Jahrhundert diese Schicht der Straße und auch die Reste der anliegenden Gebäude fast völlig, da sie sie für mittelalterlich hielten. Eine weitere Folge dieser Zerstörung ist, daß bei vielen auf dem nachneronischen Niveau errichteten Gebäuden die Fundamente freiliegen (z. B. beim sogenannten Tempel des Romulus, bei der Maxentius-Basilika und beim Titus-Bogen).

Der sogenannte Tempel des Romulus. Gleich hinter dem sogenannten *Carcer* auf der linken Seite der Via Sacra steht ein auffallend gut erhaltenes Gebäude. Es handelt sich um einen ganz aus Ziegeln errichteten Rundbau mit einer Kuppel und einer vorgesetzten, stark konkaven Fassade, in der sich vier Nischen für Statuen befinden. Das Portal ist mit zwei Porphyrsäulen mit Kapitellen aus weißem Marmor eingerahmt. Darüber liegt ein prächtiges Gebälk, ebenfalls aus weißem Marmor. Die Bronzetür ist original. Neben dem Rundbau stehen auf hohen Plinthen je zwei Cipollinosäulen (erhalten sind nur die beiden rechts), dahinter öffnet sich jeweils ein tiefer, mit einer Apsis abgeschlossener und durch eine Tür mit dem Mittelbau verbundener Raum. Als im 6. Jahrhundert n. Chr. das rechteckige Gebäude, das an die Rückseite des Rundbaus anschließt (wahrscheinlich die Bibliothek des Forum Pacis), in eine Kirche verwandelt und den Heiligen Cosmas und Damian geweiht wurde, öffnete man eine Verbindungstür zwischen den ursprünglich voneinander ganz unabhängigen Gebäuden. 1632 wurden dann die Bronzetür und die Porphyrsäulchen für einen neuen Eingang auf der Nordseite verwendet, der den antiken Zugang ersetzte. Erst Ende des 19. Jahrhunderts kamen die Torflügel wieder an ihren ursprünglichen Platz. Die Fundamente des Gebäudes, das auf dem nachneronischen Straßenniveau errichtet wurde, liegen heute frei, da bei den Ausgrabungen im vorigen Jahrhundert das ältere, augusteische Niveau ausgegraben und freigelegt wurde.

Die Benennung des Gebäudes wirft einige Probleme auf. Im allgemeinen bezeichnet man es als Tempel des Romulus, des Sohnes von Maxentius. Man stützt sich dabei auf mittelalterliche Nachrichten über einen „Tempel des Romulus", der in dieser Gegend gelegen haben soll. Sicherlich handelt es sich jedoch um eine irrtümliche Bezeichnung für die Maxentius-Basilika. Außerdem gibt es eine Münze aus der Zeit des Maxentius, auf der ein Rundbau mit der Umschrift *aeternae memoriae* dargestellt ist. Hierbei handelt es sich ohne Zweifel um das Mausoleum des Romulus an der Via Appia. Wahrscheinlich hat es nie einen Tempel des Romulus gegeben. Im 16. Jahrhundert waren noch Fragmente einer Inschrift vorhanden, aus denen hervorging, daß der Bau auf Senatsbeschluß von Konstantin geweiht wurde. Dies dürfte ausreichen, um die Verbindung mit dem Sohn des Maxentius auszuschließen.

Am überzeugendsten ist die schon Ende des 19. Jahrhunderts aufgestellte Hypothese, es handle sich um den Tempel der Penaten. Man weiß, daß dieses Gebäude auf der *Velia* in der Nähe des Forums und an der Straße zu den *Carinae* lag. Auf der rechten Seite des Rundbaus ist der Anfang dieser Straße noch sichtbar, die an der *Velia* entlangführte, dem Sattel zwischen Palatin und Esquilin, den die moderne Via Imperiale durchschneidet. Auf der rechten Seite der Straße nimmt seit dem 4. Jahrhundert n. Chr. die riesige, massige Basilika des Maxentius die gesamte Fläche der Velia ein. Deshalb ist es gut möglich, daß der Penaten-Tempel, der in dieser Gegend oberhalb von einer Treppe stand, damals abgerissen und an der nächstgelegenen zur Verfügung stehenden Stelle wieder aufgebaut wurde. Mit einem Tempel der Penaten stimmen die zwei Apsidenräume gut überein, in denen man sich die zwei Kultstatuen aufgestellt vorstellen kann. Die Statuen dieser Gottheiten sind auf einer Münze des Maxentius zu sehen.

Ein Stück weiter steht an der Via Sacra ein mittelalterlicher Portikus, an dem gut zu sehen ist, bis zu welcher Höhe das Straßenniveau damals angestiegen war.

Die Maxentius- oder Konstantins-Basilika. Eines der großartigsten Bauwerke des kaiserzeitlichen Rom ist heute durch die Umgrenzung vom Forumsbezirk abgetrennt, obwohl es ursprünglich eng mit ihm verbunden war (heute von der Via dei Fori Imperiali her zugänglich): die von Maxentius begonnene und von Konstantin vollendete Basilika, mit der ein großer Teil der Velia überbaut wurde. Ein Fragment des severischen Stadtplans und die Ausgrabungen bei der Basilika haben gezeigt, daß hier zuvor eine große flavische Anlage mit Zweckbauten stand. Sie bildeten ein Gegenstück zu den Anlagen zwischen der Südseite der Via Sacra und dem Palatin, von denen nach den Grabungen im 19. Jahrhundert nur noch spärliche Reste erhalten sind. Da man weiß, daß die Basilika die Stelle der *Horrea Piperataria* (Lagerräume für Pfeffer und Gewürze) einnahm, ist die Funktion dieser früheren Anlage wenigstens zum Teil klar.

Die Grundfläche der Basilika beträgt 100 × 65 m. Sie bestand aus einem großen Mittelschiff mit Ost-West-Orientierung und war 80 m lang, 25 m breit und ursprünglich 35 m hoch. Auf der Westseite schloß eine Apsis das Schiff ab. Der Eingang war im ursprünglichen Plan auf der Ostseite vorgesehen und bestand aus einer langen, schmalen Vorhalle, von der man durch fünf Türen in das Mittelschiff gelangte. Im Norden und Süden schlossen sich zwei kleinere Flügel an das Mittelschiff an, die aus je drei Räumen bestanden, die miteinander und mit der Eingangshalle verbunden und mit mächtigen kassettenverzierten Tonnen überwölbt waren. Der mittlere Raum auf der Nordseite (die andere Seite ist nicht erhalten) hatte eine Apsis, vor der zwei Säulen standen und in deren Wände verschiedene, für Statuen bestimmte Nischen, gerahmt von kleinen Säulen auf profilierten Konsolen, eingetieft waren. Auf der vollständig zerstörten Südseite gab es einen prächtigen Eingang: eine von vier großen Porphyrsäulen gestützte Vorhalle und davor eine Treppe, die den Höhenunterschied zwischen der Via Sacra und der Velia auszugleichen hatte. Diese neue Nord-Süd-Achse gehört zu den wesentlicheren Änderungen am Bauplan der Basilika, die sicherlich auf die Architekten Konstantins zurückgehen.

Besonders prächtig muß das mittlere Gewölbe gewesen sein, das aus zwei riesigen Kreuzgewölben bestand, die auf acht 14,5 m hohen Säulen aus prokonnesischem Marmor auflagen. Paul V. ließ 1613 die einzige erhaltene Säule wegbringen und auf dem Platz vor S. Maria Maggiore aufstellen. Dasselbe Konstruktionssystem und dieselben Ausmaße, wie sie der mittlere Saal hat, findet man in den großen, zentralen Räumen der Kaiserthermen, die ja ebenfalls als „Basiliken" bezeichnet wurden. Das beste erhaltene Beispiel ist der von Michelangelo in die Kirche S. Maria in Angelis umgebaute

Blick von Süden auf die Maxentius-Basilika (oben) und Rekonstruktion von Ch. Hülsen (unten)

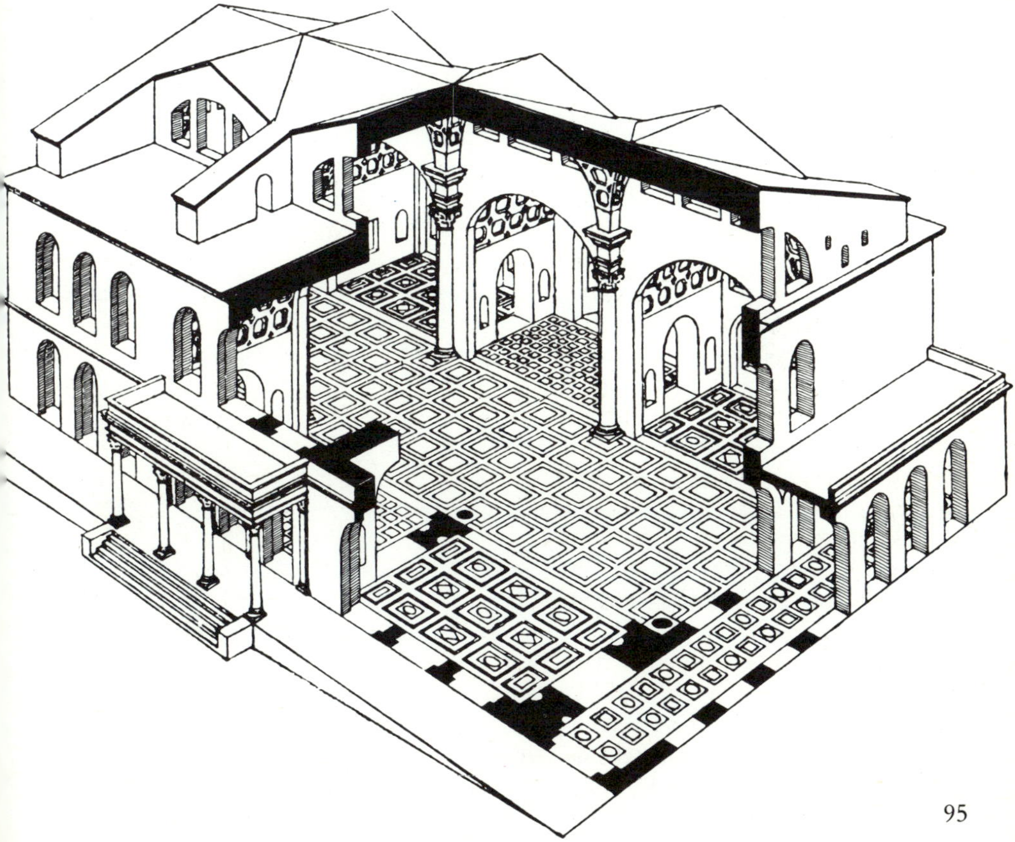

Saal der Diokletians-Thermen. In der Westapsis war eine riesige Sitzstatue Konstantins aufgestellt, die 1487 gefunden wurde. Es handelt sich um einen Akrolith, das heißt um eine Statue, bei der nur die nackten Körperteile (Kopf, Arme, Beine) aus Marmor sind. Die übrigen Teile waren wahrscheinlich aus vergoldeter Bronze. Die Teile aus Marmor sind heute im Hof des Konservatorenpalasts ausgestellt. Der Kopf allein mißt 2,60 m, der Fuß 2 m.

Der Titus-Bogen. Der obere Abschnitt der Via Sacra, der wahrscheinlich *Clivus Sacer* hieß, endete vor dem neronischen Brand bei den Stufen des Tempels der Venus und Roma. Man sieht hier noch ein gutes Stück des Basaltpflasters, dessen Orientierung die gleiche ist wie die der großen Vorratslager rechts und links von der Straße, von deren Pfeilerbauten hier und da noch Reste zu sehen sind. Die Ausgrabungen haben hier den augusteischen, sehr viel unregelmäßigeren Verlauf der Straße freigelegt, die nach Süden abbog und sich dann mit der Straße zum Palatin verband. Gerade beim Titus-Bogen ist das unterschiedliche Niveau der beiden Phasen gut zu erkennen. Da seine Fundamente bei der Grabung, die bis auf das vorneronische Niveau ging, freigelegt wurden, scheint das selbstverständlich auf der neronischen Pflasterung errichtete Bauwerk jetzt in der Luft zu hängen.

Der Bogen war in eine Befestigungsanlage der Familie Frangipane eingebaut und ist dadurch wenigstens teilweise recht gut erhalten. Die Pfeiler fehlen großenteils. Sie wurden 1822 von dem französischen Architekten Valadier mit Travertin ergänzt. Auf der anderen Seite ist die originale Inschrift erhalten, die die Benennung des Bogens sichert. In der antiken Literatur wird er, schließt man eine zweifelhafte Stelle bei Martial aus, nirgends erwähnt. Wahrscheinlich ist er aber auf einem Relief aus dem Familiengrab der Haterier dargestellt, das aus domitianischer Zeit stammt (heute im Museo Laterano); der dort dargestellte Bogen ist mit der Beischrift *Arcus in sacra via summa* ge-

Grundriß der Maxentius- oder Konstantins-Basilika

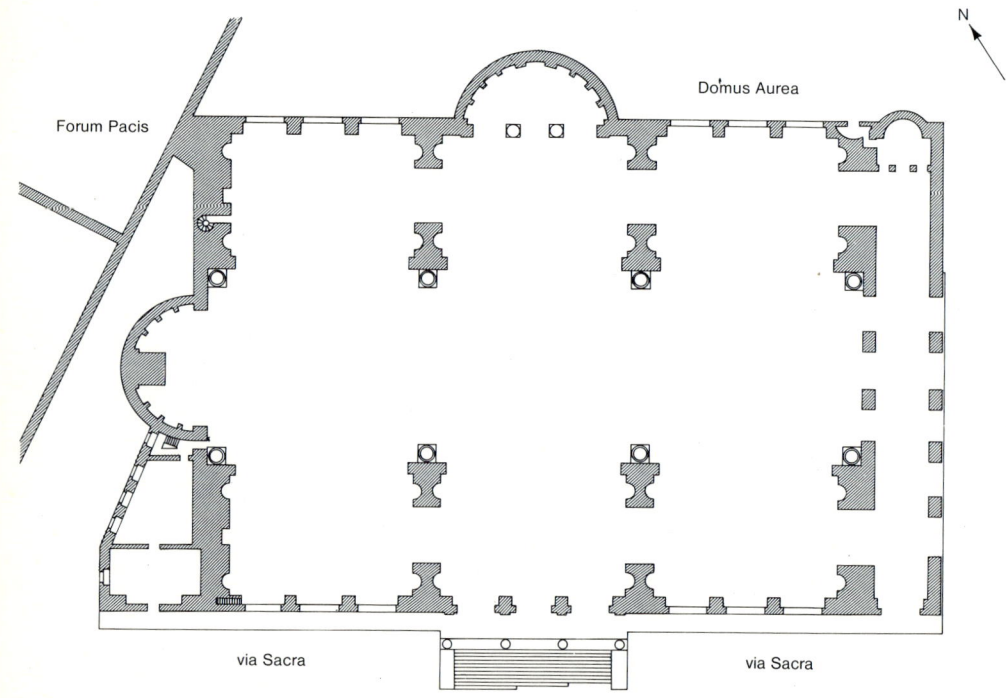

kennzeichnet. Die Inschrift lautet: *Senatus / populusque romanus / divo Tito divi Vespasiani f(ilio) / Vespasiano Augusto* („Der Senat und das römische Volk dem vergöttlichten Titus, dem Sohn des vergöttlichten Vespasian, Kaiser Vespasian.") Aus der Bezeichnung des Titus als *Divus* geht hervor, daß der Kaiser bereits tot gewesen sein muß, als die Inschrift angebracht wurde. Der Bogen ist also nach 81 n. Chr. zu datieren und wahrscheinlich das Werk Domitians, des letzten flavischen Kaisers, der ein Bruder des Titus und Sohn Vespasians war. Das Entstehungsdatum des Bogens wurde in der Forschung auch schon in einer späteren Zeit angesetzt, wobei man den Bogen Trajan zuschrieb. Grundlage für diese Hypothese war der Reliefstil, der dem trajanischen recht verwandt ist, und der Vergleich mit dem Trajans-Bogen in Benevent, der in den Proportionen und den architektonischen und dekorativen Einzelheiten dem Titus-Bogen sehr ähnlich ist. Die Spätdatierung ist trotzdem auszuschließen, die Überlieferung eines Architekturtyps über einen Zeitraum von zwanzig Jahren war in der Antike ganz normal. Höchstwahrscheinlich setzte der kraftvoll plastische Stil, der für trajanische Reliefs typisch ist, schon einige Jahre zuvor in spätflavischer Zeit ein. Dies wird auch durch andere Indizien nahegelegt.

Der Bogen hat einen einfachen, aber massiven Aufbau. Er besteht aus einem einzigen Durchgang und wird auf jeder Seite von vier Halbsäulen mit Komposit-Kapitellen gegliedert. Seine Breite beträgt 13,50 m, seine Höhe 15,40 m und seine Tiefe 4,75 m. In den Bogenscheiteln sind die Göttin Roma und der Genius des römischen Volkes dargestellt, in den Zwickeln neben dem Bogen Siegesgöttinnen, die Feldzeichen tragen und auf Globen schweben. Der kleine Fries oberhalb davon (nur in der Mitte der Ostseite erhalten) zeigt den Triumph Vespasians und Titus' über die Juden 71 n. Chr., zu dessen Andenken der Bogen errichtet wurde. Zwei Ereignisse aus diesem Triumph sind in den großen Relieffeldern auf der Innenseite des Bogens dargestellt. Die Südseite zeigt den Zug beim Durchschreiten der Porta Triumphalis, also am Beginn der Zeremonie. Auf der rechten Seite steht das Tor, bekrönt von Viergespannen, auf das die Träger der *Fercula,* der Tragen mit der Beute darauf, von links kommend zugehen. Die mitgeführten Gegenstände sind die im Tempel in Jerusalem geraubten silbernen Trompeten und der siebenarmige Leuchter (das Relief ist dessen älteste Darstellung). Auf den Tafeln, die mitgetragen wurden, standen vermutlich die Namen der eroberten Städte und besiegten Stämme.

Auf der Nordseite ist das Hauptereignis des Triumphs dargestellt: Titus erscheint in der Quadriga, ihm voran ziehen die Liktoren, deren Rutenbündel auf dem Reliefgrund unterschiedlich geneigt angeordnet sind. Die Göttin Roma selbst hält die Pferde am Zaumzeug, während Victoria auf dem Wagen steht und den Kaiser bekrönt. Es folgen die allegorischen Darstellungen des römischen Volkes und des Senats. Die Reliefs gehören zu den reifsten und bedeutendsten Erzeugnissen der römischen Reliefkunst.

In der Mitte des Gewölbes, das mit einer reichen Kassettierung verziert ist, erscheint Titus, wie er zwischen den Flügeln eines Adlers zum Himmel getragen wird. Die Darstellung steht mit der Verklärung und Vergöttlichung des Kaisers nach seinem Tode in Beziehung. Wegen dieser Szene dachte man auch daran, daß der Bogen – der Trajans-Säule vergleichbar – das Grab des Titus gewesen und sein Körper in dem Raum hinter der Attika bestattet worden sei. Diese Hypothese ist jedoch mit Sicherheit auszuschließen.

Auf der Südseite befinden sich neben dem Bogen Reste eines Podiums, das vielleicht zum Tempel des Iuppiter Stator gehörte. Weiter westlich liegen unter einem modernen Schutzdach die Ruinen eines republikanischen Gebäudes (im allgemeinen nicht zugänglich) mit zahlreichen kleinen Räumen, in denen man ein Bordell *(Lupanar)* erkennen wollte.

Der Tempel der Venus und Roma. Das großartige Gebäude, das den gesamten Raum zwischen der Maxentius-Basilika und dem Tal beim Kolosseum einnimmt, ist auf einem künstlichen Podium (145 m lang, 100 m breit) errichtet. Es ist mit Gewißheit als Tempel der Venus und Roma zu identifizieren, der von Hadrian erbaut und 135 n. Chr. geweiht wurde. Der Kaiser selbst soll die Pläne entworfen haben; Apollodor, der große Architekt Trajans, soll den Entwurf scharf kritisiert und seine Kühnheit mit dem Leben bezahlt haben. Man weiß, daß an dieser Stelle vorher das Atrium der neronischen *Domus Aurea* war, in dessen Mitte die bronzene Kolossalstatue Neros (ohne Basis ca. 35 m hoch) aufgestellt war. Als Hadrian mit den Bauarbeiten begann, mußte er die Statue (die zuvor zum Sonnengott umgearbeitet worden war) in die Nähe des Kolosseums versetzen; für diesen Transport wurden 24 Elefanten benötigt.

Der Tempel nahm den mittleren Teil des Portikus ein. Er bestand aus zwei einander gegenübergestellten Cellae, deren Rückwände aneinandergrenzten. Es konnte kürzlich gezeigt werden, daß die Cellae ursprünglich keine Apsiden, sondern eine flache Balkendecke hatten. Erst bei der Restaurierung durch Maxentius nach dem Brand 307 n. Chr. erhielten sie ihre jetzige Gestalt mit den Apsiden und Tonnengewölben. Die nach Westen, zum Forum gerichtete Cella ist besser erhalten. Sie ist in das ehemalige Kloster S. Francesca Romana (in dem jetzt das Antiquario del Foro untergebracht ist) einbezogen. Große Porphyrsäulen gliedern die Wände und fassen die Apsis ein, in der die Statue der Göttin stand (auf dieser Seite die der Roma, deren aus Ziegeln gemauerte Basis erhalten ist). Kleinere, von Konsolen getragene Porphyrsäulen rahmen Nischen ein, in denen Statuen standen; die Wandgliederung ist typisch für die Zeit um 300. Sie findet sich z. B. in der Maxentius-Basilika und in der von Diokletian wieder aufgebauten Curia. Ein prächtiger Fußboden aus buntem Marmor und mit Stuck verzierte Kassetten an der Decke und in der Apsis vervollständigen den glanzvollen Gesamteindruck. Die andere, der Venus geweihte Cella auf der Seite zum Kolosseum hin ist weniger gut erhalten. Von dem Säulenring, der das Gebäude auf allen vier Seiten umgab, ist so gut wie nichts mehr da. Buchsbaumhecken deuten seinen Verlauf an. Ursprünglich standen zehn Säulen auf den Schmalseiten, denen vier weitere zwischen den Anten folgten, und zwanzig auf den Längsseiten. Der Tempel steht auf einem Stylobat mit Stufen, seine typisch griechischen Formen passen sich der am Griechischen orientierten Mode zur Zeit Hadrians an. Mit seinen außergewöhnlichen Dimensionen ist er bei weitem das größte antike Heiligtum in Rom. Auf den Längsseiten des Podiums faßten zwei doppelte Säulenreihen den heiligen Bezirk ein; in der Mitte öffnete sich jeweils eine Toranlage. Einige noch vorhandene Säulen aus grauem Granit gehören zu dieser Säulenhalle, die sicherlich noch aus der ersten, hadrianischen, Bauphase stammt.

Bei Untersuchungen im Innern des Podiums fand man zwar keine Spuren der *Domus Aurea*, statt dessen jedoch Reste eines vornehmen Hauses aus republikanischer Zeit.

Das Antiquarium. Das *Antiquario del Foro* ist in dem alten Kloster S. Francesca Romana, im Gebiet des Tempels der Venus und Roma, untergebracht. Im ersten und zweiten Stock sind in mehreren am Klosterhof gelegenen Räumen die wichtigsten Funde vom Forum ausgestellt, im Hof einige Skulpturen und vor allem die Inschriften. Von hier aus gelangt man zur westlichen Cella des Venus-und-Roma-Tempels.

Im Erdgeschoß (Raum I–V) sind die Funde vom archaischen Begräbnisplatz und ganz allgemein aus der frühesten Phase des Forums ausgestellt.

Saal I: In der Mitte steht ein Modell des Friedhofs mit den Rekonstruktionen einiger Gräber. Ringsherum an den Wänden hängen Photographien von der Grabung, Rekonstruktionszeichnungen, Schnitte u. a. In den Vitrinen sind die Funde aus den Brandgräbern und den frühesten Fossagräbern (9.–8. Jh. v. Chr.) ausgestellt: Hüttenurnen, die in Miniaturform die archaischen Häuser auf dem Palatin wiedergeben, Fibeln verschiedener Form, Impastogefäße, kleine Öfen und andere Grabbeigaben. Auch das Fundmaterial aus vier beim Cäsar-Tempel entdeckten Gräbern ist hier zu sehen.

Saal II: In diesem Raum sind Kindergräber ausgestellt; die Kinder wurden in ausgehöhlten Baumstämmen bestattet. Diese Gräber reichen bis zur spätesten Phase des Begräbnisplatzes. Erwachsenengräber aus dieser Zeit gibt es nicht (Mitte des 8.–7. Jh.). Hier erscheinen erstmalig griechische, importierte oder nachgeahmte Gefäße, die beweisen, daß bereits zu den ersten griechischen Kolonien Beziehungen bestanden.

Saal III: Der Saal enthält Funde aus der Gegend des Vesta-Tempels, vor allem aus archaischen Brunnenschächten. In einem fand man Gefäße aus dem 7. Jahrhundert v. Chr., womit die Existenz des Heiligtums schon in dieser Zeit bewiesen wird.

Saal IV: In diesem Saal sind Funde aus archaischer Zeit von verschiedenen Teilen des Forums zusammengestellt: vom *Lapis Niger,* dem *Cäsar-Tempel,* dem *Comitium,* der *Cloaca Maxima,* der *Regia,* der *Reiter-Statue Domitians,* der *Basilica Aemilia* u. a. Man beachte den in der Mitte des Raumes aufgestellten Abguß der archaischen Inschrift vom *Lapis Niger* und das Fundmaterial von dort, das in einer der Vitrinen ausgestellt ist. Es handelt sich um archaische Architekturterrakotten, Votivstatuetten aus Bronze und Keramiken.

Saal V: Hier sind ein Modell der unterirdischen Gänge und Schächte unter dem Forum zur Zeit Cäsars sowie Weihgaben aus Brunnenschächten bei der Via Sacra zu sehen.

Im ersten Stock sind in der Galerie am Klosterhof einige der wichtigsten Inschriften vom Forum ausgestellt: eine gebogene Marmorplatte mit einer Weihinschrift für Trajan, die aus der Umgebung des *Equus Domitianus* stammt und wahrscheinlich zu der Rednerbühne gehörte, mit der man die Reiterstatue Domitians ersetzte, und eine große Inschrift auf Travertin aus republikanischer Zeit, in der die Ausschreibung einiger öffentlicher Bauwerke in der Gegend zwischen dem Palatin und dem Aventin erwähnt wird.

Saal VI: Der Saal enthält zwei archaische Stirnziegel aus der neuen Grabung unter der *Basilica Iulia,* vielleicht vom frühesten Dioskuren-Tempel. In der *Vitrine Nr. 1* ist ein Marmorkopf italischer Herkunft (vielleicht aus Tarent), ungefähr aus der Mitte des 5. Jahrhunderts v. Chr. zu sehen. In der *Vitrine Nr. 2* befinden sich Fragmente griechischer Gefäße aus dem 6. und 5. Jahrhundert v. Chr.

An der Wand rechts vom Eingang zu Saal VII ist ein Fragment einer Marmorplatte mit der Darstellung von Vulkanus und den Kyklopen in der Schmiede zu sehen. Das Relief diente wahrscheinlich zur Verzierung des Vulcanal.

Saal VII: Hier sind Kaiserporträts (jugendlicher Mark Aurel, Lucius Verus, Antoninus Pius), Fragmente vom Fries des Cäsar-Tempels mit Göttinnen, die in Ranken enden, Gorgonenmasken u. a. ausgestellt. Der Raum enthält ferner Basis und Kapitell einer Säule vom Concordia-Tempel, die dort zur Wandgliederung in der Cella gehörte und dem tiberischen Umbau zuzuweisen ist.

Saal VIII: Neben dem Torso einer Victoria aus der Basilica Iulia und einem neuattischen Sockel mit Tänzerinnen aus der Basilica Aemilia, ist hier ein großes, mit Olivenzweigen verziertes Marmorbecken von der Juturna-Quelle (aus einigen wenigen Fragmenten rekonstruiert) aufgestellt.

Ringsum sind an den Wänden die Fragmente eines großen Marmorfrieses befestigt, der das Mittelschiff der Basilica Aemilia schmückte. Dargestellt sind Sagen vom Ursprung Roms: man sieht den Bau einer Stadtmauer (Lavinium), den Raub der Sabinerinnen, die Sage von Tarpeia und einige Kampfszenen (Horatier und Curatier?). Der Fries, der von hellenistischen Vorbildern beeinflußt ist, gehört zweifellos zu einer der republikanischen Bauphasen der Basilika; er wurde beim augusteischen Bau wieder verwendet. Höchstwahrscheinlich gehörte er zu dem von Cäsar errichteten Bau, doch ist nicht völlig auszuschließen, daß er aus der ersten Phase von 179 v. Chr. stammt.

Saal IX: Außer den mittelalterlichen Wandmalereien, die in S. Adriano (der Curia) und S. Maria Antiqua abgenommen wurden, sind in diesem Raum, dem ehemaligen Refektorium des Klosters (auf den Wänden Fresken aus dem 15. Jh.) Skulpturen aus der Basilica Aemilia ausgestellt, außerdem eine bei der Juturna-Quelle gefundene Dioskuren-Gruppe, eine archaistische Arbeit vom Ende des 2. Jahrhunderts v. Chr. mit kaiserzeitlichen Ausbesserungen, eine archaistische Apollo-Statue gleicher Herkunft und eine Togastatue aus dem Haus der Vestalinnen, wahrscheinlich König Numa.

Die Kaiser-Foren

Als Rom gegen Ende der Republik die Hauptstadt eines Reiches geworden war, das sich von Gallien bis Kleinasien erstreckte, erschien das alte republikanische Forum als Repräsentations- und Verwaltungszentrum der Stadt nicht mehr ausreichend. Cäsar begann als erster mit dem Bau einer neuen Platzanlage, die sich zunächst als eine einfache Erweiterung der alten darstellte. Nach und nach folgten das Augustus-Forum, das von Domitian erbaute und von Nerva geweihte Forum Transitorium und zuletzt das prächtigste von allen, das Trajans-Forum. Östlich von diesen Anlagen entstand

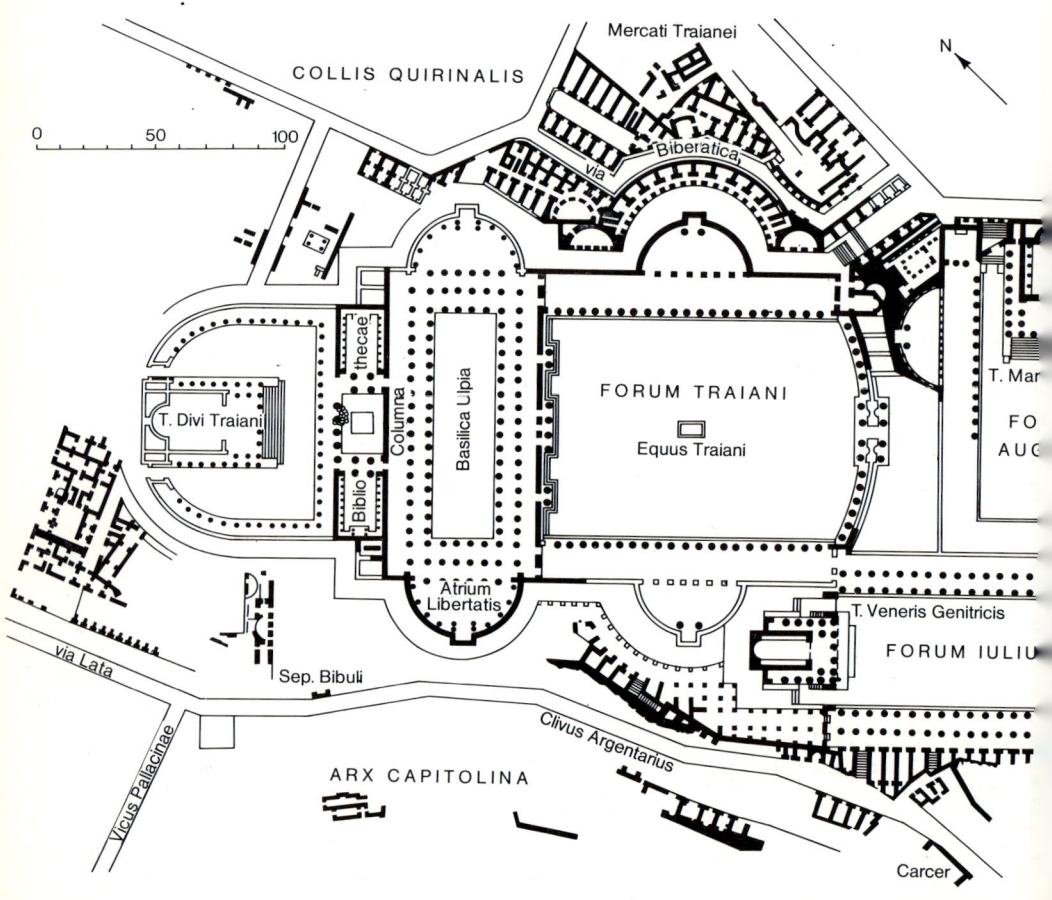

unter Vespasian der Tempelbezirk des Friedens *(Templum pacis)*, der zwar außerhalb des übrigen Forumsgebiets liegt und den man auch als Tempel mit vorgelagertem Säulenumgang bezeichnen könnte, der aber doch als eine Fortsetzung der Kaiser-Foren dazugerechnet werden kann.

Der Anstoß für die Ausgrabung, die 1932–1933 übereilt und chaotisch durchgeführt wurde, war alles andere als wissenschaftlich: Man wollte die Via dell'Impero („Reichsstraße") eröffnen. Hauptergebnis war die Erkenntnis, daß vor den Grabungen das Erdreich über den Foren höher angestanden hatte. Ein zusammenfassender Grabungsbericht wurde nie publiziert.

Das Cäsar-Forum. 54 v. Chr. berichtet Cicero in einem Brief an Atticus von seinen Bemühungen, im Auftrag Cäsars das nötige Gelände für ein neues Forum zu erwerben. Allein der Grundstückserwerb für die neue Platzanlage, die später nach dem Diktator benannt wurde, kostete 60 Millionen Sesterzen. Sie sollte sich bis zum *Atrium Libertatis* erstrecken, in dem das Archiv der Censoren untergebracht war, das zu Beginn der augusteischen Zeit von Asinius Pollio einen prächtigen Neubau bekam, dann jedoch während der Bauarbeiten für das Trajans-Forum abgerissen wurde. Es lag auf dem Sattel zwischen Kapitol und Quirinal, der damals vollständig abgetragen wurde. Aus dem Satz Ciceros geht demnach hervor, daß das Forum von Anfang an in seiner jetzigen Größe geplant war. Der Tempel der *Venus Genitrix*, der den Abschluß der Westseite bildete, schloß mit seiner Apsis an den Sattel an. Das Forum reichte also tatsächlich

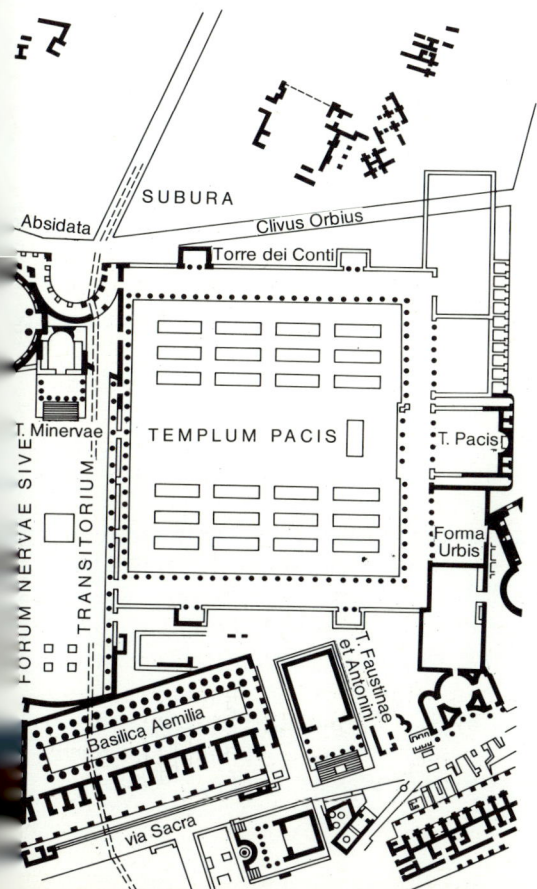

Die Kaiser-Foren

103

bis zum *Atrium Libertatis.* Wahrscheinlich fand später eine Erweiterung statt. Jedenfalls geben andere antike Schriftsteller die Gesamtkosten der von Privatleuten erworbenen Grundstücke mit 100 Millionen Sesterzen an.

Die Arbeiten müssen sich ziemlich lange hingezogen haben: 46 v. Chr. wurde das Forum gleichzeitig mit dem Tempel der Venus Genitrix geweiht, den zu errichten Cäsar vor der Schlacht gegen Pompejus bei Pharsalus gelobt hatte. Der Bau wurde erst von Oktavian nach dem Tod des Diktators vollendet. Ein völliger Umbau des Venus-Tempels und des Forums ist durch eine in neuerer Zeit gefundene Inschrift aus Ostia (die „Fasti Ostienses") belegt: am 12. Mai 113 n. Chr. fand die neuerliche Einweihung, gleichzeitig mit der der Trajans-Säule statt. Der Platz wurde damals auf der Westseite (wo früher das *Atrium Libertatis* stand) durch den Bau der *Basilica Argentaria* erweitert. Diokletian ist der neuerliche Wiederaufbau nach dem Brand im Jahre 283 n. Chr. zu danken, bei dem auch die *Curia,* die *Basilica Iulia,* der Saturn-Tempel und die *Graecostasis* zerstört wurden. Das Forum wurde zwischen 1930 und 1932 ausgegraben. Heute ist ungefähr ein Drittel der ursprünglichen Fläche noch sichtbar. Die Südecke des Cäsar-Forums hinter der Curia gehört heute zum eingezäunten Bezirk des Forum Romanum. Die östliche Hälfte und ein großer Teil der Nordseite wurden gleich nach der Ausgrabung wieder verschüttet, der Grundriß dieses Teils ist ungesichert. Noch sichtbar sind der Tempel, die ganze Westecke und ein Teil der Südseite.

Wenn man von dem kleinen Platz vor dem Carcer Tullianus ausgeht, steigt man am besten zunächst den *Clivus Argentarius* hinauf. Die noch heute recht gut erhaltene römische Straße führte zwischen dem Cäsar-Forum und dem Abhang des Kapitols hindurch über den ursprünglich hier vorhandenen Sattel zwischen Kapitol und Quirinal. Ihr Name ist wahrscheinlich antik, auch wenn er erst seit dem Mittelalter bezeugt ist. Noch heute kann man auf der Seite zum Kapitol hin den antiken Teil des Clivus erkennen: mit Nischen gegliederte Ziegelmauern, die auf dieser Seite eine Reihe von Terrassen bildeten. Im Pflaster der modernen Straße ist ein Rest der Servianischen, aus Tuffblöcken von Grotta Oscura gebauten Stadtmauer sichtbar. Dies beweist, daß bei den Bauarbeiten Trajans auf dieser Seite nicht so viel abgetragen wurde. Die Tuffblöcke gehören höchstwahrscheinlich zur *Porta Fontinalis.* Etwas weiter vorne, in dem Winkel, wo Cäsar- und Trajans-Forum aneinanderstoßen, ist der Höhenunterschied dagegen wesentlich größer.

Auf der rechten Seite des Clivus Argentarius sind Ladenlokale aneinandergereiht (auf der linken Seite sind weitere Reste dieser aus Ziegelsteinen errichteten Räume zu sehen). Der letzte Raum ist ein Nymphäum mit Apsis und Statuennischen. Diese Bauten sind alle trajanisch.

Der Eingang zum Forum ist vor dem Carcer Tullianus am Anfang des Clivus Argentarius. Hier sind einige Mauerreste aus Cappellaccio- und Tuffblöcken sichtbar, die wie das Comitium, das ursprünglich bis hierher reichte, in Nordsüdrichtung verlaufen. Sie gehören wohl zur *Basilica Porcia,* die in dieser Gegend lag, oder zu anderen Bauten, die zum republikanischen Comitium gehörten.

Über eine Verbindungstreppe aus Travertin steigt man vom Clivus Argentarius zum Forum hinunter. Gleich links liegt, ein Stockwerk über dem Forum, ein großer, halbrunder Raum. Er ist aus Ziegeln gebaut und hatte ursprünglich eine Heizung, wie man an dem doppelten Fußboden mit den kleinen Pfeilern dazwischen sehen kann. An der halbrunden Mauer verläuft ringsum eine Bank. Das aus trajanischer Zeit stammende Bauwerk muß eine große öffentliche Latrine gewesen sein.

Das Forum nahm ursprünglich eine Fläche von 160 × 75 m ein. Es handelte sich also um ein stark gestrecktes Rechteck, das auf drei Seiten von einer doppelten Säulenhalle eingefaßt war und dessen Eingang auf der Ostseite direkt zum *Argiletum* führte. Wie

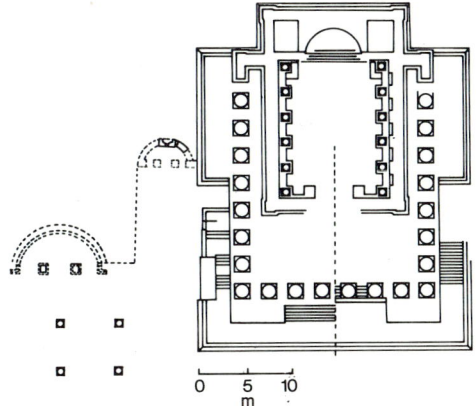

Statius berichtet, stand auf dem Platz in der Mitte eine Reiterstatue des Diktators; das Pferd hatte statt der Vorderhufe Menschenfüße. Die Schriftquellen erwähnen auch eine Statue, die vielleicht mit der Reiterstatue identisch ist und die Cäsar mit einem Panzer *(lorica)* bekleidet darstellte.

An der Südseite liegt eine Reihe von *Tabernae,* die aus Tuff- und Travertinblöcken errichtet sind. Ihre Tiefenausdehnung ist unterschiedlich. An der Vorderseite haben sie zwei Stockwerke übereinander, in denen Fenster- und Türstürze aus großen, querliegenden Tuff- und Travertinblöcken zu sehen sind. Einige der niedrigen Öffnungen im zweiten Stock wurden in trajanischer Zeit mit Ziegeln vermauert, vermutlich aus statischen Gründen. Eine Reihe von halbkreisförmigen Arkaden bildete den Abschluß. Vor den Läden, die zur ältesten, cäsarischen Bauphase gehören, liegt eine doppelte Säulenhalle, von der drei Stufen zum Platz hinunterführen. In ihrer jetzigen Form entstanden die Säulenhallen bei einem Wiederaufbau in späterer Zeit, wohl nach dem Brand von 283 n. Chr. Unter den Plinthen einiger Säulen sind unter dem Marmorfußboden noch Spuren von den älteren Säulenbasen sichtbar, die jedoch wohl eher von der trajanischen Restaurierung als von der ursprünglichen Anlage stammen. Unklar ist, wie die Säulenhalle überdeckt und wie ihr Dach mit der Fassade der Ladenreihe verbunden war. Man vermutete, daß die Halle zweistöckig war und daß zwischen der Säulenreihe und der Rückmauer ein nicht überdachter Zwischenraum blieb. Diese Hypothese ist jedoch kaum haltbar. Der diokletianische Wiederaufbau hat wahrscheinlich den ursprünglichen Zustand stark verändert.

Im Hintergrund der Säulenhalle führten zwei Treppen zu einem Ziegelbau, der als *Basilica Argentaria* identifiziert wurde. Sie wird in konstantinischer Zeit erwähnt und wurde zweifellos von Trajan hinzugebaut. Das Forum schloß ursprünglich ungefähr auf der Höhe der Treppen mit zwei halbrunden Nischen ab, deren Spuren noch zu sehen sind. Sie grenzten auf der einen Seite an die Tabernae, auf der anderen an den Tempel.

Die Basilica Argentaria steht an einer Stelle, die früher von den Ausläufern des Kapitols völlig eingeschlossen war; erst bei der trajanischen Umgestaltung wurde sie zugänglich gemacht. Die Basilika besteht aus einer doppelten Reihe von Pfeilern, einer hohen, aus Ziegeln errichteten Rückwand und zwei Tonnengewölben, die auf den Pfeilern und der Rückwand aufliegen. Im Verputz der Wand fand man zahlreiche Inschriften eingeritzt, unter anderem Verse aus der „Äneis" (jetzt durch eine Glasscheibe geschützt). Man nahm deshalb an, daß sich hier eine Schule befand. Es ist bekannt, daß auf dem Augustus- und dem Trajans-Forum Schulunterricht gehalten wurde.

Der Portikus schließt hinter dem Tempelpodium ab, das in trajanischer Zeit erweitert wurde; ursprünglich war die Apsis an der Rückwand der Cella in den dahintergelegenen Hügel, auf dem das *Atrium Libertatis* stand und über den die Servianische Mauer führte, hineingebaut. Man sieht an dieser Stelle ein Stück der großen Südwestexedra des Trajans-Forums.

Den Hintergrund des Platzes beherrschte der Tempel der *Venus Genitrix*. Vor seinem Podium waren zwei kleine Brunnen, deren Sockel man irrtümlich mit den von Ovid erwähnten Statuen der Appiaden in Verbindung brachte, Werken des Bildhauers Archilochos. In Wirklichkeit standen sie, wie Plinius berichtet, in dem benachbarten *Atrium Libertatis*. Man gelangte zum Tempel über zwei seitliche Treppchen, die in das hohe, mit Marmor verkleidete Podium aus Gußmauerwerk eingelassen waren. An der Vorderseite des Tempels standen acht Säulen, an den beiden Längsseiten je neun, die Rückseite bestand nur aus einer Mauer (Vitruv bezeichnet diesen Typ als Peripteros ohne rückwärtige Halle). Drei der korinthischen Säulen wurden wieder aufgerichtet und die bei den Grabungen gefundenen Fragmente mit Ziegeln ergänzt. Vor dem Podium liegen große Marmorblöcke vom Architrav und vom Giebel.

In der Cella standen, dicht an die Wände herangerückt, Säulen aus Giallo Antico, der darüberliegende Architrav war mit Erotenreliefs verziert (einige Fragmente sind im Braccio Nuovo des Konservatorenpalastes zu sehen). Die übrigen Fragmente der außerordentlich reichen plastischen Verzierungen befinden sich jetzt in den Tabernae am Forum. Sie stammen alle von der trajanischen Restaurierung. Die Cella endet mit einer Apsis, in der die von Archilochos geschaffene Statue der Venus Genitrix, der Mutter des Äneas und sagenhaften Stammutter der Gens Iulia stand. Der Tempel ist der früheste, wenn nicht sogar der allererste, der eine Apsis hatte, ein Bautyp, der in der Kaiserzeit dann sehr verbreitet war. Ein Bruchstück des Gußmauerwerks, das auf das Podium herabgestürzt ist, beweist, daß die Cella überwölbt war.

Links vom Tempel sieht man Reste eines großen, aus Ziegelsteinen gemauerten Bogens, der wohl von der diokletianischen Restaurierung stammt und wahrscheinlich zur Verstärkung diente. Auf der anderen Seite muß es einen ähnlichen Bogen gegeben haben.

Im Tempel waren mehrere Kunstwerke ausgestellt, unter anderem eine Statue Cäsars, eine vergoldete Bronzestatue der Kleopatra und zwei von Cäsar für 80 Talente gekaufte Gemälde des Timomachos von Byzanz, die Ajax und Medea darstellten.

Einige Sockel mit Inschriften sind auf dem Forumsplatz noch zu sehen, die zugehörigen Statuen fehlen aber. Eine davon, die in der Nähe des Tempels steht, wurde 138 n. Chr. von den Einwohnern der afrikanischen Stadt Sabratha für Sabina, die Frau Kaiser Hadrians, gestiftet. Eine andere wurde um 408 n. Chr. vom Stadtpräfekten Virius Nicomachus Flavianus dem Kaiser Arcadius geweiht. Außerdem gab es eine Kolossalstatue des Tiberius, die dem Kaiser von vierzehn kleinasiatischen Städten zum Dank für seine Hilfeleistungen nach den Erdbeben von 17 und 23 n. Chr. gestiftet wurde. Auf der Basis waren die Personifikationen der Städte dargestellt. Eine verkleinerte Kopie des Sockels, von dem nichts mehr erhalten ist, wurde in Pozzuoli gefunden (jetzt im Nationalmuseum in Neapel).

Das Cäsar-Forum war also ein langgestreckter, schmaler Platz mit Portiken, dessen Abschluß und beherrschendes Element der Tempel war, der fast die gesamte Schmalseite gegenüber vom Eingang einnahm. Dieses streng axiale und zentralisierte Gesamtbild, das noch gesteigert wird durch die Nische mit dem Kultbild als dem eigentlichen Brennpunkt der ganzen Anlage, bildete sich jedoch erst heraus, als der Bau des Venus-Tempels beschlossen wurde, also nach der Schlacht bei Pharsalus (48 v. Chr.) und nachdem schon mit der Platzanlage selbst begonnen worden war.

Die ideologische und propagandistische Funktion dieser Anlage, die vermutlich von

*Das Augustus-Forum mit dem Tempel
des Mars Ultor*

den Kultstätten vergöttlichter hellenistischer Könige beeinflußt wurde, ist offenkundig: sie sollte die Stammutter des julischen Geschlechts feiern und damit den Diktator selbst, dessen Reiterstatue in der Mitte des Forums dieses sakrale und zentralisierende Bezugssystem für sich ausnutzte. Man weiß, daß gleichzeitig in Ägypten sogar ein *Caesareion* gebaut wurde, ein Tempel des göttlichen Cäsar. In Rom war die Zeit noch nicht reif für die Vergöttlichung eines lebenden Herrschers, den deshalb seine Schutzgottheit vertreten mußte. Eine deutliche Vorstellung von der charismatischen Wirkung, die dieser architektonische Komplex ausübte, gewinnt man aus dem Bericht, den Sueton in seiner Cäsar-Biographie gibt. Er erzählt, daß der Kaiser eines Tages den Senat empfing und dabei, entgegen allen Vorschriften der republikanischen Etikette, in der Mitte auf dem Podium des Venus-Tempels saß, wodurch er sich zu einer wirklichen, lebendigen Gottheit machte. Eine ähnliche Anekdote wird von Caligula im Zusammenhang mit dem Dioskuren-Tempel berichtet.

Mit dem Cäsar-Forum war ein Vorbild für die späteren Kaiser-Foren geschaffen worden; vor allem das Forum des Augustus und das des Nerva sind Weiterentwicklungen dieses Modells.

Das Augustus-Forum. In seiner Selbstbiographie berichtet Augustus, er habe sein Forum – das zweite der Kaiser-Foren – mit dem Geld aus seiner Kriegsbeute gebaut. Vor der Schlacht bei Philippi, in der Brutus und Cassius, die Mörder Cäsars, umkamen (42 v. Chr.), hatte Augustus sich in einem Gelübde zum Bau der Platzanlage mit dem Tempel des Mars Ultor (des „Rächers") verpflichtet. Die Arbeiten zogen sich lange hin; erst vierzig Jahre später, 2 v. Chr., fand die Einweihung statt. Einer von Macrobius überlieferten Anekdote zufolge soll Augustus über die Langsamkeit des Architekten, dessen Name unbekannt ist, gespottet haben.

107

Man weiß, daß wie beim Cäsar-Forum das Gelände von Privatleuten erworben wurde und daß der Platz letztlich kleiner war, als es Augustus wünschte; aber er wagte es nicht, harte Maßnahmen zur Enteignung einiger widerspenstiger Besitzer zu ergreifen. Aufgabe des neuen, prächtigen Platzes war es, Raum für die Massen zu gewinnen, die sich auf den beiden älteren Foren drängten. Außerdem sollte ein neuer Platz für das Gericht geschaffen werden. Das Augustus-Forum war aber, wie man sehen wird, in erster Linie ein repräsentativer Mittelpunkt; er sollte den Kaiser verherrlichen, vor allem in seinen Funktionen für das Heer und bei Triumphen.

In hadrianischer Zeit wurden einige Ausbesserungen durchgeführt. Da nur einige wenige Spuren davon vorhanden sind (u. a. einige Kapitelle), müssen sie geringfügig gewesen sein.

Leider beschränkten sich die Ausgrabungen auf die Nordostseite, den Tempel und einen Teil der seitlichen Portiken mit den beiden großen Exedren. Der ganze vordere Teil, in dem der Eingang gelegen haben muß, wurde mit der Via dei Fori Imperiali überbaut, ohne daß er je ausgegraben worden wäre. Er ist deshalb völlig unbekannt.

Der moderne Eingang liegt im rückwärtigen Teil des Forums an der Piazza del Grillo. Von hier aus kann man die großartige Quadermauer aus Peperino von Gabii und Travertin bewundern. Sie hat eine Höhe von 30 m und schützte und isolierte das Forum gegen das dahinterliegende Viertel, die *Subura*. Es gab zu beiden Seiten des Mars-Tempels Eingänge. Der nördliche hatte drei Durchgänge, der weiter südlich gelegene (der sogenannte „Arco dei Pantani") nur einen einzigen. Zwei Treppen überwanden den großen Höhenunterschied zwischen der *Subura*, dem alten Viertel, und dem viel niedriger gelegenen Forum.

Geht man durch den nördlichen Eingang, so betritt man das Forum zwischen dem Tempelpodium und dem nördlichen Säulengang. Hier, am Fuß der Treppe, stand der Bogen, den Tiberius für Drusus Minor gestiftet hatte (auf dem Boden liegen einige Fragmente der Inschrift). Das Gegenstück bildete der Bogen für Germanicus auf der anderen Seite.

Das Forum war ungefähr 125 m lang und 118 m breit, die Exedren mitgerechnet. Wie schon gesagt wurde, überdeckt die moderne Straße den vorderen Teil, so daß das Erhaltene heute armselig und unvollständig erscheint.

Der Säulengang und die dahinterliegenden Exedren sind rechts und links genau symmetrisch. Oberhalb von drei Stufen sieht man die Reste der Säulenreihe aus Cipollino, die ein hohes Attikageschoß trug. Es war mit Karyatiden geschmückt, Kopien der Koren am Erechtheion in Athen, zwischen denen Schilde mit dem Kopf des Iuppiter Ammon und denen anderer Gottheiten angebracht waren. Die Fragmente dieser Verzierungen werden jetzt – wie die meisten Funde vom Forum – in dem kleinen Antiquarium im Haus der Ritter von Rhodos aufbewahrt. Die Stirnwand der großen halbrunden Exedra, die sich im Hintergrund der Säulenhalle hinter einer zweiten Reihe von Pfeilern öffnete, überragte das offene Dach des Portikus; wahrscheinlich waren hier Fenster, mit denen die Exedra beleuchtet wurde.

In den Portiken und den Exedren standen an der Wand Halbsäulen aus Cipollino mit einem Architrav aus weißem Marmor darüber. Sie rahmten eine Reihe von Statuennischen. Verschiedene Fragmente der Statuen wurden gefunden. Weitere Statuen, die aus vergoldeter Bronze waren, standen wohl zwischen den Säulen der Portiken. Aus den an Ort und Stelle gefundenen Inschriften und den Berichten antiker Schriftsteller kann erschlossen werden, welche Statuen hier aufgestellt waren. Unter jeder waren zwei Inschriften: eine auf dem Sockel selbst, in der lediglich der Name und das Amt *(Titulus)* genannt wurde, und eine andere auf einer darunter angebrachten Marmorplatte, in der die wichtigsten Taten des Dargestellten aufgezählt waren *(Elogium)*. Weiter oben in der Wand waren Nischen, in denen keine Statuen, sondern wahrscheinlich Trophäen standen. Insgesamt kennt man die Namen von fünfundzwanzig dieser Persönlichkeiten.

Besonderes Interesse verdient ihre Anordnung: In den beiden einander gegenüberliegenden mittleren Nischen der Exedren, die doppelt so hoch waren wie die anderen, standen auf der Nordseite die Statue des Äneas mit Anchises und Askanios, auf der Südseite die des Romulus mit der Trophäe aus seinem Sieg über den König von Caenina.

Links vom Tempel, auf der Seite mit Äneas, waren die Vorfahren des julisch-claudischen Geschlechts aufgestellt; bekanntlich führte die sagenhafte Überlieferung sie bis auf Äneas und seinen Sohn Julus zurück. Dann folgten die Könige von Alba Longa. Auf der anderen Seite wurde Romulus, der Gründer der Stadt, von den bedeutendsten Gestalten der Republik (den *Summi viri*) begleitet. Die Bedeutung dieser Gegenüberstellung ist klar: Im Gegensatz zum Cäsar-Forum, wo der monarchische Herrschaftsanspruch durch die potentielle Vergöttlichung des Diktators deutlich gemacht wurde, fand hier ein Kompromiß zwischen der Tradition und dem Neuen statt, der für die augusteische Politik typisch war. Die römische Geschichte wurde wieder erobert und dabei gleichzeitig mit der Geschichte der julischen Familie identifiziert. Romulus stammte von Äneas ab, und im Mars-Ultor-Tempel wurden die Kulte ihrer göttlichen Stammeltern, beim einen Venus, beim anderen Mars, miteinander verbunden. Im Grunde, so suggerierte es die augusteische Propaganda, bildete das Imperium den logischen, von der Vorsehung gewollten Abschluß der Republik. Die Statue des Augustus im Triumphwagen, die den Mittelpunkt des Forums bildete (wahrscheinlich in dem unausgegrabenen Teil), stand im Zentrum des Ganzen, in der Achse des Tempels – wie die Reiterstatue Cäsars auf seinem Forum.

Hinter dem linken Portikus liegt ein großer quadratischer Raum mit besonders reicher und sorgfältiger Marmordekoration. Im Hintergrund steht ein Sockel, der eine riesige Statue trug (14 m hoch). Es muß sich dabei um die Kolossalstatue des Augustus gehandelt haben, von der Martial spricht. Sie wurde wohl von Kaiser Claudius hier aufgestellt. Zwei quadratische Flächen auf den Seitenwänden tragen keine Marmorverkleidung. Hier waren wohl zwei Gemälde des Apelles eingefügt. Das eine zeigte Alexander den Großen mit den Dioskuren und der Siegesgöttin, das andere Alexander auf dem Triumphwagen und die Allegorie des Krieges mit gefesselten Händen. Claudius ließ später die Gesichtszüge Alexanders auf den beiden Bildern durch die des Augustus ersetzen. Auch mit den Gemälden sollte der militärische Ruhm Oktavians gefeiert werden. Wahrscheinlich hatten die Karyatiden als Symbole der besiegten Völker die gleiche Bedeutung.

Der Tempel wiederholt – in größeren Ausmaßen – den Grundriß des Venus-Tempels auf dem Cäsar-Forum. Anders ist die Treppe, die hier in der Mitte liegt. Da sie im Gegensatz zu dem Podium aus Gußmauerwerk besteht, kann es sich um eine spätere, während des Baus hinzugefügte Veränderung handeln. Das Podium ist aus Tuffquadern erbaut und war mit großen Platten aus Carrara-Marmor verkleidet. In die Mitte der Treppe war der Altar hineingebaut, an ihren beiden äußeren Enden standen zwei kleine Brunnen. Die Fassade und die beiden Längsseiten bestanden aus je acht Säulen, von denen nur drei noch aufrecht stehen (außer dem Pfeiler an der Rückwand und einigen nach der Ausgrabung wieder aufgemauerten Fragmenten). Die riesigen Säulen waren aus Carrara-Marmor. Zwischen dem Architrav und der Cellamauer ist ein Stück der prächtigen Kassettendecke erhalten, eine Nachahmung griechischer Decken aus dem 4. Jahrhundert v. Chr. In der Cella standen vor den beiden Längsseiten jeweils sieben Säulen, dahinter gliederten ebenso viele Pilaster die Wände. Dazwischen waren Statuennischen eingetieft. Ein Pilasterkapitell mit Flügelpferden ist jetzt im Antiquarium des Forums aufgestellt.

Den Abschluß der Cella bildete eine Apsis, in der die Kultstatuen standen. Wegen der Länge ihrer Basis (ungefähr 9 m) kam man auf den Gedanken, es seien, nicht wie allgemein angenommen, zwei Statuen, nämlich Mars und Venus, sondern drei, die beiden Götter mit dem vergöttlichten Cäsar, hier aufgestellt gewesen. Ein Relief im Museum in Algier und andere Wiederholungen vermitteln eine Vorstellung von diesen Statuen: Mars ist bärtig dargestellt, in voller Rüstung und auf die Lanze gestützt, Venus in einem leichten Chiton und begleitet von Eros, der ihr das Schwert ihres göttlichen Gemahls reicht. Eine große Kopie der Mars-Statue ist jetzt im Museo Capitolino aufgestellt.

Die Stufen vor der Basis hatten möglicherweise eine Fortsetzung an den anderen Seiten der Cella; sie könnten für die Versammlungen des Senats gedient haben, die mehrmals im Tempel stattfanden.

Man weiß, daß in einer Art von Allerheiligstem *(penetrale)* die Feldzeichen aufbewahrt wurden, die die Parther zunächst den Römern abgenommen, dem Augustus aber später wieder zurückgegeben hatten. Wahrscheinlich ist dieses Allerheiligste mit dem asymmetrischen Raum auf der linken Seite der Apsis zu identifizieren, wenn nicht etwa die Apsis selbst diesem Zweck diente.

Der Giebel ist in einem claudischen Relief überliefert, auf dem der Tempel dargestellt ist: in der Mitte stand Mars, auf seine Lanze gestützt, an seiner Seite (vom Betrachter aus links) war Venus mit Eros und rechts davon Fortuna. Links folgten der sitzende Romulus, der als Augur den Flug der Vögel beobachtet, und die hingelagerte Gestalt des Palatin, rechts die Göttin Roma und der Tiber.

Das Augustus-Forum war das Zentrum für alles, was mit Krieg und Triumph der Römer zusammenhing. Hier versammelte sich der Senat, um über Kriegserklärungen zu entscheiden und um den Frieden zu sanktionieren, hier opferten auf dem Altar des Tempels die Statthalter vor ihrem Aufbruch in die Provinz. Außerdem wurden hier die Statuen der siegreichen Feldherren aufgestellt, die keine Triumphe mehr feiern durften, da dieses Recht inzwischen allein dem Imperator, dem Kaiser, vorbehalten war. Das Forum selbst illustriert diesen Umstand am deutlichsten.

Auf dem Rückweg kann man das Antiquarium besichtigen, das in einigen antiken Räumen *(Tabernae)* untergebracht ist. Sie liegen an einem Saal mit Pfeilerportiken, der in eine Kapelle umgewandelt wurde. Welche Funktion er in der Antike hatte, ist unbekannt. In den Räumen hinter den Portiken sind die Sockelinschriften der Statuen vom Forum ausgestellt, in den Tabernae die Fragmente der Statuen selbst, der Karyatiden und der Schilde mit Iuppiter Ammon, die an der Attika angebracht waren, außerdem Fragmente von Bronzestatuen, ein Pilasterkapitell aus der Cella mit einem Pegasos, mehrere Architekturplastiken (von denen einige mittelalterlich sind und zu dem Kloster und den Kirchen gehören, die während des Mittelalters auf das Forum gebaut wurden) und im letzten Raum endlich ein Gipsmodell mit der Rekonstruktion des Forums (von dem Architekten I. Gismondi).

Im mittleren Saal des benachbarten Hauses der Ritter von Rhodos (Malteser) ist ein Stück der Attika aus den originalen Fragmenten aufgebaut: ein Schild mit dem Kopf des Iuppiter Ammon zwischen zwei Karyatiden.

Das Forum Transitorium oder Nerva-Forum. Man betritt das Nerva-Forum vom Augustus-Forum aus. Der Bau wurde von Domitian begonnen und nahezu vollendet, jedoch erst nach seinem Tod von Nerva 97 n. Chr. geweiht.

Den Namen „Transitorium" erhielt das Forum wegen seiner Lage: der Platz ersetzte

Das Nerva-Forum
(Stich von S. du Pérac:
I vestigi dell'antichità di Roma)

den Beginn des *Argiletum* und verband die bis dahin vorhandenen Foren (das republikanische Forum, das Cäsar- und das Augustus-Forum) mit dem *Templum Pacis*. Infolgedessen war der Platz lang und schmal (120 × 45 m). Den Abschluß des Platzes bildete, wie bei den beiden anderen Foren, ein Tempel, der die gesamte Anlage beherrschte. Der Tempel war Minerva geweiht, die von Domitian besonders verehrt wurde. Da man aus Raummangel keine richtigen Portiken bauen konnte – bevor Trajan den Sattel zwischen Kapitol und Quirinal abtragen ließ und so zusätzlichen Raum schuf, war es der letzte freie Platz in dieser Gegend –, wurde eine Säulenreihe in kurzem Abstand vor die Umfassungsmauer gesetzt und mit ihr durch ein Architravstück verbunden. Die Schmalseite beim Forum Romanum, die man neben der rückwärtigen Mauer der Basilica Aemilia sieht, ist gebogen. Hier waren in der Westecke die Durchgänge zum Forum Romanum und zum Cäsar-Forum. Einer späteren Quelle zufolge soll der Janus-Bogen, der ursprünglich am Anfang des Argiletum stand, von Domitian abgerissen und durch einen Bogen mit Durchgängen auf allen vier Seiten in der Mitte des neugeschaffenen Platzes ersetzt worden sein.

Leider weiß man hierüber und über weitere Einzelheiten fast nichts, da ein großer Teil des Platzes unter der Via dei Fori Imperiali begraben liegt. Bis zum Beginn des 17. Jahrhunderts war der Tempel, unter dem ein Zweig der Cloaca Maxima verlief, gut erhalten; 1606 zerstörte ihn Paul V., um aus dem Material einen Brunnen auf dem Gianicolo, die Acqua Paola, zu bauen. Heute sieht man nur noch den unförmigen Kern des Podiums und zwei übriggebliebene Säulen mit einem Stück Mauer auf der zur Via Cavour gelegenen Seite (die berühmten „colonnacce"). Auf der Attika ist Minerva im Relief dargestellt, ein Fries darunter zeigt Szenen mit arbeitenden Frauen (Minerva galt allgemein als Beschützerin der handwerklichen Arbeit), vielleicht aus der Sage von Arachne.

Kaiser Alexander Severus stellte – in Anlehnung an das Statuenprogramm des benachbarten Augustus-Forums – auf dem Platz riesige Kaiserstatuen zu Fuß und zu Pferde auf, von denen jedoch nichts erhalten blieb.

Unter der Pflasterung fand man zwei Gräber aus der frühen Eisenzeit, die denen vom Begräbnisplatz auf dem Forum Romanum sehr ähneln.

Hinter dem Minerva-Tempel öffnete sich gegen die *Subura* hin, hinter einer Säulenreihe, eine große, hufeisenförmige Exedra. Dies muß die *Porticus absidiata* sein, die im konstantinischen Verzeichnis der Regionen aufgeführt ist.

Das Trajans-Forum. Trajan errichtete zwischen 107 (dem Jahr seines Sieges über die Daker) und 113 das letzte und großartigste der Kaiser-Foren. Der Bereich zwischen der Velia, der Subura, dem Quirinal und dem Forumstal war inzwischen völlig zugebaut. Als einzige Lösung blieb, einen Durchbruch zum Marsfeld zu öffnen und den Sattel zwischen Kapitol und Quirinal abzutragen. Wie die Inschriften auf dem Sockel der Trajans-Säule und eine Stelle bei dem Historiker Dio Cassius bezeugen, unternahm Apollodor von Damaskus, der Architekt Trajans, eben dies. Damals wurden das *Atrium Libertatis* und das völlig nutzlos gewordene Stück der Servianischen Stadtmauer zwischen dem Kapitol und dem Quirinal zerstört.

Das Ergebnis dieser Unternehmung war so außerordentlich, daß man noch zweieinhalb Jahrhunderte später die Anlage bewunderte. Als Constantius II. 357 nach Rom kam, das seine Hauptstadtfunktion längst an Konstantinopel abgegeben hatte, erregte das Trajans-Forum seine Bewunderung. Vor allem die Reiterstatue des Kaisers in der Mitte des Platzes beeindruckte ihn so sehr, daß er erwog, sie als Vorbild für seine eigene Statue zu benutzen, die in Konstantinopel aufgestellt werden sollte. Der Historiker, der diese Episode überliefert, erwähnt auch die geistreiche Bemerkung eines persischen Fürsten aus dem Gefolge des Kaisers; er gab zu bedenken, wenn man ein solches Pferd beherbergen wolle, müsse man erst einen angemessenen Stall bauen.

Das Forum ist insgesamt 300 m lang und 185 m breit und wurde 112 n. Chr. geweiht. Die Säule war damals offenbar noch nicht fertig. Sie wurde erst im Mai 113, gleichzeitig mit dem wieder aufgebauten Cäsar-Forum geweiht.

Die Anlage besteht aus Terrassen, die von Süden nach Norden leicht ansteigen. Man betrat den Platz auf der Seite beim Augustus-Forum durch einen großen Bogen mit einem einzigen Durchgang; er liegt in dem unausgegrabenen Gebiet. Aus zeitgenössischen Münzbildern kann man eine Vorstellung davon gewinnen. Der Bogen war in fünf Längsabschnitte gegliedert, die von sechs Säulen eingerahmt wurden. In der Mitte war der Durchgang, in den seitlichen Abschnitten dagegen nur Nischen, in denen wahrscheinlich die Statuen gefangener Daker standen, und darüber Giebel. Oberhalb davon waren Rundschilde mit Porträts (*Imagines clipeatae*), die wahrscheinlich Generäle Trajans darstellten. Über der hohen Attika stand die Statue Trajans auf einem sechsspännigen Triumphwagen und an den Seiten Trophäen und Siegesgöttinnen.

Durch den Bogen gelangte man auf den Platz, der – abgesehen von der konvexen Eingangsmauer – rechteckig war. In der Mitte (ebenfalls im unausgegrabenen Teil) stand die prächtige Reiterstatue Trajans, von der man sich durch Münzbilder eine Vorstellung machen kann. Die beiden Seiten waren mit Säulenhallen, die auf zwei Stufen standen, abgeschlossen; dahinter öffneten sich zwei großartige Exedren. Der Einfluß des benachbarten Augustus-Forums ist unübersehbar. Die östliche, gegen die Trajans-Märkte gelegene Exedra ist noch gut zu erkennen. Ursprünglich war sie von der Marktanlage mit einer hohen Mauer aus Peperinblöcken getrennt, von der jedoch nur noch einige Reste erhalten sind. Zwischen den beiden Bauwerken führte eine mit Basalt gepflasterte Straße hindurch. Vom Marmorfußboden in der Exedra sind noch zahlreiche Reste vorhanden, ebenso von den Pfeilern, durch welche die Exedra vom Portikus getrennt war. Auf der ganzen Länge ist die vordere Abschlußlinie der Portiken erhalten, die drei Stufen über dem Platz selbst lagen. Die Säulenstellung ist aus den an Ort und Stelle gebliebenen Basen leicht zu erschließen. Manchmal sind nur noch Spuren vorhanden, und die umgestürzten Säulen liegen daneben.

Der östliche Teil des Forums ist durch die moderne Straße abgeschnitten und nur durch eine Unterführung mit dem übrigen Forum verbunden. Von dem Platz vor der Basilica Ulpia ist heute nur noch wenig zu sehen. Unter diesen Bedingungen kann man sich das Aussehen des zerschnittenen und zerstückelten Bauwerks nur sehr schwer vorstellen. Wie auf dem Augustus-Forum müssen auch hier Statuen aufgestellt gewesen sein. Zwei riesige Köpfe des Kaisers Nerva und der Mutter Neros, Agrippina (heute in den Trajans-Märkten), lassen die in dieser Statuengalerie Geehrten erschließen: es waren die früheren Kaiser und die wichtigsten Mitglieder ihrer Familien. Sie bildeten die logische Fortsetzung der Statuengalerie auf dem Augustus-Forum. Auch das Attikageschoß über den beiden Säulenhallen war ähnlich: Statuen gefangener Daker (anstelle der Karyatiden) rahmten Rundschilde mit Köpfen. Wen sie darstellten, weiß man nicht (nur einige Fragmente sind erhalten und im modernen Portikus unterhalb des Restaurants „Taberna Ulpia" ausgestellt).

Wie ein gewaltiger Riegel verschloß die *Basilica Ulpia* die Rückseite des Platzes. Hier hat der trajanische Architekt keine älteren Vorbilder benutzt, sondern etwas Neues geschaffen. Es konnte gezeigt werden, daß das hier angewendete Schema von den sogenannten *Principia* (den zentralen Plätzen in militärischen Lagern) hergeleitet ist, bei denen an der Stirnseite eine Basilika den Abschluß bildete. Der Vergleich läßt sich auch auf die beiden Bibliotheken ausdehnen, die hinter der Basilica Ulpia die Trajans-Säule einfaßten: sie standen an der Stelle, wo in den Lagern die Heeresarchive waren (man weiß, daß in der *Bibliotheca Ulpia* wichtige Staatsarchive untergebracht waren). Die Säule selbst nimmt die Stelle ein, an der im allgemeinen das Heiligtum mit den Feldzeichen der Legionen lag.

Die Bedeutung einer solchen Anlage unterliegt keinem Zweifel: Trajan, der über die militärische Laufbahn an die Macht gekommen war, betonte ganz entschieden seine militaristische Politik und baute deshalb mitten in der Stadt, in einem bürgerlichen Geschäftsviertel, ein Militärlager.

Die Basilika war die größte, die je in Rom gebaut worden war. In der Achse hatte sie eine Länge von fast 170 m (ohne die Apsiden 120 m), ihre Tiefe betrug knapp 60 m. Die Fassade ist auf einer trajanischen Münze abgebildet. Sie hatte drei Eingänge und war in drei vertikale Abschnitte gegliedert. Die ganze Attika war mit einem prächtigen Relieffries geschmückt, der sich wohl an den drei anderen Seiten fortsetzte. In der Mitte war ein Viergespann in Vorderansicht dargestellt (wahrscheinlich der Triumphwagen Trajans), an den Seiten bildeten einige Trophäen den Abschluß. Möglicherweise stammt der große trajanische Fries, der später in vier Teile zerlegt und im Konstantinsbogen wiederverwendet wurde, von hier. Da seine ursprüngliche Länge mindestens 30–32 m betragen haben muß, scheiden nahezu alle anderen Möglichkeiten aus. Ganz oben auf der Fassade waren vermutlich die Feldzeichen derjenigen Legionen aufgeführt, die an den Daker-Kriegen teilnahmen. Dies geht aus Architravfragmenten hervor, in denen Legionsnamen aufgeführt sind. Vor den Eingängen standen drei Statuen Trajans (ein Sockel mit Inschrift befindet sich noch an Ort und Stelle).

Zur Basilika führten drei Stufen. Heute ist nur noch der mittlere, verstümmelte Rumpf des Gebäudes zu sehen. Die westliche Apsis liegt unter der Via dei Fori Imperiali (sie reichte bis auf wenige Meter an das Monument für Vittorio Emmanuele II. heran), die östliche liegt unter der Scalinata di Magnanapoli und den umliegenden Häusern. Der Innenraum wurde durch vier Säulenreihen, die auch um die Schmalseiten herumgeführt waren, in fünf Schiffe unterteilt. Hohe graue Granitsäulen umrahmten das Mittelschiff, die übrigen, niedrigeren Säulen waren aus Cipollino. Von der reichen Friesver-

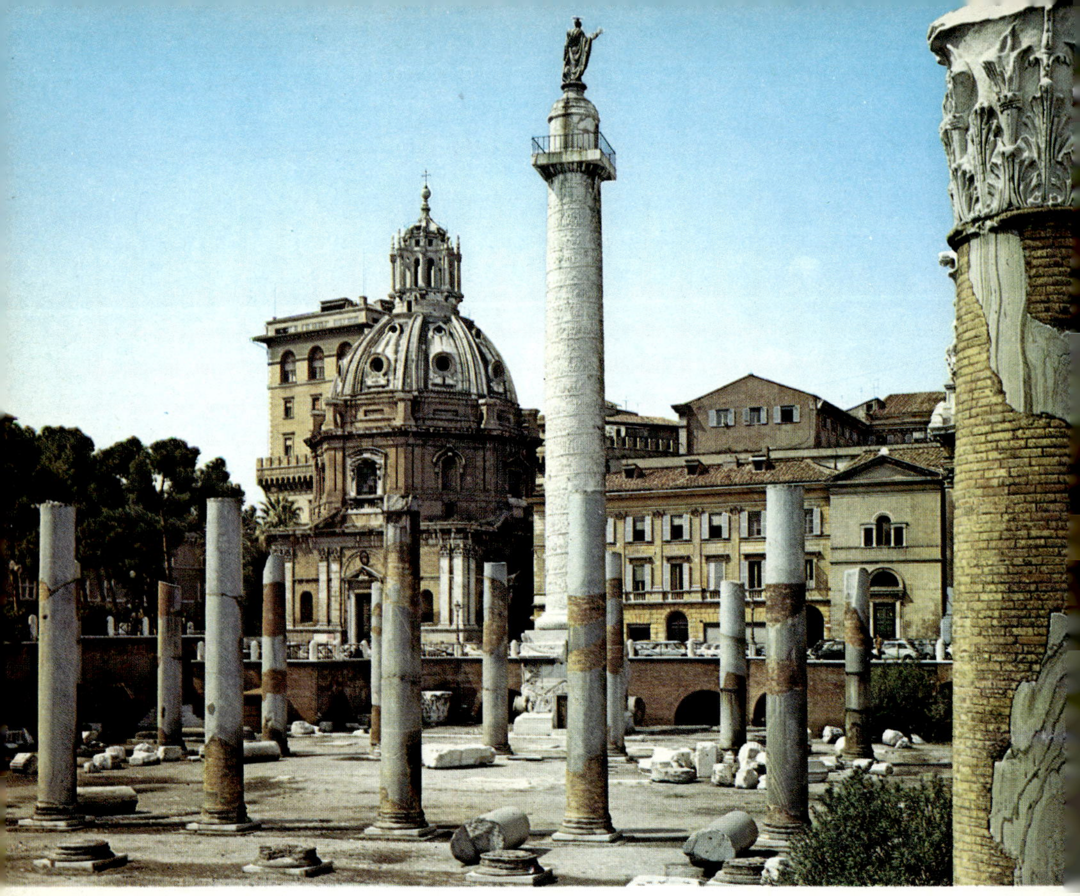

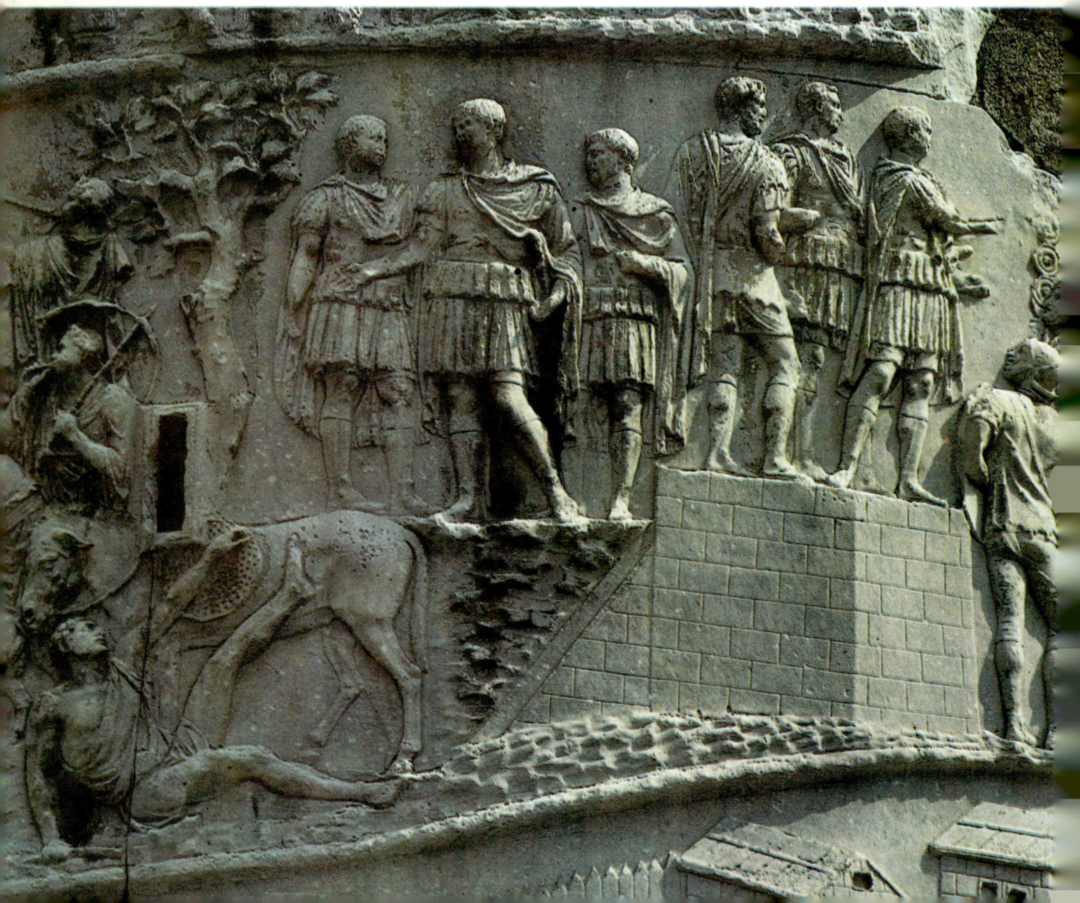

Basilica Ulpia und Trajans-Säule.
Trajans-Säule: Trajan bei der Ansprache
an die Truppen.
Reliefs an der Trajans-Säule. Ausschnitte
aus der 4., 5. und 6. Spirale von unten

zierung sind einige Fragmente erhalten. Dargestellt sind Viktorien, die Stiere opfern und Kandelaber mit Girlanden schmücken.

Neben ihren Funktionen für den Handel und die Rechtsprechung hatte die Basilika auch die Aufgaben des früheren, für den Bau des Trajans-Forums zerstörten *Atrium Libertatis*. Das beweisen die Berichte über die feierliche Freilassung von Sklaven *(manumissio)*, die hier stattfand, und ein Fragment des severischen Marmorstadtplans, auf dem neben der östlichen Apsis der Basilika die Beischrift LIBERTATIS zu sehen ist.

Auch die beiden Bibliotheken, die im Norden an die Basilika anschließen und die Trajans-Säule einrahmen, müssen ursprünglich zum *Atrium Libertatis* gehört haben. Die Verdoppelung ist, wie überall im Römischen Reich, das im Grunde ein Staat mit zwei Sprachen war, durch die Trennung der griechischen und der lateinischen Abteilung gegeben. Besser erhalten ist der linke (westliche) Raum, der unter der modernen Straße zu sehen ist. Es ist ein weiter, rechteckiger Raum mit Nischen für die Bücherschränke. Den Rahmen für die Nischen, zu denen man drei Stufen hinaufstieg, bildete eine reiche architektonische Dekoration mit einer zweistöckigen Säulenordnung. In der Frontwand stand in einer größeren, mit einer Ädikulaarchitektur eingefaßten Nische eine Götterstatue (Minerva?). In dem Saal werden heute Architekturfragmente, die am Forum gefunden wurden, aufbewahrt.

In der Mitte zwischen den beiden Bibliotheken erhebt sich die *Trajans-Säule*, das einzige bis heute so gut wie unbeschädigte Monument vom Trajans-Forum. Die Säule wurde aus großen Marmorblöcken aus Luni erbaut. Sie besitzt einen würfelförmigen Sockel, dessen vier Seiten mit Reliefs dakischer Waffen überzogen sind und auf dessen oberen Ecken vier Adler sitzen, die Girlanden halten. Durch die Eingangstür, die sich auf der zur Basilica Ulpia hin gelegenen Hauptseite befindet, gelangt man in einen Innenraum. Hier beginnt die in die Marmorblöcke hineingehauene Wendeltreppe, die bis zur obersten Spitze der Säule führt. Über der Tür ist eine Inschrifttafel, die von zwei Viktorien gehalten wird. Die Inschrift lautet: *Senatus populusque romanus / Imp(eratori) Caesari divi Nervae f(ilio) Nervae / Traiano Aug(usto) Germ(anico) Dacico Pontif(ici) / Maximo trib(unicia) pot(estate) XVII, Imp(erator) VI, co(n)s(ul) VI, p(ater) p(atriae) / ad declarandum quantae altitudinis / mons et locus tant[is oper]ibus sit egestus* („Der Senat und das römische Volk dem Imperator Caesar Nerva Traianus, dem Sohn des göttlichen Nerva, dem Germanicus, Dacicus, dem höchsten Priester, der zum siebzehnten Mal das Amt eines Tribuns bekleidete, zum sechsten Mal Imperator und zum sechsten Mal Konsul geworden ist, dem Vater des Vaterlandes, um zu zeigen, welche Höhe der Berg hatte, der unter so vielen Mühen abgetragen wurde.")

Unter anderem sollte die Säule also die ursprüngliche Höhe des Hügels anzeigen, der in der Gegend der halbrunden Exedren lag und der abgetragen werden mußte, um Platz für das neue Forum zu schaffen. Der wichtigste Zweck der Säule war jedoch ein anderer: sie sollte das Grab des Kaisers sein. Man weiß, das Trajans Asche in einer goldenen Urne im Sockel der Säule aufbewahrt wurde. Durch eine Tür links vom Eingang kam man in ein kleines Gelaß, eine Art Vorzimmer, hinter dem ein weiterer Raum lag, der die ganze Nordseite des Sockels einnahm. Hier stand auf einer Marmorbank die Urne. Es konnte bewiesen werden, daß diese Verwendung des Baus von Anfang an vorgesehen war: der Sockel ist eng mit den zahlreichen Grabmälern in Altarform verwandt, die seit der republikanischen Zeit verbreitet waren. Auch die Verwendung einer Säule als Grabmonument ist keineswegs selten. Einer uralten Sitte zufolge darf derjenige in der Stadt begraben werden, der einen Triumph gefeiert hat. Dieser Brauch wurde hier wiederaufgenommen, so daß Trajan ein Grab innerhalb des geweihten Bezirks des *Pomerium* bekommen konnte.

Auf dem 100 römische Fuß hohen Säulenschaft (29,78 m, Gesamthöhe mit dem Sockel: 39,83 m) entwickelt sich das lange spiralenförmige Relief (ca. 200 m lang), auf dem die beiden Daker-Kriege dargestellt sind. Die zwei Berichte sind durch eine Siegesgöttin, die auf ihren Schild schreibt, voneinander getrennt. Die Reliefs haben weniger feierlichen oder rühmenden, sondern eher dokumentarischen Charakter. Man wollte in ihnen bildliche Umsetzungen von Trajans *Commentarii* sehen, einem Prosabericht über die beiden Kriege, der wohl von den vergleichbaren Werken Cäsars beeinflußt war. Dies erscheint durch die Aufstellung der Säule zwischen den beiden Bibliotheken und die Form der Reliefs, die wie eine antike Buchrolle *(volumen)* um den Schaft herumgewikkelt sind, gestützt. Der Fries beschreibt die verschiedenen Phasen des Krieges genau, schematisiert sie jedoch in einer Reihe stereotyper Handlungen. Von der Überquerung der Donau auf einer Schiffsbrücke, die ganz unten den Beginn des Feldzugs bezeichnet, bis zur Verschleppung der Daker, mit der oben der Krieg endet, folgen einander Lagerbau, Ansprache an die Truppen, Schlachten, Belagerungen, Hinrichtungen und Unterwerfung der Daker-Fürsten vor dem Kaiser. Die Gestalt Trajans erscheint dabei nicht weniger als sechzigmal. Als die benachbarten Gebäude noch standen, die Basilica Ulpia und die Bibliotheken, konnte man die Reliefs sehr viel besser betrachten, da man auf den Terrassen, die vielleicht miteinander verbunden waren, sehr viel näher am oberen Teil der Säule war. Außerdem waren die Reliefs ursprünglich farbig.

Der Entwurf zu den Säulenreliefs stammt von einem einzigen Meister, demselben, dem auch die großen trajanischen Reliefs zuzuschreiben sind, die in den Konstantins-Bogen eingebaut sind; die feierlich-prächtige Art dieser Reliefplatten bildet das Gegenstück zu den Säulenreliefs. Man nennt diesen Bildhauer im allgemeinen den „Meister der Feldzüge Trajans"; hypothetisch wurde er sogar mit Apollodor von Damaskus, dem Architekten des Forums, identifiziert. Sicherlich handelt es sich um eine der bemerkenswertesten Künstlerpersönlichkeiten, die man aus dem Bereich der Kunst des offiziellen Rom kennt. Die vollkommene Verschmelzung von Elementen hellenistischen Ursprungs (wie die Darstellung von Räumlichkeit und Landschaft, die kluge Abstufung und Staffelung der Ebenen, die organische, bruchlose Verknüpfung der verschiedenen Szenen und der Einzelheiten innerhalb der Szenen) mit dem typisch römischen, historischen und erzählenden Inhalt, die ausdrucksvolle Spannung, die die ganze Länge des Frieses ohne Unterbrechung durchzieht und die in einigen zentralen Episoden (Tod des Decebal, Verschleppung der Daker) Augenblicke intensiver, dichterischer Kraft besitzt – all dies macht die Trajans-Säule zu einem Meisterwerk der Bildhauerkunst.

Die Statue Trajans, mit der die Säule bekrönt wurde, verschwand im Mittelalter und wurde unter Sixtus V. durch eine Statue des heiligen Petrus ersetzt.

An der Nordseite hinter der Säule wurde nach dem Tod des Kaisers (117 n. Chr.) von seinem Nachfolger ein prächtiger Tempel für Trajan und seine Frau Plotina errichtet. Der Bau ist demnach in die Jahre nach Plotinas Tod (wahrscheinlich 121 n. Chr.) zu datieren. Der Tempel bildet den Abschluß der Anlage, die ohne ihn unvollständig gewesen wäre; er muß also bei der ersten Planung bereits vorgesehen gewesen sein. Nur sehr wenig ist erhalten: die Weihinschrift, die sich in den Vatikanischen Museen befindet, und die riesige, aus einem einzigen Granitblock gehauene Säule mit einem Kapitell aus weißem Marmor, die hinter der Trajans-Säule zu sehen ist. Die Maße des Säulenschafts (ca. 2 m Durchmesser) und des Kapitells (2,12 m hoch) geben eine Vorstellung von der Größe und der Pracht des Gebäudes, dessen Säulen eine Höhe von 20 m erreicht haben müssen. Man weiß, daß Hadrian seinen Namen nur an diesem Bauwerk anbringen ließ, nicht aber an den vielen anderen von ihm errichteten Bauten.

Das Forum hatte vielerlei Funktionen, zum Beispiel wurden hier zahlreiche Gesetze verkündet (einige zwischen 319 und 451 n. Chr. datierte sind überliefert). Der Kaiser

Umzeichnung des Reliefbandes der Trajans-
Säule (nach Reinach)

1, 2, 3. Römische Befestigungsanlagen an der
Donau; 4, 5. Das römische Heer überschreitet
die Donau auf einer Schiffsbrücke; 6. Kriegsrat
des Kaisers; 7. Opfer (lustratio) bei der Einweihung des Lagers; 8. Ansprache Trajans an
die Truppen; 9. Bau eines Lagers; 10. Trajan
überwacht den Bau des Lagers, neben dem ein
weiteres errichtet wird; 11, 12. Die Soldaten
fällen Bäume für den Lagerbau; 13. Dem Kaiser
wird ein feindlicher Spion vorgeführt; Bau
einer Brücke und einer Festungsanlage;
14, 15. Kavallerie und Infanterie vor dem Aufbruch vom Lager; 16. Das Heer marschiert
durch einen Wald; 17, 18. Erste Kämpfe mit den
Dakern; 19. Die Römer zünden eine dakische
Siedlung an, die Daker fliehen auf die andere
Seite des Flusses; 20. Zwei dakische Gesandt-
schaften vor Trajan; 21. Trajan und eine Gruppe
gefangener Frauen; 22. Dakische Reiter ertrinken
beim Durchqueren eines Flusses. Angriff der
Daker auf ein römisches Lager; 23. Fortsetzung
der vorigen Szene und Ende des ersten Feldzugs.
Der zweite beginnt mit der Verlegung der
Truppen in eine Stadt an der Donau; 24. Verladen
des Proviants; 25. Einschiffung des Kaisers;
26, 27. Der Kaiser greift an der Spitze der
Kavallerie die gepanzerten dakischen Reiter an;
28. Fortsetzung der Schlacht. Frauen, Kinder und
Greise unterwerfen sich; 29. Bau eines Lagers
im Beisein des Kaisers. Hinrichtung der Kriegs-
gefangenen. Die verwundeten Römer werden
versorgt; 30. Aufbruch des Heeres und erneuter
Kampf; 31. Flucht der Daker; 32. Ansprache des
Kaisers an die Truppen. Dakische Gefangene in
einem Lager; 33. Soldaten bezeigen dem Kaiser
ihre Verehrung. Gefangene, die von Frauen
gefoltert werden. Die Barbarenführer unterwerfen sich dem Kaiser. Ende des zweiten Feldzugs; 34. Das Heer überquert die Donau;
35. Trajan mit einer Gruppe von Soldaten vor
einem Lager; 36. Der Kaiser mit weiteren
Soldaten. Zum Bau eines Lagers werden Bäume
gefällt; 37. Opfer bei der Einweihung des
Lagers; 38. Ansprache Trajans an die Soldaten;
39. Das Heer rückt in einem Wald mit feindlichen
Festungen vor; 40. Der Kaiser überschreitet den
Fluß auf einer Brücke. Feindliche Befestigungsanlagen werden angezündet; 41. Bau eines
Lagers. Ein Barbaren-Fürst unterwirft sich;
42. Der Troß rückt zu einem Lager vor;
43. Der Kaiser beobachtet seine numidischen
Reiter beim Angriff; 44. Die Daker fliehen in
einem Wald; 45. Bau eines Lagers. Die dakischen
Führer unterwerfen sich dem Kaiser; 46. Schlacht
vor den römischen Befestigungsanlagen;
47. Die Daker fällen Bäume für den Bau von
Festungen; 48. Die Römer bauen ein Lager;
49, 50. Die Daker werden in ihre Festung
zurückgedrängt, die Römer greifen unter einem
Schilddach (testudo) an; 51. Trajan nimmt die
Köpfe zweier Daker-Führer entgegen;
52. Erneute Kämpfe; 53. Trajan überwacht den
Bau eines Lagers; 54, 55. König Decebal unterwirft sich mit anderen Dakerfürsten dem Kaiser;
56. Die Daker schleifen ihre Befestigungsanlagen;
57. Greise, Frauen und Kinder brechen mit den
Herden auf. Abschließende Ansprache Trajans
an das Heer; 58. Zwischen zwei Trophäen
Victoria, die auf einen Schild schreibt. Die
Siegesgöttin in der Mitte des Reliefbandes
bezeichnet das Ende des ersten Feldzuges;

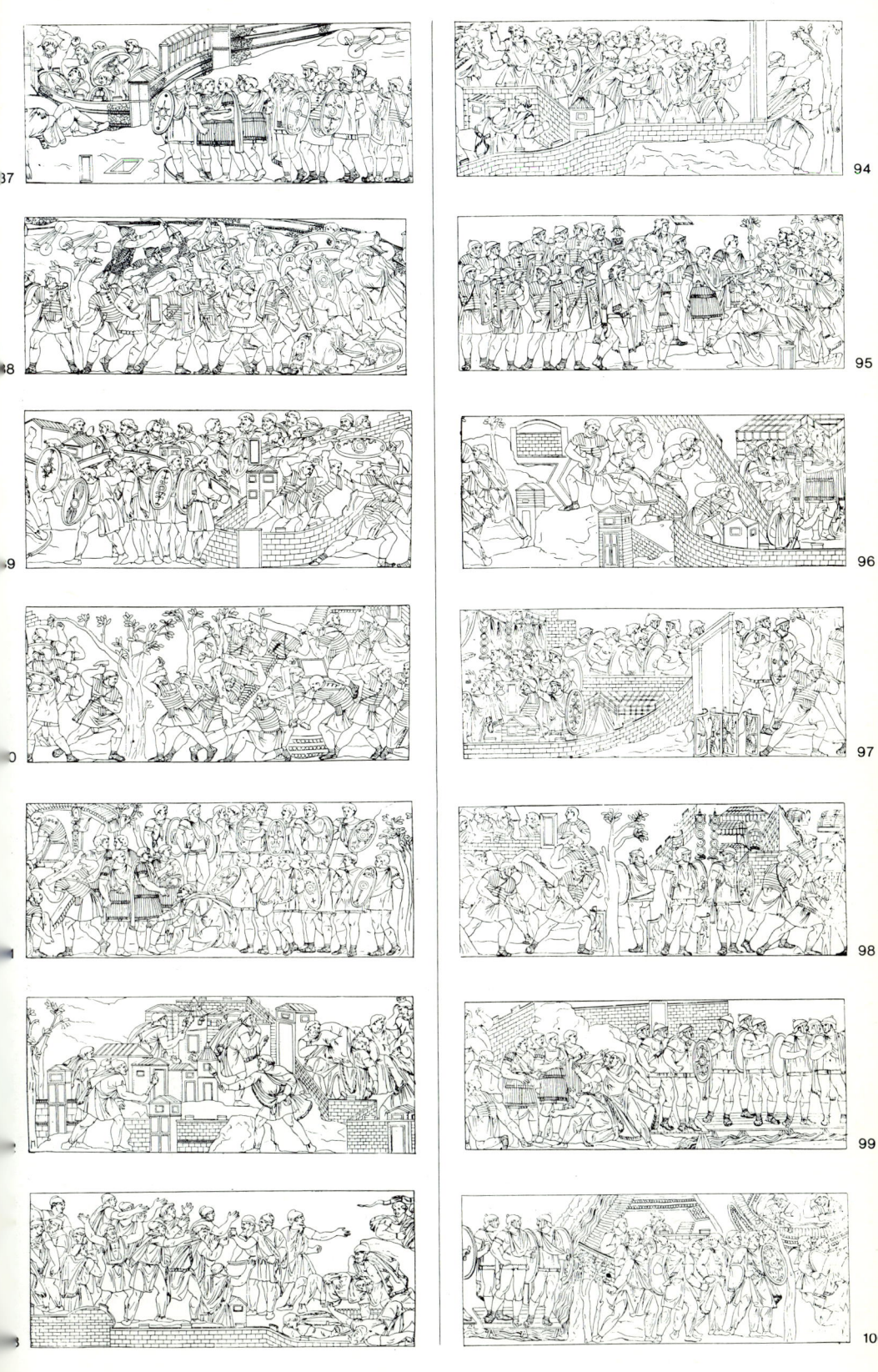

101

102

103

104

105

106

107

59. Abfahrt der Schiffe von Ancona. Beginn des zweiten Feldzugs gegen die Daker (Frühling 105 v. Chr.); 60 Anlegen in einem Hafen (in Italien?); 61, 62, 63. Triumphaler Einzug des Kaisers in die Stadt und festliches Opfer; 64. Ankunft in einer anderen Stadt, Opferszene; 65, 66. Landung (an der Küste Dalmatiens?) und Aufbruch des Heeres; 67, 68. Unterwerfung einer Stadt und festliche Opfer an sechs Altären; 69. Für den Bau eines Lagers werden Bäume gefällt; 70. Die Daker flüchten in eine Festung; 71. Sie greifen eine römische Festung an und werden geschlagen; 72. Erneuter Angriff der Daker; 73. Trajan erscheint an der Spitze der Kavallerie; 74. Der Kaiser opfert vor einer großen Brücke über die Donau, die Apollodor von Damaskus erbaute; 75. Barbarenführer unterwerfen sich in einer römischen Stadt (man beachte das Amphitheater) dem Kaiser; 76, 77. Beginn des fünften Feldzugs: das Heer überquert den Fluß und bringt ein Opfer dar; 78, 79. Einweihungsopfer im Lager und Ansprache an die Truppen; 80, 81. Aufbruch des Heeres und Ankunft in einem befestigten Lager; 82, 83. Die Soldaten ziehen aus, um für Nachschub an Lebensmitteln zu sorgen; 84. Lebhafte Unterredung der Daker in ihrer Festung; 85. Schlacht; 86, 87. Sarmizetegusa, die Hauptstadt Dakiens, wird mit Leitern bestürmt. Kriegsrat des Kaisers; 88, 89. Erneute Angriffe auf die Stadt mit Kriegsmaschinen; 90. Die Römer bauen hölzerne Palisaden; 91. Ein dakischer Fürst als Gesandter vor dem Kaiser; 92. Die Daker zünden Sarmizetegusa an, um die Stadt nicht den Römern zu überlassen; 93. Die Daker-Führer vergiften sich; 94. Flucht der Daker; 95. Die Daker unterwerfen sich Trajan; 96, 97. Die Römer besetzen Sarmizetegusa; 98. Bau eines Lagers; 99. Daker-Führer unterwerfen sich dem Kaiser; 100. Überschreiten eines Flusses. Die Daker verlassen eine Festung; 101. Die Daker greifen unter Führung Decebals ein römisches Lager an; 102. Flucht der besiegten Daker; 103. Ansprache Trajans an das Heer. Die Schätze der Daker werden auf Maultieren weggebracht; 104. Flucht der Daker und Selbstmord einiger Daker-Führer; 105. Unterwerfung der Daker unter Trajan; 106, 107. Die römische Kavallerie verfolgt Decebal und seine letzten Getreuen; 108. Bei der Ankunft der Römer begeht Decebal Selbstmord; 109 Die gefangenen Söhne Decebals. Sein Kopf wird ins Lager gebracht; 110. Gefangennahme weiterer Daker; 111. Einnahme der letzten Festung der Daker und Sturm auf eine Stadt; 112. Die Stadt wird in Brand gesetzt; 113, 114. Greise, Frauen und Kinder werden mit den Viehherden verschleppt

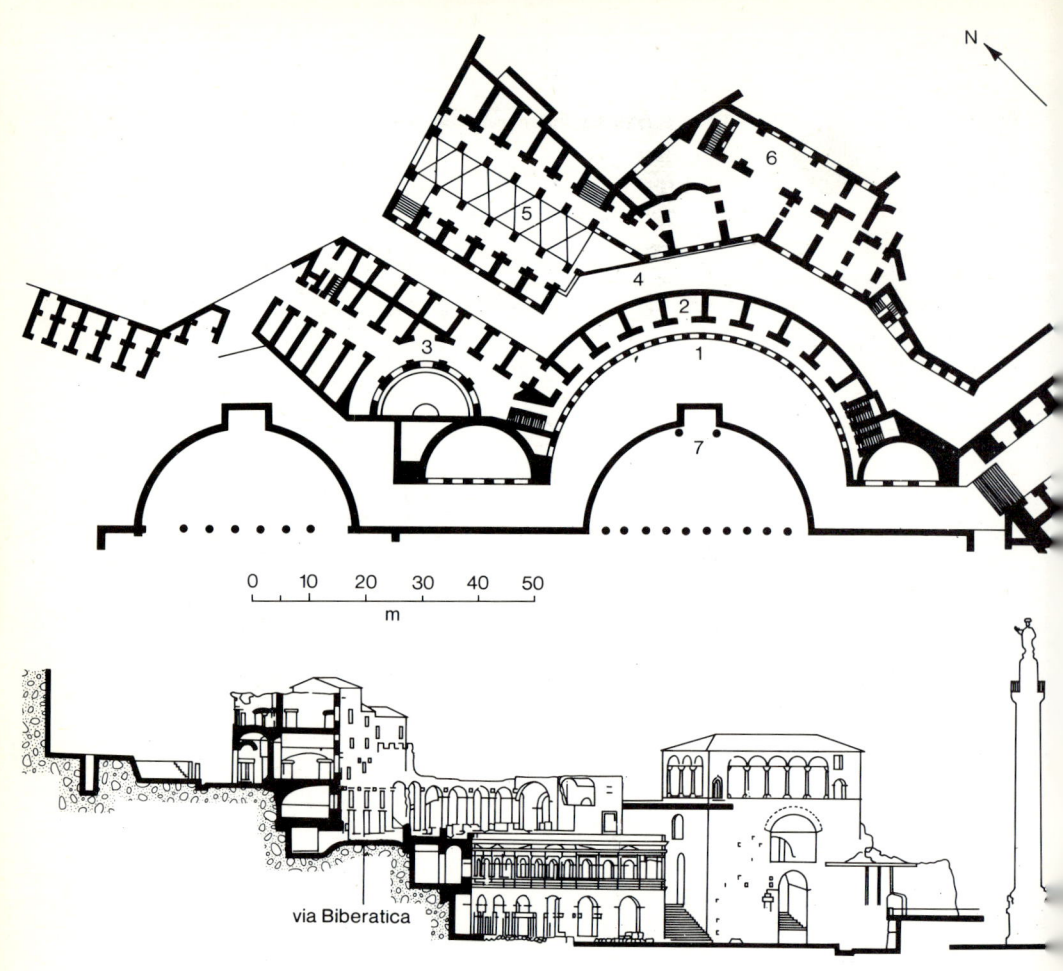

N

via Biberatica

0 10 20 30 40 50
m

verteilte vom Podium der Basilika Geld an das Volk *(Congiaria);* eine ähnliche Szene ist auf einem Relief Mark Aurels dargestellt, das später in den Konstantins-Bogen verbaut wurde. Die verschiedenen Exedren dienten als Unterrichtsräume.

Obwohl Konstantin das Forum für seinen Bogen zahlreicher Reliefs beraubte, muß es bis in späte Zeit in gutem Zustand gewesen sein; sonst wäre die Bewunderung Constantius' II. nicht zu erklären. Zumindest bis ins 5. Jahrhundert war es noch in Benutzung. Dies beweisen die Gesetzesverkündigungen, die mindestens bis 451 dort stattfanden, und die zahlreichen Statuen und Inschriften, die auf dem Forum aufgestellt wurden und deren späteste von 445 n.Chr. stammt.

Zwischen dem Trajans- und dem Augustus-Forum steht unterhalb der Renaissance-Loggia der Ritter von Rhodos eine hohe Ziegelmauer mit einer Mittelnische (zugänglich über einen modernen Steg vom Campo Carleo aus). Welche Funktion dieses Gebäude hatte, ist nicht bekannt.

Die Trajans-Märkte. Der Raum zwischen dem Trajans-Forum und den letzten Ausläufern des Quirinal wurde vom Architekten des Forums für eine Anlage genutzt, die seit der Ausgrabung als *Mercati Traianei* (Trajans-Märkte) bezeichnet wird. Die Trajans-Märkte sind da erbaut, wo der Einschnitt in den Berg stattfand, den die Inschrift auf der Säule erwähnt. Dies geht auch aus dem Querschnitt hervor. Der Berg wurde

128

Trajans-Märkte: die Via Biberatica

Trajans-Märkte: Halle

Linke Seite:
Die Trajans-Märkte. Grundriß und Schnitt.
Man beachte bei dem Schnitt die Überein-
stimmung zwischen der Höhe der Trajans-Säule
und der des Einschnitts in den Abhang des
Quirinal

Seite 130/131:
Die Trajans-Märkte mit der nördlichen Exedra
des Trajans-Forums im Vordergrund

in mehreren Stufen abgetragen und darauf das komplizierte System der „Mercati" erbaut. Die Gesamthöhe des Schnittes stimmt mit der Höhe der Trajans-Säule überein.
Die Untersuchung der Stempel auf den beim Bau verwendeten Ziegeln erlaubt eine Datierung in die ersten zehn Jahre des 2. Jahrhunderts. Daraus ist zu schließen, daß die Marktanlage, deren Aufgabe es ja unter anderem war, den Schnitt am Quirinal zu verdecken und abzustützen, vor dem Forum erbaut wurde.
Die Fassade besteht aus einem großen Halbrund (1), das die östliche Exedra des Forums umfängt (7). Zwischen den beiden gebogenen Mauern führt eine Straße hindurch. An beiden Seiten der Fassade sind zwei große halbrunde, mit einer Kuppelhälfte überdeckte Säle. Der größere auf der Nordseite bekommt sein Licht durch fünf große Fenster, der auf der Südseite hat dagegen nur drei Scheinfenster. Wahrscheinlich dienten die Exedren als Vortrags- oder Unterrichtsräume. Es ist bekannt, daß in späterer Zeit auf dem Trajans-Forum und auf den anderen Foren Unterrichtsstunden abgehalten wurden, wobei man offensichtlich die Nähe der Bibliotheken ausnutzte.
Die Exedra ist wie das übrige Gebäude ganz aus Ziegelsteinen gebaut. Unten sind elf Tabernae und zwei nach außen zu den Seiten hin verschobene Eingänge. Die Räume, die unmittelbar an den noch anstehenden Hügel herangebaut sind, haben nur eine geringe Tiefe. Die Türen sind fast quadratisch, Türpfosten und -stürze sind aus Travertin. Das obere Geschoß der Läden war überwölbt und hatte außen einen Vorbau mit einem

kleinen Fenster darin (die restaurierte vierte Taberna von links vermittelt eine Vorstellung vom ursprünglichen Aussehen). In einigen Läden sind Verputzreste mit interessanten Kritzeleien erhalten.

Der obere Teil der Fassade ist mit einer Reihe von Rundbogenfenstern durchbrochen (je fünf über drei Läden). Gemauerte Pilaster mit Basen und Kapitellen aus Travertin rahmen die Fenster ein, darüber saßen geschlossene oder gesprengte Giebelchen. Die Fenster dienten als Lichtquellen für einen überwölbten Gang über den Räumen im Erdgeschoß, an dem weitere zehn Tabernae liegen (2). Der Gang ist nach Norden hin verlängert und trifft dort auf einen anderen (3), an dem rechts und links Läden liegen (heute nur teilweise zugänglich). An der Westseite gibt es einen weiteren halbrunden Saal mit einer Halbkuppel, der an den im unteren Stockwerk angrenzt.

Das dritte Geschoß bildete eine Terrasse über dem Gang im darunterliegenden Stockwerk. Daran lag eine heute bis auf den Grund zerstörte Gruppe von Läden, die sich, im Gegensatz zu denen im unteren Stockwerk, nach der anderen Seite öffneten, wo eine noch recht gut erhaltene antike Straße entlangführt. Diese in einer Kurve ansteigende Straße (4) ist die *Via Biberatica*. Sie ist zwar erst seit dem Mittelalter bezeugt, der Name ist jedoch antik und von dem spätlateinischen Substantiv *biber* (Getränk) abgeleitet. Wahrscheinlich kann man hieraus die Funktion wenigstens einiger der Läden, die rechts und links an der Straße lagen, ableiten.

An der antiken Straße liegen geräumige, guterhaltene Läden, über denen zum Teil Balkone mit Travertinkonsolen als Stützen sind. Nach einem geraden Abschnitt, der bei der Aufschüttung der modernen Via Quattro Novembre abbricht, folgt sie der Kurve des Halbrundes, das bei den Bauten auf der anderen Seite nur noch in einem angedeuteten Vieleck vorhanden ist. Sie biegt dann rechtwinklig ab, berührt die domitianischen Bauten und wendet sich zur *Subura*. Dieser Straßenzug ist mit den anliegenden Gebäuden wohl das besterhaltene und eindrucksvollste Beispiel für das städtische Milieu des antiken Rom.

Eine steile Treppe führt von der Via Biberatica zu einem prächtigen Raum, der das Zentrum der ganzen Anlage bildete (5). Sein Haupteingang muß hier auf der Nordseite gewesen sein. Der weite Saal geht durch zwei Stockwerke hindurch. Er ist mit einer kühnen Gewölbekonstruktion aus sechs Kreuzgewölben bedeckt, die auf großen Travertinkonsolen ruhen. Im Erdgeschoß liegen auf jeder Seite sechs Läden mit den üblichen, in Travertin gefaßten Türen und je einem Fenster darüber. Im oberen Stockwerk führen die Tabernae (die nach der Ausgrabung fast völlig erneuert wurden) auf einen vorgelagerten Korridor. Der helle und luftige Raum ist eine der geglücktesten Schöpfungen der römischen Gewölbearchitektur. Man hat in ihm, ohne Grund, die *Basilica Traiana* sehen wollen, wo, einem antiken Historiker zufolge, Geld unter das Volk verteilt wurde *(congiarium)*. In Wirklichkeit ist die *Basilica Traiana* mit der *Basilica Ulpia* identisch.

Von der Südseite dieses Saales kommt man in eine Reihe zweistöckiger Räume (6), die anscheinend einem anderen Zweck dienten als die bisher beschriebenen. Man vermutet, daß es die Büros der Verwaltung dieses ganzen Komplexes waren (die Räume sind zur Zeit nicht zugänglich, da sie zu einem Antiquarium umgebaut werden). Die Anlage hatte sicherlich eine bestimmte, einheitliche Aufgabe. Es ist sehr wahrscheinlich, daß sie zum Teil als staatlich verwaltetes Lebensmittellager, zum Teil aber auch für den Einzelhandel benutzt wurde. Die Schöpfung dieses prachtvollen Baukomplexes paßt ausgezeichnet zu der großangelegten städtebaulichen Umgestaltung, die dazu führte, daß das Forum Romanum allmählich seine kommerziellen und wirtschaftlichen Aufgaben verlor, die in der ersten Zeit auf dem Forum, später dahinter abgewickelt wurden. Der Bau der Kaiser-Foren beschleunigte diesen Prozeß; das Forum Pacis wurde auf dem republikanischen Marktplatz (dem *Macellum*) errichtet. Die Mercati Traianei sind ein weiterer Beweis für die immer weitergehende Verlagerung des Geschäftsviertels, das mehr und mehr von den Prunkbauten verdrängt wurde.

Als Architekt der Anlage wird Apollodor von Damaskus angesehen, der Schöpfer des benachbarten Forums. Die Zuschreibung ist aus der engen Verbindung beider Komplexe erschlossen. Die beiden verschiedenen Aufgaben verlangten zwei gegensätzliche Lösungen: Während das Trajans-Forum bei allen Neuheiten seiner Anlage doch von einer strengen Axialität beherrscht ist, wie sie die offizielle Funktion verlangt, fügen sich die Trajans-Märkte den äußeren Bedingungen, indem sie schrittweise von der verbindlichen Regelmäßigkeit (bei der Exedra am Forum) zu einer asymmetrischen Gestaltung übergehen, durch die der Raum bis ins letzte ausgenutzt wird, wobei gleichzeitig alle Ausdrucksmöglichkeiten ausgewertet sind. Die Mercati gehören zu den vollkommensten Schöpfungen der römischen Nutzarchitektur, die inzwischen aus zwei Jahrhunderten städtebaulicher Erfahrungen großen Maßstabs gelernt hat. Dieser Erfahrung folgen die Architekten, die dann, besonders unter Hadrian und Mark Aurel, die großen kaiserzeitlichen Wohnviertel in Rom schufen, von denen wir uns noch heute im antiken Ostia eine Vorstellung machen können.

Das Templum Pacis. Der Tempel des Friedens, der eng mit den Kaiser-Foren verbunden ist und eine Art Fortsetzung der Foren nach Südosten hin darstellt, ist in Wirklichkeit ebenfalls ein monumentaler Platz und einem Forum so ähnlich, daß er in der Spätantike als *Forum Pacis* bezeichnet wurde. Ursprünglich war er vom Augustus-Forum, zu dem seine Fassade orientiert ist, getrennt, bis die beiden Foren durch das *Forum Transitorium*, das den engen Raum dazwischen einnahm, verbunden wurden. Die Rückseite mit dem Tempel reichte bis an die Velia heran, von der sie die Verbindungsstraße zwischen der Via Sacra und den Carinae trennte. Jenseits der Straße lagen auf der Velia die Gewürzlager (*Horrea Piperataria*), an deren Stelle später die Maxentius-Basilika entstand, die bis zum Anfang des 19. Jahrhunderts mit dem Tempel des Friedens verwechselt wurde. Die Einführung der richtigen Bezeichnung ist ein Verdienst von A. Nibby.

Vespasian, der erste Kaiser aus der flavischen Dynastie, ließ den Tempel zum Andenken an seinen Sieg über die Juden errichten. Der Bau wurde zwischen 71 und 75 n. Chr. ausgeführt. 192 n. Chr. wurde er zur Zeit des Commodus durch einen großen Brand zerstört und von Septimius Severus wieder aufgebaut. Nach neuerlichen Zerstörungen im 5. Jahrhundert wurde er verlassen, wie der byzantinische Historiker Prokop (6. Jh.) bezeugt. Bekanntlich nahm das Templum Pacis die Stelle des früheren Marktes (*Macellum*) ein. Es ist deshalb durchaus möglich, daß die Form des Vorgängerbaus teilweise übernommen wurde. In der Tat ähnelt die Anlage einigen Prachtmärkten, so zum Beispiel dem *Macellum* in Pozzuoli (dem sogenannten Serapeion).

Die heute zum großen Teil verschwundene Anlage läßt sich vor allem aufgrund einiger Bruchstücke des severischen Marmorplans rekonstruieren, der in einer der Hallen eben dieses Gebäudes angebracht war. Der Tempel bestand aus einem einfachen Saal mit einer Apsis und öffnete sich im Hintergrund des Portikus wie eine Exedra (zu vergleichen ist etwa die Curia im Portikus des Pompejus-Theaters auf dem Marsfeld). In der Apsis stand in der Mitte der Rückwand die Kultstatue. Eine Reihe von Säulen bezeichnete die Grenze zwischen dem Tempel und dem davor gelegenen Portikus. Die sechs Säulen an der Stirnseite gliederten sich dagegen in die Säulenreihe des Portikus ein und unterschieden sich nur durch ihre größeren Ausmaße und ihre Basen. Außerdem hob ein Giebel das Kultgebäude hervor. Vor der Tempelfassade stand ein rechteckiger Altar.

Derartige Schemata finden sich bei Kult- oder Profanbauten seit der republikanischen Zeit. Das älteste bekannte Beispiel in Italien ist der kürzlich in Alba Fucens gefundene Herkules-Tempel. Im Grundriß ist die Hadrians-Bibliothek in Athen jedoch noch verwandter. Dies stimmt sehr gut mit der Tatsache überein, daß es im Templum Pacis eine bedeutende Bibliothek gab, die in den Räumen neben dem Heiligtum untergebracht gewesen sein muß.

Von zahlreichen Kunstwerken weiß man, daß sie hier ausgestellt waren, zum Beispiel befanden sich hier die Beutestücke aus dem Tempel in Jerusalem, unter anderem der siebenarmige Leuchter und die silbernen Trompeten, die auch auf dem Titus-Bogen dargestellt sind. Plinius d. Ä. berichtet, daß viele der Statuen, die Nero zur Ausschmückung der *Domus Aurea* aus Griechenland und Kleinasien mitgebracht hatte, von Vespasian der Öffentlichkeit zurückgegeben und auf dem Platz aufgestellt wurden. Darunter müssen einige gewesen sein, die von mehreren griechischen und römischen Schriftstellern erwähnt werden: die berühmte Kuh des Myron, Statuen des Phidias, Naukydes, Leochares und Polyklet, außerdem Gemälde von Protogenes, Nikomachos und Helena. Zu einigen dieser Werke wurden die mit Inschriften versehenen Sockel gefunden (zum Beispiel für den Ganymed des Leochares), die in severischer Zeit restauriert worden waren.

Von all dieser Pracht ist heute nur noch wenig zu sehen: in einem Beet gegenüber vom Eingang zum Forum Romanum liegen eine große Säule aus afrikanischem Marmor, die zum Portikus gehörte, und ein Fragment des Architravs aus weißem Marmor. Unter der Torre dei Conti am Anfang der Via Cavour existiert noch eine guterhaltene Quadermauer, die zur nördlichsten der vier Exedren im Portikus gehörte.

Am wichtigsten ist die Südecke des Templum Pacis bei der Maxentius-Basilika. Sie blieb so gut erhalten, weil zwischen 526 und 530 hier die Kirche SS. Cosma e Damiano hineingebaut wurde. Daß dies schon so früh geschah, bestätigt Prokops Angabe, das Forum sei damals schon in einem verwahrlosten Zustand gewesen.

Von den beiden Sälen rechts vom Tempel sind noch Reste vorhanden. Von dem einen steht die ganze Südwestwand (knapp 18 m hoch) zwischen der Maxentius-Basilika und dem Eingang zur Kirche. Sie besteht ganz aus Ziegeln und stammt offensichtlich von dem severischen Wiederaufbau. Von den anderen Wänden sind nur noch wenige Spuren erhalten. Dagegen ist der Marmorfußboden des Saals, auf den ein Mauerbrocken von der Maxentius-Basilika herabgestürzt ist, teilweise erhalten. Der Raum war mit dem Portikus davor durch eine weite, mit vier Säulen gegliederte Türöffnung verbunden. Er war 34 m lang, 18 m breit und 18 m hoch. Auf der Ziegelwand sieht man noch deutlich die in regelmäßigen Abständen angeordneten Löcher der Stifte, mit denen die Marmorplatten des großen Stadtplans von Rom befestigt waren. Dieser in Marmor gemeißelte Plan, die *Forma Urbis,* wurde zur Zeit des Septimius Severus angefertigt. Seit 1562 fand man immer wieder Fragmente davon (jetzt provisorisch im obersten Stockwerk des Palazzo Braschi gelagert). Es waren elf, abwechselnd horizontal und vertikal angeordnete Reihen von insgesamt 151 Platten. Die Gesamtbreite des Plans betrug 18,10 m, die Gesamthöhe 13 m, so daß er eine Fläche von 235 qm hatte, von der ungefähr ein Zehntel erhalten ist. Der Maßstab ist etwa 1:246. Aus den Angaben im Plan selbst läßt sich die Forma Urbis in die Zeit zwischen 203 und 211 n. Chr. datieren.

Der Darstellung, die von sehr guter Qualität ist, muß ein bemerkenswert genauer Plan zugrunde gelegen haben, wahrscheinlich ein Katasterplan. Das auf Pergament gezeichnete Original befand sich vielleicht in der benachbarten Bibliothek. Obwohl nur ein winziger Teil der Forma Urbis erhalten ist, stellt sie doch das wichtigste Dokument für die Kenntnis des antiken Rom dar.

Am besten erhalten ist der Raum hinter der Mauer mit der Forma Urbis, in den die Kirche SS. Cosma e Damiano hineingebaut ist. Wahrscheinlich bestand er ursprünglich aus zwei, durch eine heute verschwundene Zwischenwand getrennten Räumen. In dem gleich hinter der Wand mit der Forma Urbis, der mit zwei Ziegelschichten verkleidet ist (einer aus flavischer und einer aus severischer Zeit), war vermutlich eine der Bibliotheken. Dies kann man aus den Nischen schließen, die für Statuen nicht tief genug wären, sondern wahrscheinlich Bücherschränke aufnehmen sollten (wie in der Bibliothek des Trajans-Forums). An den anderen Raum, der ursprünglich wohl eine Apsis hatte, grenzte später der sogenannte Tempel des Romulus. Durch eine Tür konnte man von der Straße zwischen der Via Sacra und den Carinae, bei der Maxentius-Basilika, eintreten. Hier ist auf der zum Forum Romanum gelegenen Seite noch die schöne Außenwand aus Peperin- und Travertinblöcken zu sehen. Auf der Nordwestseite führte eine andere Tür zum Forum Pacis. Die Wandreste, die man im Vorraum der Kirche sieht, weisen Spuren einer Marmorverkleidung auf.

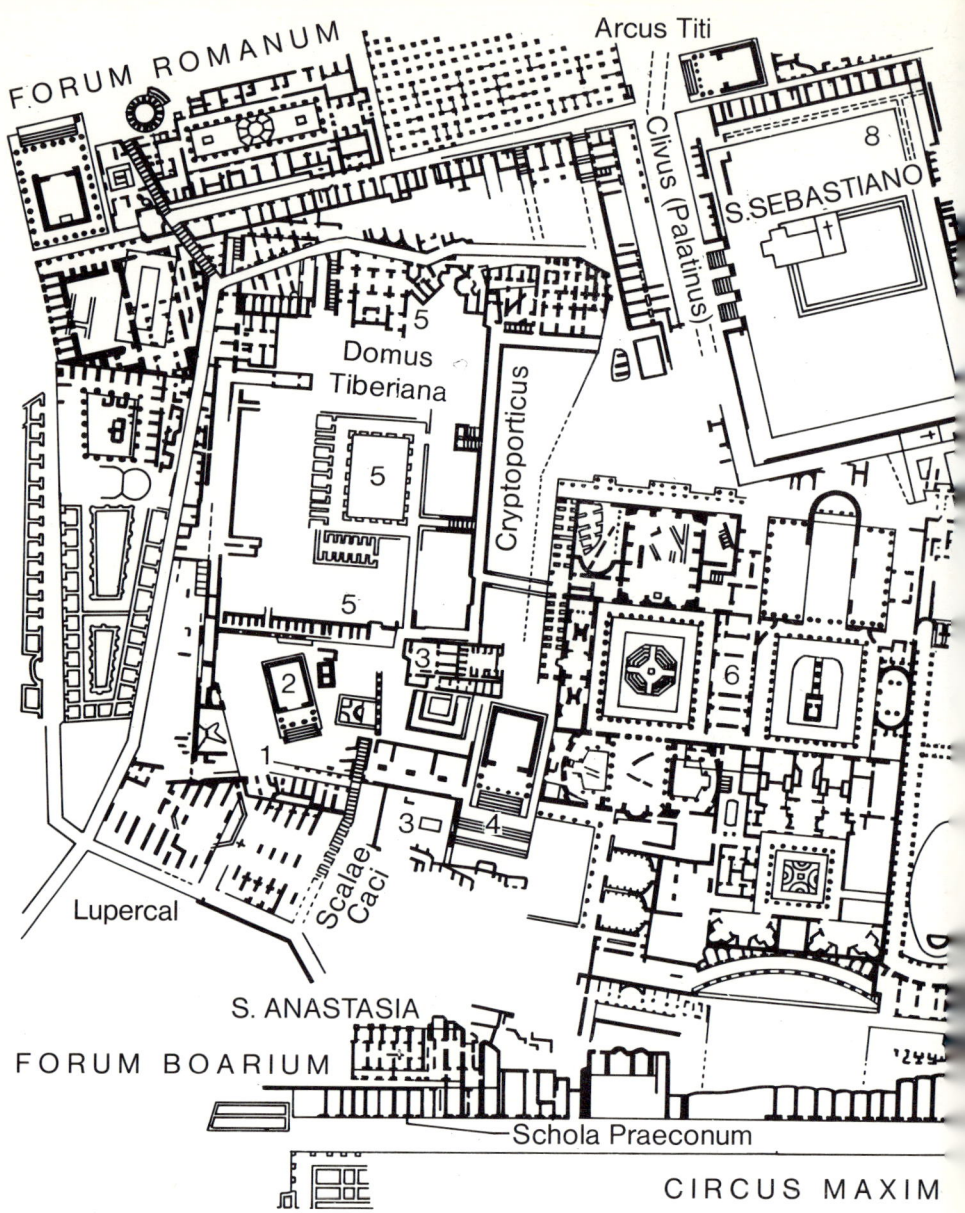

Der Palatin
1. *Archaische Hütten;* 2. *Tempel der Magna
Mater;* 3. *Haus der Livia und Haus des Augustus;*
4. *Apollo-Tempel;* 5. *Domus Tiberiana;*
6. *Domus Flavia und Domus Augustana;*
7. *Domus Severiana;* 8. *Tempel des Elagabal*

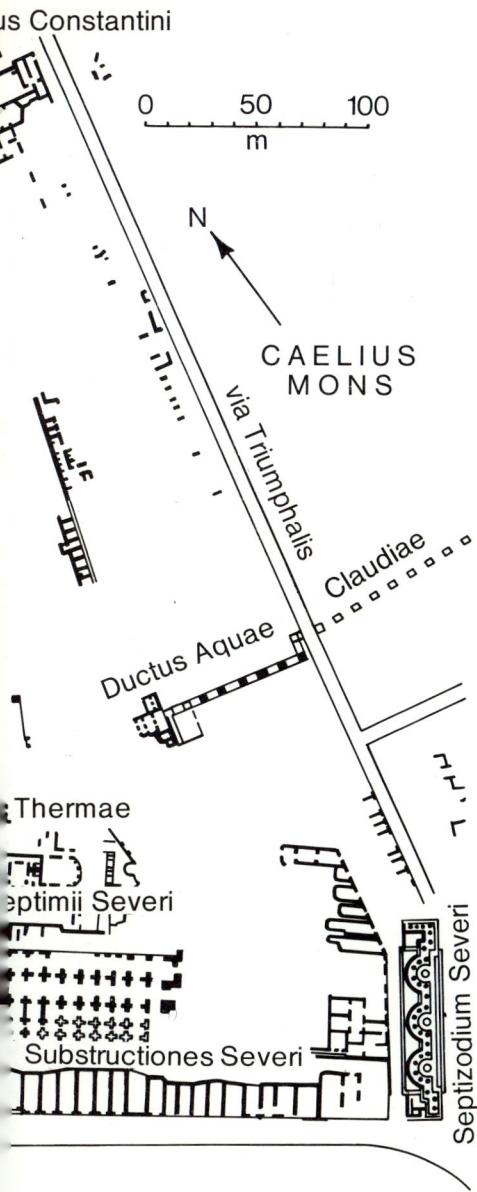

us Constantini

0   50   100
m

N

CAELIUS
MONS

via Triumphalis

Claudiae

Ductus Aquae

Thermae

ptimii Severi

Substructiones Severi

Septizodium Severi

Geschichte und städtebauliche Entwicklung

Die Lage des Palatin in der Mitte der sieben Hügel und in der Nähe des Flusses, an
den er aber nicht wie das Kapitol oder der Aventin ganz heranreichte, ist wohl wie
keine andere für eine menschliche Siedlung geeignet. An seiner höchsten Stelle liegt
der Palatin 51 m über dem Meeresspiegel. Die mittlere Hügelkuppe (das *Palatium*)
stuft sich zum Forum Boarium und zum Tiber mit einem Ausläufer ab, der den Namen
Germalus bekam (irrtümlich nahm man an, er sei eine Hügelkuppe des eigentlichen
Palatin gewesen). Mit dem Esquilin war der Hügel durch einen Sattel mit einer zweiten,
niedrigeren Erhebung, der *Velia*, verbunden. Die Sage erzählt, daß in uralter Zeit Griechen, die aus Arkadien eingewandert waren, unter der Führung des Euandros und sei-

137

nes Sohnes Pallas den Hügel erobert hätten. Wie Vergil in seiner „Äneis" berichtet, fanden Herkules und später Äneas die auf dem Palatin ansässigen Arkadier vor. Wann diese Sagen entstanden sind, ist schwer zu sagen: Euandros und Pallas sind zwar zwei untergeordnete Gottheiten des arkadischen Pantheon, trotzdem ist es wahrscheinlicher, daß die griechischen Seefahrer und Kaufleute, die seit der Kolonisation Süditaliens häufig auf dem Forum Boarium waren (wie jüngere archäologische Funde beweisen), hier in die Sage aufgenommen wurden.

Die Gründung der Stadt durch Romulus soll um die Mitte des 8. Jahrhunderts v. Chr. stattgefunden haben (laut Varro, dem berühmten römischen Altertumsforscher zur Zeit Cäsars und Augustus', im Jahre 754). Als Behausung des Romulus *(Casa Romuli)* galt eine Hütte, die immer wieder aufgebaut und ausgebessert wurde. Sie liegt an der Südwestseite des Hügels, wo später das Haus des Augustus lag. Neuere Grabungen (1948) haben hier Reste einer eisenzeitlichen Hütte ans Licht gebracht, ein Fund, der die Sage voll und ganz bestätigt. Uralte kultische Überlieferungen waren mit dem Hügel verbunden, zum Beispiel der Kult der Göttin *Palas,* deren Name die gleiche Wurzel hat wie *Palatium.* Das Fest der Göttin, die *Palilia* oder *Parilia* am 21. April, galt als Tag der Stadtgründung. Ein anderes wichtiges Fest waren die *Lupercalia,* die mit der Wölfin, dem Totem der Stadt, verbunden waren. Als Wölfe vermummte Priester in Ziegenfellen zogen vom Heiligtum der Wölfin *(Lupercal),* das unterhalb vom Palatin in einer Grotte lag, zum Tiber hin und rund um den Hügel. Dabei peitschten sie jeden, der ihnen begegnete, vor allem Frauen, da dies Fruchtbarkeit verleihen sollte. Später brachte man das Lupercal und seine Riten mit der Sage von den Zwillingen in Verbindung, die von der Wölfin gesäugt und aufgezogen wurden.

Der Historiker Tacitus beschreibt die Grenzen der von Romulus gegründeten Stadt. Sie war viereckig, ihre Ecken lagen bei der *Ara Maxima* des Herkules auf dem *Forum Boarium,* beim Altar des Consus im Tal des *Circus Maximus,* bei den *Curiae Veteres* an der Nordostseite des Palatin und beim Heiligtum der Laren am Fuß der *Velia* beim Forum. Der Mauerring soll drei Tore gehabt haben: die *Porta Mugonia* (beim Titus-Bogen), die *Romanula* (beim Velabrum) und ein Tor beim Forum Boarium an den *Scalae Caci.*

Während der Republik und in der Kaiserzeit wurden verschiedene andere Kulte auf dem Palatin gegründet. Besonders zu erwähnen sind der Kult der *Magna Mater,* der

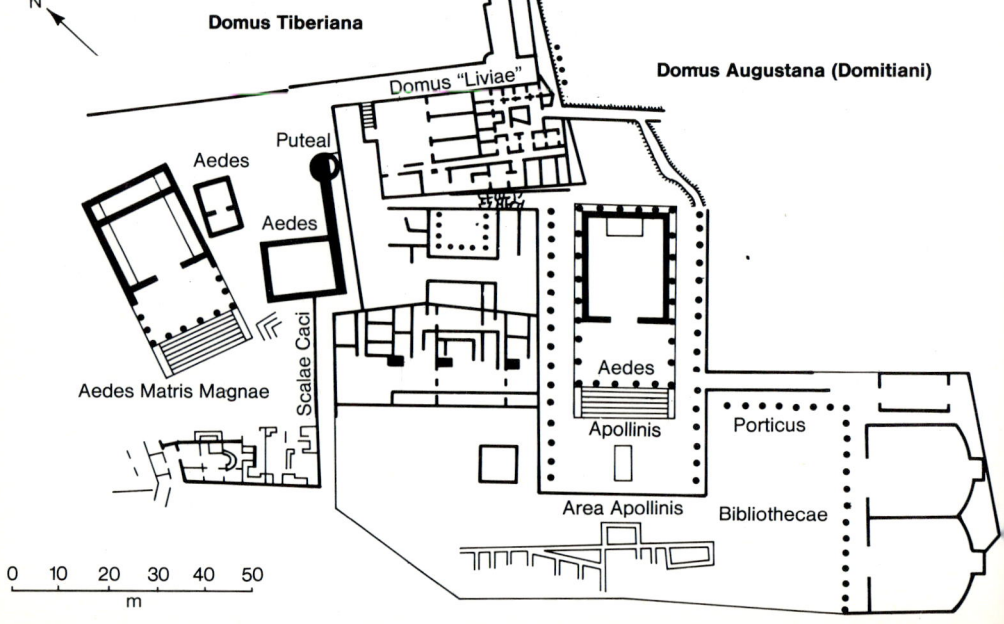

während des Zweiten Punischen Kriegs aus Kleinasien eingeführt wurde, sowie des Apoll und der Vesta, deren Heiligtümer von Augustus im Bereich seines Hauses angesiedelt wurden. Bezeichnend für die Geschichte des Palatin während der Republik ist jedoch die Umgestaltung des Hügels zu einem Wohnviertel der römischen Oberschicht. Die wichtigsten seiner Bewohner waren (in ungefähr chronologischer Reihenfolge): M. Valerius Maximus, Konsul im Jahre 505 v. Chr., Gnaeus Octavius, Konsul im Jahre 165 v. Chr., Tiberius Sempronius Gracchus, der Vater der berühmten Tribunen, M. Fulvius Flaccus, Konsul im Jahre 125 v. Chr., der berühmte Redner Lucius Licinius Crassus, Konsul im Jahre 95 v. Chr., Marcus Livius Drusus, Volkstribun im Jahre 91 v. Chr., Cicero und sein Bruder Quintus, Titus Annius Milo, der Freund Ciceros und Mörder des Clodius, der ebenfalls hier wohnte, Quintus Hortensius Hortalus, der andere große Redner, dessen Haus später von Augustus gekauft wurde, der Triumvir Marcus Antonius und Tiberius Claudius Nero, der Vater des Kaisers Tiberius. Unter der *Domus Flavia* wurden die Ruinen verschiedener republikanischer Häuser gefunden, zum Beispiel die „Casa dei Grifi“ und die „Aula Isiaca“.

Das wichtigste Ereignis in der Geschichte des Palatin war jedoch die Tatsache, daß Augustus, der hier geboren wurde, sich entschloß, auch hier zu wohnen. Zunächst lebte er im Haus des Hortensius, das er dann durch den Ankauf weiterer Häuser vergrößerte (bei neueren Ausgrabungen fand man am Südwestrand des Hügels das Haus des Augustus). Daraufhin wählten auch die folgenden Kaiser den Palatin als Wohnsitz. Es entstanden so nacheinander die Paläste des Tiberius (von Caligula erweitert), Neros (die *Domus Transitoria* und die *Domus Aurea* reichten bis hierher), der Flavier (die *Domus Flavia* und die *Domus Augustana*) und des Septimius Severus. Am Ende der Kaiserzeit war der ganze Hügel zu einem riesigen Gebäudekomplex zusammengewachsen und zu einem einzigen Kaiserpalast geworden. So war der Name Palatium schließlich zur Bezeichnung des Kaiserpalasts geworden und verbreitete sich dann später in allgemeinerer Bedeutung in alle europäischen Sprachen.

Im 18. Jahrhundert wurde auf dem Palatin eifrig gegraben. Danach fanden vor allem am Ende des vorigen Jahrhunderts Grabungen statt, doch sind sie auch heute noch keineswegs abgeschlossen: erst vor kurzem wurde das Haus des Augustus entdeckt, und der Palast des Tiberius, der unter den Farnesinischen Gärten liegt, müßte noch so gut wie ganz ausgegraben werden.

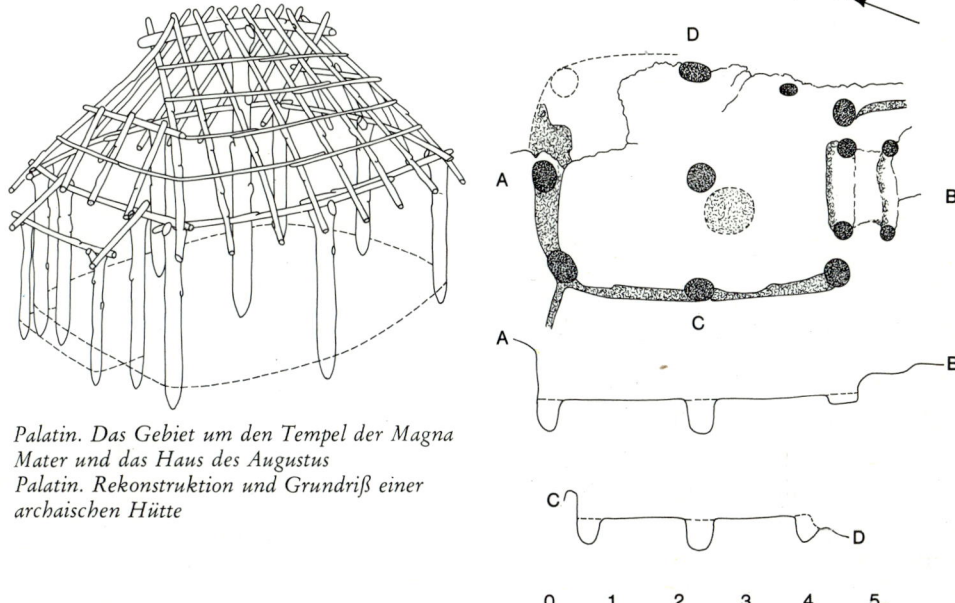

Palatin. Das Gebiet um den Tempel der Magna Mater und das Haus des Augustus
Palatin. Rekonstruktion und Grundriß einer archaischen Hütte

Beschreibung der Denkmäler

Die eisenzeitlichen Hütten. Der südwestliche Teil des Palatin, der durch den Germalus mit dem Forum Boarium verbunden ist, gilt als Schauplatz der ältesten Geschichte Roms. An seinem Fuß war das *Lupercal* (von dem bis jetzt noch keine Spur gefunden wurde), die Grotte, in der die beiden Zwillinge Romulus und Remus vom Hochwasser des Tiber angespült und von der sagenhaften Wölfin gesäugt worden sein sollen. Hier waren die nach dem Giganten Cacus, dem wilden Gegner des Herkules, benannten *Scalae Caci*, die das Forum Boarium und die höchste Hügelkuppe miteinander verbanden. Und schließlich soll hier die *Casa Romuli*, die Hütte des Romulus, gestanden haben, neben der Augustus sein Haus errichtete.

1948 wurden Reste dreier eisenzeitlicher Hütten ausgegraben, von denen man schon 1907 Spuren bemerkt hatte. Es handelt sich um Behausungen, deren Fußböden in den Tuff gehauen sind und die durch einen Wasserkanal isoliert sind, mit denen das Wasser abgeleitet wurde, ohne daß es ins Innere dringen konnte. Die größte Hütte hat eine Länge von maximal 4,90 m und eine Breite von 3,60 m, ihr Grundriß ist eine Mischung aus einem Oval und einem Rechteck. An der äußeren Begrenzung entlang sind sechs Löcher für die Pfosten, mit denen die Wände aus Streu und Lehm und das Dach gestützt wurden. In der Mitte ist ein Pfostenloch, das den Dachfirst abstützte. Auf einer der Schmalseiten war der etwas über 1 m breite Eingang, hier sind rechts und links zwei Pfostenlöcher für die Türachsen. Die beiden anderen Löcher vor der Tür sollten wohl das kleine Vordach tragen. An einer der Längsseiten muß ein Fenster gewesen sein.

Der Vergleich mit Aschenurnen in Hüttenform, die man auf dem Forum und anderswo fand, und das Material, das auf dem Fußboden der Hütten gefunden wurde, beweisen, daß es sich um Behausungen aus der frühen Eisenzeit (9. Jh. v. Chr.) handelt. Dies ist eine weitere Bestätigung für die literarische Überlieferung von Roms Ursprüngen. In den nächsten Schichten liegt über den Hütten eine Anzahl von Quadermauern aus Tuff. Man stellte fest, daß diese Mauern nicht parallel, sondern strahlenförmig angeordnet sind. Man vermutete deshalb wohl zu Recht, daß es sich um die Reste des Theaters handeln müsse, das der Censor C. Cassius Longinus im Jahre 154 v. Chr. zwischen dem Lupercal und dem Palatin errichtete und das der Konsul Publius Scipio Nasica zerstören ließ. Die Lage des Theaters erklärt sich aus der Nachbarschaft des Kybele-Tempels, vor dem die *Ludi Megalenses*, Theateraufführungen während des Festes der Gottheit, stattfanden.

Östlich von diesen Mauern waren die *Scalae Caci*, von denen nur spärliche Reste gefunden wurden. Zwischen den Hütten und dem Haus der Livia entdeckte man zwei archaische Brunnen, deren einer besonders gut erhalten ist. Sie waren in den Tuff gehauen, mit Tuffblöcken verkleidet und mit einem falschen Gewölbe teilweise überdacht. Ihre Entstehungszeit dürfte um das 6. Jahrhundert v. Chr. anzusetzen sein.

Dieser ganze Teil des Palatin war mit einer großen Quadermauer aus Tuff abgestützt, die auf der Westseite besonders gut sichtbar ist. Es kann sich wegen der verwendeten Baumaterialien (Tuff aus Fidene und aus Grotta Oscura) nicht um eine archaische Befestigungsmauer handeln. Wahrscheinlich diente sie einfach der Terrassierung, ähnlich wie die Stützmauer am Kapitol. Wie diese ist sie wohl an den Anfang des 4. Jahrhunderts v. Chr. zu datieren.

Der Tempel der Magna Mater. Der Zweite Punische Krieg hatte mit seinen ständigen Rückschlägen nicht nur den militärischen und politischen Apparat der Stadt in eine Krise gestürzt, sondern auch ihre religiöse Struktur. Dies geht aus der intensiven, manchmal geradezu revolutionären kultischen Bemühung hervor, mit der Rom versuchte, die Gunst der Götter zurückzugewinnen, die verloren schien. Eines der bemerkenswertesten Ereignisse in dieser Hinsicht ist die Einführung des Kultes der *Magna Mater,* der großen Mutter Kybele, im Jahre 204 v. Chr. Wie stets in solchen Fällen kam der Vorschlag von den Sibyllinischen Büchern, einer Orakelsammlung, die wahrscheinlich griechischer Herkunft war und die der Sage zufolge von Tarquinius Superbus in Rom eingeführt wurde.

Im kleinasiatischen Pessinunt wurde die Göttin in Gestalt eines schwarzen, länglichen Steins von konischer Form verehrt. Zu diesem Heiligtum schickte man eine Abordnung, die den heiligen Stein abholte und zu Schiff nach Rom brachte, wo er im Tempel der Victoria auf dem Palatin einen vorläufigen Platz bekam. Der neue Tempel wurde ebenfalls auf dem Hügel erbaut, und zwar innerhalb des *Pomerium.* Vielleicht war der Grund für diese Bevorzugung, daß die Göttin aus Troja stammte, der sagenhaften Urheimat der Römer, und daß sie deshalb nicht als fremdländische Gottheit betrachtet wurde. Der 204 v. Chr. begonnene Bau war erst 191 v. Chr. vollendet; bei seiner Einweihung am 11. April wurden die *Ludi Megalenses* begründet, für die Plautus und Terenz einige ihrer besten Werke schrieben.

Das Gebäude brannte zweimal ab: einmal im Jahre 111, woraufhin es von einem Metellus, wahrscheinlich dem Konsul des Jahres 113, Gaius Caecilius Metellus Caprarius, wieder aufgebaut wurde, und das nächste Mal im Jahre 3 v. Chr., worauf Augustus den Wiederaufbau veranlaßte.

Der Tempel ist mit den noch immer recht eindrucksvollen Resten zu identifizieren, die man zwischen den archaischen Hütten und der *Domus Tiberiana* sieht. Die Benennung des Tempels ergibt sich aus der Nachbarschaft des Hauses von Augustus, aus der hier in der Nähe gefundenen Statue der Göttin (jetzt in einem der kleinen Räume an der *Domus Tiberiana*) und einer Weihinschrift an die *M(ater) D(eum) M(agna) I(daea)* („große Götter-Mutter vom Ida") auf der rechten Seite der Fassade.

Neuere Ausgrabungen haben verschiedene chronologische Probleme klären können, auch wenn dabei der falsche Schluß gezogen wurde, von der ursprünglichen Phase des Tempels sei nichts erhalten. In Wirklichkeit gehört der heute sichtbare Unterbau aus grobem *opus incertum* mit Sicherheit zum Baubestand vom Anfang des 2. Jahrhunderts v. Chr. Die Ausbesserungen in *opus quasi reticulatum* wurden offensichtlich nach dem Brand von 111 v. Chr. ausgeführt. Derselben Phase sind auch einige der Säulen aus Peperin zuzuweisen, die neben dem Podium liegen. Dagegen sind die korinthischen Kapitelle und die wohl augusteischen Fragmente aus dem Giebel mit der Restaurierung nach dem Brand von 3 v. Chr. in Verbindung zu bringen, bei dem anscheinend nicht sehr viel zerstört wurde.

Die Tempelfassade ist vermutlich auf einem Relief aus claudischer Zeit, das in die Gartenfassade der Villa Medici eingemauert ist, dargestellt: sechs korinthische Säulen stehen oberhalb einer hohen Treppe. Der Tempel hatte an den Seiten keine Säulen, war also prostyl.

Neben dem Tempel der Magna Mater steht ein kleines Heiligtum, das einige Teile aus augusteischem *opus reticulatum* aufweist, jedoch in hadrianischer Zeit fast völlig neu gebaut wurde. Die übliche Benennung als Tempel der Auguren (*Auguraculum*) ist auszuschließen. Kürzlich wurde vorgeschlagen, es als Heiligtum der *Iuno Sospita* zu identifizieren, das nach Aussage Ovids in nächster Nähe des Tempels der Magna Mater stand.

Unmittelbar nördlich von den Scalae Caci lag ein drittes Heiligtum, von dessen Podium noch einige wenige Reste erhalten sind. Es könnte das Podium vom Rundtempel der Vesta sein, den Augustus in unmittelbarer Nähe seines Hauses auf dem Palatin errichten ließ, doch läßt sich nichts Genaueres darüber sagen.

Gegen Westen befinden sich in der Gegend, wo das Lupercal gewesen sein muß, einige Ziegelmauern, die vermutlich mit dem Kaiserpalast zusammenhingen.

Das „Haus der Livia" und das Haus des Augustus. Östlich von der oben beschriebenen Zone liegt eine Gruppe spätrepublikanischer Häuser, die nie von den kaiserlichen Palästen zerstört wurden. Teilweise sind sie seit dem vorigen Jahrhundert bekannt, teilweise wurden sie erst kürzlich ausgegraben. Aus diesen Grabungen und aus den im Anschluß daran durchgeführten Untersuchungen ergab sich endlich die Lösung des schwierigen Problems, wo das Haus des Augustus gewesen sei.

1869 grub Pietro Rosa im Auftrag Napoleons III. eines dieser Häuser aus, das dann – ohne Grund – als „Haus der Livia" bezeichnet wurde. Der Bau ist auf abschüssigem Gelände errichtet und liegt tiefer als die Terrasse mit dem Tempel der Magna Mater. Man betrat das Haus deshalb durch einen schräg nach unten führenden Gang (A), auf dessen Boden noch das originale weiße Mosaik mit regelmäßig verteilten, schwarzen Steinchen liegt. Von einem Treppenabsatz, auf dem ebenfalls das originale schwarzweiße Mosaik erhalten ist, gelangt man in einen rechteckigen Hof (B) mit quadratischen Pfeilern, deren Basen erhalten sind, als Dachstützen. Dieser Raum war bestimmt kein Atrium, wie oft behauptet wird. Der Korridor, durch den man es betritt, sieht ganz wie ein Nebeneingang aus. Das Haus wurde durch verschiedene Umbauten für eine neue Funktion hergerichtet. Wahrscheinlich war das Atrium zunächst auf der Ostseite (Raum H), wo einige wohl zum *Impluvium* gehörende Reste erhalten sind. Um das Atrium lagen mehrere kleine Räume *(cubicula)*. Der Haupteingang, den man später zumauerte, muß auf der Ostseite gewesen sein. Zu diesem Teil des Hauses, der dann zweitrangig wurde, gelangte man über den Hof D durch einen langen Gang (G). Ursprünglich bildete wohl aber das Tablinum (C) die Verbindung zwischen den beiden Teilen des Hauses. Im Tablinum und den beiden Räumen seitlich davon (D und E) ist die sehr schöne Wanddekoration aus dem Zweiten Stil erhalten. Als man vor einiger Zeit die Wandmalereien abnahm und dadurch das Mauerwerk freilegte, zeigte sich, daß Malereien und Mauerwerk nicht aus der gleichen Zeit stammen können, da die Malereien über zugemauerten Türen sitzen. Die nicht sehr regelmäßigen Retikulatmauern sind ins zweite Viertel des 1. Jahrhunderts v. Chr. zu datieren (75–50 v. Chr.),

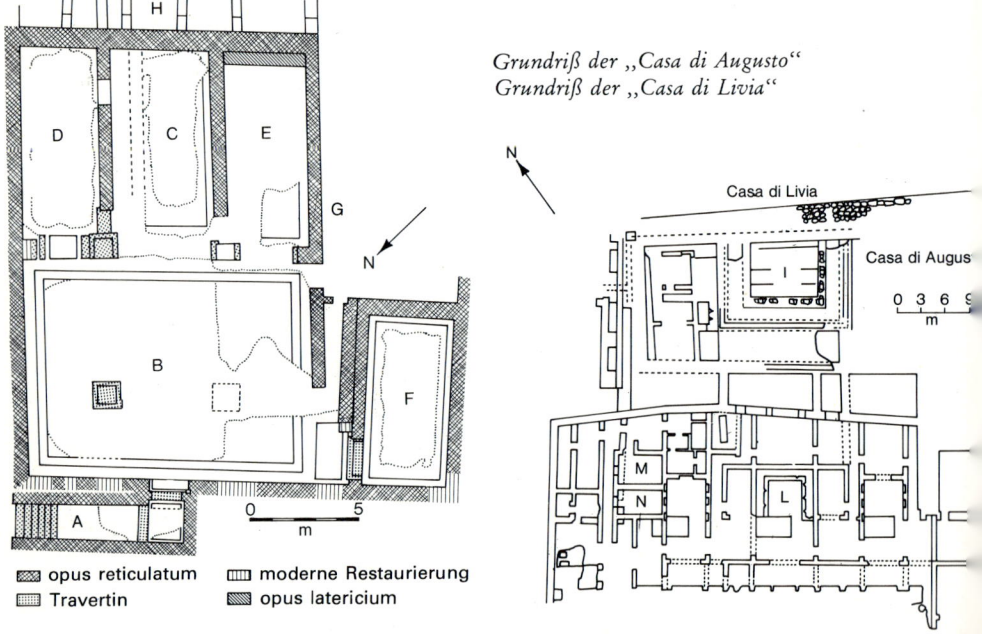

Grundriß der „Casa di Augusto"
Grundriß der „Casa di Livia"

Casa di Livia

Casa di Augus

0 3 6 9
m

opus reticulatum moderne Restaurierung
Travertin opus latericium

Haus des Augustus auf dem Palatin, sog. „Maskenzimmer".
Die von Bühnendekorationen abgeleiteten Wandmalereien sind
bezeichnend für den fortgeschrittenen „Zweiten Stil".
Um 30 v. Chr.

die Malereien dagegen stammen aus der reifen Phase des Zweiten Stils und müssen um 30 v. Chr. entstanden sein.

Im Tablinum ist die rechte Wand am besten erhalten. Die Wandfläche wird durch korinthische Säulen in drei Felder geteilt. Die Säulen scheinen auf hohen Basen vor der Wand zu stehen und eine perspektivisch dargestellte Kassettendecke zu stützen. Die Herkunft dieser Motive von der Theaterdekoration ist offensichtlich. Die mittlere der drei Türen, die jeweils im Zentrum der Wandabschnitte dargestellt sind, nimmt eine Sagendarstellung ein: Io, die durch Argus bewacht wird, und Merkur, der kommt, um sie zu befreien (Kopie eines berühmten Bildes von Nikias). Durch die geöffneten Türflügel der seitlichen Türen sieht man im Hintergrund perspektivische Architekturen, belebt von menschlichen Gestalten. Über den auf halber Höhe vorkragenden Gesimsen erscheinen Genrebilder aufgestellt. Die ganze Wand ist mit kleineren dekorativen Elementen überzogen, mit Sphingen, geflügelten Gottheiten, Pflanzenmotiven und Kandelabern. Diese Art von Malerei war es, die Vitruv als Zeitgenosse verurteilte, weil es Darstellungen dessen waren, „was es nicht gibt und nicht geben kann". Das Bild auf der Eingangswand stellte Polyphem und Galathea dar. Bei der Ausgrabung war es noch gut erhalten, heute ist es fast völlig verschwunden. Im Raum rechts davon ist die Dekoration der linken Wand recht gut erhalten (wie fast alle übrigen wurde sie vor einiger Zeit von der Wand abgenommen). Sie zeigt eine einfache Feldereinteilung in der Mittelzone, vor der Girlanden mit Laub und Früchten aufgehängt erscheinen, und darüber einen sehr schönen gelbgrundigen Fries, auf den Szenen aus Ägypten in Hell-Dunkel-Technik frisch und leicht hingetupft sind.

Der linke Raum hatte das gleiche Dekorationsschema, jedoch ohne figürliche Motive. In allen drei Zimmern sind Reste des einfachen, schwarz-weißen Mosaikfußbodens erhalten. Auch in dem Raum südlich vom Hof (F, im allgemeinen als *Triclinium* bezeichnet) gibt es noch Wandmalereien. Auf der Wand gegenüber vom Eingang ist eine

Landschaft dargestellt, in der ein Kultpfeiler der Diana *(Baitylos)* steht. Die Malereien in der sogenannten Casa di Livia gehören zu den wichtigsten Beispielen für den fortgeschrittenen Zweiten Stil. Wenige Jahre später triumphierte schon der Klassizismus mit den strengen, zierlichen Ornamenten des Dritten Stils.

Östlich von dem Haus wurde eine Wasserleitung aus Blei gefunden, die heute im Tablinum an der Wand befestigt ist. Wie üblich trägt sie den Namen des Eigentümers, in diesem Fall *Iulia Aug(usta)*. Dies ließ an Livia, die Frau des Augustus denken; andere wollten in der Eigentümerin des Hauses lieber die gleichnamige Tochter des Titus sehen. Auf keinen Fall kann es sich um das Haus handeln, in dem Livia mit ihrem ersten Mann Tiberius Claudius Nero wohnte. Eher könnte es eine ihr im Haus des Augustus vorbehaltene Wohnung sein. Wie man weiß, bestand das Haus aus zahlreichen älteren Häusern, die zu einem einzigen zusammengeschlossen wurden. Das geschah 36 v. Chr. gleich nach der Rückkehr des Augustus aus Sizilien. Dies würde die Umbauten in dem Haus erklären, das nach der Auflösung seines Atriums keine selbständige Einheit mehr bildete. Aufgrund der Malereien sind diese Veränderungen eben in die Jahre um 30 v. Chr. zu datieren. Die Ausbesserungen mit Ziegelsteinen müssen nach dem Brand von 3 v. Chr. erfolgt sein, bei dem außer dem Haus des Augustus auch der benachbarte Kybele-Tempel beschädigt wurde.

Südlich von der sogenannten Casa di Livia wurden Reste eines Peristyls gefunden (I) und darunter ein Mosaikfußboden vom Ende des 2. oder Anfang des 1. Jahrhunderts v. Chr. Das Haus, zu dem er gehörte, setzte sich zu den Scalae Caci hin fort. Dort fand man Mauern aus *opus quasi reticulatum* und weitere Mosaiken. Auch hier wurden einige republikanische Häuser am Anfang der augusteischen Zeit umgebaut und in einen größeren Gebäudekomplex einbezogen.

Den endgültigen Beweis hierfür brachte die Ausgrabung (1961) der Bauanlagen südlich von dem oben erwähnten Peristyl, zwischen den Scalae Caci und dem Tempel, der neueren Forschungen zufolge nun als Apollo-Tempel gesichert ist. Hier kam eine Anzahl von Räumen aus Tuffquadermauern zutage, die in zwei Reihen angeordnet sind: die kleineren Räume auf der Westseite waren anscheinend zum Wohnen bestimmt, während die weiter östlich gelegenen Räume, die rechts und links neben einem nach Süden offenen Saal liegen, anscheinend repräsentativen Aufgaben dienten. Möglicherweise war dieser Teil des Hauses, der dem Apollo-Tempel am nächsten liegt, für den Publikumsverkehr bestimmt. Der Fußboden war hier mit Marmorplatten bedeckt, während der andere Teil des Hauses – in Übereinstimmung mit dem, was Sueton berichtet – nur Fußböden aus schwarz-weißen Mosaiken besaß.

Bemerkenswert sind vor allem zwei kleine Räume im Westflügel (M und N), deren großartige Dekorationen aus dem Zweiten Stil recht gut erhalten sind. Auch sie stammen aus der Zeit um 30 v. Chr. oder kurz davor. Der erste Raum (M), das sogenannte „Ambiente delle Maschere" (Maskenzimmer), zeigt eine komplizierte, von Theaterdekorationen beeinflußte Architekturmalerei, deren Zusammenhang mit dem Theater durch die auf halber Höhe aufgestellten Masken bestätigt wird. Auf jeder Wand ist in der Mitte ein ländliches Heiligtum dargestellt, ähnlich wie das im Triclinium der Casa di Livia. Im anderen Zimmer (N) besteht die Dekoration aus Piniengirlanden, die zwischen zierlichen Pilastern aufgehängt sind. Die Dekorationen gehören zu den beachtlichsten Malereien, die aus dem Zweiten Stil erhalten sind. Das künstlerische Niveau entspricht dem der Wandmalereien in den Villen von Castellamare di Stabia.

Daß es sich bei den ausgegrabenen Gebäuden um das Haus des Augustus handelt, ist durch die literarische Überlieferung gesichert. So weiß man zum Beispiel, daß es neben dem Apollo-Tempel lag, der auf privatem, später dem Staat geschenktem Grund gebaut wurde, und in der Nähe der Casa Romuli, die wiederum bei den Scalae Caci lag. Außerdem stimmt das Erhaltene genau mit der Beschreibung überein, die Sueton vom Haus des Augustus gibt; sie ist die beste Erläuterung der noch sichtbaren Reste: „Augustus wohnte zunächst beim Forum Romanum, oberhalb der Scalae Annulariae, in einem Haus, das vorher dem Redner Calvus gehört hatte. Dann zog er auf den Palatin, aber wieder in ein bescheidenes, nicht besonders geräumiges oder luxuriöses Haus, das vorher dem Hortensius gehörte und in dem es nur kurze Portiken mit Säulen aus Peperin von den Albaner Bergen, keine Marmorfußböden oder kunstvollen Mosaiken gab. Mehr als vierzig Jahre lang schlief er sommers und winters im gleichen Schlafzimmer... Wenn er im geheimen oder ungestört arbeiten wollte, zog er sich in ein besonderes, oben gelegenes Zimmer zurück, das er als sein ‚Syrakus' oder ‚Technyphion' bezeichnete... Noch heute kann man seine Bescheidenheit bei Möbeln oder Hausrat erkennen, da seine Ruhebetten und Tische erhalten sind, die nicht einmal eines Privatmannes würdig gewesen wären." Daß mehrere Häuser gekauft und mit dem des Hortensius vereinigt wurden, geht auch aus einem Text des Velleius Paterculus hervor: „Nach dem Sieg (von 36 gegen Sextus Pompejus) kehrte Cäsar Oktavian in die Stadt zurück und erwarb durch Unterhändler zahlreiche Häuser zur Erweiterung seines eigenen. Er versprach jedoch, sie für die Öffentlichkeit nutzbar zu machen und einen Apollo-Tempel mit Portiken darum zu bauen." Außer dem Apollo-Tempel gab es innerhalb des augusteischen Hauses auch ein kleines Vesta-Heiligtum.

Der Apollo-Tempel. Lange Zeit galt das Gebäude zwischen dem Haus des Augustus und der Domus Flavia, das schon P. Rosa (1865 und 1870) und später A. Bartoli (1937) teilweise ausgegraben hatten, als Tempel des *Iuppiter Victor*. Durch die neueren Forschungen (seit 1956) wurde jedoch die Hypothese von G. Lugli bestätigt, daß es sich um den Apollo-Tempel handle. Man fand einen Teil des Türstocks mit der Darstellung des delphischen Dreifußes und Fragmente einer großartigen Apollo-Statue aus griechischem Marmor, wohl nicht das von Skopas geschaffene Kultbild, sondern eine vor dem Tempel aufgestellte Statue. Außerdem bestätigen die unter dem Gebäude gefundenen Reste von Häusern und Mosaiken, daß der Tempel in augusteischer Zeit erstmalig errichtet wurde. Es kann daher nicht der Tempel des Iuppiter Victor sein, der im Jahre 295 v. Chr. begonnen wurde.
Erhalten ist nur der Fundamentkern aus Gußmauerwerk, dessen ursprüngliche Verkleidung aus Tuffblöcken größtenteils fehlt. Außerdem sind Reste des Marmorfußbodens, der Säulen und der korinthischen Kapitelle vorhanden. Letztere bestätigen die Datierung an den Anfang der augusteischen Zeit. Augustus begann gleich nach der Schlacht gegen Sextus Pompejus bei Naulochus im Jahre 36 v. Chr. mit dem Bau, der 28 v. Chr. abgeschlossen war. Der Tempel war eng mit dem Haus des Augustus verbunden und gehörte praktisch zu dem für den Publikumsverkehr bestimmten Teil des Hauses. Man weiß, daß der Bau ganz aus lunensischem Marmor gebaut war; die gefundenen Fragmente bestätigen dies.
Die drei Kultstatuen – Apoll, Diana und Latona – waren Werke des Skopas, Kephisodot und Timotheos. In der Basis der Apollo-Statue wurden in einem goldenen Schrein die Sibyllinischen Bücher aufbewahrt (vgl. zum Tempel der *Magna Mater* S. 140f).
Der Tempel lag in der Mitte eines Platzes, der von einem Portikus eingefaßt war. Dieser hieß nach den dort aufgestellten Statuen der Danaiden, der Töchter des sagenhaften ägyptischen Königs Danaos, *Porticus Danaidum*. In dieser Gegend siedeln die antiken Autoren die sagenhafte *Roma quadrata* (das „viereckige Rom") an, dessen Deutung noch immer unklar ist. Außerdem soll es hier einen Bogen mit vier Zugängen (*Tetrastylum*) gegeben haben. An der Ostseite lagen vier Bibliotheken, von denen einige spärliche Reste erhalten sind, die jedoch von einem domitianischen Umbau stammen. Hier

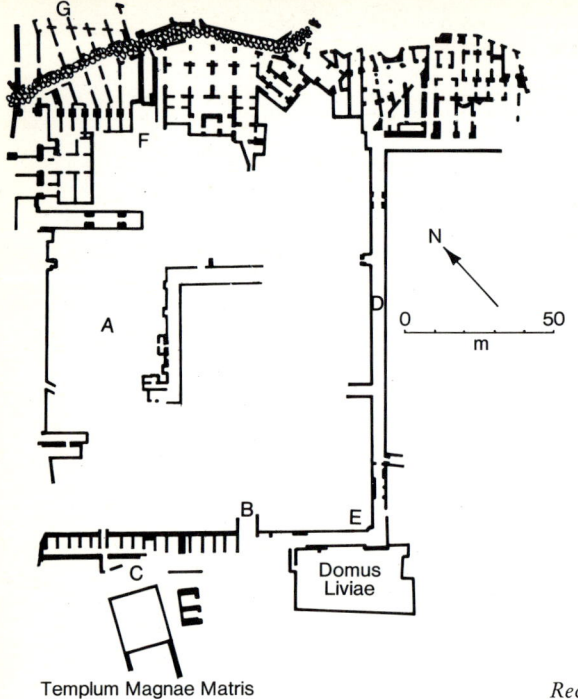

G

F

A

N

0   50
m

D

B   E

C

Domus
Liviae

Templum Magnae Matris

Rechte Seite:
Grundriß des domitianischen Kaiserpalastes
(Domus Flavia und Domus Augustana)

im Apollo-Tempel versammelte sich der Senat in der Kaiserzeit häufig. Der Versammlungsort ist bezeichnend dafür, daß das alte republikanische Organ nun dem Princeps untergeordnet war.

Unter den neueren Funden sind einige prächtige Terrakottaplatten vom Typ der sogenannten Campana-Reliefs mit Darstellungen in archaistischem Stil zu erwähnen. Unter anderem kann man Perseus und Athena mit der Medusa, den Streit zwischen Herkules und Apoll um den delphischen Dreifuß und einige Karyatiden erkennen. Die Platten, auf denen die originale farbige Bemalung teilweise noch erhalten ist, müssen zu einem der umliegenden Gebäude, vielleicht zum Portikus der Danaiden, gehört haben und sind demnach in die Zeit zwischen 36 und 28 v. Chr. zu datieren (jetzt im Antiquarium auf dem Palatin).

Der Palast des Tiberius. Der erste Kaiser, der einen richtigen, einheitlich erbauten Palast auf dem Palatin errichtete, war vermutlich Tiberius mit seiner *Domus Tiberiana,* die ihren Namen immer beibehielt. Der Bau nahm fast den ganzen westlichen Teil des Hügels zwischen dem Kybele-Tempel und dem Abhang zum Forum ein. Seit dem 16. Jahrhundert bedecken ihn die noch großenteils erhaltenen Farnesinischen Gärten, so daß die Grabungen sich auf die Randzonen der Anlage beschränken mußten. Dabei wurden vor allem der nördliche und der südliche Teil erforscht, während der mittlere, abgesehen von einigen Untersuchungen während des vorigen Jahrhunderts, so gut wie unbekannt geblieben ist.

Vermutlich baute Tiberius den Palast in der Nähe seines Geburtshauses. Ursprünglich nahm die Anlage nur den mittleren Teil der Farnesinischen Gärten ein. Caligula erweiterte sie dann gegen das Forum hin, und Domitian restaurierte sie. Ihm verdankt man den prächtigen Eingangstrakt bei S. Maria Antiqua, der über dem von Caligula erbauten Eingang errichtet ist (vgl. die Beschreibung des Forums).

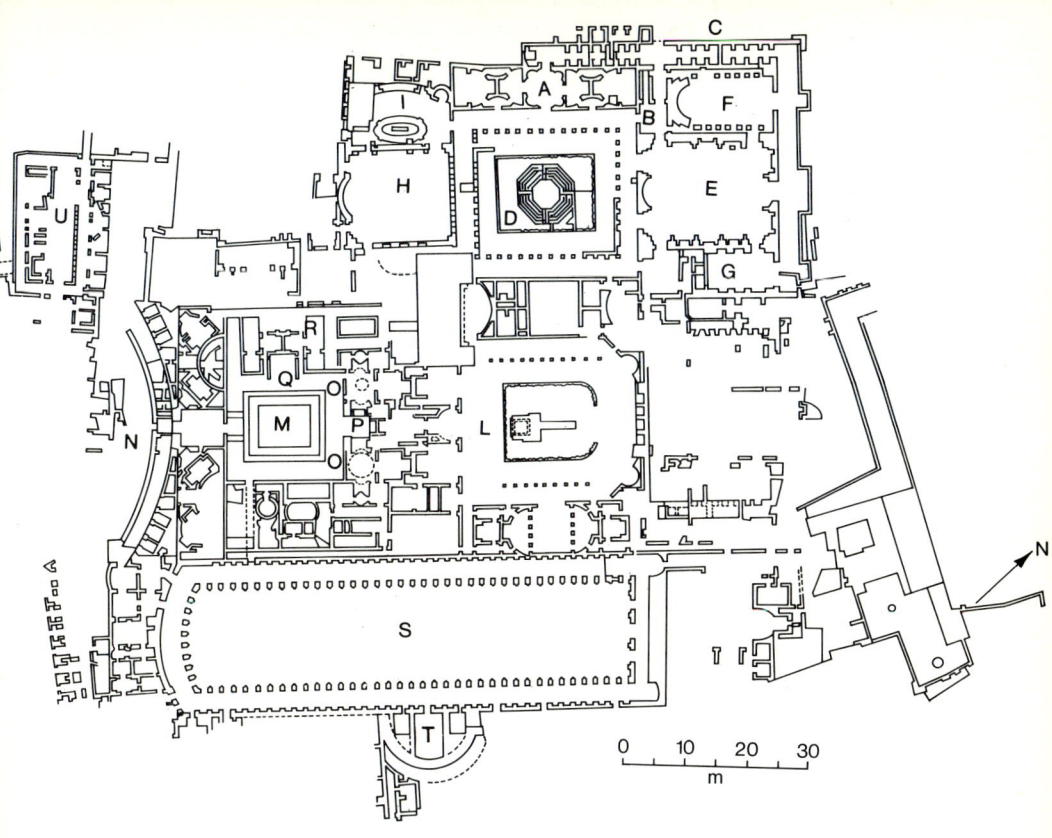

In der Mitte der Farnesinischen Gärten grub P. Rosa zwischen 1861 und 1863 Teile eines großen Säulenhofs (A) mit einigen anschließenden Räumen aus. Von dem Hof führte ein Gang (B) zu den noch heute sichtbaren Kammern beim Tempel der Magna Mater. Einige andere Gänge müssen in den neronischen Kryptoportikus (D) gemündet haben, wo die Zugänge noch zu erkennen sind. Von dem damals Ausgegrabenen ist heute nichts mehr zu sehen. Recht gut erhalten sind dagegen die schon oben erwähnten achtzehn Räume an der Südseite (C). Sie sind aus Ziegeln erbaut, rechteckig und besitzen ein Tonnengewölbe. Im achten Raum von rechts ist ein Teil der Deckenmalerei erhalten, die ins 3. Jahrhundert n. Chr. zu datieren ist. Man sieht in einigen Feldern eine Frau, einen Panther, Vögelchen und andere figürliche Motive. Diese Räume an der Südseite wurden anscheinend von Nero nach dem Brand des Jahres 64 n. Chr. erbaut.

Das ovale, mit einigen Stufen versehene Becken in der Südecke des Hofs (E) war wohl ein *Vivarium* (Fischbecken). An der Ostseite wird die *Domus Tiberiana* von einem langen Kryptoportikus (D) begrenzt, den man im allgemeinen für neronisch hält. Wie die Kryptoportiken der ländlichen Villen ist er der eigentlichen *Domus* vorgelagert. In dem langen Gang, der durch einige Fensterchen auf der einen Seite des Gewölbes beleuchtet wird, sind noch Reste von Malereien und Mosaikfußböden erhalten. Besondere Beachtung verdient das Fragment einer kassettierten Stuckdecke mit pflanzlichen Motiven und einem Bildfeld mit vier Eroten. An Ort und Stelle sieht man heute eine Nachbildung des Fragments; das Original befindet sich im Antiquarium auf dem Palatin. Etwas weiter vorne biegt ein später angebauter Gang zur *Domus Augustana* (oder *Augustiana*) ab. Die Nordseite der *Domus Tiberiana*, die zum Forum blickt, stellt den größten noch sichtbaren Teil des Gebäudes dar. Es liegt hier an einer ansteigenden Straße, die man im allgemeinen für den *Clivus Victoriae* hält. Hier lassen sich verschiedene Bauphasen unterscheiden. An eine Gruppe von Räumen, die nordöstlich-südwestlich orientiert sind, schließen sich einige spätere Bauten mit Nord-Süd-Orientierung an. Sie sind über die Straße hinübergebaut und werden von Bögen gestützt. Diese zweite Gruppe ist in hadrianische Zeit zu datieren, während die andere aus der Zeit Domitians stammt, der die ganze zum Forum hin gelegene Ecke des Palasts wieder aufgebaut haben muß. Da in diesen Räumen Rechnungen und Namen von Münzen in den Verputz eingeritzt sind, vermutete man, daß sie von den kaiserlichen Finanzbehörden benutzt wurden, vielleicht als Büros der Münzstelle. In spätester Zeit wurden die Räume als Lager verwendet. In der *Domus Tiberiana* gab es auch eine Bibliothek.

Der Palast des Domitian, die Domus Flavia und die Domus Augustana. Beim domitianischen Palast werden im allgemeinen drei Teile unterschieden, die sogenannte *Domus Flavia*, die *Domus Augustana* und das *Stadion* (von Westen nach Osten). Am Ende des 1. Jahrhunderts n. Chr. nahm er den gesamten mittleren Palatin ein. Bei Tiefengrabungen fand man unter verschiedenen Räumen Reste älterer, republikanischer und neronischer Bauten, die damals durch den neuen Palast verdrängt worden waren.
Welchen Eindruck der riesige Palast auf die Zeitgenossen machte, das geht aus dem überschwenglichen Lob der beiden zeitgenössischen Hofdichter Martial und Statius hervor. Im übrigen zeigt sich die Bedeutung des Gebäudes auch darin, daß man es zwar restaurierte und erweiterte, aber nie ersetzte. Bis zum Ende der Kaiserzeit blieb es die *Domus Augustana*, der Kaiserpalast schlechthin. Hier war ein Architekturtyp geschaffen, der in dieser klassischen Ausprägung gültig blieb: der des Herrscherpalastes.
Die Bauleitung hatte der Architekt Rabirius, eine der wenigen großen Persönlichkeiten aus dem Bereich der kaiserzeitlichen Architektur, die man namentlich kennt. Der Bau wurde wohl am Anfang der Regierungszeit Domitians begonnen und 92 n. Chr. abgeschlossen, doch geht aus den Ziegelstempeln hervor, daß sich die Arbeiten am Stadion bis zum Ende der Regierungszeit Domitians hinzogen. Es ist deshalb anzunehmen, daß man mit der sogenannten *Domus Flavia*, dem offiziellen, der Repräsentation die-

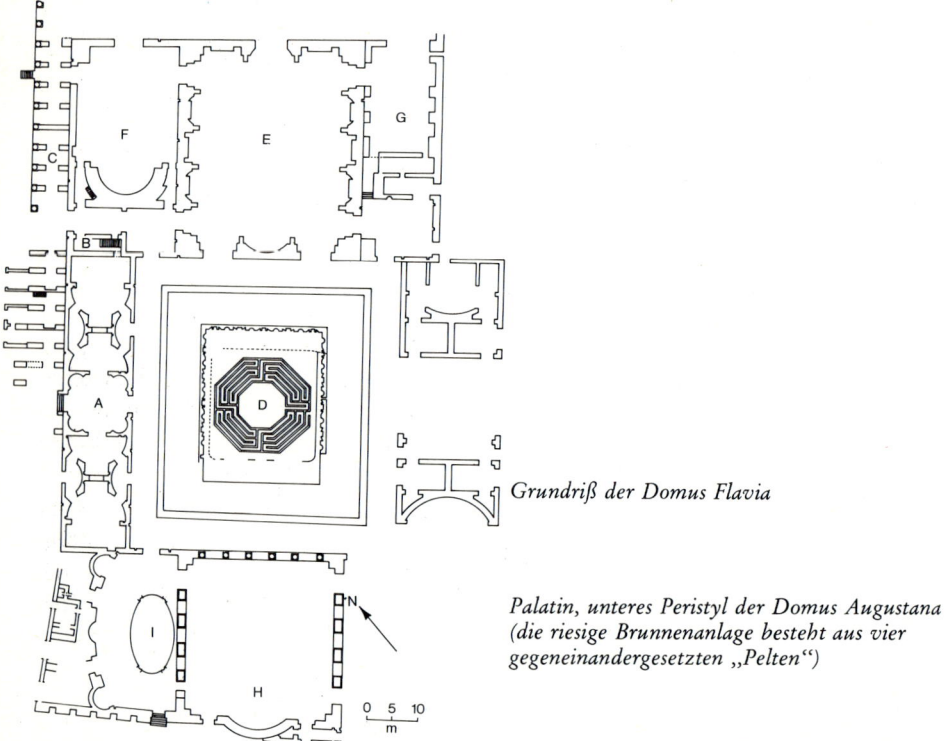

Grundriß der Domus Flavia

*Palatin, unteres Peristyl der Domus Augustana
(die riesige Brunnenanlage besteht aus vier
gegeneinandergesetzten „Pelten")*

nenden Palast, anfing, dann die *Domus Augustana*, die Privatwohnung des Kaisers, baute, und ganz zum Schluß das Stadion. Diese Reihenfolge soll auch bei unserem Rundgang eingehalten werden. Dabei muß vorausgeschickt werden, daß der Baukomplex in außerordentlich schlechtem Erhaltungszustand ist. Schuld daran sind die regelrechten Plünderungen nach den schon im 18. Jahrhundert durchgeführten Ausgrabungen. Hinzu kommt, daß bis heute weder der Palast noch die meisten anderen Gebäude auf dem Palatin in angemessener Weise wissenschaftlich publiziert sind.

Wenn man von Westen kommt, betritt man die Anlage durch einen achteckigen Saal (A), der in der Mitte der Westseite zwischen anderen Räumen mit kompliziert geformten Grundrissen liegt. Einen weiteren Zugang gewährt der Kryptoportikus (B), der von dem neronischen Gang abzweigt und in einen Raum hinter der Apsis der Basilika führt. Zweifellos waren beides nur Nebeneingänge. Auf der Westseite lag vor der Mauer eine Säulenhalle (C), die nach Norden abknickte und sich vor der Hauptfassade fortsetzte. Hinter den Säulen wurden noch während der Bauarbeiten kleine Mauerstücke mit Türen eingebaut. Einige Forscher hielten diese Mauerabschnitte für Verstärkungen der Westwand, die unter dem Druck, den das Gewölbe der Basilika ausübte, nachzugeben drohte. Andere, die eine flache Decke in der Basilika vermuteten, hielten sie einfach für Stützen einer erst später gebauten, darübergelegenen Terrasse.

Man gelangt so ins Zentrum der *Domus Flavia*. Sie besteht aus einem riesigen rechteckigen Hof (D) mit Portiken darum. Von den Säulen aus numidischem Marmor sieht man an Ort und Stelle noch die Basen sowie Fragmente der Säulenschäfte und Kapitelle. Die Mitte des Peristyls bildet eine prächtige achteckige Brunnenanlage mit einem Labyrinth niedriger Mäuerchen (größtenteils restauriert).

Das Peristyl war das Herz des Gebäudes. An ihm lagen wenige, aber um so großartigere Räume, die in der Hauptachse des gesamten Gebäudekomplexes, nämlich in Nordsüd-Richtung angeordnet sind. In der Mitte der Nordseite befindet sich ein riesiger Saal, den die Ausgräber im 18. Jahrhundert als *Aula Regia* bezeichneten. Zwischen den beiden Durchgängen zum Peristyl ist eine flache Apsis. Auf der gegenüberliegenden nördlichen Schmalseite führt eine einzelne Tür auf eine Terrasse, die durch drei Vorsprünge gegliedert ist, einem breiten vor der *Aula Regia* und zwei schmaleren jeweils vor dem sogenannten *Lararium* und der Basilika. Dieser Vorbau beherrschte den Platz vor dem Palast, den man im allgemeinen mit der in der Literatur erwähnten *Area Palatina* identifiziert. Die Aula Regia kann nicht überwölbt gewesen sein; dazu ist sie zu groß (nicht weniger als 30,60 m hätten überspannt werden müssen), und dafür sind auch ihre Mauern zu dünn. Sie muß in ungefähr 30 m Höhe mit einer Kassettendecke überdacht gewesen sein, die einen Dachstuhl verbarg. Der Saal mit seinen mächtigen Pfeilern und den verschiedenen Nischenformen ist eine der eindrucksvollsten Schöpfungen des flavischen Barock. Im 18. Jahrhundert wurden verschiedenfarbige Marmorstatuen gefunden (jetzt im Museum zu Parma), die in den Nischen standen. Wegen des schlechten Erhaltungszustandes ist es leider unmöglich, die Ausstattung des Raumes zu erschließen, die sicherlich der prächtigen Gesamtanlage angemessen war.

Der Zweck des Saales ergibt sich aus seinen Ausmaßen und seiner deutlich hervorgehobenen Lage in der Hauptachse des Gebäudekomplexes. Hier müssen die *salutationes* stattgefunden haben, Audienzen, bei denen der Kaiser eine stattliche Anzahl von Leuten zu begrüßen hatte. Er saß dabei in der Apsis als *Dominus et Deus* („Herr und Gott"), wie er sich als erster nennen ließ, und erschien dadurch in seiner ganzen Majestät.

Der bescheidenere westliche Saal (F) ist in genauso schlechtem Erhaltungszustand. Die ersten Ausgräber trugen hier willkürlich Architekturfragmente aus verschiedenen Räumen zusammen. Der rechteckige Raum schließt an der Nordseite mit einer Apsis und muß mit zwei Säulenreihen in drei Schiffe untergliedert gewesen sein. Daß es auch hier eine Apsis gibt, deutet darauf hin, daß der Raum ebenfalls für Auftritte des Kaisers vor der Öffentlichkeit bestimmt war. Mit guten Gründen hat man ihn deshalb kürzlich als *Auditorium* bezeichnet. Dieser Saal war der Versammlungsort des kaiserlichen Rats, hier wurde über die Politik und die Verwaltung des Reiches entschieden, als der Senat schon längst keinerlei Macht mehr hatte.

Noch schwieriger ist die Deutung des östlich von der Aula Regia gelegenen, bescheideneren Raumes (G); die Benennung „Lararium" ist völlig unbegründet. Der vom Forum kommende Weg, dessen Bezeichnung *Clivus Palatinus* modern ist, führt zu einem etwas weiter östlich gelegenen Punkt und mündet genau zwischen der Domus Flavia und der Domus Augustana in den Palast. Man nahm deshalb an, daß hier der Haupteingang und im sogenannten *Lararium* der Sitz der Prätorianergarde gewesen sei, die von hier aus den Zugang zum domitianischen Palast überwachte.

Die gegenüberliegende Seite wird fast völlig von einem großartigen Saal eingenommen (H), neben dem zwei kleinere Räume liegen. An seiner Rückwand befindet sich eine Apsis. Der doppelte Fußboden war für eine Warmluftheizung eingerichtet (Hypokausten). Ein Teil des prächtigen Marmorfußbodens ist erhalten. Höchstwahrscheinlich war dies die *Coenatio Iovis,* der prunkvolle Speiseraum des Kaisers, der aus der Literatur bekannt ist.

Der rechte der beiden seitlichen Räume (I) ist einigermaßen gut erhalten. Durch die großen Fenster des Triclinium konnten die zu Tische liegenden Gäste den Blick auf das ovale Becken genießen, das in der Mitte des Raumes eingetieft ist (stark restauriert). Unterhalb des domitianischen Fußbodens fand man einen älteren, der zu Neros *Domus Transitoria* gehört haben muß. Sie wurde bei dem Brand von 64 n. Chr. zerstört und durch die *Domus Aurea* ersetzt. Zu diesem Bau gehören auch die Reste eines außerordentlich reichen Nymphäums unter dem Triclinium. Es war ursprünglich mit kleinen Säulen aus Marmor verziert, deren Kapitelle aus Bronze waren. Gleich nach der Entdeckung im Jahre 1721 wurde es zerstört, doch hat man inzwischen eine Ecke des Nymphäums wieder aufgebaut. Aus einem der benachbarten Räume, die durch die Mauern der *Domus Aurea* zerschnitten sind, stammen einige Deckenmalereien mit mythologischen Szenen (jetzt im Antiquarium auf dem Palatin). Es sind die ältesten Malereien aus dem Vierten Stil, der mit der Regierungszeit Neros einsetzte.

Reste sehr viel älterer Gebäude wurden unter dem Nordflügel des Palastes gefunden. Unter dem Lararium kann man die sogenannte Casa dei Grifi („Haus der Greifen") besichtigen, das bedeutendste in Rom erhaltene republikanische Haus. Es hat seinen Namen von dem Stuckrelief in einer Lunette (Raum G). Die massigen Fundamentmauern aus neronischer und domitianischer Zeit durchschneiden die erhaltenen Zimmer; man kann nur einen Teil des ursprünglich sicher sehr viel größeren Hauses besichtigen. Vom Fußboden des ersten Stockwerks sind Reste mit Mosaiken erhalten. Das Gebäude ist in *opus incertum* errichtet und mit *opus quasi reticulatum* ausgebessert. Auf dieser Schicht sind die Malereien angebracht (das zeigte sich kürzlich beim Abnehmen der Malereien). Die Dekorationen sind demnach in der Zeit zwischen dem Ende des 2. und dem Anfang des 1. Jahrhunderts v. Chr. entstanden, das Haus selbst einige Zeit davor. Die Malereien aus den Räumen D und F, deren Dekorationen insgesamt am besten erhalten waren, wurden abgenommen und ins Antiquarium auf dem Palatin gebracht. An Ort und Stelle befinden sich noch einige andere bemalte Wände, die Lunette mit den Greifen aus Stuck, die dem Haus seinen Namen gaben, und mehrere Mosaiken; im Raum F ist in der Mitte des Mosaikfußbodens ein kleines Quadrat mit einem perspektivisch dargestellten Würfelmuster aus verschiedenfarbigen Stein- und Marmorsorten. Diese Art von Marmorfußboden, die *Scutulum* hieß, wurde, soweit

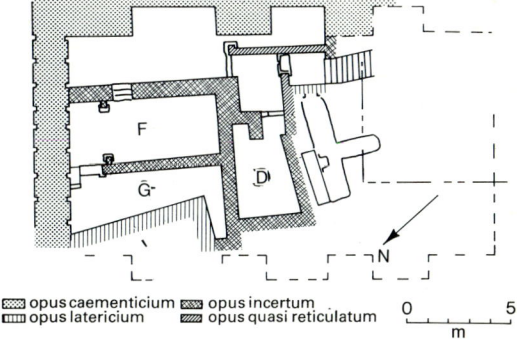

Palatin, sog. „Aula Isiaca". Wanddekoration aus dem späten „Zweiten Stil", um 25 v. Chr (jetzt im Antiquarium).

Grundriß der sog. „Casa dei Grifi"
Unten: Domus Augustana. Schnitt durch die Südseite

opus caementicium   opus incertum
opus latericium   opus quasi reticulatum

0   5
                m

bekannt ist, zum ersten Mal zwischen 149 und 146 v. Chr. im Juppiter-Tempel auf dem Kapitol verwendet. In Pompeji gibt es im Apollo-Tempel und in der Casa del Fauno ähnliche Beispiele, die um 120 v. Chr. zu datieren sind, womit die Datierung der Casa dei Grifi bestätigt wird. Das kleine Marmormuster auf dem Fußboden ist das älteste Beispiel dieser Gattung in Rom.

Die Malereien sind die ältesten erhaltenen Dekorationen aus dem Zweiten Stil. Hier findet sich zum ersten Mal die illusionistische Darstellung von Säulen, die vor der Wand zu stehen scheinen. Die Wand selbst öffnet sich noch nicht zu perspektivischen Durchblicken (wie bei den späteren Beispielen in der Casa di Livia), sondern gibt in der Malerei eine Quadermauer wieder, wie sie in dem älteren, dem sogenannten Ersten Stil mit Stuckreliefs nachgeahmt worden war.

Unter der Basilika liegen die spärlichen Reste der sogenannten *Aula Isiaca*, eines republikanischen Hauses, das zu Beginn der Kaiserzeit mit Malereien des entwickelteren Zweiten Stils ausgemalt wurde (ungefähr zwischen 30 und 25 v. Chr.). Es verdankt seinen Namen den zahlreichen Darstellungen von Motiven aus dem ägyptischen Isis- und -Serapis-Kult. Die Malereien wurden abgenommen und befinden sich jetzt in der Renaissance-Loggia neben dem Antiquarium.

Im Osten der Domus Flavia schließt sich ein sehr viel ausgedehnterer und reicher gegliederter Gebäudekomplex an, der im allgemeinen als *Domus Augustana* oder *Augustiana* bezeichnet wird, eine Benennung, die in der Antike jedoch für den gesamten Komplex der Kaiserpaläste, mit Ausnahme der *Domus Tiberiana*, benutzt wurde. Hier war der private Bereich des domitianischen Palasts mit der eigentlichen Wohnung des Kaisers. Da die Räume zwischen den beiden Anlagen jedoch keine Abgrenzung der beiden Bereiche darstellen, wie man sie bei so unterschiedlichen Funktionen erwarten

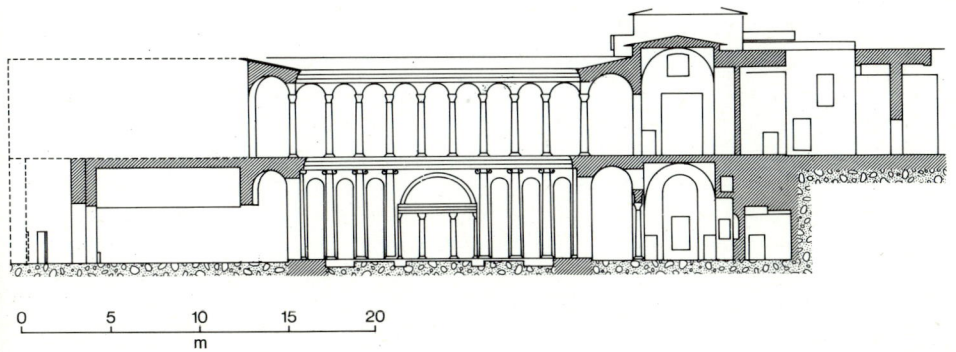

0   5   10   15   20
              m

würde, vermutete man, daß nur der Südteil am Circus Maximus privaten, der ganze Nordteil dagegen repräsentativen Charakter gehabt habe. Diese Hypothese beruht auf der richtigen Beobachtung, daß der Südteil nicht nur klar von dem ganzen übrigen Gebäude geschieden ist, sondern daß er zudem auch erst später gebaut wurde. Außerdem gibt es bei der Anlage Eigentümlichkeiten, die nicht auf Rabirius, den Architekten der Domus Flavia, deuten, sondern eher an einen weiteren, unbekannten Architekten denken lassen. Doch ließe sich dieses Problem nur bei einer gründlichen Untersuchung der gesamten Anlage lösen.

Der nördliche Teil der Domus Augustana – soviel ist aus den spärlichen Resten noch zu erschließen – war um ein großes Peristyl (L) herum angelegt. Es lag auf der gleichen Höhe wie das in der Domus Flavia, und in der Mitte war ebenfalls ein Wasserbecken. Darin stand auf einer Art von Insel ein Tempelchen mit hohem Podium, zu dem man über eine kleine Brücke gelangte. Man weiß, daß im Haus des Domitian ein Tempel der Minerva war, die dieser Kaiser ganz besonders verehrte. Wahrscheinlich war ihr der kleine Tempel auf der Insel geweiht.

Wegen der starken Zerstörung ist der Grundriß des weiter nördlich gelegenen Bereichs kaum mehr zu erkennen. Vielleicht gab es hier ein drittes Peristyl. Im Verhältnis hierzu ist der südliche Teil besser erhalten. Das untere Geschoß steht auf einer sehr viel tieferen Ebene als der übrige Palast. Dazwischen liegt ein senkrechter Einschnitt, mit dem man den Hügelabhang hier begradigte. Das untere Geschoß (zur Zeit nicht zugänglich) besteht aus einem quadratischen Hof, der ursprünglich von einem zweistöckigen Portikus eingefaßt war (M). Die südlich vom Hof gelegene Exedra bildet die Fassade dieses Palastteils gegen den Circus Maximus. Der große Brunnen in der Mitte des Hofs ist mit einem Muster aus vier gegeneinandergesetzten Pelten (Amazonen-Schilden) aufgelockert. Nur an der Nord- und an der Westseite des Hofs gibt es einige Zimmer.

An der Rückseite liegen zwei bemerkenswerte achteckige Säle (O) mit einem Kreuzgewölbe, in deren Wänden rechteckige und halbrunde Nischen miteinander abwechseln. In der Hauptachse des Gebäudes liegt in der Mitte ein quadratischer Raum (P) mit zwei halbrunden Exedren an den Seiten und einer rechteckigen an der Rückwand. Dahinter folgen kleinere Räume, von denen einige in den Fels hineingehauen sind. Die Westseite wird von einem großen Mittelsaal (Q) beherrscht, der zum Teil in das Peristyl hineinragt. Rechts und links davon liegen zwei große Nymphäen mit Wasserbecken in der Mitte.

Über eine große Treppe mit zwei Rampen (R) gelangt man auf der linken Seite in das obere Stockwerk. Die Zimmer liegen hier auf derselben Höhe wie die Domus Flavia. Sie sind sehr schlecht erhalten oder aber vollständig wieder aufgebaut. Man erkennt einen sehr komplizierten Grundriß mit vielen, meist recht kleinen Räumen. Wahrscheinlich war hier die ständige Wohnung des Kaisers.

Der dritte Baukomplex im Palast Domitians war das sogenannte Stadion (S) auf der Ostseite. Die Anlage besteht wie ein Circus aus einem länglichen Rechteck mit einer gebogenen Schmalseite (im Süden). Sie hat eine Länge von ungefähr 88 m und erstreckt sich entlang der Ostseite der Domus Augustana. Das Stadion war mit einem zweistöckigen Portikus eingefaßt. Von den aus Ziegeln gemauerten Pfeilern im unteren Geschoß, die ursprünglich mit Marmor verkleidet waren, sind nur noch die Basen erhalten, im oberen Geschoß standen Marmorsäulen. Die teilweise wieder aufgebaute Nordecke vermittelt eine Vorstellung von dem ursprünglichen Zustand. In der Mitte der Ostseite liegt am zweiten Stockwerk des Portikus eine große, halbrunde Tribüne (T) mit drei zur Arena hin offenen Räumen. Die Arena selbst war, wie bei Zirkusanlagen üblich, mit einer schmalen Mauer der Länge nach in zwei Rennbahnen unterteilt. Erhalten sind nur noch die halbrunden Wendepunkte.

Der Bau wurde, wie die Ziegelstempel beweisen, erst ganz zuletzt, am Ende der Regierungszeit Domitians, errichtet. In hadrianischer Zeit wurden die Portiken, in severischer Zeit die Exedra umgebaut. Zu erwähnen ist ein kleiner, ovaler Bezirk im südlichen Teil der Arena, der wahrscheinlich aus der Zeit des Theoderich stammt. Die Form erinnert an die Arena eines Amphitheaters. Da damals die Gladiatorenspiele schon längst abgeschafft waren, ist eine derartige Deutung jedoch ausgeschlossen.

Wahrscheinlich diente die Anlage zugleich als Garten und als Manege. Plinius der Jüngere beschreibt einige Villen, die mit privaten Hippodromen ausgestattet waren. Diese Gärten hatten die Form eines Circus und wurden zweifellos auch zum Reiten benutzt. Der Bau auf dem Palatin muß eben diesen Zwecken gedient haben. Als Vorbild liegt hier – wie es schon bei der Domus Aurea der Fall war – ein Element der *Villa Suburbana* zugrunde. Vielleicht handelt es sich hierbei um das *Viridarium* (Garten), das im Bereich der kaiserlichen Palastanlagen gelegen haben soll. Nicht zu vergessen ist auch der *Hippodromus Palatii*, von dem in der Geschichte der Märtyrer anläßlich des Martyriums des heiligen Sebastian die Rede ist: es kann sich dabei nur um diesen Bau handeln.

Der domitianische Palast ist ein Markstein in der Geschichte der Architektur. Zum ersten Mal ist hier in einem einzigen Bauwerk allen Erfordernissen Rechnung getragen, die sich im Lauf der Kaiserzeit aus der politischen Entwicklung ergeben hatten. Die Politik der Kaiserzeit selbst war nicht von Anfang an in ein zusammenhängendes hierarchisches System gebracht worden und konnte deshalb allenfalls in einigen Teillösungen neue, zweckgerechte Bauformen hervorbringen. Für das Haus des Augustus wurden kleinere, schon vorhandene Einheiten miteinander verbunden und nach Möglichkeit den neuen Bedürfnissen angepaßt. Die grundsätzliche Trennung zwischen einem privaten und einem für die Öffentlichkeit bestimmten Bereich gab es schon damals, doch wurde sie nicht konsequent durchgeführt. Das gleiche gilt für den Gedanken, der dem Prinzipat zugrunde liegt: es bedeutet zwar eine tatsächliche Macht, doch darf es nicht als rechtmäßige, kodifizierte Macht auftreten. Erst unter Domitian wird die Macht auch formal monarchisch. Es ist deshalb nur folgerichtig, daß damals in Rom der Typus des Herrscherpalastes geschaffen wurde. Im Gegensatz zur *Domus Aurea*, die eine große, räumlich frei gegliederte Villa in der Stadt ist, ist der Palast Domitians trotz seiner vielfältigen Einzelformen ein in sich geschlossener Organismus. Privater und öffentlicher Bereich mußten getrennt werden, da sich der Kaiser als *Deus et Dominus* in der Öffentlichkeit in einer hierarchischen und hervorgehobenen Form darzustellen hatte. Dies erklärt die Apsiden in den wichtigeren Sälen: Sie sind dazu da, den Kaiser in einem eigenen, von den gewöhnlichen Sterblichen abgetrennten Raum zu isolieren und dabei gleichzeitig die Aufmerksamkeit auf ihn hinzulenken.

Der Wille des Kaisers als Auftraggeber und die bis dahin geprägten Ausdrucksformen der römischen Gesellschaft veranlaßten direkt oder indirekt den Architekten, bestimmten Inhalten ihre angemessene Form zu geben. Rabirius war deshalb weit davon entfernt, seine künstlerischen Phantasien frei verwirklichen zu können oder als schöpferisches Universalgenie von allen sozialen und politischen Bindungen frei zu sein, wie gefaselt wurde. Vielmehr hat er den monarchischen Absolutismus in seinen Bauten so umgesetzt, daß seine Botschaft noch heute klar zu verstehen ist.

(Der im folgenden beschriebene Teil des Palatin ist zur Zeit wegen Restaurierungsarbeiten nicht zugänglich.)

Im Westen liegt neben der gebogenen Fassade der Domus Augustana ein kleines Gebäude aus domitianischer Zeit, das offensichtlich mit dem benachbarten Palast in Zusammenhang stand (U). Es wurde in der Mitte des 19. Jahrhunderts vom damaligen Eigentümer dieses Gebiets, dem russischen Zaren Nikolaus I., ausgegraben. Einige Kritzeleien, die damals entdeckt wurden, führten zu der Bezeichnung *Paedagogium*.

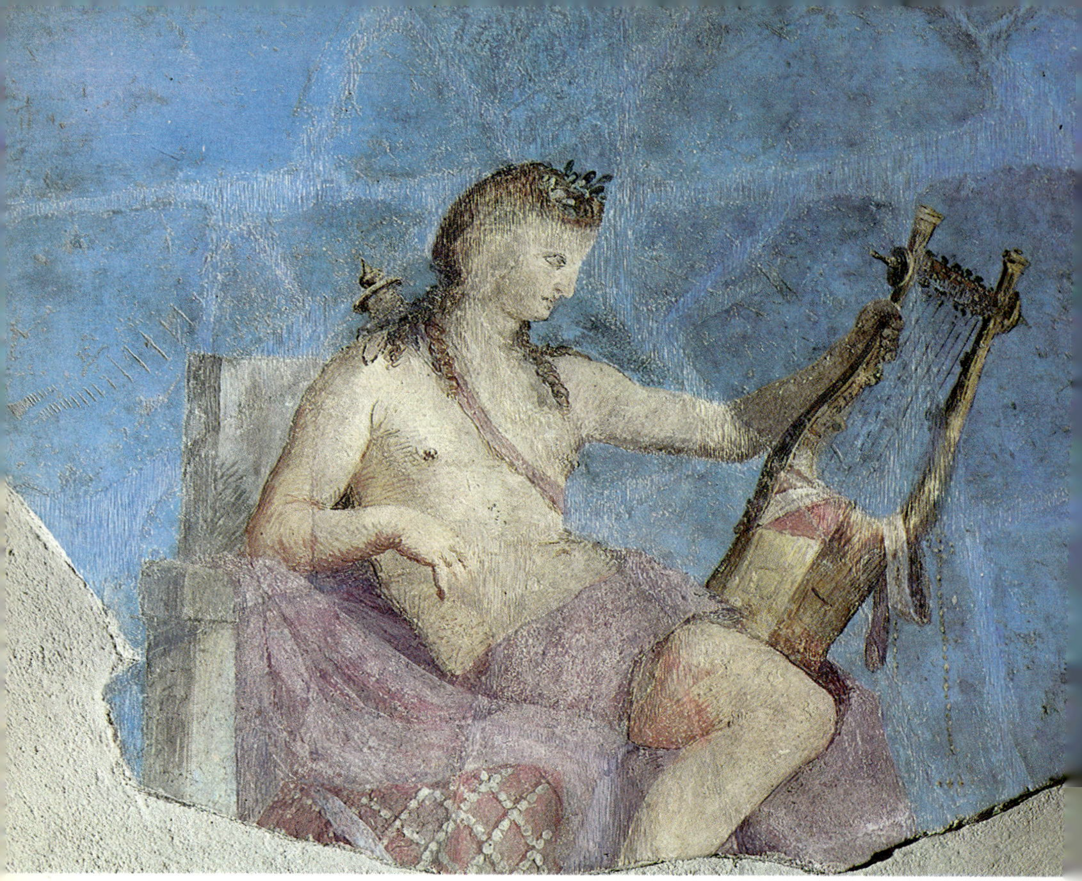

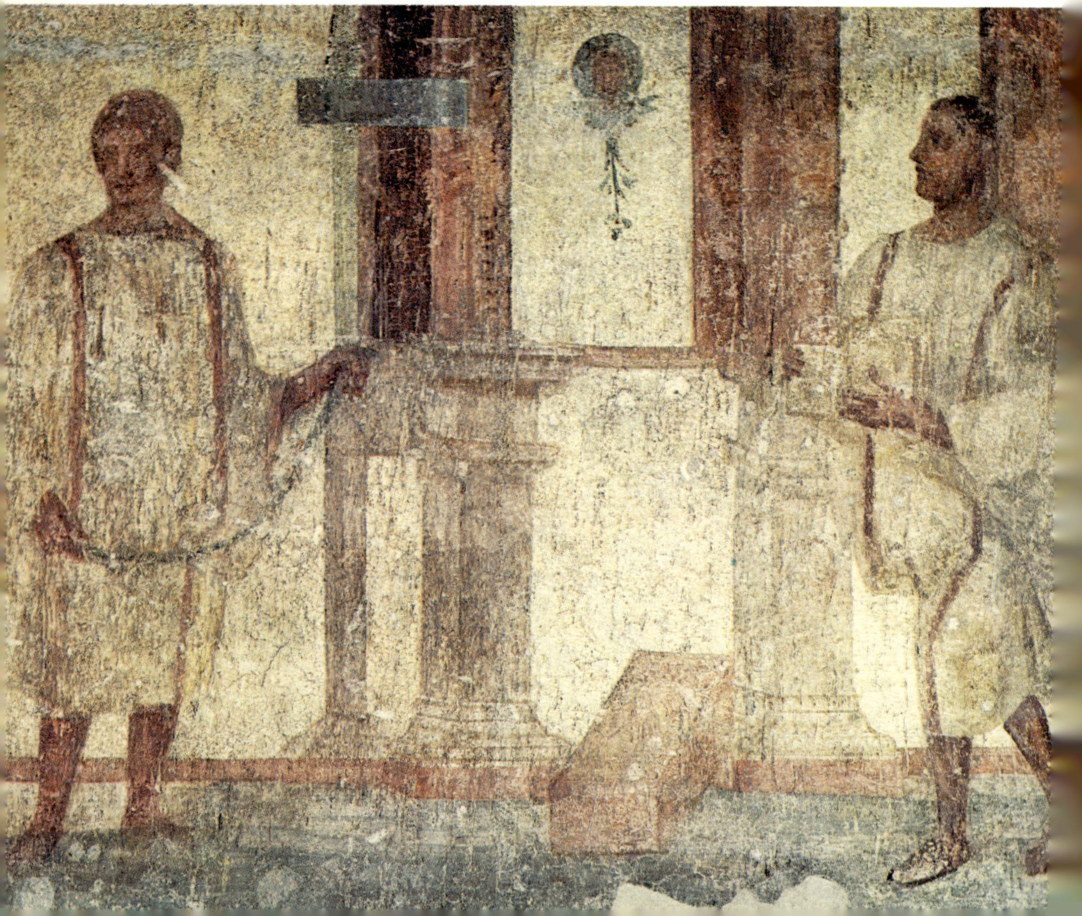

Es besteht aus zwei durch einen Gang getrennten Reihen von Kammern (die Pfeilerreihe aus Ziegelsteinen, zwischen denen die einzige erhaltene Säule steht, ist modern, die Gebälkstücke aus Marmor, denen sie als Stütze dienen, stammen von der höhergelegenen *Domus Augustana*). Der wichtigste Raum ist eine Exedra, die im Norden und nicht in der Mittelachse, wie die übrigen Räume, liegt. In einigen Zimmern sind noch Reste der Malereien aus dem 3. Jahrhundert n. Chr. sichtbar. Die Bedeutung dieser Verputzreste liegt jedoch in den zahllosen Kritzeleien, die hier eingekratzt sind. Die wichtigste davon ist die Darstellung eines gekreuzigten Esels mit der Beischrift „Alexamenos betet (seinen) Gott an"; sie ist jetzt im Antiquarium zu sehen. Man findet hier fast nur griechische Namen; es muß sich daher um Sklaven handeln. Der mehrfach wiederkehrende Satz *exit de Paedagogio* („er verläßt das *Paedagogium*") führte zu der Benennung des Gebäudes. Im *Paedagogium* wurden die kaiserlichen Sklaven unterrichtet. Es gab eines auf dem Caelius. Wahrscheinlich war das Gebäude auf dem Palatin eine weitere derartige Einrichtung. Seine Lage entspräche einem solchen Zweck sehr gut.

Zwischen dem Paedagogium und dem Circus Maximus liegt weiter südlich ein etwas anders orientiertes Gebäude. Es besteht aus einem kleinen, rechteckigen Hof mit einem Pfeilerportikus an allen vier Seiten und drei überwölbten Räumen auf der Nordseite (am prächtigsten ist der mittlere), die ein zweites Geschoß getragen haben müssen. Das mit Wandmalereien und Mosaiken (jetzt im Antiquarium) ausgestattete Gebäude stammt aus severischer Zeit. Es wird als *Domus Praeconum* („Haus der Herolde") bezeichnet, da auf einem der Mosaiken zwei Herolde dargestellt sind. Die Benennung ist wahrscheinlich zutreffend, da eine Inschrift von *nuntii circi* berichtet, die, wie auf den Mosaiken dargestellt, festliche Züge begleiteten.

Die Domus Severiana. Diese Bezeichnung, die es in der Antike nicht gab, wendet man fälschlich auf eine Erweiterung der *Domus Augustana* an, die von Septimius Severus errichtet wurde. Von diesem großartigen, am Südrand des Palatin gelegenen Gebäude sind heute nur noch die unverkleideten Substruktionen aus Ziegelsteinen erhalten, die zum charakteristischen Bild des Hügels auf dieser Seite gehören. Die Substruktionen trugen eine künstliche Terrasse, die den Hügel, der inzwischen völlig zugebaut war, erweiterte, so daß der neue Flügel des Palastes auf gleicher Höhe mit den übrigen Bauten errichtet werden konnte. Zwischen diesem Flügel und der Exedra des Stadions befinden sich spärliche Reste der Palastthermen, die vermutlich von Domitian erbaut und von Maxentius restauriert wurden. Eine Leitung der *Aqua Claudia*, die das Tal zwischen dem Caelius und dem Palatin mit einigen großartigen, teilweise erhaltenen Bögen überspannte, versorgte die Thermen mit Wasser.

Das eigentliche Gebäude, von dem nur sehr spärliche Reste erhalten sind, stand auf der Terrasse. Von hier genießt man einen der schönsten und berühmtesten Ausblicke Roms: vom Aventin und dem Circus Maximus bis zu den Caracalla-Thermen, von der sogenannten Passeggiata Archeologica bis zum Caelius.

An der Südostseite, zur Via Appia hin, stand das berühmte *Septizodium*, eine monumentale Brunnenfassade mit mehreren Säulenreihen übereinander. Der Kaiser errichtete sie, wie sein Biograph schreibt, vor allem, um seine Landsleute, die Bewohner des römischen Afrika, zu beeindrucken, wenn sie die Stadt von Süden über die Via Appia betraten.

Teile des prächtigen Baus standen noch bis ins 16. Jahrhundert; dann wurden sie im Auftrag Sixtus' V. abgerissen, der die Materialien für verschiedene Bauvorhaben verwendete; unter anderem ließ er daraus eine Kapelle in S. Maria Maggiore bauen. Einige Renaissance-Zeichnungen sind alles, was vom *Septizodium* übrigblieb.

Die Ostseite des Palatin. Der östliche Bereich des Palatin mit den beiden Kirchen S. Sebastiano und S. Bonaventura liegt außerhalb des umgrenzten Grabungsbezirks von Forum Romanum und Palatin. Eine riesige, rechteckige Terrasse war hier für ein einziges Gebäude angelegt worden. Die mächtigen, aus Ziegeln gemauerten Substruktionen sind vor allem beim Titus-Bogen gut zu sehen. In der Mitte der westlichen Längsseite führten einige Stufen vom sogenannten *Clivus Palatinus* zum Eingang, der aus mehreren Durchgängen bestand. Wie viele es waren, läßt sich bei dem jetzigen schlechten Erhaltungszustand nicht mehr feststellen. Vielleicht war hier das *Pentapylum* („das Tor mit den fünf Durchgängen"), das in den Regionen-Verzeichnissen erwähnt ist. Nicht weit davon waren auf dem Clivus Palatinus Reste von einem großen Bogen aus der frühen Kaiserzeit zu sehen. Vielleicht war dies der Zugang zur *Area Palatina* und den Kaiserpalästen.

Südlich von der Kirche S. Sebastiano wurde bei einigen Untersuchungen festgestellt, daß in der Mitte der großen rechteckigen Platzanlage über den Substruktionen ein ungefähr 60 m langes und 40 m breites Gebäude stand, vermutlich ein Tempel. Der heilige Sebastian erlitt sein Martyrium auf den *Gradus Helagabali* („Stufen des Elagabal"), wo dann ihm zu Ehren eine Kirche erbaut wurde. Das große Gebäude in der Nähe von S. Sebastiano muß demnach der Tempel sein, den der Kaiser Elagabal für den Sonnengott Heliogabal erbaute, in der Absicht, mit ihm identifiziert und so nach orientalischem Vorbild schon als lebender Herrscher vergöttlicht zu werden. Die ehrwürdigsten Reliquien ließ er hierherbringen, unter anderem das aus einem schwarzen Stein bestehende Kultbild der Kybele, das Feuer der Vesta, das Palladium und die *ancilia,* die Schilde des Mars, die zuvor in der *Regia* aufbewahrt wurden. Es entsprach den damals herrschenden synkretistischen Bestrebungen, die verschiedenen heidnischen Kulte in dem des Sonnengottes Sol zu vereinigen.

Das Antiquarium auf dem Palatin. Das Antiquarium, das im ehemaligen Kloster der Suore della Visitazione untergebracht ist, wird zur Zeit neu geordnet; die folgende Beschreibung folgt der bisherigen Anordnung.

Eingangshalle: Zwei Fragmente eines Marmorfußbodens von der *Domus Tiberiana* (1870 gefunden) aus julisch-claudischer Zeit; die Datierung ist durch ähnliche, aus der Zeit Caligulas stammende Fußböden gesichert, die in den Schiffen vom Nemi-See gefunden wurden.

Saal 1: Wandmalereifragment aus einem Haus unter der Casa di Livia, vom Beginn des Zweiten Stils (ca. 100–75 v. Chr.).

Deckenmalereien aus der *Domus Transitoria* (gefunden 1912, 1956 von der Wand abgenommen). Die prächtigen Malereien, in die Glaspasten eingesetzt sind, entstanden zu Beginn des Vierten Stils. Man schrieb sie *Fabullus* zu, der Plinius zufolge die *Domus Aurea* ausmalte.

Blaugrundiges Wandmalereifragment mit der Darstellung eines sitzenden Apoll, wahrscheinlich aus dem Haus des Augustus, ein typisches Beispiel für den augusteischen

Klassizismus. Wandmalereien aus dem „Haus der Herolde" *(Praecones)* mit lebensgro-ßen Figuren vor architektonischem Hintergrund (Anfang 3. Jh. n. Chr.).
In die Wand eingekratzte Darstellung eines gekreuzigten Esels aus dem *Paedagogium*, links daneben ein Mann mit erhobenen Armen und die griechische Beischrift: „Alex-amenos betet (seinen) Gott an"; wahrscheinlich eine Verspottung des Christentums.
Durchgangssaal: Zwei Marmoraltäre mit Widmungen an Lucina und Minerva.
Ägyptisierende Reliefs aus den Kaiserpalästen. Archaischer Altar aus Travertin, vom Südhang des Palatin, mit der Inschrift *sei deo sei deivae sac(rum)* („der Gottheit des Ortes, sei sie männlich, sei sie weiblich"). Es ist ein typisches Beispiel für die religiöse und juristische Schlauheit der Römer, daß sie den Altar auf alle Fälle der männlichen als auch der weiblichen Ortsgottheit weihten. Auf diese Weise konnte die Weihung ihr Ziel auf keinen Fall verfehlen.
Saal 2: Skulpturen aus den kaiserlichen Palästen: Kopien klassischer griechischer Werke und Porträts (unter anderem Julia Domna, die Frau des Septimius Severus).
Wandmalereien des Zweiten Stils aus der Aula Isiaca (jetzt provisorisch in der Renais-sance-Loggia neben dem Antiquarium untergebracht).
Saal 3: In den Vitrinen Material, das unter dem Palast Domitians gefunden wurde; Terrakotten und Gefäße aus archaischer (6. Jh. v. Chr.) bis hellenistischer Zeit, Frag-mente schwarz- und rotfiguriger griechischer Gefäße.
Fundmaterial aus der Casa dei Grifi.

Archaisches Terrakotta-Antefix (6. Jh.) aus der Grabung beim *Lararium.* Fundmaterial
aus der *Domus Transitoria.*

Fundmaterial vom Tempel der *Magna Mater.* Besonders zu beachten sind die Terra-
kottastatuetten (u.a. Attis), die aus der ältesten Schicht des Tempels (vor dem Wiederaufbau von 111 v.Chr.) stammen und mithin ins 2. Jh. v.Chr. zu datieren sind.

Das Material von der Casa di Augusto und dem Apollo-Tempel, vor allem die schon
beschriebenen Campana-Reliefs, sollen hier ausgestellt werden.

Saal 4: Material von den Ausgrabungen am Südwestrand des Palatin: lokale und importierte archaische Gefäße, Terrakotten und anderes.

Funde aus der Grabung von 1948 bei den archaischen Hütten.

Rekonstruktion einer solchen Hütte und des ganzen Dorfs.

Auf dem Palatin gefundene eisenzeitliche Gräber.

Wandmalereien aus zwei Räumen in der Casa dei Grifi, Beispiele für die älteste Phase
des Zweiten Stils (um 100 v. Chr.).

Das Tal mit dem Kolosseum

Der Konstantins-Bogen. Von den drei erhaltenen Triumphbögen ist der Konstantins-Bogen der prächtigste. Er steht an der Straße, durch die der Triumphzug hindurchführte, zwischen dem Circus Maximus und der Velia. Da der Bogen so nah am Palatin steht, gehörte er wohl zur zehnten Region.

Wie der Bogen des Titus, kommt auch er in der antiken Literatur nicht vor. Zum Glück ist die lange Inschrift auf den beiden Attiken (A) sehr ausführlich: *Imp(eratori) Caes(ari) Fl(avio) Constantino Maximo / P(io) F(elici) Augusto s(enatus) p(opulus)q(ue) R(omanus) / quod instinctu divinitatis mentis / magnitudine cum exercitu suo / tam de tyranno quam de omni eius / factione uno tempore iustis / rem publicam ultus est armis / arcum triumphis insignem dicavit* („Dem Kaiser Cäsar Flavius Constantinus Maximus Pius Felix Augustus weihen der Senat und das römische Volk diesen Triumphbogen, zum Dank dafür, daß er durch göttliche Eingebung und die Größe seines Geistes zusammen mit seinem Heer mit gerechten Waffen den Staat an dem Tyrannen und seinen Anhängern rächte"). Es handelt sich also um ein Denkmal zur Erinnerung an den Triumph nach dem Sieg über Maxentius, der in der Schlacht beim Pons Milvius am 28. Oktober 312 getötet wurde. Drei Jahre später war der Bau vollendet. Die Weihung fand, wie aus den beiden Inschriften auf der Seite zum Kolosseum hervorgeht, am 25. Juli 315 statt, im zehnten Jahr der Regierung Konstantins *(votis X)*. In der Formulierung *instinctu divinitatis* („durch göttliche Eingebung") wollte man eine Bestätigung für die Legende sehen, der zufolge vor der Schlacht am Pons Milvius das Kreuz erschien. Gegen diese Interpretation spricht unter anderem, daß Konstantins Bekehrung erst sehr viel später stattfand.

Der Bogen hat drei Durchgange. Seine Gesamthöhe beträgt fast 25 m, der mittlere Durchgang ist 11,45 m hoch und 6,50 m breit. Die vorgesetzten, auf hohen Sockeln stehenden Säulen und die Anordnung der Skulpturen ist ähnlich wie beim Bogen des Septimius Severus, doch erscheint dieser höher und schlanker.

Der Konstantins-Bogen wurde bekanntlich aus Skulpturen und architektonischen Elementen, die von verschiedenen Bauten stammen, zusammengestückelt. Die Stadt hatte in jener Zeit ihre Vorrechte als Hauptstadt de facto schon verloren und mußte sie bald danach auch formal an Konstantinopel abtreten. So gab es nur wenig Arbeitsmöglichkeiten für die Bildhauerateliers, die in der Hauptsache von Aufträgen des Hofs lebten. Die verschwindend geringe Bautätigkeit im 3. Jahrhundert reichte beispielsweise für die Ziegelfabriken, die in den Jahrhunderten davor ihre Blüte erlebten, nicht mehr zum Überleben aus. Lediglich unter Diokletian und Maxentius fand ein gewisser Aufschwung statt, der zwar die Brennereien und die Maurervereinigungen reaktivieren konnte, der jedoch nicht ausreichte, um an die Tradition der großen, offiziellen Bild-

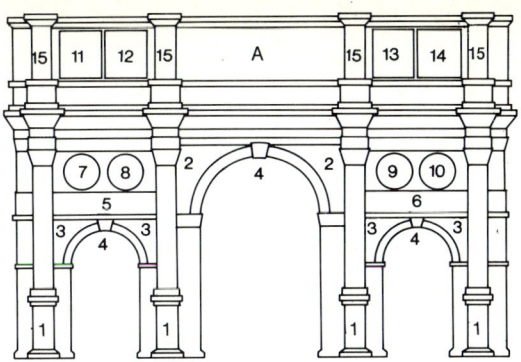

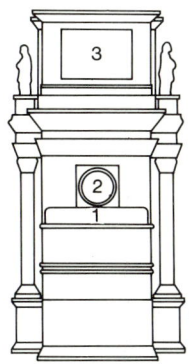

Konstantins-Bogen. Die Ziffern bezeichnen die Anordnung der Reliefs

hauerkunst wiederanzuknüpfen, zu der die Verbindung seit fast einem Jahrhundert abgerissen war. Das bedeutete in der Praxis, daß es unmöglich war, in Rom genügend Werkstätten für die bildhauerische Ausgestaltung eines großen öffentlichen Denkmals zu finden.

So begann man, Materialien von älteren Bauten wegzunehmen und wieder zu verwenden, eine Praxis, die das ganze Mittelalter hindurch geübt wurde. In diesem besonderen Fall wurden Monumente aus der Zeit Trajans, Hadrians und Commodus' ausgeschlachtet.

Auf der Südseite, die der Triumphzug zuerst erreichte, befinden sich (von oben nach unten): 1) auf den Säulensockeln Siegesgöttinnen mit Trophäen und gefangene Barbaren; 2) neben dem mittleren Durchgang schwebende Siegesgöttinnen und zwei Personifikationen von Jahreszeiten; 3) neben den seitlichen Durchgängen Flußgötter und 4) in den Bogenscheiteln allegorische Gestalten, die fast vollständig zerstört sind. die Reliefs in fortlaufender Darstellung die Geschichte des Feldzugs gegen Maxentius. Diese Skulpturen wurden für den Bogen selbst geschaffen. Das gleiche gilt für die langen, niedrigen Reliefs (5 und 6), die oberhalb der kleineren Durchgänge und auf derselben Höhe an den Schmalseiten herumlaufen. Ausgehend von der westlichen Schmalseite (auf der Seite zum Palatin) über die Süd- und Ost- bis zur Nordseite, berichten die Reliefs in fortlaufender Darstellung die Geschichte des Feldzuges gegen Maxentius Auf die Reliefs soll später noch näher eingegangen werden.

Oberhalb der konstantinischen Reliefs sind vier Rundbilder (Durchmesser mehr als 2 m) aus hadrianischer Zeit eingefügt. Sie stellen von links nach rechts den Aufbruch zur Jagd (7), ein Opfer an Silvanus (8), eine Bärenjagd (9) und ein Opfer für Diana (10) dar. Es handelt sich hierbei wohl um die bedeutendsten stadtrömischen Skulpturen aus hadrianischer Zeit, deren Klassizismus ganz anders ist als der augusteische: weniger streng und offiziell, dafür aber unruhiger, romantischer. Die Reliefs müssen zu einem

Bogen mit vier Durchgängen gehört haben, auf dem je zwei auf einer Seite angebracht waren. Die Szenen beziehen sich auf historische Ereignisse: auf dem einen Relief erscheint Antinous als Knabe, auf dem anderen als junger Mann. Hadrians Gesicht wurde überall umgearbeitet und erhielt die Züge Konstantins (auf den Jagdszenen) und Licinius' (auf den Opferszenen). Die Porträts sind von höchster Qualität; sie gehören zu den besten, die aus dem 4. Jahrhundert erhalten sind.

Neben den Inschriften sind an den Außenseiten des Attikageschosses vier große Reliefs eingefügt (über 3 m hoch), die wahrscheinlich zu einem Denkmal gehörten, das Commodus zu Ehren seines Vaters Mark Aurel erbaut hatte. Wahrscheinlich war auch dies ein Bogen mit vier Durchgängen, von dem man annimmt, daß er in der Nähe der etwa gleichzeitig entstandenen Mark-Aurel-Säule gestanden hat. Die Reliefs schildern, wie ja auch die Säule, Ereignisse aus dem Krieg gegen die Quaden und Markomannen. Links wird ein Barbarenführer Mark Aurel vorgestellt (11), rechts davon werden Gefangene dem Kaiser vorgeführt (12); dann folgt eine Ansprache des Kaisers (*adlocutio;* 13), und ganz rechts eine Opferszene im Lager (14). Die prächtigen Reliefs haben dieselben Maße wie die im Konservatorenpalast, sind jedoch stilistisch anders. Die Auflösung der plastischen Masse in immer malerischere Formen ist typisch für das Ende des 2. Jahrhunderts. Die gleichen Erscheinungen sind an der Mark-Aurel-Säule und, in einer fortgeschritteneren Phase, am Bogen des Septimius Severus zu beobachten.

Auf den Plinthen oberhalb der Säulen stehen vier Statuen dakischer Krieger (15) vom Trajans-Forum.

Auf der Gegenseite findet sich die gleiche Anordnung: Säulenbasen mit Reliefs, auf denen Gefangene und Siegesgöttinnen, die auf Schilde schreiben, dargestellt sind (1), konstantinische Reliefs oberhalb der kleineren Durchgänge (5 und 6), hadrianische

Tondi, auf denen links eine Eberjagd (7), rechts davon ein Opfer für Apoll (8), dann
eine Löwenjagd (9) und ganz rechts ein Opfer für Herkules (10) dargestellt sind. Die
Reliefs Mark Aurels zeigen die Ankunft des Kaisers in Rom *(adventus)* mit der Darstellung des Tempels der *Fortuna Redux* (wahrscheinlich war dies einer der Tempel bei
S. Omobono) und der *Porta Triumphalis* (11), Abreise des Kaisers *(profectio)*, wieder
mit der Darstellung der *Porta Triumphalis*, auf der ein Viergespann mit Elefanten steht
(12), Verteilung von Geld an das Volk *(congiarium)*, im Hintergrund wahrscheinlich
die *Basilica Ulpia* (13) und Unterwerfung eines Barbarenfürsten (14). Auch auf dieser
Seite stehen auf den Plinthen über den Säulen vier Daker (15).
Auf der westlichen Schmalseite (zum Titus-Bogen hin) ist oberhalb des historischen
konstantinischen Reliefs (1) ein ebenfalls konstantinischer Tondo eingefügt, der wohl
die Serie der hadrianischen Rundbilder vervollständigen soll (2). Dargestellt ist die
Mondgöttin Luna. Auf der Attika befindet sich ein Stück aus einem trajanischen Relief
mit Schlachtszenen (3), das mit dem auf der gegenüberliegenden Seite und den beiden
im mittleren Durchgang zusammengehörte. Im Museo della Civiltà Romana sind die
Abgüsse der vier Reliefs aneinandergefügt. Das etwa 3 m hohe und ursprünglich ungefähr 20 m lange Relief ist das großartigste unter den erhaltenen historischen römischen
Reliefs. Es muß aus dem Bereich des Trajans-Forums stammen, vielleicht von der Attika
der Basilica Ulpia. Es ist im gleichen Stil gearbeitet wie die Trajans-Säule; der Schöpfer
der Reliefs muß der Meister der Trajans-Säule gewesen sein. Das Stück auf der Westseite
war in dem Relief ursprünglich rechts, links davon folgten dann der Abschnitt auf der
Westseite des Durchgangs, dann der auf der östlichen Attika und schließlich das Stück
auf der östlichen Seite des Durchgangs.
Auf der östlichen Schmalseite sind die Reliefs in derselben Weise angeordnet. In dem
konstantinischen Tondo ist hier der Sonnengott Sol dargestellt (2). Die konstantinischen historischen Reliefs sind etwas über 1 m hoch und 5,5 bis 6,5 m lang. Im ersten,
dem auf der westlichen Schmalseite, ist der Aufbruch des Heeres von Mailand darge-
stellt, dann folgt auf der Südseite links die Belagerung von Verona (5) und rechts die
Schlacht beim Pons Milvius (6). Auf der östlichen Schmalseite ist der Triumphzug in
Rom zu erkennen (6), auf der Nordseite links die Ansprache Konstantins von den
Rostra aus (5), eine der wichtigsten Darstellungen des Forum Romanum. Hinter der
Rednerbühne sieht man die fünf diokletianischen Ehrensäulen, rechts den Bogen des
Septimius Severus, links den des Tiberius und die Basilica Iulia (5) und auf der Nordseite
rechts das *congiarium*, die Geldverteilung, die am 1. Januar 313 auf dem Cäsar-Forum
stattfand (6).
In diesen Reliefs ist die naturalistische Räumlichkeit und hellenistische Perspektive verschwunden und durch eine hierarchische, frontale Anordnung der Figuren ersetzt, eine
Vorstufe zur mittelalterlichen Kunst. Die Bildhauerwerkstätten, die diese Reliefs schufen, verwendeten Ausdrucksmittel der Volkskunst und waren von der höfischen Kunst
inzwischen weit entfernt. Es sind Künstler, die an einen beschränkteren Wirkungskreis
gewohnt waren, nämlich die laufende Produktion von Sarkophagen und anspruchslosen
Bildwerken, für die es immer einen Markt gab. Abgesehen von seiner historischen Bedeutung, ist der Konstantins-Bogen ein regelrechtes Museum der offiziellen römischen
Kunst – wohl das reichste und bedeutendste, das es gibt.

Das Kolosseum. Die Errichtung dauerhafter Bauwerke für Schauspiele stieß in Rom immer auf erbitterten Widerstand. Die Stadt erhielt deshalb erst von Pompejus ein Theater, das nicht wie die älteren, republikanischen nur vorübergehend aufgebaut wurde. Zahlreiche Städte in Italien, besonders in Campanien, besaßen schon jahrzehntelang Theaterbauten. Das gleiche galt auch für die Amphitheater. In Pozzuoli und in Pompeji wurden schon in sullanischer Zeit Amphitheater errichtet, während Rom erst unter dem Prinzipat des Augustus ein ständiges Amphitheater bekam (von Statilius Taurus auf dem Marsfeld errichtet). Als bei dem Brand 64 n.Chr. das Amphitheater des Taurus zerstört wurde, ersetzte Nero es durch eine provisorische Holzkonstruktion. Es blieb also den Flaviern vorbehalten, Rom mit einem großen Gebäude für Gladiatorenspiele auszustatten.

Die Bauarbeiten begannen in den ersten Jahren der Regierungszeit Vespasians, und zwar in dem Tal zwischen Palatin, Esquilin und Caelius. Hier war zuvor das Zentrum

*Außenansicht
des Kolosseums*

der *Domus Aurea* gewesen, ein künstlicher See, den Nero anlegen ließ. Die politische Absicht Vespasians war es, der Bevölkerung die in Neros gigantische Villa eingeschlossenen Teile der Stadt wieder zugänglich zu machen, um es so für sich zu gewinnen. Der gleichen Absicht diente die Errichtung der Titus-Thermen, die vielleicht die Privatthermen Neros ersetzten, und die Aufstellung der Statuen aus Neros Haus auf dem Templum Pacis.

Das Kolosseum wurde noch vor seiner Vollendung zum ersten Mal eingeweiht. Dies geschah vor Vespasians Tod (79 n.Chr.). Einer späten Chronik aus dem 4. Jahrhundert zufolge waren die Arbeiten damals bis zum dritten Rang gediehen, also bis zum zweiten Geschoß der Außenseite. Titus brachte die Arbeit zum Abschluß und veranstaltete ein zweites prunkvolles Einweihungsfest, das hundert Tage dauerte und bei dem fünftausend wilde Tiere getötet wurden.

Aber erst Domitian vollendete das Gebäude in allen Einzelheiten. Er führte den Bau, der gleichen Chronik zufolge, „bis zu den Schilden" ganz oben an der Außenseite. Wahrscheinlich wurden erst damals die gemauerten Untergeschosse unter der Arena angelegt. Es wäre sonst kaum verständlich, wie Vespasian und Domitian „Nauma-

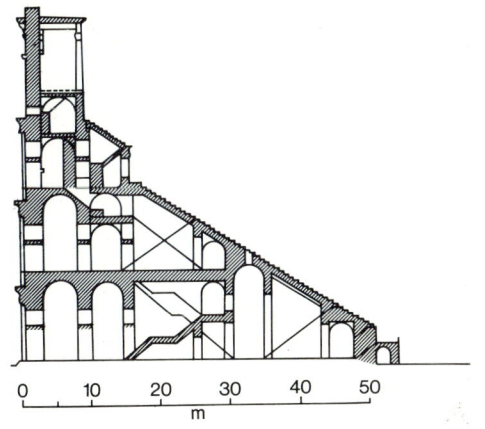

Schnitt durch das Kolosseum
Grundriß des Kolosseums

Seite 168/169:
Blick von Norden in das Innere des Kolosseums
und auf den Caelius. Man beachte das
komplizierte System unterirdischer Räume und
Gänge unter der Arena

0   10   20   30   40   50
m

chien" (Seeschlachten) im Amphitheater veranstalten konnten. Von derartigen Veranstaltungen ist später nicht mehr die Rede, sondern nur noch von Gladiatorenkämpfen *(munera)* und Tierhetzen *(venationes)*.

Die bloße Feststellung, das Kolosseum sei das größte Amphitheater der römischen Welt, besagt ohne Angabe einiger Zahlen wenig: der äußere Ring ist ungefähr 50 m hoch, der große Durchmesser der Ellipse beträgt 188 m, der kleine 156 m. Bei dem Bau wurden schätzungsweise mehr als 100000 m³ Travertin und 300 Tonnen Eisen

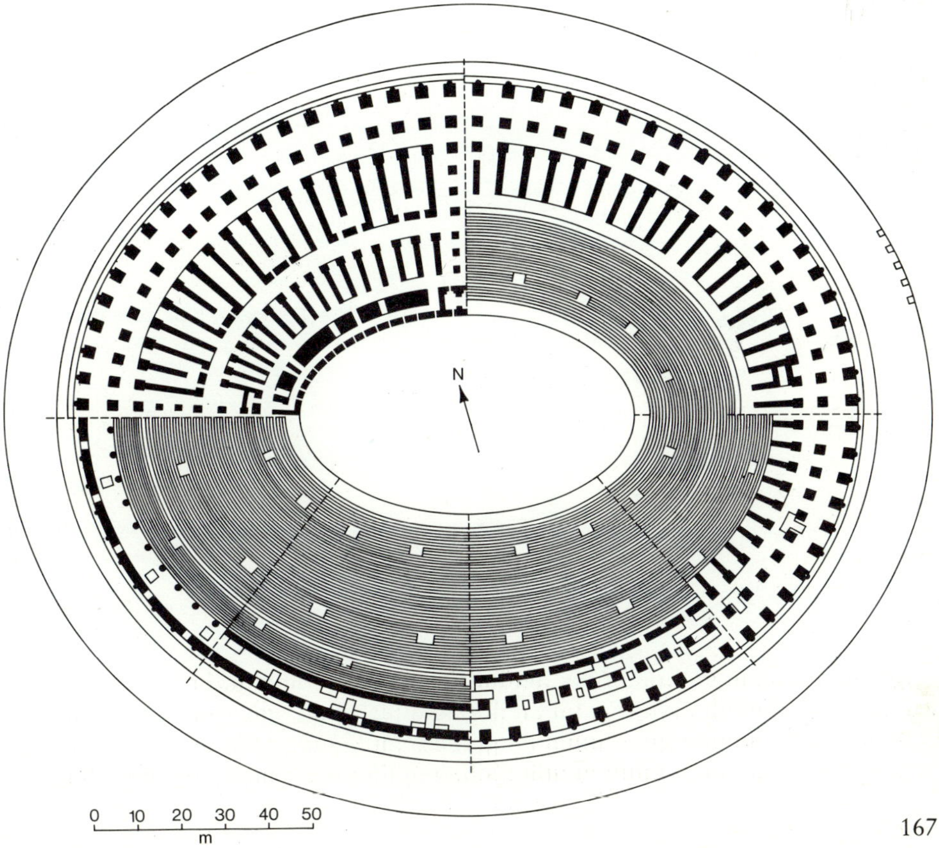

N

0   10   20   30   40   50
m

für die Klammern verwendet. Der äußere, ganz aus Travertin errichtete Ring, der nur teilweise erhalten ist, besteht aus vier Geschossen. In den drei unteren sind die Bögen mit Säulen eingefaßt, und zwar mit toskanischen im untersten Stockwerk, mit jonischen im zweiten und mit korinthischen im dritten. Das vierte Geschoß bildet eine Art Attika, die mit korinthischen Pilastern gegliedert wird. In jedem zweiten Mauerabschnitt befindet sich ein quadratisches Fenster. Auf zwei Dritteln der Höhe sind Konsolen eingefügt (je drei zwischen zwei Pilastern), denen darüber im Gebälk ebenso viele Löcher entsprechen (insgesamt 240). Hier wurden die Pfähle durchgesteckt, an denen das große Sonnensegel befestigt war. Um es auszuspannen und wieder einzuholen, waren Matrosen aus dem Hafen von Misenum angestellt, die in einer eigenen Kaserne in der Nähe des Amphitheaters untergebracht waren *(Castra Misenatium)*.

Durch die insgesamt 80 Bögen im Erdgeschoß erreichte man die Treppen zu den verschiedenen Rängen. Das komplizierte System erlaubte eine rasche Räumung des Gebäudes, ähnlich wie bei modernen Stadien. Über jedem Bogen ist eine Nummer angegeben, die der Nummer auf der Eintrittsmarke des Zuschauers *(tessera)* entsprach. Die vier Zugänge in den Hauptachsen trugen keine Nummern. Erhalten ist nur der auf der Nordseite. Hier sieht man Reste eines kleinen Portikus, der ihn besonders hervorgehoben haben muß, und in dem Gang selbst Reste einer verzierten Stuckdecke. Dies war der Zugang zum Ehrenplatz des Kaisers. Die anderen drei Eingänge müssen ebenfalls besonders privilegierten Gruppen vorbehalten gewesen sein: Staatsbeamten, Vestalinnen, Priestergemeinschaften und Ehrengästen.

In gewisser Entfernung vom Gebäude ist noch ein Stück der ursprünglichen Pflasterung erhalten. Hier sieht man die Reste einiger großer Pfosten aus Travertin, die konzentrisch um das ganze Kolosseum herum angeordnet waren und seine Bannmeile bezeichneten.

Der äußere Mauerring, von dem noch ungefähr zwei Fünftel erhalten sind, wird an beiden Seiten von zwei hohen Mauern gestützt, die der Architekt Valadier 1820 im Auftrag Pius' VII. erbaute (Inschriften). Die zahlreichen, unregelmäßigen Löcher bei den Quaderfugen entstanden im Mittelalter, als man die Eisenstifte herausbrach; um sie wieder zu verwenden.

In den fünf konzentrisch angeordneten Gängen, die das Gebäude durchqueren und deren Tonnengewölbe auf massiven Travertinpfeilern aufruhen, sind einige technische Einzelheiten zu beobachten, aus denen sich die außergewöhnlich kurze Bauzeit erklären läßt.

Das Konstruktionssystem wurde vor ungefähr fünfzig Jahren von Giuseppe Cozzo in einer sehr sorgfältigen Untersuchung erforscht.

Da das Kolosseum an der Stelle des künstlichen Sees erbaut wurde, konnte man sich bei der Fundamentierung auf das Allernötigste beschränken. Man baute lediglich ein fünftes Geschoß unter der Erde, das aus Travertinpfeilern besteht und auf einem betonierten Untergrund ruht. Die strahlenförmig angeordneten Mauern, die im Erdgeschoß aus Ziegeln errichtet sind, verlaufen anders als die Travertinpfeiler, die von unten bis oben durch das ganze Gebäude hindurchführen. Daraus ergibt sich, daß zunächst die Pfeiler und erst später die Mauern gebaut wurden. Man errichtete also zuerst ein regelrechtes Gerüst aus Travertinpfeilern, die dann auf den verschiedenen Stockwerken durch Bögen und Gewölbe verbunden wurden, auf denen die Schräge des Zuschauerraums auflag. So konnte gleichzeitig oben und unten gebaut werden. Unter anderem hatte dies den Vorteil, daß die Arbeit bei schlechtem Wetter nicht unterbrochen werden mußte. Aus technischen Unterschieden in der Arbeitsweise und bei der Verwendung der Baumaterialien ist auf vier Bauhütten zu schließen, von denen jede in einem der vier von den Hauptachsen gebildeten Abschnitte arbeitete.

Die halb zusammengestürzten Ränge und die fehlenden Stufen im Innern des Kolosseums geben nur noch eine blasse Vorstellung vom ursprünglichen Zustand. Da auch der Boden der Arena fehlt, wird der Besucher durch den Blick in das Labyrinth der unterirdischen Bedienungsgänge zusätzlich verwirrt; der räumliche Zusammenhang geht dabei völlig verloren. In diesem Untergeschoß, das wohl erst von Domitian angelegt wurde (jedenfalls erst nach dem Abschluß der übrigen Bauarbeiten), sind all die Einrichtungen untergebracht, die zur Durchführung der Spiele benötigt wurden: Maschinerien, Käfige für wilde Tiere, Waffen und anderes. In der herumgeführten Mauer öffnen sich dreißig Nischen, die nach Auffassung G. Cozzos für kleine Flaschenaufzüge da waren, mit denen die wilden Tiere und die Gladiatoren zur Arena heraufgebracht wurden (wie bereits erwähnt, gab es eine ähnliche Einrichtung unter dem Pflaster des Forums, das in republikanischer Zeit für Gladiatorenspiele benutzt wurde). Weiter innen folgen dann drei konzentrische, parallel zur Ellipse verlaufende Mauern mit mehreren Öffnungen, die den Durchgang in allen Richtungen ermöglichen. Die nächsten Zwischenwände, insgesamt vier, verlaufen rechtwinklig dazu, in der Richtung der Hauptachse. Sie bilden in der Mitte einen breiten und weiter außen mehrere schmalere Gänge. Man sieht hier Reste riesiger schiefer Ebenen aus Tuffblöcken, die dazu bestimmt waren mit Scharnieren und Gegengewichten jede Art von Kulissen, vor allem für die *venationes*, durch Drehung in die Mitte der Arena zu befördern. Zeitgenössische Schriftsteller berichten voller Bewunderung, wie plötzlich Hügel, Wälder und andere Bühnenelemente erschienen. Die hellenistische Theatertradition hatte zwar den Boden für derlei technische Spielereien längst bereitet, doch nahmen sie in den Amphitheatern dann ungeahnte Ausmaße an.

Der große Mittelgang und die beiden kleineren Gänge in der rechtwinklig dazu verlaufenden Achse führen bis aus dem Amphitheater heraus. Der östliche Gang reichte bis in den *Ludus Magnus*, die wichtigste Gladiatorenkaserne in der Nachbarschaft.

Der Boden der Arena bestand aus leicht zu bewegenden Holzbrettern. Dies erklärt, weshalb der Brand von 217 n.Chr. hier ausbrach und besonders heftig wütete. Während der Spiele wurde zwischen der Arena und dem Gang ein starkes, schweres Netz gespannt. Man befestigte es an Stangen, die zwischen zwei weiter unten sitzenden Konsolen eingefügt waren. Ein antiker Schriftsteller beschreibt das Netz genau: am oberen Rand waren Elephantenzähne als Spitzen angebracht, außerdem verhinderten Rollen, die sich in horizontaler Richtung drehten, die wilden Tiere am Überspringen des Netzes. Trotzdem standen in dem Gang zwischen den Zuschauerreihen und dem Netz ständig einige Bogenschützen bereit, die wohl in den Nischen im Podium Posten bezogen.

Die Zuschauerplätze gliedern sich in fünf übereinander angeordnete Ränge: gleich hinter der Absperrung steigen einige wenige Stufen an, dann folgen drei Ränge *(maeniana)* und oberhalb davon, unter einer Säulenreihe, ein vierter mit Stufen aus Holz *(maenianum summum in ligneis)*. Wie heute, gab es auch damals verschiedene Platzgruppen, mit dem großen Unterschied jedoch, daß es nicht von der Bezahlung abhing, wo man saß: der Eintritt war kostenlos. Hier zeigt sich die Strenge der römischen Klassengesellschaft besonders deutlich: die einzelnen Bevölkerungsschichten hatten nur zu ganz bestimmten Plätzen Zugang, seit republikanischer Zeit war dies gesetzlich geregelt. Die Plätze an der Arena (im Theater, an der Orchestra) waren der Klasse der Senatoren vorbehalten, die vierzehn folgenden Stufen, also das erste *maenianum*, den Rittern, und die folgenden den übrigen Schichten, immer in der sozialen Hierarchie absteigend. Die allerschlechtesten Plätze im *maenianum summum*, dem geringsten Rang mit den Holzbänken, waren für die Frauen bestimmt: der Göttliche Augustus hielt es aus moralischen Gründen für geraten, auf diese Weise der Promiskuität in den

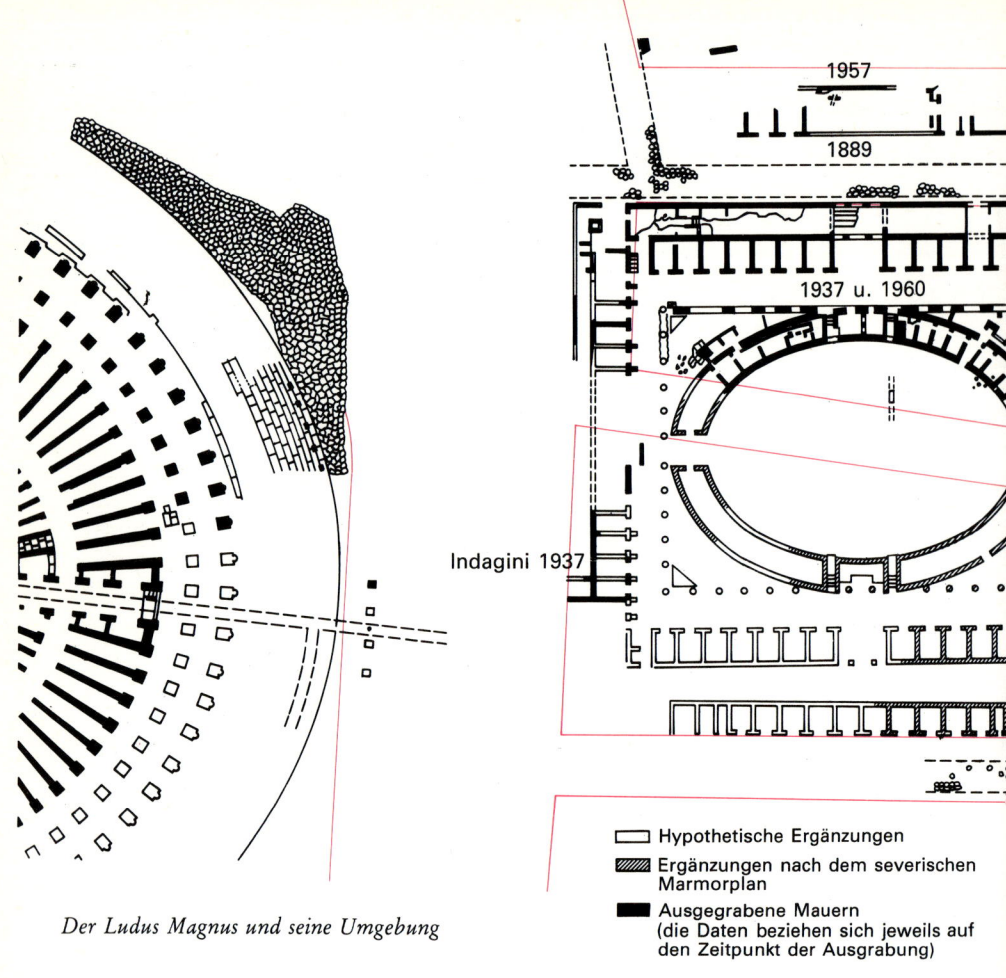

1957

1889

1937 u. 1960

Indagini 1937

☐ Hypothetische Ergänzungen

▨ Ergänzungen nach dem severischen Marmorplan

■ Ausgegrabene Mauern
(die Daten beziehen sich jeweils auf
den Zeitpunkt der Ausgrabung)

Der Ludus Magnus und seine Umgebung

Theatern ein Ende zu setzen (diese waren, wie aus Ovids Liebeskunst hervorgeht, zum Anknüpfen von Bekanntschaften besonders beliebt).

Auf den erhaltenen Stufen zeigen Inschriften an, für welche Klassen und Gruppen die Plätze vorgesehen waren, z. B. *equitibus romanis* („für die römischen Ritter"), *paedagogibus puerum* („für die Lehrer der Unterstufe"), *hospitibus publicis* („für die Staatsgäste"), *clientibus* („für die Klienten", in der Kaiserzeit gleichbedeutend mit „für die Plebs"), *Gaditanorum* („für die Einwohner von Gades"). Wie man sieht, sind die Plätze nie für Individuen, sondern immer für ganze Bevölkerungsgruppen vorgesehen. Dies geht auch aus einer berühmten Inschrift aus dem Jahre 80 n. Chr., also dem Jahr der Einweihung, hervor. Sie enthält ein Dekret, das der Priestergemeinschaft der *Arvales*, die aus zwölf Personen bestand, eine nicht unbeträchtliche Anzahl von Plätzen zusichert. Insgesamt 129 Fuß (mehr als 38 m) standen den Priestern, ihren Familien, ihren Herolden u. a. zur Verfügung, selbstverständlich an verschiedenen Stellen im Amphitheater, wie es dem jeweiligen Stand dieser Personen entsprach.

Eine Ausnahme bilden nur die Sitzreihen der Senatoren. Im Gegensatz zu den anderen Stufen sind sie ganz aus Marmor, während sonst nur die Tafeln mit den Inschriften aus Marmor sind. Auf diesen unteren Stufen sind die Namen einzelner Personen eingemeißelt, die mehrfach erneuert werden mußten, so daß man zahlreiche Abarbeitungen sehen kann. Da jeder Senator Anspruch auf seinen persönlichen Platz hatte, mußte bei seinem Tod oder seinem Aufstieg in den nächsthöheren Rang innerhalb der Senato-

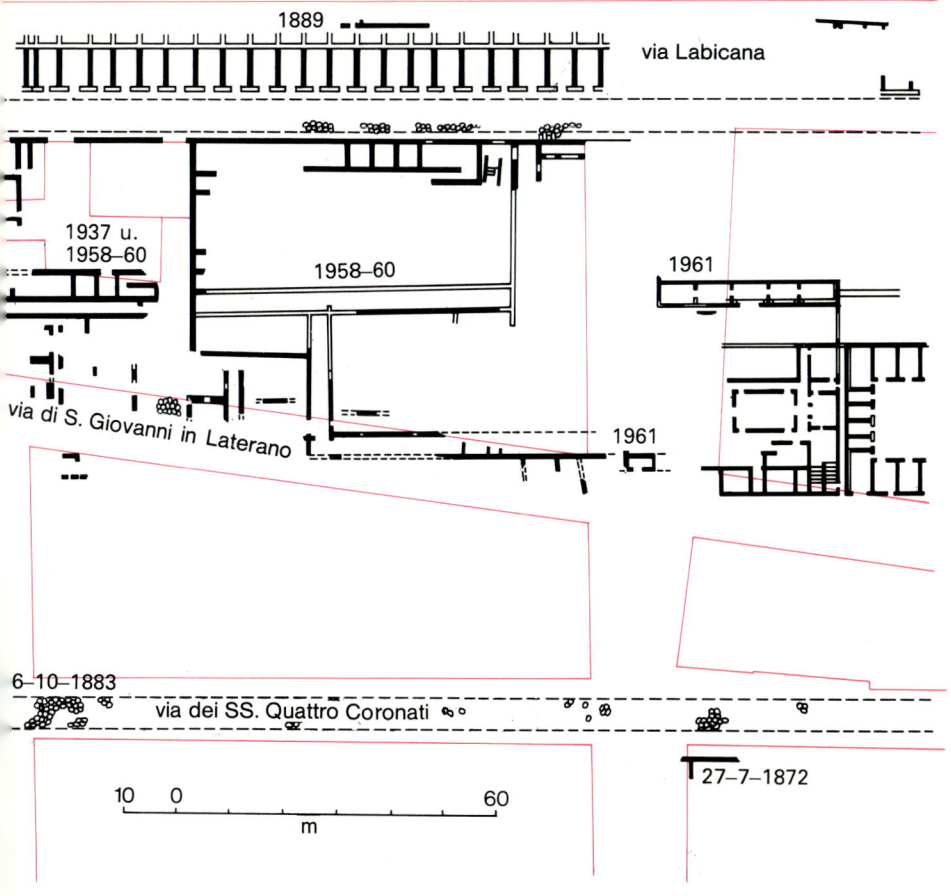

via Labicana

1889

1937 u.
1958–60

1958–60

1961

via di S. Giovanni in Laterano

1961

6–10–1883

via dei SS. Quattro Coronati

27–7–1872

10   0   60
        m

rengruppe (von den *clarissimi* über die *spectabiles* zu den *illustres*) sein Name weggemeißelt werden, um einem anderen Platz zu machen. Erhalten sind deshalb nur die Namen der Personen, denen unmittelbar vor der Stillegung des Amphitheaters die Plätze gehörten. Bei einer neueren Untersuchung der Inschriften wurden die Namen von 196 Mitgliedern der Senatorenschaft aus der Zeit Odowakers, kurz nach dem Untergang des Weströmischen Reichs (zwischen 476 und 483), identifiziert.

Wie viele Zuschauer das Amphitheater faßte, ist immer noch nicht ausreichend geklärt. Im allgemeinen schließt man sich der Schätzung an, die Ch. Hülsen am Ende des vorigen Jahrhunderts anstellte: ihm zufolge bezieht sich die im Katalog der Regionen genannte Zahl von 87 000 *loca* lediglich auf die Gesamtlänge der Stufen in Fuß. Das Kolosseum besaß 45 bis 50 Stufenreihen; hinzu kommen die hölzernen Stufen des *maenianum summum*. Dies ergibt eine geschätzte Gesamtlänge der Stufen von ungefähr 20 280 m, also 68 750 Fuß. Wenn man davon ausgeht, daß jede Person mindestens 44 cm benötigt, so kommt man nur auf 40 000 bis 45 000 Sitzplätze. Hinzuzurechnen sind noch die ungefähr 5000 Stehplätze im obersten Rang. Nach anderen Schätzungen betrug die Gesamtlänge der Stufen 30 000 m, also 88 000 Fuß, was der Angabe im Regionen-Katalog näherkäme. Nimmt man für einen Sitzplatz wieder 44 cm an, so kommt man auf ungefähr 68 000 Sitzplätze, und zusammen mit den Stehplätzen auf ungefähr 73 000 Zuschauer.

Das Gebäude mußte nach Bränden und Erdbeben mehrfach restauriert werden, und zwar unter Nerva, Antoninus Pius, Elagabal und Alexander Severus (nach der Brandkatastrophe von 217), vielleicht auch unter Gordian. Zur Zeit des Decius ereignete sich im Jahre 250 ein weiterer schwerer Brand.

Die späteren Restaurierungen sind durch Inschriften besonders gut belegt. 320 wurde das Gebäude unter Konstantin von einem Blitzschlag beschädigt. Die von dem Stadtpräfekten Anicius Acilius Glabrio Faustus durchgeführten Arbeiten stehen vermutlich mit dem Erdbeben von 429 in Zusammenhang. 443 fand wieder ein Erdbeben statt, das Restaurierungen nötig machte. Gleichzeitig mit diesen Katastrophen mußten die Darbietungen auf Geheiß christlicher Kaiser mehrfach eingeschränkt werden. Ende des 5. Jahrhunderts schaffte Honorius die Gladiatorenkämpfe ab. Valentinian III. führte sie zu Beginn seiner Herrschaft zwar wieder ein, verbot sie jedoch selbst 438 wieder. Nur die *venationes* blieben erlaubt, doch waren für sie die Wagenrennen im Zirkus eine starke Konkurrenz. Während der folgenden Jahre wurden die untersten Stufen völlig erneuert. Hier sind die Namen von 195 Senatoren aus den Jahren 476–483 eingemeißelt. Danach wurde, abgesehen von einigen kleinen Reparaturen zur Zeit Theoderichs, am Amphitheater nichts mehr ausgebessert. Die letzte Darbietung wird in einem Brief Theoderichs an Maximus, den Konsul des Jahres 523, erwähnt. Dieser hatte darum gebeten, bei seiner Amtsübernahme eine *venatio* veranstalten zu dürfen. Mit einer gewissen Mißbilligung wurde ihm dies zwar erlaubt, doch war es das letzte Mal.

Bis in das 11. Jahrhundert lag das Amphitheater verlassen, nur in der apokalyptischen Prophezeiung des Beda ist von ihm die Rede (,,Solange das Kolosseum steht, wird Rom stehen; wenn das Kolosseum fällt, fällt auch Rom, wenn Rom fällt, fällt auch die Welt"). Im 11. Jahrhundert besetzten die Frangipane den Bau, den sie in eine Festung umwandelten.

Zwischen dem Kolosseum und der Via dei Fori Imperiali ist im Straßenpflaster ein großes Quadrat (Seitenlänge 7,5 m) mit andersfarbigen Steinen gekennzeichnet. Hier stand die Basis der riesigen Bronzestatue Neros. Die Reste der Basis wurden 1936 beim Bau der Via dei Fori Imperiali barbarisch zerstört. Die Statue war, wie Plinius berichtet, das Werk eines griechischen Bildhauers namens Zenodoros, der für den Gallierstamm der Arverner eine Kolossalstatue ihrer mit Merkur identifizierten Stammesgottheit geschaffen hatte.

Das Vorbild der Nero-Statue war ganz offensichtlich der Koloß von Rhodos, den Chares aus Lindos Anfang des 3. Jahrhunderts v. Chr. geschaffen hatte. Doch übertraf hier der Schüler seinen Meister, zumindest in den Ausmaßen: der Koloß von Rhodos war 70 Ellen, also ungefähr 32 m hoch, der in Rom dagegen – nach Plinius – 119 Fuß, also mehr als 35 m. Die Aussage von Plinius wird durch die Ausmaße der Basis bestätigt: eine größere Bronzestatue hatte es noch nie gegeben. Es war ein Porträt Neros in Gestalt des Sonnengottes *Helios*, das zunächst im Atrium der Domus Aurea stand, wo Hadrian später den Tempel der Venus und Roma errichtete. Damals wurde es in die Nähe des Kolosseums versetzt. Die technische Leitung dieses Unternehmens, für das man 24 Elephanten benötigte, hatte ein Architekt namens Decrianus. Die Nero-Statue wurde damals zu einem Helios umgearbeitet. Commodus gab ihr zwar seine Züge, doch verwandelte man nach seinem Tod die Statue erneut in einen Helios.

Einige Münzbilder geben die Statue wieder, die mit der Basis ungefähr die Höhe des Kolosseums erreicht haben muß. Die Statue besaß einen Strahlenkranz und stand auf ein Steuerruder gestützt, das vielleicht erst später hinzugefügt wurde.

Das Kolosseum erhielt seinen Namen, der zum ersten Mal im 8. Jahrhundert erwähnt wird, nicht wegen seiner Größe, sondern wegen seiner Nähe zu der Kolossalstatue.

Beim Konstantins-Bogen stand auf der zum Kolosseum gelegenen Seite bis 1936 die *Meta Sudans*, ein monumentaler Brunnen. Die Form des konischen Steins, über den das Wasser herabfloß, erinnerte an eine *Meta* (Ziel- bzw. Wendepunkt im Zirkus). Vielleicht hängt dies mit der Lage des Brunnens zusammen, denn an dieser Stelle stoßen vier (oder auch fünf) augusteische Regionen aneinander (VIII, X, III, II, I). Der aus domitianischer Zeit stammende, aus Ziegelsteinen erbaute Brunnen wurde während des Faschismus zerstört, ohne daß es dafür einen vernünftigen Grund gegeben hätte.

Der Ludus Magnus. Unmittelbar östlich vom Kolosseum liegen zwischen der Via Labicana und der Via di S. Giovanni in Laterano die Ruinen eines großen Bauwerks. Es handelt sich um den *Ludus Magnus*, die wichtigste Gladiatorenkaserne, die ebenso wie die übrigen von Domitian erbaut wurde. Obwohl die Anlage schon 1937 entdeckt wurde, kamen die Grabungen erst 1959 bis 1961 zu einem Abschluß. Der Südteil liegt zum Teil unter den Häusern zwischen der Via di S. Giovanni und der Via dei SS. Quattro Coronati, zum Teil unter der Via di S. Giovanni, doch kann er aufgrund eines Fragments des severischen Marmorplans rekonstruiert werden.

Die ganz aus Ziegeln errichtete Anlage besteht im wesentlichen aus einem rechteckigen, ursprünglich vermutlich dreistöckigen Gebäude mit einem großen, von Portiken eingefaßten Innenhof. An diesem Hof lagen rechteckige Kammern – erhalten sind einige auf der West- und der Ostseite sowie alle vierzehn auf der Nordseite –, in denen die Gladiatoren wohnten. Auf der Nordseite war in der Achse des Hofs ein monumentaler Eingang, zu dem einige Stufen von der Via Labicana hinunterführten, die in trajanischer Zeit höher gelegt worden war (auf Trajan gehen einige wichtige Restaurierungen des Gebäudes zurück). Wahrscheinlich lag hier der Haupteingang. Insgesamt erinnert der Bautyp an Kasernen, zum Beispiel die der *Vigiles* in Ostia. Seine Besonderheit liegt darin, daß in den Hof ein kleines Amphitheater eingebaut ist, das den Portikus an vier Stellen berührt. Offensichtlich diente es als Übungsplatz für die Gladiatoren. Die eine Hälfte der Ellipse ist auf der Seite zur Via di S. Giovanni erhalten. Um die Arena lag ein kleiner Zuschauerraum, der von strahlenförmig angelegten Räumen gestützt wurde. Zu den Zuschauerplätzen gelangte man über kleine Treppen an der Außenseite, zur Arena selbst durch vier in den Hauptachsen gelegene Eingänge. Auf der Höhe des Haupteingangs war in der Mitte der kürzeren Achse eine Ehrentribüne, die wohl vom oberen Portikus aus zu erreichen war.

In allen vier Ecken des Hofs standen kleine dreieckige Brunnen, von denen in der Nordwestecke noch einer zu sehen ist (stark restauriert).

Die Untersuchung der Anlage, der einzigen erhaltenen dieser Art, hat zur Klärung zahlreicher Fragen beigetragen, da vor allem aus den Inschriften und den Kritzeleien auf den Wänden auf das Leben der Gladiatoren und die Organisation der Spiele geschlossen werden kann.

Südlich vom Ludus Magnus wurden die (heute nicht mehr sichtbaren) Reste einer ähnlichen, etwas kleineren Kaserne gefunden; wahrscheinlich war dies der *Ludus Dacicus*. In unmittelbarer Nachbarschaft müssen zwei weitere Kasernen gewesen sein, der *Ludus Gallicus* und der *Ludus Matutinus*, in dem die *bestiarii* (die Kämpfer gegen die wilden Tiere) untergebracht waren. Zum Amphitheater gehörte eine Reihe weiterer Dienstleistungsbetriebe, die alle einem kaiserlichen Prokurator aus dem Ritterstand unterstellt waren. Dazu gehörten die *Castra Misenatium* (das Lager der Matrosen vom Hafen von Misenum, die das Sonnensegel zu bedienen hatten), das *Spoliarium* (wo die toten Gladiatoren entkleidet wurden), das *Saniarium* (ein Krankenhaus für die Gladiatoren) und das *Armamentarium* (Waffenlager). Alle diese Gebäude lagen in der Nähe des Caelius und in der augusteischen Regio II (bis auf die *Castra Misenatium*, die in der Regio III lagen). Hinzuzurechnen ist das in der Regio III gelegene *Summum Choragium*, in dem die Bühnenmaschinen vorbereitet und aufbewahrt wurden.

Die Gladiatoren-Kaserne (Ludus Magnus)
mit dem Kolosseum im Hintergrund

Zwischen dem Ludus Magnus und S. Clemente kamen beim Bau der jetzigen Steuerannahmestelle der Gemeinde zahlreiche Räume eines Ziegelbaus zum Vorschein, die
möglicherweise zum *Summum Choragium* gehörten. Unter ihnen liegen die Ruinen
einiger beim neronischen Brand des Jahres 64 n. Chr. zerstörter Häuser, in denen man
sehr schöne Mosaiken aus republikanischer Zeit fand (diese Mosaiken und einige aus
späterer Zeit werden im Gebäude der Steuerannahmestelle aufbewahrt).

DIE AUGUSTEISCHEN REGIONEN

Der Caelius

Geschichte und städtebauliche Entwicklung

In der augusteischen Einteilung der Stadt in vierzehn Regionen bildet der Caelius die *Regio II, das Caelimontium.* Die Ausdehnung dieses Viertels ist nicht genau bekannt; dies gilt vor allem für die Ostseite. Wahrscheinlich bildeten die Abhänge des Hügels seine Begrenzung: im Westen gegen den Palatin hin die heutige Via S. Gregorio, im Süden die heutige Via delle Terme di Caracalla und im Norden die Via dei SS. Quattro Coronati (das Kolosseum selbst gehört zur Regio III). Unklar ist, ob im Osten der Lateran noch dazugehörte. Im folgenden Kapitel wird auch die im Osten gelegene Gegend zwischen dem Lateran und der Porta Maggiore beschrieben, die zwar zur *Regio V (Esquiliae)* gehört, die jedoch wegen ihrer geographischen Lage zum Caelius gerechnet werden kann.

Der Caelius erhebt sich als eine Art langgestrecktes Vorgebirge (2 km lang, 400–500 m breit) aus der Ebene, aus der auch der Esquilin, der Viminal und der Quirinal emporsteigen.

Der älteste Name des Caelius soll *Mons Querquetulanus* („Eichen-Berg") gelautet haben. Der sagenhaften Überlieferung zufolge wurde der Hügel später nach Caelius Vibenna benannt. Er war einer der beiden Brüder aus Vulci, mit deren Hilfe es Servius Tullius gelang, erst den Caelius und dann Rom selbst zu erobern, das er dann als sechster König regierte. Der Caelius gehörte tatsächlich zu dem ältesten städtischen Zusammenschluß, den die antiken Schriftsteller als *Septimontium* („Sieben-Hügel-Stadt") bezeichnen. An diese fernen Zeiten erinnerten vor allem die Kulte der heiligen Haine und Quellen. Hier lag gleich vor der *Porta Capena* das Heiligtum der Nymphe Egeria im Hain der Camenae, das besonders eng mit Numa Pompilius, dem zweiten König von Rom, verbunden war. Die Randlage des Hügels, der zum großen Teil außerhalb des *Pomerium*, der geheiligten Stadtgrenze lag, geht aus den fremden Heiligtümern hervor, die hier errichtet wurden. Bezeichnend für diese Verpflanzung von Kulten ist der Name *Minerva Capta* („gefangene Minerva"), den ein aus Falerii nach der Eroberung und Zerstörung der Stadt 241 v.Chr. in Rom eingeführter Kult bekam. Der Tem-

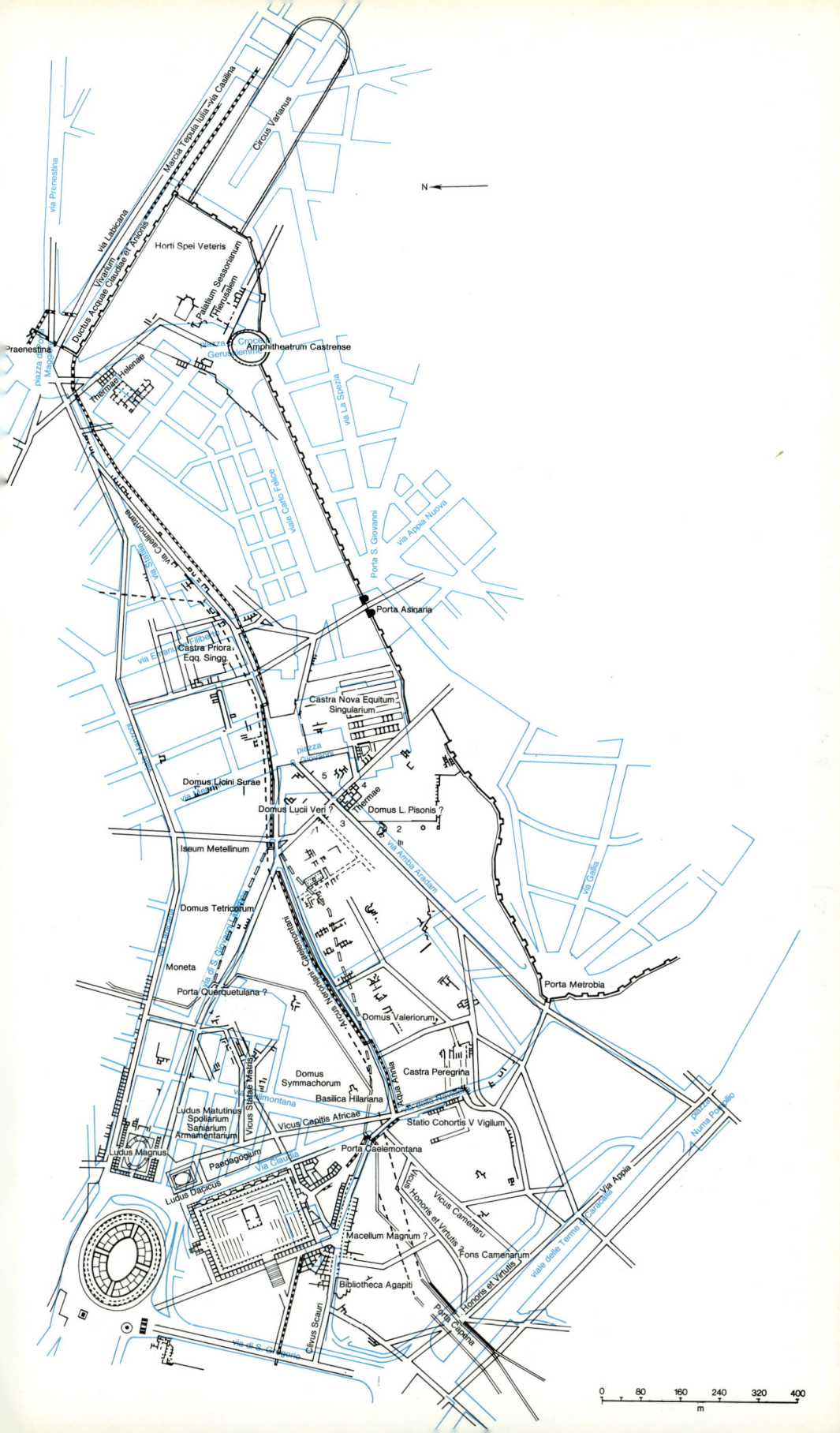

N

via Prenestina

Marcia Tepula Iulia – via Casilina

Circus Varianus

via Labicana

Viridium

Ductus Acquae Claudiae et Anionis

Horti Spei Veteris

L. Palatium Sessorianum

Hierusalem

Praenestina

piazza S. Croce in Gerusalemme

Amphitheatrum Castrense

piazza di P. Maggiore

Thermae Helenae

via La Spezia

viale Carlo Felice

Porta S. Giovanni

via Appia Nuova

via Statilia

via Conte Verde

Porta Asinaria

via Emanuele Filiberto

Castra Priora
Eqq. Singg.

Castra Nova Equitum
Singularium

piazza
S. Giovanni

Domus Licini Surae

5   4

via Merulana

Thermae

Domus Lucii Veri ?   Domus L. Pisonis ?

3

2

Iseum Metellinum

via Amba Aradam

via Gallia

Domus Tetricorum

via dei SS. Quattro Coronati

Arcus Neronani Claudianae

Moneta

Porta Metrobia

Porta Querquetulana ?

Domus Valeriorum

Aqua Antia

Domus
Symmachorum

Castra Peregrina

via Celimontana

Basilica Hilariana

Ludus Matutinus
Spoliarium
Saniarium
Armamentarium

Vicus Statae Matris

Vicus Capitis Africae   Statio Cohortis V Vigilum

Ludus Magnus

Paedagogium

Porta Caelemontana

Vicus Camenaru

Numa Pompilio

Ludus Dacicus

via Claudia

SCDM

Honoris et Virtutis

Via Appia

Macellum Magnum ?   Fons Camenarum

viale delle Terme di Caracalla

Bibliotheca Agapiti

Honoris et Virtutis

Clivus Scauri

via di S. Gregorio

Porta Capena

0   80   160   240   320   400
m

pel lag auf dem *Caeliolus*, einem Ausläufer des Caelius, vermutlich an der Stelle, wo jetzt die Kirche SS. Quattro Coronati auf einem Vorsprung des Hügels steht. Hier befindet man sich schon außerhalb der *Porta Querquetulana*, jenseits der Servianischen Stadtmauer. In derselben Gegend befand sich ein uralter Kultplatz der Diana, den L. Piso Caesoninus zur Zeit Ciceros zerstören ließ. Wahrscheinlich stand hier auch der Tempel des *Hercules Victor*, den Lucius Mummius zwischen 146 und 142 v. Chr. errichtete. Die Weihinschrift ist erhalten und befindet sich in den Vatikanischen Museen.

Aus republikanischer Zeit stammen einige Gräber. In einem kürzlich an der antiken *Via Caelimontana* kurz vor der Piazza S. Giovanni in Laterano entdeckten Kammergrab wurden ein großer Sarkophag, einige Aschenurnen und sehr aufschlußreiche Grabbeigaben gefunden, Terrakotten und Keramiken, die um 300 v. Chr. zu datieren sind. An der gleichen Straße entdeckte man in einiger Entfernung spätere, jedoch ebenfalls noch aus republikanischer Zeit stammende Gräber.

In spätrepublikanischer Zeit wurde das Viertel zu einer vornehmen Wohngegend. Damals entstanden hier einige besonders luxuriöse Häuser. Eines davon gehörte dem *praefectus fabrum* Cäsars, Mamurra, auf den Catull einige seiner beißendsten Spottgedichte verfaßt hat. Plinius beschreibt dieses Haus, das als erstes mit Marmor verkleidete Wände und Säulen aus Cipollino und Marmor von Luni besaß.

Während der Kaiserzeit verheerten zweimal Brände den Hügel: einmal unter Tiberius (27 n. Chr.) und einmal unter Nero (64 n. Chr.). Danach wurden auch einige öffentliche Bauten wiederhergestellt, unter anderem das *Macellum Magnum*, ein großer, von Nero gebauter Markt. Nero bezog einen Teil des Hügels in seine *Domus Aurea* ein. In jenen Jahren wurde auch das *Claudium*, ein riesiger Tempel des vergöttlichten Claudius, errichtet. Nero beschlagnahmte eine Anzahl bedeutender Privathäuser, deren Besitzer er im Zusammenhang mit der Verschwörung des Piso zum Tode verurteilt hatte. Zu ihnen gehörte auch der Besitz der Laterani, dem in der späteren Geschichte der Stadt eine besondere Bedeutung zukommen sollte.

Das Bild dieses Viertels wurde auch von Kasernen geprägt. Bei S. Maria in Domnica war die der fünften Kohorte der *Vigiles* (Feuerwache), außerdem gab es hier zwei Kasernen der *Equites singulares*, einer vom Kaiser ausgestatteten Wachtruppe. Die eine davon lag in der Gegend der Via Tasso, wo sich auch ein Mithras-Heiligtum befand. Wahrscheinlich wurde sie von Trajan erbaut, der diese Truppe ins Leben gerufen hatte. Die andere, die *Castra nova equitum singularium*, wurde von Septimius Severus errichtet, der hierfür zum Teil die Häuser der Laterani zerstörte. Reste dieser Anlage, die an der Stelle von S. Giovanni in Laterano lag, kamen während der vergangenen Jahrhunderte immer wieder zum Vorschein. 1934 bis 1938 wurden sie von neuem ausgegraben. Konstantin löste die Truppe der *Equites singulares* auf, so daß die beiden Kasernen überflüssig wurden. An der Stelle der zweiten entstand die Lateran-Basilika. In den *Castra peregrina*, einer weiteren Kaserne, waren die Soldaten der Provinzheere untergebracht, wenn sie Sonderaufgaben in Rom wahrzunehmen hatten (bei der Polizei, als Kuriere oder am Hof). 1905 wurden südlich von S. Stefano Rotondo Reste dieser Kaserne gefunden. Wahrscheinlich gehört auch das schöne Mithräum, das kürzlich unter der Kirche entdeckt wurde (die Grabung ist noch im Gange), zu dieser Kaserne. Zwei Phasen lassen sich hier unterscheiden, eine aus dem 2. Jahrhundert n. Chr. und eine Erweiterung nach der Mitte des 3. Jahrhunderts. Aus der zweiten Phase stammen Plastiken aus Stuck (unter anderem ein Minerva-Kopf, an dem die originale Vergoldung erhalten ist) und aus Marmor (zwei Statuen des Mithras, wie er gerade aus dem Fels geboren wird). Das Militärkrankenhaus auf dem Caelius stellt in gewisser Weise eine Fortführung dieser besonderen Tradition des Hügels dar.

Während die Abhänge zum Esquilin und dem Kolosseum hin mit mehrstöckigen Miethäusern *(insulae)* zugebaut gewesen sein müssen, wurde der obere Teil des Hügels in der Kaiserzeit zum vornehmen Wohnviertel. Domitia Lucilla Minor hatte hier ihre Villa, in der Mark Aurel zur Welt kam (seine Reiterstatue aus Bronze, die jetzt auf dem Kapitol steht, stammt vom Caelius; sie befand sich lange Zeit in der Nähe von S. Giovanni in Laterano). Auch Commodus, der Sohn Mark Aurels, wohnte auf dem Caelius und wurde dort ermordet.

Die letzten Herrscher aus der severischen Familie bauten am östlichen Ausläufer des Hügels, wo heute die Kirche S. Croce in Gerusalemme steht, eine neue kaiserliche Villa, das spätere *Sessorium.* Hier wohnte Helena, die Mutter Kaiser Konstantins. Einige der wichtigsten adeligen Familien des 4. Jahrhunderts hatten Häuser an der *Via Caelimontana,* zum Beispiel die Valerii (bei S. Stefano Rotondo) und die Symmachi (beim Militärkrankenhaus); mehrfach stieß man auf Reste dieser Häuser.

Nach Alarichs Plünderung im Jahre 410 baute man viele Häuser nicht wieder auf. So wurde der Hügel immer einsamer und stiller und blieb es sogar teilweise noch bis heute, was ihn zu einer der wirkungsvollsten und schönsten Stellen Roms macht.

Eine große, sicher uralte Straße lief über den ganzen Rücken des Hügels (wie beim Quirinal). Ihr antiker Name ist nicht bekannt, wahrscheinlich hieß sie *Via Caelimontana.* Sie führte aus der *Porta Caelimontana* (dem Bogen des Dolabella) heraus zur Porta Maggiore. Ihr Verlauf entspricht genau dem der heutigen Via S. Stefano Rotondo, Piazza S. Giovanni in Laterano und Via Domenico Fontana. Den gleichen Weg nahmen auch die vier Wasserleitungen, die über den Caelius führen, die *Aqua Appia,* die *Marcia,* die *Iulia* und die *Claudia.* Die ersten drei verliefen unterirdisch (an mehreren Stellen fand man Reste der Rohre und der Kanäle), nur die *Aqua Claudia* wurde über Bögen, die zum großen Teil erhalten sind, geleitet. Nero baute diese Abzweigung der *Aqua Claudia,* um den künstlichen See und die *Domus Aurea* mit Wasser zu versorgen. Domitian verlängerte die Leitung dann bis auf den Palatin. Sie wurde mehrfach restauriert, besonders ausgiebig von Septimius Severus. Das erste Stück bei der Porta Maggiore ist gut erhalten, dann folgen einige Abschnitte in der Villa Wolkonsky, in der Via Domenico Fontana, auf der Piazza S. Giovanni, entlang der Via S. Stefano Rotondo (auf der Höhe des Militärkrankenhauses), in der Mitte der Piazza Navicella, neben und über dem Bogen des Dolabella und im Garten der Passionisten. Von hier führt die Leitung zum Tempel des Divus Claudius (SS. Giovanni e Paolo), wo das Wasser in einer großen Zisterne gesammelt wurde. Dieses letzte Stück ist auf einem Fragment des severischen Marmorstadtplans dargestellt.

Bei der Porta Caelimontana gabelte sich die *Via Caelimontana* vor ihrem Eintritt in die Stadt in vier Straßenzüge. Der *Clivus Scauri* führte durch das Tor bis zum Tal beim Palatin, der *Vicus Camenarum* nach Südwesten zur Porta Capena hinunter, der *Vicus Capitis Africae* nach Norden zum Tal beim Kolosseum und eine vierte Straße nach Süden zum Tal der Ferratella.

Eine zweite wichtige Verkehrsachse bildete die *Via Tusculana,* die etwa der heutigen Via SS. Quattro Coronati entspricht. Sie führte vom Kolosseum am Ludus Magnus vorbei durch die *Porta Querquetulana* aus der Servianischen Stadtmauer hinaus (auf der Höhe der Kirche der SS. Quattro Coronati). Dann kreuzte sie die *Via Caelimontana* und führte durch ein Ausfalltor in der Aurelianischen Mauer (bei S. Giovanni in Laterano) nach Tusculum (Frascati).

Beschreibung der Denkmäler

Der Tempel des Divus Claudius. Auf der Westseite des Caelius stand auf seiner höchsten Erhebung der riesige Tempel des Divus Claudius. Seine Baugeschichte war voller Hindernisse: Agrippina begann 54 gleich nach dem Tod des Kaisers mit dem Bau, den Nero zum Teil wieder zerstörte und in ein Nymphäum umwandelte. Wie Martial berichtet, bildete es den äußersten Punkt der *Domus Aurea*.

Vom Tempel selbst ist nichts mehr erhalten. Er stand auf einer großen, rechteckigen Plattform (180 × 200 m), die mit mächtigen, zum Teil noch sichtbaren Mauern abgestützt wurde. Ein Teil der Westseite, der im Kloster und im Campanile (Südwestecke) der Kirche SS. Giovanni e Paolo erhalten ist, gehört zur ältesten Bauphase. Es sind einige in mehreren Stockwerken übereinander angeordnete, miteinander verbundene Räume, die an eine Mauer aus mehreren Schichten (Tiefe 6,10 m) herangebaut sind. Hinter ihr liegen zwei parallele Gänge. Die Vorderseite besteht ganz aus Travertinblöcken, die zumeist nur grob behauen sind. Dieser „rustikale" Stil ist charakteristisch für Bauten aus claudischer Zeit. Man findet ihn beispielsweise bei der Porta Maggiore, an den Bögen der Aqua Virgo im Marsfeld oder den Portiken des claudischen Hafens in Ostia. Dieser Teil der Anlage wurde demnach gleich nach dem Tod des Kaisers gebaut. Nero zerstörte nur den eigentlichen Kultbau, nicht aber die Fundamentierungen. Die Bögen sind durch dorische Pilaster voneinander getrennt, deren Kapitelle sorgfältig ausgearbeitet sind. Darüber liegt ein schwerer Architrav. Das heutige Niveau entspricht dem zweiten Stockwerk; bei einer Tiefengrabung wurde ein Teil des Erdgeschosses gefunden. Die strahlenförmig angeordneten Mauern der tonnenüberwölbten Räume sind aus Ziegelsteinen. Ursprünglich waren die Arkaden mit ähnlichen Mauern verschlossen, in denen nur einige Fenster ausgespart waren. In der Mitte der Fassade führte eine Treppe zum Tempel. Von dem Vorsprung, auf dem sie auflag, sind einige in ein modernes Gebäude verbaute Ziegelmauern erhalten.

Auch die Nordseite, von der nur wenig erhalten ist, bestand aus einer Reihe von Räumen, die an eine Mauer herangebaut sind. In einiger Entfernung von den Fundamentierungen steht ein Überrest eines Ziegelbaus, der vielleicht zu einer in Terrassen zum Kolosseum hin absteigenden Freitreppe gehörte. Wahrscheinlich floß Wasser über die Stufen. Von hier stammt der große Wasserspeier in Form eines Schiffbugs mit einem Eberkopf daran. Da er in die Mitte des 1. Jahrhunderts n. Chr. zu datieren ist, dürfte er zu diesem Gebäude gehört haben (jetzt im Museo Nuovo Capitolino).

Von der Südseite ist noch weniger erhalten, da der Hügel hier am höchsten war und keine besonders hohen Stützmauern benötigt wurden.

Am besten erhalten ist die Ostseite, an der man auch von den neronischen Umbauten eine Vorstellung gewinnt. Dieses monumentalste Stück der Anlage wurde beim Bau der Via Claudia, die hier entlangführt, 1880 gefunden. Es handelt sich um eine hohe Ziegelmauer mit einer Reihe von Nischen, die rechts und links von einem größeren Raum angeordnet sind. Zwischen diesem riesigen Nymphäum, das zweifellos durch Brunnen belebt wurde, und dem dahinterliegenden Erdwall liegt ein Zwischenraum. Vor dem Nymphäum muß ein Portikus mit Säulen und Bögen, die auf die Nischen bezogen waren, gelegen haben, der wohl auch einige Unregelmäßigkeiten des Bauwerks verdecken sollte.

Außer diesen Substruktionen ist nichts erhalten. Zum Glück wird diese Lücke jedoch durch ein Fragment des severischen Marmorstadtplans geschlossen, auf dem der Tempel dargestellt ist. Dadurch weiß man, daß er sechs Säulen an der Front- und drei an den Längsseiten hatte. Er war von einem Garten umgeben, der wahrscheinlich mit einem Portikus eingefaßt war.

Das Gebiet zwischen S. Gregorio und der Villa Caelimontana. Zwischen der Kirche S. Gregorio und den drei dazugehörigen Kapellen auf der rechten und der Kirche SS. Giovanni e Paolo auf der linken Seite führt der *Clivus Scauri* hindurch. Sein Verlauf entspricht dem der antiken Straße, deren Namen er behalten hat. Er ist durch eine kaiserzeitliche Inschrift und seit dem 8. Jahrhundert durch mittelalterliche Quellen bezeugt. Man schreibt den Bau der Straße einem Mitglied der einflußreichen Familie der *Aemilii Scauri* zu; vielleicht wurde die Straße von M. Aemilius Scaurus, dem Censor des Jahres 109 v. Chr., gebaut.

Der *Clivus Scauri*, der insgesamt sein antikes Straßenbild bewahrt hat, ist eine der schönsten Straßen Roms. Rechts und links stehen mehrere kaiserzeitliche Häuser, deren Fassaden bis zu einer beachtlichen Höhe erhalten und an einigen Stellen mit mittelalterlichen Straßenbögen verbunden sind. Eine Anzahl bedeutender antiker Gebäude ist auf der linken Seite, innerhalb der Kirche SS. Giovanni e Paolo erhalten (vgl. unten), auf der rechten stehen weitere Bauwerke.

Rings um die Kirche S. Gregorio liegen mehrere Ruinen: rechts unter dem Pförtnerhaus ein Stück eines überdeckten Gangs, unter der Kapelle der S. Barbara Reste eines mehrstöckigen Wohnhauses aus dem 3. Jahrhundert, und rechts vom Oratorium der S. Silvia eine mit Tuffquadern verkleidete Mauer aus *opus caementicium*, die zu einem öffentlichen Gebäude aus republikanischer Zeit gehörte.

Hinter dem Oratorium von S. Andrea liegt etwas erhöht ein Saal in der Art einer Basilika mit Apsis. Die Mauertechnik deutet auf ein sehr spätes Entstehungsdatum. Das Gebäude wurde mit der Bibliothek von Papst Agapitus I. (535–536) identifiziert, die Cassiodor in einem Brief erwähnt und deren Weihinschrift der Anonymus von Einsiedeln überliefert hat.

Etwas weiter oben am Clivus Scauri sieht man die Reste eines Gebäudes, das wahrscheinlich zur gleichen Anlage gehörte. Es handelt sich um eine an der Straße gelegene Ziegelfassade mit drei zugemauerten Türen.

An der rechten Seite der Piazza dei SS. Giovanni e Paolo steht ein großer Ziegelbau vom Anfang des 3. Jahrhunderts: eine Reihe von Tabernae, die an eine Wand herangebaut sind und über denen man Spuren eines weiteren Geschosses sieht.

SS. Giovanni e Paolo. Die Kirche wurde im 5. Jahrhundert am Westhang des Caelius über dem Haus, in dem 362 der heilige Johannes und der heilige Paulus den Märtyrertod starben, errichtet.

Bei den Ausgrabungen unter der Kirche stellte man mehrere, rasch aufeinander folgende Bauphasen fest. Es handelt sich um eine *Insula* zwischen mehreren Straßen: im Süden liegt der *Clivus Scauri*, von dem die Straße abzweigt, die an der Fassade des Claudius-Tempels entlangführt, im Osten war vielleicht eine weitere Straße, die auf den Clivus zuführte. Eine Gasse oder ein schmaler Hof durchschneidet die Insula in südöstlich-nordwestlicher Richtung, so daß zwei Dreiecke entstehen. Auf diesem begrenzten Raum wurden die verschiedenen Bauwerke errichtet. Aus der ersten Bebauungsphase wurden außer einigen Travertinpfeilern nur spärliche Reste gefunden. Zu Beginn des 2. Jahrhunderts lagen hier vier Gebäude: eines nordöstlich von der quer durchlaufenden Straße oder dem Hof, eines südöstlich davon am Clivus Scauri, vom dritten sind in den Mauern des nördlichen Kirchenschiffs, vom vierten in der Westmauer des südlichen Kirchenschiffs Reste erhalten. Die Mauer des vierten Hauses reicht etwa bis zur Höhe des dritten Stockwerks. Das dritte und das vierte Gebäude lagen westlich von der heutigen Kirche. Die Anlage nördlich der querlaufenden Straße ist von Südosten nach Nordwesten orientiert (O–T). Es könnte sich um ein Privathaus mit einer Thermenanlage oder um eine solche mit Wohnungen im Obergeschoß han-

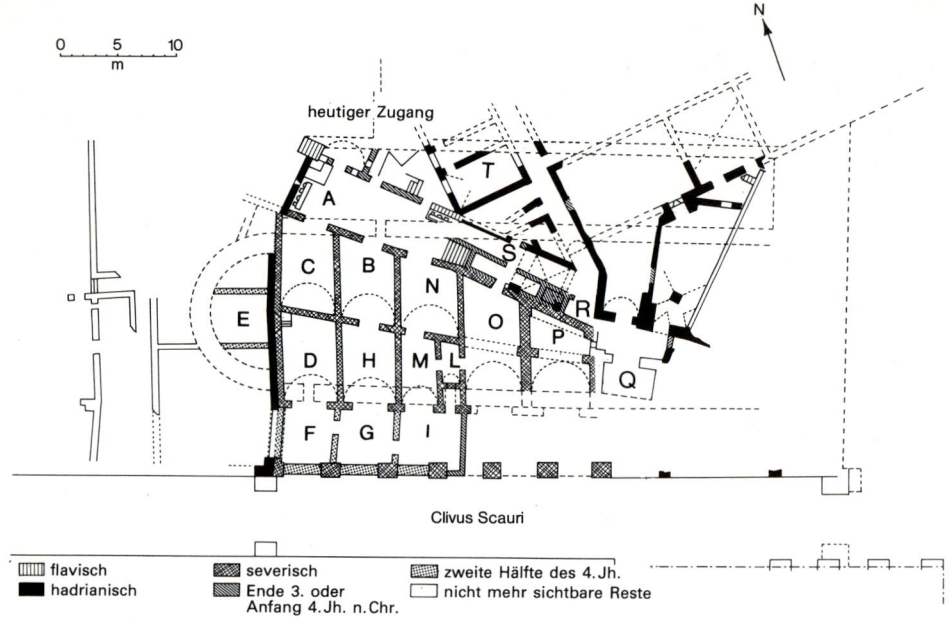

N

0 5 10
m

heutiger Zugang

flavisch

hadrianisch

severisch

Ende 3. oder
Anfang 4. Jh. n.Chr.

zweite Hälfte des 4. Jh.

nicht mehr sichtbare Reste

Clivus Scauri

Die Gebäude unter SS. Giovanni e Paolo

deln. Der Bau stammt aus der Mitte des 2. Jahrhunderts. Etwas später wurde das Haus
nach Osten und nach Westen erweitert, so daß es bis an die älteren Bauten heranreichte.
Die Anlage umschloß auch einen Hof mit einem Nymphäum (A), dessen elegante
Dekoration aus dem 3. Jahrhundert, ein Wandgemälde (3 × 5 m), das Proserpina und
andere Gottheiten zwischen Putten in einem Schiff zeigt, erhalten ist. Außerdem gibt
es Reste eines anderen Wandgemäldes mit Meeresmotiven und in einem der Bogenfenster Spuren eines Mosaiks.
Das Haus am Clivus Scauri wurde in ein neues Gebäude einbezogen, in dessen Erdgeschoß vier oder fünf Ladenlokale lagen. Vor dem Ende des 2. Jahrhunderts wurden
an der Westseite dieses Gebäudes einige Veränderungen vorgenommen. Dabei überdachte man die Straße beziehungsweise den Innenhof mit einem Tonnengewölbe.
Etwas später führte man auch an der Ostseite Veränderungen durch und vereinigte
das Haus mit den Thermen und das mit den Läden. Vor der Mitte des 3. Jahrhunderts
wurde am Clivus Scauri eine Fassade mit einem Portikus, über dem zwei Fensterreihen
liegen, errichtet; es muß hier also mindestens zwei obere Geschosse gegeben haben.
Aus der Anordnung und dem Abstand der Fenster ist zu schließen, daß im westlichen
Teil des Gebäudes zwei Wohnungen mit mehreren Räumen im zweiten und im dritten
Stock lagen, daß der östliche Teil dagegen aus einem einzigen großen, durch zwei
Stockwerke hindurchführenden Saal bestand, den eine Pfeiler- oder Säulenstellung in
zwei Längsabschnitte unterteilte. Diese Anlage entspricht der eines *titulus* (mit dem
titulus Byzantis zu identifizieren, der in den Quellen genannt wird), mit einer Eingangshalle im Erdgeschoß, einem großen Saal für liturgische Versammlungen und einer
Reihe von Büroräumen im oberen Stockwerk. Das Erdgeschoß wurde mit Fresken,
teils christlichen Inhalts (ein Beter und ein Philosoph), ausgemalt. Aus diesen und anderen, nicht christlichen Malereien (z B. den Darstellungen von geflügelten Genien,
Girlanden und Vögeln aus dem 3. Jahrhundert in Raum C) ergibt sich mit Sicherheit,
daß das Haus im 4. Jahrhundert ganz oder teilweise für einen anderen als den ursprüng-

lichen Zweck benutzt wurde. Der Raum mit den christlichen Fresken könnte ein Oratorium gewesen sein. Hinter dem Kryptoportikus hätte man dann eine *Confessio* (R), die vom Erdgeschoß bis in den ersten Stock hinaufreichte und einige kleine Fenster hatte. Auf den Wänden der Confessio waren christliche Themen dargestellt (Enthauptung des Crispus, des Crispinianus und der Benedicta, weibliche Gestalten und ein Betender). Von der Höhe der heutigen Kirche führt an der Stelle, wo ein Altar aus dem 6. Jahrhundert stand, ein Schacht bis zum Erdgeschoß des Hauses hinunter. Vielleicht stand auch in der Confessio ein Altar.

Eine Treppe, die zum oberen Stock mit der Confessio und dem großen Versammlungsraum führte, mußte für die Gemeinde erweitert werden.

Die später hier errichtete Basilika schloß den *titulus* und die umliegenden Gebäude ein. Der Bau wurde ungefähr 410 begonnen. Danach folgen jeweils kurz hintereinander mehrere Bauphasen. Die erste, die aus *opus mixtum* gebaut wurde und die die älteren Bauteile einschloß, wurde unterbrochen. Zur zweiten gehören die Ziegelmauern. Das Mittelschiff (44,30 m lang, 14,68 m breit) wird von den 7,40 m breiten Seitenschiffen durch zwölf Säulen abgetrennt, auf denen dreizehn Bögen aufruhen. Die Säulenreihen wurden über den früheren Gebäuden errichtet, so daß der *titulus* im Erdgeschoß nur noch teilweise zugänglich war. An das Mittelschiff baute man eine halbrunde Apsis mit vier großen Fenstern an. Die Fenster in den Seitenschiffen wurden vermauert und statt dessen im Obergaden dreizehn Fenster mit Rundfenstern darüber geöffnet. Dadurch erscheint das Mittelschiff sehr hell und hoch. Wahrscheinlich wurde zum Schutz der Fassade, die eine Bogenreihe und darüber fünf Fenster aufweist, die dreistöckige Vorhalle davorgesetzt.

Die Apsis war mit Marmorintarsien und Stucksäulen verziert, die Wand oberhalb der Bögen muß mit Malereien und Mosaiken geschmückt gewesen sein. Das Material, das bei den Grabungen gefunden wurde, ist in einem kleinen Museum bei der Kirche ausgestellt.

Der Bogen des Dolabella und die Gegend bei S. Maria in Domnica. Beim Bogen des Dolabella beginnt die Via di S. Paolo della Croce, die eine Fortsetzung des antiken *Clivus Scauri* darstellt. Die Straße führt an der Villa Celimontana entlang und mündet in einen Travertinbogen, über den die neronische Wasserleitung führte. Auf der äußeren Attika ist eine nur noch schwer lesbare Inschrift der Konsuln des Jahres 10 n. Chr. eingemeißelt: *P. Cornelius P. f. Dolabella / C. Iunius C. f. Silanus flamen Martial(is) / co(n)s(ules) / ex S(enatus) c(onsulto) / faciundum curaverunt idemque probaver(unt)* („Die Konsuln P. Cornelius Dolabella, Sohn des Publius, und Gaius Iunius Silanus, Sohn des Gaius, Priester des Mars, schrieben [dieses Bauwerk] aufgrund eines Senatsbeschlusses aus und erteilten den Zuschlag"). Rechts vom Bogen sieht man unter der Ziegelmauer noch einige Blöcke aus Tuff von Grotta Oscura, die an den Bogen anschließen. Es handelt sich hier um ein Stadttor der Servianischen Mauer, das Augustus wieder aufbauen ließ (wie die *Porta Esquilina* und wahrscheinlich alle anderen Tore), und zwar um die *Porta Caelimontana*.

Das Gelände, auf der nun die Villa Celimontana liegt, ist eine künstlich angelegte Terrasse, die von riesigen, größtenteils aus flavischer Zeit stammenden Mauern abgestützt wird. Reste davon sind vor allem auf der Südseite zu sehen.

Innerhalb dieses Geländes befand sich links vom heutigen Eingang der Villa an der Piazza della Navicella die Kaserne der fünften Kohorte der Feuerwache. Reste davon wurden 1820, 1931 und 1958 freigelegt. Sie stammen aus trajanischer Zeit. Auf der anderen, dem Kolosseum zugewandten Seite des Platzes wurde 1889 auf dem Gelände des Militärkrankenhauses ein Gebäude mit einem Mosaik entdeckt, auf dem seltsame, den

„bösen Blick" abwendende Motive dargestellt sind. Eine Beischrift auf diesem Mosaik nennt den Namen des Gebäudes: *Basilica Hilariana*. An der gleichen Stelle fand man eine Basis, die eine von der Priestergemeinschaft der Kybele gestiftete Statue des *Manius Publicius Hilarus* trug, eines Perlenhändlers und Anhängers der Kybele, der die Basilika gebaut hatte.

Der Lateran. Der zum Caelius gehörige Lateran liegt innerhalb der Aurelianischen Mauer an der Kreuzung der *Via Caelimontana*, der *Asinaria*, der *Tusculana* und einer vierten Straße, deren Verlauf dem der heutigen Via Amba Aradam entspricht, deren antiker Name jedoch unbekannt ist. Durch Grabungen in älterer und neuerer Zeit ist das Gebiet recht gut erforscht. Vor einigen Jahren fand man unter dem Krankenhaus S. Giovanni (unterhalb der Sala Mazzoni) ein Gebäude mit mehreren, zwischen dem 1. und dem 4. Jahrhundert n. Chr. entstandenen Bauphasen. Höchstwahrscheinlich handelt es sich hierbei um die Villa der Domitia Lucilla, der Mutter Mark Aurels, der hier seine Jugend verbrachte. In der Mitte eines Peristyls befand sich ein großes Becken, das im Verlauf des 2. Jahrhunderts durch einen Sockel ersetzt wurde. Wahrscheinlich gehörten die Reliefs mit der Darstellung des Vesta-Tempels und der Vestalinnen hierzu. Für den Sockel wurde eine Deutung als originale Basis der Reiterstatue Mark Aurels, die jetzt auf dem Kapitol steht, vorgeschlagen (1 auf dem Plan S. 179).

Als vor einigen Jahren in dem Dreieck zwischen der Via Amba Aradam und der Via dei Laterani ein Neubau der Nationalen Fürsorgestelle (INPS) errichtet wurde, stieß man in einer Tiefe von 10 m auf eine Gruppe von terrassenförmig angelegten Gebäuden. Es handelt sich um zwei verschiedene Anlagen aus julisch-claudischer Zeit mit Ausbesserungen aus dem 2. Jahrhundert n. Chr. Am Beginn des 4. Jahrhunderts wurden sie zu einem einzigen Gebäude zusammengeschlossen, dessen Besonderheit ein großer, 5 m breiter Gang mit breiten Fenstern auf der Südseite ist. An dem Gang, von dem nur ein 27 m langes Stück erhalten ist, lag vermutlich in der Mitte eine weite Exedra. Er war mit überlebensgroßen Figuren ausgemalt. Man vermutet, daß dies die Häuser der Pisonen und der Laterani waren, die Nero beschlagnahmte. Der Zusammenschluß zu einem einzigen Wohnhaus wäre dann mit der Anlage der *Domus Faustae*, des Hauses der Schwester von Maxentius und Frau des Konstantin, zu erklären. Doch reichen die Befunde nicht aus, um diese Benennung zu sichern.

An der Kreuzung der Via Amba Aradam und der Via dei Laterani liegt in einer Tiefe von 7,50 m ein Nymphäum. Es besteht aus einem rechteckigen Raum mit einer Apsis, in deren Rückwand eine rechteckige Nische eingetieft ist. Rechts und links liegen zwei kleinere Räume. Die Reste eines Mosaiks aus Glaspaste gehören zur ersten, julischclaudischen Phase des Gebäudes. Später – wahrscheinlich im 3. Jahrhundert – wurden einige Veränderungen vorgenommen und Malereien hinzugefügt, die in dem rechten Raum noch gut erhalten sind. Mit dieser Anlage standen wohl die Thermen in Verbindung, deren Mittelsaal südöstlich vom Baptisterium der Lateran-Basilika erhalten ist. Sie sind in die erste Hälfte des 3. Jahrhunderts zu datieren.

Jenseits der Via Tusculana fand man unter dem Baptisterium Reste einer Villa aus dem 1. Jahrhundert n. Chr., die in hadrianischer oder antoninischer Zeit durch einen Thermenbau ersetzt wurde. Dieser wurde wiederum unter Septimius Severus und Caracalla vollständig umgebaut. Man findet hier die gleichen Bauphasen wie bei den obenerwähnten, südwestlich davon gelegenen Thermen; welcher Zusammenhang zwischen den beiden Gebäuden bestand, ist unklar.

Die wichtigsten Entdeckungen machte man bei einer Grabung unter der Kirche S. Giovanni in Laterano (1934–1938). Man fand hier die Reste eines großen Gebäudes aus julisch-claudischer Zeit, das im 2. Jahrhundert vollständig umgebaut wurde. Aus dieser

Phase sind zahlreiche Räume mit Wandmalereien und schwarz-weißen Mosaiken erhalten. Unter Septimius Severus wurden die Mauern dieses Wohnhauses bis auf die Hälfte abgetragen und darüber die neue Kaserne der *Equites singulares* errichtet. Nachdem Konstantin diese Truppe aufgelöst hatte, wurde die Kaserne durch eine Basilika ersetzt, die zuerst dem Erlöser, später Johannes dem Täufer und Johannes dem Evangelisten geweiht war.

Der Bau muß aus den wenigen Resten rekonstruiert werden, die von den Fundamenten und dem antiken Oberbau noch erhalten sind. Die Länge der Basilika von der Apsis bis zur Eingangsseite beträgt 95,75 m, die Breite zwischen den Außenmauern 55,90 m.

Das mächtige Gebäude stand auf starken Fundamenten aus Gußmauerwerk mit großen Marmorstücken darin, es war in fünf Schiffe gegliedert, die alle durch breite Fenster beleuchtet wurden. Bei den Grabungen konnte festgestellt werden, daß die konstantinische Basilika dieselbe Einteilung hatte wie der heutige Bau. Die Fundamente der Schiffe reichten jedoch 5 m über die jetzige Fassade hinaus. Entweder war die alte Basilika länger, oder die Fundamente reichten aus nicht bekannten statischen Gründen über die Fassade hinaus. Da die Fundamente der ursprünglichen Fassade noch nicht gefunden wurden, muß dies alles hypothetisch bleiben. Auch von der Fundamentierung eines Bogens zwischen dem Mittelschiff und der Vierung fehlt jede Spur, so daß die Rekonstruktion der Vierung und des Querschiffes problematisch ist. Schließlich konnte festgestellt werden, daß die Säulenstellungen des Mittelschiffs bis zur Rückwand mit der Apsis durchliefen. Die gleiche Länge müssen die inneren Seitenschiffe gehabt haben, die jedoch möglicherweise durch einen Querbogen unterbrochen wurden.

Die äußeren Seitenschiffe waren 15 m kürzer. Ihre Fundamente enden an einer rechtwinklig dazu gelegenen Fundamentmauer. Hier lagen neben den inneren Seitenschiffen zwei rechteckige Räume, die ungefähr 4 m über das Rechteck hinausragten, das die äußeren Mauern der Basilika beschrieben; dadurch entstand eine Art von Querschiff. Ob es von diesen Räumen eine Verbindung zu den äußeren Seitenschiffen gab, ist unbekannt. Die Höhe der Kirche kann nur ganz hypothetisch aus der Stärke der Fundamentierungen und der Weite der Räume erschlossen werden. Das Mittelschiff muß die größte, die äußeren Seitenschiffe müssen die geringste Höhe gehabt haben. Die rechteckigen Räume an den Seiten waren vielleicht etwas höher als die äußeren Schiffe.

Durch den „Liber Pontificalis" (das Buch der Päpste) weiß man von einem silbernen Ciborium, auf dem Christus *in sella* und *in throno* dargestellt war, und von sechs *altaria ex argento purissimo* (Altäre aus reinstem Silber). Auch all die kostbaren Ausstattungsgegenstände, mit denen Konstantin die Basilika ausschmückte, werden im „Liber Pontificalis" aufgezählt.

Im Lauf der Jahrhunderte machte die Basilika zahlreiche tiefgreifende Veränderungen durch, bis hin zu der barocken Umgestaltung durch Borromini.

Die Gräber. An der *Via Caelimontana* reihten sich, wie an allen Straßen außerhalb der Stadt, zahlreiche Gräber. Das älteste, das man kürzlich in der Nähe des Lateran fand, wurde bereits erwähnt; es stammt vom Ende des 4. Jahrhunderts v. Chr. In einiger Entfernung davon wurden in der Villa Wolkonsky, dem Sitz der britischen Botschaft, immer wieder Gräber gefunden. Es handelt sich um eine Gruppe von Grabdenkmälern aus verschiedenen Zeiten (von spätrepublikanischen Grabmonumenten bis zu kaiserzeitlichen Columbarien), die fast alle verschwunden sind. Nur das 1866 nahe dem Gartenhaus der Villa entdeckte Grab des Tiberius Claudius Vitalis ist noch zu sehen. Es handelt sich um einen aus Ziegeln erbauten Grabtyp, der vor allem im 2. Jahrhundert

n. Chr. sehr verbreitet war. Das Grab hatte ursprünglich drei Stockwerke, die insgesamt eine Höhe von etwa 9 m (davon sind 5,40 m erhalten) erreichten. Über der nach links versetzten Tür ist eine Marmorinschrift, die von einem Rahmen aus Ziegelsteinen eingefaßt wird, mit der Widmung an Tiberius Claudius Vitalis eingefügt. Sie stammt von seinem gleichnamigen Vater, der sich als Architekt bezeichnet, von seiner Mutter Claudia Primigenia, seiner Schwester Claudia Optata und einem kaiserlichen Freigelassenen namens Tiberius Claudius Eutychus, der ebenfalls Architekt war. Im Inneren liegen übereinander drei Räume (4 × 3 m) mit Mosaikfußböden. In den beiden unteren Räumen liegen drei Reihen von Nischen übereinander, in denen jeweils drei oder mehr Aschenurnen standen. Im dritten Geschoß gab es keine solchen Nischen. Das Grab stammt aus flavischer Zeit oder vom Anfang des 2. Jahrhunderts n. Chr.
Ein Stück weiter wurde 1916 an der Kreuzung der Via Statilia und der Via di S. Croce in Gerusalemme bei der Erweiterung der Straße eine bemerkenswerte Gruppe republikanischer Gräber gefunden (heute unter einem Schutzdach). Das älteste ist wohl das auf der linken Seite. Es hat eine Fassade aus Tuffblöcken und in der Mitte eine Tür, neben der rechts und links zwei Rundschilde aus dem Tuff herausgehauen sind. Die sehr kleine Grabkammer ist zum Teil in den Fels hineingeschnitten und trägt ein unregelmäßiges Gewölbe aus *opus caementicium*.
Die Inschrift nennt als Eigentümer P. Quinctius, Freigelassener eines gewissen Titus, Buchhändler, sowie seine Frau und seine Konkubine. Das Fehlen des Cognomen und das recht altertümliche Aussehen des Grabes erlauben eine Datierung um 100 v. Chr. Es folgt ein Doppelgrab, das aus zwei Zellen mit nebeneinanderliegenden Türen besteht und mit den Büsten der Verstorbenen geschmückt ist: links eine Frau und zwei Männer, rechts zwei Frauen. Die umgearbeiteten Inschriften nennen sechs Namen. Da hier das Cognomen erscheint, dürfte das Grab später als das des Quinctius, wohl Anfang des 1. Jahrhunderts v. Chr., entstanden sein. Es schließt sich ein sehr altes, fast völlig zerstörtes Columbarium an und schließlich ein Grabaltar, der später mit *opus reticulatum* erweitert wurde und dessen Inschrift zwei Auli Caesonii, wahrscheinlich Brüder, und eine Telgennia als Eigentümer nennt.
Bei dieser kleinen Gruppe von Gräbern läßt sich die Entwicklung vom Typus des Kammergrabs, wie wir es in der Grabstätte des P. Quinctius gesehen haben, bis zu einzeln stehenden Grabdenkmälern, wie dem der Caesonii, verfolgen. Sie vollzog sich in der Zeit zwischen 41 und 80 n. Chr.

Das Sessorium und die Kirche S. Croce in Gerusalemme. Das Gebiet zwischen dem Lateran und der Porta Maggiore gehörte in der Antike zur *Regio V*, den *Esquiliae*. Doch bildet es eigentlich eher einen Übergang vom Esquilin zum Caelius, mit dem es durch die *Via Caelimontana* und die Wasserleitungen enger verbunden war. Es wird deshalb hier zusammen mit dem Caelius beschrieben.
Die zum Teil monumentalen antiken Ruinen, die in der ganzen Umgebung der Kirche S. Croce in Gerusalemme verstreut sind, gehörten zu einem einzigen Baukomplex, einer Villa aus spätseverischer Zeit. Am wichtigsten davon sind das *Amphitheatrum Castrense*, die *Thermen der Helena*, der für die Kirche S. Croce in Gerusalemme umgebaute Saal und der sogenannte *Circus Varianus*.
Die *Thermen der Helena* liegen bei der Gabelung der Aqua Claudia, von der ein Teil des Wassers über Bögen zum Caelius geleitet wurde. Das Gebäude stand bis zum Ende des 16. Jahrhunderts, Sixtus V. zerstörte es bei dem Bau der Via Felice. Der Grundriß ist aus Renaissance-Zeichnungen bekannt. Heute sieht man nur noch die Reste der Zisternen, zwölf Kammern, die in zwei parallelen Reihen aneinanderliegen. Erhalten ist außerdem eine große Inschrift (jetzt im Vatikan), in der die Restaurierung erwähnt

wird, die von Helena, der Mutter Konstantins, nach einem Brand durchgeführt wurde. Der Vorgängerbau stammte aus severischer Zeit; dies geht aus Ziegelstempeln und einer hier gefundenen Widmung an Iulia Domna, die Frau des Septimius Severus, hervor.

Das *Amphitheatrum Castrense* wird im Regionenkatalog unter der *Regio V* aufgeführt. Es muß sich dabei um das kleine Amphitheater handeln, das noch heute zwischen S. Croce in Gerusalemme und der Aurelianischen Mauer steht. In der Spätzeit bekam das Wort *Castrum* die Bedeutung „Kaiserliche Residenz", was hier sehr gut mit dem Befund übereinstimmt. Der Bau wurde in die Aurelianische Mauer einbezogen und blieb dadurch erhalten. Bis in die Mitte des 16. Jahrhunderts standen noch drei Stockwerke. Aus Gründen der Verteidigung wurde er dann bis auf das erste Geschoß abgetragen, vom zweiten sind nur noch wenige Reste vorhanden. Der Grundriß ist nahezu kreisförmig (88 × 75,80 m). Die Mauern bestehen aus Ziegeln und einigen wenigen Travertinblöcken. Das erste Geschoß weist Bögen auf, die von Pfeilern getragen und von Halbsäulen mit korinthischen, aus Ziegeln gemauerten Kapitellen eingefaßt sind. Das zweite Geschoß war ähnlich, besaß statt der Halbsäulen jedoch Pfeiler. Im dritten Stockwerk, das nur aus Renaissance-Zeichnungen bekannt ist, befanden sich einige Fenster und Konsolen, an denen wie beim Kolosseum das Sonnensegel befestigt wurde. Von den Zuschauerrängen ist fast nichts mehr erhalten; man kann sie jedoch mit Hilfe eines von Palladio gezeichneten Schnittes rekonstruieren. Die Art der Ziegelsteine, die keine Stempel tragen, erlaubt eine Datierung in severische Zeit.

Beim Amphitheater begann ein großer, überdeckter Gang von mehr als 300 m Länge und 14,50 m Breite. Er führte an dem weiten, später in die Kirche S. Croce in Gerusalemme umgewandelten Saal vorbei bis zum *Circus Varianus*. Hinter der Kirche S. Croce sind an mehreren Stellen Reste dieses Ganges zu sehen; weitere Reste befinden sich nördlich der Kirche in der ehemaligen Grenadierkaserne. Hier steht die halbverfallene Rückwand eines großen Saales mit einer Apsis, deren Mauertechnik konstantinisch ist.

Die Kirche *S. Croce in Gerusalemme* liegt an dem gleichnamigen Platz auf halbem Weg zwischen S. Giovanni und der Porta Maggiore, nicht weit von der Aurelianischen Mauer. In der barock umgestalteten Kirche sind fünf verschiedene Bauphasen zu unterscheiden: offensichtlich wurde die Anlage im Lauf der Jahrhunderte immer wieder verändert.

Die Außenmauern der Kirche umschlossen ursprünglich einen weiten, nicht untergliederten Raum von 36,46 m Länge, 21,80 m Breite und 22,15 m Höhe. An den vier Seiten öffneten sich Bögen und darüber eine Reihe von Bogenfenstern. Einige Öffnungen waren mit Marmor verziert.

Die Fassade lag zunächst wohl an der nordwestlichen Längsseite, wo die Bögen schmaler sind. In einer der beiden Schmalseiten waren nur Fenster.

Der große Saal wurde in eine Kirche umgewandelt, um die von Helena gefundenen Reliquien vom Heiligen Kreuz aufzunehmen. Der „Liber Pontificalis" schreibt zwar die Umgestaltung Konstantin zu, doch kann der Bau wegen der Mauertechnik erst in der Mitte des 4. Jahrhunderts errichtet worden sein. An die südöstliche Schmalseite baute man eine Apsis an, die Orientierung wurde verändert, und die Fassade kam an die gegenüberliegende Schmalseite, außerdem verschloß man die Zugänge zu den übrigen Räumen des Palastes. Die Kirche bestand demnach aus einem großen Saal, dem danebenliegenden Gang, der in ein Seitenschiff umgewandelt worden war, aus einer Apsis und einem weiteren Raum. Dieser, die heutige Cappella di S. Elena, war mit der übrigen Anlage durch einen um die Apsis herumlaufenden Gang an der Außenseite verbunden, durch einen antiken Raum konnte man über einen anderen Gang direkt in das Schiff gelangen. An der Seite der Kirche wurde vielleicht ein weiteres Schiff

*Das spätseverische Amphitheatrum Castrense,
das in die Aurelianische Mauer einbezogen
wurde*

angebaut, vielleicht auch ein Portikus, doch gibt es davon keinerlei Spuren. Die Fassade
bestand aus fünf Bögen.

Die Kapelle der heiligen Helena, der Gang und das Seitenschiff waren mit Tonnengewölben überdacht, das Mittelschiff besaß eine flache Decke, die vielleicht aus Ziegeln
bestand. Man fand Spuren von zwei Quermauern mit drei Bögen, von denen der mittlere am breitesten ist. Sie untergliederten das große Schiff in drei Abschnitte, deren
mittlerer halb so breit war wie die beiden anderen. Die Überreste dieser Mauern reichen
fast bis zum Dach, doch dienten sie wohl weniger zur Stütze des Daches als vielmehr
zur Verstärkung der seitlichen Mauern. Die Bögen müssen auf Pfeilern oder Säulen
geruht haben, vielleicht denselben, die heute das Mittelschiff von den Seitenschiffen
trennen.

Die Kapelle der heiligen Helena blieb trotz der Verbindung durch die beiden Gänge
vom Hauptbau abgeschieden. Wahrscheinlich wurden hier die Reliquien vom heiligen
Kreuz aufbewahrt; dies entspräche der räumlichen Trennung, wie sie bei *ad corpus*
errichteten Kirchen zwischen dem Versammlungsplatz für den Gottesdienst und der
Gedächtnisstätte oder dem Reliquienschrein üblich ist. In der Kapelle steht eine
Statuenbasis mit einer Widmung an Helena.

Obschon nicht von Anfang an als Kirche geplant, ist die Anlage von S. Croce doch
für die geistige Haltung des 4. Jahrhunderts bezeichnend. Charakteristisch ist die aus-
drückliche Trennung des Gebäudes vom kaiserlichen Palast, von dem es zwar unabhängig ist, der gleichzeitig jedoch beherrschend wirkt. In der Zeit davor wäre eine solche
Anlage undenkbar gewesen; der *titulus* fügte sich damals ohne eine besondere Unterscheidung in einen nicht-kirchlichen Baukomplex ein.

All diese Gebäude, das Amphitheatrum Castrense, der Saal der Kirche mit den umliegenden Bauten, der große Gang, der Circus und wohl auch die Thermen der Helena,

gehörten zu einem einzigen Komplex. Dies war zweifellos die von Septimius Severus begonnene und vermutlich von Elagabal vollendete kaiserliche Villa. Ein später Biograph Elagabals berichtet, daß der Kaiser sich häufig in seine Gärten *ad Spei Veteris* zurückzog, wo Wagenrennen stattfanden. Bei diesen Gärten handelt es sich zweifellos um den Sessorianischen Palast. Die Herkunft des Wortes *Sessorium* ist unklar. Vielleicht ist es von *sedeo* abgeleitet und bedeutet „Sitz" oder „Aufenthaltsort". Die Villa wurde sicherlich an einigen Stellen von der Aurelianischen Mauer beschnitten, die hier einen weiten Bogen macht, um die Anlage zu umschließen. Am Anfang des 4. Jahrhunderts, als Helena, die Mutter Konstantins, sie als Wohnsitz wählte, war sie immer noch in kaiserlichem Besitz. Helena wurde *ad duas lauros*, auf einem nicht weit von der Villa entfernten Grundstück an der *Via Labicana*, der heutigen Via Casilina, begraben (das Mausoleum der Helena ist die sogenannte Torpignattara).

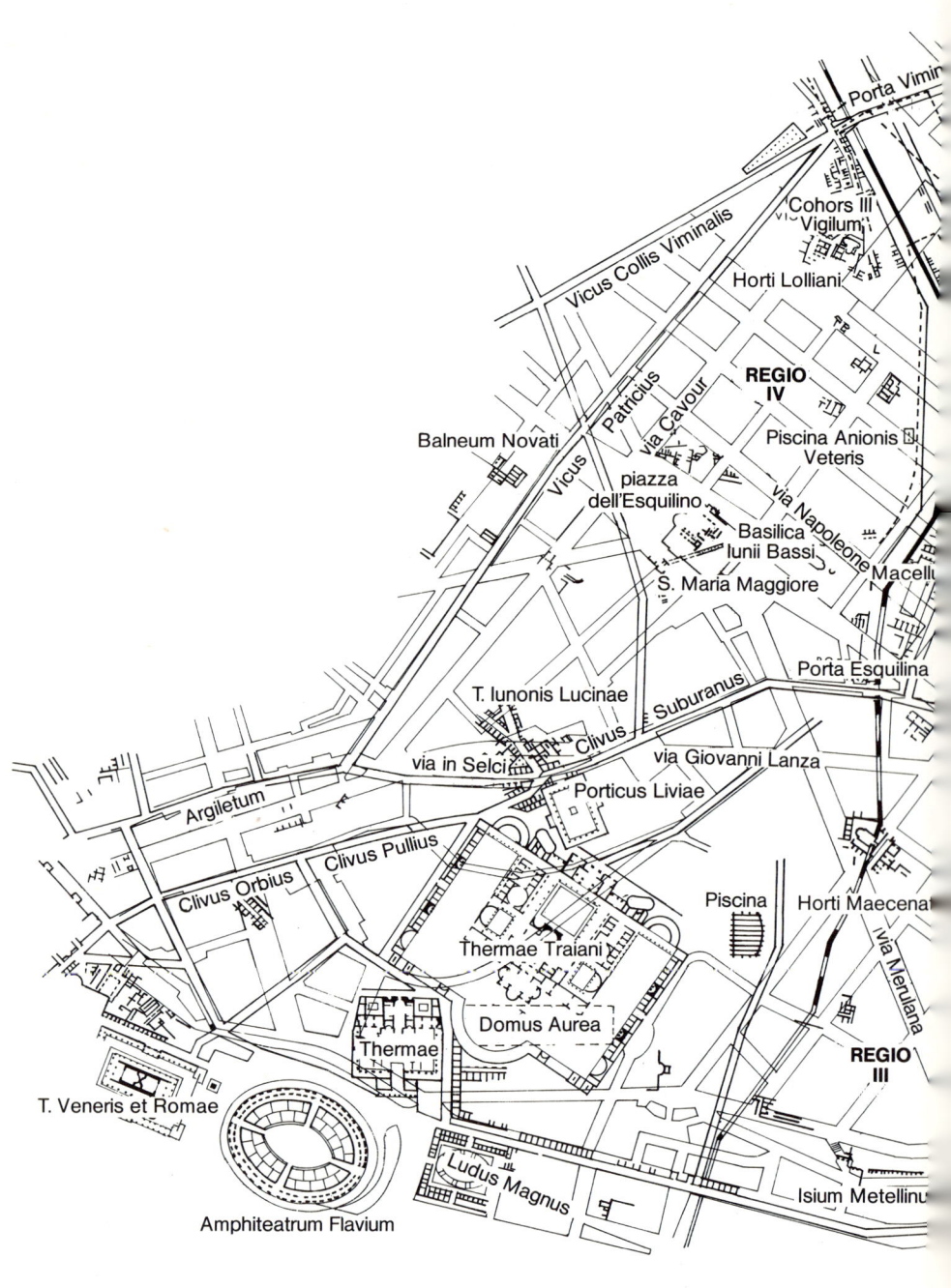

Porta Vimir

Cohors III
Vigilum

Vicus Collis Viminalis

Horti Lolliani

REGIO
IV

Balneum Novati

via Cavour

Piscina Anionis
Veteris

piazza
dell'Esquilino

via Napoleone

Basilica
Iunii Bassi

Macell

S. Maria Maggiore

Porta Esquilina

T. Iunonis Lucinae

Suburanus

Clivus

via in Selci

via Giovanni Lanza

Argiletum

Porticus Liviae

Clivus Pullius

Piscina

Horti Maecena

Clivus Orbius

Thermae Traiani

via Merulana

Domus Aurea

REGIO
III

Thermae

T. Veneris et Romae

Ludus Magnus

Isium Metellin

Amphiteatrum Flavium

0 40 80   160   240   320 400
m

Der Esquilin

Geschichte und städtebauliche Entwicklung

Der Esquilin und seine Umgebung, die eine topographische und historische Einheit darstellen, wurden bei der augusteischen Einteilung in mehrere Regionen untergliedert. Die erste der drei Kuppen, aus denen der Hügel besteht, der im Süden gelegene *Oppius*, gehörte mit dem Kolosseum, dem Ludus Magnus und den Gebäuden im Tal zwischen dem Esquilin und dem Caelius zur Regio III. Der im Norden (bei S. Maria Maggiore) gelegene *Cispius* wurde dagegen zur Regio IV gerechnet, die nach dem *Templum Pacis* benannt war. Zu ihr gehörte das ganze Viertel im Norden der *Via Sacra*, von der *Basilica Aemilia* bis zur Maxentius-Basilika und dem Tempel der Venus und Roma, und außerdem auch die *Subura* (die nördliche Grenze zwischen der 3. und der 4. Region bildete der *Clivus Suburanus*). Ein Teil des *Fagutal*, der dritten, im Westen gelegenen, Hügelkuppe, gehörte zweifellos zusammen mit den *Carinae* zur Regio III. Auf der Ostseite begrenzten die Servianische Mauer die 3. und 4. Region, jenseits davon begann die Regio V, die *Esquiliae*. Im Norden bildeten die *Via Collatina* und die *Via Tiburtina Nova* (zwischen der *Porta Viminalis* und der „Porta Chiusa") ihre Begrenzung gegen die Regio VI. Im Osten endet sie an der *Aurelianischen Mauer* (das *Sessorium* gehört ebenfalls zur Regio V) und im Süden und Westen an der *Via Tusculana* und der *Servianischen Mauer*, die sie von der 2., der 3. und der 4. Region trennt.
Dieses riesige, sicherlich volkreichste Stadtviertel muß seit uralten Zeiten bewohnt gewesen sein. Einer insgesamt einleuchtenden Überlieferung zufolge wurde es in der Mitte des 6. Jahrhunderts v. Chr. in die Stadt einbezogen, und zwar von Servius Tullius, der hier seinen Wohnsitz nahm und an der ungeschützten Ostseite den *Agger* anlegte. Von da an war der Esquilin eine der vier Tribus, in die der König die Stadt untergliederte; die drei anderen waren die *Palatina*, die *Collina* und die *Suburana*. Doch muß der Hügel schon sehr viel früher besiedelt gewesen sein. Dies beweist unter anderem ein eisenzeitlicher Friedhof, der am Ende des vorigen Jahrhunderts hier entdeckt wurde.
Im übrigen ist der Name *Esquiliae* wohl als Gegensatz zu Bezeichnungen wie *inquilinus* (Einwohner) aufzufassen, etwa in der Bedeutung „Gebiet außerhalb der Stadt". In einer bestimmten historischen Phase muß demnach der Esquilin als eine Art Vorort der Stadt auf dem Palatin gegolten haben; dies muß zur Zeit der Vorherrschaft des Palatin gewesen sein, die um die Mitte des 8. Jahrhunderts begann. Auch die Bezeichnung *Subura* für das eng mit dem Palatin zusammenhängende Gebiet wurde schon von antiken Schriftstellern ähnlich als das „Gebiet unterhalb oder vor der Stadt" gedeutet.
Reste einer uralten Mauer, die mit einem Wall die *Carinae* (einen Ausläufer des *Fagutal* gegen die *Velia* hin) abriegelten, gehörten wahrscheinlich zu einer Befestigung an der Stadtgrenze des Palatin. Es handelt sich hierbei um den von Varro erwähnten *murus terreus Carinarum*. Auch das *Tigillum Sororium* könnte eine Art heiliger Zugang zur Stadt gewesen sein. Es lag am Rand der Velia und war ein Tor aus drei Balken. Sein Standort ist durch die Entdeckung des *Compitum Acilii*, einer Straßenkreuzung, gesichert, neben der den Quellen zufolge das *Tigillum Sororium* lag.
Das Straßennetz dieses Viertels ist äußerst kompliziert und vor allem im mittleren Teil recht unklar. Durch das nördliche Tal der Subura führte auf der Westseite das *Argiletum*, das sich vor dem Abhang des Cispius gabelte; nach links führte der *Vicus Patricius*, der der heutigen Via Urbana entsprach, nach rechts der *Clivus Suburanus*, die heutige Via in Selci. Die moderne Straßenführung richtet sich wie die antike nach der Form des Hügels. Dies zeigt sich beispielsweise bei der Gabelung der Via Cavour und der Via Giovanni Lanza, die wie die antiken Straßen an der Hügelkuppe vorbeiführen. Der *Clivus Patricius* bildete die Grenze zwischen der 4. und der 6. Region und führte

durch die *Porta Viminalis,* der *Clivus Suburanus* dagegen zur *Porta Esquilina* und von da, vielleicht schon als *Via Labicana,* bis zur Porta Maggiore.

Die der heutigen Via Labicana entsprechende antike Straße war für die Regio III die wichtigste Ost-West-Verbindung. In Nord-Süd-Richtung verliefen zwei Straßen, die auf dem *Agger* und unterhalb von ihm der Servianischen Mauer folgten *(Superagger* und *Subagger).* An der Außenseite der Mauer bildete die antike *Via Merulana* eine weitere wichtige Verbindung. Ihr Verlauf war völlig anders als der der gleichnamigen modernen Straße. Die antike begann bei der nördlichen Ecke der Piazza Vittorio Emmanuele und endete im Süden beim Lateran auf der Höhe des Krankenhauses S. Giovanni.

Wie beim Caelius, so waren auch auf dem Esquilin oben im allgemeinen die Häuser der Reichen, während sich die einfacheren Wohnviertel am Abhang und in den sehr viel ungesünderen Niederungen drängten. Das bekannteste dieser römischen Armenviertel hat dem Namen *Subura* eine zweifelhafte Berühmtheit gegeben. In derselben Gegend lagen um das Argiletum herum jedoch auch die Läden der Buchhändler und in der Nachbarschaft die Papierlager, die *Horrea Chartaria.*

Die Gegend zwischen der Velia und den Carinae gehörte in der Spätzeit der Republik und zu Beginn der Kaiserzeit mit dem Palatin zu den begehrtesten Wohngegenden des römischen Adels. Hier standen die Häuser des Tullius Hostilius, der Valerier und des Spurius Cassius. Auf den *Carinae* hatte Pompejus sein Haus, das dann auf M. Antonius und schließlich auf die Kaiser überging; hier wohnte Tiberius und, sehr viel später dann, die Familie Gordians. Beim Tempel der Tellus war auch das Haus von Ciceros Bruder Quintus. Später wohnte der Kaiser Balbinus in dieser Gegend. Beim Bau der Untergrundbahn wurde unter der Via Cavour ein großes, herrschaftliches Haus aus der Kaiserzeit gefunden.

Iulius Caesar wohnte in einem bescheidenen Haus in der *Subura,* bevor er nach seiner Wahl zum Oberpriester in die *Domus Publica* auf dem Forum zog. Auch Arruntius Stella, der Konsul des Jahres 101 n. Chr., ein Freund des Maecenas, hatte hier sein Haus. Auf dem *Oppius* selbst stand das reiche Haus des Vedius Pollio, das Augustus für den Bau der *Porticus Liviae* abreißen ließ. Die Villa des Maecenas, die sich bis über den Agger hinaus erstreckte, muß auf dem Oppius angefangen haben. Nach dem Tod des Maecenas ging sie in kaiserlichen Besitz über. Tiberius wohnte einige Zeit hier, und Nero verband die Villa dann durch seine *Domus Transitoria* mit den Palästen auf dem Palatin.

Auf dem Esquilin gab es immer nur wenige öffentliche Bauten; die meisten waren reine Zweckbauten. Zu erwähnen sind die kaiserliche Münze *(Moneta),* die in der Nähe von S. Clemente war, das *Macellum Liviae,* ein großer Markt, den man zu Unrecht mit einem kürzlich unter S. Maria Maggiore entdeckten Gebäude identifiziert hat, die *Titus-* und die *Trajans-Thermen* sowie eine Anzahl kleinerer Bäder und Nymphäen.

Auch die Tempel waren hier nicht sehr zahlreich. Einige gingen auf eine sehr frühe Zeit zurück. Dies zeigen die von einem Tempel stammenden Terrakotten aus dem 6. und 5. Jahrhundert v. Chr. Es gab einen *Diana-Tempel* und einen der *Fortuna Virgo,* beide wurden von Servius Tullius am äußersten Westrand des Hügels errichtet. Seianus bezog den Tempel der Fortuna Virgo in sein Haus ein, später gehörte der Tempel dann zur *Domus Aurea* Neros. Auf den Carinae stand der 268 v. Chr. erbaute und 54 v. Chr. von Quintus Cicero restaurierte *Tellus-Tempel,* in dem eine große Karte Italiens an die Wand gemalt war. Nicht weit von S. Pietro in Vincoli war neben dem Tempel die *Praefectura Urbana,* der Sitz des Stadtpräfekten.

Auf dem Cispius lag am *Vicus Patricius* ein weiteres wichtiges Heiligtum: das der *Iuno Lucina,* der Schutzgottheit der Gebärenden. Es wurde 375 v. Chr. in einem Heiligen Hain errichtet, in dem schon zuvor ein Kult gewesen war. Die Lage des Gebäudes ist durch eine Weihinschrift gesichert, die am Anfang der Via in Selci neben der Kirche S. Francesco di Paola gefunden wurde. Der Tempel der *Mefitis*, einer alten italischen Quell- und Wassergottheit, muß sich in der Nähe befunden haben. Außerdem gab es einen Tempel der *Minerva Medica*, zu dem das reiche Depot mit Votivgaben gehörte, das man 1887 beim Durchbruch der Via Carlo Botta in der Nähe der Via Merulana fand. Es besteht zum größten Teil aus Terrakotten des 4. und des 3. Jahrhunderts v. Chr.; es sind Köpfchen und Statuetten, die zum Teil Minerva darstellen. Der Name der Göttin erscheint auf einem Gefäß. Die Funde sind jetzt im Antiquario Comunale ausgestellt.

Der volkstümliche Charakter dieser Heiligtümer, der in einem solchen Viertel nicht weiter verwunderlich ist, wird durch die hier angesiedelten orientalischen Kulte bestätigt. Es gab ein Heiligtum der *Caelestis*, die der Tanit der Punier entspricht, eines der Bellona und ein ägyptisches Heiligtum der Isis und des Serapis. Der *Serapis-Tempel* wurde wahrscheinlich von Metellus Scipio in der Mitte des 1. Jahrhunderts v. Chr. gegründet und ist einer der ältesten seiner Art in Rom. Er stand in der Nähe des Tempels der Minerva Medica und war für die gesamte Regio III namengebend. Außerdem gab es einige Mithras-Heiligtümer, von besonderer Bedeutung ist das Mithräum unter der Kirche S. Clemente.

Das bisher Gesagte bezieht sich jedoch vor allem auf den westlichen, innerhalb der Servianischen Mauer gelegenen Teil des Esquilin. Die Ostseite (die Regio V) ist völlig anders geartet. Während der Republik befand sich hier ein großer Friedhof, den Straßen und Wasserleitungen durchquerten. Maecenas begann mit der Sanierung dieses Gebiets, das der römische Adel dann allmählich mit Villen und Parks überzog. Es entstand so eine Grünzone, die den östlichen Quirinal und den ganzen Pincio, der damals den Namen *Collis Hortulorum* (Hügel der Gärten) bekam, mitumfaßte. Während der julisch-claudischen Zeit gingen immer mehr Gärten in kaiserlichen Besitz über, und an den verschiedensten Stellen entstanden nun kaiserliche Villen, vom *Sessorium* bis zu den *Horti Sallustiani* (Gärten des Sallust).

Die Ausgrabungen auf dem Esquilin fanden statt, als Rom Hauptstadt geworden war und man das große Viertel in der Umgebung der Stazione Termini und der Piazza Vittorio erbaute. In den Museen, den kommunalen und staatlichen Magazinen oder auch in privaten Sammlungen häufte man damals Unmengen archäologischen Materials auf. Leider waren die Arbeiten, bei denen es oft an der nötigen Sorgfalt fehlte, alles andere als wissenschaftlich. Die Fundberichte sind meist recht summarisch. Sie wurden in entlegenen Zeitschriften veröffentlicht, und bis heute gibt es keine zusammenfassende Arbeit, in der alle verfügbaren Daten monographisch gesammelt sind (nur über die archaische Nekropole gibt es eine Monographie).

Beschreibung der Denkmäler

San Clemente. Die Kirche S. Clemente steht an der Straße, die zu San Giovanni in Laterano führt, etwa 400 m vom Kolosseum entfernt. Die mittelalterliche Kirche wurde im Barock umgestaltet. Sie ist auf römischen Bauten errichtet, die im Lauf der Jahrhunderte mehrfach verändert wurden.

Am ältesten sind die Reste eines rechteckigen Gebäudes mit Mauern aus groben Tuffblöcken. Die westliche Schmalseite mißt 29,60 m; wie lang die Längsseiten waren und ob sie Durchgänge hatten, läßt sich nicht feststellen, da man die Mauer nur durch eine Reihe von kleinen Räumen sehen kann, die nebeneinander liegen und rechtwinklig an eine in Nord-Süd-Richtung verlaufende Mauer herangebaut sind. Ihre Breite beträgt 4,30 m. Sie besitzen Tonnengewölbe und Mauern aus *opus reticulatum* mit zwischengeschalteten Ziegelschichten *(opus mixtum)*. Die Stützmauern des darüberliegenden Gebäudes führen quer durch die Kammern. Man hat vermutet, daß sie zu einem öffentlichen Gebäude gehörten. Aufgrund der Mauertechnik und der Ziegelstempel ist der Bau an den Anfang des 1. Jahrhunderts n. Chr. vor den neronischen Brand von 64 n. Chr. zu datieren.

Dahinter wurde in der Mitte des 2. Jahrhunderts ein Privathaus gebaut. Wo der Eingang war, weiß man noch nicht. Im Erdgeschoß lagen vier Reihen von Zimmern (von denen zwei mit Stuckdecken geschmückt sind) an vier um einen Innenhof herumgeführten Gängen. Über eine Treppe gelangte man in das obere Stockwerk, von dem nur noch die Mauer auf der Ostseite und einige Zwischenwände erhalten sind. Wahrscheinlich lag das erste Geschoß unter dem normalen Niveau, so daß der Eingang im darüberliegenden Stockwerk war. Dies würde erklären, weshalb zwischen dem oberen Geschoß des Hauses und dem benachbarten Gebäude aus Tuff ein Tonnengewölbe gebaut wurde, das als Fußboden dienen sollte. Wahrscheinlich wurde im 3. Jahrhundert der Innenhof des Hauses in ein Mithräum, ein Heiligtum für den Mysterienkult des Gottes Mithras, umgebaut. Man vermauerte die Türen zum Hof und überdachte ihn mit einem Tonnengewölbe, das mit Sternen verziert war und dessen elf Öffnungen auf die Symbolik des Mithraskultes anspielen sollten. Im Hintergrund wurde eine Nische mit der Statue des Gottes angelegt und ein Altar aufgestellt, auf dem in der Mitte der stiertötende Mithras und an den beiden Seiten Cautes und Cautopates dargestellt sind. Den seitlichen Wänden entlang sind die üblichen breiten Bänke aufgemauert.

Als der obere Teil der Tuffmauern verschwunden war, baute man zwischen der Mitte und dem dritten Viertel des 3. Jahrhunderts auf dem Erhaltenen ein Gebäude aus Ziegelsteinen. Nur auf der Nordseite wurde der frühere Baubestand nicht benutzt. Heute sind der nördliche, der südliche und, wenngleich unvollständig, der östliche Teil erhalten. Die Westseite ist stark zerstört. Zweifellos handelt es sich um einen Bau, der sich in der Anlage und im Zweck von dem früheren unterschied. Da keine Zwischenmauern vorhanden sind, könnte es ein großer, mit Pfeilern oder Säulen in Schiffe untergliederter Saal mit weiten Zugängen gewesen sein. Ob diese Öffnungen in seitliche Räume, in Portiken oder Höfe führten, ist nicht mehr festzustellen. Mit Sicherheit gingen sie nicht auf eine Straße, da keine so nahe an dem Gebäude vorbeiführte. Über das obere Stockwerk lassen sich keinerlei Hypothesen aufstellen.

Einige Einzelheiten legen es nahe, den Bau mit dem *Titulus* des heiligen Clemens zu identifizieren, von dem die Quellen sprechen. Anhaltspunkte hierfür sind der große Saal, die weiten, für Versammlungen geeigneten Durchgänge und die Pfeiler, die ein Dach oder ein Obergeschoß getragen haben können. Doch kann nicht mit Sicherheit festgestellt werden, ob der Bau von Anfang an für einen solchen Zweck bestimmt war. Vielleicht war der Saal im Erdgeschoß nur eine Eingangshalle für einen im oberen Stockwerk gelegenen Versammlungssaal.

Die unter der heutigen Kirche gelegene Basilika entstand bei einem Umbau im 4. Jahrhundert. Hierfür wurde die Westmauer durchbrochen und eine Apsis angebaut, die bis zum oberen Geschoß des Hauses aus dem 2. Jahrhundert reichte. Man verschloß einen Teil der seitlichen Öffnungen und vereinigte die beiden schon vorher vorhandenen Privathäuser zu einem Chorraum. Ein Raum seitlich der Apsis läßt vermuten, daß es auch Pastophorien gab. Der Innenraum wurde durch zwei Säulenreihen mit neun Bögen darüber in drei Schiffe unterteilt. Oberhalb der Bögen waren Fenster verschiedener Form und Größe. Der Narthex war mit den Seitenschiffen durch große Durchgänge und mit dem Mittelschiff durch fünf Bögen verbunden. An der Ostseite öffnete er sich zu einer mit Portiken eingefaßten Vorhalle. Wahrscheinlich führten von den Seitenschiffen einige seitliche Türen nach draußen und wiederholten so das Schema des ältesten Saals.

Die Fresken in der Basilika stellen die Legenden um den heiligen Clemens und die Mysterien des christlichen Glaubens dar.

Die Proportionen der Kirche, die im Verhältnis zu ihrer Länge sehr breit ist, sprechen für eine Datierung ins 4. Jahrhundert. S. Clemente vertritt den frühesten Typ der dreischiffigen christlichen Basilika.

Die Domus Aurea. In den ersten Jahren seiner Regierungszeit ließ Nero die *Domus Transitoria* erbauen, um so die kaiserlichen Besitztümer auf dem Palatin mit denen auf dem Esquilin, den „Gärten des Maecenas“, zu verbinden. Das Haus wurde bei dem schrecklichen Brand 64 n. Chr. völlig zerstört. Daraufhin begann Nero mit dem Bau der *Domus Aurea,* des „Goldenen Hauses“, das lange Zeit die größte kaiserliche Residenz war, die es überhaupt gab. Die Beschreibung in Suetons Nero-Biographie vermittelt eine recht genaue Vorstellung von der Anlage: „In der Eingangshalle des Hauses hatte eine 120 Fuß hohe Kolossalstatue, ein Porträt Neros, Platz. Die ganze Anlage war so groß, daß sie drei Portiken von einer Meile Länge und einen künstlichen See umfaßte, der von Häusern umgeben und fast wie ein Meer war. Dazu kamen Villen mit Feldern, Weinbergen und Weiden, Wälder voller wilder und zahmer Tiere aller Arten. Einige Teile des Hauses waren vollständig vergoldet und mit Gemmen und Muscheln geschmückt. In den Speisesälen gab es bewegliche Decken aus Elfenbein, durch die Blumen herabgeworfen und Parfüm versprengt werden konnte. Der Hauptraum war kreisrund und bewegte sich bei Tag und bei Nacht ständig, wie die Erde. Die Bäder wurden mit Meer- und Schwefelwasser gespeist. Als Nero nach Abschluß der Bauarbeiten das Haus einweihte, zeigte er sich sehr zufrieden und sagte, daß er jetzt endlich anfange, menschenwürdig zu wohnen.“ Die Architekten waren Severus und Celer, die Wanddekorationen führte ein gewisser Fabullus (oder Famulus) aus. Zahlreiche, in ganz Griechenland und Kleinasien geraubte Statuen schmückten die Anlage. Bevorzugt wurden hellenistische Gruppen aus Pergamon, deren barocker Stil dem Kaiser besonders zusagte. Wie ein derartiges Unternehmen, bei der ein großer Teil des Stadtzentrums enteignet wurde, auf die Römer wirkte, schildern mehrere Schriftsteller. Man flüsterte sich mit unterdrückter Stimme Spottverse zu; der berühm-

Grundriß der Domus Aurea

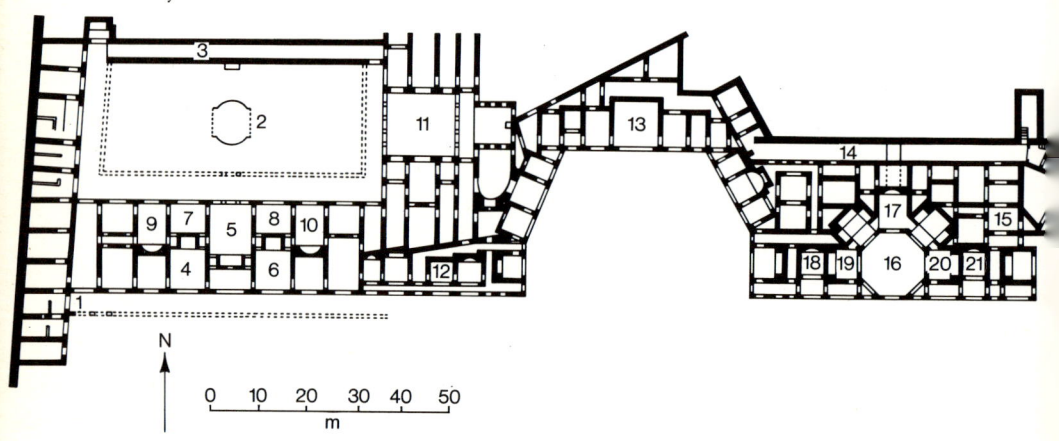

teste von ihnen ist die sarkastische Aufforderung an die Römer, nach Veji auszuwandern, da Rom zu einem einzigen Haus geworden sei – falls nicht auch Veji schon dazugehöre *(Roma domus fiet: Veios migrate Quirites / si non et Veios occupat ista domus)*. Die Grenzen der Domus Aurea verliefen etwa folgendermaßen: vom Palatin und der Velia (wo die später vom Tempel der Venus und Roma überbaute Eingangshalle war) bis in die Gegend von S. Pietro in Vincoli, dann über die Via delle Sette Sale zur Servianischen Mauer, der östlichen Begrenzung, und auf den Caelius, wo der in ein Nymphäum umgebaute Tempel des Claudius den südlichsten Punkt darstellte. Von da verlief die Grenze wieder zum Palatin zurück, wobei das ganze Tal mit eingeschlossen wurde, in dem an der Stelle des späteren Amphitheaters ein künstlicher See angelegt war. Von dieser riesigen Anlage, die weniger wie ein Palast, sondern mehr wie eine Stadt wirkte, ist nur noch ein einziger Pavillon erhalten: der auf dem Oppius. Dieser Baukomplex,

Wandmalereien aus dem „Vierten Stil" im östlichen Teil der Domus Aurea (Raum 15)

Nymphaeum der Domus Aurea (Zeichnung J.-P. Penin nach G. Zander)

der ungefähr 300 m lang und 190 m tief ist, wurde bis zu seiner Zerstörung durch einen Brand (104 n. Chr.) bewohnt. Die Reste wurden in die Fundamente der Trajans-Thermen einbezogen und blieben auf diese Weise erhalten. Die Berichte von Anbauten und Restaurierungen, die Otho und Titus durchgeführt haben sollen, werden durch den Befund bestätigt.

Schon ein flüchtiger Blick auf den Grundriß macht klar, daß der Bau aus zwei verschiedenen Teilen bestand. Der westliche bildete einen in sich abgeschlossenen, um einen großen, rechteckigen Hof herum angelegten Organismus. An der Vorderseite waren zwei Flügel des Gebäudes (erhalten ist nur der Ansatz des westlichen) mit davorgelegten Portiken nach vorne gezogen, so daß eine Art Hof entstand, der an der Seite zum Kolosseumstal mit dem künstlichen See hin geöffnet war. An diesen schlichten, auf einem klassischen System von Rechtecken aufgebauten Teil schloß sich an der Ostseite ein sehr viel stärker gegliederter Komplex an, in dem die Räume einerseits um einen großen, polygonalen Fassadenrücksprung und daneben um einen weiten achteckigen Saal herum angeordnet waren. Wie gegensätzlich die beiden Grundrisse in ihrer Gestaltung waren, wird vor allem dort deutlich, wo die zwei Komplexe aneinander anschließen. Dort entsteht eine Anzahl verwinkelter, verstümmelter Räume, die bei einer einheitlichen Planung und Durchführung des Baus kaum erklärbar wären. Der östliche Teil muß deshalb später hinzugebaut worden sein. Welche Schlußfolgerungen aus dieser Tatsache zu ziehen sind, kann erst nach der Baubeschreibung erörtert werden.

Der Zugang zur Domus Aurea befindet sich im Park auf dem Colle Oppio gegenüber vom Kolosseum. Zunächst geht man an großen, aus Ziegeln gemauerten Wänden entlang, die die darüberliegende Exedra.der Trajans-Thermen stützen. Über eine Treppe gelangt man dann in einen ungefähr dreieckigen Raum (1). Seine rechte Wand und die mit dem Eingang gehören zu den Trajans-Thermen, seine linke und die Rückwand, die beide anders orientiert sind, zur Domus Aurea. Diese aus Ziegelsteinen gemauerten Wände waren ursprünglich im unteren Teil mit Marmor verkleidet. Auf dem Boden sieht man noch die Basen von zwei Säulen und einem Pfeiler, die der einzige Überrest des Portikus sind, der dem Haus vorgelagert war. Die Säulen, die Marmorverkleidungen der Wände und der Fußböden und was sonst noch transportabel war, wurde vor dem Bau der Trajans-Thermen herausgeschafft und dort vermutlich wieder verwendet. Die Domus Aurea, die weiterhin zugänglich war, diente damals wahrscheinlich als Keller.

Den rückwärtigen Teil des Hauses nimmt ein großer Hof (2) mit Portiken auf der Süd-, Ost- und Westseite ein. An der Nordseite liegt ein geschlossener Gang, der das dahinter anstehende Erdreich abstützen und einen trennenden Zwischenraum bilden sollte. In der Mitte des Hofes, der in trajanischer Zeit aufgelassen und in eine Anzahl überwölbter Räume unterteilt wurde, liegt ein Brunnenbecken mit zwei geschwungenen und zwei geraden Seiten.

Die Südseite des Hauses besteht aus einer doppelten Reihe von Räumen, die sich zum Portikus beziehungsweise zum Innenhof hin öffnen. Dieser Teil ist genau nach den Kardinalpunkten ausgerichtet. An der Westseite liegt eine Flucht von Räumen, die ebenfalls zum Innenhof führen. In der Mitte der Ostseite öffnet sich in der Längsachse des Hofs ein großes Nymphäum (11), das auf dieser Seite den Abschluß des Komplexes bildete.

Die an der Südseite gelegenen, wichtigeren Räume werden durch einen zweiteiligen Saal (5), der in der Nord-Süd-Achse des Hofes liegt, in zwei Gruppen getrennt. Neben dem Mittelsaal liegen zwei zum Portikus hin geöffnete Säle mit Alkoven (4, 6), die man als Schlafräume des Kaiserpaares deutete. Neben den Alkoven führen je zwei Türen in zwei kleinere Zimmer (7, 8), an deren Außenseiten wiederum zwei Säle mit Apsiden und Überresten von Statuenbasen aus Ziegeln liegen (9, 10).

Die finstern, traurigen Gelasse geben heute keinerlei Vorstellung mehr davon, wie sie ursprünglich wirkten: durch die großen, beim Bau der Thermen zugemauerten Türen und den davorliegenden Portikus flutete das Licht, und man genoß den Blick auf das Tal mit dem künstlichen See und den Parks darum. Bei aufmerksamer Betrachtung der Wände sieht man, daß die Verkleidung im unteren Teil, die offensichtlich aus Marmorinkrustationen bestand, überall fehlt. Die hohe Qualität der Dekorationen läßt sich nur durch die wenigen Malereifragmente, die mit Hilfe von Renaissance-Zeichnungen ergänzt werden können, erahnen. In der Renaissance holten sich viele Künstler in diesen „Grotten" (nach denen die Stilgattung der „Grotesken" benannt ist) Anregungen. Oftmals hinterließen sie auch ihren Namenszug auf den Wänden.

Beachtliche Reste von Wandmalereien, die wegen mangelnder Konservierung und Restaurierung jedoch auch schon fast völlig verschwunden sind, gibt es noch im Gewölbe des östlichen Apsidensaals (10), in der sogenannten „Sala della volta gialla" („mit dem gelben Gewölbe"; 8), und im mittleren Saal, der sogenannten „Sala della volta delle civette" („Gewölbe mit den Eulen"; 5). Auch in einem der Zimmer mit Alkoven, der „Sala della volta nera" („mit dem schwarzen Gewölbe"; 6), sind noch Malereireste vorhanden.

Wie Nicole Dacos, die sich in letzter Zeit mit diesem Gegenstand sehr gründlich beschäftigt hat, feststellte, zeigen alle diese Malereien die gleiche Meisterschaft bei der Verwendung der reich und pastos aufgetragenen, kräftigen Farbtöne, die mit dunklen Partien und aufgesetzten Glanzlichtern modelliert wurden. Nicole Dacos erkennt hierin „die Hand eines Künstlers, der über dem durchschnittlichen Werkstattniveau steht und der auch in seiner Technik originell ist".

Trotz der anderen Schlußfolgerungen der Autorin scheint mir die Persönlichkeit dieses

Malers aus ihrer Beschreibung klar hervorzugehen: es muß Fabullus gewesen sein. Plinius beschreibt sehr lebendig, wie Fabullus in der Domus Aurea arbeitete; immer würdevoll und selbst auf den Gerüsten in der Toga (heute würde man sagen: „im Zweireiher"). Seinen Stil bezeichnet Plinius als *floridus et humidus*. *Floridi* nennt Plinius die Farben Blau, Blutrot, Grasgrün, Indigoblau, Goldgelb und Bleiweiß, alles Farben, die in diesen Malereien vorherrschen. Als *humidus* bezeichnet er dagegen den pastosen und flüssigen Farbauftrag. In den Einzelheiten bringen diese Malereien mit ihrem größeren Reichtum an Farben gegenüber dem augusteischen Stil etwas Neues. Das Schema der Wanddekorationen ist jedoch das gleiche wie im Dritten Stil: die Wände sind zumeist einfarbig und werden mit miniaturistischen Motiven in Hell-Dunkel-Technik überzogen.

Das vor einiger Zeit gefundene, prächtige rechteckige Nymphäum an der Ostseite des Hofes (11) wurde gleich nach der Ausgrabung restauriert und befindet sich zum Glück in einem besseren Erhaltungszustand. Es besteht aus einem großen Saal, der leider von einer Mauer aus trajanischer Zeit durchschnitten wird. Zwei Portiken mit je vier Säulen begrenzen die beiden Schmalseiten. Dahinter lag an der Rückseite das eigentliche Nymphäum, ein kleiner überwölbter Raum mit je drei Fenstern in den Seitenwänden, durch die man ursprünglich in seitlich gelegene Höfe blickte. In der Rückwand ist ein Brunnen, dessen Wasser über einige Stufen hinabfloß und in einem Becken in der Mitte des Raumes gesammelt wurde. Die Wände des Nymphäums, des Ganges und des davorgelegenen Raumes waren mit einem prächtigen Mosaik überzogen. Es wurde schon in der Antike entfernt, so daß nur noch die Spuren, eingefaßt von einem Rahmen aus Muscheln, zu sehen sind. Der untere Teil der Wände war mit Marmor verkleidet. Die Verzierung des 10,20 m hohen Gewölbes ist jedoch zum Teil noch erhalten. Es ist mit sienafarbenem Bimsstein überzogen. In den Ecken sind Medaillons und in der Mitte ein Achteck eingesetzt. Nur das mittlere Feld enthält noch die ursprüngliche Verzierung: hier ist Polyphem dargestellt, dem Odysseus die Schale mit Wein reicht. Die Darstellung zeigt die gleiche reiche Farbigkeit wie die Malereien; auch hier sind die von Plinius als *floridi* bezeichneten Töne verwendet: Weiß, Rot, Grün, Gelb und Schwarz.

Vom Hof aus hatte man den Eindruck einer Folge von hintereinandergeschobenen, durchscheinenden Ebenen. Das ergab den Eindruck einer irrealen, unbestimmbaren Tiefe. Verstärkt wurde diese Wirkung durch das Licht, das in das Nymphäum von den seitlichen Fenstern hineinflutete und die Wasserspiele und Mosaiken aufblitzen ließ.

Unter den Räumen südlich vom Symphäum, die zur Fassade des Gebäudes gehörten (12), fand man bei einer Ausgrabung Reste eines republikanischen Hauses, das unter der Domus Aurea begraben wurde.

Hinter dem Nymphäum liegen die schon beschriebenen Räume, in denen man die fast katastrophale Wirkung des Zusammentreffens der beiden Teile der Anlage am deutlichsten sieht. Es fällt sofort auf, daß die Wandmalereien völlig anders sind als in den oben beschriebenen Räumen. Sie gehören schon ganz zum Vierten Stil mit seinen phantastischen Architekturen, den übereinander angeordneten Ebenen und den trockeneren Farben. Am besten lassen sie sich mit den pompejanischen Wandmalereien unmittelbar vor dem Ausbruch des Vesuvs im Jahre 79 n. Chr. vergleichen. Es überrascht, wie bescheiden, ja grob, diese Dekoration im Vergleich zu denen auf der anderen Seite sind. Dies läßt sich auch nur zum Teil damit erklären, daß die Räume auf der Nordseite (zum Beispiel der Kryptoportikus; 14) zum Wirtschaftstrakt gehörten. In der Tat ist die Qualität der Dekoration im Saal 13, der in der Achse des fünfeckigen Hofes liegt, sehr viel besser. Es handelt sich hier um die hochberühmte, bühnenartige „volta dorata"

Domus Aurea. Achteckiger Kuppelsaal
Durchmesser des Lucernars 6 m

(„vergoldetes Gewölbe"), die heute leider nur noch teilweise erhalten ist, von der es jedoch Renaissance-Zeichnungen gibt.

Von den Räumen an der Ostseite der „volta dorata" kommt man in den großen Kryptoportikus (14), der den gleichen Zweck hatte wie der Gang 3. Die summarisch und flüchtig gemalte, aber guterhaltene Dekoration stellt eine einfachere Variante des Vierten Stils dar. In der Mitte des Ganges führt ein schräger Bogen einen Wasserkanal zum Saal 17, einem großen Nymphäum. Auch in den Räumen am Ostrand der Anlage (15) sind die Malereien gut erhalten.

Den zweiten Brennpunkt des östlichen Komplexes bildet der achteckige Saal (16). Er ist mit einer Kuppel überdacht, die ohne Zwickel vom Achteck in ein Kugelsegment überleitet. Da die Wände mit weiten Öffnungen durchbrochen sind, treten sie so gut wie gar nicht in Erscheinung. Die außerordentlich geschickte Gestaltung der Wände und die strahlenförmige Anordnung der umliegenden Räume machen aus dieser Anlage ein Meisterwerk römischer Architektur. Wenig später wurde dieser Bautyp in der *Domus Augustana* auf dem Palatin wiederholt und weiterentwickelt. Der Gegensatz zwischen dieser Anlage und der Architektur des Westflügels, der sich ja auch in den Malereien widerspiegelt, könnte nicht radikaler sein.

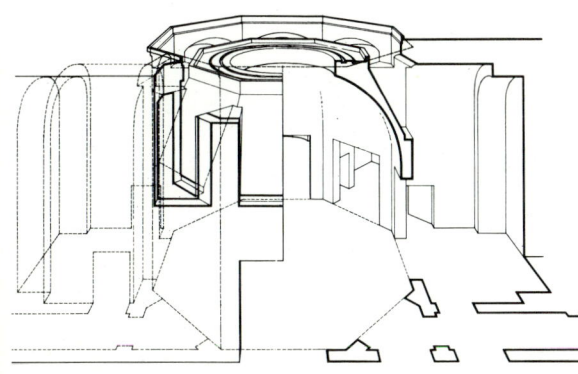

Domus Aurea. Achteckiger Kuppelsaal
Perspektivische Zeichnung
(nach W. L. MacDonald)

203

Saal 17 war ein großes Nymphäum mit einer Nische und einer Brunnenanlage in der Rückwand, zu der das Wasser über den Gang 14 geleitet wurde. In Raum 18, 19, 20 und 21 sind die Dekorationen zum Teil erhalten. Vor allem im Saal 18, der erst in diesem Jahrhundert ausgegraben wurde, kann man die Stuckverzierung in der Apsis und an der Decke, auf der Achill mit den Töchtern des Lykomedes dargestellt ist, noch gut erkennen. Im Typ entspricht diese Dekoration ebenso wie die in Raum 21 und in allen anderen Zimmern im Ostflügel völlig den Wandmalereien in der „Volta dorata".

Die beiden Teile der Domus Aurea gehören also stilistisch zwei vollkommen verschiedenen Bereichen an, und zwar sowohl hinsichtlich der Architektur als auch hinsichtlich der Malereien. Die Lösung dieses Problems gibt möglicherweise Plinius, der berichtet, er habe den Laokoon in der *Domus Titi* gesehen. Bekanntlich wurde diese Statue am Anfang des 16. Jahrhunderts in den Trajans-Thermen bei den „Sette Sale" gefunden. Wenn – was sehr wahrscheinlich ist – aus dem zugeschütteten Haus alle Dekorationen sorgfältig herausgebrochen und in den Trajans-Thermen wieder verwendet wurden, muß man annehmen, daß mit einem so kostbaren Werk ebenso verfahren wurde. Der an die *Domus Aurea*, die ihrerseits so viele Veränderungen nach Nero durchmachte, herangebaute Komplex wäre dann mit der *Domus Titi* zu identifizieren.

Die Titus- und Trajans-Thermen. Von den Thermen, die Titus in außerordentlich kurzer Zeit errichtete und 80 n. Chr. weihte, ist – abgesehen von einigen Ziegelpfeilern nördlich vom Kolosseum – nur noch ein von Palladio gezeichneter Plan vorhanden. Daraus geht hervor, daß die Anlage nicht besonders groß war und daß vor der zum Amphitheater hin gerichteten Seite eine breite Treppe lag. Das Gebäude hatte dieselbe Orientierung wie die Domus Aurea. Diese Tatsache läßt in Verbindung mit der kurzen Bauzeit vermuten, daß es sich um die von Sueton beschriebenen Thermen der Domus Aurea handle, die restauriert und umgebaut wurden. Ein solches Vorgehen würde sehr gut mit der flavischen Politik übereinstimmen, für die der Umbau der neronischen Bauten und ihre Rückerstattung an das Volk typisch sind.

Der Grundriß des Gebäudes weist schon alle Charakteristiken der großen römischen Thermenanlagen auf: die symmetrische Verdoppelung der Räume und ihre Anordnung an einer Hauptachse, deren zentralen Raum eine Basilika bildet. Der Typ wurde ohne Zweifel von den Architekten Neros erfunden. Das erste Beispiel dieser Art sind die neronischen Thermen auf dem Marsfeld.

Die sehr viel großartigeren Trajans-Thermen, die zum Teil auf den Resten der 104 n. Chr. durch einen Brand zerstörten *Domus Aurea* erbaut wurden, sind völlig anders orientiert. Dies liegt ziemlich sicher daran, daß man eine bessere Lage zur Sonne und zum Wind suchte; das *calidarium* z. B. liegt so, daß es vom Mittag bis zum Sonnenuntergang am stärksten der Sonneneinstrahlung ausgesetzt ist. Daß dies kein Zufall ist, geht daraus hervor, daß alle großen Thermen in Rom (die Caracalla-Thermen, die Diokletians-Thermen und die Thermen des Decius) genau die gleiche Orientierung haben. Nur die Thermen des Titus und Nero waren anders orientiert, doch wurde dies durch die benachbarten Gebäude bedingt.

Die neronische Grundanlage kommt da zum Vorschein, wo die trajanischen Bauten nach den Kardinalpunkten ausgerichtet sind, zum Beispiel bei den sogenannten „Sette Sale", den Zisternen der Thermen.

Im Gegensatz zu dem, was einige späte Quellen überliefern und einige moderne Wissenschaftler kritiklos übernommen haben, wurde der Bau nicht von Domitian begonnen. Das Bauwerk ist rein trajanisch. Es wurde nach 104 begonnen und am 22. Juni 109 n. Chr. eingeweiht. Diese Daten stimmen genau mit den Ziegelstempeln überein.

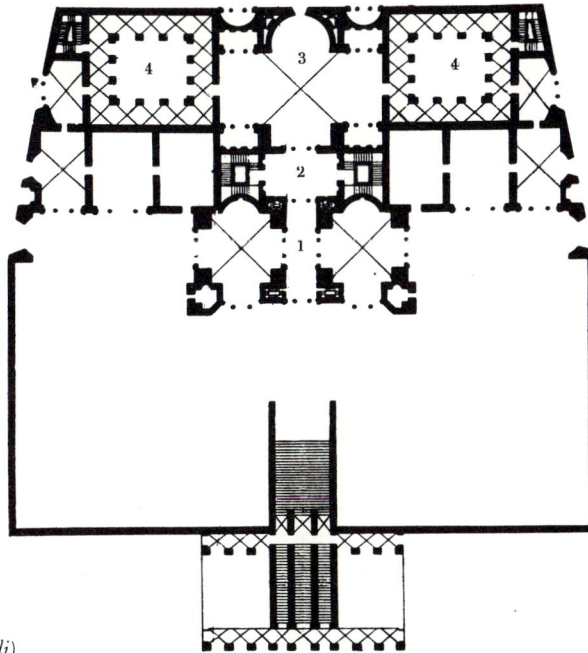

Titus-Thermen (nach A. Palladio)
1 *Caldarium (Heißbad)*
2 *Tepidarium (Lauwarmbad)*
3 *Frigidarium (Kaltbad)*
4 *Palaestra (Turnhof)*

Trajans-Thermen (nach I. Gismondi)
1 *Caldarium (Heißbad)*
2 *Tepidarium (Lauwarmbad)*
3 *Frigidarium (Kaltbad)*
4 *Palaestra (Turnhof)*
5 *Natatio (Schwimmbad)*

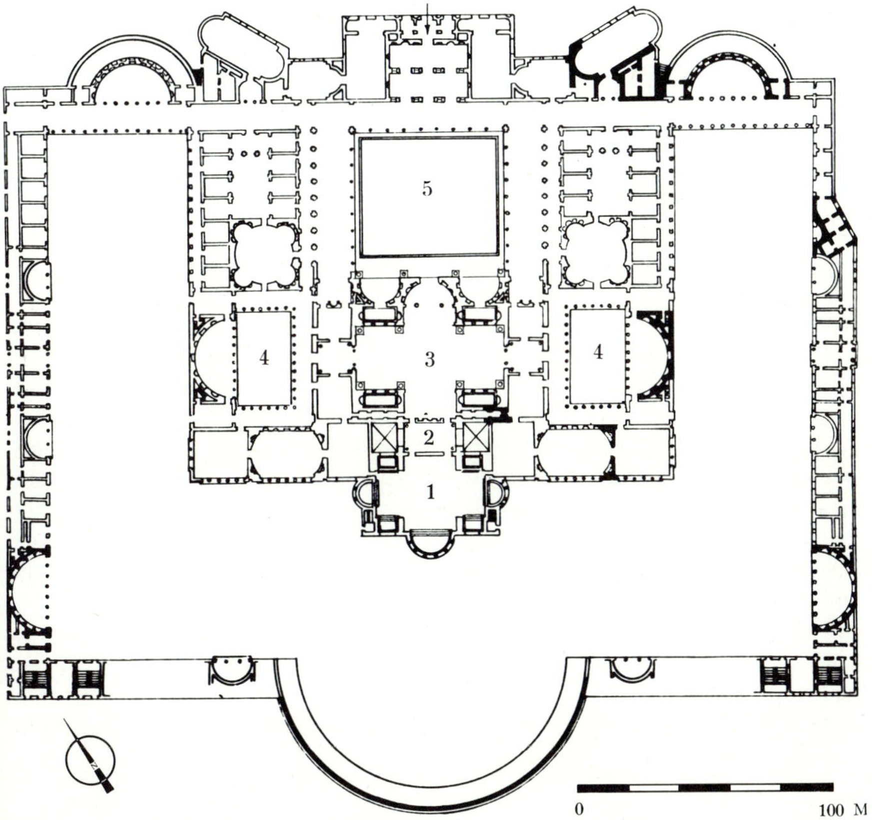

0   100 M

Völlig grundlos bezeichnete man Rabirius als den Architekten, obwohl Dio Cassius mitteilt, daß Apollodor von Damaskus, der Architekt des Trajans-Forums, die Thermen erbaute. Anscheinend wurde auch ein Teil der Gärten des Maecenas, die an die Domus Aurea grenzten, überbaut.

Der Komplex hatte eine Ausdehnung von insgesamt 330 × 315 m, der Mittelteil allein maß 190 × 212 m. Es sind die ersten vollständigen „großen Thermen" in Rom. Zu dem zentralen Baukörper ist hier eine weite Umfassungsmauer mit einer Exedra hinzugekommen, die dann in den Caracalla-Thermen und vor allem den Diokletians-Thermen wiederholt wurde. Diese Schöpfung ist Apollodor von Damaskus zuzuschreiben (man kann annehmen, daß dies der Portikus der Trajans-Thermen war, von dem in den Quellen die Rede ist). Obwohl nur wenige im Park auf dem Colle Oppio verstreute Reste erhalten sind, läßt sich der Bau mit Hilfe der Fragmente des severischen Stadtplans genau rekonstruieren. Man betrat die Anlage durch einen großen Torbau auf der Nordseite und gelangte von da auf einen offenen Platz mit der *natatio*, einem großen Schwimmbecken. Wenn man nach rechts oder nach links abbog, durchquerte man jeweils einen – spiegelbildlich wiederholten – runden Saal, dann einen der beiden Sportplätze und kam so ins *calidarium*, einen rechteckigen Saal mit drei Apsiden, der ähnlich wie bei den Diokletians-Thermen aus dem Mittelteil des Baus herausragte. Hier begann das eigentliche Bad: durch das *tepidarium* ging man in die große Basilika in der Mitte und kam dann wieder zur *natatio* zurück (die Einzelheiten einer Thermenanlage sind im Zusammenhang mit den Caracalla-Thermen genauer beschrieben).

An Ruinen sind heute noch vorhanden: eine Exedra, die zweifellos ein Nymphäum mit Wasserspielen war, ein Saal mit zwei Apsiden an der Nordostecke, der wie die Domus Aurea orientiert ist, einige Räume und eine weitere Exedra an der östlichen Umfassungsmauer und die entsprechende, kürzlich restaurierte Exedra auf der Westseite, die ohne jede Grundlage für eine Bibliothek gehalten wurde. Von dem zentralen Bau sind noch die Exedra des östlichen Sportplatzes und ganz in der Nähe die Apsis eines Saals auf der Südseite erhalten, in dem ein großer Marmorplan der Thermen angebracht ist. Außerdem sind die im Zusammenhang mit der Domus Aurea schon erwähnten Fundamente der großen Exedra auf der Südseite und die prächtige Zisterne, die sogenannten „Sette Sale", auf der anderen Seite der Via delle Terme di Traiano erhalten.

An der Westseite, in der Nähe der Kreuzung der Via delle Terme di Traiano und des Viale del Colle Oppio liegt unterhalb des Thermengebäudes ein Nymphäum mit einem Hof davor, das vielleicht zur *Domus Aurea* gehörte (nicht zugänglich).

Der Fagutal und der Cispius. Der Weg von den Trajans-Thermen zum Fagutal und zum Cispius führt zwar nicht an so vielen monumentalen Gebäuden vorbei, wie man sie auf dem Colle Oppio findet, doch ist er in städtebaulicher Hinsicht recht reizvoll. Die Gegend ist zum Teil auf Fragmenten des severischen Marmorplans dargestellt, die ein typisches, ganz unregelmäßig angelegtes Armenviertel mit engen Gassen und bescheidenen Wohnhäusern zeigen. Es muß darauf hingewiesen werden, daß viele der hier beschriebenen antiken Reste der Öffentlichkeit im allgemeinen nicht zugänglich sind.

Wenn man vom Kolosseum kommt, so sieht man auf der rechten Seite der Via degli Annibaldi, dicht bei der Kreuzung mit der Via Nicola Salvi, ein Eisengitter, hinter dem ein 1894 entdecktes, von der Straße zum Teil durchschnittenes Nymphäum liegt (der Schlüssel ist bei der X. Ripartizione della Comune zu erhalten). Es besteht aus einer Apsis, die in einen rechteckigen Raum mit einem Becken hineinragt. Dieser wird von kaiserzeitlichen Fundamenten, die wahrscheinlich zur *Domus Aurea* gehören, durchschnitten. Vier der ursprünglich neun Nischen sind noch vorhanden. Die Fassade mit der Apsis ist mit architektonischen und figürlichen Motiven aus Bimsstein und Muscheln verziert. Nach dem Mauerwerk, einem Retikulat mit sehr kleinen Tuffsteinen, handelt es sich um einen Bau aus spätrepublikanischer Zeit, etwa um 50 v. Chr. Offensichtlich gehörte das Nymphäum zu einem Haus, das wegen der neronischen Bauten abgerissen wurde.

Über die Via della Polveriera erreicht man die Piazza S. Pietro in Vincoli, den Gipfel des *Fagutal*. Ungefähr auf halbem Weg muß, wie aus den hier gefundenen Inschriften hervorgeht, die *Praefectura Urbis* gewesen sein. In der gleichen Gegend lag der Tempel der *Tellus*. Die *Curia Athletarum*, eine Vereinigung der griechischen Athleten, muß sich im Garten von S. Pietro in Vincoli befunden haben, da hier entsprechende Inschriften gefunden wurden.

Bei der Erneuerung des Fußbodens in S. Pietro in Vincoli konnten kürzlich einige wichtige Bauten unter der Kirche untersucht werden. Man fand Reste eines Hauses aus der Mitte der republikanischen Zeit und darüber weitere drei Schichten. Zur ersten Bauphase gehören die Reste zweier Häuser vom Ende des 2. Jahrhunderts v. Chr. mit herrlichen mehrfarbigen Mosaiken. Die Häuser, die in den letzten Jahren der Republik möglicherweise wieder aufgebaut wurden, mußten dann einer großen Anlage weichen. Erhalten sind ein Portikus mit einem Brunnen und einem Garten, an dem einige wenige, sehr prächtige Räume liegen.

Dieses Gebäude stammt aus neronischer Zeit und gehörte wahrscheinlich zur *Domus Aurea*. Es wäre der nördlichste Punkt der Anlage. Der Fund bestätigt die antiken Nachrichten über Häuser und Villen des römischen Adels in der Gegend der *Velia*, der *Carinae* und des *Fagutal*. Außerdem verdeutlicht er, mit welcher Skrupellosigkeit Nero ganze Viertel für den Bau seines Palastes enteignete.

Von der Via delle Sette Sale an der linken Seite der Kirche steigt man über eine große Treppe zum Largo Venosta hinunter. Hier befindet man sich auf der Höhe der Gabelung von *Clivus Patricius* und *Clivus Suburanus,* denen heute etwa die Via Urbana und die Via in Selci entsprechen. Die Straßen führten an den beiden Seiten um den *Cispius* herum, auf dem der Tempel der *Iuno Lucina* stand. Ungefähr auf halber Höhe der Via in Selci, die ihren antiken Charakter recht gut bewahrt hat, lag in dem Gebiet zwischen der Via in Selci und der Via delle Sette Sale die *Porticus Liviae*. Die Lage und der Grundriß des Gebäudes, von dem an Ort und Stelle nichts mehr zu sehen ist, sind durch den severischen Stadtplan bezeugt. Der Bau war ungefähr 120 m lang und 95 m breit, er bestand aus einem großen rechteckigen Platz mit doppelten Portiken darum. Die eine Schmalseite lag am Clivus Suburanus, von dem man über eine Freitreppe in den Portikus gelangte. In seiner rückwärtigen Wand waren verschieden große Nischen eingetieft. Der rechteckige Bau in der Mitte des Platzes, wahrscheinlich eine Umfassungsmauer, hat große Ähnlichkeit mit der Ara Pacis. Dies muß der *Altar der Concordia* gewesen sein, von dem Ovid spricht. In den vier Ecken des Platzes befanden sich viereckige Brunnen. Augustus errichtete den Portikus zu Ehren seiner Frau zwischen 15 und 7 v. Chr. und zerstörte dafür, wie schon erwähnt, das prächtige Haus des Vedius Pollio.

An der Einmündung der Via in Selci in die Piazza di S. Martino ai Monti sieht man gleich hinter der Kirche S. Lucia eine große, bis auf die Höhe des ersten Stockwerks erhaltene Fassade. Im unteren Teil besteht sie aus einer Reihe grober Travertinpfeiler, über denen ursprünglich Querbalken und darüber eine Reihe von Entlastungsbögen lagen. Auf der Höhe des ersten Stockwerks sieht man noch fünf große Bogenfenster, die später zugemauert und durch kleinere, rechteckige Fenster ersetzt wurden. Dies soll, einer Theorie zufolge, die älteste, im 5. Jahrhundert erbaute Kirche des heiligen

Martin gewesen sein, die man später nach Osten an ihren jetzigen Platz versetzte. Diese Kirchen wurden als *in Orphea* gelegen bezeichnet, obwohl der Brunnen des Orpheus *(lacus Orphei)* in einiger Entfernung, gleich hinter der Porta Esquilina in der 5. Region, lag.

Die Ostmauer der Kirche S. Martino ai Monti ruht auf einem massiven Fundament aus Tuffblöcken von Grotta Oscura, die vielleicht zur Servianischen Mauer gehört haben. In nächster Nähe wurden am Ende des vorigen Jahrhunderts einige wichtige eisenzeitliche Gräber gefunden.

Zu den westlich von der Kirche gelegenen unterirdischen Räumen gelangt man von der Krypta aus. Es handelt sich um ein bedeutendes Gebäude aus der ersten Hälfte des 3. Jahrhunderts n. Chr., das aus einem großen Saal (11 × 18 m) besteht. Eine Pfeilerreihe, die ein Kreuzgewölbe trägt, unterteilt den Saal in zwei Schiffe mit drei Jochen. An der Südwestseite liegt eine Eingangshalle mit drei breiten Türen zur Straße (dem Clivus Suburanus). Da noch Treppen erhalten sind, muß das Gebäude ein Obergeschoß besessen haben. Im Gewölbe der Eingangshalle sieht man Spuren von Malereien, die in Kopien aus dem 17. Jahrhundert überliefert sind. Wahrscheinlich wurde dieser Bau später in die Kirche S. Silvestro umgewandelt. Ob hier tatsächlich der *Titulus Equitii* war, ein noch früherer Versammlungsort der Christen in diesem Viertel, ist zu bezweifeln.

1885 wurde beim Durchbruch der Via Giovanni Lanza neben der Kirche ein – heute schwer zugängliches – Gebäude mit einem anmutigen Lararium gefunden, in dem eine Fortuna-Statue und einige Statuetten von anderen Göttern noch an ihrem ursprünglichen Platz in Nischen aufgestellt waren (jetzt im Museo Capitolino). Über zwei Treppen stieg man von da aus zu einem Mithräum hinunter.

Den wichtigsten Fund in diesem geschichtsträchtigen Viertel Roms machte man einige Jahre später, 1888, jenseits der Straße. Die Stelle ist vom Toreingang des Hauses Via S. Mertino ai Monti 8 zugänglich. Es handelt sich um einen Marmoraltar auf einem hohen Podium mit einer Art Plattform aus Tuffblöcken davor, die ursprünglich mit Marmorplatten verkleidet war und zu der man über zwei seitliche Treppchen hinaufstieg. Weiter hinten sind Tuffblöcke und einige Säulentrommeln, die ganz offenbar hier wieder verwendet wurden, aufeinandergetürmt. Wie die verschiedenen Teile dieses kleinen Denkmals zusammengehören, ist nicht klar. Doch läßt die Inschrift auf der marmornen Statuenbasis keinen Zweifel an seiner Bedeutung: *Imp(erator) Caes(ar) Divi f(ilius) August(us) / Pontif(ex) maximus, co(n)s(ul) XI / tribunicia potest(ate) XIIII / e stipe quam populus romanus / K(alendis) Ianuariis apsenti ei contulit / Iullo Antonio Africano Fabio co(n)s(ulibus) / Mercurio Sacrum* („Der Imperator Caesar Augustus, der Sohn des Vergöttlichten [Cäsar], oberster Priester, zum 11. Mal Konsul und zum 14. Mal Inhaber der Gewalt eines Tribuns, [errichtete dieses Denkmal] mit dem Geld, das in seiner Abwesenheit am 1. Januar vom römischen Volk unter dem Konsulat des Iullus Antonius und Fabius Africanus gesammelt wurde. Dem Merkur geweiht").

Es handelt sich also um eine Statue, die Augustus mit dem Geld erwarb, das man ihm zu Beginn des Jahres als Geschenk zu überreichen pflegte. Die Statue wurde im Jahre 10 v. Chr. geweiht und bei einem *compitum*, einer der kleinen Ädikulen, die der Kaiser anläßlich seiner Neuordnung des Straßensystems an den Kreuzungen errichten ließ, aufgestellt. Wie aus Suetons Biographie bekannt ist, waren solche Weihungen keineswegs selten.

Auf der anderen Seite des *Cispius* wurden 1847 neben der Via Cavour (damals Via Graziosa), kurz vor der Kreuzung mit der Via Quattro Cantoni, in einem Gebäude, das um die Mitte des 1. Jahrhunderts v. Chr. zu datieren ist, die berühmten Malereien mit den Odyssee-Landschaften gefunden (jetzt in den Vatikanischen Museen). Weiter nördlich an der Via Cavour kam 1940 beim Bau der Untergrundbahn ein großes Patrizierhaus aus hadrianischer Zeit zutage. Das Atrium war mit einer Brunnenanlage ausgestattet, bei der zwei Kopien des *Pothos* von Skopas gefunden wurden (jetzt im Braccio Nuovo des Konservatorenpalastes).

Die Kirche S. Maria Maggiore nimmt den höchsten Punkt des Cispius ein. Bis vor einigen Jahren wußte man fast nichts über die antike Bebauung dieser Gegend. Erst 1966 bis 1971 brachte eine erfolgreiche Ausgrabung unter S. Maria Maggiore neue Erkenntnisse. In einer Tiefe von 6 m unter dem Fußboden der Kirche stieß man auf einen Bau, der im wesentlichen aus einem großen Hof von 37,30 m Länge und 30 m Breite, mit Portiken und einigen angrenzenden Räumen bestand. Der Eingang war auf der Seite, wo die Apsis der Basilika liegt. Aus der Mauertechnik, den Fußböden und den an Ort und Stelle gefundenen Säulenbasen ergibt sich eine verhältnismäßig sichere Datierung in augusteische Zeit. Die Marmorverkleidung der Wände wurde zu einem bestimmten Zeitpunkt abgenommen und auf den Längsseiten durch einen gemalten Kalender ersetzt, auf dem zwischen den Monaten jeweils die entsprechende landwirtschaftliche Tätigkeit dargestellt ist. Trotz ihres schlechten Erhaltungszustandes gehören diese Malereien zu den besten Landschaftsdarstellungen aus der späten Kaiserzeit. Verschiedene Motive lassen an eine enge künstlerische Beziehung zum römischen Afrika denken. Die Datierung geht aus dem Kalender selbst hervor: er ist nach der Zeit der Tetrarchen und nicht vor dem dritten Viertel des 4. Jahrhunderts entstanden, da damals die Malereien mit einer Marmorimitation übermalt wurden. Die Entstehungszeit ist damit eingegrenzt. Ein Bauernkalender von 354, der in späten Kopien überliefert ist, hat große Ähnlichkeit mit den Malereien unter S. Maria Maggiore; höchstwahrscheinlich gehen beide auf die gleichen Vorbilder zurück.

Daß es sich bei diesem Gebäude um das *Macellum Liviae*, einen von Tiberius zu Ehren seiner Mutter 7 v. Chr. errichteten Markt handle, ist auszuschließen; man weiß, daß dieser in der 5. Region, also außerhalb der Servianischen Mauer lag. S. Maria Maggiore gehört dagegen zur 4. Region. Als Macellum Liviae muß weiterhin das große (80 × 25 m), aus Ziegelsteinen und *opus reticulatum* errichtete Gebäude angesehen werden, das Ende des 19. Jahrhunderts unmittelbar nördlich von der Porta Esquilina, außerhalb der Servianischen Mauer ausgegraben wurde.

In der Nähe von S. Maria Maggiore lag dort, wo heute das „Seminario Pontificio di Studi Orientali" untergebracht ist (Via Napoleone III, 3), die Basilika des Iunius Bassus, die vom Konsul des Jahres 331 errichtet und im 5. Jahrhundert in die Kirche S. Andrea Catabarbara umgewandelt wurde. Es handelt sich um einen schlichten, rechteckigen Raum mit einer Apsis und einem zangenförmigen Vorraum, dessen Inneres mit prächtigen Marmorverzierungen überzogen ist. Fragmente dieser Dekoration befinden sich im Konservatorenpalast und im Besitz der Familie Del Drago. 1930 wurden die letzten Überreste des Gebäudes gefunden und zerstört. Damals entdeckte man Reste eines augusteischen Hauses mit späteren Umbauten. Aus dieser späten Phase stammen ein Mosaik mit dionysischen Motiven und eines mit den Namen der Besitzer, der Arippi und der Ulpii Vibii. Die Mosaiken sind ins 3. Jahrhundert n. Chr. zu datieren. Sie werden jetzt in den Räumen des Seminario Pontificio aufbewahrt.

Geht man die Via Carlo Alberto weiter, so sieht man gegenüber von der Fassade von S. Maria Maggiore im zweiten Häuserblock auf der linken Seite einige Tuffblöcke von Grotta Oscura. Es handelt sich um einen Rest der Servianischen Mauer, die hier schräg zur modernen Straße verläuft. Wenn man in das nächste Gäßchen auf der rechten Seite, bei der kleinen Kirche S. Vito, einbiegt, steht man vor dem Bogen des Gallienus, der genau in der Linie der Servianischen Mauer liegt. Es handelt sich um die von Augustus vollständig wieder aufgebaute *Porta Esquilina*, eines der Stadttore des ältesten Mauerrings. Unter dem Gesims der Attika steht die erst später angebrachte Weihinschrift des M. Aurelius Victor für Gallienus und seine Frau Salonina. Die originale, augusteische Weihinschrift befand sich auf der Attika, wo noch Spuren von ihrer Tilgung zu erkennen sind.

An der Innenseite der *Porta Esquilina*, die zwischen Häusern eingezwängt steht, sieht man die einfache Gliederung des Bogens: er hat ungefähr quadratische Proportionen und ist lediglich mit einfachen Gesimsen und korinthischen Eckpfeilern verziert. Links sind noch Spuren von einem kleineren Seitendurchgang zu sehen, rechts muß ebenfalls ein Durchgang gewesen sein. Das Tor hatte demnach wie die Porta Trigemina am Forum Boarium drei Durchgänge.

Vor dem Tor begann die 5. augusteische Region, in der Ende des 19. Jahrhunderts der bedeutendste archaische Friedhof Roms ausgegraben wurde. In der Nähe der Mauer wurden unter den Häusern an der Via Carlo Alberto zwei ausgemalte Gräber aus der Zeit der mittleren Republik gefunden. Die Malereien befinden sich heute wie fast alle Funde aus dieser Gegend in städtischen Sammlungen. Zum *Auditorium des Maecenas* geht man die Via Carlo Alberto weiter bis zur Piazza Vittorio Emanuele und biegt dann nach rechts ab zum Largo Leopardi. Das Gebäude wurde 1874 ausgegraben und besteht aus einem rechteckigen Saal von 10,60 m Breite, 24,40 m Länge und 7,40 m Höhe (bis zum Ansatz des Gewölbes). An der einen Schmalseite ist eine Apsis angebaut. Der vordere Teil des Saales ist breiter als der rückwärtige, der etwas eingezogen ist, um für je sechs Nischen auf jeder Seite Platz zu gewinnen. In der Apsis sind oberhalb von sieben halbkreisförmigen Stufen, die mit Cipollino verkleidet waren und eine Art Theaterraum bildeten, fünf weitere Nischen eingetieft. In der obersten Stufe sind einige später verschlossene Leitungsrohre zu sehen, durch die Wasser herabgeflossen sein muß. Hieraus und aus der besonderen Lage des Gebäudes, das auch in der Antike halb unter der Erde lag und über eine schräge Rampe zugänglich war, ist auf ein Nymphäum zu schließen.

Es handelte sich um keinen vereinzelten Raum. Bei der Ausgrabung war noch ein kompliziertes System von Zimmern und Gängen zu erkennen, aus denen das Nymphäum zum Teil herausragte; die Anlage muß also eine private Villa gewesen sein. An der Seite zur Via Leopardi ist ein Stück der Servianischen Mauer erhalten, an die das Gebäude herangebaut war und das es zum Teil zerstörte. Die Mauerung mit einem sehr kleinteiligen *opus reticulatum* spricht für eine Datierung an das Ende der Republik und den Anfang der Kaiserzeit. Zur ursprünglichen Ausstattung gehört ein sehr feines Mosaik aus weißen Steinchen mit roten Streifen, die enkaustisch aufgemalt sind. Es stammt aus der gleichen Zeit wie der Bau selbst. Darüber legte man später einen Marmorfußboden. Die Ziegelmauer, die an die unteren Stufen in der Apsis angebaut ist, gehört wohl zu der dritten Phase.

Die Wandmalereien sind gleichzeitig mit der zweiten Bauphase. Es handelt sich um eine typische Dekoration aus dem Dritten Stil, mit Landschaften und Gärten, in denen Bäume hinter Zäunen und Vögel in den halbrunden Rücksprüngen der Umzäunung dargestellt sind, sowie einem monochromen Figurenfries. All das ist den Dekorationen in der Villa der Livia in Prima Porta sehr verwandt; man kommt damit in die letzten Jahre des 1. Jahrhunderts v. Chr.

Der Bau entspricht genau der Beschreibung, die Horaz von der Villa des Maecenas auf dem Esquilin gibt: Das verseuchte Gebiet um den Friedhof auf dem Esquilin wurde damals aufgefüllt, und der *Agger*, der die beiden Teile der Villa voneinander trennte, teilweise abgetragen. Das Nymphäum am Largo Leopardi liegt in dem Gelände der Villa des Maecenas, und zwar genau über der alten Stadtmauer. Es ist deshalb so gut wie sicher, daß es zur Villa gehörte. Außerdem stimmt die erste Bauphase mit dem Beginn der Arbeiten an der Villa, wahrscheinlich um 30 v. Chr., überein. Tiberius wohnte nach seiner Rückkehr aus dem freiwilligen Exil in Rhodos in der Villa des Maecenas, die nach dessen Tod in kaiserlichen Besitz übergegangen war. Möglicherweise wurde damals die prächtige Dekoration aus dem Dritten Stil geschaffen.

In der Spätzeit der Republik begann die adelige Senatorenklasse mit der Besiedelung des Geländes hinter den volkreichen Vierteln auf dem Esquilin: der antike Friedhof von Rom verwandelte sich schnell in eine ununterbrochene Folge von Parks und Villen. Ein vollständiges Verzeichnis kann hier nicht gegeben werden, doch seien wenigstens einige genannt.

In der Nordecke der Piazza Vittorio Emanuele steht ein großer Ziegelbau, der in der Renaissance den Namen „Trofei di Mario" bekam, da hier zwei domitianische Marmorreliefs mit Trophäen erhalten waren. 1590 brachte man sie auf das Kapitol, wo sie noch heute die Brüstung schmücken. Die Reliefs gehörten ursprünglich zu einem anderen Monument und wurden hier nur wieder verwendet. Es handelte sich um einen riesigen, mit dem Wasser der *Aqua Iulia* gespeisten Brunnen, der aufgrund der Mauertechnik Alexander Severus zuzuschreiben ist. Der Bau, der zu einer kaiserlichen Villa gehört haben muß, hat einen trapezförmigen Grundriß und gliedert sich in drei Stockwerke: in den beiden unteren sind verschiedene Räume und Leitungen untergebracht, das dritte ist eine Fassade mit einer sich nach Westen öffnenden Nische in der Mitte und zwei offenen Bögen an den Seiten, in denen die Marmortrophäen aufgestellt waren. Das herabfließende Wasser sammelte sich in einem Becken.

Von der Piazza Vittorio Emanuele kommt man durch die Via Principe Eugenio und die Via Pietro Micca zum sogenannten „Tempel der Minerva Medica" in der Via Giolitti. Es handelt sich um einen großen Bau mit einem seltsamen, zwölfeckigen Grundriß und einem Durchmesser von 25 m. An allen Seiten, außer der Eingangsseite, ist eine halbrunde Nische eingetieft. Die Kuppel beginnt zunächst polygonal und geht dann allmählich in eine Halbkugel über. Unter ihrem Ansatz öffnen sich zehn große Fenster. Feste Pfeiler und seitliche Räume dienten zur Verstärkung der kühnen Konstruktion, die sich in die Entwicklung vom achteckigen Saal in der *Domus Aurea* zu den byzantinischen Bauten einreiht. Das Gebäude gehörte zu den *Horti Liciniani* (Gärten der Licinier) und ist ins 4. Jahrhundert zu datieren. Es wird im allgemeinen für ein Nymphäum gehalten, doch fehlt hierfür die nähere Begründung. Zu verschiedenen Zeiten fand man hier Skulpturen: 1875 und 1878 zum Beispiel die beiden Statuen römischer Beamter, die gerade die *mappa* werfen und damit das Startzeichen für die Wagenrennen im Zirkus geben (jetzt im Konservatorenpalast).

In der Nähe der Kreuzung des Viale Manzoni und der Via Luzzatti wurde auf halbem Weg zwischen der Piazza Vittorio Emanuele und der Porta Maggiore 1919 eine der bedeutendsten Grabanlagen des 3. Jahrhunderts n. Chr. gefunden, das unter der Erde gelegene Grab der Aurelier. Der unterste Teil ist in den Tuff hineingeschnitten, weiter oben, unter der Oberfläche, schließt dann eine Mauer an. Über eine Treppe gelangt man zu einem Absatz, von dem zwei weitere Treppen abgehen. Durch eine Tür betritt man einen großen, quadratischen Saal, der zu einigen Gängen führt. Auf dem Fußboden ist eine Inschrift aus Mosaiksteinchen mit den Namen von vier Angehörigen der *Gens Aurelia* zu sehen, nach der das Grab benannt wurde. Die andere Treppe führt in zwei kleinere Räume, die ebenfalls mit Gängen verbunden sind.

Der Bau dieser unterirdischen Anlage wird in die erste Hälfte des 3. Jahrhunderts datiert. Die zahlreichen, vieldiskutierten Malereien bestätigen diese Datierung. Im ersten Raum sind Adam und Eva im Paradies, die Erschaffung Adams und einige Gelehrte dargestellt. Im zweiten wechseln auf den Wänden männliche Gestalten und Frauen in faltigen Gewändern miteinander. Im Gewölbe sieht man eine verschleierte Frau und einige Männer mit langen Stäben, außerdem Vögel, Delphine und Seepferdchen. Auf den Pfeilerbögen sind Amor und Psyche gemalt, auf den Rückwänden der Nischengräber männliche Gestalten mit Buchrollen. Die Darstellung eines Mannes, der ein Kreuz zeigt, ist lebendiger gestaltet als die übrigen Malereien.

Die Dekoration im dritten Raum ist vielfältiger und origineller. Man sieht eine rätselhafte Bankettszene mit elf hingelagerten Personen, die sich bedienen lassen, eine Gruppe unterhält sich, eine weibliche Gestalt berührt den Kopf eines Gastes. Die Bergpredigt – falls diese Deutung richtig ist – wird in einer sonderbaren Form dargestellt: Christus sitzt mit einer Buchrolle in der Hand auf der Spitze eines Hügels, um den Schafe und Ziegen grasen. An andrer Stelle wird eine Begebenheit aus dem Leben des Odysseus erzählt: man sieht einen Mann ohne Schuhe, bekleidet mit einer Tunica, eine Frau, einen Webstuhl und drei nackte Jünglinge. In einer der Lunetten ist eine von oben gesehene Stadt mit Mauern und Türmen dargestellt, in der man das himmlische Jerusalem erkennen wollte. In einer anderen Szene, deren Deutung unklar ist, sieht man einen Reiter im Triumph in eine ebenfalls aus der Luft gesehene Stadt einziehen, wo er von einer Gruppe von Männern empfangen wird.

Eine sichere Deutung der Darstellungen ist nicht möglich, da es für die schwierigen Motive in der Grabkunst keine Vergleichsmöglichkeiten gibt. Sicher ist nur, daß das Aurelier-Grab von einer Sekte christlicher Häretiker erbaut wurde.

Das Gebiet um die Porta Maggiore. In der Antike hieß das Gelände beim Sessorium und bei der Stelle, an der fast alle Wasserleitungen Roms zusammenkamen, *ad Spem Veterem* („zur alten Hoffnung"), und zwar nach einem 477 v. Chr. der *Spes* geweihten Tempel, der im Gegensatz zu dem 260 v. Chr. auf dem Forum Holitorium errichteten Tempel der Hoffnung als *Spes vetus* bezeichnet wurde.

Wie schon in dem Kapitel über die öffentlichen Bauwerke (in dem sich nähere Einzelheiten finden) gesagt wurde, war die Porta Maggiore ursprünglich ein monumentaler Straßenbogen, mit dem die *Aqua Claudia* über die Via Labicana und die Via Praenestina geleitet wurde. Später wurde der Bogen in die Aurelianische Mauer einbezogen und unter Honorius mit einem Vorbau befestigt, in dem zwei Tore für die nach Süden führende *Via Labicana* und die nach Norden führende *Praenestina* waren. Als man diese Anlage 1838 zerstörte, fand man zur großen Überraschung aller das Grabmal des Eurysaces, das in den mittleren Turm zwischen den beiden Toren eingebaut war. Wie das Tor vor 1838 aussah, geht aus einigen Stichen von Luigi Rossini hervor. Die Porta Maggiore, die wohl deshalb so heißt, weil sie am Weg zur Kirche S. Maria Maggiore lag, besteht aus einem großen Bogen mit zwei Durchgängen. Die beiden Seitenteile sind mit Fenstern durchbrochen, die von Ädikulen mit Giebeln und korinthischen Halbsäulen eingefaßt werden. Auf der hohen Attika, hinter der die beiden Wasserleitungen durchliefen (die Kanäle sind an den Seiten gut zu sehen), sind drei, von oben nach unten aufeinanderfolgende Inschriften eingemeißelt, die von Claudius, Vespasian und Titus stammen. Der Bau ist aus den für die claudische Architektur typischen Buckelquadern (Rustika) gebaut. 1956 grub man den Platz bis auf das antike Niveau aus, wobei das Basaltpflaster der Via Labicana und der Via Praenestina sowie Reste des aus Ziegeln gemauerten Vorwerks gefunden wurden.

Unmittelbar vor dem Tor steht auf dem engen Raum zwischen den beiden Straßen ein wichtiges Denkmal: das Grab des Eurysaces. Es ist ein kleines Gebäude, das wegen des engen Raumes einen trapezförmigen Grundriß hat. Die nach Osten gerichtete Hauptseite fehlt; hier muß das große Relief mit den Porträts der beiden Eheleute, denen das Grab gehörte, eingefügt gewesen sein. Es wurde mit anderen Stücken des Grabbaus für den Turm des Honorius benutzt und war dort eingemauert (jetzt in den Kapitolinischen Museen). Im Podium ist ein Hohlraum ausgespart, in dem die Asche aufbewahrt gewesen sein muß. Der obere Teil des Grabmals ist ganz mit Travertin verkleidet und hat (von unten nach oben) folgende Gliederung: 1) eine Zone mit vertikal angeordneten zylindrischen Elementen zwischen Zierleisten; 2) ein glatter, horizontaler Streifen, auf dem die Inschrift angebracht war; 3) ein glattes, von Pilastern eingefaßtes Feld, in dem in drei horizontalen Reihen weitere zylindrische Elemente angeordnet sind; sie sind innen hohl und nach außen geöffnet; 4) ein Figurenfries; 5) ein von Konsolen getragenes Gesims. Darüber muß als Krönung eine Pyramide angebracht gewesen sein.

Die Inschrift wird auf drei Seiten mit kleinen Abweichungen wiederholt. Auf den Längsseiten ist sie unvollständig. Sie lautet: *„Est hoc monimentum Marcei Vergilei Eurysacis pistoris, redemptoris, apparet"* („Dies ist das Grab des Bäckers Marcus Vergilius Eurysaces, der Unternehmer und Unterbeamter war"). Es handelt sich also um den Besitzer einer Bäckerei, der sein Brot an den Staat lieferte und ein untergeordneter Beamter eines Magistrats oder Priesters war. Auch aus anderen Einzelheiten geht der Beruf des Eurysaces hervor. Die Urne, in der seine Asche und die seiner Frau Atistia aufbewahrt wurde (jetzt im Thermen-Museum), hat die Form eines Backtrogs; zusätzlich ist *panarium* (Backtrog) eingeritzt. Hinzu kommen die Reliefszenen und die zylindrischen Elemente, die die auffallendste Eigentümlichkeit des Grabes darstellen. Hierbei handelt es sich um eine Wiedergabe der Gefäße, in denen der Teig geknetet wurde und die auch im Figurenfries dargestellt sind. Der Fries zeigt, in der Art der fortlaufend erzählenden Friese an Triumphaldenkmälern, die Herstellung eines Brotes. Auf der Schmalseite gegen das Tor hin wiegt man das Getreide auf einer großen Waage, an der Südseite folgt das Mahlen des Getreides und Trocknen des Mehls. Dann wird der Fries unterbrochen und auf der anderen Seite fortgesetzt. Man sieht den Teig in einem großen, zylindrischen Gefäß und das Formen der Brote, die dann in den Backofen geschoben werden. Während all diese Verrichtungen von Sklaven in Tuniken durchgeführt werden, steht danebens immer ein Mann mit einer Toga, ganz offensichtlich Eurysaces selbst.

Das alles ergibt ein klares Bild: es handelt sich zweifellos um einen Freigelassenen, der, wie viele andere seiner Herkunft auch, während der Bürgerkriege reich wurde. Aufgrund des verwendeten Materials, der Inschriften, der antiquarischen und stilistischen Einzelheiten läßt sich das Grab an das Ende der Republik oder den Anfang der Kaiserzeit (um 30 v. Chr.) datieren.

In der Kaiserzeit war unmittelbar hinter der Porta Praenestina das *Vivarium*, eine Art Tierpark, in dem die wilden Tiere vor ihrem Auftritt im Amphitheater untergebracht wurden. Auf dem Platz vor dem Tor liegen noch mehr antike Reste verstreut. Am wichtigsten hiervon ist ein kleines Grabdenkmal aus Tuff und Travertin in Form eines Altars mit einem dorischen Metopen- und Triglyphen-Fries. Es wurde in der Nähe gefunden und hier wieder aufgebaut.

Unter dem Platz wurden zu verschiedener Zeit spätrepublikanische und frühkaiserzeitliche Columbarien und unterirdische Grabanlagen entdeckt, von denen einige heute noch zugänglich sind. Am bedeutendsten davon ist das unterirdische Grab des Statilius Taurus, des Konsuls zur Zeit des Augustus, von dem das erste Amphitheater in Rom gebaut wurde; im Grab sind mehr als 700 Begräbnisnischen. Außerdem ist ein kleines Columbarium vom Anfang der augusteischen Zeit zu erwähnen, auf dessen Fries wie in der Basilica Aemilia die Sagen von der Gründung Roms dargestellt sind.

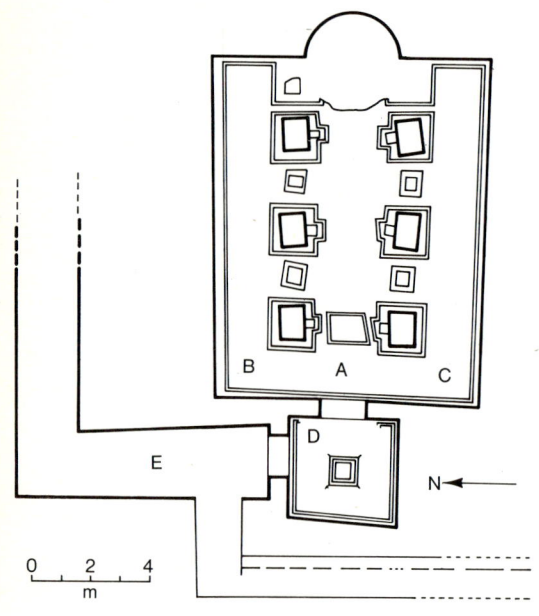

Grundriß der unterirdischen Basilika bei der Porta Maggiore.
Unterirdische Basilika bei der Porta Maggiore. Schematische Darstellung der Gewölbe-dekorationen mit Angabe der einzelnen Motive, die Buchstaben beziehen sich auf nebenstehenden Grundriß. A) Mittelschiff, B) linkes Seitenschiff, C) rechtes Seitenschiff, D) Vorhalle

Die unterirdische Basilika bei Porta Maggiore. An der linken Seite der Via Prenestina, außerhalb der Porta Maggiore, ist der Eingang zu einem der bedeutendsten Bauwerke aus der frühen Kaiserzeit, der als neupythagoreisch bezeichneten „Basilica sotteranea". Sie wurde im April 1917 durch Zufall unter einem der Eisenbahngeleise entdeckt. Wegen der Erschütterungen, die sich aus dieser ungünstigen Lage ergaben, mußte die Basilika 1951–1952 ummantelt werden.

Der heutige Zugang entspricht nicht dem antiken, der bisher noch nicht erforscht ist. Man betrat den Raum ursprünglich von Osten her durch einen abschüssigen Gang, der zunächst parallel zum Hauptraum verlief und dann nach einer Wendung um 90° in den Vorraum einmündete.

Die Bauweise war äußerst einfach und billig. Wie das völlige Fehlen von Verkleidungen auf den Mauern und dem Boden zeigt, wurden zunächst für die Mauern Gräben in den Tuff geschnitten und mit einer Masse aus Kieselsteinen und Mörtel aufgefüllt. Für die Pfeiler grub man dann Schächte und füllte sie in derselben Weise auf, wodurch das Gerüst der Basilika entstand. Das gleiche geschah mit dem Gewölbe, für das der natürliche Fels als Rüstbogen verwendet wurde. Nachdem der Zement hart geworden war, konnten dann die Basilika und die Vorhalle in einer Tiefe von 7,25 m ausgehoben werden. Die dabei entstandene Oberfläche wurde verputzt und mit Stuckreliefs verziert.

Die Anlage besteht aus einer Basilika mit einem quadratischen Vorraum. Die Halle wird durch sechs viereckige Pfeiler in drei Schiffe unterteilt, das mittlere schließt mit einer Apsis ab. Im Saal, dem Vorraum und bei den Pfeilern sind verschiedene Unregel-mäßigkeiten und Asymmetrien zu beobachten, die offenbar durch die oben beschriebene Bauweise bedingt sind.

Welche Funktion das Gebäude hatte, ist nicht sicher. Es wurden die unterschiedlichsten Vermutungen angestellt: Grab oder Grabbasilika, Nymphäum, Kultraum der Neopy-thagoräer. Bevor auf diese Deutungen eingegangen wird, soll das Gebäude selbst ge-nauer betrachtet werden.

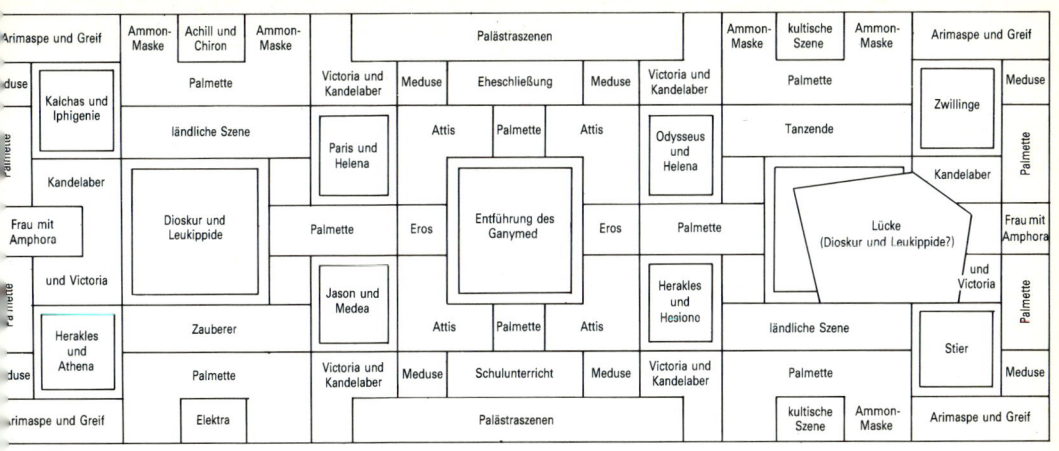

Im Vorraum liegt ein weißer Mosaikfußboden, der den Wänden entlang mit zwei schwarzen Streifen eingefaßt ist. Den figürlichen Schmuck bilden vier Ähren in den Ecken des Fußbodens. In der Decke öffnet sich ein Lichtschacht, der in der Antike die einzige Lichtquelle war. Einige hier erhaltene Reste des Retikulatmauerwerks helfen bei der zeitlichen Einordnung der Anlage. Die Stuckverzierung der Wände ist fast vollständig verschwunden; auch an der Decke ist sie insgesamt schlecht erhalten. Neben der Lichtöffnung sind im Hauptfeld der seitlichen Wölbung je eine Bacchantin, die auf einem Panther reitet, dargestellt, in den beiden kleineren je ein Eros mit einer Amphora. Die kleineren Felder sind mit anderen Figuren geschmückt (vergleiche das beigefügte Schema). Die reiche farbige Bemalung ist noch ziemlich gut erhalten.

Auch die Basilika hatte einen weißen Mosaikfußboden. Die schwarzen Streifen dienen hier zur Betonung der einzelnen architektonischen Elemente. Sie sind an den Wänden entlanggeführt, laufen um die Pfeiler, vor die zum Mittelschiff hin Basen gesetzt waren, und um die Basen zwischen den Pfeilern und im vorderen Abschnitt des Mittelschiffs herum. Die Basen wurden schon in der Antike entfernt. In den Pfeilern sind zum Mittelschiff hin rechteckige Felder eingetieft, in denen heute verschwundene Platten saßen.

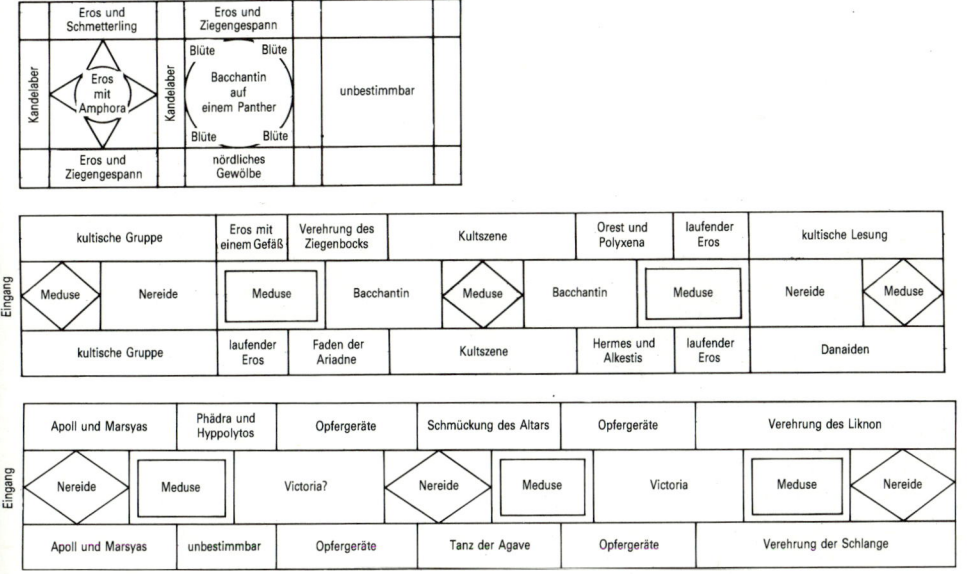

215

In den Löchern in der Mitte der Bögen waren wohl Lampen aufgehängt. Alle Ausstattungsgegenstände (Statuen, vielleicht auch Urnen?) wurden bald nach der Errichtung schon wieder entfernt. Die Anlage ist unter anderem wohl deshalb so gut erhalten, weil sie nur kurze Zeit benutzt wurde.

Die Gesamtlänge der Basilika beträgt knapp 12 m, die Breite ungefähr 9 m. Die Wände sind alle ganz mit Stuck überzogen. Die Stuckverzierungen beginnen jedoch erst oberhalb von einem breiten, roten Streifen über dem Fußboden. Darüber sind, unterhalb vom Gesims am Ansatz des Gewölbes, Figuren auf Sockeln dargestellt, vielleicht Wiedergaben von Statuen. Nur eines der Bildfelder auf den Pfeilern (auf jeder waren zwei) ist gut erhalten. Dargestellt ist hier der sitzende Herkules und eine Hesperide, die ihm die Äpfel überreicht. An der Innenseite sind die Pfeiler mit Kandelabern geschmückt, unter dem Bogen schweben zwei Viktorien mit ausgebreiteten Flügeln.

Am bedeutendsten sind die Dekorationen auf dem Gewölbe und in der Apsis. Das Gewölbe (vergleiche die schematische Darstellung) ist in drei Abschnitte unterteilt, in deren Mitte jeweils ein Bild sitzt. In dem ersten Bildfeld, beim Eingang, ist einer der Dioskuren dargestellt, der eine der Töchter des Leukippos raubt; das Motiv wiederholte sich auf der nicht mehr erhaltenen Gegenseite. In der Mitte wird Ganymed (?) von einem geflügelten Genius, der hier den Adler ersetzt, geraubt. Rings herum sind Bildfelder mit mythischen und realistischen Szenen, Masken und verschiedenen dekorativen Elementen angeordnet, wobei offensichtlich eine symmetrische Entsprechung der Motive angestrebt ist; beispielsweise erscheint der Arimaspe mit dem Greif in allen

Grundriß der Domus Aurea, der Titus- und der Trajans-Thermen

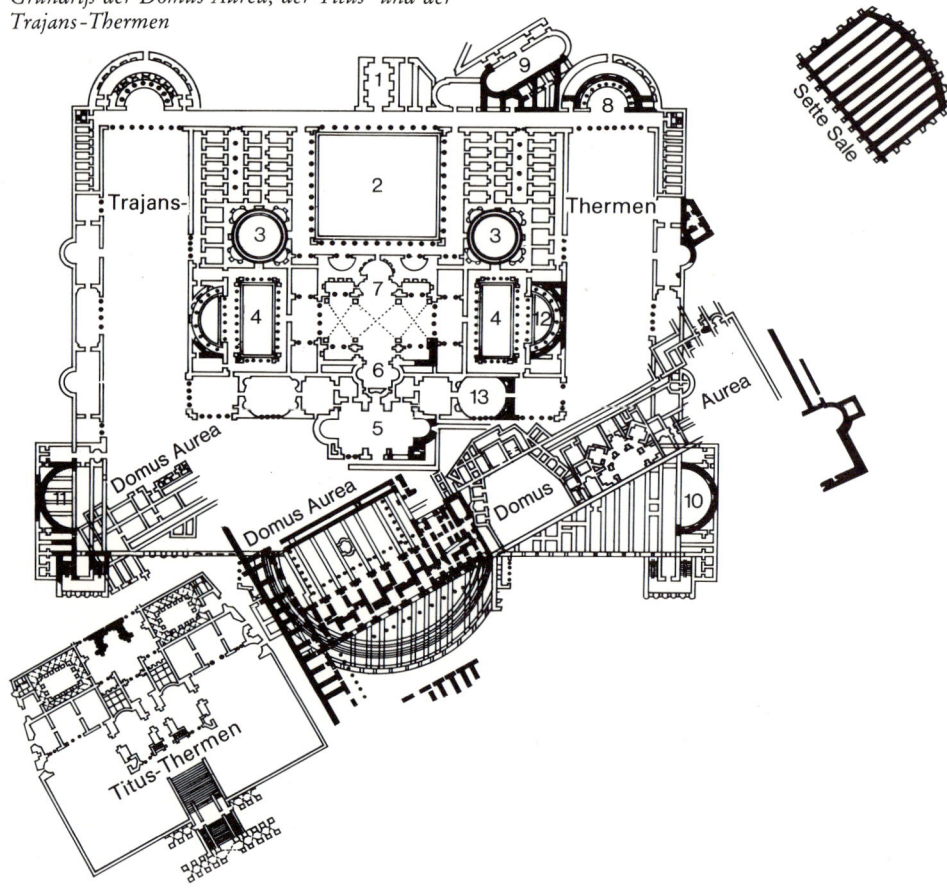

vier Ecken der Decke. Die sechs kleineren Bildfelder, die ungefähr in den Ecken um die drei Hauptfelder herum angeordnet sind, zeigen (vom Eingang aus aufgezählt) Kalchas und Iphigenie, Herakles und Athena, Paris und Helena – oder auch Hermes, der Eurydike in den Hades zurückführt –, Jason und Medea, die den Drachen töten, der das Goldene Vlies bewachte, Orest und Iphigenie in Tauris – oder Odysseus und Helena – und Herakles und Hesione sowie der Stier und die Zwillinge.

In der Apsis ist Sappho dargestellt, wie sie sich, gestützt von einem Eros, den Leukadischen Felsen hinab ins Meer stürzt, wo sie von einem Triton und Leukothea, die ihren Schleier ausspannt, aufgenommen wird. Daneben stehen Apoll und Phaon.

Auch die Seitenschiffe sind reich mit Stuckreliefs verziert. An der Stirnseite sind, von unten nach oben, eine weibliche Gestalt mit geöffneten Armen und einer Blume in jeder Hand, ein Tisch mit verschiedenen Gegenständen, ein ländliches Heiligtum der Artemis und eine weitere Landschaft dargestellt. Auf der Gegenseite wiederholen sich die gleichen Motive, mit dem Unterschied, daß in dem ländlichen Heiligtum statt der Symbole der Artemis dionysische Gegenstände dargestellt sind. An den Längswänden stehen unterhalb der Gewölbe verhüllte Gestalten wie Statuen auf Sockeln. Die Dekoration der Gewölbe ist aus der schematischen Darstellung zu ersehen. Auf den Pfeilern finden sich auch zwei Bildfelder mit Porträts, die jedoch sehr schlecht erhalten sind.

Die Bildmotive, mit denen Wände und Gewölbe überzogen sind, sind so reich und umfassen so viele Themenkreise, daß für jede Hypothese hier eine Stütze zu finden ist. Trotzdem kann eine symbolische Deutung nicht ausgeschlossen werden. Es ist sehr unwahrscheinlich, daß es sich einfach nur um ein Nymphäum handelt.

Der Sprung der Sappho vom Leukadischen Felsen kann nur als Symbol für die Befreiung der Seele von der Last der Materie und ihre Verwandlung für ein anderes Leben verstanden werden. Die Deutung von J. Carcopino, der den Bau für ein neopythagoreisches Heiligtum hält, das unter Claudius zerstört wurde, stößt auf einige Schwierigkeiten, zumal die Entstehung in spätaugusteischer oder tiberianischer Zeit wahrscheinlicher ist als die in claudischer. Am ehesten kann die Anlage wohl als eine Art Grabbau erklärt werden.

porta principalis dextera

CASTRA PRAETORIA

Porta Decumana

Porta Chiusa Cippus Pomerii Hadriani

Porta Praetoria

Porta Principalis Sinistra

Porta Nomentana

via Nomentana

Porta Salaria

Sepulcrum Calpurniorum

Porta Collina

Porta Viminalis

Agger

Cohors III Vigilum

Campus Sceleratus

Horti Lolliani

Tres Fortunae

T. Veneris Erycinae

Horti Sallustiani

THERMAE DIOCLETIANI

obelisco

Balneum Novati

Vicus Minervii

Domus Nummiorum

Area Candidi

Domus Q.
Valeri Vegeti

VIMINALIS

Capitolium
Vetus

Decem Tabernae

Gallinae Albae

Porta Quirinalis

N

T. Quirini

Domus Aem. Paulinae

Ara incendi Neron.

Domus Pomponiorum

Domus
Avidiorum

Thermae Constantini

Domus Fulvii
Plautiani

Horrea

Porta Salutaris

T. Serapidis

Vicus ad Fundani

Porta Sanqualis

Sep. Sempronionum

T. Semonis
Sanci

Aqua Virgo

Porticus Constantini

| 0 | 80 | 160 | 240 | 320 | 400 |

m

Quirinal und Viminal

Geschichte und städtebauliche Entwicklung

Die beiden Hügel, die im Gegensatz zu den anderen, den *montes*, als *colles* bezeichnet wurden (den Quirinal nannte man bisweilen überhaupt nur *collis*), gehörten zur 6. augusteischen Region.

Ihre Begrenzung bilden im Süden die Regio VIII, die Gegend mit den Foren, und vielleicht das *Argiletum,* im Osten der *Vicus Patricius,* der die Grenze zur Regio IV darstellt, und seine Fortsetzung zur „Porta Chiusa" in der Aurelianischen Mauer, die von da aus bis zur Porta Pinciana die Grenze bezeichnet, die im Westen dann, gegen die Regio VII hin, von der *Via Salaria Vetus* (Via Crispi und Via di Porta Pinciana) fortgesetzt wird.

Die beiden Hügel ragen wie zwei Schiffsschnäbel aus der großen Ebene im Osten hervor. Der Viminal ist mit knapp 24 ha Grundfläche der unbedeutendste und kleinste der sieben Hügel.

Die Straßenführung in diesem Viertel ist den Geländeformen angepaßt. Das Straßennetz besteht im wesentlichen aus langen, parallelen Straßen in südwestlich-nordöstlicher Richtung: dem *Vicus Patricius,* der eine der Begrenzungen darstellte, dem *Vicus Longus,* der ungefähr vom Augustus-Forum bis zu den Diokletians-Thermen führte und dem die heutige Via Nazionale etwa entspricht, und der *Alta Semita,* die wie die heutige Via del Quirinale und die Via XX Settembre auf dem Rücken des Quirinal entlanglief. Im Vergleich dazu waren die Querstraßen, die die außerordentlich schwer zugänglichen, steil abfallenden Abhänge des Quirinal überwinden mußten, sehr viel unbedeutender. Der Verlauf der heutigen Via Quattro Fontane, die einer antiken Straße entspricht, vermittelt davon nur eine sehr ungenaue Vorstellung. An keiner anderen Stelle wurde die geographische Situation durch den Menschen so stark verändert wie hier. Die Täler an den Seiten des Hügels wurden zu verschiedenen Zeiten aufgefüllt. Um sich dies klarzumachen, genügt der Vergleich zwischen dem Niveau der mittelalterlichen Kirche S. Vitale, das dem des *Vicus Longus* entspricht, und dem der heutigen Via Nazionale. Unter der Piazza Barberini liegt der gewachsene Boden in einer Tiefe von 11,75 m. Wenn man die der Via Quattro Fontane entsprechende antike Straße hinaufstieg, traf man auf eine fast 25 m hohe Felsspitze, die 50 m hoch lag. Die höchste Erhebung des Hügels (etwa 57 m ü. M.) war an der Kreuzung bei den Quattro Fontane, wo die Höhe des antiken und des modernen Niveaus nahezu übereinstimmen. Der Höhenunterschied war an der anderen Seite, gegen die heutige Via Nazionale hin, noch größer. Bei dem Haus an der Ecke der Via Quattro Fontane und der Via Nazionale entdeckte man erst in 17 m Tiefe das antike Straßenpflaster.

Auch auf dem Quirinal gab es, wie bei allen anderen Hügeln, einige Kuppen: im Süden lag der *Collis Latiaris,* der an die Gegend der Kaiserforen angrenzte; gleich dahinter, in dem Gebiet zwischen dem Largo Magnanapoli, wo die *Porta Sanqualis* stand, und der Piazza del Quirinale, folgte der *Mucialis* oder *Sanqualis,* nördlich davon der *Salutaris,* auf dem der Tempel der *Salus* stand (Westteil des Quirinals-Palastes), und zwischen dem *Salutaris* und dem östlichsten Ausläufer des Hügels der *Quirinalis* mit dem Tempel des Quirinus und dem gleichnamigen Tor in der Servianischen Stadtmauer. (Es ist nicht auszuschließen, daß die Lokalisierung von *Salutaris* und *Quirinalis* umzukehren ist.)

Der Hügel war seit der Eisenzeit besiedelt. Dies beweisen die bei der *Porta Collina,* der *Porta Sanqualis* und an anderen Stellen gefundenen archaischen Gräber. Vor der Treppe zur Kirche S. Maria della Vittoria fand man ein Depot mit Weihgaben aus dem 7. Jahrhundert v. Chr. Am Südhang, auf der anderen Seite, fand man ein weiteres Depot. Hierzu gehörte der sogenannte „vaso di Dueno", ein Behältnis, das aus drei kleinen Gefäßen besteht und auf dem eine der ältesten lateinischen Inschriften (Ende 7. bis Anfang 6. Jh. v. Chr.) angebracht ist.

Die ersten Bewohner sollen die Sabiner unter Titus Tatius gewesen sein, die sich bei der latinischen Stadt ansiedelten. Mit diesem sagenhaften Ursprung erklärte man in der Antike den Namen *Quirinalis,* der von der sabinischen Stadt *Cures* hergeleitet wurde. Die Etymologie ist nicht gesichert, doch erscheint der Zusammenhang mit Bezeichnungen wie *Curia, Quirites* und *Quirinus* (der einigende Schutzgott der Kurien?) am einleuchtendsten.

Die spätere Regio VI war nach der Servianischen Einteilung der Stadt die vierte Tribus. An drei Seiten wurde sie von der Servianischen Mauer, deren Verlauf in dieser Gegend gut zu erkennen ist, umschlossen. Es gab hier von der *Porta Sanqualis* im Süden bis zur *Porta Viminalis* im Norden insgesamt fünf Stadttore. Wahrscheinlich fiel die Mauer hier mit dem Pomerium, der geheiligten Grenze des Stadtgebiets, zusammen.

In republikanischer Zeit gab es auf dem Viminal fast keine Heiligtümer und öffentlichen Bauten. Er war wie der benachbarte *Cispius* im wesentlichen ein Wohngebiet. Man fand in der Via Panisperna, in der Via Balbo und am antiken Vicus Patricius (bei der Kirche Santa Pudenziana) reiche Wohnhäuser aus dem 2. und 1. Jahrhundert v. Chr. An öffentlichen Anlagen sind die Kaserne der dritten Kohorte der *Vigiles,* die wahrscheinlich bei der Porta Viminalis war, und die Thermen bei S. Lorenzo in Panisperna, das sogenannte *Lavacrum Agrippinae,* zu erwähnen. Das einzige Heiligtum war das der *Naenia.* Bei der Kirche SS. Domenico e Sisto wurde kürzlich eine Inschrift gefunden, durch die das Heiligtum der *Diana Planciana* hier am Anfang des *Vicus Longus* lokalisiert wird. Cn. Plancius, der Aedilis curulis des Jahres 55 v. Chr., hatte den kleinen Tempel erbaut. Dafür wurde ihm zweifellos in der Nähe des Heiligtums eine Statue errichtet. Unter der Kirche S. Pudenziana fand man am antiken *Vicus Patricius* Reste von Gebäuden, die vermutlich zu einer Thermenanlage gehörten. Unterhalb der kaiserzeitlichen Bauphasen kamen zwei Schichten von Mosaiken aus dem 2. und vom Anfang des 1. Jahrhunderts v. Chr. zum Vorschein. Unter Tiberius entstanden außerhalb der Servianischen Mauer die *Castra Praetoria.*

Auch der Quirinal war hauptsächlich ein Wohngebiet, doch gab es hier seit uralten Zeiten viele Heiligtümer, von denen hier die wichtigsten aufgezählt werden sollen. Das älteste Heiligtum ist wahrscheinlich das einer sabinischen Gottheit, des *Semo Sancus Dius Fidius,* das Titus Tatius gegründet haben soll. Der Tempel selbst soll erst von Tarquinius Superbus begonnen und 466 v. Chr. geweiht worden sein. In dem Gebäude stand eine Bronzestatue, die man mit Tanaquil, der Frau des Tarquinius Superbus identifizierte, deren Spindel und Rocken ebenfalls hier aufbewahrt wurden. Das Heiligtum befand sich auf dem *Collis Mucialis* beziehungsweise *Sanqualis,* in der

Nähe der *Porta Sanqualis,* deren Name von derselben sabinischen Gottheit hergeleitet ist. Die Lage des Tempels in der unmittelbaren Nachbarschaft der Kirche S. Silvestro al Quirinale ist durch Inschriftenfunde und Gebäudereste gesichert.

Ein beachtliches Alter hatten auch der Tempel des *Quirinus* und das *Capitolium Vetus,* wo die gleichen drei Götter verehrt wurden wie im Juppiter-Tempel auf dem Kapitol. Angeblich war es sogar das ältere Heiligtum. Das Capitolium Vetus und der Tempel des Quirinus lagen beide auf dem *Collis Quirinus,* in der Nähe der Kreuzung der Via del Quirinale und der Via Quattro Fontane auf der Seite zur Piazza Barberini hin. Der Tempel des Quirinus ist auf einem Relief im Thermen-Museum dargestellt: er war in toskanischer Ordnung gebaut, der Giebel zeigte Romulus und Remus, wie sie die Auspizien für die Stadtgründung befragen. Vor der augusteischen Restaurierung 16 v. Chr. muß der Bau ganz anders ausgesehen haben; Vitruv beschreibt ihn als einen dorischen Peripteros mit acht Säulen an der Front und zwei Säulenordnungen an den Seiten. Um den Tempel lag ein großer Portikus. Am Ende der Via Quattro Fontane, bei der heutigen Piazza Barberini, lag außerhalb der Stadt ein Tempel der Flora, neben dem die Werkstätten zur Bereitung von Mennige waren.

Bei der Porta Salutaris, vielleicht an der Stelle des heutigen Quirinal-Palastes, stand der Tempel der *Salus* (des Heils oder der Gesundheit), den C. Iunius Bubulcus, der Konsul des Jahres 311 v. Chr., nach seinen Siegen im Zweiten Samnitischen Krieg zwischen 306 und 303 errichtet hatte. Der Tempel war mit Malereien von Fabius Pictor geschmückt, die wahrscheinlich Szenen aus dem Krieg darstellten.

Am *Vicus Longus* lagen mehrere Heiligtümer: das der *Pudicitia Plebeia,* der *Fortuna,* der *Spes* und der *Febris.* Drei weitere Tempel der Fortuna standen am äußersten Ostrand des Hügels in der Nähe der Porta Collina, außerhalb des Tores waren der 215 v. Chr. geweihte Tempel der *Venus Erycina* und ein Tempel des *Hercules.* Domitian errichtete an der Stelle, wo das Haus seines Vaters stand, in dem er selbst 51 n. Chr. geboren worden war, ein Heiligtum der *Gens Flavia* (der flavischen Familie), zu dem möglicherweise das Podium unter der Kürassier-Kaserne gehört.

Das eindrucksvollste Heiligtum von allen war jedoch zweifellos der Tempel des *Serapis,* den Caracalla oberhalb der Westhänge des Hügels zwischen der heutigen Piazza della Pilotta und der Piazza del Quirinale erbaute. Der Höhenunterschied wurde mit einer großartigen Treppe überwunden, über die man zu dem Gebäude hinaufstieg. Im Hof der Università Gregoriana und in der Villa Colonna sind noch einige Reste davon zu sehen. In der Villa liegt unter anderem ein Fragment des Gebälks, das ein Volumen von mehr als 34 m³ und ein Gewicht von ungefähr 100 t hat – das größte, das es in Rom überhaupt gibt. Das Gebäude nahm eine Fläche von 13 230 m² (135 × 98 m) ein. Die Säulen hatten einen Durchmesser von fast 2 m und eine Höhe von 21,17 m. Der Tempel, der auf dem Quirinal und mithin in der Regio VI lag, kann auf keinen Fall mit dem von Aurelian erbauten Tempel des *Sol* identifiziert werden, der in der Regio VII, zwischen der Piazza San Silvestro und der Via del Corso, lag.

Mit Sicherheit waren in einem so dicht besiedelten, volkstümlichen Viertel auch orientalische Kulte vertreten. Das bemerkenswerteste Gebäude dieser Art ist das prächtige Mithräum hinter dem Palazzo Barberini.

Die Bevölkerung dieses Viertels muß den verschiedensten sozialen Schichten angehört haben. Einige bedeutende Persönlichkeiten aus dem Ritterstand wohnten hier, zum Beispiel der bereits erwähnte Vespasian und der Freund und Briefpartner Ciceros, T. Pomponius Atticus, dessen Haus etwa in der Gegend des Gartens beim Palazzo della Consulta gelegen haben muß. Der östliche Teil dagegen muß einfacher gewesen sein: hier wohnte der Dichter Martial im dritten Stock eines Mietshauses (nicht weit vom Palazzo Barberini).

Auf dem nördlichen Teil des Hügels, der an den Pincio angrenzt, lagen Villen; die bedeutendste davon gehörte zunächst Cäsar und dann Sallust. Die *Horti Sallustiani*, die zur Zeit des Tiberius in kaiserlichen Besitz übergingen, wurden mehrfach vergrößert und neu gestaltet. Sie waren zweifellos die schönsten und prächtigsten Gärten in der ganzen Stadt. Ihre Nachfolgerin war bis zum Ende des vorigen Jahrhunderts die Villa Ludovisi, die dann in barbarischer Weise zerstört wurde, um dem Viertel bei der Via Veneto Platz zu machen. Wie sehr dieses Viertel wuchs, zeigt die Tatsache, daß gerade hier am Ende der Kaiserzeit zwei der großartigsten Thermenanlagen der Stadt gebaut wurden: die Diokletians-Thermen in der einfacheren Gegend auf der Ostseite und die kleineren, aber raffinierteren Konstantins-Thermen auf der Westseite. Die letzten Reste der Konstantins-Thermen wurden beim Durchbruch der Via Nazionale zerstört. Erhalten sind Pläne aus der Renaissance und einige Skulpturen: die Dioskuren auf dem Quirinal und drei Statuen Konstantins, die heute in S. Giovanni in Laterano und auf der Brüstung des Kapitols-Platzes stehen. Um den Hügel lagen außerhalb der Servianischen Mauer Friedhöfe. Einige Gräber, wie z. B. das der Sempronii an der Seite zum Marsfeld hin, stammen noch aus republikanischer Zeit, die meisten jedoch aus der frühen Kaiserzeit. Viele davon wurden zwischen der Via Salaria und der Via Nomentana beim Bau der Wohnviertel am Corso Italia und an der Via Po und bei den Aushebungen für den Straßentunnel an der Aurelianischen Mauer gefunden.

Beschreibung der Denkmäler

Der Westhang. Man beginnt die Besichtigung des Quirinal am besten beim Largo Magnanapoli. In einem Beet in der Mitte des Platzes liegen einige Blöcke der Servianischen Mauer; wahrscheinlich war an dieser Stelle die *Porta Sanqualis*. Im benachbarten ehemaligen Palazzo Antonelli befinden sich noch Reste vom Bogen einer Geschoßkammer (vgl. hierzu das Kapitel über die Servianische Mauer).
Im Hintergrund des Platzes erhebt sich auf einer hohen, von einer Mauer abgestützten Terrasse die Villa Aldobrandini. Hier ist der letzte, von der Via Nazionale abgeschnittene Überrest der Erhebung, auf der die Konstantins-Thermen standen. An der Rückseite zur Via del Mazzarino hin sieht man bedeutende Reste eines Ziegelbaus, bei dem es sich vielleicht um die von Naevius Clemens am Ende des 1. Jahrhunderts n. Chr. errichteten Lagerräume handelt; sie wurden in trajanischer und severischer Zeit restauriert. Beim Ausheben eines Luftschutzkellers fand man 1940 weitere Teile dieser Anlage, die unter der Terrasse der Konstantins-Thermen begraben lagen.
In der Via della Dataria kann man neben dem Hof von S. Felice das Grab der *Sempronii* besichtigen, das 1863 gefunden wurde. Die aus Travertinblöcken gemauerte Grabfassade schaut nach Südwesten auf den Weg, der vom Marsfeld zu einem der Stadttore hinaufführte. Das Grab erhebt sich über einem hohen, heute nicht mehr sichtbaren Sockel, über dem eine Tür mit einem Bogen ist. Ein etwa 3 m langer, überwölbter Gang aus Travertinblöcken (nur die oberste Reihe ist aus Tuff) führte zur Cella, von der nur wenig erhalten ist. Sie war aus Ziegelsteinen gebaut und ist eines der ältesten Beispiele für diese Bauweise.
Oberhalb des Eingangsbogens ist folgende Inschrift eingemeißelt: *Cn(aeus) Sempronius Cn(aei) f(ilius) Rom(ilia) / Sempronia Cn(aei) f(ilia) soror / Larcia M(anii) f(ilia) mater.* Inhaber des Grabes waren demnach Cn. Sempronius, seine Schwester und seine Mutter. Oberhalb der Inschrift sitzt ein Palmettenfries, den ein Zahnschnitt- und ein Eierstabornament einfassen. Der Bautyp mit der hochgesetzten Tür findet sich auch bei anderen, mehr oder weniger gleichzeitigen Grabbauten, zum Beispiel beim Grab

des P. Bibulus am Kapitol und einem anderen Grab an der Porta Salaria. Er ist an das Ende der republikanischen Zeit (kurz nach der Mitte des 1. Jh. v. Chr.) zu datieren.

Beim Bau des Hauses Via del Quirinale 30 (dem ehemaligen Ministero della Real Casa) fand man 1888 einen großen Altar aus Travertin von 3,25 m Tiefe, 6,25 m Breite und 1,26 m Höhe. Über zwei Stufen erhob sich eine Plattform aus Travertin, die an der Vorderseite von einer Reihe von Pfosten begrenzt wurde, die im Abstand von 2,50 bis 3 m angeordnet waren. Der Kern des Bauwerks war, wie ein noch erhaltenes Gesims zeigt, vollständig mit Marmor verkleidet. Die zugehörige Inschrift wurde schon 1640 beim Bau der Kirche S. Andrea gefunden. Es handelte sich um einen der Altäre, die Domitian in allen Regionen errichten ließ, um anzuzeigen, bis wohin der neronische Stadtbrand sich ausgebreitet hatte. Zwei weitere derartige Altäre wurden bei St. Peter und an den Hängen des Aventin gefunden. Man feierte hier die *Volcanalia* (das Fest des Vulkan, am 23. August) mit Opfern, um Brände abzuwenden *(incendiorum arcendorum causa)*.

Ein Stück weiter wurde vor einigen Jahren unter der Kürassierkaserne ein bedeutender Baukomplex gefunden, nämlich ein Teil der Servianischen Mauer, ein Podium (eines Tempels?) und ein Gebäude aus flavischer Zeit mit Wandmosaiken des vierten Stils. Es handelt sich vielleicht um das Haus Vespasians und den Tempel der *Gens Flavia* – ein Wasserleitungsrohr mit dem Namen Flavius Sabinus wurde in der Nachbarschaft gefunden.

Das Mithräum Barberini. Zwischen der Rückseite des Palazzo Barberini an der Via Quattro Fontane und der Via S. Nicola da Tolentino fand man 1936 bei Bauarbeiten die Reste eines römischen Hauses aus dem 2. Jahrhundert n. Chr. An der Westseite war ein Raum zu einem Mithräum umgebaut worden. Es handelt sich um einen 11,85 m langen und 6,25 m breiten Raum mit einem Tonnengewölbe und Podien an den beiden Längsseiten, wie sie in derartigen Gebäuden üblich waren. Die Bedeutung dieses kleinen Heiligtums aus dem 3. Jahrhundert liegt in den Malereien auf der Rückwand. Die

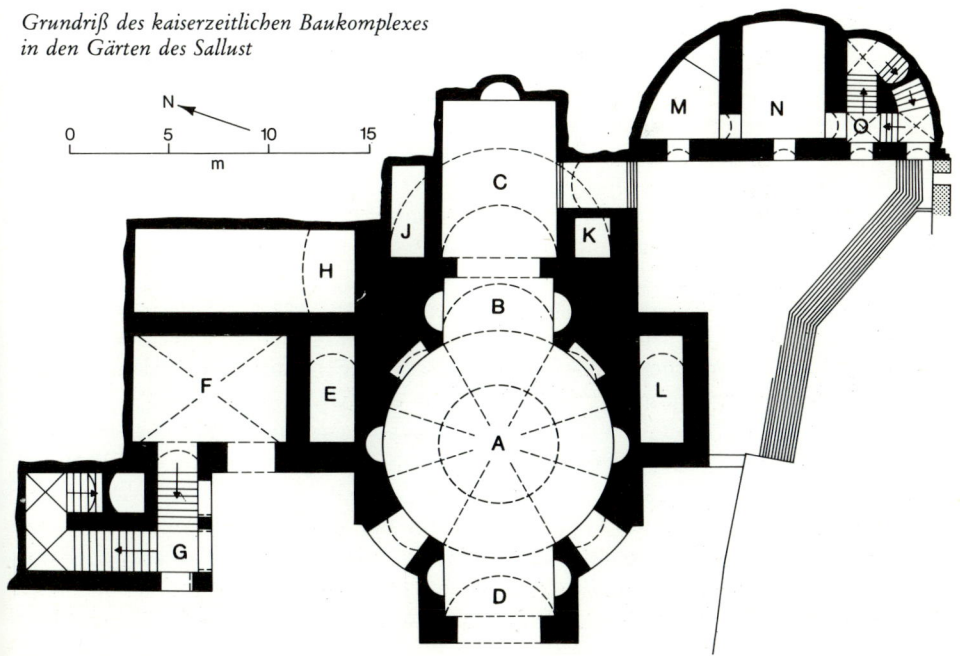

Grundriß des kaiserzeitlichen Baukomplexes in den Gärten des Sallust

Darstellung ist ähnlich wie in einem kürzlich in Marino entdeckten Mithräum und wie in dem in Capua: im Mittelfeld ist, wie immer, der stiertötende Mithras dargestellt; das Blut wird von einem Hund und einer Schlange aufgesogen, ein Skorpion sticht in die Hoden des Stiers. Rechts und links stehen die beiden Fackelträger Cautes und Cautopates, die mit einem Bogen, der das Himmelsgewölbe bezeichnet, verbunden sind. Im Bogen sind die Zeichen des Tierkreises eingefügt und in der Mitte auf einem Globus der Gott mit dem Löwenkopf, um dessen Körper sich eine Schlange windet. In den oberen Ecken sind Sol und Luna, rechts und links eine Reihe von quadratischen, übereinander angeordneten Bildchen dargestellt. Sie erzählen, wie bei anderen, ähnlichen Darstellungen, die Geschichte des Gottes. Man erkennt auf der linken Seite (von oben nach unten): Zeus, der die Giganten mit dem Blitz erschlägt, Saturn, Mithras, der aus dem Fels geboren wird, Mithras, der Wasser aus einem Felsen fließen läßt, indem er ihn mit einem Pfeil trifft, und Mithras, der den Stier schleppt. Auf der rechten Seite sieht man: Mithras, der das Viergespann des Sonnengottes besteigt, das Bündnis zwischen Mithras und Sol, Mithras zwischen zwei Bäumen kniend und Mithras, der den vor ihm knienden Sonnengott mit einem Huf des Stiers schlägt (Initiationsszene). Außer dem Mithräum unter S. Prisca gibt es in Rom sonst keines mit Malereien. Das Mithräum Barberini vermittelt wertvolle Erkenntnisse über die Mythologie und das Ritual des Mithras-Kults, der im kaiserzeitlichen Rom eine bedeutende Rolle spielte.

Die Gärten des Sallust. Wenn man die Via Barberini hinauf über den Largo di S. Susanna (in den Mauern der Kirche wurden Reste eines kaiserzeitlichen Gebäudes gefunden) und durch die Via XX Settembre geht, kommt man an der Ecke der Via Goito zu der Stelle, an der die *Porta Collina* stand; einige Überreste davon wurden am Ende des vorigen Jahrhunderts beim Bau des Ministero delle Finanze gefunden. In der Via Salandra kann man ein bedeutendes Stück der ältesten Servianischen Mauer aus Cappellaccio-Blöcken sehen, das hier von der modernen Straße durchschnitten wird. Auf der Piazza dei Cinquecento liegen weitere Reste der Servianischen Mauer und Teile der *Porta Viminalis* (vgl. das Kapitel über die Servianische Mauer).
Das ganze Gebiet zwischen der Fortsetzung der Alta Semita (dem *Vicus portae Collinae*, der heutigen Via XX Settembre) im Süden, der Via Salaria im Westen, der Aurelianischen Mauer im Norden und der heutigen Via Veneto im Osten nahmen die *Horti Sallustiani* ein. Der berühmte Geschichtsschreiber legte sie auf einem Gelände an, das er nach Cäsars Tod aus dessen Besitz erworben hatte. 20 n. Chr. erbte Sallusts Adoptivenkel die Gärten, die dann in die Hände des Kaisers übergingen. Von da an blieb die Villa, die mehrmals erweitert und umgestaltet wurde, in kaiserlichem Besitz. Man weiß, daß Vespasian sich hier gern aufhielt und daß Nerva hier starb. In den Gärten fanden die erbitterten Kämpfe statt, mit denen Vespasian im Jahre 69 n. Chr. die Macht an sich riß.
Hadrian und Aurelian führten wichtige Bauten aus. Aurelian errichtete eine *Porticus Miliarensis*, in der er gerne ritt. Wahrscheinlich handelt es sich um eines jener Hippodrome, wie sie in römischen Villen häufig waren, eine Mischung aus Portikus, Garten und Manege. Bei der Eroberung der Stadt durch Alarich, der im Jahre 410 durch die Porta Salaria einzog, erlitt die Villa so schwere Schäden, daß sie nicht mehr wiederhergestellt wurde. Das geht aus der Beschreibung von Prokop hervor, der die Gärten im 6. Jahrhundert sah.
Einer der wichtigsten Baukomplexe der Villa stand in dem tiefen Tal zwischen Quirinal und Pincio, das heute fast völlig verschwunden ist. Das Tal war mit mächtigen Arkadenmauern und Strebepfeilern, die an die Servianische Mauer herangebaut waren, abgestützt. Es lag in der Gegend der heutigen Via Sallustiana und endete bei der Piazza

Sallustio. Hier stand ein Gebäude, das wegen seiner Architektur, Funktion und Entstehungszeit zu Recht mit dem Kanopus der Hadrians-Villa in Tivoli verglichen wurde. Einige eindrucksvolle Reste sind 14 m unter der Mitte der heutigen Piazza Sallustio erhalten. Der Bau war an den dahinterliegenden Hügel herangeschoben und erstreckte sich mit einigen Räumen über den Hügel.

Wichtigster Bestandteil der Anlage ist ein großer, kreisrunder Saal (A) mit einem Durchmesser von 11,21 m und einer Höhe von 13,28 m. Er wird von einer eigenwillig geformten Kuppel, in der flache und konkave Kugelsegmente miteinander wechseln, überwölbt; eine vergleichbare Konstruktion findet sich nur im gleichzeitigen „Serapeum" der Hadrians-Villa. An jeder Seite sind drei Nischen eingetieft, von denen zwei als Verbindung zu den seitlichen Räumen dienten (L, E), die wahrscheinlich Nymphäen waren. Die übrigen Nischen wurden einige Jahre später zugemauert und mit Marmorinkrustationen verkleidet. Von der Verkleidung und dem Fußboden, der ebenfalls aus Marmor war, sind noch Spuren zu sehen. Der obere Teil der Wand und die Kuppel waren mit Stuck überzogen. Vor dem runden Saal lag eine rechteckige Vorhalle (D), der ein gleichartiger Raum auf der gegenüberliegenden Seite entsprach (B). Von ihm aus gelangte man in einen rechteckigen, in der Hauptachse gelegenen Saal (C), neben dem wiederum zwei kleinere, längliche Räume lagen (J, K). An den kreisrunden Saal schließen im Norden zwei weitere Räume (E, F) und eine Treppe (G) zu den oberen Stockwerken an, von denen es mindestens zwei gab.

Im Südwesten ist an den Hügel ein halbkreisförmiger, durch Zwischenwände in drei Abschnitte gegliederter Raum herangebaut, dessen Fassade im 19. Jahrhundert stark restauriert wurde. Im südlichsten Teil (O) führte eine Treppe zu den beiden oberen Stockwerken. In dem Raum an der Nordseite (M) ist durch eine Zwischenwand eine kleine Latrine abgeteilt. In M und N sind noch schwarz-weiße Mosaiken und Reste von Wandmalereien, die wahrscheinlich aus einer späteren Phase stammen, erhalten.

Der Baukomplex läßt sich aufgrund der Ziegelstempel nach 126 n. Chr., ins letzte Jahrzehnt der Herrschaft Hadrians datieren. Einige Veränderungen wurden noch vor der Fertigstellung und zu Lebzeiten Hadrians durchgeführt. Es gibt jedoch auch Restaurierungen aus dem 3. Jahrhundert, die wahrscheinlich Aurelian zuzuschreiben sind.

Der Bau war wohl, ebenso wie das sogenannte Serapeum der Hadrians-Villa, ein sommerlicher Speisesaal (cenatio); an ihm läßt sich die Entwicklung der kaiserlichen Privatarchitektur nach der Domus Augustana sehr gut ablesen. Der Vergleich mit der Domus Aurea zeigt, welche tiefgreifenden Veränderungen die Villenarchitektur in den kaum mehr als fünfzig Jahren seit dem Bau der Domus Aurea durchgemacht hatte. Deutlich ist vor allem der Einfluß des Wohnungsbaus, der mehrstöckigen Mietshäuser, wie man sie aus Ostia und Rom selbst kennt. Wie allgemein und wichtig diese Erscheinung war, bestätigen die großen Villen in der römischen Campagna: die Quintilier-Villa, die Villa dei Sette Bassi, die Villa der Gordianer und nicht zuletzt die Hadrians-Villa selbst.

Ein weiterer Überrest der Horti Sallustiani ist der Obelisk, der seit 1789 vor der Kirche S. Trinità dei Monti steht. Sallust ließ ihn dem Obelisken nachbilden, den Augustus im Circus Maximus errichtete und der jetzt auf der Piazza del Popolo steht. 1912 wurde in der Gegend zwischen der Via Sicilia und der Via Sardegna hinter dem Deutschen Archäologischen Institut die Granitbasis von Sallusts Obelisk gefunden (jetzt in dem kleinen Garten hinter Aracoeli). Möglicherweise stand der Obelisk ursprünglich zwischen den beiden Bahnen eines Hippodroms in der Villa. In der Garage der Amerikanischen Botschaft wurden Reste eines überdeckten Gangs mit Malereien gefunden (an der Seite zur Via Friuli). Nicht weit davon ist in der Via Lucullo eine Mauer mit Nischen zu sehen.

An der Ecke der Via S. Nicola da Tolentino und der Via Bissolati liegt unter dem Collegium Germanicum eine große, zweistöckige Zisterne. Das untere, 1,80 m hohe Geschoß dient als Unterbau für das insgesamt 38,55 m lange und 3,30 m hohe zweite Stockwerk, das aus vier parallelen, untereinander verbundenen Schiffen besteht. Die Anlage stammt wie die meisten noch erhaltenen Bauwerke der Horti Sallustiani aus hadrianischer Zeit.

Der zwischen 184 und 181 v. Chr. erbaute Tempel der *Venus Erycina* (der Venus aus Eryx auf Sizilien, dem heutigen Erice) wurde später in die Sallustianischen Gärten einbezogen und vermutlich seit damals als *Venus Hortorum Sallustianorum* bezeichnet.

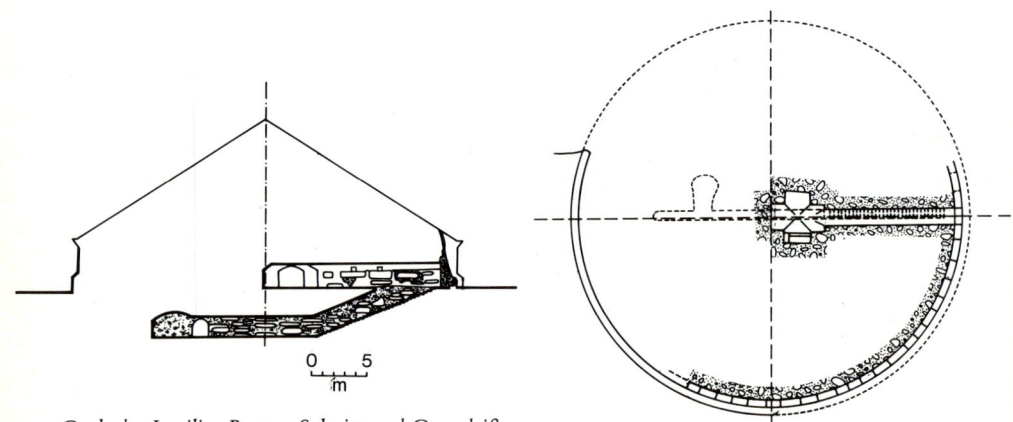

Grab des Lucilius Paetus. Schnitt und Grundriß

Wie aus einer Zeichnung von Pirro Ligorio hervorgeht, war es ein Rundbau, der in der Nähe der Kreuzung von Via Sicilia und Via Lucania gestanden haben muß. Aus dieser Gegend stammen der berühmte „Ludovisische Thron" und der sogenannte „Akrolith Ludovisi" (beide im Thermen-Museum); höchstwahrscheinlich gehörten die beiden Skulpturen, bei denen es sich um großgriechische Originale aus der Zeit um 460 v. Chr. handelt, ursprünglich zum Tempel in Eryx, von wo sie 184 v. Chr. weggeholt und in den neuen Tempel auf dem Quirinal gebracht wurden.

Die Umgebung der Porta Salaria. Als man 1871 die Porta Salaria, die in der Aurelianischen Mauer auf der Höhe der Piazza Fiume war, abriß, kam eine Anzahl wichtiger Denkmäler zutage. Im westlichen Turm fand man einen frühaugusteischen Rundbau mit einer Inschrift für Cornelia, Tochter des L. Scipio und Frau des Vaticnus. Die Überreste des kreisrunden Baukörpers, ein Stück eines Bukranienfrieses, die Inschrift und der Torso eines Löwen sind jetzt westlich von der Piazza Fiume an der Aurelianischen Mauer angebracht.

Im östlichen Turm wurden zwei weitere, noch wichtigere Bauten gefunden, die jetzt etwas zurückgesetzt sind und innerhalb der Mauern stehen. Es handelt sich um ein Grab in Würfelform, das aus Tuffblöcken erbaut und mit Pilastern und einem Sockelgesims aus hartem, weißem Kalkstein verziert ist. Der Bau stammt aus sullanischer Zeit. Rechts schließt ein späterer Bau an. Er besteht aus einem Travertinsockel und einem Marmorcippus darüber, der mit einem Giebel und Akroterien verziert ist. In der Mitte befindet sich in einer Nische ein Relief, das einen Knaben in der Toga darstellt. Den ganzen übrigen Platz an den Seiten und oben nimmt eine lange Inschrift in griechischer und lateinischer Sprache ein. Die lateinische Inschrift auf dem Sockel berichtet, daß das Grab für den Knaben Q. Sulpicius Maximus, einen römischen Bürger, der im

Jagende Diana. Ausschnitt aus einer Wandmalerei im sogenannten „Ipogeo di Via Livenza". Mitte des 4. Jahrhunderts n. Chr.

Alter von elf Jahren starb, von seinem Vater Q. Sulpicius Eugamus und seiner Mutter Licinia Ianuaria errichtet wurde. Dieser Knabe war ein Wunderkind; er nahm mit 52 anderen Dichtern am dritten kapitolinischen Wettstreit (94 n. Chr.) zeitgenössischer griechischer Dichtung teil. Dabei gewann er zwar keinen Preis, verblüffte jedoch die Zuhörerschaft, die zunächst nur von seiner Jugend gerührt war, durch seine Improvisationsfähigkeit. Unter der lateinischen Inschrift stehen zwei griechische Epigramme, die sicherlich vom Vater stammen. In ihnen werden die Dichtungen des Knaben gefeiert und sein Tod beweint, an dem die geistige Überanstrengung des Kindes schuld war. Neben dem Knaben und auf der Buchrolle, die er in der Hand hält, ist das improvisierte Gedicht eingeritzt, das er bei dem Dichterwettstreit vortrug. Thema waren die Vorwürfe, die Zeus dem Sonnengott machte, als dieser den Sonnenwagen dem unerfahrenen Phaeton überlassen hatte.

Ungefähr 460 m von dem Tor entfernt steht an der linken Seite der Via Salaria ein großer, runder Grabbau. Das antike Niveau liegt hier 6 m unter dem heutigen. Es handelt sich um einen mächtigen, zylindrischen Bau von ungefähr 34 m Durchmesser, dessen Kern aus Gußmauerwerk mit Travertinblöcken verkleidet ist. Er hat einen Sockel und oben und unten je ein einfaches Gesims. Auf der Seite zur Via Salaria ist in der Mitte eine große Marmorinschrift eingesetzt, deren oberer Teil fehlt. Der mit einem lesbischen Kyma verzierte Rahmen ist nur an den anderen drei Seiten erhalten. Die Inschrifttafel ragte weit über das obere Gesims des Baukörpers, dessen oberer Abschluß fehlt, hinaus. Aus der Inschrift geht hervor, daß das Grab einem M. Lucilius Paetus aus der Tribus Scaptia, der Militär-Tribun, *praefectus fabrum* und Präfekt der Kavallerie war, und seiner Schwester Lucilia Polla gehörte. Das Grab wurde zu Lebzeiten des Lucilius Paetus erbaut, wie aus dem *V* vor der Inschrift hervorgeht: es stammt aus den ersten Jahren der Regierung des Augustus, um 20 v. Chr.

Man betritt die Grabkammer, die in dem Gußmauerwerk ausgespart ist, durch eine Tür auf der Seite gegenüber der Inschrift. Es handelt sich um einen Raum mit drei Nischen, in denen drei Särge, von denen nur noch einer vorhanden ist, aufgestellt waren. Die Besitzer des Grabs wurden also nicht, wie damals üblich, verbrannt. Unter der Grabkammer liegt eine später gebaute Katakombe.

In der Gegend zwischen dem Grab und der Straße sieht man eine Mauer aus Tuffblöcken, die offensichtlich den geheiligten Bezirk abgrenzte. Hier sind einige Inschriftfragmente von anderen Gräbern aufgestellt.

Das Hypogäum an der Via Livenza. Bei der heutigen Via Livenza, nicht weit von der Aurelianischen Mauer, liegt ein unterirdischer Bau, der zu dem Friedhof an der Via Salaria gehörte. Bei der Ausgrabung fand man ein ungefähr kreisförmiges, nordsüdlich orientiertes Bauwerk mit Eingängen zu seitlichen Räumen, das eine Fläche von 21 × 7 m einnahm. Bei der Überbauung wurde ein großer Teil abgeschnitten, doch erlauben die Reste noch eine Deutung der Anlage.

Man betritt den Raum über eine Treppe, deren Stufen größtenteils noch antik sind. In der Nordwand öffnen sich drei nebeneinanderliegende Bögen, zwei kleinere an den Seiten und ein größerer in der Mitte, die parallel zur rechtwinkligen Rückwand verlaufen. Der Fußboden des Saals reicht bis an den mittleren Bogen heran, wo in der Mitte, etwas schräg zum übrigen Saal, ein rechteckiges Becken (2,90 × 1,70 m) eingetieft ist, das vom übrigen Raum durch ein jetzt restauriertes Geländer getrennt wird. Man stieg über drei Stufen, deren oberste sehr hoch ist, in das Becken hinunter. Das Wasser floß aus einer Röhre in der Nordwand, doch wurde das Becken nur bis zur Hälfte gefüllt. Als Abfluß diente ein Loch über der ersten Stufe und das Gitter in der Westseite. Zwischen den Wänden, die den Mittelbogen begrenzen, steht eine Mauer mit einer bogenförmigen Öffnung. Sie war ebenso wie die seitlichen Mauern mit Fresken in der Sockelzone und Mosaiken im oberen Teil prächtig geschmückt.

Heute ist ein großer Teil des Mosaiks verloren. Aus einem erhaltenen Fragment läßt sich die vielfarbige Einfassung und eine sehr aufschlußreiche Szene erschließen. Man sieht den unteren Teil von zwei Gestalten: die eine kniet vor einer Quelle, die andere steht daneben. Hierin erkannte man Petrus, der als ein zweiter Moses Wasser aus dem Felsen fließen läßt, um den bekehrten Centurionen zu taufen. In der Mitte des großen Bogens war eine riesige Inschrift aus Mosaiksteinchen, die jetzt fast völlig verschwunden ist.

Auf den Sockel sind fischende Putten gemalt. In der Rückwand öffnet sich eine Nische, die nicht in der Achse des Gebäudes liegt. Sie ist mit Marmorimitationen ausgemalt. In der Kuppel ist ein Kantharos dargestellt, aus dem Wasser fließt.

Neben der Nische ist die Dekoration eleganter. Links ist Diana als Jägerin dargestellt, die einen Pfeil aus ihrem Köcher zieht, während zwei Hirsche vor ihr fliehen, rechts eine Nymphe, die einen kleinen Ziegenbock liebkost.

Die in dem Gebäude gefundenen Marmorfragmente deuten auf eine besonders reiche und sorgfältige Ausgestaltung hin.

Wegen des Nebeneinanders von heidnischen und christlichen Themen und wegen des Beckens hielt man den Bau für ein Baptisterium oder das Heiligtum eines Mysterienkults. Nach einer neueren Deutung handelt es sich um ein Nymphäum, in dem das Wasser einer unterirdischen Springquelle ausgenutzt wurde. Man datiert die Anlage in die zweite Hälfte des 4. Jahrhunderts n. Chr. Diese Entstehungszeit ergibt sich aus verschiedenen Elementen, z. B. einem Ziegelstempel mit dem Monogramm Konstantins, das einen *terminus post quem* liefert, und aus der Mauertechnik, einem *opus listatum*, das in ähnlicher Art bei Bauten aus der zweiten Hälfte des 4. Jahrhunderts vorkommt. Bestätigt wird diese Datierung durch die klassizistische Eleganz der Figuren und das Nebeneinander heidnischer und christlicher, rein dekorativ verwendeter Motive.

Die Castra Praetoria. Tiberius errichtete zwischen 21 und 23 n. Chr. auf Anraten des Seianus am nordöstlichen Stadtrand in der Gegend zwischen der Via Nomentana und der Via Tiburtina eine Kaserne für die Prätorianer. Die Truppe war schon von Augustus als Wache des Kaisers gegründet worden, doch waren die Prätorianer bis dahin in verschiedenen Stadtteilen stationiert.

Die Castra Praetoria umfaßten ein Gelände von 440 × 380 m, das mit einer Ziegelmauer eingeschlossen war. In den beiden Hauptachsen öffneten sich vier Tore. Die ursprünglich 4,75 m hohe, mit Zinnen bekrönte Mauer wurde von Aurelian um 2,50 bis 3 m erhöht und in die Stadtmauer einbezogen (vgl. das Kapitel über die Aurelianische Mauer). Damals vermauerte man die beiden Tore in der Nord- und der Ostmauer, die beide noch gut zu erkennen sind.

An der Innenseite waren auf der gesamten Länge der Mauer kleine Räume angebaut. In der Mitte des Geländes standen lange Reihen von Gebäuden, die jeweils aus zwei gegeneinandergesetzten Räumen bestanden, über denen ursprünglich noch ein Obergeschoß war. Eine Anzahl solcher Bauten kam beim Bau des Viale Castro Pretorio am Ende des vorigen Jahrhunderts zum Vorschein. Weitere wurden kürzlich bei Bauarbeiten für die Biblioteca Nazionale entdeckt.

Auf der Stadtseite, wo Konstantin nach der Auflösung der Wachtruppe die Mauer abreißen ließ, stand ein Bogen aus Marmor, von dem einige Bruchstücke gefunden wurden. Außerhalb der Umfassungsmauer befand sich an dieser Seite außerdem ein großer Exerzierplatz.

Die Diokletians-Thermen. Für die dichtbesiedelten, rasch wachsenden Viertel, die an den Ausläufern des Quirinal, Viminal und Esquilin entstanden waren, wurden in weniger als acht Jahren, zwischen 298 und 306, die größten Thermen der Stadt gebaut. Dies ist der Weihinschrift zu entnehmen, deren Text aus Fragmenten von viererlei gleichlautenden Inschriften, die in der Eingangshalle des Thermen-Museums ausgestellt sind, rekonstruiert wurde. Sie lautet: *D(omini) N(ostri) Diocletianus et Maximianus invicti seniores Aug(usti) patres Imp(eratorum) et Caes(arum), et d(omini) n(ostri) Constantius et Maximianus invicti Aug(usti), et Severus et Maximinus nobilissimi Caesares thermas felices Diocletianas, quas Maximianus Aug(ustus) rediens ex Africa sub praesentia maiestatis disposuit ac fieri iussit et Diocletiani Aug(usti) fratris sui nomine consecravit, coemptis aedificiis pro tanti operis magnitudine omni cultu perfectas Romanis suis dedicaverunt* („Unsere Herren Diokletian und Maximian, die unbesiegten älteren Augusti, die Väter der Imperatoren und Cäsaren, und unsere Herren Constantius und Maximian, die unbesiegten Augusti, und Severus und Maximinus, die edlen Cäsaren, schenkten ihren Römern die segensreichen Diokletians-Thermen, deren Bau Maximian bei seiner Rückkehr aus Afrika in Anwesenheit der Majestät beschloß und anordnete und die er dem Namen seines Bruders Diokletian weihte, nachdem die Gebäude für ein so großes Werk angekauft waren und nachdem es in allen Einzelheiten prächtig vollendet war"). Der Bau wurde demnach bei der Rückkehr Maximians aus Afrika, im Herbst 298, begonnen und nach der Abdankung Diokletians und Maximians, am

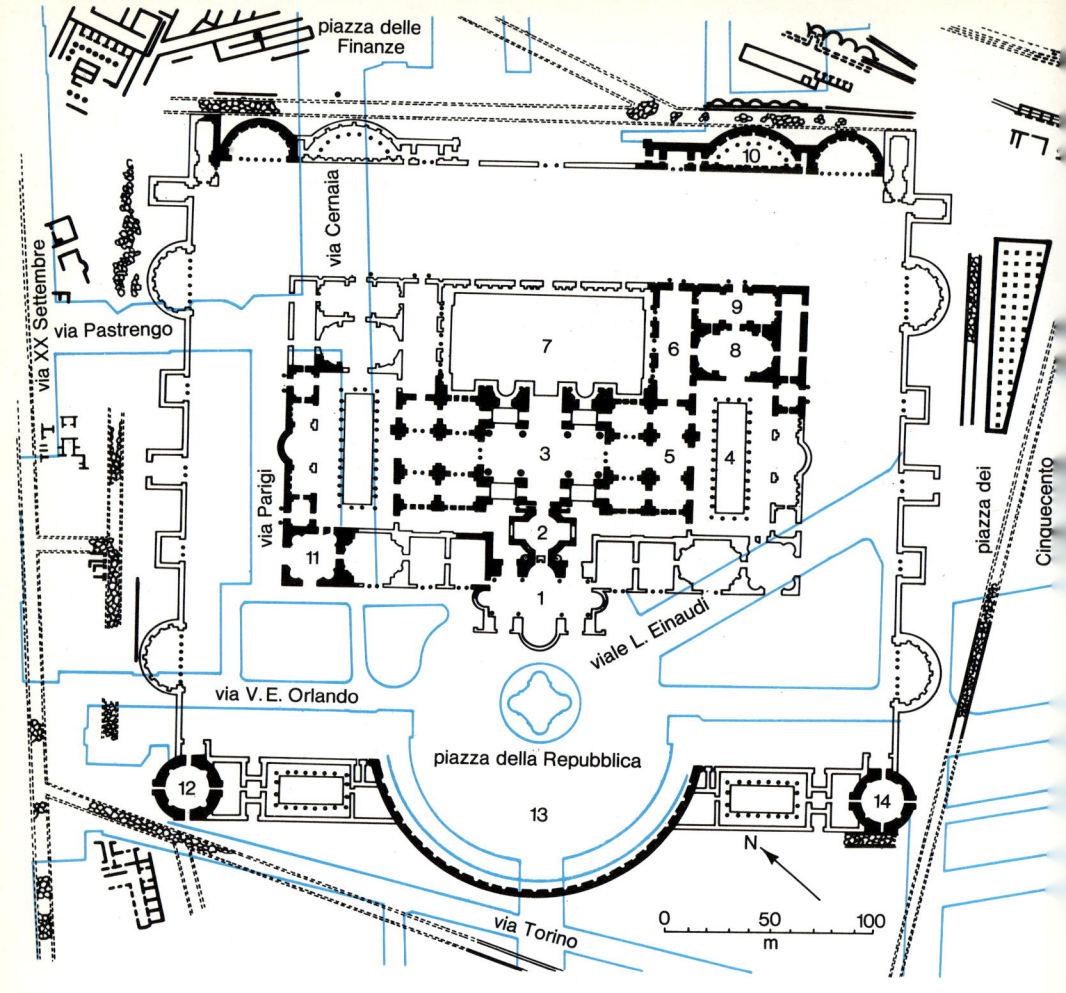

Die Diokletians-Thermen

1. Mai 305, aber vor dem Tod des Constantius Chlorus, am 25. Juli 306, geweiht. Zahlreiche Gebäude mußten der gigantischen Anlage weichen und wurden abgerissen. Vor kurzem fand man während der Bauarbeiten für die neue Untergrundbahn unter der Piazza della Repubblica Reste früherer Gebäude.

Die Thermen beanspruchten eine Fläche von ungefähr 380 × 370 m; das mittlere Gebäude maß mehr als 250 × 180 m. An der Nordostseite lag eine große, über 91 m lange trapezförmige Zisterne, die sogenannten „Botte di Termini", deren letzte Überreste 1876 zerstört wurden. Sie wurde von einer Abzweigung der *Aqua Marcia*, die die Thermen versorgte, gespeist. In der verfälschten Ortsbezeichnung „Termini", die auf den modernen Hauptbahnhof übergegangen ist, lebt der Name der Thermen fort.

Der Grundriß der Diokletians-Thermen hängt noch stärker als der der Caracalla-Thermen von den Trajans-Thermen ab; von ihnen ist die große, halbrunde Exedra und das rechteckige, eben nicht kreisrunde *Caldarium* mit den drei halbrunden Nischen übernommen. Abgesehen von diesen Einzelheiten, sind die Räume der Regel entsprechend angeordnet: in der Mitte eine große Basilika, an der kürzeren Achse der Komplex *Caldarium-Tepidarium-Natatio* und an der Längsachse die Sportplätze. Der Bau ist aus Ziegeln mit Stempeln aus der Zeit Diokletians errichtet. Wahrscheinlich wurde der im 3. Jahrhundert aufgegebene Brauch, die Ziegel mit Stempeln zu versehen, anläßlich des Thermenbaus wiederaufgenommen. Mehr als 3000 Personen, doppelt so viele wie in den Caracalla-Thermen, konnten gleichzeitig die Thermenanlagen benutzen.

Es empfiehlt sich, die Besichtigung im mittleren Teil zu beginnen, dessen Bausubstanz am besten erhalten ist. An der Nordostseite der Piazza della Repubblica sind neben der Facoltà di Magistero die Reste einer der vier Apsiden zu sehen, die sich in den Wänden des heute größtenteils verschwundenen *Caldarium* (1) öffneten. Eine andere guterhaltene Apsis bildet heute den Eingang der Kirche S. Maria degli Angeli, die in den mittleren Teil der Thermen hineingebaut wurde. Durch das *Tepidarium* (2), einen kleinen runden Raum mit zwei großen quadratischen Exedren kommt man in den Mittelsaal der Thermen, die sogenannte Basilika (3). Trotz der Umbauten Michelangelos und vor allem Vanvitellis, der den Fußboden höherlegte und einige Backsteinsäulen mit Granitverputz hinzufügte, blieb der ursprüngliche Eindruck des antiken Baus erhalten. Die Kirche umfaßt den Mittelsaal und zwei seitlich davon gelegene Räume. Die Apsis an der Nordostseite überdeckt einen Teil des Schwimmbeckens (*Natatio; 7*). Man beachte besonders die acht riesigen, jeweils aus einem Block gehauenen Granitsäulen und die drei großen Kreuzgewölbe.

Einen weiteren Teil der Anlage kann man bei einem Besuch des benachbarten Thermen-Museums besichtigen, nämlich die Räume zwischen der Basilika und dem fast völlig zerstörten Sportplatz (4) sowie den erhaltenen Teil der *Natatio* (7). Hier sind noch einige Reste vom Schmuck der Fassade erhalten. Man sieht einige Konsolen, auf denen kleine Säulen standen, wie es für die diokletianische Architektur kennzeichnend ist. In der Ostecke des Gebäudes liegt ein großer ovaler Saal (8), dahinter ein rechteckiger Raum (9); wahrscheinlich waren hier das *Apodyterium* (Umkleideraum) und der Eingangsraum. Die entsprechenden Säle auf der anderen Seite des Gebäudes sind völlig verschwunden. Vom Garten des Museums aus kann man ein Stück der noch recht gut erhaltenen Fassade bewundern.

An der gegenüberliegenden Seite des Gartens sind die beiden guterhaltenen Exedren an der Ostecke der Umfassungsmauern zu sehen. In der einen liegt noch der ursprüngliche Mosaikfußboden (10). Wahrscheinlich wurden diese Räume als *Auditoria*, Konferenz- und Vortragssäle, verwendet.

Man verläßt das Thermen-Museum und geht an der Fassade der Facoltà di Magistero entlang, die an der gleichen Stelle liegt wie die antike Fassade. Die Westecke besteht aus einem großen achteckigen Saal (11) mit halbrunden Nischen in vier Ecken (heute Cinema Planetario). Von der Ecke an der Via Parigi und Via E. Orlando hat man den besten Überblick über die Anlage. Von der nordwestlichen Schmalseite ist ein großes Stück erhalten. Die modernen Häuserfassaden an der Via E. Orlando und in der großen Exedra, der Piazza della Repubblica, die über der antiken Exedra angelegt ist, bilden eine Baumasse, die im großen ganzen der Form der ursprünglichen Umfassungsmauer entspricht.

An der West- und Ostecke der Umfassungsmauer waren runde Säle, die beide erhalten sind. Der eine (12) wurde in die Kirche S. Bernardo alle Terme umgebaut, vom andern (14) stehen an der Ecke der Via Viminale und der Piazza dei Cinquecento nur noch die nackten Ziegelmauern. Zwischen diesen beiden Sälen und der Exedra in der Mitte der Mauer (13), die vielleicht als Theater verwendet wurde, lagen zwei rechteckige Räume, in denen wahrscheinlich Bibliotheken untergebracht waren. Die Bücher, die man auf Befehl des Kaisers aus den Bibliotheken an der Basilica Ulpia in die neuen Thermen brachte, müssen hier aufbewahrt gewesen sein. An dieser Nachricht wurde zu Unrecht gezweifelt, denn sie bestätigt, daß das Trajans-Forum am Anfang des 4. Jahrhunderts schon vernachlässigt und verfallen war. Wenige Jahre später wurden zahlreiche Skulpturen von dort im Konstantins-Bogen wieder verwendet.

Die Via Lata und der Pincio

Geschichte und städtebauliche Entwicklung

Die siebte augusteische Region umfaßte den östlichen Teil des Marsfeldes, rechts von der Via Lata (heute Via del Corso) und den westlichen Teil des *Collis Hortulorum* (des Pincio). Das Gebiet hatte die Form eines großen Dreiecks, dessen Seiten der Corso, die Aurelianische Mauer zwischen der *Porta Flaminia* (heute Porta del Popolo) und der *Porta Pinciana* und schließlich die *Via Salaria Vetus* (heute Via di Porta Pinciana und Via Crispi) mit ihrer Verlängerung am Abhang des Quirinal, zwischen der Fontana di Trevi und der Piazza SS. Apostoli, waren (vgl. den Plan des nördlichen Marsfeldes auf S. 268). Zwischen den beiden Straßen, die das Gebiet an der West- und der Ostseite begrenzten, bestanden einige Querverbindungen. Die eine zweigte nördlich der Via del Tritone vom Corso ab. Ihr Verlauf entsprach dem der heutigen Via di S. Claudio und der Via del Pozzetto, zwei weitere entsprachen der heutigen Via Frattina und Via Condotti. Die Via Condotti verläuft nicht parallel zu den übrigen Seitenstraßen des Corso, sondern führt in schrägem Winkel dazu direkt auf die Piazza di Spagna. Dies muß mit einem wichtigen Bauwerk zusammenhängen, das an der Stelle der heutigen Kirche S. Trinità dei Monti stand. Dabei kann es sich nur um die Villa des Lukull gehandelt haben. Die Regio VII lag ursprünglich außerhalb des Stadtgebiets. Bis zum Ende der Republik gab es daher hier keinerlei wichtigere Gebäude. Entlang der *Via Flaminia* und der *Via Salaria Vetus* müssen zahlreiche Gräber gestanden haben, von denen nur das Grab des Bibulus, das unmittelbar an der Mauer stand, erhalten geblieben ist.

Gegen das Ende der republikanischen Zeit entstanden an den Abhängen des Pincio mehrere Villen. Ob Scipio Aemilianus und Pompejus ihre Villen hier hatten, weiß man nicht. Doch besteht kein Zweifel daran, daß Lukull hier gleich nach dem Triumph über Mithridates im Jahre 63 v. Chr. seine Villa baute, die er mit den unermeßlichen Reichtümern aus seiner Kriegsbeute finanzierte. Frontinus bezeichnet die Lage der Villa genau: sie war an der Stelle, wo die Aqua Virgo ihre unterirdische Leitung verließ, um das Marsfeld in einem von Bögen getragenen Aquädukt zu überqueren. Diese Stelle muß in der Umgebung der Piazza di Spagna gewesen sein. Auf einer Zeichnung von Pirro Ligorio ist eine prächtige Villa dargestellt, deren Standort dem Garten des Klosters links von der Kirche S. Trinità dei Monti entspricht. Der Bau zog sich mit einer Anzahl von Terrassen, auf die man über große Treppen gelangte, an den Abhängen des Hügels hin. Der oberste Teil war über eine schräg geführte Treppe mit zwei Rampen zugänglich. Er schloß mit einer großen Exedra ab, die mit einem tempelartigen Rundbau bekrönt war. Er stand an derselben Stelle, wo heute das Belvedere der Villa Medici ist. Die ganze Anlage erinnert stark an das Heiligtum der Fortuna Primigenia in Palestrina, wodurch die Datierung in republikanische Zeit bestätigt wird. Wie sich heute die Kirche S. Trinità dei Monti oberhalb der Treppe aus dem 18. Jahrhundert im Hintergrund der Via Condotti aufbaut, so muß die Villa den Abschluß der antiken Straße gebildet haben. Die prachtvolle Anlage gehörte später Valerius Asiaticus, den Messalina zum Selbstmord zwang, weil sie sich der Villa bemächtigen wollte, die seit damals (46 n. Chr.) zum kaiserlichen Besitz gehörte.

Die Villen der Acilii und die später angelegten Villen der Anicii und der Pinci müssen weiter nördlich auf dem Hügel gelegen haben. Der sogenannte „Muro Torto" ist ein Rest von den Stützmauern dieser Villen, er stammt vom Ende der republikanischen Zeit.

Die eigentliche städtebauliche Gestaltung der Regio VII begann mit Augustus. Besonders Agrippa tat viel für sie. Damals wurde die *Aqua Virgo* gebaut, deren Bögen eines der wesentlichen Merkmale dieses Viertels gewesen sein müssen, vor allem nachdem Claudius die Leitung restauriert und den Bogen über der *Via Lata* zu einem Ehrenbogen umgestaltet hatte.

Mit den Namen Agrippas verbunden ist auch der 7 v. Chr. geweihte *Campus Agrippae*, in dessen Nachbarschaft die *Porticus Vipsania* gewesen sein muß, die seine Schwester Polla erbaute und die Augustus vollendete. Wahrscheinlich gehören die beim Bau der Galleria Sciarra gefundenen Reste zu diesem Portikus. Agrippa besaß eine Villa in dieser Gegend und ließ auch sein Grab hier erbauen. Im Zuge der augusteischen Neugestaltung wurde in der Nähe der Piazza SS. Apostoli die Kaserne *(statio)* der 1. Kohorte der Feuerwache *(vigiles)* eingerichtet. In der Regio VII wurde das *Forum Suarium*, der Schweinemarkt, erbaut. Im 2. Jahrhundert entstand entlang der Via Lata ein dicht besiedeltes Wohngebiet. An verschiedenen Stellen fanden Zufallsgrabungen statt, vor allem 1892 beim Bau der jetzigen Galleria Colonna und neuerdings beim Ausheben der Fußgängerunterführungen. Dabei fand man ein ganzes Wohnviertel mit großen, aus Ziegelsteinen errichteten mehrstöckigen Häusern und Portiken mit Läden davor. Eine sehr ähnliche städtebauliche Gestaltung aus derselben Zeit sieht man noch heute in Ostia Antica am Decumanus und östlich vom Theater. Von den Häusern an der Via Lata ist nichts mehr zu sehen. In einem dieser Gebäude war wohl das *Catabulum*, der Sitz des *cursus publicus*, einer Institution, die ungefähr der Hauptpost entsprach, von der man weiß, daß sie in der Nähe der Kirche S. Marcello lag. Weitere Reste dieses Wohngebiets wurden kürzlich in der Via di S. Maria in Via, an der Ecke zur Via dei Crociferi gefunden. In der Via dei Maroniti kam sogar ein mehrstöckiges Mietshaus *(insula)*, ein Ziegelbau mit Marmor- und Mosaikfußböden, zutage.

Im 3. Jahrhundert wurde besonders fieberhaft gebaut. Gordian III. soll unterhalb vom Quirinal einen 1000 Fuß langen Portikus gebaut haben, eine Nachricht, die allerdings angezweifelt wird; Aurelian errichtete zwischen der Piazza S. Silvestro und der Via del Corso den 273 begonnenen, riesigen Tempel des *Sol*. Eine Zeichnung, die Palladio anfertigte, als noch Teile des Gebäudes standen, zeigt zwei hintereinander in Nord-Süd-Richtung angelegte, mit Portiken eingefaßte Bezirke. In diesen Portiken wurde der Wein aufbewahrt, der zur kostenlosen Verteilung an die Bevölkerung bestimmt war *(vina fiscalia)*.

In den Regionskatalogen wird unter der Regio VII auch ein Portikus des Konstantin erwähnt, der vielleicht mit den Thermen auf dem Quirinal in Beziehung stand. Er wäre dann nicht weit von der Piazza SS. Apostoli anzunehmen.

Beschreibung der Denkmäler

In der Regio VII sind nur sehr wenig antike Reste erhalten. Einen Rundgang durch diese Gegend beginnt man am besten an der Piazza Venezia, auf der Höhe des Monumento a Vittorio Emanuele II., und folgt dann dem Corso.

Als erstes antikes Gebäude sieht man an der linken Seite des Monuments für Vittorio Emanuele II. den kleinen Grabbau des C. Publicius Bibulus. Die Fassade des Grabs lag nach Südwesten zu der Straße hin, die aus der Porta Flumentana hierherführte. Es ist aus Tuff und Travertin gebaut. Da das antike Niveau wesentlich tiefer lag als das heutige, steckt der hohe Unterbau großenteils in der Erde. Oberhalb davon war eine rechteckige Cella, von der nur noch die Fassade erhalten ist. In der Mitte öffnet sich eine Tür, die von vier toskanischen Pilastern flankiert wird, die wiederum zwei kleine Felder wie Bilder einrahmen. Von dem oberen Fries, in dem Girlanden, Stierschädel und Rosetten dargestellt waren, ist noch ein Stück erhalten. Am Unterbau ist ganz oben eine Inschrift eingemeißelt, die auch an den beiden Seiten wiederholt wurde (auf der rechten Seite sind einige Buchstaben erhalten): *C(aio) Poplicio Bibulo aed(ili) pl(ebis) honoris / virtutisque caussa Senatus / consulto populique iussu locus / monumento quo ipse postereique / eius inferrentur publice datus est.* („Dem Ädil Gaius Publicius Bibulus wurde wegen seiner Würde und seiner Verdienste auf Beschluß des Senats und des Volkes aus öffentlichen Mitteln ein Gelände als Begräbnisplatz für ihn und seine Nachkommen gewährt.") Es handelt sich um ein in Rom sehr seltenes Beispiel für ein öffentliches Begräbnis, das einem Bürger, der im übrigen völlig unbekannt ist, wegen seiner besonderen Verdienste überlassen wurde. In derartigen Fällen wählte man meist das Marsfeld als Begräbnisplatz, zum Beispiel auch für die beiden Konsuln des Jahres 43 v. Chr., Hirtius und Pansa. Die Architektur und die Verzierung des Grabs paßt gut mit der noch recht altertümlichen Inschrift zusammen. Der Bau ist an den Anfang des 1. Jahrhunderts v. Chr. zu datieren.

Über die *Via Lata*, die heutige Via del Corso, führten drei Bögen. Der erste stand auf der Höhe der Kirche S. Maria in Via Lata. Es handelt sich um den *Arcus Novus*, den Diokletian 303–304 anläßlich seiner zwanzigjährigen Regierungszeit errichtete. Die letzten Reste des Bogens wurden 1491 abgetragen. Einige Skulpturen, die aus der Zeit des Antoninus stammen und von Diokletian wieder verwendet wurden, sind in der rückwärtigen Fassade der Villa Medici eingemauert. Dagegen stammen anscheinend die beiden Säulensockel in den Giardini di Boboli in Florenz nicht von dem Bogen. Auf den Sockeln sind Dioskuren, Siegesgöttinnen und gefesselte Barbaren dargestellt.

Weiter vorne stand an der Piazza Sciarra, gleich hinter der Via del Caravita der Bogen, den Claudius zwischen 51 und 52 n. Chr. zur Erinnerung an die Eroberung Britanniens errichten ließ. Über diesen Bogen führte die *Aqua Virgo*. Ein großes Stück von der Inschrift ist jetzt im Hof des Konservatorenpalasts. Im Museo Nuovo Capitolino und in der Galleria Borghese sind Reste des Skulpturenschmucks ausgestellt.

Der dritte Bogen, der unter dem Namen „Arco di Portogallo" bekannt ist, stand kurz vor der Via delle Vite. Er wurde 1662 zerstört, sein Platz ist mit einer Inschrift bezeichnet. Er wurde unterschiedlich datiert, ja man behauptete sogar, er sei gar nicht antik, was sicherlich nicht richtig ist. Von hier stammen die beiden Reliefs im Konservatorenpalast, die eine Ansprache Hadrians und die Apotheose seiner Gemahlin Sabina zeigen. Die Stücke wurden hier wohl schon zum zweiten Mal verwendet; der Bogen müßte mithin nach der Mitte des 2. Jahrhunderts n. Chr. entstanden sein.

An verschiedenen Stellen im Marsfeld wurden Reste der *Aqua Virgo* gefunden. Das bedeutendste Stück steht am Anfang der Via del Nazareno (Haus Nr. 14). Aus der Bauweise - es wurden Buckelquader verwendet - und aus der Inschrift geht hervor, daß es sich um eine claudische Restaurierung handelt. Die Inschrift stammt aus dem Jahre 46 n. Chr. Die gleiche Inschrift erscheint auch auf einem Rest der Wasserleitung im Keller des Hauses Via della Stamperia 16. Sie lautet: *Ti(berius) Claudius Drusi f(ilius) Caesar Augustus Germanicus / pontifex maxim(us) trib(unicia) potest(ate) V imp(erator) XI p(ater) p(atriae) co(n)s(ul) desig(natus) IIII / arcus ductus aquae Virginis disturbatos per C(aium) Caesarem / a fundamentis novos fecit ac restituit.* („Tiberius Claudius, der Sohn des Drusus, der Cäsar Augustus Germanicus, oberster Priester, zum fünften Mal Inhaber der Macht eines Tribuns, zum elften Mal als Imperator ausgerufen, der Vater des Vaterlandes, zum vierten Mal Konsul, baute die Bögen der Aqua Virgo, die Gaius Cäsar (Caligula) zerstört hatte, von Grund auf neu und stellte sie wieder her.") Caligula hatte die Leitung wahrscheinlich wegen des Amphitheaters zerstört, das er auf dem Marsfeld bauen wollte, jedoch nie vollendete.

In der Gegend der Piazza del Popolo lagen einige bedeutende Gräber. Unter den beiden Kirchen S. Maria dei Miracoli und S. Maria in Montesanto sah man auch in neuerer Zeit, anläßlich einer Restaurierung, Reste von zwei Grabpyramiden, die in Form und Ausmaßen der Cestius-Pyramide und der inzwischen zerstörten Pyramide beim Vatikan sehr ähneln. Die Gräber bei der Piazza del Popolo müssen wie jene aus augusteischer Zeit stammen. Wahrscheinlich hatten sie eine ähnliche architektonische Funktion zu erfüllen wie heute die beiden Kirchen: sie bildeten eine Art Eingang zum Marsfeld.

Am Abhang des Pincio war, ungefähr an der Stelle, wo jetzt die Kirche S. Maria del Popolo steht, das Grab der Domitier, in dem Neros Asche in einer Urne aus Porphyr unter einem Altar aus Carrara-Marmor bestattet wurde.

Von der zuvor beschriebenen prächtigen Villa des Lukull sind in den Kellern des Klosters vom Sacro Cuore noch einige spärliche Reste erhalten. Insgesamt entsprechen sie dem, was der Plan des Pirro Ligorio zeigt. Die in *opus reticulatum* und *opus mistum* erbauten Mauern sind spätrepublikanisch, ebenso wie eine große, kürzlich im Keller der Biblioteca Hertziana in der Via Gregoriana 28 gefundene Fassade aus republikanischer Zeit. Es handelt sich um eine Stützmauer aus einem noch recht unregelmäßigen Retikulat, vor der wahrscheinlich ein Portikus lag. In die Wand war ursprünglich eine Reihe von Nischen eingetieft; die sechs noch erhaltenen haben eine reiche Verzierung aus Stuck und Bimsstein, die Wandabschnitte dazwischen wurden später mit einem Mosaik aus Glaspaste überzogen, das Architekturen und Statuen auf Sockeln zeigt. Diese kostbare Dekoration aus dem Zweiten Stil gehörte wahrscheinlich zur Villa des Lukull. Sie ist das einzige, was von der ursprünglichen Anlage – wenn auch umgearbeitet – erhalten ist.

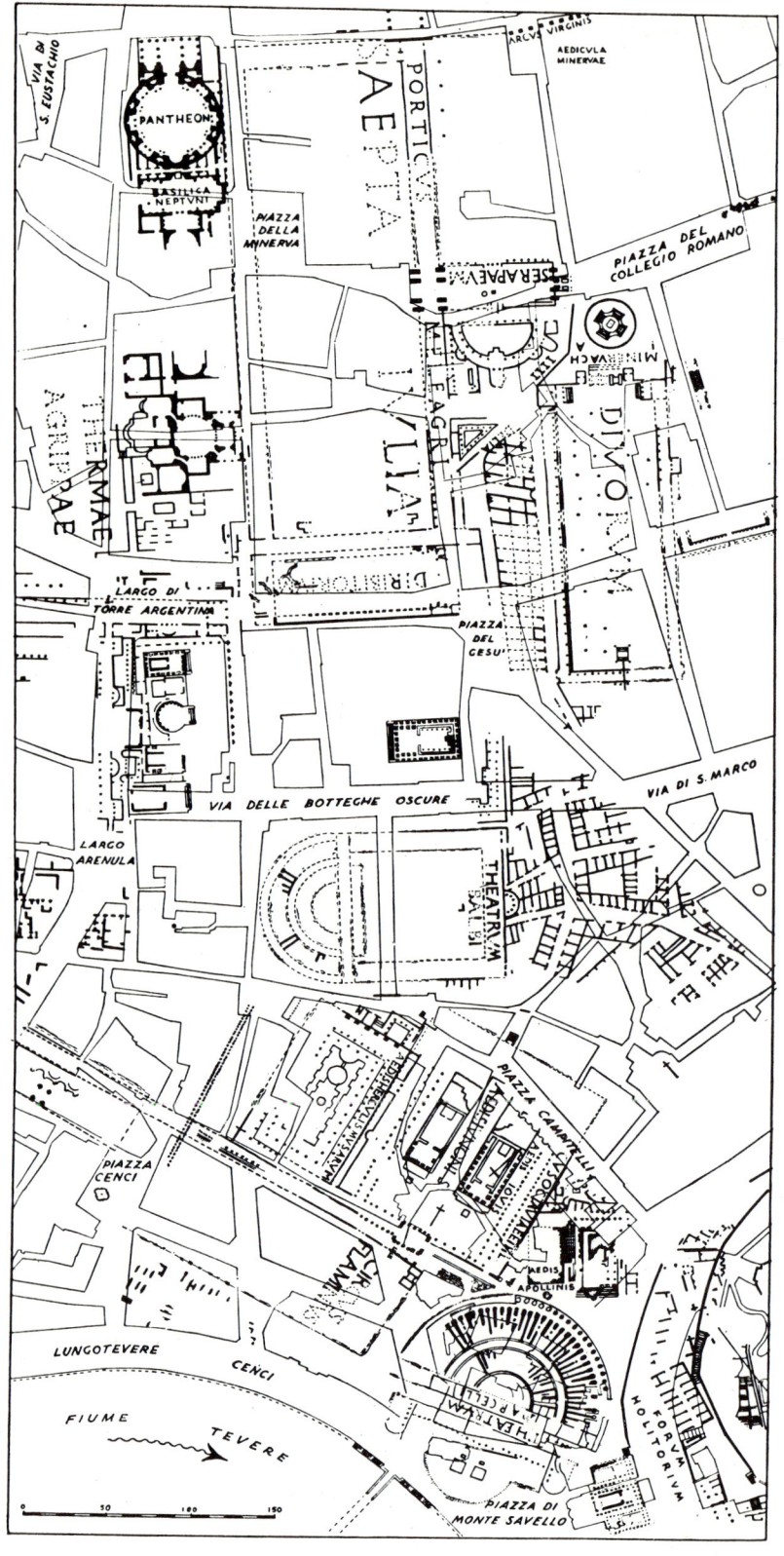

Das Marsfeld

Geschichte und städtebauliche Entwicklung

In der Antike bezeichnete man im allgemeinen die ganze Ebene vor der Servianischen Mauer, zwischen dem Kapitol im Süden, dem Tiber im Westen und den Ausläufern des Quirinal und des Pincio im Osten und Norden als *Campus Martius*. Die Hauptachse bildete das erste Stück der *Via Flaminia,* die von Süden nach Norden, mit einer leichten Abweichung in westlicher Richtung, die *Porta Fontinalis* und die *Porta Flaminia* verband. Zumindest ein Teil dieser Straße wurde als *Via Lata* bezeichnet.

Zur augusteischen Regio IX gehörte jedoch nicht die gesamte Ebene. Wie schon erwähnt, wurde das Gebiet zwischen der Via Lata und dem Abhang des Quirinal zur Regio VII *(Via Lata)* gerechnet. Auch der nördlichste Teil zwischen der Tiberinsel und dem Ponte Sisto wurde im allgemeinen nicht als wesentlicher Bestandteil des Marsfeldes, zu dem er jedoch gehörte, betrachtet. Diese Gegend wurde nach dem Circus Flaminius, dem wichtigsten Gebäude, benannt, eine Bezeichnung, die schließlich alle anderen Benennungen für die Regio IX, die dann insgesamt *Circus Flaminius* hieß, verdrängte.

Die im Mittelalter und in der Renaissance auf dem Marsfeld entstandenen Viertel bewahren zum größten Teil noch die antike Orientierung und Topographie. Viele Straßen haben noch den gleichen Verlauf wie in der Antike. Nicht nur die Via del Corso *(Via Lata),* sondern auch die rechtwinklig angelegten Straßenzüge der Via della Scrofa und Via di Ripetta, der Via dei Coronari und der Via delle Copelle (die irrtümlich als *Via Recta* bezeichnet wurde), der Via di S. Paolino alla Regola, Via Capodiferro, Piazza Farnese und Via di Monserrato und der Straßenzug von der Via Giubbonari zum Campo dei Fiori und der Via del Pellegrino (wahrscheinlich *Via Tecta* oder *Porticus Maximae*) gehen auf antike Straßen zurück. Es seien hier nur diese ganz offensichtlichen Übereinstimmungen aufgezählt. Auch die antiken Bauwerke waren hier für die spätere Entwicklung bestimmend; es sei nur auf die Piazza Navona (das Stadion Domitians) und die Piazza Grotta Pinta (das Theater des Pompejus) hingewiesen. Durch die geschichtliche Kontinuität blieb der antike Stadtplan bewahrt, der auch dort noch zu erkennen ist, wo die antiken Bauwerke entweder nicht erhalten sind oder noch nicht entdeckt wurden. Eine weitere Hilfe stellen die zahlreichen Fragmente des severischen Marmorplans dar, auf denen vor allem das mittlere und südliche Marsfeld dargestellt ist. Sie können häufig die Lücken in den archäologischen Befunden schließen. Indem all diese Daten zusammengestellt wurden, gelang es in jahrzehntelangen, genauen Einzeluntersuchungen den hier vorgelegten Plan zusammenzustellen, der vor allem den Forschungen von Guglielmo Gatti zu verdanken ist.

Das mittlere Marsfeld und die Gegend um den
Circus Flaminius (Plan von G. Gatti)

Betrachtet man einen modernen Stadtplan des Marsfeldes, so fallen einem drei große, unterschiedlich orientierte städtebauliche Komplexe auf. Der gesamte, etwa quadratische Mittelteil zwischen der Piazza Navona im Osten und dem Corso im Westen und zwischen der Via dei Coronari und der Via delle Coppelle im Norden und der Via delle Botteghe Oscure im Süden ist genau nach den Kardinalpunkten ausgerichtet. Dieses Gebiet ist das wichtigste innerhalb des Viertels. Hier sind die meisten Denkmäler erhalten. Südlich davon zieht sich zwischen dem Theater des Marcellus und dem Ponte Vittorio Emanuele II ein langer Streifen am Tiber entlang, der von Südosten nach Nordwesten orientiert ist. Ganz im Osten dieses Abschnittes liegt das Gebiet, das man in der Antike als *„in circo Flaminio"* bezeichnete. Der nördlichste Teil des Marsfeldes, ein Dreieck, das an der Westseite vom Tiber, an der Südseite von der Via dei Coronari und der Via delle Coppelle und an der Westseite vom Corso begrenzt wird, ist von Nordosten nach Südwesten orientiert. Zweifellos richtet sich diese Straßenführung nach der Via Lata, die auch die Orientierung der Regio VII an der Ostseite der Straße weitgehend bestimmte. Zwar ist vom antiken Bestand in diesem Gebiet an der Nordseite weniger erhalten, da hier auch in neuerer Zeit zahlreiche Veränderungen vorgenommen wurden, doch läßt die Orientierung der antiken Bauten, der Ara Pacis und der Säule des Mark Aurel zum Beispiel, in dieser Hinsicht keinen Zweifel.

Eine Erklärung für diese drei städtebaulichen Komplexe ergibt sich aus der vielfältigen Geschichte des Viertels. Der nördliche Teil wurde erst verhältnismäßig spät bebaut, und zwar – sieht man von den Grabbauten ab – in hadrianischer Zeit. Die älteren Bauten stehen alle im mittleren und südlichen Teil des Marsfeldes.

Nach der Sage gehörte das Marsfeld den Tarquiniern als königlicher Besitz. Bei ihrer Vertreibung im Jahr der sagenhaften Gründung der Republik soll das Gebiet in öffentlichen Besitz übergegangen sein, in dem es von da an auch blieb. Aus der letzten Ernte, die in den Tiber geworfen wurde, soll die Tiberinsel entstanden sein. Die Überlieferung hat sehr viel Wahrscheinlichkeit für sich, da sie am besten erklärt, wieso das Marsfeld dem Staat gehörte und wieso andererseits an seiner Westseite ein zweifellos uralter Kult angesiedelt war, der des *Tarentum*. Dieses Heiligtum muß beim Ponte Vittorio Emanuele gewesen sein; der rechteckige, aus drei hintereinandergelegenen Bezirken bestehende Bau in der Nähe der Piazza Sforza, den man im allgemeinen als Tarentum bezeichnet, war zweifellos ein *Ustrinum*, also ein Krematorium, und zwar wahrscheinlich das Hadrians. Später war beim Tarentum ein Kultplatz der Dite und Proserpina, die hier an einem unterirdischen Altar verehrt wurden, den man jedesmal für die Kulthandlungen ausgrub. Dann sollen hier die *Ludi saeculares* gegründet worden sein, die jeweils im Abstand von ungefähr einem Jahrhundert abgehalten wurden; sie fanden unter Augustus, unter Domitian, Septimius Severus und Aurelian statt. Neben dem Tarentum lag, wahrscheinlich an der Via Giulia, ein Gelände für Wagenrennen, das sogenannte *Trigarium*. Daß es sich hierbei um eine sehr alte Einrichtung handelt, geht aus dem Namen selbst hervor: die *triga* war ein archaischer Wagentyp, der von drei Pferden gezogen wurde und der wahrscheinlich seit dem 6. Jahrhundert v. Chr. nicht mehr im Gebrauch war. Die uralten Riten des *Equus October* müssen hier gefeiert worden sein. Sie bestanden aus einem Wagenrennen, der Opferung eines Pferdes aus dem Gespann des Siegers und einem Wettstreit zwischen den *Sacravienses*, den Anwohnern der Via Sacra, also der Stadt auf dem Palatin, und der *Suburani*, der Leute, die vor der Stadt wohnten. Möglicherweise liegt die Richtung der Straße zwischen dem *Tarentum* und der *Porta Carmentalis*, die am Fuß des Kapitols entlangführte, der Orientierung des Marsfeldes in diesem Teil zugrunde. Ein weiterer Grund hierfür war der Bau des *Circus Flaminius*.

Ein Anziehungspunkt im mittleren Teil des Marsfeldes war seit sehr alter Zeit der Altar des Mars, der mit der wichtigsten, der militärischen Funktion dieser Gegend eng verbunden war. Es ist sicherlich kein Zufall, daß der Name *Campus Martius* von Anfang an alle anderen Bezeichnungen überwog. Die genaue Lage des Altars ist nicht bekannt, er kann jedoch nicht allzuweit von der *Porta Fontinalis* entfernt gewesen sein, da er seit 193 v. Chr. mit diesem Tor durch einen Portikus verbunden war. Außerdem bildete das Heiligtum mit den *Saepta* und der *Villa Publica,* deren Lage bekannt ist, eine funktionale Einheit. Es muß also in der Gegend zwischen der Piazza Venezia, dem Corso und der Piazza del Collegio Romano gelegen haben. Das monumentale, in der Mitte der Via del Plebiscito gefundene Bauwerk, das unter dem Palazzo Doria noch weitergereicht haben muß, könnte das Fundament des Heiligtums gewesen sein.

In dem Dreieck zwischen der *Saepta* im Norden, der Gegend um den *Circus Flaminius* im Süden und dem *Kapitol* im Osten lag vor dem Altar die *Villa Publica.* Dies war ein Park mit einem Amtsgebäude der Censoren in der Mitte; hier fand z. B. alle fünf Jahre die Steuereinschätzung statt. Nördlich von der Villa Publica lagen im Mittelpunkt des Marsfeldes die *Saepta,* ein großer, rechteckiger Platz, der mit den Portiken eine Länge von 310 m und eine Breite von 44 m hatte. In der uns bekannten Form stammt er aus der Kaiserzeit. Hier versammelten sich die Centuriats-Komitien, ursprünglich Versammlungen des Volks, soweit es dem Heer angehörte, um die wichtigsten Beamten zu wählen. Die antiken Historiker schreiben die Einteilung der Bevölkerung in Steuerklassen, der die Schaffung des in Hundertschaften eingeteilten Heeres zugrunde lag, dem vorletzten König Roms, Servius Tullius, zu. Nachdem lange an dieser Überlieferung gezweifelt wurde, neigt die neuere Forschung dazu, sie wenigstens in den großen Zügen anzuerkennen. Die Saepta wären dann schon seit der Mitte des 6. Jahrhunderts v. Chr. benutzt worden. Wie alle öffentlichen Versammlungsplätze, z. B. das Comitium, so waren auch die Saepta nach den Haupthimmelsrichtungen ausgerichtet. Die beherrschende Lage und die Ausmaße des Gebäudes, das sicherlich das älteste in dieser Gegend war, bestimmten die weitere Bebauung des mittleren Marsfeldes, dessen Orientierung überall dieselbe ist. Obwohl die Ebene erst sehr viel später städtebaulich gestaltet wurde, waren ihr Aussehen und ihre weitere Entwicklung durch diese allerersten Funktionen für immer festgelegt. Der Charakter des Marsfeldes wurde im wesentlichen durch die Denkmäler und öffentlichen Bauwerke geprägt. Das ebene Gelände und die Tatsache, daß der Boden dem Staat gehörte, schufen ideale Voraussetzungen für die Entwicklung einer Repräsentations- und Staatsarchitektur. Neben den uralten Heiligtümern und Versammlungsplätzen entstanden so seit dem 2. Jahrhundert v. Chr. eine Fülle von Portiken, Tempeln, Theaterbauten und Thermen, ohne daß dabei eine solch erdrückende Enge entstand wie auf dem Forum, das sich wegen seiner engen Begrenzung nur auf Kosten der umliegenden Wohnviertel ausdehnen konnte. Das Marsfeld war für jede Baumaßnahme groß genug und bot bis an das Ende der Kaiserzeit ausreichenden Platz für öffentliche Bauten.

Nach der ältesten Zeit, von der fast nichts mehr erhalten ist, läßt sich die Bebauung in einige Hauptphasen einteilen. Die Tendenz geht dabei von der Besiedelung der Gegend in der Nähe der Mauern und des Tibers zu einer immer weiteren Ausdehnung nach Norden. Die oben aufgezeigte topographische Einteilung des Marsfeldes in drei Zonen entspricht ungefähr auch der chronologischen Entwicklung des Viertels.

Aus der ersten Phase, die ungefähr in die Mitte der Republik gehört, sind hauptsächlich Heiligtümer vorhanden, jedoch nur selten in ihrer ursprünglichen Form. Am ältesten ist das 431 v. Chr. gegründete Apollo-Heiligtum in der Nähe des Marcellus-Theaters. Der benachbarte Tempel der Bellona ist etwas später, vom Anfang des 3. Jahrhunderts. Diese beiden Gebäude sind nur in kaiserzeitlichen Wiederaufbauten erhalten. Dagegen zeigt die sogenannte „Area Sacra di Largo Argentina" eine Zusammenstellung aller Tempeltypen, die es zwischen dem Ende des 4. und dem Anfang des 1. Jahrhunderts v. Chr. gab.

Seit dem 2. Jahrhundert v. Chr. richtete sich die Kunst stärker nach hellenistischen

Vorbildern. Damals wurde in der Umgebung des Circus Flaminius eine Anzahl von Bauwerken errichtet, an denen von Anfang an griechische Architekten, Bildhauer und Maler mitarbeiteten. Dabei entstand in Rom erstmalig ein städtebaulicher Komplex, der einer hellenistischen Hauptstadt würdig gewesen wäre. Diese Bautätigkeit, die mit dem Tempel des Herkules und der Musen im Jahre 187 v. Chr., den Portiken des Octavius im Jahre 168 v. Chr. und denen des Metellus im Jahre 146 v. Chr. begonnen hatte, reichte bis in die Mitte des 1. Jahrhunderts v. Chr. Damals vollendete Pompejus den nach ihm benannten riesigen Baukomplex mit dem Theater und den Portiken. Die großartigen Pläne Cäsars, der den Tiber umleiten und das Marsfeld mit dem Vatikan vereinigen wollte, wurden durch seine Ermordung vereitelt.

Die dritte Phase fällt in die augusteische Zeit. Der Kaiser begann mit Unterstützung seines Schwiegersohnes Agrippa und anderer Freunde und Verwandter, den mittleren Teil der Ebene städtebaulich zu gestalten. Außerdem baute er den Komplex um den Circus Flaminius herum völlig neu: das Theater des Marcellus und das des Balbus, das Amphitheater des Statilius Taurus, die Agrippa-Thermen und das Pantheon, die Saepta und die Ara Pacis sind nur die wichtigsten Namen in einer langen Reihe von Bauwerken dieser Phase. Augustus nahm den Brauch wieder auf, dem zufolge man mit Zustimmung des Senats und des römischen Volkes im Marsfeld Staatsgräber errichten durfte, und ließ sich das große Mausoleum bauen, das der erste wichtige Bau im nördlichen Teil der Ebene war.

Im Vergleich dazu bauten die übrigen julisch-claudischen Kaiser in dieser Gegend nur wenig. Das wichtigste Bauwerk dieser Zeit waren die Thermen des Nero. Nachdem jedoch 80 n. Chr. ein furchtbarer Brand das Viertel vollständig zerstört hatte, begann unter Domitian eine weitere wichtige Phase. Dabei entstanden am West- und Ostrand des augusteischen Komplexes das Stadion und das Odeon, das Heiligtum der vergöttlichten Kaiser und der Tempel der Minerva Chalcidica. Zugleich wurden alle anderen Gebäude restauriert oder wieder aufgebaut. Unter Hadrian und den Antoninen wurde die Bebauung im Mittelteil der Ebene südlich von der Via Recta vervollständigt und die Tempel der Matidia und des vergöttlichten Hadrian erbaut. Antoninus Pius und Mark Aurel entfalteten ihre Bautätigkeit nördlich von dieser Linie, wo die beiden berühmten Säulen stehen.

Nachdem im 3. Jahrhundert kein Platz mehr zur Verfügung stand, verlagerte sich die Monumentalarchitektur auf die andere Seite der Via Lata in die VII. Region.

Wie das Marsfeld in augusteischer Zeit aussah und welche Bedeutung es im Verhältnis zur übrigen Stadt hatte, könnte niemand besser beschreiben als der zeitgenössische griechische Schriftsteller Strabon: „... die außerordentliche Weite der Ebene erlaubt ohne Schwierigkeiten Wagenrennen und jede andere Art des Pferdesports, außerdem Ball-, Reifen- und Kampfspiele. Die ringsherum aufgestellten Kunstwerke, die Bepflanzung, die während des ganzen Jahres grünt, und die Hügelkette, die bis zum Flußufer hin reicht, bieten einen Rundblick, von dem man sich nur schwer losreißt. Neben dieser Ebene liegt eine andere [wahrscheinlich die Gegend um den Circus Flaminius] mit ringsherum angeordneten Portiken, Hainen, drei Theatern, einem Amphitheater, prächtigen Tempeln, die einer neben dem anderen liegen, so daß die übrige Stadt wie ein Anhängsel dieses Stadtteils wirkt. Da dieser Ort als der ehrwürdigste von allen galt, wurden hier die Gräber der berühmtesten Männer und Frauen gebaut. Am bemerkenswertesten ist das sogenannte Mausoleum, ein großer Grabhügel auf einem Sockel aus weißem Marmor, das neben dem Fluß steht und von immergrünen Bäumen bekrönt wird. An seiner Spitze steht die Bronzestatue des Cäsar Augustus, in dem Hügel sind die Aschenurnen von ihm, seinen Verwandten und seinen engsten Freunden. Dahinter liegt ein großer Park mit Bäumen und prächtigen Portiken.“

Das südliche Marsfeld

Das Viertel um den Circus Flaminius. Die uralte Straße, die vom *Tarentum* zur *Porta Carmentalis* führt, war möglicherweise der Grund für die andere Orientierung in diesem Teil des Marsfeldes. Sie wurde jedoch entscheidend bestimmt durch den 221 v. Chr. erbauten Circus, der eine Art Konkurrenz für das älteste und größte derartige Bauwerk, den Circus Maximus, sein sollte. Der *Circus Flaminius* war das Werk des demokratischen Führers C. Flaminius Nepos, der auch die *Via Flaminia* baute. Der Circus war von Anfang an eng mit dem Volk verbunden: hier fanden die *Concilia Plebis* statt. Außerdem entstanden einige Tempel für Gottheiten, die in der typisch plebejischen Gegend auf dem Aventin und beim Forum Boarium schon Tempel hatten.

Bis 1960 nahm man an, der Circus habe südlich von der Via delle Botteghe Oscure gelegen, das Theater des Balbus östlich von der Via Arenula im Ghetto. Bei einer genauen Untersuchung des severischen Marmorplans ergab sich dann, daß die Lage der beiden Gebäude genau umgekehrt war. Heute weiß man, daß der Circus Flaminius die Gegend zwischen dem Marcellus-Theater, der Piazza Cairoli, der Via del Portico di Ottavia und dem Tiber einnahm. Rundherum drängten sich, vor allem seit dem 2. Jahrhundert v. Chr. eine Anzahl von Portiken und Theatern, von denen einige aus Marmor und von griechischen Architekten, wie z. B. Hermodoros von Salamina, waren.

Daß viele siegreiche Generäle gerade diesen Platz auswählten, hängt damit zusammen, daß die Triumphzüge ihren Ausgang beim Circus nahmen. In der folgenden Aufzählung werden jeweils das Monument, das Gründungsdatum und der Name des Stifters genannt. In dem beigefügten Plan sind die betreffenden Gebäude eingezeichnet, wobei jeweils unterschieden wird, inwieweit ihre Lage und Identifizierung hypothetisch sind. Wie Strabon sagt, waren sie in einem Kreis um den Circus herum angeordnet.

Sakralbauten:

Apollo (431 v. Chr.; Cn. Iulius, 179 v. Chr. v. M. Fulvius Nobilior wieder aufgebaut), Bellona (296; Appius Claudius Caecus); Vulkan (Gründungsdatum nicht bekannt, im 3. Jh.); Hercules Custos (220?); Neptun (Ende 3. Jh.?); Herkules und die Musen (187; M. Fulvius Nobilior); Pietas (181; M. Acilius Glabrio); Iuno Regina (179; M. Aemilius

Die Umgebung des Circus Flaminius. Gebäude, deren Lage gesichert ist, sind weiß gelassen und mit Großbuchstaben bezeichnet; die Lokalisierung der schraffiert wiedergegebenen und mit kleinen Buchstaben bezeichneten Bauwerke ist hypothetisch

Grundriß des Marcellus-Theaters. Portikus der Octavia. Die Eingangshalle mit der severischen Inschrift

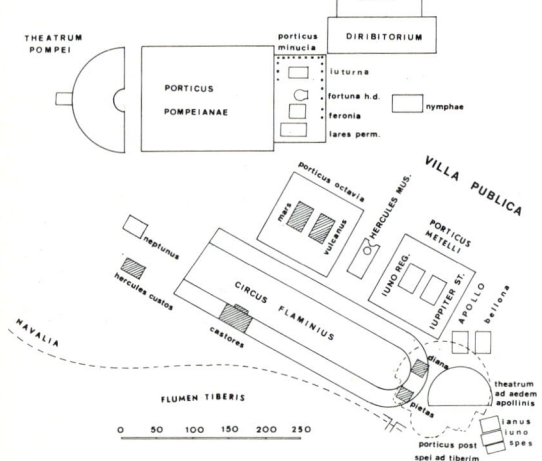

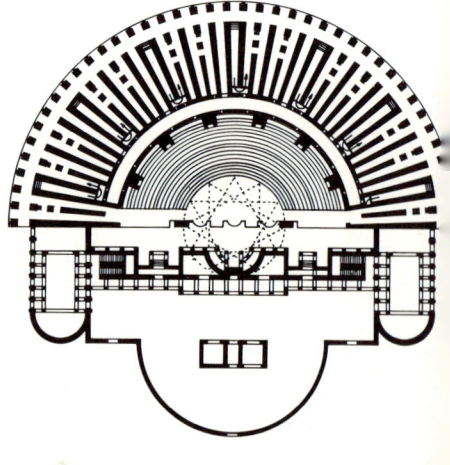

Lepidus); Diana (179; M. Aemilius Lepidus); Iuppiter Stator (146; Q. Caecilius Metellus Macedonicus); Mars (132; Brutus Callaicus); Dioskuren (Anfang 1. Jh.?).
Profane Bauten:
Porticus Octavia (168; Cn. Octavius); Porticus Metelli (146; Q. Caecilius Metellus Macedonicus); Porticus Philippi (29; L. Marcius Philippus).

Das Marcellus-Theater. Wenn man die Besichtigung der Gegend um den *Circus Flaminius* herum von Osten beginnt, steht man vor dem riesigen Bau des Marcellus-Theaters. Es wurde von Cäsar begonnen und von Augustus vollendet und überlagerte die gebogene Seite des Circus zum Teil, so daß dieser zum einfachen Platz wurde. An derselben Stelle, vor dem Apollo-Tempel, war in republikanischer Zeit häufig das Behelfstheater aufgebaut worden. Die zwei kleinen Bauten, die auf dem severischen Plan in die große Exedra hinter der Bühne eingezeichnet sind, ersetzten vermutlich zwei Tempel, die beim Bau des Theaters abgerissen wurden. Den Namen des einen überliefert Plinius; es war der Tempel der *Pietas*, der andere war vermutlich der Tempel der *Diana*.
Wahrscheinlich war der Bau schon im Jahre 17 v. Chr. fertig, da er damals für die Säkularspiele verwendet wurde. Die Weihung fand jedoch erst 13 oder 11 v. Chr. statt, und zwar im Namen des früh verstorbenen Neffen und Erben des Augustus, Marcellus. Über die weitere Geschichte des Theaters ist außer einer Restaurierung durch Vespasian, die jedoch auf die Bühne beschränkt war, nichts bekannt. Im Mittelalter bewohnten zunächst, wahrscheinlich schon im 13. Jahrhundert, die Savelli den Bau, der im 10. Jahrhundert in den Besitz der Orsini überging. Der dem Theater aufgestockte Bau ist die von Baldassare Peruzzi umgebaute Festung der Savelli.
1926–1932 wurden die umstehenden Gebäude abgerissen und das Theater bis zum ursprünglichen Niveau ausgegraben und restauriert. Die Außenseite des Zuschauerraums ist aus Travertin. Sie bestand ursprünglich aus 41 Arkaden, die mit 42 Halbsäulen gerahmt sind (einige der heute vorhandenen sind modern). Von den drei Stockwerken sind nur noch das erste und das zweite, die in dorischer beziehungsweise jonischer Ordnung erbaut sind, erhalten. Vom dritten, einer geschlossenen Attika mit aufgelegten korinthischen Pilastern, waren nur noch spärliche Reste zu sehen. Die ursprüngliche Höhe betrug ungefähr 32,60 m, von denen jetzt noch ungefähr 20 m erhalten sind. In den Bogenscheiteln waren große Theatermasken aus Marmor angebracht. Einige davon wurden bei der Ausgrabung gefunden. Der Umgang an der Innenseite und die strahlenförmigen Mauern unter den Sitzreihen sind bis zu einer Tiefe von 10 m aus Tuffquadern, der innerste Teil besteht aus *opus caementicium*. Die inneren Wandelgänge sind dagegen aus Ziegelsteinen gemauert. Sie sind ein weiterer Beleg dafür, daß schon zu Beginn der augusteischen Zeit Ziegelsteine verwendet wurden. Die Gewölbe sind alle aus Gußmauerwerk. Die Decke in dem Raum hinter dem Mitteleingang war mit Stuck verziert; ein Teil davon ist erhalten. Man schätzt, daß der Zuschauerraum, dessen Durchmesser 129,80 m beträgt, ungefähr 15 000 Zuschauer faßte, bei besonders starkem Andrang sogar bis zu 20 000. Diese Zahlen stimmen mit den Angaben in den Regionskatalogen überein. Jenseits der Orchestra, die einen Durchmesser von 37 m hatte, war die Bühne, von der so gut wie nichts mehr erhalten ist. An ihren Seiten lagen zwei Säle mit Apsiden. Von dem linken stehen noch ein Pfeiler und eine Säule. Hinter der Bühne schloß sich eine große Exedra an, in deren Mitte die zuvor erwähnten Tempelchen standen.

Die Tempel des Apoll und der Bellona. An der Stelle des späteren Apollo-Tempels, der bis zur Errichtung des Apollo-Tempels auf dem Palatin der einzige in Rom war, gab es schon zuvor, mindestens seit 449 v. Chr., einen Altar des Gottes, das *Apollinar*. Der Tempel wurde nach einer Pestepidemie gebaut: 433 war das Gelübde abgelegt worden, 431 fand die Weihung statt. Es ist der einzige bedeutendere Tempel, der in Rom in jenen Krisenzeiten gebaut wurde. Hinzu kommt, daß er einem auch dem Namen nach rein griechischen Gott geweiht war. Zur Erinnerung an den Anlaß wurde das Heiligtum dem *Apollo Medicus* geweiht. 353 und 179 v. Chr. wurde der Tempel umgebaut und ausgebessert, 34 v. Chr. begann C. Sosius damit, den Tempel von Grund auf neu zu bauen. Da Form und Stil mit dieser Chronologie genau übereinstimmen, ist der Versuch, das Entstehungsdatum in spätaugusteische oder gar hadrianische Zeit zu setzen, sinnlos.

Der ältere Bau stand einige Meter weiter vorne. Spuren davon fand man unter dem Portikus des Marcellus-Theaters. Weitere Reste, unter anderem eine Mosaikinschrift, sind in dem jetzigen Podium verbaut. Sie stammen wahrscheinlich von der Restaurierung im Jahre 179 v. Chr. Das Podium hat eine Länge von 40 m und eine Breite von 21,32 m. Es ist mit Gußmauerwerk und Blöcken aus Tuff und Travertin gebaut, zwischen denen Hohlräume freigelassen und mit Erde ausgefüllt sind. Die Höhe beträgt insgesamt 5,50 m. Wegen des kurzen Abstandes zum Marcellus-Theater (weniger als 6 m) mußte der Tempel weiter zurückgebaut und an den Portikus der Oktavia herangerückt werden. Aus dem gleichen Grund wurde die Treppe an der Frontseite durch seitliche Treppchen ersetzt. Auf dem Podium stehen drei nach der Ausgrabung wieder aufgerichtete schöne korinthische Säulen. Sie haben eine Höhe von gut 14 m und sind mit abwechselnd schmalen und breiten Kanneluren verziert. Darüber liegt ein Architrav mit einem Fries, auf dem Stierschädel und Girlanden aus Olivenlaub dargestellt sind. An der Stirnseite standen sechs, an den Längsseiten je drei Säulen, an den Cellawänden waren je sieben Halbsäulen angebracht. Es handelte sich also um einen Pseudoperipteros.

Wichtig ist die Feststellung, daß die Halbsäulen ebenso wie die Mauern der Cella aus Travertin und mit Stuck überzogen waren, ein Zeichen für die zeitliche Nähe zur Republik. Der Innenraum war mit Ädikulen, die von verschiedenfarbigen Marmorsäulen getragen wurden, reich geschmückt; auch der Fußboden war aus Marmor. Im Tempel und dem benachbarten Heiligtum der Bellona versammelte sich häufig der Senat. Der Innenraum der Cella war ein regelrechtes Museum: hier sah man Gemälde von Aristides Thebanus, Statuen des Philiskos aus Rhodos, den Apoll mit der Kithara von Timarchides und eine Niobidengruppe, die entweder von Skopas oder von Praxiteles geschaffen war. Man fand beim Tempel eine Statue des Apoll mit dem Bogen, die trotz barbarischer kaiserzeitlicher Umarbeitungen noch als ein Original aus der Mitte des 5. Jahrhunderts v. Chr., vermutlich großgriechischer Herkunft, zu erkennen ist.

Östlich des Apollo-Tempels steht das Fundament eines anderen großen Gebäudes, das kürzlich als der 296 v. Chr. von Appius Claudius Caecus begonnene Tempel der Bellona identifiziert wurde.

Der Portikus der Oktavia. Von den großen Portiken, die den Platz beim Circus Flaminius an der Nordseite abschlossen (Portikus des Oktavius, Portikus des Philippus und Portikus der Oktavia), ist nur noch der Portikus der Oktavia erhalten. An derselben Stelle stand zuvor der 146 v. Chr. von Q. Caecilius Metellus Macedonicus nach seinem Triumph über den Pseudo-Andriskos begonnene und wahrscheinlich 131 v. Chr. geweihte Portikus. Er umschloß den älteren Tempel der Iuno Regina, den der Censor M. Aemilius Lepidus 179 geweiht hatte und dem damals der Tempel des Iuppiter Stator an die Seite gestellt wurde, der erste ganz aus Marmor gebaute Tempel in Rom. Er war das Werk eines griechischen Architekten, des Hermodoros von Salamis.

Auch die Statuen der beiden Gottheiten wurden griechischen Bildhauern, Polykles und Dionysios, anvertraut.

Der augusteische Umbau begann wahrscheinlich schon 33 v. Chr.; 23 v. Chr. muß er abgeschlossen gewesen sein. Der Portikus wurde der Schwester des Kaisers, Oktavia, geweiht. Der severische Marmorplan zeigt hinter den Tempeln ein Gebäude mit einer Apsis; dies muß die *Curia Octaviae* sein, die mit der gleichnamigen Bibliothek in den nach Norden hin erweiterten Komplex eingefügt wurde. Der Portikus erhielt damals seine jetzigen Ausmaße (119 m breit; ungefähr 132 m tief). Die zwei Tempel haben unterschiedliche Grundrisse: der Tempel der Juno auf der linken Seite ist ein Prostylos mit sechs Säulen an der Stirnseite, der Juppiter-Tempel dagegen ein Peripteros ohne Säulen an der Rückseite. Da Vitruv den älteren Tempel als normalen griechischen Peripteros aufführt, geht der neue Grundriß wahrscheinlich auf die augusteische Restaurierung zurück.

Der Portikus wurde nach dem Brand im Jahre 80 n. Chr. und unter Septimius Severus, vermutlich nach dem Brand von 191, restauriert; die heute sichtbaren Bauteile sind severisch. Erhalten sind der Eingang und rechts davon der Portikus bis zur Südecke. Bei einer Ausgrabung in Richtung auf den Apollo-Tempel und das Marcellus-Theater fand man den antiken Fußboden. Der Bau erhob sich über einem niedrigen Podium, auf dem die Säulen standen. Im Podium selbst entdeckte man Reste von *opus incertum,* die zum Vorgängerbau, dem Portikus des Metellus, gehören, der dieselben Ausmaße gehabt haben muß. In der aus Tuffquadern erbauten Ostseite öffnet sich bei der Südecke ein Eingangstor, vor dem zwei Säulen auf Plinthen standen.

Am besten erhalten ist das große Propylon in der Mitte der Südseite, das nach innen und nach außen über den Portikus hinausragt. Es besteht aus zwei seitlichen, ursprünglich mit Marmor verkleideten Ziegelmauern, in denen sich zum Portikus hin zwei weite Bögen öffnen. An den beiden Fassaden standen vier große korinthische Säulen zwischen den beiden rechts und links vorgezogenen Ziegelmauern. Zwei Säulen der äußeren Fassade stehen noch aufrecht, die an der rechten Seite wurden im Mittelalter durch einen Bogen vor der Kirche S. Angelo in Pescheria ersetzt, außerdem sind noch drei der inneren Säulen erhalten.

Die große severische Inschrift auf dem Architrav nennt das Datum der Restaurierung (203 n. Chr.). Die Giebelfelder sind zum großen Teil aus wieder verwendetem Material gebaut, das höchstwahrscheinlich vom Vorgängerbau stammt. Besonders deutlich sieht man das an der Rückseite des Giebels.

Nur von einem der beiden Tempel, die in der Mitte der Anlage standen, von dem der *Juno Regina,* sind noch Reste vorhanden. Man sieht im Keller des Hauses Via S. Angelo in Pescheria 5 das Podium und einige Säulenbasen; aus den Fenstern des Hauses Nr. 28 kann man zwei aufrechtstehende Säulen mit einem Kapitell und einem Stück Architrav sehen. Der Portikus war mit zahlreichen Kunstwerken geschmückt. Vor dem Tempel standen 34 bronzene Reiterstatuen von Lysipp, die Alexander und seine in der Schlacht am Granikos gefallenen Feldherren darstellten. Außerdem stand hier die Bronzestatue der Cornelia, der Mutter der Gracchen: die erste Statue einer Frau, die in Rom in der Öffentlichkeit aufgestellt war (um 100 v. Chr.). Ihre Basis wurde im Portikus neben der Seitentür von S. Angelo in Pescheria gefunden (jetzt im Museo Nuovo des Konservatorenpalasts).

Das Gebiet zwischen dem Circus Flaminius und dem Tarentum. An der Via di S. Maria dei Calderari sieht man auf der Höhe des Hauses Nr. 23 einen Bogen aus Ziegelsteinen, den zwei toskanische Pilaster einrahmen, über denen ein Türsturz liegt. In einem Laden in der Nähe sind weitere Bestandteile des gleichen Gebäudes zu sehen.

Wie aus Renaissance-Zeichnungen hervorgeht, handelte es sich ursprünglich um einen zweischiffigen, zweistöckigen Portikus, der den *Circus Flaminius* zum Teil überlagerte. Die frühere Benennung als *Crypta* des Balbus-Theaters ist hinfällig, nachdem die richtige Lage des Theaters gesichert ist.

Die Häuser am äußersten Westrand des Circus Flaminius zwischen der Via de' Specchi und der Via und Piazza di S. Salvatore in Campo liegen genau über einem Tempel, der die gleiche Orientierung hatte wie der Circus Flaminius. In den Kellern sind noch einige Reste erhalten. Es handelte sich um einen Peripteros aus pentelischem Marmor, der kein Podium, sondern ringsherum Stufen hatte, also rein griechisch war. Der Bau wurde von einem griechischen Architekten errichtet, und zwar wohl von Hermodoros aus Salamis, der außer dem Tempel des *Iuppiter Stator* auch den des *Mars in Circo* und die *Navalia*, den Kriegshafen am Marsfeld, gebaut hatte. Er war zwischen 146 und 102 v. Chr. tätig. Da die Reliefs mit der Darstellung eines *Census* und eines Meerwesen-Zugs, die zur sogenannten „Domitius-Ara", der Basis einer Kultstatue, gehörten, wahrscheinlich aus diesem Tempel stammen, handelt es sich wohl um einen Tempel des Neptun; hierfür spricht auch die Nähe der *Navalia*.

Die moderne Straßenführung folgt in dem Gebiet zwischen dem Tempel und dem Palazzo Farnese der antiken Topographie. Besonders deutlich ist dies bei der Via dei Pettinari, die in der Antike auf den *Pons Agrippae*, den heutigen Ponte Sisto, hinführte. In den Kellern mehrerer Häuser sind noch Reste antiker Gebäude zu sehen. Besonders wichtig sind die unter dem Palazzo Farnese, die zur Zeit erforscht werden. Zu erwähnen sind unter anderem ein Grenzstein am Tiber, der noch an Ort und Stelle

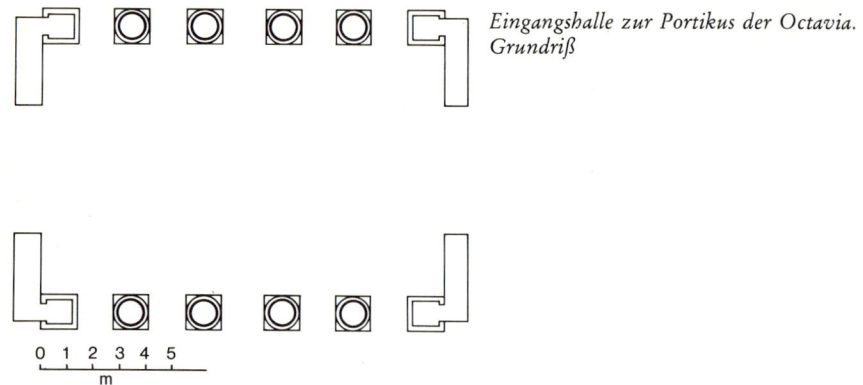

Eingangshalle zur Portikus der Octavia.
Grundriß

steht; er trägt die Namen der Censoren des Jahres 54 v.Chr., P. Servilius Isauricus und M. Valerius Messalla. Außerdem sind Reste eines großen öffentlichen Gebäudes aus Ziegelsteinen erhalten, bei dem sich mindestens drei Phasen unterscheiden lassen. Die zweite Phase, die aus domitianischer Zeit stammt und offensichtlich nach dem Brand von 80 n.Chr. ausgeführt wurde, ist am wichtigsten; zu ihr gehören Mosaiken mit Darstellungen von *desultores* (Kunstreitern), die an eine Verbindung mit dem *Tarentum* und dem nahegelegenen *Trigarium* denken lassen, in dem derartige Darbietungen stattfanden, oder auch mit den *Stabula Factionum*, den Marställen der vier Mannschaften. Die eine, die *Veneta*, war mit Sicherheit in der Nähe der Piazza Farnese, die andere, die *Prasina*, war bei S. Lorenzo in Damaso.

Ganz in der Nähe, unter dem Museo Barracco (der sogenannten „Farnesina ai Baullari"), wurde am Ende des vorigen Jahrhunderts die Ecke einer Säulenhalle mit einem Eichtisch und einem Brunnen gefunden, die zu einem großen öffentlichen Gebäude

Eingangshalle zur Portikus der Octavia.
Aufriß der Fassade

gehört haben muß. Die Halle wurde erst spät gebaut; bei einer Säule ist ein umgedrehtes dorisches Kapitell als Basis verwendet. Zwischen den Säulen wurde später eine mit Jagd- und Fischereiszenen bemalte Mauer eingezogen; die Wandmalereien stammen aus dem 4. Jahrhundert n. Chr.

Unter der Nordwestecke des Palazzo della Cancelleria am Corso Vittorio Emanuele machte man 1938 durch Zufall einen bedeutenden Fund: man entdeckte das Grab des Konsuls Aulus Hirtius, der zusammen mit seinem Kollegen Gaius Vibius Pansa in der Schlacht gegen Antonius bei Mutina für den Senat gefallen war. Die beiden Konsuln bekamen Gräber aus öffentlichen Mitteln auf dem Marsfeld. Die Inschrift für Pansa kannte man schon; sie war am Ende des vorigen Jahrhunderts in der Nähe gefunden worden. Durch den neuen Fund wurde die Lokalisierung der beiden Gräber bestätigt.

Das Grab des Hirtius besteht aus einer Umfassungsmauer aus Ziegelsteinen (einem der ältesten Beispiele für diese Bauweise) mit einem Travertinprofil als oberem Abschluß. Wahrscheinlich waren in derselben Gegend noch weitere, bedeutendere Staatsgräber, etwa das von Sulla und das von Cäsar.

Neben dem Grab fand man einige Skulpturen, die schon in der Antike von ihrem ursprünglichen Anbringungsort entfernt worden waren, unter anderem die sogenannte „Ara dei Vicomagistri" aus claudischer Zeit und die berühmten, aus domitianischer Zeit stammenden, unter Nerva jedoch umgearbeiteten „Cancelleria-Reliefs". Diese Werke sind jetzt in den Vatikanischen Museen ausgestellt.

Die „Area Sacra" auf dem Largo Argentina

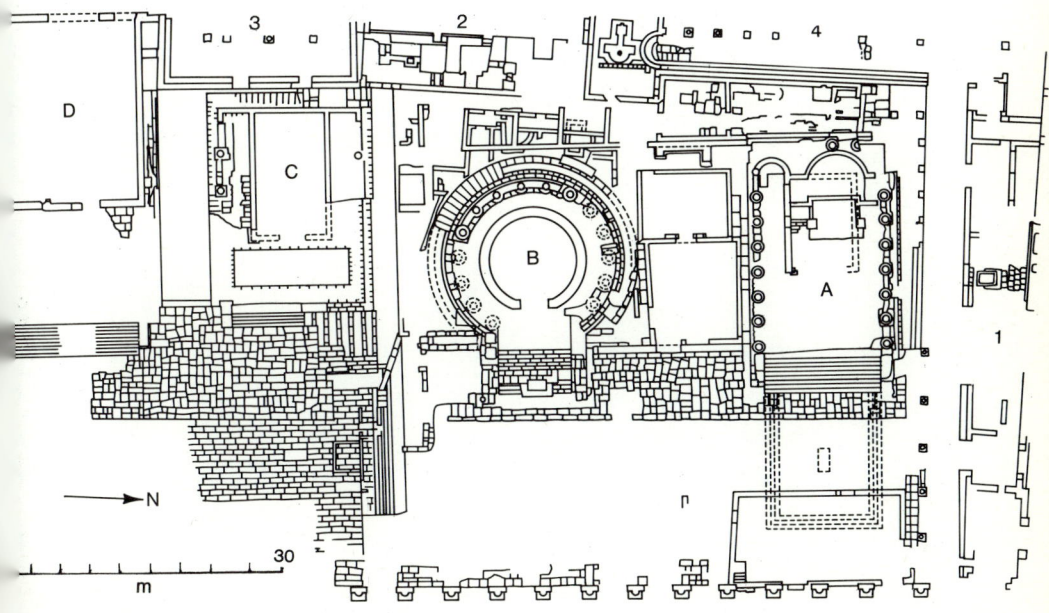

Das mittlere Marsfeld

Die Heiligtümer am Largo Argentina und der Tempel in der Via delle Botteghe Oscure. Der als „Area Sacra di Largo Argentina" bezeichnete Grabungsbezirk liegt zwischen der Via Florida, der Via di S. Nicola ai Cesarini, der Torre Argentina und dem Largo Argentina. Man entdeckte ihn bei Bauarbeiten, die hier zwischen 1926 und 1928 durchgeführt wurden; die Untersuchungen sind bis heute noch im Gange.

Vor allem durch neuere Funde und Untersuchungen kennt man diese Gegend des Marsfeldes inzwischen recht gut. Sie wird im Norden durch das *Hecatostylum* („die Halle der hundert Säulen") und die Agrippa-Thermen begrenzt, im Süden von den Gebäuden am Circus Flaminius, im Westen von den Portiken am Pompejus-Theater und im Osten von der *Porticus Minucia Frumentaria*, einem großen, von Portiken eingefaßten Platz.

In der „Area Sacra" stehen vier aus republikanischer Zeit stammende Tempel, die man mit den ersten vier Buchstaben des Alphabets benannt hat (vgl. den Plan S. 249). Am ältesten ist der Tempel C, der dritte von Norden. Es handelt sich um einen Peripteros ohne *posticum*, also ohne Säulen an der Rückseite, deren Platz die Rückwand der Cella einnimmt. Das hohe Tuffpodium wird oben von einem sehr einfachen, archaischen Profil abgeschlossen. Die aus Ziegelsteinen gemauerte Cella und das weiße Fußbodenmosaik mit schwarzem Rand stammen von der domitianischen Restaurierung nach der Brandkatastrophe von 80 n. Chr., bei der das südliche Marsfeld weitgehend zerstört

Der Tempel A auf dem Largo Argentina

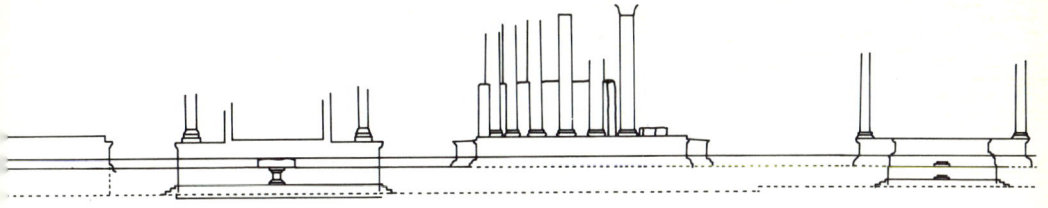

Querschnitt durch die „Area Sacra"

wurde. Damals entstand auch das Travertinpflaster (Nr. III in der Abbildung des Schnittes). Der Bautyp, die architektonischen Verzierungen aus Terrakotta und einige Inschriften ergeben eine Datierung des Tempels in die frührepublikanische Zeit, an das Ende des 4. oder den Anfang des 3. Jahrhunderts v. Chr.

Wenig später muß der Tempel A entstanden sein, der ins 3. Jahrhundert v. Chr. zu datieren ist. Er wurde im Lauf der Jahrhunderte mehrmals völlig umgestaltet. In seiner jetzigen Form geht er wohl auf die Zeit des Pompejus zurück. Es ist ein kanonischer Peripteros mit Säulen aus Tuff und Kapitellen aus Travertin. Die heute sichtbaren Travertinsäulen stammen aus einer späteren Restaurierung.

Der Tempel D am südlichsten Rand des Geländes, der größte von allen, ist in der zeitlichen Reihenfolge der nächste. Auch er ist in seiner heutigen Form spätrepublikanisch – er ist vollständig aus Travertin erbaut –, die älteste Phase stammt wahrscheinlich vom Anfang des 2. Jahrhunderts v. Chr.

Als letzter entstand der Tempel B, ein Rundbau auf einem Podium, zu dem vorne eine Treppe hinaufführt. Die korinthischen Säulen sind aus Tuff und haben Basen und Kapitelle aus Travertin. Zwischen dem Rundtempel und dem Tempel C wurden Fragmente einer weiblichen Kolossalstatue aus griechischem Marmor gefunden, deren Kopf allein schon 1,46 m mißt. Zweifellos handelte es sich um einen Akrolith. Die bekleideten Körperpartien müssen aus Metall gewesen sein. Die Fragmente befinden sich jetzt im Braccio Nuovo des Konservatorenpalastes. Sie müssen zur Kultstatue des Tempels B gehört haben, der demnach einer weiblichen Gottheit geweiht war. Auch dieser Tempel, dessen Niveau wesentlich höher liegt als das ursprüngliche Niveau des Marsfeldes, auf dem die anderen Tempel stehen, wurde wesentlich verändert. Zunächst schloß man die Interkolumnien mit einer Mauer, so daß die herausragenden Teile der Säulen als Halbsäulen auf die Mauer aufgesetzt erschienen. Dadurch ergab sich eine größere Cella, für die das Podium erweitert wurde. Später, zweifellos in domitianischer Zeit, wurde die äußere Umfassung völlig geschlossen.

Die Geschichte der Kultstätte am Largo Argentina ist äußerst vielschichtig, und ihr Verständnis wird durch das Fehlen einer genauen Untersuchung der einzelnen Schichten noch erschwert. Trotzdem lassen sich einige Hauptphasen erkennen und einigermaßen sicher datieren.

Die ältesten Gebäude wurden auf dem ursprünglichen Niveau des Marsfeldes errichtet (Nr. I im Schnitt), und zwar voneinander unabhängig. Zwischen dem Tempel C und dem Tempel A lag ein ziemlich großer Abstand, der erst später durch den Bau des Tempels B überbrückt wurde. Hinzu kam, daß der Bezirk vor den Tempeln, auf dem die Altäre standen, jeweils um einige Stufen höhergelegt war. Es handelte sich also um zwei voneinander unabhängige Kultstätten. Als jedoch das Gelände – wahrscheinlich nach dem Brand von 111 v. Chr. – um etwa 1,40 m höhergelegt wurde, fand eine völlige Umgestaltung dieses Bezirks statt. Damals legte man ein einheitliches Tuffpflaster, das die drei Tempel zu einem einzigen Komplex vereinigte. Wahrscheinlich

251

wurde auch damals schon ringsherum die Säulenhalle gebaut, von der an der Nord- und Westseite des Geländes noch Reste erhalten sind. Die Tempelpodien wurden durch die Pflasterung um die Hälfte niedriger. Beim Tempel C wurde nichts verändert, das Podium des Tempels A bekam dagegen, soweit es herausragte, eine neue Verkleidung, und das des Tempels D wurde – vielleicht auch etwas später – beträchtlich erweitert und ganz mit Travertin verkleidet, so wie man es heute sieht.

Nachdem der Bezirk vereinheitlicht war, störte der leere Platz zwischen den Tempeln A und C das Gesamtbild. Auf dem neuen Tuffpflaster wurde daraufhin der Rundtempel B errichtet.

Die Frage, wann die vorher vereinzelten Bauten durch die neue Pflasterung zu einem einheitlichen Komplex zusammengeschlossen wurden, ist auch für die Benennung der Tempel von zentraler Bedeutung. Einen wichtigen Hinweis ergibt die Inschrift an dem Altar vor dem Tempel C, die von dem späteren Tuffpflaster überdeckt wurde. Es handelt sich dabei nicht um den ersten Altar, sondern um eine Wiederherstellung, die Aulus Postumius Albinus, Sohn und Enkel des Aulus und wahrscheinlich Konsul des Jahres 180, gemäß der *Lex Plaetoria* durchführte. Man kann also sicher sein, daß die Tuff- pflasterung und die damit verbundene Vereinheitlichung des Geländes nach diesem Datum, im späteren 2. Jahrhundert v. Chr. stattfand.

Die *Porticus Minucia Vetus,* die der Konsul M. Minucius Rufus nach seinem Triumph über die Skordisker, einen Thrakerstamm, im Jahre 107 errichtete, ist von allen in jener Zeit auf dem Marsfeld gebauten Anlagen am charakteristischsten. Die anhand eines Fragments der severischen *Forma Urbis* gemachte Entdeckung, daß das Gebiet unmit- telbar östlich vom Largo Argentina mit einer *Porticus Minucia* zu identifizieren ist, liefert einen endgültigen Beweis für die Benennung. Man weiß, daß es zwei *Porticus Minuciae* gab, die *Vetus* und die – erst unter Claudius geschaffene – *Frumentaria*. Bei der Anlage an der Ostseite des Largo Argentina muß es sich wegen der Form und der Ausmaße um die *Porticus Minucia Frumentaria* handeln, die im Grunde nur eine Erweiterung der *Vetus,* also des Baukomplexes auf dem Largo Argentina, war. Daraus ergibt sich für mindestens einen der vier Tempel eine sichere Benennung: man weiß aus dem Kalender von Preneste, daß der 179 v. Chr. geweihte Tempel der *Lares Perma- rini* in der *Porticus Minucia,* und zwar der *Vetus,* stand. Da von den Tempeln auf dem Largo Argentina nur der Tempel D an den Anfang des 2. Jahrhunderts v. Chr. datiert werden kann, muß er das Heiligtum der Lares Permarini gewesen sein.

Beim Tempel B handelt es sich höchstwahrscheinlich um die *Aedes Fortunae Huiusce Diei* (der „Glücksgöttin des heutigen Tages"). Q. Lutatius Catulus, der im Jahre 101 zusammen mit Marius Konsul war, gründete den Tempel nach seinem Sieg über die Cimbern bei Vercellae.

Der Tempel C war vermutlich der alten italienischen Gottheit Feronia geweiht, die schon in sehr früher Zeit, mindestens seit 217 einen Tempel auf dem Marsfeld hatte.

Beim Tempel A handelt es sich entweder um den Tempel der *Iuno Curritis* oder den der *Iuturna.* Beide waren auf dem Marsfeld; den Juno-Tempel gründete Q. Lutatius Cerco, wahrscheinlich nach seinem Sieg über die Falerier im Jahre 241, den Iuturna- Tempel Q. Lutatius Catulus nach seinem Triumph über die Karthager im gleichen Jahr. Die Benennung als Iuturna-Tempel ist vorzuziehen, da aus einer Stelle in den „Fasti" Ovids hervorgeht, daß der Iuturna-Tempel nicht weit vom Ende der Aqua Virgo, also in der Nähe der Agrippa-Thermen, lag. Diese befanden sich nördlich der „Area Sacra", also ganz nah bei dem am weitesten nördlich gelegenen Tempel A. Der Gründer des Tempels A war in jedem Fall ein Mitglied der Familie der *Lutatii.* Wahrscheinlich baute deshalb ein anderes Mitglied dieser Familie, der Konsul des Jahres 101, den Tempel B daneben.

An der Nordseite sieht man die Reste eines großen Portikus, des sogenannten *Hecatostylum* (1). Hinter den beiden Tempeln B und C sieht man ein großes Podium aus Tuffblöcken (2), das zu dem von Pompejus errichteten Komplex gehörte. Es handelt sich um die berühmte *Curia* des Pompejus, in der Cäsar ermordet wurde. Sie stand, wie Dio Cassius berichtet, zwischen zwei Latrinen (3, 4), die in der Kaiserzeit erbaut wurden.

Seit der spätrepublikanischen Zeit stand zwischen den Tempeln ein großes Gebäude, das bis in die späte Kaiserzeit immer wieder umgebaut wurde; die stärksten Veränderungen fanden in domitianischer Zeit nach dem Brand von 80 n. Chr. statt. Die Zuschreibungen von dreien der vier Tempel an Wassergottheiten (Feronia, Iuturna und die Lares Permarini), die Benennung des Tempels in der nahegelegenen Via delle Botteghe Oscure als Heiligtum der Nymphen, die Nähe der Agrippa-Thermen und die Identifizierung des Grabungsbezirks mit den beiden Porticus Minuciae, in denen die kostenlose Getreideverteilung stattfand, machen eine Deutung der Anlage als Sitz der Verwaltung der Wasserleitungen und der Getreideverteilung sehr wahrscheinlich. Die beiden Büros wurden unter Septimius Severus zu einer Verwaltungseinheit zusammengefaßt und dem *curator aquarum et Minuciae* unterstellt. Später wurde dieses Büro durch die *Statio aquarum* ersetzt, die ein *curator aquarum et Minuciae* in konstantinischer Zeit neben dem zweiten Heiligtum der Iuturna, der Quelle auf dem Forum Romanum, errichtete, als die beiden Dienststellen getrennt wurden.

Im Osten des Largo Argentina lag in der Antike ein weiter, von Hallen eingefaßter Platz (ungefähr 150 × 115 m), den man mit der *Porticus Minucia Frumentaria* identifiziert. Dieser Portikus wurde am Beginn der Kaiserzeit, wahrscheinlich unter Claudius in einem Gebiet gebaut, auf dem zuvor die *Villa Publica* lag. Hier fanden die kostenlosen Getreideverteilungen statt *(frumentationes)*. In der Mitte der Anlage stand ein Tempel aus republikanischer Zeit, dessen Reste 1938 bei der Verbreiterung der Via delle Botteghe Oscure entdeckt wurden (an der Straße sieht man noch ein Stück von der rechten Seite des Tempels). Das Podium ist mit Travertin verkleidet; darüber stehen zwei wieder aufgerichtete Säulen aus Peperin mit einem Stucküberzug und korinthischen Travertinkapitellen. Die Ziegelmauer der Cella wurde bei der domitianischen Restaurierung nach dem Brand von 80 n. Chr. gebaut. Die kleine Säule und die Architravfragmente neben dem Podium gehören zum Portikus.

Bei dem Bau handelt es sich wahrscheinlich um den Tempel der Nymphen in der *Villa Publica*, der einen Teil des Archivs der Censoren beherbergte, und zwar um einen Wiederaufbau aus der Zeit Cäsars, nach dem 57 v. Chr. von Clodius gelegten Brand.

Das Theater des Balbus. Bis 1960 hielt man die große *cavea* (Zuschauerraum des Theaters), deren Reste im Palazzo Mattei Paganica, dem Sitz der Enciclopedia Italiana, verbaut sind, für die gebogene Seite des Circus Flaminius. Heute weiß man, daß es sich dabei um das dritte und kleinste Theater auf dem Marsfeld handelt, das L. Cornelius Balbus der Jüngere 13 v. Chr. geweiht hatte. Hinter der Bühne schloß sich ein quadratischer, von einer Halle mit Pfeilern umgebener Hof an, der mit einer Apsis abschloß und der auf dem severischen Marmorplan dargestellt ist. Die Bezeichnung *Crypta Balbi* läßt annehmen, daß der Portikus wenigstens teilweise unter der Erde lag. Er war in dem Gebiet zwischen der Via dei Delfini, der Via Caetani und der Via delle Botteghe Oscure, die nach dem benachbarten Kryptoportikus benannt ist, der im Mittelalter von den Seilern benutzt wurde (den „funari", nach denen die Kirche S. Caterina benannt ist). Bei einer genaueren Untersuchung der Keller fände man in diesem Viertel sicher einen großen Teil des Gebäudes, von dem bis jetzt nur im Keller des Palazzo Caetani und in dem verlassenen Gelände dahinter Reste zu sehen sind (vor allem von der großen Apsis).

Das Pompejus-Theater. Nach seinem denkwürdigen dreifachen Triumph begann Pompejus im Jahre 61 v. Chr. mit der Errichtung eines Architekturkomplexes von in Rom bis dahin nicht gekannten Ausmaßen: mit einem großen Theater (Durchmesser des Zuschauerraums etwa 150 m), dem ersten fest gemauerten in der Stadt, und einem noch größeren Portikus dahinter. Das Werk wurde 55 v. Chr. vollendet und noch im selben Jahr, wahrscheinlich am 29. September, dem Jahrestag des Konsulats von Pompejus, der damals zum zweiten Mal Konsul war, eingeweiht. Cicero und andere Schriftsteller erwähnen die prächtigen Festspiele, die den Römern damals geboten wurden. Die Behauptung Plutarchs, das Theater in Mytilene habe als Vorbild gedient, kann nicht mehr nachgeprüft werden, da dort nur noch wenige Reste erhalten sind. Jedenfalls stand oberhalb der Cavea ein Tempel der Venus Victrix, eine Verbindung von Theater und Tempel, die in Italien eine lange Tradition hat.

Auch der Portikus hinter dem Theater war keine Besonderheit. Außerordentlich waren nur die Ausmaße: er hatte eine Länge von 180 m und eine Breite von 135 m. An der Seite gegenüber dem Theater lag eine große rechteckige Exedra mit einer Statue des Pompejus. Hier, wo sich der Senat zu versammeln pflegte, wurde am 15. März 44 v. Chr. Cäsar ermordet. Der Portikus war mit Statuen griechischer Künstler ausgestattet; mehrmals kamen in dieser Gegend Inschriften mit Künstlernamen zutage. Die Auswahl traf Atticus, der mit Cicero befreundete Kunsthändler. Die Thematik der Statuen mußte mit Venus oder mit dem Theater zusammenhängen; z. B. waren hier Hetären oder Schauspielerinnen dargestellt. Die Statuen der vierzehn von Pompejus unterworfenen Stämme, ein Werk des Koponios, standen wahrscheinlich im Theater. Zwei riesige, 4 m hohe Statuen im Louvre und im Museo Nazionale in Neapel gehörten wahrscheinlich zu dieser Gruppe.

Auf dem Platz zwischen den Portiken war ein Garten mit zwei Platanenhainen angelegt, die von kleinen Brunnen eingefaßt waren. Reste davon wurden kürzlich bei Untersuchungen unter dem Teatro Argentina gefunden. Außerdem ist der Garten auf dem severischen Marmorplan dargestellt.

Augustus restaurierte 32 v. Chr. das Theater, Tiberius erneuerte die Bühne. Die Schäden, die das Theater bei dem Brand von 80 n. Chr. erlitt, wurden von Domitian ausgebessert. 283 n. Chr. wurde es wiederum schwer beschädigt, so daß Diokletian und Maxentius sehr viel weitergehende Restaurierungen vornehmen mußten. Seit damals hießen die beiden Teile des Portikus zu Ehren der beiden Kaiser *Iovia* und *Herculia*.

Abgesehen von einem Stück am Largo Argentina, ist vom Portikus nichts mehr erhalten. Die Bebauung in dem Gebiet zwischen dem Largo Argentina im Westen, der Via del Sudario im Norden, der Via dei Chiavari im Osten und der Via di S. Anna im Süden hat die Form des Portikus jedoch recht gut bewahrt.

Das Theater selbst ist sehr viel besser erhalten. Die gebogene Innenseite wird von den Häusern an der Piazza di Grotta Pinta genau wiedergegeben; es ist eines der eindrucksvollsten Beispiele für städtebauliche Kontinuität. Das äußere Halbrund sieht man in der Via del Biscione und an der Piazza Pollarola besonders gut. Der Palazzo Righetti am Campo dei Fiori steht genau an dem Platz des Venus-Tempels, dessen Substruktionen er benutzt. In zahlreichen Gebäuden sind im Keller Gänge aus *opus reticulatum* zu sehen, so zum Beispiel im Keller des Restaurants „Pancrazio". Das Theater ist eines der frühesten Beispiele für die Bauweise in *opus reticulatum*.

Auf der Nordseite zog sich entlang den Portiken des Pompejus und der „Area Sacra" am Largo Argentina ein langer Portikus, von dem neben dem Tempel A unter dem modernen Bürgersteig noch ein Stück erhalten ist. Der Portikus wird im allgemeinen als *Hecatostylum* („Halle mit den hundert Säulen") bezeichnet, der offizielle Name war wohl *Porticus Lentulorum*. Er muß gleichzeitig mit dem Baukomplex des Pompe-

Das Theater und die Portiken des Pompejus.
Rekonstruiert aus den erhaltenen Resten und den
Fragmenten des severischen Marmorplans
(Plan von C. Polia)

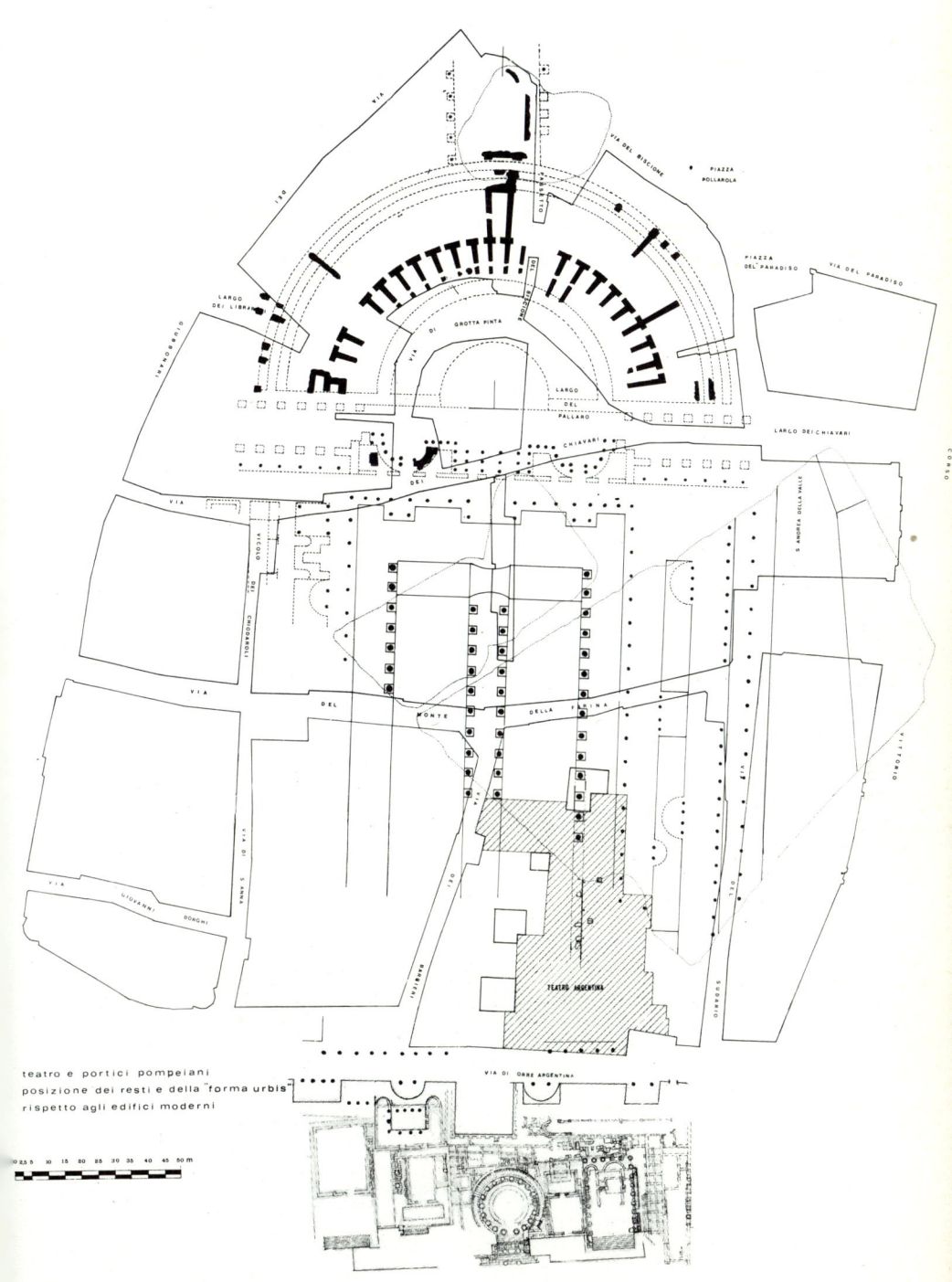

0
10
20
30
40
50
m

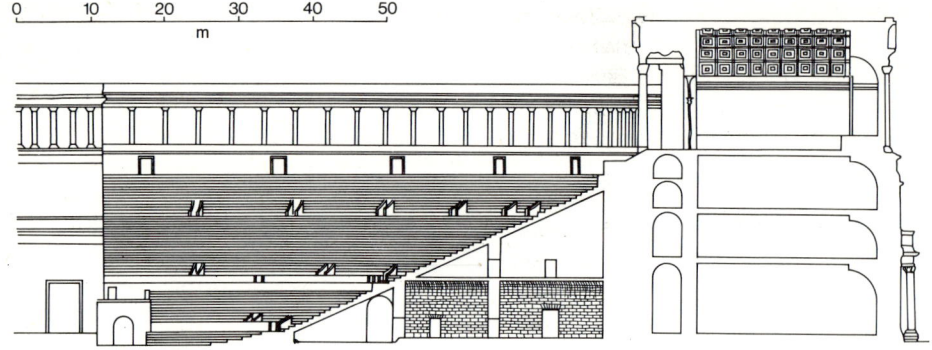

Schnitt durch das Pompejus-Theater

jus entstanden sein. Seine Erbauer, die Lentuli, waren entweder die beiden Konsuln von 57 und 49 v. Chr., die mit Pompejus nach der Schlacht bei Pharsalos umkamen, oder die beiden gleichnamigen Konsuln des Jahres 18 v. Chr.

Die Thermen des Agrippa. In dem Gebiet zwischen dem Corso Vittorio Emanuele und der Via di S. Chiara, nördlich vom Largo Argentina, lagen die ältesten öffentlichen Thermen Roms. Die Anlage wurde von Agrippa 25 v. Chr. begonnen und wahrscheinlich 19 v. Chr. vollendet. In diesem Jahr nahm die *Aqua Virgo*, deren Wasser die Thermen speiste, den Betrieb auf. Die Anlage wurde nach dem Brand von 80 n. Chr. restauriert, und dann zum zweiten Mal von Hadrian, gleichzeitig mit dem Pantheon und den umliegenden Gebäuden. Ein letzter Eingriff fand 344–345 n. Chr. zur Zeit von

Grundriß der Agrippa-Thermen

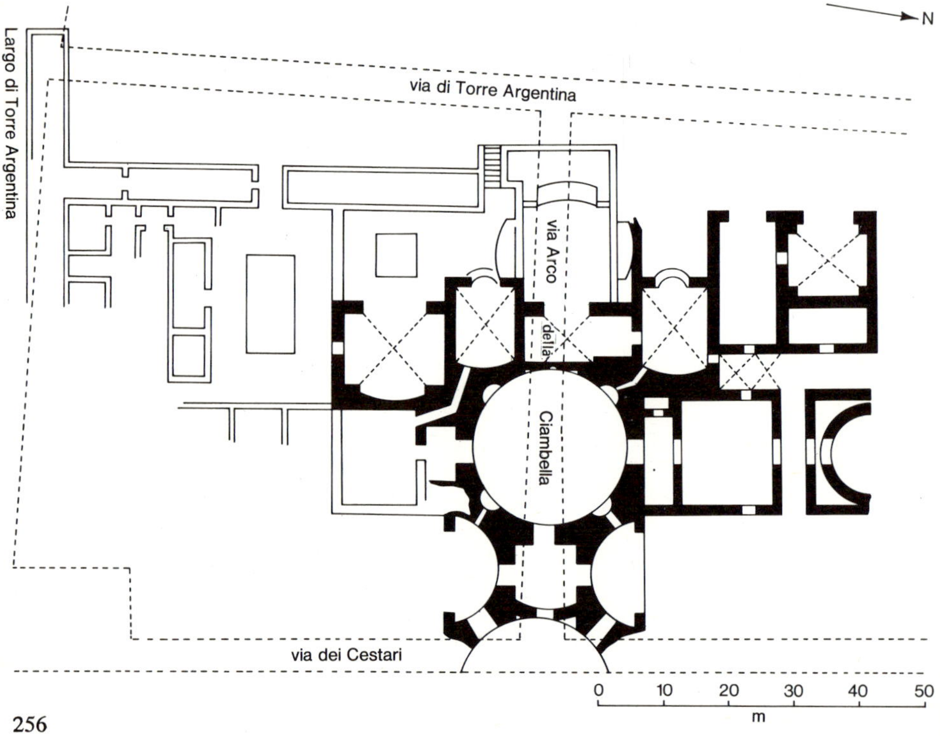

N
Largo di Torre Argentina
via di Torre Argentina
via Arco
della
Ciambella
via dei Cestari
0
10
20
30
40
50
m

Constantius und Constans statt. Das Gebäude hatte eine Breite von 80 bis 100 m und eine Länge von etwa 120 m. Sein Grundriß ist aus dem severischen Marmorplan und Renaissance-Zeichnungen bekannt. Die Räume sind wie bei den ältesten Thermen-Anlagen, beispielsweise in Pompeji, unregelmäßig um einen großen runden Saal herum angeordnet. Dieser Saal, der einen Durchmesser von 25 m hatte, ist in der Via Arco della Ciambella zur Hälfte erhalten; er wird von der Straße in der Mitte durchschnitten. Der dort sichtbare Baubestand ist severisch. Die Thermen waren mit berühmten Statuen ausgestattet, unter anderem stand hier der *Apoxyomenos* des Lysipp. Westlich der Thermen lag zwischen dem Corso Vittorio Emanuele und der Via de' Nari das *stagnum Agrippae*, ein künstlicher, von der Aqua Virgo gespeister See. Ein Teil davon ist auf dem severischen Stadtplan wiedergegeben. Von dem See führte ein Kanal, der *Euripus*, durch das Marsfeld und mündete in der Nähe des Ponte Vittorio Emanuele in den Tiber. Reste davon wurden an verschiedenen Stellen, zum Beispiel unter dem Palazzo della Cancelleria, festgestellt.

Das Pantheon. Der byzantinische Kaiser Phokas schenkte das Pantheon 608 dem Papst Bonifaz III., 609 wurde es in eine Kirche, S. Maria ad Martyres, umgewandelt. Diesem Umstand verdankt es seinen ausgezeichneten Erhaltungszustand. Das Pantheon ist von allen antiken Monumenten in Rom am besten erhalten und sicherlich auch am eindrucksvollsten.

Der erste, zwischen 27 und 25 v. Chr. errichtete Bau geht auf Agrippa zurück, der damals als Schwiegersohn des Augustus die Neugestaltung des gesamten Viertels in die Wege leitete. Bei Ausgrabungen fand man am Ende des vorigen Jahrhunderts unter der Vorhalle des jetzigen Gebäudes die Reste des Vorgängerbaus. Das Pantheon des Agrippa scheint ein rechteckiger, 19,82 m breiter und 43,76 m langer Tempel gewesen zu sein, der im Gegensatz zum jetzigen Pantheon nach Süden orientiert war. Von der zweiten Phase, den domitianischen Restaurierungen nach dem Brand von 80 n. Chr., ist nichts bekannt.

Die jetzige, dritte Phase entstand in den ersten Jahren der Herrschaft Hadrians; dies geht aus der Notiz eines späten Biographen des Kaisers und vor allem aus den Ziegelstempeln hervor, die den Bau zwischen 118 und 125 n. Chr. datieren. Die Inschrift auf dem Architrav *(M[arcus] Agrippa L[uci] f[ilius] co[n]s[ul] tertium fecit)* stammt von Hadrian, der seinen Namen auf keines seiner zahlreichen Bauwerke setzen ließ außer auf den Tempel des Trajan. Eine sehr viel kleinere Inschrift darunter erwähnt eine Restaurierung, die Septimius Severus und Caracalla 202 n. Chr. durchführten, die sich jedoch auf einige Ausbesserungen beschränkt haben muß.

Beim hadrianischen Wiederaufbau wurde die ursprüngliche Anlage vollständig verändert. Da vor der alten Fassade, wo die Basilika das Neptun und die Agrippa-Thermen standen, kein Platz war, drehte man den Bau um 180° nach Norden. An der Stelle des ursprünglichen Tempels wurde die neue Vorhalle gebaut, in den Zwischenraum zur Basilika des Neptun hin dagegen der große Rundbau eingefügt.

Der heutige Eindruck entspricht nicht dem antiken Zustand. Die Fassade, die jetzt an der niedrigsten Stelle des Platzes wie eingegraben erscheint, erhob sich ursprünglich über mehreren Stufen. Der Vorplatz war länger und gestreckter und wurde an den Seiten von Portiken eingerahmt. Da das Pantheon vollständig von Gebäuden eingeschlossen war, so daß man die Kuppel weder von vorne noch von den Seiten sehen konnte, erschien es als normaler Peripteros. Die äußere Erscheinung eines kanonischen Tempels und der völlig andere Raumeindruck im Inneren waren dadurch voneinander getrennt, so daß die beiden Eindrücke sich nie überlagern oder gegenseitig aufheben konnten. Heute dagegen ist der breite, massige Tambour (30,40 m hoch), aus dem nur

der obere Teil der Kuppel herausragt, gut zu sehen. Die Kuppel selbst setzt innen schon auf der Höhe des zweiten äußeren Gesimses an. Die beiden ersten, von Konsolen gestützten Gesimse entsprechen den beiden Ordnungen im Innenraum.

Die große, 33,10 m breite und 15,50 m tiefe Säulenhalle erscheint fast wie ein Teil eines Peripteros. Die Fassade besteht aus acht, jeweils aus einem Block gehauenen Granitsäulen; die beiden linken wurden im 17. Jahrhundert durch Säulen von den Nero-Thermen ersetzt. Die Säulenbasen und die Kapitelle bestehen aus weißem Marmor. Hinter der ersten, der dritten, der sechsten und der achten Säule sind zwei weitere in die Tiefe gestaffelt, so daß drei Schiffe entstehen. Das breitere Mittelschiff führt auf den Eingang zu, die schmaleren Seitenschiffe auf zwei Statuennischen (mit Statuen von Augustus und Hadrian). Im Giebel war anscheinend, wie die Befestigungslöcher vermuten lassen, ein bekrönter Adler dargestellt.

Hinter dem Pronaos folgt ein massiver Ziegelbau, der als Verbindung zwischen der Vorhalle und dem Rundbau dient. Hier waren rechts und links Treppen eingebaut, die zum oberen Teil des Bauwerks führten; erhalten ist nur noch die auf der linken Seite. Die Nische vor dem großen Portal ist mit Marmorplatten geschmückt, auf denen Priestersymbole, Opfergeräte und ähnliches dargestellt sind. Die riesige Bronzetür, die den prächtigen, mit Marmor eingefaßten Eingang verschließt, ist wohl doch nicht original, wie im allgemeinen angenommen wird.

Der Rundbau ruht auf einer massiven Fundamentierung, die aus einem 7,30 m breiten und 4,50 m tiefen Ring aus Gußmauerwerk besteht. Die zylindrische, 6 m tiefe Mauer, die die Kuppel trägt, besteht aus drei übereinandergesetzten, von Gesimsen getrennten Abschnitten. Die Mauer wird nach oben hin leichter; in der Kuppel sind vulkanische Gesteine verwendet („lapilli"). Die Wände, die an mehreren Stellen von Ziegelgewölben durchbrochen werden, sind nicht massiv: die acht abwechselnd rechteckigen und halbrunden Nischen im Innenraum trennen acht riesige Pfeiler, in die jeweils ein halbrunder Hohlraum mit einem Durchgang nach außen eingetieft ist. Die Baumasse wird durch ein vielfältiges System aus Entlastungsbogen und Gewölben gegliedert, so daß der Druck auf die Stellen mit der größten Widerstandskraft abgeleitet wird.

Die Kuppel wurde über einer riesigen Holzverschalung in einem Stück gegossen. Sie

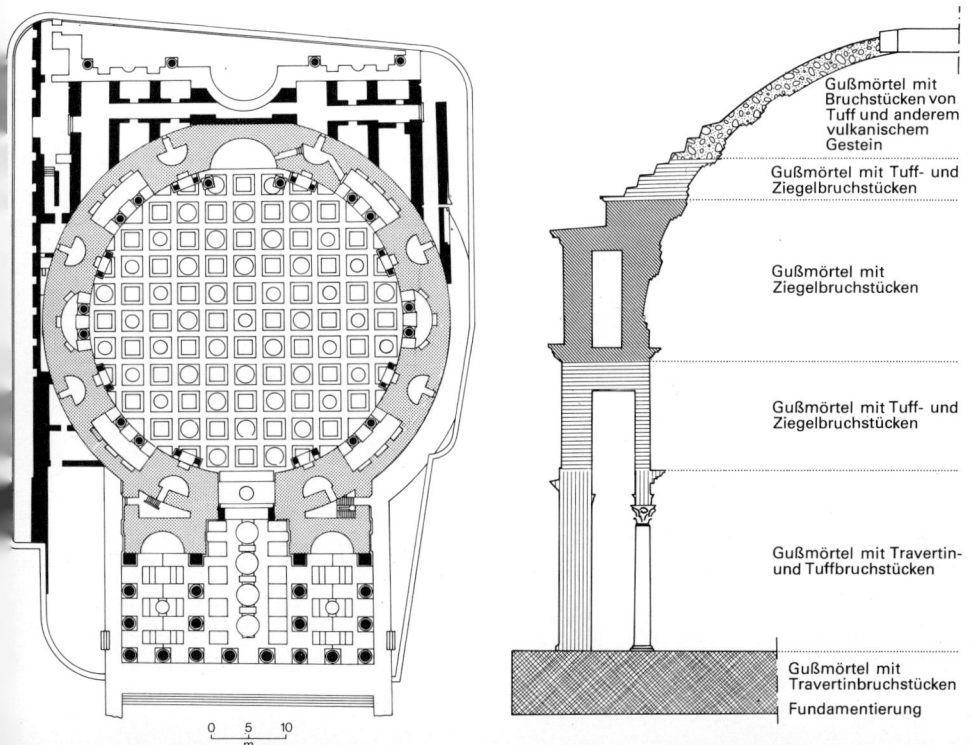

Linke Seite:
Das Pantheon. Innenansicht mit
Kuppel und Plattenbelag

Das Pantheon.
Rechts: Querschnitt.
Unten links: Grundriß.
Unten rechts: Querschnitt mit Angaben über
die Mauertechniken und Baumaterialien

m 43,30

ist genau halbkugelförmig, mit einem Durchmesser von 43,30 m. Es ist die größte Kuppel, die je gemauert wurde. Die monumentale Schlichtheit des Innenraums, die den Eintretenden beeindruckt, ist darauf zurückzuführen, daß die Entfernung vom Fußboden bis zur Kuppel und der Durchmesser gleich sind. Der Innenraum besteht aus einer Kugel, die in einen Zylinder von der Höhe des Radius eingefügt ist. Die Kuppel ist mit fünf konzentrischen Kassettenreihen (in jeder Reihe je 28) verziert, die zur Lichtöffnung hin kleiner werden. Diese Öffnung ist fast 9 m breit. Vor der halbrunden Exedra gegenüber vom Eingang stehen zwei Säulen aus Pavonazzetto, das Gesims der ersten Ordnung ist hier, im Gegensatz zu den anderen Exedren, in dem Halbrund herumgeführt. An jeder Seite sind drei Exedren: in der Mitte eine halbrunde mit einer Nische in der Rückwand, rechts und links davon rechteckige mit je drei Nischen. Vor jeder Exedra stehen zwei korinthische, aus einem Block gehauene Säulen, die den Architrav tragen; die vor den rechteckigen Exedren sind aus Giallo Antico, die vor den halbrunden aus Pavonazzetto. Zwischen den Exedren stehen insgesamt acht Ädi-

Gußmörtel mit
Bruchstücken von
Tuff und anderem
vulkanischem
Gestein

Gußmörtel mit Tuff- und
Ziegelbruchstücken

Gußmörtel mit
Ziegelbruchstücken

Gußmörtel mit Tuff- und
Ziegelbruchstücken

Gußmörtel mit Travertin-
und Tuffbruchstücken

Gußmörtel mit
Travertinbruchstücken

Fundamentierung

0   5   10
m

Rechts: Außenansicht des Pantheon

kulen mit spitzen oder runden Giebeln, die von kleinen Säulen aus Porphyr, Granit
oder Giallo Antico getragen werden. Oberhalb von einem Fries aus Porphyr und einem
Gesims aus Marmor begann die obere Ordnung des Innenraums, die 1747 völlig umgestaltet wurde. 1930 rekonstruierte man auf der Höhe der ersten Nische rechts der Apsis
ein Stück der ursprünglichen Dekoration; sie bestand aus leichten, korinthischen Pilastern, zwischen die quadratische Fenster eingefügt waren. Die Dekoration des Fußbodens – quadratische und kreisrunde Marmorplatten – ist bis auf einige Restaurierungen
erhalten. Es erscheinen hier wieder die gleichen Marmorsorten wie in der architektonischen Dekoration, nämlich Porphyr, Granit, Pavonazzetto und Giallo Antico.
In den Nischen, die in die Exedren und die Ädikulen eingetieft sind, müssen Göttersta-
tuen gestanden haben; der Bau war ja, wie sein Name sagt, allen Göttern geweiht.
Aus einer Bemerkung des Dio Cassius geht hervor, daß der Tempel ursprünglich der
Herrscherfamilie gewidmet war. Vorbilder für ein solches *Augusteum* waren die in
den hellenistischen Königreichen verbreiteten Kultstätten. Augustus mußte im Rahmen
seiner Politik eine Weihung an sich selbst zurückweisen, doch machten die Schutzgottheiten der julisch-claudischen Familie, Mars, Venus und der vergöttlichte Cäsar selbst,
die im Tempel aufgestellt waren, die Beziehung zum Kaiserhaus deutlich genug. Der
Name „Pantheon" war in hellenistischer Zeit eine recht eindeutige Bezeichnung für
den Tempel des Herrschers und der mit ihm besonders verbundenen Götter geworden:
der Herrscher führte hier in der Götterversammlung als Gleicher unter Gleichen den
Vorsitz. Es ist bekannt, daß im Pantheon des Agrippa die Statue des Augustus nicht
in der Cella, sondern ganz bescheiden in der Vorhalle aufgestellt war. Ihr war eine der
beiden Nischen neben dem Eingang vorbehalten; die andere war vermutlich für die
Statue Agrippas bestimmt. Der Umbau Hadrians entspricht ganz seiner politischen
Tendenz, sich dem Begründer des Kaisertums anzuschließen. Es ist übrigens be-
zeichnend, daß der Hadrians-Tempel wie schon der dem Kult der Kaiserfamilie
geweihte Tempel der Matidia in unmittelbarer Nähe des Pantheons errichtet wurde.
An der linken Seite des Gebäudes sieht man die Rückwand der *Saepta*. Hinter dem
Pantheon steht eine große Ziegelmauer mit Nischen und einer von zwei korinthischen
Säulen eingefaßten Apsis in der Mitte; mehr ist von der Neptuns-Basilika nicht erhalten.
Bemerkenswert ist der Marmorfries mit Delphinen und Dreizacken. Der Saal, den jetzt
die Via della Palombella durchschneidet, war mit einem dreifachen Kreuzgewölbe,
wie es sich auch in der Maxentius-Basilika findet, überdacht. Auch in diesem Fall handelt es sich nicht um das von Agrippa errichtete Gebäude, sondern um einen hadrianischen Wiederaufbau.

Das Gebiet östlich vom Pantheon. Guglielmo Gatti verdankt man die richtige Lokalisierung der *Saepta Iulia* unmittelbar östlich vom Pantheon; zuvor meinte man, sie seien an der Via del Corso gewesen. Der riesige, 310 m lange und 120 m breite Platz lag in dem Gebiet zwischen der Via dei Cestari, der Via del Gesù und der Via del Seminario. An der Südseite war das *Diribitorium*, der Raum, in dem ursprünglich die Stimmtäfelchen gezählt wurden, an die Saepta angebaut; es reichte bis in die Mitte des Corso Vittorio Emanuele. Die nördliche Fassade lag in einer Linie mit der des Pantheon und der des benachbarten Isis-und-Serapis-Tempels an der Via del Seminario, deren Verlauf einer antiken Straße folgt. Hier endeten, wie·Frontinus berichtet, die Bögen der Aqua Virgo *(arcus Virginis finiuntur secundum frontem Saeptorum)*.

Rechts und links an dem Platz lagen Portiken, die nach den hier aufbewahrten Kunstwerken benannt waren: der Portikus neben dem Pantheon nach den Argonauten, der gegenüberliegende nach Meleager. Die große, ursprünglich mit Marmor verkleidete Ziegelmauer an der linken Seite des Pantheon ist der einzige Überrest der beiden Portiken, deren Lage genau der heutigen Via dei Cestari und der Via del Gesù entsprach. Nachdem die *Saepta* in der Kaiserzeit ihre ursprüngliche Aufgabe als Wahllokal verloren hatten, waren sie seit Augustus nur noch eine monumentale Platzanlage. Durch Martial weiß man, daß hier ein großer Markt stattfand, bei dem vor allem Bücher und Kunstwerke gehandelt wurden.

Durchquert man entlang der rechten Seite von S. Maria sopra Minerva die ganze Breite des Platzes, dessen Mitte die Kirche einnimmt, so gelangt man an die Kreuzung von Via Pie' di Marmo und Via del Gesù. Das Gebäude aus dem 19. Jahrhundert, das die Straße abriegelt, steht an der Stelle eines riesigen Bogens (21 m hoch, 11,06 m breit) mit Durchgängen an allen vier Seiten, der in hadrianischer Zeit errichtet wurde. Durch ihn konnte man zum benachbarten Isis-Tempel gelangen, ohne daß dadurch der Meleager-Portikus (die heutige Via del Gesù) unterbrochen werden mußte. An der Stelle der Via Pie' di Marmo lag ein Innenhof, der zwischen das weiter südlich gelegene Kultgebäude und eine Art Prachtstraße eingeschoben war, die von der Via del Seminario, wo vermutlich der Eingang war, hierherführte. Auf dem severischen Marmorplan sind an dieser Stelle einige Punkte eingetragen, die zu weit voneinander entfernt sind, als daß es sich um Säulen handeln könnte. Höchstwahrscheinlich standen hier die kleinen, etwa 6 m hohen Obelisken, die verschiedentlich in diesem Viertel gefunden wurden. Es handelt sich hierbei um die folgenden Stücke: 1) auf der Piazza della Rotonda, aus Heliopolis stammend, mit einer Inschrift von Ramses II.; 2) am Viale delle Terme (Denkmal für die Gefallenen der Schlacht von Dogali), aus Heliopolis, von Ramses II.; 3) auf der Piazza della Minerva, von Apries, aus dem 6. Jahrhundert v. Chr.; 4) im Giardino di Boboli in Florenz (früher in der Villa Medici in Rom), aus Heliopolis, von Ramses II.; 5) vor dem Palazzo Ducale in Urbino (aus verschiedenen Fragmenten, die vermutlich von zwei oder drei Obelisken stammen, zusammengesetzt), von Apries.

Möglicherweise gehörte auch der Obelisk auf der Piazza Navona, der 1651 auf den Bernini-Brunnen gesetzt wurde, dazu. Er stammt zwar aus dem Circus des Maxentius an der Via Appia, doch geht aus den Hieroglyphen, in denen der Name Domitians erscheint, hervor, daß er ursprünglich in einem anderen Zusammenhang stand. Möglicherweise befand er sich ursprünglich an der Stelle, die in dem severischen Plan mit einem kleinen Quadrat, etwa in der Mitte der Via Pie' di Marmo, bezeichnet ist. Da der Obelisk größer ist als die übrigen, muß er einzeln gestanden haben. Ebenfalls aus der Via Pie' di Marmo stammen die beiden großen Statuen des Nil und des Tiber, die heute in den Vatikanischen Museen beziehungsweise im Louvre stehen. Zahlreiche ägyptische Statuen aus der Zeit der Pharaonen oder der Römer wurden in diesem Gebiet gefunden und befinden sich heute in verschiedenen Museen. Ein 1883 entdeckter wichtiger Fundkomplex befindet sich in den Kapitolinischen Museen.

An der anderen Seite des Gebäudes war zur Piazza del Collegio Romano hin ein weiterer Eingangsbogen, der in der Renaissance als „Arco di Camigliano" bekannt war. Er galt als zerstört, bis vor einiger Zeit bei Ausbesserungsarbeiten am Eckhaus zur Via S. Ignazio hin der ganze linke Pfeiler gefunden wurde, dessen Travertinmauern bis zu einer beachtlichen Höhe erhalten sind.

Der eigentliche Tempel entspricht genau der heutigen Kirche S. Stefano del Cacco. Der große Fuß, der an der Ecke der Via di S. Stefano del Cacco und der Via Pie' di Marmo steht, gehörte wahrscheinlich zu einer Kultstatue ebenso die als „Madama Lucrezia" bekannte weibliche Büste, die jetzt an der Ecke der Piazza S. Marco zu sehen ist; sie ist wegen des vor der Brust geknoteten Gewandes als Isis zu identifizieren. Wahrscheinlich wurde das Heiligtum, der wichtigste ägyptische Kultplatz in Rom, das erste Mal 43 v. Chr. von den Triumvirn errichtet. Unter Augustus und Tiberius war der Kult heftigen Verfolgungen ausgesetzt: Tiberius soll sogar den Tempel zerstört und die Kultbilder in den Tiber geworfen haben; Caligula baute das Heiligtum jedoch kurz danach wieder auf. Nachdem es 80 n. Chr. mit dem ganzen Viertel zerstört worden war, errichtete Domitian einen prächtigen Neubau. Der letzte Wiederaufbau stammt von Alexander Severus.

Die kleine Kirche S. Marta an der Piazza del Collegio Romano steht genau an der Stelle, wo auf dem severischen Plan ein Rundtempelchen der *Minerva Chalcidica* angegeben ist. Der Name „Minerva am Eingang" erklärt sich durch die Lage des Gebäudes hinter der großartigen *Porticus Divorum*. Dies war eine mit Portiken eingefaßte Platzanlage, auf der Domitian zwei Tempelchen zu Ehren seines Vaters Vespasian und seines Bruders Titus, die beide unter die Götter erhoben waren, errichtet hatte. Auch der kleine Tempel der Minerva, dessen Name später auf die Kirche S. Maria sopra Minerva überging, geht auf Domitian zurück, der diese Gottheit immer besonders verehrte. Von beiden Bauten ist nichts mehr zu sehen.

Die Tempel der Matidia und des Hadrian. Hadrian war wohl der einzige Mann auf der ganzen Welt, der seine Schwiegermutter – die Mutter seiner Frau Sabina – zur Göttin erhob und ihr, nach ihrem Tod im Jahre 119 n. Chr., sogar einen Tempel errichtete. Das Heiligtum muß in der Umgebung der Piazza Capranica gelegen haben, denn bei S. Ignazio wurde eine Wasserleitung mit der Aufschrift *templo Matidiae* gefunden. Früher sah man in dieser Gegend einige große Säulen aus Cipollino, von denen zwei in das Haus Piazza Capranica 76 eingemauert sind. Ein Säulenstumpf liegt noch im Vicolo della Spada d'Orlando; die Beschädigungen im Marmor schreibt die volkstümliche Überlieferung den Hieben der Durindana, des schrecklichen Schwerts von Orlando, zu. Die Säulen, die den beachtlichen Durchmesser von 1,70 m haben und die deshalb nicht unter 17 m hoch gewesen sein können, gehören zum Tempel der Matidia, dessen Ausmaße gigantisch gewesen sein müssen. Er ist auf einer hadrianischen Münze aus dem Jahre 120 n. Chr. abgebildet: sie zeigt einen Tempel, zu dessen Seiten zwei Vorbauten und zwei Portiken stehen, die als die beiden Basiliken der Matidia und der Marciana zu identifizieren sind. Marciana war die Mutter der Matidia und die ältere Schwester Trajans. Die beiden Basiliken müssen unter der Kirche S. Maria in Aquiro beziehungsweise unter den Häusern an der Via dei Pastini liegen.

Hadrian betonte durch die Vergöttlichung Matidias, daß er der rechtmäßige Erbe Trajans war, und schuf damit die Voraussetzung für seine eigene Vergöttlichung. Die beiden Basiliken waren so angelegt, daß erst der Tempel, den man dem Kaiser nach seinem Tod östlich vom Tempel der Matidia errichtete, die Anlage vervollständigte.

Von dem 145 erbauten Tempel ist an der Piazza di Pietra eine in das Börsen-Gebäude einbezogene Seite erhalten. Auf einem etwa 4 m hohen Podium aus Peperin, das man in einem Schacht neben dem sehr viel höher gelegenen modernen Platz sieht, stehen elf weiße Marmorsäulen. Sie gehörten zur rechten Seite des Tempels, dessen Fassade nach Osten gerichtet war. Die Säulen haben eine Höhe von 15 m und einen Durchmesser von 1,44 m. Darüber liegt ein Stück des teilweise modernen Architravs. Die Cella-Mauern aus Peperin waren ursprünglich mit Marmor verkleidet; die Befestigungslöcher der Platten sind noch gut zu erkennen. An den Schmalseiten standen acht und an den Längsseiten fünfzehn Säulen, vor der Fassade an der Ostseite lag eine Treppe. Reste der Cella sind in der Börse erhalten. Sie hatte keine Apsis und war mit einem kassettierten Tonnengewölbe überdacht. Ringsherum standen Pfeiler, deren hohe Sockel mit Reliefs verziert waren, die Personifikationen der römischen Provinzen darstellten. Sie sind zum größten Teil im Hof des Konservatorenpalasts und im Museo Nazionale in Neapel ausgestellt. Zwischen den Pfeilersockeln waren Reliefs mit Trophäen angebracht. Welche ideologische Vorstellung diesen Darstellungen zugrunde liegt, ist klar: sie sollten die Politik Hadrians hervorheben, die im Gegensatz zu der Trajans auf die Sicherung des Friedens und die Ordnung des Reichs gerichtet war, das damals auch verwaltungsmäßig seine endgültige Form erhielt.

Der weite Platz um den Tempel herum war mit Portiken eingefaßt, deren Säulen aus Giallo Antico bestanden. Zur *Via Lata* ging man durch einen großen Bogen, von dem zwei Reliefs im Konservatorenpalast und in der Villa Torlonia aufbewahrt werden.

Die Nero-Thermen und das Stadion Domitians. 62 n. Chr. erbaute Nero in dem Gebiet zwischen der Piazza della Rotonda im Osten, der Via del Pozzo delle Cornacchie im Norden, dem Corso Vittorio Emanuele im Westen und der Via della Dogana Vecchia im Süden eine 190 m lange und 120 m breite Thermenanlage, die Alexander Severus 227 erneuerte, woraufhin man sie als *Thermae Alexandrinae* bezeichnete. Wahrscheinlich wurde der Grundriß, der sich aus Renaissance-Zeichnungen rekonstruieren läßt, beim Wiederaufbau beibehalten. Die Nero-Thermen wären dann das älteste Beispiel für die großen römischen Thermen, bei denen die kleineren Säle spiegelbildlich wiederholt werden, ein Typus, der dann kanonisch wurde.

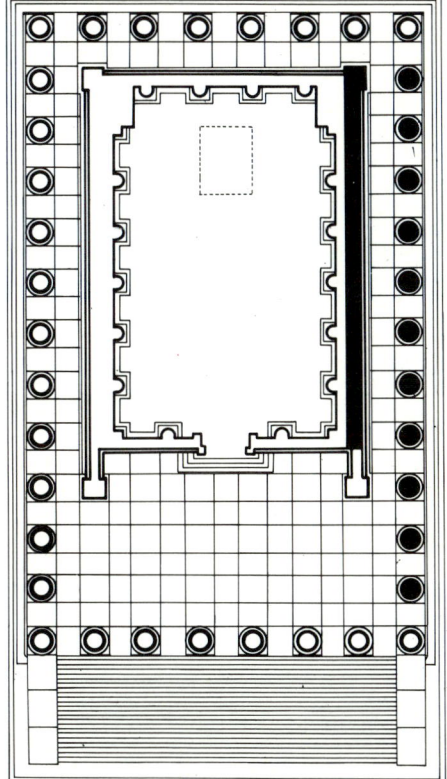

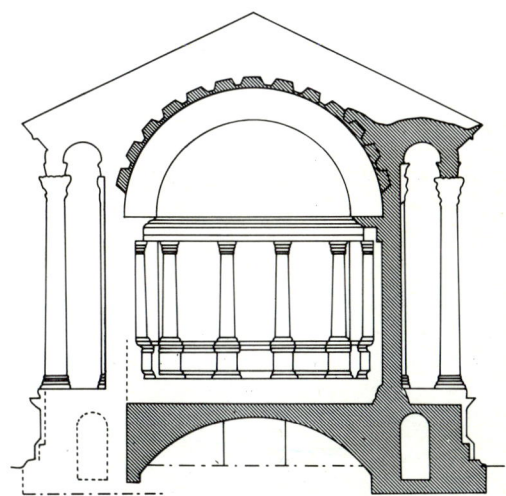

Der Tempel des vergöttlichten Hadrian
Grundriß und Querschnitt

Von der Anlage sind nur noch einige Mauern unter dem Palazzo Madama und zwei Granitsäulen, die aus einem Stück gehauen sind, erhalten. Sie wurden 1934 unter der Piazza S. Luigi dei Francesi gefunden und an der Via di S. Eustachio neben der Kirche S. Eustachio wieder aufgerichtet. Zwei weitere ersetzen seit 1666 in der Vorhalle des Pantheon die beiden fehlenden Säulen an der linken Ecke.

Personifikationen zweier
Provinzen aus dem
Hadrians-Tempel (jetzt im Hof des
Konservatorenpalastes)

Hadrians-Tempel

Die Piazza Navona ist das berühmteste Beispiel für die städtebauliche Kontinuität in Rom. Sie liegt genau auf dem Kampffeld des Domitians-Stadions, dessen langgestreckte Form mit der einen gebogenen Schmalseite (im Norden) beibehalten ist. Die umstehenden Gebäude sind auf den Stufen der Cavea errichtet; dies ist besonders deutlich an der Piazza di Tor Sanguigna zu erkennen, wo unter den modernen Häusern ein Stück der gebogenen antiken Mauer erhalten ist.

Domitian erbaute das Stadion wohl schon vor 86 n. Chr. für die von ihm besonders geschätzten griechischen Kampfarten, die bei den Römern nicht beliebt waren, da sie als unmoralisch galten. Die athletischen Darbietungen gehörten mit den Pferderennen und den musikalischen Wettspielen zum *Certamen Capitolinum*, einem Wettstreit zu Ehren des kapitolinischen Juppiter, der 86 n. Chr. eingeführt wurde.

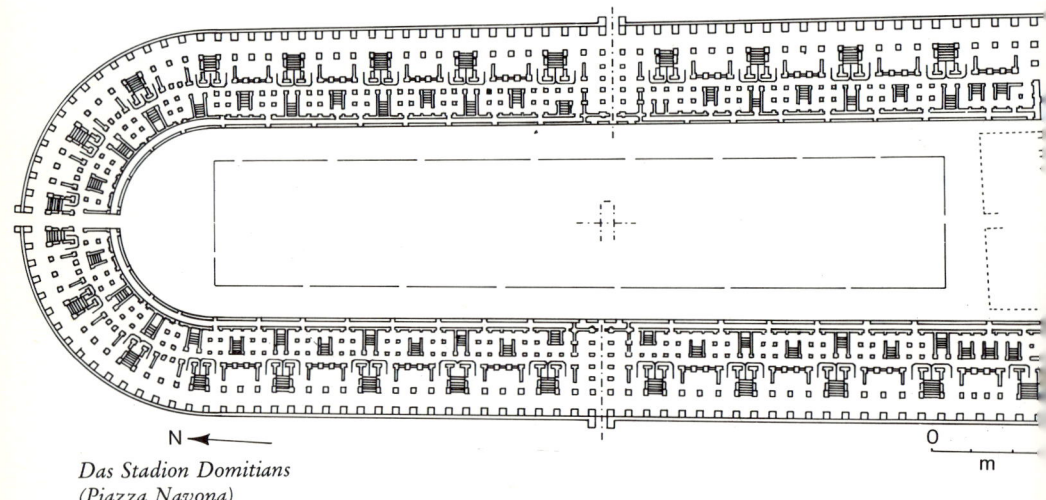

Das Stadion Domitians
(Piazza Navona)

Da es sich um ein Stadion und nicht um einen Circus handelte, gab es selbstverständlich keine *Carceres* und keine Abgrenzung einer Rennbahn; die Arena war, wie auch aus einem Münzbild hervorgeht, völlig frei. Der Obelisk, der heute in der Mitte des Platzes steht, kann deshalb auf keinen Fall schon in der Antike hier gestanden haben.

Alexander Severus restaurierte die Anlage gleichzeitig mit den Nero-Thermen. Von der christlichen Heiligengeschichte wird das Martyrium der heiligen Agnes hier in einem der Bordelle angesiedelt, die wie beim *Circus Maximus* unter den Arkaden des Stadions gewesen sein sollen. An dieser Stelle wurde später die Kirche der Heiligen erbaut, wo in den Kellerräumen einige Reste des Stadions noch zu sehen sind.

Die Anlage hatte eine Länge von etwa 275 m und eine Breite von 106,10 m. Die Außenseite bestand aus Arkaden, vor deren Travertinpfeiler jonische Halbsäulen gestellt waren. Der erste und der zweite Umgang waren durch eine Reihe von Pfeilern und strahlenförmig angelegten Mauern, zwischen die die Treppen eingebaut waren, getrennt. Von da an wurden statt des Travertin Ziegelsteine verwendet. Zwischen dem zweiten und dem dritten Umgang lag ein Abschnitt mit großen, von Pfeilern getragenen Räumen und weiteren Treppen dazwischen. Ganz innen folgte dann noch die Mauer des Podiums und die Arena selbst. In der Mitte der Längsseiten lagen die beiden Haupteingänge; von einem sind Reste in den Räumen rechts von S. Agnese erhalten. Ein weiterer Eingang lag in der gebogenen Schmalseite. Davor stand ein Portikus mit Säulen aus Portasanta-Marmor, von denen noch eine erhalten ist. Dieser 1936–1938 freigelegte

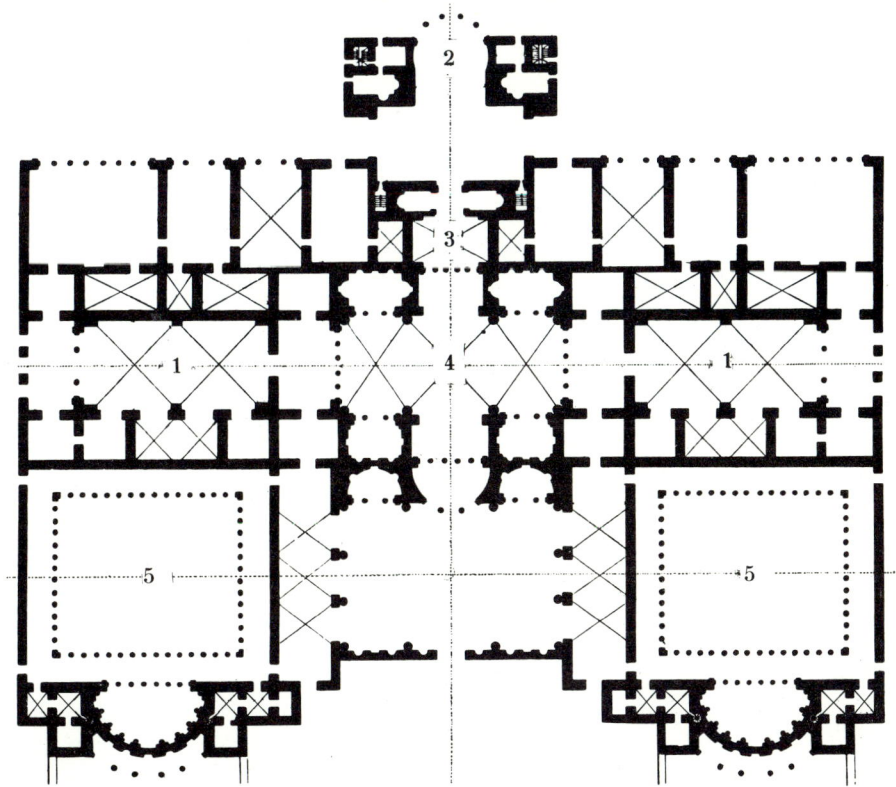

Nero-Thermen (nach A. Palladio):
1 Apodyterium; 2 Caldarium:
3 Tepidarium: 4 Frigidarium
5 Palaestra

Abschnitt ist unterhalb des Gebäudes der „INA" zu sehen; es ist der besterhaltene Teil des Stadions. Wahrscheinlich gab es an der geraden Schmalseite im Süden einen vierten Eingang. Die Zuschauer saßen in zwei Rängen *(maeniana)*. Daher muß auch die äußere Fassade zweistöckig gewesen sein. Das obere Stockwerk war wohl in korinthischer Ordnung gebaut. Aufgrund der Stufenlänge ist die Zahl der Zuschauer auf 30 000 zu schätzen, was genau mit der im Regionen-Katalog angegebenen Zahl übereinstimmt. Südlich vom Stadion ließ Domitian ein Odeon bauen, das in engem Zusammenhang mit dem anderen Bau stand. Den Regionen-Katalogen zufolge konnte es 10 600 Zuschauer aufnehmen. Die gebogene Fassade des Palazzo Massimo am Corso Vittorio Emanuele wiederholt das Halbrund des Zuschauerraumes, über dem der Palast errichtet worden ist. Einziger Überrest des Odeons ist eine große, aus einem einzigen Block gehauene Cipollinosäule, die wohl zur Bühnenfront gehörte. Sie steht heute vor der rückwärtigen Fassade des Palazzo Massimo an der Piazza dei Massimi.

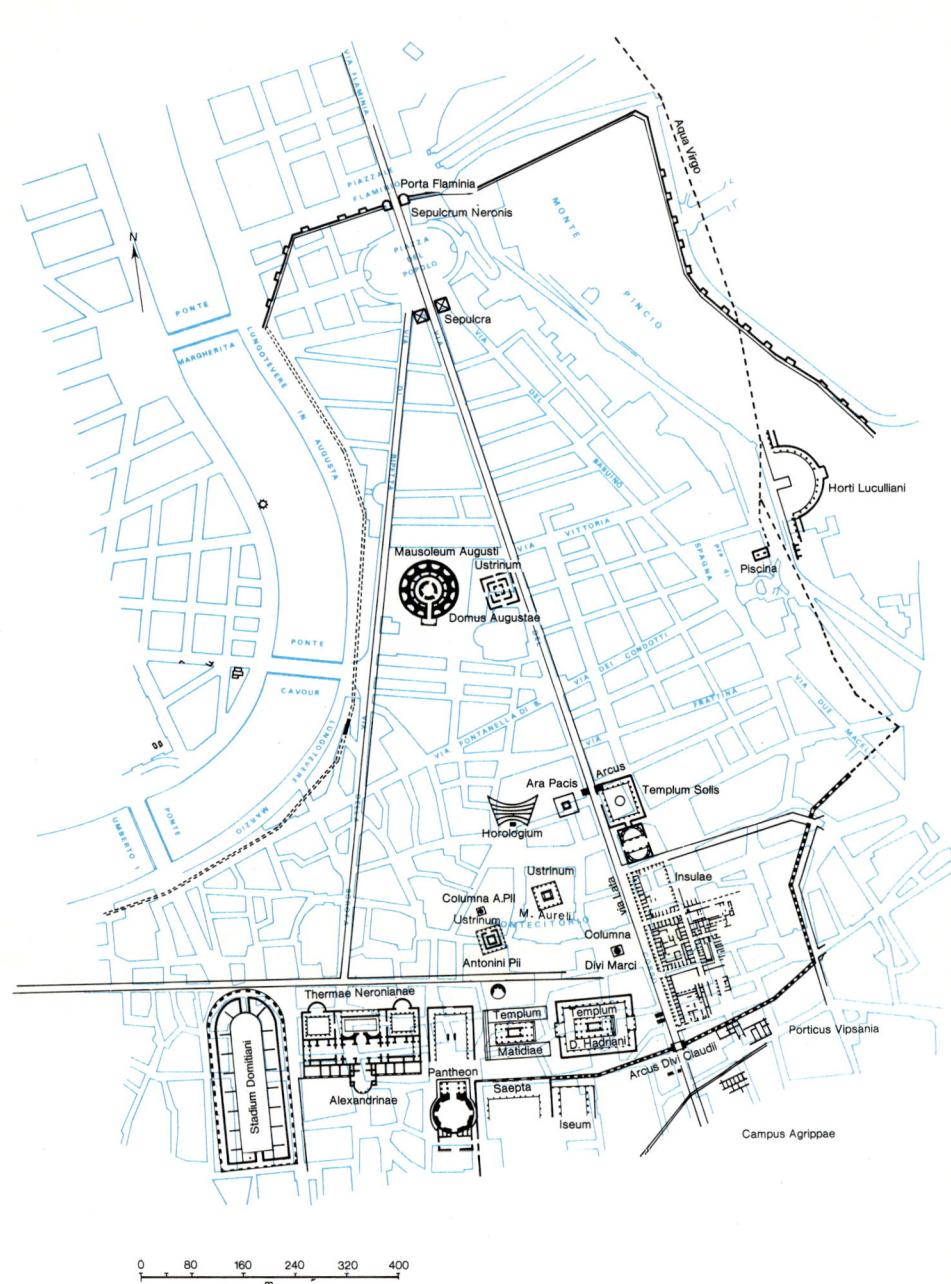

Das nördliche Marsfeld

Das nördliche Marsfeld

Die Mark-Aurel-Säule. Nördlich der antiken Straße, die willkürlich als *Via Recta* bezeichnet wird, sind die Straßen nach der Via Flaminia orientiert. Der Rundgang beginnt bei einem der bedeutendsten Denkmäler in dieser Gegend, der Säule des Mark Aurel.

Die nach Mark Aurels Tod im Jahre 180 n. Chr. begonnene Säule muß 196 n. Chr. vollendet gewesen sein; dies geht aus einer Inschrift hervor, in der das Holzgerüst dem Wächter der Säule, einem gewissen Adrastus, zum Bau seines Hauses zugesprochen wurde.

Als Vorbild diente die Trajans-Säule. Das Monument stand 3,86 m unter dem heutigen Niveau auf einer Plattform, die wiederum 3 m über der Via Flaminia lag, von der aus eine Treppe hinaufgeführt haben muß. Der 10,50 m hohe Sockel war ursprünglich auf drei Seiten mit Girlanden haltenden Siegesgöttinnen und an der Hauptseite zur Via Flaminia hin mit der Darstellung unterworfener Barbaren verziert. Diese Reliefs wurden 1589 von Sixtus V. zerstört, der damals einige fehlende Partien an der Säule restaurieren ließ und die Spitze mit einer Statue des heiligen Paulus bekrönte.

Der Säulenschaft hat eine Höhe von 29,601 m, etwa 100 Fuß, die Gesamthöhe beträgt 41,951 m. Die Höhenangabe im Regionen-Katalog, 175,5 Fuß, also 51,95 m, bezieht sich offensichtlich auf die Gesamthöhe mit der Statue und ihrer Basis sowie dem Sockel.

Die Reliefs auf der Säule stellen Mark Aurels Feldzüge gegen Sarmaten und Germanen dar. Wie bei der Trajans-Säule beginnt auch hier die Erzählung mit einer Flußüberquerung, dem Übergang über die Donau, vielleicht auf der Höhe von *Carnuntum*. Auf halber Höhe trennt wieder eine Siegesgöttin die Episoden von zwei verschiedenen Feldzügen: der erste ist wohl der von 172–173, der zweite ist wahrscheinlich der von 174–175. Trotz dieser Ähnlichkeiten sind die Reliefs völlig anders als die auf der früheren Säule: der Fries ist höher, die Figuren sind weniger gedrängt, sondern stärker voneinander und vom Hintergrund abgehoben, so daß sie besser zu sehen sind. Die Reliefs haben nicht mehr die verfeinerte Kompositionsweise, die vielfältige Schichtung, die bei der Trajans-Säule ganz offensichtlich vom Hellenismus herkommt: der Stil tendiert deutlich zur Vereinfachung und Schematisierung. Die einzelnen Motive sind stärker hervor- und vom Grund abgehoben, die Oberfläche wird durch tiefe Bohrlöcher in heftige Hell-Dunkel-Kontraste aufgelöst. Es ist ein Reliefstil, den man als expressionistisch bezeichnen kann und der schon den heftigen, dramatischen Stil des 3. Jahrhunderts ankündigt. Zwischen den Reliefs auf der Säule und denen auf dem ein Jahrzehnt danach entstandenen Septimius-Severus-Bogen besteht eine enge Verwandtschaft.

In der Abwendung von der klassischen Ausgewogenheit und der zarten formalen Verfeinerung der hadrianischen und antoninischen Kunst und der Hinwendung zu Formen, mit denen ganz andere dramatische Inhalte ausgedrückt werden konnten, spiegelt sich die Krise der römischen Gesellschaft, die als erstes Zeichen für die Ohnmacht des Reiches zu den gewaltsamen Umwandlungen im 3. Jahrhundert führte. Die düstere Melancholie in den Gedanken Mark Aurels stellt die literarische Entsprechung zum Stil der Säulenreliefs dar.

Commodus errichtete dem vergöttlichten Mark Aurel einen Tempel, der wahrscheinlich hinter der Säule lag. Bei neueren Untersuchungen fand man Fragmente vom Gebälk und einige Marmorziegel; der Tempel muß schon im Mittelalter völlig zerstört gewesen sein. Über den Bogen, den einige Forscher in dieser Gegend annehmen und von dem die Reliefs im Konstantins-Bogen stammen sollen, ist bis jetzt noch nichts bekannt.

Die Säule des Antoninus Pius und die umliegenden Denkmäler. Die beiden quadratischen Bezirke im Nordosten der Mark-Aurel-Säule sind *ustrina*, Plätze, an denen die Kaiser und ihre Angehörigen eingeäschert wurden. Der erste wurde 1703 gleichzeitig mit der Säule des Antoninus Pius in der Via degli Uffici del Vicario entdeckt. Es handelt sich um zwei einander umschließende Travertin-Einfassungen, die außen nochmals von Pfostenreihen umschlossen werden, die den etwa 30 × 30 m großen gepflasterten Bezirk einfassen. Etwas weiter östlich wurde 1907 bei Erweiterungsbauten am Palazzo Montecitorio eine ganz ähnliche Anlage gefunden, die dieselbe Orientierung hatte wie die andere und wie die Mark-Aurel-Säule. Die Reste dieses Baus befinden sich jetzt im Thermen-Museum. 1777 war bei der Via del Corso das Ustrinum des Augustus-Mausoleums gefunden worden, das Strabon beschreibt. In diesem Zusammenhang ist auch das *Tarentum* zu erwähnen, das mit dem Ustrinum Hadrians identifiziert wird.

Vor der Nordseite des Ustrinum fand man 1703 auch die Reste der Säule des Antoninus Pius. Damit war gesichert, daß es sich um das Ustrinum dieses Kaisers und seiner Frau Faustina handelte. Das weiter westlich gelegene andere Ustrinum war das des Kaisers Mark Aurel.

Der weiße Marmorsockel der Säule steht heute in der Nische des Cortile della Pigna im Vatikan. Dort befindet sich auch das Säulenfragment mit der Inschrift, die zeigt, daß die Säule schon 106 n. Chr., lange vor ihrer endgültigen Aufstellung, geschaffen worden war. Auf der Sockelseite gegenüber der Weihinschrift ist die Apotheose des Kaisers dargestellt, der in Anwesenheit der Göttin Roma und des personifizierten Campus Martius zusammen mit seiner Frau Faustina von zwei geflügelten Gottheiten in den Himmel getragen wird. Auf den beiden anderen Seiten ist jeweils eine *decursio* dargestellt, ein ritueller Ritt um den Scheiterhaufen.

Die Fragmente der Granitsäule wurden 1792 zur Ausbesserung des Obelisken auf der Piazza Montecitorio verwendet. Dieser Obelisk war, wie aus den Hieroglyphen hervorgeht, für Psammetich II. errichtet worden und kam aus Heliopolis. Augustus ließ ihn 10 v. Chr. auf dem Marsfeld aufstellen, wo er als Zeiger einer riesigen Sonnenuhr benutzt wurde, die in der Gegend zwischen dem Parlament und S. Lorenzo in Lucina war. Der Obelisk wurde 1748 bei dem Haus Piazza del Parlamento 3 gefunden, wo eine Inschrift an das Ereignis erinnert. Plinius berichtet, daß die Sonnenuhr schon zu seiner Zeit ungenau gewesen sei, vielleicht weil der Obelisk bei einem Erdbeben seinen Platz verändert hatte.

Die Ara Pacis. Die allererste Entdeckung der Ara Pacis geht auf das Jahr 1568 zurück. Damals fand man unter dem Palazzo Peretti (später Fiano und heute Almagià) neun bearbeitete Blöcke. 1859 wurde das Relief mit Äneas und der Kopf des Mars aus dem Relief mit dem Lupercal entdeckt. 1879 identifizierte F. von Duhn als erster das Monument mit der *Ara Pacis*. Daraufhin wurden 1903 die ersten systematischen Ausgrabungen unternommen, die zur Entdeckung der Anlage und der Bergung der Reliefplatten führten. 1937–1938 schloß man anläßlich der Zweitausendjahrfeiern für Augustus die Grabung ab. Dabei wurden unter anderem die beiden seitlichen Wangen des Altars, von denen die eine fast unversehrt war, geborgen.

Man ging nun daran, den Altar in einem eigens für ihn errichteten Pavillon wieder aufzubauen, wo er jetzt nicht mehr von Osten nach Westen, sondern von Norden nach Süden orientiert steht. Die Einweihung fand am 23. September 1938 statt.

Augustus erwähnt den Bau der Ara Pacis in dem Bericht über seine Taten, den er selbst verfaßte und in zwei Bronzepfeiler neben dem Eingang seines Mausoleums eingravieren ließ. Das Gelübde für den Altar wurde am 4. Juli 13 v. Chr. abgelegt, die Einweihung fand am 30. Januar 9 v. Chr. statt. Er stand neben der Via Flaminia, wahrscheinlich in der Nähe der geheiligten Stadtgrenze, des Pomerium. Als das Niveau des Marsfelds während des 2. Jahrhunderts n. Chr. wegen großer Erdaufschüttungen wesentlich höher gelegt wurde, mußte das Denkmal durch eine Stützmauer aus Ziegelsteinen von der Umgebung abgetrennt werden. Danach ragte nur noch der Figurenfries heraus. Die Anlage besteht aus einem rechteckigen, 11,65 m langen und 10,625 m breiten Bezirk auf einem Podium, zu dem eine Treppe hinaufführt. In den Längsseiten, die ursprünglich in Ost-West-Richtung lagen, öffneten sich zwei große, 3,60 m breite Eingänge. Im Innern steht auf drei an allen Seiten herumgeführten Stufen der eigentliche Altar. An der Westseite waren weitere fünf Stufen, über die der Opferpriester den Altartisch erreichen konnte.

Innen und außen ist die Umfassungsmauer mit Reliefs verziert. Die Figurenfriese an der Außenseite werden durch korinthische Marmorpilaster, auf denen üppige Kandelaber im Relief dargestellt sind, eingerahmt. Der untere Teil ist auf allen vier Seiten gleich: hier überziehen Akanthusranken, die von einem einzigen Busch in der Mitte des Bildfeldes ausgehen, jeweils eine Platte. Hier und da beleben kleine Tiere die Ranken.

Die Gestaltung des oberen Teils ist vielfältiger. An den Längsseiten sind neben den Eingangstüren vier Marmorreliefs mit mythologischen (1 und 2) und allegorischen (3 und 4) Szenen eingefügt. Auf dem Relief 1, von dem nur sehr wenig erhalten ist, war das *Lupercal* dargestellt, die Höhle, in der die sagenhafte Wölfin die Zwillinge Romulus und Remus gesäugt haben soll. Erhalten ist lediglich eine Gestalt auf der rechten Seite, zweifellos der Hirt Faustulus, und Mars auf der linken Seite. Außerdem bezeichnen einige Sumpfpflanzen das Tiberufer als den Ort der Handlung. Die andere Szene auf dieser Seite (2) ist sehr viel besser erhalten. Hier ist Äneas dargestellt, der die Sau mit den dreißig Frischlingen den Penaten opfert, deren Tempelchen man links oben sieht. Vor ihm stehen die Opferdiener *(camilli)*, hinter ihm stützt sich eine weitere Gestalt (Akates?) auf einen Stock.

Das linke Relief (3) auf der gegenüberliegenden Seite zeigt die Erde (nach Meinung anderer, die Italia), die als blühende Frau mit zwei Kindern dargestellt ist. Die beiden anderen Elemente werden durch zwei halbnackte Frauen symbolisiert; das Wasser (rechts) reitet auf einem Seewesen, die Luft (links) auf einem Schwan. Tiere und Pflanzen vervollständigen die Szene.

Das rechte Bildfeld (4) ist fast völlig verloren. Hier war zweifellos die Göttin Roma der Personifikation der Erde auf der anderen Seite gegenübergestellt. Erhalten ist nur ein Fragment.

Auf den beiden Schmalseiten ist ein historisches Ereignis dargestellt: die Prozession, die 13 v. Chr. anläßlich des Gelübdes zum Bau des Altars stattfand. Am wichtigsten ist der Fries auf der Südseite (5), der außerdem am besten erhalten ist. Hier sind die Mitglieder der kaiserlichen Familie in streng hierarchischer Ordnung dargestellt: Augustus, Agrippa, Gaius Caesar, Julia, Tiberius usw. (vgl. den Stammbaum S. 274). Die weniger wichtige Nordseite (6) ist sehr viel schlechter erhalten. Es fehlen fast alle Köpfe; die meisten wurden im 16. Jahrhundert neu gearbeitet. Man sieht links eine Gruppe von Frauen und Kindern, die man als die Witwen der kaiserlichen Familie deutet.

Auch an der Innenseite der Einfassung waren die Reliefs in zwei, den Außenseiten entsprechende Zonen eingeteilt. Unten ist eine Reihe senkrechter Streifen im Relief hervorgehoben, die wohl einen Lattenzaun darstellen sollen. Durch ein Palmettenornament abgetrennt, folgt darüber dann eine glatte Fläche, auf der in flachem Relief Stierschädel und daran aufgehängte Kränze und Opferschalen dargestellt sind. In den Ecken sind einfache Pilaster mit korinthischen Kapitellen eingefügt. Man hat wohl zu Recht

Die Mark-Aurels-Säule

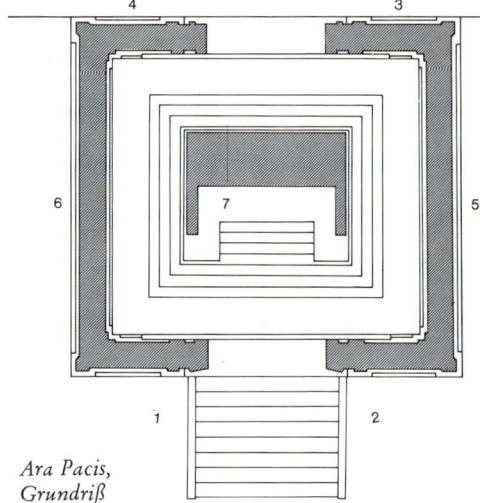

Ara Pacis,
Grundriß

Basis der Säule des Antoninus Pius auf dem Marsfeld. In der Mitte ein geflügelter Genius, der das vergöttlichte Kaiserpaar gen Himmel trägt, rechts die sitzende Göttin Roma und links die Personifikation des Ustrinum (Verbrennungsplatz): ein hingestreckter Jüngling mit einem Obelisk in der Hand

vermutet, daß man in dieser Dekoration eine Darstellung des provisorischen Altarbezirks zu sehen habe, der anläßlich des feierlichen Gelübdes 13 v. Chr. aufgebaut worden war.

Auch der Altar (7) trägt reichen Schmuck. Auf dem Sockelrelief waren weibliche Gestalten dargestellt, die sicherlich allegorischen Charakter hatten und unter denen auch die Personifikation der Pax gewesen sein muß. Die wenigen erhaltenen Fragmente sind nicht an ihrem ursprünglichen Anbringungsort, sondern man hat diese Stelle leer gelassen und nur durch Aufrauhung der Oberfläche den ursprünglichen Zustand angedeutet.

Der Oberbau des Altars ist sehr viel besser erhalten. Die Altarwangen sind mit Ranken verziert, die aus geflügelten Löwen aufwachsen. Am Altartisch lief innen und außen ein flacher, niedriger Fries herum, auf dem das jährlich am Altar vollzogene Opfer dargestellt war. Er ist nur an der linken Seite erhalten, wo innen die Vestalinnen und der oberste Priester und außen die Priester und die Opferdiener mit den Tieren dargestellt sind (Schwein, Widder und Stier, die bei den *Suovetaurilia* geopfert wurden).

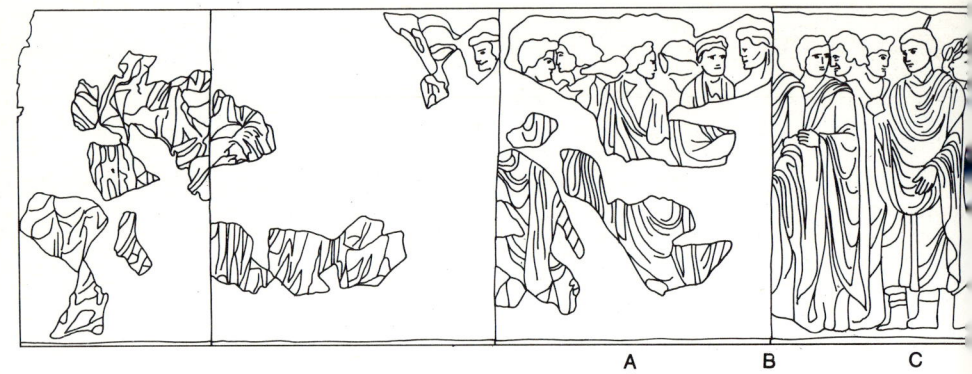

A   B   C

Die *Ara Pacis* bildet den Schlüssel für das Verständnis der offiziellen römischen Kunst. Hier sind Motive unterschiedlicher Herkunft vereinigt: im großen Fries mit der Prozession sind die Einflüsse der griechischen Klassik, in den Rankenornamenten und dem Bild mit der Tellus (3) und mit Äneas (2) die direkte Beziehung zur hellenistischen Kunst zu erkennen, deren formale Errungenschaften sich besonders in der realistischen Wiedergabe der Landschaft und dem Naturalismus bei den Einzelheiten, zum Beispiel den Tieren und Pflanzen, zeigen. Eine römische Tradition ist lediglich in dem kleinen Altarfries greifbar. Es handelt sich also hier um ein eklektisches Werk, das zweifellos von griechischen Bildhauern geschaffen wurde.

Hinzu kommt der politische und propagandistische Zweck, der mit einem solchen Denkmal der „offiziellen Kunst" verfolgt wurde. Symbolisch wird der Name des Augustus mit dem Frieden verbunden, dieser mit dem Wohlergehen Italiens und der Erde, unter der Herrschaft Roms (3 und 4), der Stadt, die andererseits wieder mit dem Geschlecht des Äneas (1 und 2) und damit auch mit Augustus verbunden ist, der durch

Die Familie des Augustus auf der Ara Pacis

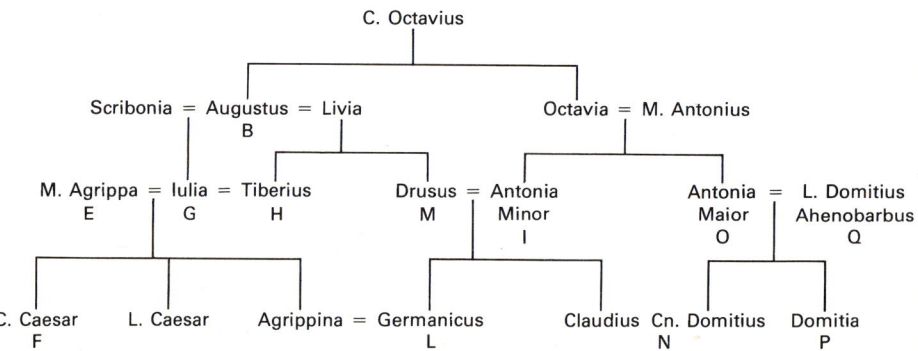

Antonia Maior und des L. Domitius Ahenobar-
bus; O. Antonia Maior, älteste Tochter des
Antonius und der Octavia; P. Domitia, Tochter
der Antonia Maior und des Domitius Ahenobar-
bus; Q. L. Domitius Ahenobarbus

Adoption in die von Äneas abstammende Familie der Julier eintrat. Die Geschichte Roms und der Welt erscheint so durch die Vorsehung mit dem Namen des Augustus verknüpft.

Das Mausoleum des Augustus. Oktavian gab bei seiner Rückkehr aus Alexandrien im Jahre 29 v. Chr., nach dem Krieg gegen Antonius und der Eroberung Ägyptens, den Auftrag zum Bau eines riesigen Grabmals auf dem Marsfeld. Der politische Hintergrund war, daß Oktavian sich mit dieser Maßnahme in die Stellung eines hellenistischen Herrschers versetzen wollte. Bestätigt wird dies durch das Vorbild des Grabbaus, das von Anfang an als Mausoleum bezeichnet wurde, das also an das berühmteste Fürstengrab anknüpfte, das es damals gab: das des Königs Mausolos von Karien. Trotzdem war das architektonische und ideologische Vorbild noch anspruchsvoller. Man weiß, daß Augustus in Alexandria das Grab Alexanders des Großen besuchte, daß er sich jedoch weigerte, die Gräber der Ptolemäer zu besichtigen. Das Grab Alexanders war ziemlich sicher ein kreisrunder Grabhügel. Es ist also ziemlich sinnlos, für das Augustus-Mausoleum archaische etruskische Grabhügel als Vorbild heranziehen zu wollen.

An der Anlage wurde zu verschiedenen Zeiten gegraben, vor allem jedoch 1936–1938. Damals legte man das Denkmal frei, das durch die jahrhundertelangen Plünderungen so stark gelitten hatte, daß sogar die zeichnerische Rekonstruktion schwierig ist.

Die runde Anlage hat einen Durchmesser von 87 m. Sie besteht aus einer Anzahl konzentrischer Tuffmauern, die durch strahlenförmig angelegte Zwischenmauern miteinander verbunden sind. Der äußere Sockel war aus Travertin und ungefähr 12 m hoch. Wahrscheinlich schloß er mit einem dorischen Metopen-Triglyphen-Fries ab. Dahinter liegt eine dicke Mauermasse, in der einige Nischen ausgehöhlt und mit Erde aufgefüllt sind, um den Druck der Mauer zu verringern. Zwei weitere konzentrische Kreise, die durch kurze Mauerstücke miteinander verbunden sind, bilden einen inneren Ring von Klammern. Am Ende eines langen Gangs (3) lag schließlich der erste betretbare Raum, ein Kreisbogensegment, an dessen Stirnseite ursprünglich eine weitere dicke, mit Travertin verkleidete Mauer mit zwei Durchgängen lag (4). Diese Mauer ist nur an einigen Stellen erhalten. Sie bildete wohl das Fundament des Tambour, der als oberster Ab-

Die Ara Pacis vom Osteingang gesehen. Rechts Äneas beim Opfer für die Penaten, links Fragmente des Lupercal-Reliefs (12–9 v. Chr.)

Unten: rechts Relief der Südseite mit Äneas, der den Penaten ein Schwein opfert. (Der Tempel ist oben links dargestellt.)

*Rekonstruktion des Augustus-Mausoleums
(Zeichnung von G. Gatti).
Grundriß des Augustus-Mausoleums*

schluß aus dem Grabhügel herausgeragt haben muß. Es handelte sich mithin nicht nur um einen einfachen Grabhügel, sondern um einen mehrstöckigen, komplizierteren Bau, der letztlich von hellenistischen Grabdenkmälern hergeleitet ist. Jenseits dieser Mauer umschloß ein kreisförmiger Gang die runde Cella. Ihr Eingang (5) liegt in der Achse des langen Gangs (3), gegenüber und in der Querachse sind drei symmetrisch angeordnete Nischen (6, 7, 8) eingetieft. Der große Pfeiler in der Mitte, in dem ein quadratischer Raum ausgespart ist (9), muß das Grab des Kaisers gewesen sein, über dem auf der höchsten Erhebung des Monuments die Bronzestatue des Kaisers stand. Die anderen

Das Augustus-Mausoleum von Süden

Grabstätten befanden sich in den drei Nischen. Als erster wurde hier Marcellus, der 23 v. Chr. starb, beigesetzt. Seine 1927 gefundene Grabinschrift befindet sich auf dem gleichen Block wie die für seine Mutter Octavia. Es folgten dann Agrippa, Drusus Maior, Lucius und Gaius Caesar und 14 n. Chr. schließlich Augustus selbst. Danach wurden hier Drusus Minor, Livia und Tiberius beigesetzt. Ob auch Claudius und Vespasian hier bestattet sind, weiß man nicht. Caligula ließ die Asche seiner Mutter Agrippina und der Brüder Nero und Drusus Caesar in das Mausoleum bringen. Nero wurde, wie zuvor schon Iulia, die Tochter des Augustus, aus dem Herrschergrab ausgeschlossen.

Vor dem Eingang an der Südseite des Baus (1) standen die zwei heute auf der Piazza del Quirinale und der Piazza Esquilino aufgestellten Obelisken (2). Auf zwei Pfeilern neben dem Eingang waren die Bronzetafeln mit der offiziellen Autobiographie des Augustus angebracht, die am vollständigsten in einer Kopie auf den Eingangswänden des Tempels der Roma und des Augustus in Ankara überliefert ist.

Das Forum Holitorium, das Forum Boarium und der Circus Maximus

Geschichte und städtebauliche Entwicklung

Kapitol, Palatin und Aventin bilden die Eckpunkte eines Dreiecks, das den Tiber als Basis hat. Diese Ebene war seit der Stadtgründung, ja sogar schon vorher von entscheidender Bedeutung für Rom, dessen Entstehung nur durch die ursprüngliche Funktion dieses Landstrichs am Fluß erklärt werden kann.

Hier kreuzten sich die beiden wichtigsten Verkehrswege Mittelitaliens: der damals von der Mündung bis nach Orte schiffbare Tiber und die Nord-Süd-Verbindung zwischen Etrurien und Campanien, die unterhalb der Tiberinsel, wo später der Pons Sublicius (29) gebaut wurde, durch eine Furt führte. Die Straße durchquerte das Tal des Circus Maximus und gabelte sich dann, um von da aus – wie später die Via Appia und die Via Latina – durch das Tal des Sacco beziehungsweise die Pontinischen Sümpfe nach Campanien zu führen. Der Hafen für die Handelsschiffe, der *Portus Tiberinus*, lag zwischen den drei Tempeln am *Forum Holitorium* (wo heute S. Nicola in Carcere steht) und dem Tempel des *Portunus*, der Schutzgottheit des Hafens (dem sogenannten Tempel der *Fortuna Virilis*). Hier war früher der Sumpf beim Velabrum, der sich bis in das Tal zwischen Kapitol und Palatin und zum Forumstal hinzog. Die etruskischen Könige sollen ihn durch den Bau der *Cloaca Maxima* trockengelegt haben, die nach einem großen Bogen unmittelbar nördlich des Rundtempels in den Tiber einmündete.

In den Sagen über das *Forum Boarium* werden immer wieder griechische oder asiatische Volksstämme erwähnt, die noch vor der geschichtlichen Stadtgründung hier siedelten: Euandros und die Arkadier auf dem Palatin, Herkules und Äneas. Der Kampf zwischen Äneas und dem Giganten Cacus spiegelt in der Sage die Schwierigkeiten der ersten griechischen Kaufleute und Seefahrer mit den Einheimischen wider. Romulus soll bei der Stadtgründung die *Ara Maxima* des Herkules (21) in die Stadt eingeschlossen haben. Der Altar muß also schon vorher dagewesen sein. Dies ist nicht weiter erstaunlich, da der Markt am Flußufer, in der Nähe der Furt und des Hafens, sicherlich schon vor der Stadtgründung bestanden haben muß, für die er überhaupt erst die Grundlage schuf. Der Name *Forum Boarium*, „Rindermarkt", den die Ebene beibehielt, bestätigt das ebenso wie der Fund von griechischen (vielleicht auch mykenischen) Gefäßen aus dem 8. Jahrhundert v. Chr. in der Gegend des Forum Boarium. Es ist deshalb anzunehmen, daß die Ara Maxima des Herkules ein Heiligtum bei einem griechischen, schon vor der Gründung von Kolonien bestehenden Lagerhaus war, wo sich die griechischen Kaufleute und die Eingeborenen unter dem Schutz des Gottes treffen konnten.

Eine städtebauliche Gestaltung dieses Gebiets erfolgte erst unter den etruskischen Königen, vor allem unter dem zweiten König von Rom, der wie die griechischen

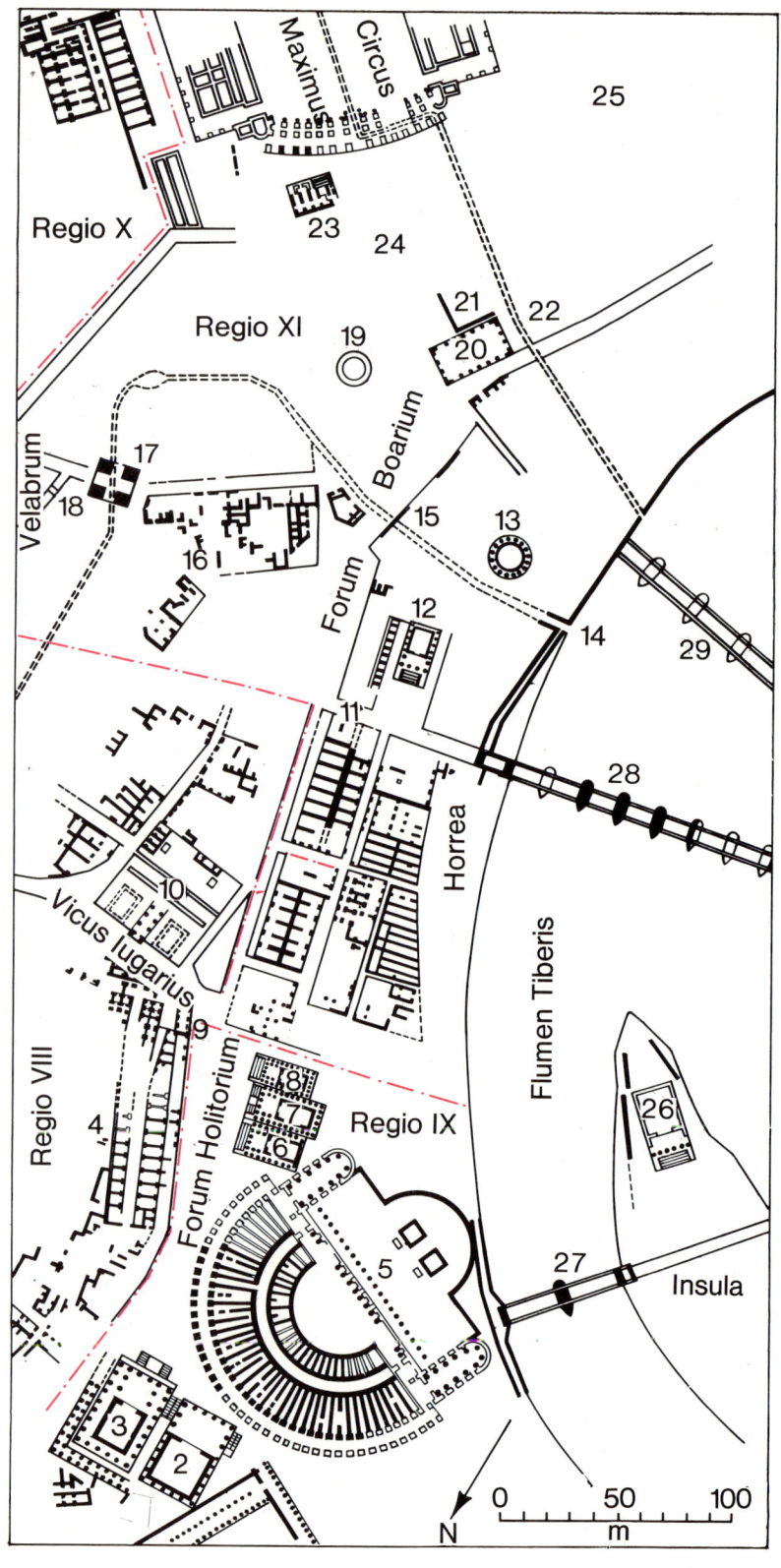

Circus Maximus

25

Regio X

23

24

Regio XI

19

21

22

20

Velabrum

17

18

16

Forum Boarium

15

13

12

14

29

11

Horrea

28

Flumen Tiberis

Vicus Iugarius

10

Regio VIII

4

9

Forum Holitorium

8

7

6

Regio IX

26

5

27

Insula

3

2

N

0   50   100
m

Tyrannen eine Politik zugunsten der Kaufleute und gegen den Adel betrieb. Servius baute vor allem in dem außerhalb der Stadt gelegenen Handelsviertel, nämlich am Forum Boarium und am Aventin. Auf ihn geht die Neuordnung des Tiberhafens zurück, an dem Heiligtümer gebaut wurden wie das der *Fortuna* und der *Mater Matuta* (in der „Area Sacra" von S. Omobono). Wahrscheinlich baute er auch den Tempel des *Portunus,* dessen hohes Alter durch den ältesten, angeblich von Numa stammenden römischen Kalender bestätigt wird. Durch die Ausgrabung des Heiligtums der Fortuna und der Mater Matuta wurde die Datierung der frühesten Bauphasen in die Mitte des 6. Jahrhunderts bestätigt. Sie stammen also aus der Zeit des Servius Tullius, der dieses Gebiet durch seine Mauer in die Stadt einbezog. Nur der Hafen blieb außerhalb. Nach einer Pause im 5. Jahrhundert v. Chr. setzte im 4. Jahrhundert wieder eine rege Bautätigkeit ein. Camillus baute die Tempel der *Fortuna* und der *Mater Matuta* neu, der Tempel des *Portunus* wurde wieder aufgebaut und wahrscheinlich auch neben der Ara Maxima ein Tempel errichtet, den möglicherweise Appius Claudius, der Censor des Jahres 312 v. Chr., erbaute, der den bis dahin privaten Kult des Herkules offiziell einführte.

Im 3. und 2. Jahrhundert wurde jedoch am meisten gebaut. In diese Zeit fiel die Eroberung des Mittelmeers, durch die sich den Römern ein weites Betätigungsfeld öffnete. Die Censoren jener Jahre führten große Baumaßnahmen durch, die durch eine Reihe von Katastrophen in gewisser Weise unterstützt wurden. 213 v. Chr. zerstörte ein Brand das ganze Forum Boarium zwischen Aventin und Kapitol sowie das vor der Stadtmauer gelegene Forum Holitorium. 192 v. Chr. brannte es in dem Gebiet zwischen dem Forum Boarium und dem Tiber. 202, 193, 192 und 189 trat der Tiber über die Ufer, die daher dringend befestigt werden mußten. Man weiß von einigen großen Befestigungsmaßnahmen, die vor allem von den Censoren des Jahres 179 v. Chr. durchgeführt wurden. Damals ersetzte man das parallel zum Tiber verlaufende Stück der Servianischen Mauer durch ein weiter vorgeschobenes Befestigungswerk, das auch Trastevere miteinschloß. Nach 212 v. Chr. wurden die Tempel der *Fortuna,* der *Mater Matuta,* der Tiberhafen und der Tempel des *Portunus* wieder aufgebaut. Da die *Ara Maxima* in ihrer heutigen Form aus Anienetuff gebaut ist, entstand sie wahrscheinlich nicht vor der Mitte des 2. Jahrhunderts v. Chr. Zu den wichtigsten Bauwerken jener Zeit gehört der *Pons Aemilius* (28), der heutige Ponte Rotto, dessen Pfeiler von den Censoren des Jahres 179 gebaut wurden, dessen Bögen jedoch erst die Censoren des Jahres 142 v. Chr., Lucius Mummius und Scipio Aemilianus, hinzufügten. Von Scipio Aemilianus stammt auch der Rundtempel des Herkules (19) bei der Ara Maxima. M. Octavius Herrenus, ein Kaufmann am Ende des 2. Jahrhunderts v. Chr., errichtete vor der *Porta Trigemina* (13) einen Tempel des *Hercules Victor,* den man mit dem runden Marmorbau am Tiberufer, dem sogenannten Vesta-Tempel, identifiziert.

Am Ende des 2. und Anfang des 1. Jahrhunderts v. Chr. muß eine Anzahl wichtiger Baumaßnahmen durchgeführt worden sein, über die jedoch nur wenig bekannt ist.

Unter anderem wurden damals die Tempel am *Forum Holitorium* und wohl auch der Tempel des *Portunus* wieder aufgebaut. Da zur gleichen Zeit im Marsfeld die Tempel am Largo Argentina und die *Villa Publica* wieder aufgebaut wurden, könnte dies auf den Brand im Jahre 111 v. Chr. zurückzuführen sein. Damals wurde ein großer Teil der Stadt und auch der Tempel der *Magna Mater* auf dem Palatin zerstört. Dabei muß der Brand auch das *Forum Holitorium* und das *Forum Boarium* in Mitleidenschaft gezogen haben. Dies würde die zahlreichen Neubauten erklären, auf die im übrigen auch eine um 100 v. Chr. zu datierende Inschrift, die auf dem Forum gefunden wurde, hinweist, die eine starke Bautätigkeit in der Gegend um das Forum Boarium und den Circus Maximus erwähnt.

Der stärkste Eingriff fand während der Kaiserzeit statt. Damals wurde der Tiberhafen abgerissen und statt dessen eine Anzahl von Lagerräumen gebaut. Das aus Ziegelsteinen errichtete *Emporium* bei der Via di Marmorata und vor allem die großen, von Claudius und Trajan in Fiumicino angelegten Häfen raubten dem Forum Boarium schließlich seine Bedeutung als Handelsplatz.

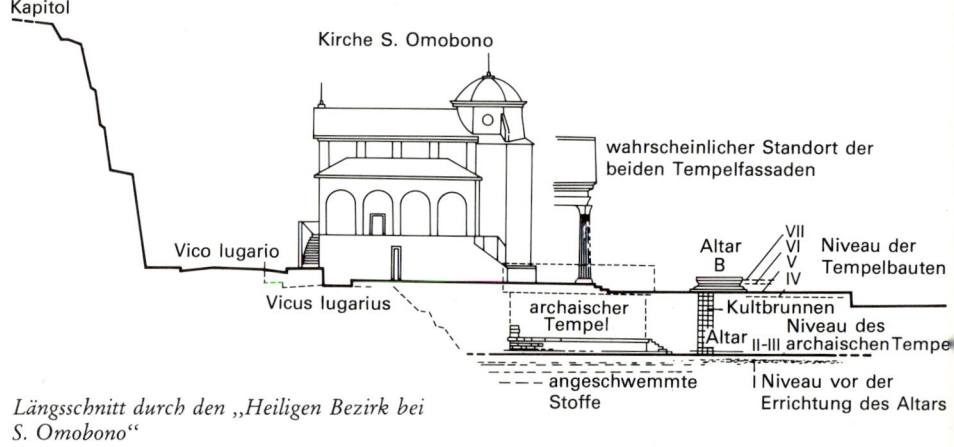

Längsschnitt durch den ,,Heiligen Bezirk bei S. Omobono"

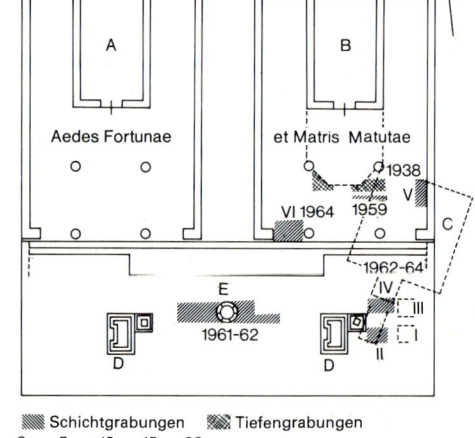

Grundriß des ,,Heiligen Bezirks bei S. Omobono".
A) Tempel der Fortuna. B) Tempel der Mater Matuta. C) Archaischer Tempel (erste und zweite Phase). D) Altäre von 264 v. Chr. E) Weihgeschenk des Fulvius Flaccus

Augustus gliederte das Forum Boarium und den Circus Maximus mit dem Gelände am Tiberufer in die Regio XI ein, die nach dem *Circus Maximus* benannt wurde. Das Forum Holitorium gehörte noch zur Regio IX, die Gegend um S. Omobono wohl zur Regio VIII, und die östlichen Ränder stießen an die Regio X. In der Ebene zwischen dem Kapitol, dem Palatin und dem Aventin, die ursprünglich eine Einheit gewesen war, trafen nun vier verschiedene Regionen zusammen.

Die beiden ältesten Straßen vermieden die sumpfige Talsohle und führten an den Abhängen entlang: der *Vicus Iugarius* am Kapitol, der *Vicus Tuscus* am Palatin; beide mündeten in das Forumstal. Durch das Tal des *Circus Maximus*, der *Vallis Murcia*, müssen an den Abhängen des Palatin und des Aventin zwei weitere Straßen in der gleichen Weise geführt haben.

Für diese Straßen zu den Brücken hin mußten in der Stadtmauer Tore angelegt werden. Der *Vicus Iugarius* führte durch die *Porta Carmentalis* (9; bei S. Omobono), der *Vicus Tuscus* oder seine Verlängerung, der *Vicus Lucceius*, führte zur *Porta Flumentana* (11), die in der unmittelbaren Umgebung des Portunus-Tempels lag und deren augusteischer Wiederaufbau noch bis ins 15. Jahrhundert erhalten blieb. Die aus der *Vallis Murcia* kommenden Straßen führten durch die *Porta Trigemina* (22) bei S. Maria in Cosmedin, die ebenfalls bis ins 15. Jahrhundert stand. Von da aus richteten sich die Straßen zu den Brücken, dem älteren, aus Holz gebauten *Pons Sublicius* und dem *Pons Aemilius*. Dagegen kann die Straße, die von Norden nach Süden über das Forum und am Hafen entlang verläuft, erst später (Anfang des 2. Jh. v. Chr.) angelegt worden sein.

Beschreibung der Denkmäler

Die „Area Sacra" bei S. Omobono. 1937 fand man bei Bauarbeiten in der Nähe der kleinen Kirche S. Omobono am Fuß des Kapitols ein bedeutendes archaisches Heiligtum, in dem man sofort die beiden Kultstätten der *Fortuna* (A) und der *Mater Matuta* (B) erkannte. Die Gründung der beiden Tempel wird in der schriftlichen Überlieferung auf den König Servius Tullius zurückgeführt.

Bei Tiefenuntersuchungen ließen sich die folgenden Schichten unterscheiden:

I: Gewachsener Boden.

II: Kultplatz mit Altar, aber ohne Tempel (Ende des 7. bis Anfang des 6. Jh. v. Chr.); Fund einer archaischen, etruskischen Inschrift.

III: Bau des ersten archaischen Tempels (C), kurz darauf Umbau mit Erweiterung des Podiums und Erneuerung der Architekturverzierungen aus Terrakotta; am Ende dieser Phase systematische Zerstörung und Aufgabe der „Area Sacra".

IV: Bau einer großen, etwa 6 m über dem Meeresspiegel gelegenen Terrasse und eines Pflasters aus Cappellaccioplatten, auf dem die beiden etwas anders orientierten Tempel errichtet werden. Das Auffüllmaterial stammt zweifellos von einer Siedlung auf dem Kapitol und enthält bronzezeitliche Gefäße („Apennin-Ware" aus dem 14.–13. Jh. v. Chr.), eisenzeitliche und importierte griechische Keramik, darunter auch möglicherweise mykenische Fragmente, Fragmente von Gefäßen aus Euböa und Ischia, die um die Mitte des 8. Jahrhunderts v. Chr. zu datieren sind; es handelt sich hierbei um die ältesten Zeugnisse für Beziehungen mit Griechenland, die bezeichnenderweise aus der Zeit stammen, in der die Stadt gegründet worden sein soll.

V: Anlage eines neuen Pflasters aus Monteverde- und Anienetuff, Wiederaufbau der beiden Tempel und der beiden Altäre, die nun nach Osten orientiert sind (D), Bau eines großen, runden *Donarium* zum Aufbewahren der Weihgeschenke (E) in der Mitte des Vorplatzes.

VI: Nach einem Brand neue Pflasterung des ganzen Platzes mit Tuffplatten aus Monteverde.

VII: Kaiserzeitliches, vielleicht domitianisches Travertinpflaster mit hadrianischen Ausbesserungen (Ziegelstempel). In der Mitte des Platzes sind Spuren von einem Bogen mit Durchgängen an allen vier Seiten; möglicherweise war dies die *Porta Triumphalis*, durch die der Triumphzug in die Stadt hineinzog. Auf der Attika des Bogens standen, wie Reliefs und Münzbilder zeigen, zwei von Elefanten gezogene Viergespanne.

Die hier aufgeführten archäologischen Befunde sind ohne Schwierigkeit mit den Schriftquellen zu verbinden. Schon vor der Erbauung der beiden ersten archaischen Tempel, die um die Mitte des 6. Jahrhunderts v. Chr. zu datieren ist, müssen die Etrusker in Rom gewesen sein (Schicht II). Dies bestätigt die Überlieferung, der zufolge Servius Tullius (579–534) die zwei Tempel erbaut haben soll. Die Fülle griechischer importierter Keramik aus Attika, aus Lakonien und Jonien, die man bei den Tempeln fand, sichert die Chronologie und bezeichnet den Zeitpunkt der Zerstörung des Heiligtums, kurz vor dem Ende des 6. Jahrhunderts v. Chr., also zu Beginn der Republik: bei der Einführung der neuen Staatsform wurden die Tempel der etruskischen Herrscher zerstört. Zum Terrakottaschmuck des Tempels gehören einzelne ornamentale Motive, ein Fries mit fahrenden Göttern, außerdem Terrakottastatuen in Zweidrittellebensgröße (Herkules und eine bewaffnete Gottheit). Sie stammen fast alle aus der zweiten Phase des Tempels, zwischen 530 und 520 v. Chr. Die Funde aus dieser Gegend sind im Antiquario Comunale im Palazzo Caffarelli ausgestellt.

Die Tempel sollen gleich nach der Eroberung Vejis (396 v. Chr.) von Camillus wieder aufgebaut worden sein. Mit dieser Phase ist die Schicht IV mit dem Cappellacciopflaster zu identifizieren. Die Fragmente einer Inschrift auf Peperinblöcken, die in der Mitte des Bezirks gefunden wurden, datieren die Schicht V: *M. Folv[io(s) Q. f. cosol] d(edet) Vols[inio] cap[to]* („Der Konsul Marcus Fulvius, der Sohn des Quintus, weihte nach der Eroberung von Volsinii"). M. Fulvius Flaccus eroberte 264 v. Chr. Volsinii und ließ 2000 Bronzestatuen wegschaffen, die er wahrscheinlich in *Fanum Voltumnae*, dem Heiligtum des etruskischen Bundes, geraubt hatte. Einige dieser Statuen werden auf der runden Basis in der Nähe aufgestellt gewesen sein. Auffällig ist, daß alle, die das Heiligtum wieder aufbauten, Beziehungen zu den Etruskern hatten und daß sie alle auch ein Heiligtum auf dem Aventin weihten: Servius Tullius den Tempel der *Diana*,

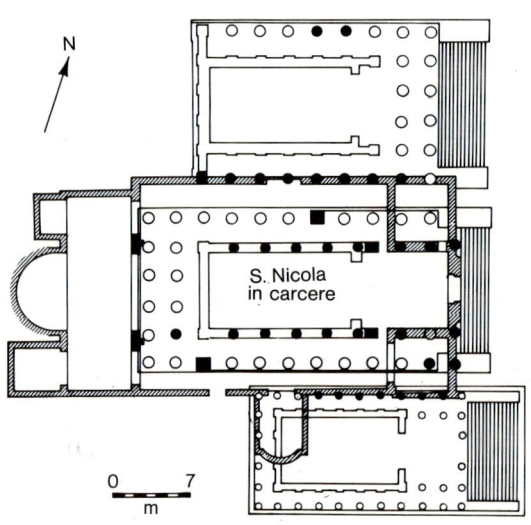

N

S. Nicola
in carcere

0   7
m

Grundriß der Tempel unter und neben S. Nicola in Carcere

Camillus den Tempel der *Iuno Regina* und Fulvius Flaccus den Tempel des *Vertumnus*. Dabei handelt es sich jeweils um Kulte, die von ihrem ursprünglichen Ort versetzt wurden.
Schicht VI entspricht dem von Livius erwähnten Wiederaufbau von 212 v.Chr. nach dem Brand im Jahre 213.
Auf der anderen Seite des Vicus Iugarius steht am Südhang des Kapitols ein kleiner spätrepublikanischer Portikus mit zwei parallelen Bogenreihen aus Peperin und vorgelegten toskanischen Halbsäulen. Nach Norden hin schließt ein ähnliches Bauwerk aus Travertin an. Dieser Portikus führte zur *Porta Carmentalis*, von der in der Mitte der modernen Straße noch Reste zu sehen waren. Höchstwahrscheinlich handelt es sich um die *Porticus Triumphalis*, an der die Triumphzüge vom Circus Flaminius zur Porta Triumphalis vorbeizogen.

Die drei Tempel am Forum Holitorium. In der Antike wurde der kleine Platz zwischen dem Marcellus-Theater, dem Tiber und dem Portus Tiberinus als *Forum Holitorium* bezeichnet. Ursprünglich muß hier ein Gemüsemarkt gewesen sein. Der Platz lag außerhalb der Stadtmauern und gehörte seit Augustus zur Regio IX. In der Mitte des Gebiets liegen unter und neben der Kirche S. Nicola in Carcere noch bedeutende Überreste von drei republikanischen Tempeln (6, 7, 8). Dies müssen die drei in der antiken Literatur erwähnten Tempel des *Ianus*, der *Spes* und der *Iuno Sospita* gewesen sein. Ein vierter Tempel, den Vater und Sohn Manius Acilius Glabrio 191–181 v.Chr.

Der Rundtempel beim Forum Boarium (Tempel des Hercules Victor), der älteste in Rom erhaltene Marmortempel (um 210 v.Chr.). Im Hintergrund der Tempel des Portunus

der *Pietas* errichtet hatten, wurde beim Bau des Marcellus-Theaters zerstört. Schwieriger ist die Benennung der einzelnen Bauten. Der Tempel neben dem Marcellus-Theater war wahrscheinlich dem *Ianus* geweiht; die antiken Quellen erwähnen, daß dieser Tempel „*iuxta theatrum Marcelli*" gestanden habe. Der dorische, mehr zum Portus Tiberinus hin gelegene Tempel muß der der *Spes* sein; dieser brannte 213 v. Chr. gleichzeitig mit den Heiligtümern der *Fortuna* und der *Mater Matuta* ab und lag unmittelbar außerhalb der Porta Carmentalis. Diese Benennung erhält eine zusätzliche Bestätigung durch die Chronologie des dritten Tempels: der Tempel der *Iuno Sospita* wurde von C. Cornelius Cethegus 197–194 v. Chr., also erst nach dem Brand, errichtet. Es ist deshalb anzunehmen, daß es sich dabei um den mittleren, in die Kirche verbauten Tempel handelt. Das etwa 30 m (mit der Treppe 34 m) lange und 15 m breite Gebäude war ein jonischer Peripteros mit je sechs Säulen, die vor der Cella in drei, hinter ihr in zwei Reihen gestaffelt standen. Vor dem Podium lag eine Travertintreppe, in deren Mitte der Altar stand. Unter der Kirche ist das Podium zu sehen. Außerdem sind einige Säulen der Vorderseite erhalten. Links der Kirche liegen in der Nähe der Apsis weitere Fragmente. Der Baubestand stimmt zeitlich genau mit einer Restaurierung überein, die während der Bürgerkriege im Jahre 90 v. Chr. von einer Caecilia Metella durchgeführt wurde.

Der nördliche, wahrscheinlich Ianus geweihte Tempel ist besser erhalten. Das Podium aus *opus caementicium* mit einer Travertinverkleidung ist an der Südseite unter der Kirche besonders gut zu sehen. Die regelmäßigen Öffnungen im Podium, die im 2. Jahrhundert n. Chr. mit Ziegelmauern teilweise verschlossen wurden, konnten bisher noch nicht überzeugend gedeutet werden. Der ungefähr 26 m lange (Treppe mitgerechnet) und 15 m breite Tempel ist ein Peripteros ohne rückwärtige Säulenstellung. An der Stirnseite befand sich eine doppelte Reihe von je sechs jonischen Säulen, an den beiden Längsseiten standen je acht Säulen, von denen an der Südseite noch sieben, an der Nordseite zwei aufrecht stehen. Sie sind vollständig aus Peperin, dagegen besteht der Architrav mit dem Fries, der in die rechte Seite der Kirche verbaut wurde, aus Travertin. Man sieht ihn – ebenso wie den des mittleren Tempels – von der Terrasse auf dem rechten Kirchenschiff. Der Janus-Tempel, den C. Duilius während des Ersten Punischen Kriegs erbaute, wurde von Tiberius 17 n. Chr. restauriert.

Der kleine Tempel an der Südseite ist völlig anders. Es handelt sich um einen dorischen Peripteros mit sechs grauen, ursprünglich wohl stuckierten Travertinsäulen an der Schmal- und elf an den Längsseiten. Der Bau muß ungefähr 25 m lang und etwas über 11 m breit gewesen sein. Wenn es sich, was sehr wahrscheinlich ist, um den Tempel der *Spes* handelt, dann muß er während des Ersten Punischen Kriegs von A. Atilius Calatinus errichtet, 212 v. Chr. zum ersten und 17 n. Chr., von Germanicus, zum zweiten Mal restauriert worden sein. Der jetzt sichtbare Baubestand stammt wie bei den beiden anderen Tempeln vom Anfang des 1. Jahrhunderts n. Chr. Hinter dem Tempel errichteten die Censoren des Jahres 179 v. Chr. einen Portikus, von dem nichts mehr erhalten ist. Eine vor den drei Tempeln gefundene Inschrift erwähnt, daß Hadrian nach einem Brand die Gebäude restaurierte; von damals stammen die an mehreren Stellen sichtbaren Ziegelmauern.

Der Portus Tiberinus und der Tempel des Portunus. Der Hafen von Rom, der *Portus Tiberinus*, lag südlich vom Forum Holitorium an der Stelle, wo heute das Einwohnermeldeamt steht. Bei seinem Bau fand man 1936–1937 ein Viertel mit Lagerhäusern, die ganz aus Ziegelsteinen und Travertin errichtet waren. Sie stammen aus trajanischer Zeit, wurden also im Hafengelände errichtet, als der Hafen schon nicht mehr benutzt wurde. Dagegen hatte der rechteckige, unter dem Namen „Tempel der Fortuna Virilis" bekannte Bau (12) eine enge Beziehung zum Hafen; es muß der Tempel des *Portunus* gewesen sein, der in unmittelbarer Nähe des Pons Aemilius stand. Durch einen neueren Fund kann die Straße zur Brücke als *Vicus Lucceius* identifiziert werden, der durch die *Porta Flumentana* (11) am Tempel vorbei zum Hafen führte. 1947 wurde eine ältere, aus dem 4. oder 3. Jahrhundert v. Chr. stammende Bauphase des Tempels festgestellt.

Für den Tempel wurde zu Beginn des 2. Jahrhunderts v. Chr. im Zusammenhang mit den Befestigungsarbeiten am Tiberufer eine große Terrasse geschaffen, die mehrfach restauriert wurde. In ihrer jetzigen Form stammt sie aus dem 2. Jahrhundert v. Chr. mit Ausbesserungen aus dem 1. Jahrhundert v. Chr.

Das Tempelpodium besteht aus Gußmauerwerk und ist innen hohl. Der Tempel selbst ist ein jonischer Pseudoperipteros mit vier Säulen an der Stirnseite und vier Halbsäulen an der Rückseite sowie zwei frei stehenden und fünf Halbsäulen an den beiden Längsseiten. Die Halbsäulen sind wie die Cellamauern aus Anienetuff mit Basen und Kapitellen aus Travertin, die frei stehenden Säulen sind vollständig aus Travertin, der ganze Bau muß also mit Stuck überzogen gewesen sein. Auch der Fries, auf dem Kandelaber und Girlanden dargestellt sind, der Zahnschnitt und das lesbische Kymation waren aus Stuck aufgesetzt. Das Gebälk mit den Löwenköpfen ist noch recht gut erhalten. An der linken rückwärtigen Ecke des Tempels schließen sich Reste einer Quadermauer an, die vielleicht den Heiligen Bezirk *(temenos)* einfaßte.

Der Rundtempel am Forum Boarium. Zahlreiche Forscher beschäftigten sich gerade in letzter Zeit mit dem Rundtempel (13) am Tiber, der südlich des Portunus-Tempels lag. Es ist der älteste in Rom erhaltene Marmorbau; von dem ersten, dem Tempel des *Iuppiter Stator*, gibt es keinerlei Reste mehr. Um die Cella, in der sich an der Ostseite eine breite Tür öffnet, stehen zwanzig Säulen (von einer ist nur noch die Basis erhalten) auf einem Sockel mit flachen Stufen, der wiederum auf einem Fundament aus Tuff von Grotta Oscura ruht. Der Oberbau ist leider vom Architrav an verloren, ebenso die obere Hälfte einiger Kapitelle. Bei einer genauen Untersuchung der Kapitelle stellte man eine umfassende Restaurierung aus tiberischer Zeit fest, die wahrscheinlich nach der Überschwemmung im Jahre 15 n. Chr. durchgeführt wurde. Neun Säulen und elf Kapitelle bestehen aus Marmor von Luni, während der ursprüngliche, an das Ende des 2. Jahrhunderts v. Chr. zu datierende Bau aus pentelischem Marmor gebaut ist. Der Grundriß entspricht dem Kanon, wie ihn Vitruv überliefert, während im Aufbau und auch in der Durchführung architektonischer Details einige Freiheiten festzustellen sind. Dies deutet auf die Mitarbeit einheimischer Werkstätten. Der Architekt selbst war sicherlich ein Grieche, vielleicht sogar Hermodoros von Salamis.

Die Benennung des Tempels ergibt sich aus seiner Lage, nämlich der Nähe der *Porta Trigemina*, und aus einem Block mit einer Inschrift, der wahrscheinlich die Basis der Kultstatue war. Die nur zum Teil erhaltene Inschrift nennt den Namen eines Gottes, des *Hercules Olivarius*, und den des Bildhauers, des jüngeren Skopas, der am Ende des 2. Jahrhunderts v. Chr. auch in der Gegend des Circus Flaminius arbeitete. Der Tempel des *Hercules Victor*, der auch als *Olivarius* bezeichnet wurde, lag außerhalb der Porta Trigemina, er wurde von M. Octavius Herrenus, einem römischen Kaufmann, der möglicherweise durch den Handel mit Öl reich geworden war, gegründet: Herkules war der Schutzherr der Vereinigung der Ölhändler, der *Olearii*. Die Nähe des Hafens spielt sicherlich auch eine Rolle.

Der Tempel ist ein Beweis für die wirtschaftliche Macht der römischen Kaufleute am Ende des 2. Jahrhunderts. In jenen Jahren stifteten die römischen und italischen Kaufleute, die in der Ägäis ihren Handel trieben, auf Delos die „Agora der Italiener", den Sklavenmarkt. Wenn man bedenkt, wieviel bei diesem finsteren Geschäft verdient wurde – Strabon berichtet, daß auf Delos täglich bis zu 10 000 Sklaven verkauft wurden –, so ist es nicht weiter verwunderlich, daß ein Kaufmann einen Marmortempel erbauen konnte.

Der Altar des Herkules. Nach dem Sieg des Herkules über den Giganten Cacus, der ihm einige der Rinder des Gerion geraubt hatte, soll der Arkadier Euandros dem Heros einen Altar auf dem *Forum Boarium*, in der Nähe des Circus Maximus und des Aventin, geweiht haben. Die genaue Lage dieses Altars geben die in der Gegend hinter S. Maria in Cosmedin gefundenen Inschriften der Prätoren mit der Aufzählung der Opfer, zu denen diese Beamten jedes Jahr verpflichtet waren, an. Der Altar ist demnach mit dem großen Mauerstück aus Antienetuff zu identifizieren, in das die Krypta der Kirche hineingebaut ist. Reste davon sind im rückwärtigen Teil der Kirche noch erhalten. Es handelt sich um ein riesiges Bauwerk, das sicherlich wie die großen griechischen Altäre – zum Beispiel der Altar des Hieron II. in Syrakus – im 2. Jahrhundert v. Chr. in seiner heutigen Form wieder aufgebaut wurde. Der Überlieferung zufolge gab es den Altar schon vor der Gründung der Stadt. Dieses hohe Alter des Kultplatzes ist angesichts der neueren Funde auf dem Forum Boarium durchaus wahrscheinlich.

Das Heiligtum behielt bis in die Kaiserzeit seinen griechischen Charakter, doch war der Kult schon sehr viel früher, nämlich 312 auf Veranlassung des Appius Claudius, vom Privat- zum Staatskult erhoben worden. Wahrscheinlich wurde damals in der Nähe der Ara Maxima zum Circus Maximus hin, der Tempel des *Hercules Invictus* (24) gegründet oder wieder aufgebaut. Vitruv bezeichnet ihn als typisches Beispiel eines Tempels in toskanischer Ordnung. Wahrscheinlich stammt die Bronzestatue des Herkules im Konservatorenpalast aus diesem Tempel.

Westlich lag neben dem Altar ein mit Portiken eingefaßter Hof (20), dessen Reste in die Kirche und die Sakristei von S. Maria in Cosmedin verbaut sind. Es handelt sich um ein quer rechteckiges Podium, auf dem an den schmaleren Seiten je drei und an der Stirnseite sieben korinthische Marmorsäulen standen, die eine Reihe von Bögen trugen. Die Halle war vielleicht nicht überdacht. Die Ziegelmauer an der Rückseite stieß an die *Ara Maxima*. Die sieben Säulen von der Stirnseite und die drei von der linken Schmalseite sind erhalten. Aus ihrem Stil geht hervor, daß der Portikus in flavischer Zeit gebaut und am Ende des 4. oder am Anfang des 5. Jahrhunderts n. Chr. umgebaut wurde. Die traditionelle Bezeichnung als *Statio Annonae* (Büro der Getreideversorgung) entbehrt jeder Grundlage. Wahrscheinlicher ist, daß es sich um ein mit dem Altar verbundenes Heiligtum handelt. Vielleicht war hier das *consaeptum sacellum*, das ein antiker Schriftsteller erwähnt: hier wurden der große hölzerne Becher (*scyphus*) des Herkules und andere Reliquien aufbewahrt.

Nicht weit von der Ara Maxima stand ein weiterer Tempel des Gottes, die sogenannte *Aedes Aemiliana Herculis* (19), die nach Scipio Aemilianus benannt wurde, der den Tempel 142 v. Chr. erbaute. Der runde Bau war mit Malereien von Pacuvius geschmückt, einem Maler und Dichter aus Brindisi, der im 2. Jahrhundert v. Chr. in Rom arbeitete. Im 15. Jh. wurden die Reste des Tempels zerstört. Wahrscheinlich lag er nördlich von S. Maria in Cosmedin, wo heute die ehemalige Verwaltung der Museen Roms steht. Neben dem Heiligtum stand ein Tempelchen der *Pudicitia Patricia*.

Der Bogen der Bankiers und der Bogen des Janus. Am Ende einer antiken, heute verbauten Straße, die wohl von dem links an S. Giorgio in Velabro vorbeiführenden *Vicus Iugarius* abzweigte, steht ein kleiner Bogen (oder eher ein monumentaler Eingang) den die *argentarii* (Bankiers) und Viehhändler dem Septimius Severus und seiner Familie stifteten (18). Wahrscheinlich handelte es sich um einen der Zugänge zum Forum Boarium an der Stelle, wo drei augusteische Regionen zusammentreffen (VIII, X und XI). Die beiden Pfeiler, von denen der rechte in die Kirche verbaut ist, sind hohl gemauert und mit Marmor verkleidet, ihre Basen bestehen aus Travertin. Sie tragen einen horizontalen Architrav aus Marmor. Das Monument war insgesamt 6,80 m hoch und 5,86 m breit, wahrscheinlich wurde es von einer Statuengruppe bekrönt.

Die Inschrift nennt Zweck, Aufstellungsort und -datum des Denkmals: die *argentarii et negotiantes boarii huius loci* („Bankiers und Viehhändler dieses Platzes") weihten es 204 n. Chr. Septimius Severus, Caracalla und Iulia Domna. Einige Abarbeitungen und neu eingemeißelte Sätze zeigen, daß hier wie beim Bogen des Septimius Severus auf dem Forum, ursprünglich auch der Name Getas, den Caracalla später ermorden ließ, und die Namen des Prätorianer-Präfekten Plautianus und seiner Tochter Plautilla, der Frau Caracallas, die er ebenfalls beide ermordete, erwähnt waren.

Die Pfeiler und der Architrav sind mit außerordentlich reichen Pflanzenornamenten überzogen, nur die Inschrift und die figürlichen Reliefs sind ausgespart. Unten läuft um die Pfeiler ein kleinerer Fries, der ein Stieropfer zeigt. Ein Streifen mit Opfergeräten trennt ihn von den großen Bildfeldern darüber; in dem linken, stark verwitterten erkennt man noch eine stehende Gestalt, vielleicht Caracalla. An den Außenseiten des linken Pfeilers sind römische Soldaten mit einem gefangenen Barbaren dargestellt. Die beiden wichtigsten Reliefs befinden sich im Durchgang. Links ist Caracalla dargestellt, wie er an einem tragbaren Altar opfert. Man sieht deutlich auf seiner linken Seite eine Abarbeitung: hier müssen Plautianus und Plautilla oder Geta weggemeißelt worden sein. Auf der gegenüberliegenden Seite sind Septimius Severus und Iulia Domna beim Opfer dargestellt. Auch hier fehlt auf der rechten Seite eine Gestalt, wahrscheinlich Geta oder Plautilla. Darüber sind zwischen den Kapitellen der beiden Eckpilaster Siegesgöttinnen mit Girlanden, Adler mit Feldzeichen und kleinere Gestalten eingemeißelt. Neben der Inschrift auf der Attika stehen Herkules und ein Genius, vielleicht der des römischen Volks.

Die Komposition wird durch die Vorliebe für das rein Ornamentale und eine Art *Horror vacui* beherrscht, Räumlichkeit und historischer Inhalt fehlen. Die Figuren sind in derselben Art behandelt wie die Ornamente, die den Ausführenden ganz offensichtlich mehr lagen. Es handelt sich, was ja auch durch die Stifter nahegelegt wird, um eine Werkstatt, die an alltäglichere und schlichtere Aufträge gewohnt war und die hier wohl zum ersten Mal eine anspruchsvolle Aufgabe zu erfüllen hatte; das Ergebnis war dementsprechend recht mäßig. Wenige Schritte entfernt steht ein großer Bogen mit Durchgängen in allen vier Seiten. Dabei handelt es sich wohl um einen Ehrenbogen, und zwar wahrscheinlich um den *Arcus Constantini*, der in den Regions-Katalogen unter der Regio XI verzeichnet ist. Er stand an der äußersten Ostseite des *Forum Boarium*, über einem Arm der *Cloaca Maxima*. Der Bogen ist nicht massiv gemauert. Außen ist er mit Marmor verkleidet, das zum Teil von anderen Bauwerken stammt. Über den Durchgängen sitzt in der Mitte ein Kreuzgewölbe. In der Außenseite der Pfeiler sind oberhalb des Sockels zwei Reihen halbrunder Nischen eingetieft, getrennt durch ein Gesims. Den oberen Abschluß der Nischen, in denen usrprünglich Statuen gestanden haben müssen, bilden halbkugelförmige Muscheln, seitlich stehen kleine Säulen auf Konsolen. Die vier Bogenscheitel sind mit Darstellungen der sitzenden Roma und Juno und der stehenden Minerva und wohl Ceres geschmückt. Die Attika, die ganz aus Ziegelsteinen gebaut war, fehlt völlig. Die Ziegelmauern wurden 1830 abgetragen, da man sie für mittelalterlich hielt.

Die Fragmente einer großartigen Weihinschrift aus dem 4. Jahrhundert n. Chr., die jetzt in der Kirche S. Giorgio in Velabro teils in der Fassade unter dem Portikus, teils im Innenraum eingemauert sind, wo man sie im Mittelalter wieder verwendete, gehörten zweifellos zum Bogen. Die Formulierungen, in denen von einem Kaiser die Rede ist, der einen Tyrannen besiegte, können sich auf Konstantin oder auch auf Constantius II. beziehen.

In der Nähe des Bogens kann man hinter einem modernen Gitter ein Stück der *Cloaca Maxima* sehen.

Das Mithräum am Circus Maximus. Bei Bauarbeiten fand man 1931 in der Via dell'Ara Massima Reste eines kaiserzeitlichen Ziegelbaus (23), der ursprünglich zu den *Carceres* am Circus Maximus orientiert war. In dem recht gut erhaltenen Erdgeschoß lagen fünf miteinander verbundene Räume nebeneinander (D–M). An der zum Circus Maximus gelegenen Ostseite führten zwei große Treppen, die fast die gesamte Länge des Gebäudes einnahmen, in das – nicht mehr erhaltene – Obergeschoß. Unter ihnen liegen einige kleinere Räume. Die Treppen sind, wie festgestellt werden konnte, erst in einer zweiten Bauphase kurz nach der Errichtung des übrigen Baus, der aus dem 2. Jahrhundert n. Chr. stammt, hinzugefügt worden. Im 3. Jahrhundert wurden die Räume A–O in ein Mithräum umgewandelt. Der Haupteingang muß an der Ostseite gelegen haben, wo man durch den Raum S in den Gang D gelangte. Der Zugang durch A und B, den man auch heute benutzt, war nur ein Nebeneingang. Von C aus führte dann eine Tür in das eigentliche Heiligtum, das *spelaeum* (Grotte). Der abgetrennte Raum auf der rechten Seite, in dessen rechter Wand eine mit Marmor verkleidete Nische eingetieft ist, muß die Funktion einer Sakristei gehabt haben *(apparatorium)*. Der Fußboden besteht im vorderen Abschnitt aus großen quadratischen Ziegelplatten vom Anfang des 4. Jahrhunderts, also aus diokletianischer Zeit. Zwischen dem Vorraum und dem dahinterliegenden Raum sind in die Mauern rechts und links Nischen eingetieft. Auf den beiden Sockeln müssen die Statuetten der beiden Fackelträger Cautes und Cautopates aufgestellt gewesen sein. Rechts und links davon sind Konsolen, auf denen kleine Säulen gestanden haben müssen, die wiederum die Giebel von Ädikulen trugen.

Der wichtigste Teil des Mithräums war in den Räumen G–M. In den beiden vorderen konnte nur rechts eine breite Bank aufgemauert werden, da links der Platz fehlte. Die Verbindungstür zu den beiden nächsten Räumen wurde verbreitert und überwölbt, so daß die räumliche Einheit verstärkt erschien. Auch hier wurden im Durchgang rechts und links Nischen eingetieft; in der rechten steht ein Terrakotta-Gefäß. Den Rahmen für die Nischen bildeten wieder Ädikulen. In der Mitte des Bogens ist eine große Amphora eingegraben. Ungefähr von der Mitte der Räume G–M an ist der Fußboden aus Marmor, zumeist wieder verwendetem Material von anderen Bauten. An der Rückwand, in die einige mit Ädikulen eingerahmte Nischen eingetieft sind, lehnen mehrere Sockel. In der Wand öffnet sich ein Bogen, dessen Innenseite mit Bimsstein verkleidet ist. In dem Bogen steht eine kleine, aus Ziegeln gemauerte Ädikula mit einer halbrunden Höhle an der Rückseite und einer Halbkugel als oberem Abschluß. Hier muß die Statuette des Mithras gestanden haben. Unklar ist dagegen, wo der Platz des großen Reliefs mit dem stiertötenden Mithras war. Er ist zwischen Cautes und Cautopates, Sol und Luna und dem Raben dargestellt, links unten erscheint er nochmals mit dem Stier auf den Schultern. Ganz oben befindet sich eine Inschrift: *Deo Soli Invicto Mithrae Ti(berius) Cl(audius) Hermes ob votum dei typum d(ono) d(at)* („Dem unbesiegten Sonnengott Mithras schenkt Tiberius Claudius Hermes dieses Bild des Gottes, das er ihm

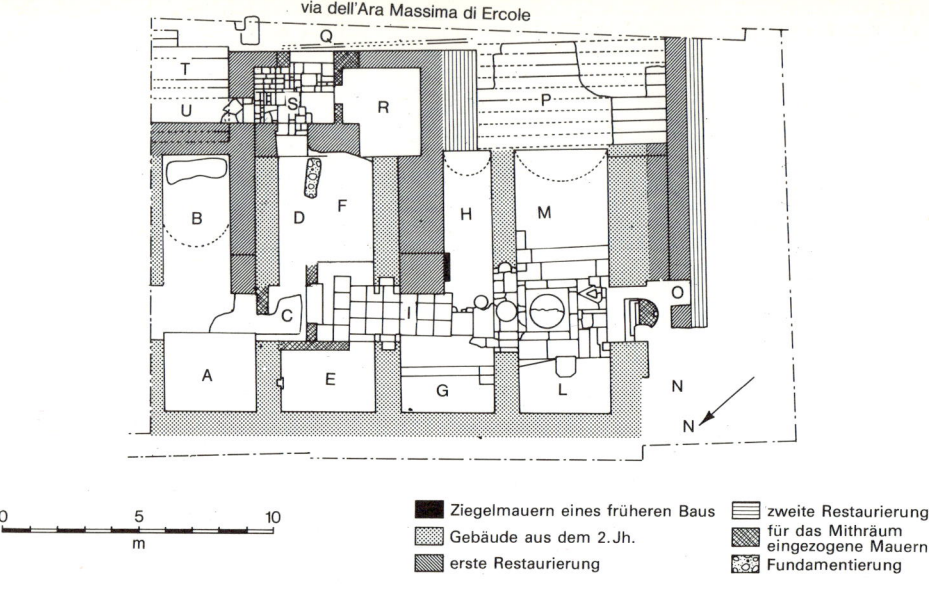

via dell'Ara Massima di Ercole

■ Ziegelmauern eines früheren Baus	▤	zweite Restaurierung
▦ Gebäude aus dem 2. Jh.	▨	für das Mithräum eingezogene Mauern
▨ erste Restaurierung	▧	Fundamentierung

0   5   10
m

Grundriß des Mithräums beim Circus Maximus

durch ein Gelübde versprochen hat"). Vielleicht stand das Relief vor dem Altar in der Mitte. In einer Nische auf der rechten Seite der Rückwand zeigt ein weiteres Relief die Tötung des Stiers. Die übrigen Inschriften sind Weihungen, die alle von Freigelassenen stammen.

Der Circus Maximus. Der Bau des *Circus Maximus,* der größten Anlage für öffentliche Darbietungen, die je gebaut wurde, dauerte mehrere Jahrhunderte. Die erste Rennbahn in der *Vallis Murcia* zwischen Palatin und Aventin soll von Tarquinius Priscus, dem ersten König von Rom, angelegt worden sein, obwohl der Sage nach hier schon Wagenrennen zu Ehren des Gottes Consus stattgefunden haben sollen, dessen Altar in dieser Gegend stand. Während eines solchen Rennens soll der Raub der Sabinerinnen stattgefunden haben. Das Heiligtum der *Venus Murcia* ist mit diesem Ereignis verbunden. Die Holzsitze *(fori publici)* sollen mit der Zeit durch gemauerte Stufen ersetzt worden sein. 329 v. Chr. baute man an der nördlichen Schmalseite die Verschläge, in denen die Wagen bis zum Start standen. Diese carceres sollen aus bemaltem Holz bestanden haben. In jenen Jahren wurde wohl auch die Trennmauer in der Mitte gebaut, die das Wasser aus dem Tal zum Tiber leitete. In der Mitte der gebogenen Seite war ein Tor, das Stertinius 196 v. Chr. durch einen Triumphbogen ersetzte. 174 v. Chr. erbaute man die ersten steinernen Carceres und stellte auf der Mittellinie sechs Eier auf, mit denen die Runden beim Wagenrennen gezählt wurden. 33 v. Chr. fügte Agrippa noch sieben Delphine aus Bronze hinzu, die dem gleichen Zweck dienten. Unter Augustus wurde an der Seite zum Palatin das *Pulvinar* gebaut, das wohl keine Loge für den Kaiser, sondern eher ein geheiligter Bezirk war, von dem aus die Götter an den Darbietungen teilnehmen sollten. Die wichtigste Neuerung war die Errichtung des Obelisken von Ramses II. auf der Mittellinie. Der 23,70 m hohe Obelisk stammte aus Heliopolis und wurde 1587 auf die Piazza del Popolo versetzt. Erst 357 n. Chr. kam durch Veranlassung von Constantius II. ein weiterer Obelisk hinzu, der von Thutmosis III. in Theben stammte und der mit einer Höhe von 32,50 m der größte von allen war. Sixtus V. stellte ihn, ebenfalls 1587, auf der Piazza di S. Giovanni in Laterano auf. Dionysios von Halikarnass gibt die Länge des Circus in augusteischer Zeit mit 3½ Stadien (621 m) und

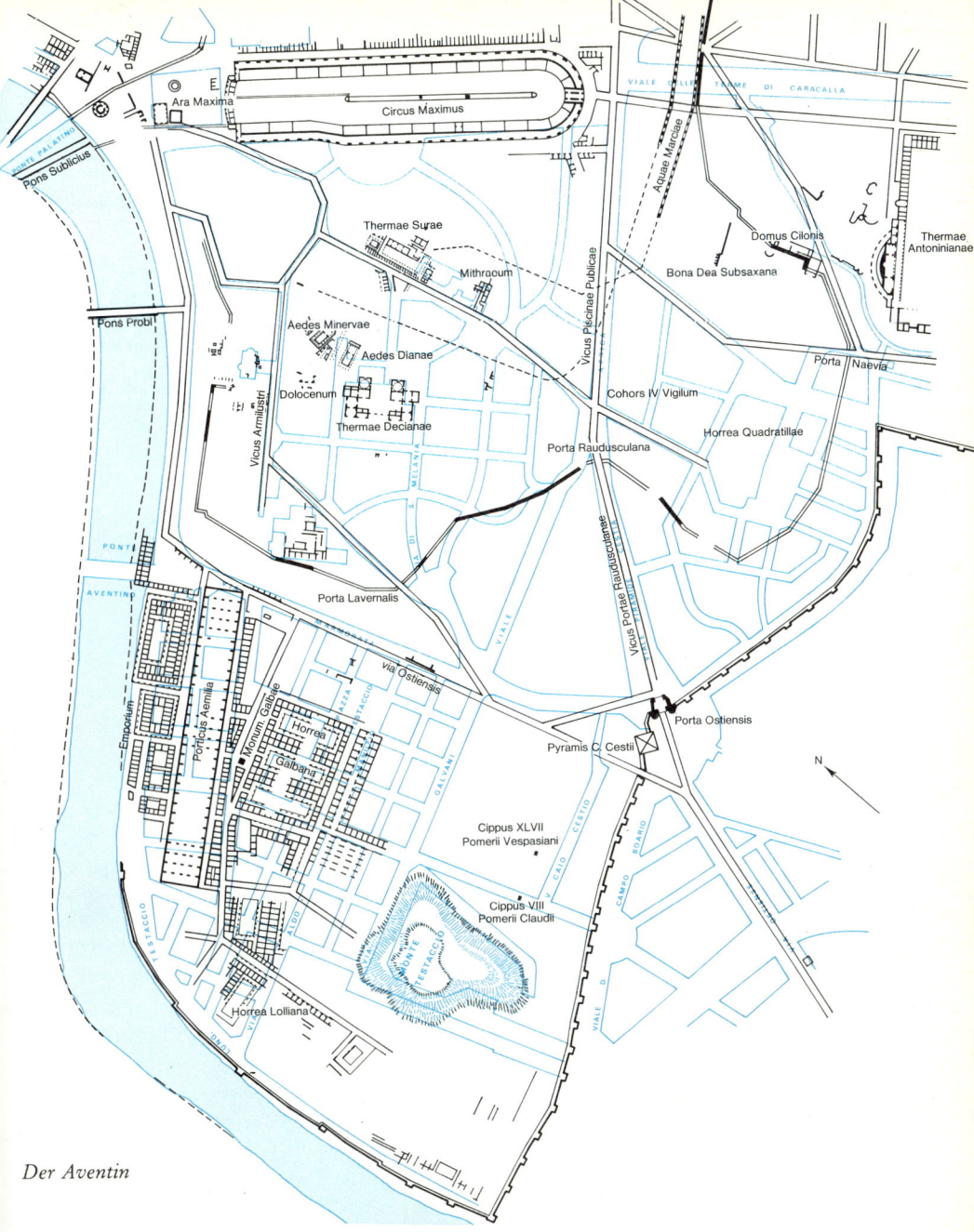

Der Aventin

die Breite mit 4 Plektren (118 m) an. 150000 Zuschauer sollen hier Platz gefunden haben.

Nach einem Brand im Jahre 36 n. Chr. restaurierten Caligula und Claudius den Circus. Claudius baute die Carceres aus Marmor wieder auf und ließ *metae*, konische Aufsätze auf beiden Enden der Mittellinie, aus vergoldeter Bronze aufstellen. 64 n. Chr. wurde bei dem neronischen Stadtbrand, der an der gebogenen Seite des Circus Maximus ausbrach, alles zerstört. Beim Wiederaufbau muß Nero die Anzahl der Sitzplätze erhöht haben, denn Plinius gibt die Anzahl der Zuschauer mit 250000 an. Nach einem weiteren Brand unter Domitian baute Trajan den Circus auf. Von damals stammt das erhaltene Stück der gebogenen Seite beim Palatin und dem Caelius, das auch auf dem severischen Marmorplan dargestellt ist. Bis auf dieses aus Ziegeln gebaute Stück der *Cavea* ist nichts mehr zu sehen. Der niedrige Grundwasserspiegel erschwert die Ausgrabung des Bauwerks, das unter einer dicken Erdschicht liegt. 1934 entdeckte man die Reste des Titus-Bogens, mit dem man den – wahrscheinlich beim Brand 64 n. Chr. zerstörten – Bogen des Stertinius ersetzte. Die Weihinschrift ist durch den Anonymus von Einsiedeln überliefert: der Bogen wurde 80–81 n. Chr. vom Senat zur Erinnerung an den Sieg des Kaisers im Krieg gegen die Juden gestiftet.

Der Circus wurde bis zum Ende des 4. Jahrhunderts n. Chr. noch mehrfach umgebaut und erweitert. Die Regions-Kataloge geben für diese Zeit die – möglicherweise übertriebene – Zahl von 385 000 Zuschauerplätzen an. Der Bau muß damals 600 m lang und bis zu 200 m breit gewesen sein, die Mittellinie muß eine Länge von 340 m gehabt haben. Die Sitze der Zuschauer lagen auf drei von Arkaden getragenen Geschossen. Die obersten Reihen bestanden vermutlich aus Holzbänken. In der Mitte standen auf der Trennlinie außer den beiden Obelisken, den sieben Eiern und sieben Delphinen mehrere Schreine und kleine Heiligtümer. Zahlreiche Darstellungen, zum Beispiel auf Mosaiken in Barcelona und in Piazza Armerina, geben ein recht genaues Bild vom Aussehen des *Circus* in dieser späten Zeit.

Er wurde vor allem für Wagenrennen, meist mit Viergespannen, benutzt. Die wichtigsten fanden bei den *Ludi Romani* oder *magni* vom 4. bis 18. September statt. Die Rennen bekamen eine immer größere Bedeutung, bis die vier Mannschaften *(factiones)* der Wagenlenker im 4. Jahrhundert schließlich den Charakter politischer Parteien bekamen. In Konstantinopel steigerte sich dieses Phänomen dann noch. Die Mannschaften hießen nach ihren Farben Weiß, Rot, Grün und Blau *Albata, Russata, Prasina* und *Veneta.*

An der Seite zum Aventin hin standen mehrere uralte Tempel. Es waren volkstümliche, zumeist mit dem Handel verbundene Kulte, die hier außerhalb des *Pomerium,* der geheiligten Stadtgrenze, angesiedelt wurden. Der Tempel der *Ceres,* des *Liber* und der *Libera,* den Spurius Cassius 493 v. Chr. weihte, stand mit dem Tempel der *Flora* am *Clivus Publicius,* dem heutigen Clivo dei Publici, oberhalb von den Carceres des Circus Maximus. Am anderen Ende des Circus müssen der 495 v. Chr. gegründete Tempel *Merkurs,* des Beschützers der Kaufleute, und der 295 v. Chr. gegründete Tempel der *Venus Ossequens* gestanden haben. Von diesen beiden und allen anderen Heiligtümern in der Umgebung ist nichts mehr erhalten.

Auf der gegenüberliegenden Seite des Circus zum Palatin hin ist unter der Kirche S. Anastasia eine bedeutende Anlage erhalten, die in der Mitte des vorigen Jahrhunderts ausgegraben wurde. Es handelt sich um zwei durch eine enge Gasse voneinander getrennte Baukomplexe. Der westliche besteht aus einer Anzahl von Mauern, auf denen halbrunde Gewölbe aufruhten, möglicherweise war es ein Erweiterungsbau des Circus. Auf der anderen Seite, unterhalb der Kirche, war ein überwölbter Gang, wahrscheinlich eine später überdachte Straße, und links daneben ein Portikus mit Tuff- und Travertinpfeilern, die später in eine Ziegelmauer eingeschlossen wurden. Am Portikus liegen mehrere parallel angeordnete Räume mit gewölbten Türen und Fenstern darüber. Diese Räume wurden mehrfach umgebaut. In der Anlage, die ursprünglich viel größer war, lassen sich mehrere Bauphasen von der republikanischen Zeit bis ins 6. Jahrhundert n. Chr. erkennen; welchem Zweck sie diente, ist noch unbekannt.

Der Aventin

Geschichte und städtebauliche Entwicklung

Der trapezförmige, steil abfallende Hügel, der an der südlichsten Stelle der Stadt bis an den Tiber heranreicht, hieß ursprünglich *Mons Murcus*. Dieser Name ging dann auch auf die *Vallis Murcia* und das uralte Heiligtum der *Murcia*, einer später mit der *Fortuna Virilis* und mit *Venus* identifizierten Gottheit, über. Wie aus dem *Mons Tarpeius* das *Capitolium* wurde, so bekam der *Mons Murcus* später den Namen *Aventinus*, dessen Ursprung und Bedeutung dunkel sind.

Der Aventin liegt isolierter und ist schwerer zugänglich als die anderen Hügel. An der Ostseite ist er durch einen Sattel mit einer anderen Kuppe verbunden, die man im allgemeinen als „Piccolo Aventino" bezeichnet; der antike Name ist nicht bekannt.

Wann der Aventin zum ersten Mal bewohnt wurde, weiß man nicht, doch gab es sicher schon in sehr früher Zeit eine Siedlung auf der Spitze des Hügels. Einer recht einleuchtenden Überlieferung zufolge siedelte Ancus Marcius hier die Bewohner der von ihm eroberten und zerstörten Ortschaften *Ficana*, *Tellenae*, *Medullia* und *Politorium* an. Später wurde der Aventin wegen seiner besonderen Lage vor allem ein Geschäftsviertel, in dem Ausländer verkehrten. Es lag deshalb außerhalb des Pomerium, obwohl es, wie die Mauerreste bei S. Sabina beweisen, schon im 6. Jahrhundert v. Chr. von der Servianischen Mauer umschlossen war: erst zur Zeit des Claudius wurde der Hügel in das Pomerium einbezogen. Servius baute auch den ersten der Diana geweihten Tempel, dessen Vorbild das Heiligtum der Artemis in Ephesos war. Die Kultstatue ähnelte der im Artemis-Heiligtum von Marseille, die ebenfalls nach der ephesischen gestaltet war. Der Bau sollte den Tempel der *Diana Aricina* (aus Ariccia) als Heiligtum des latinischen Bündnisses ersetzen.

Die weitere Geschichte des Aventin wurde durch die hier beschriebenen Verhältnisse bestimmt. Die Bewohner des Hügels, meist Ausländer verschiedenster Herkunft, bildeten die *Plebs*, die in der Republik jenen langen Kampf zwischen Patriziern und Plebejern begann, der nach den Spaltungen im 5. und 4. Jahrhundert v. Chr. mit der Gleichstellung der beiden Stände endete.

Neben dem Tempel der Diana entstand das Heiligtum der Ceres, des Liber und der Libera, das als Sitz des plebejischen Ädils der Mittelpunkt der politischen und wirtschaftlichen Organisation der Plebejer war. Der Minerva-Tempel in der Nähe des Diana-Tempels auf der Hügelkuppe wurde bald das Zentrum der Berufsverbände, zum Beispiel seit dem Ende des 3. Jahrhunderts v. Chr. der Schriftsteller und Schauspieler. Mehrere ausländische Kulte wurden – mit einem typisch römischen Ritus – aus feindlichen Städten, die zerstört werden sollten, ausgesiedelt und hierher verlegt: Camillus gründete nach der Zerstörung von Veji den Tempel der *Iuno Regina* und M. Fulvius

Flaccus nach der Eroberung von Volsinii den Tempel des *Vertumnus*. Außerdem gab es Heiligtümer der *Luna*, des *Iuppiter Liber* und der *Libertas*, auf dem Kleinen Aventin war eine wichtige Kultstätte der *Bona Dea*.

456 v. Chr. wurde der gesamte Hügel mit der *Lex Icilia* für öffentliches Eigentum erklärt und unter den Plebejern als Bauland aufgeteilt. Es entwickelte sich ein so dicht besiedeltes Viertel, daß in augusteischer Zeit so gut wie gar kein Platz mehr für öffentliche Gebäude vorhanden war. Noch im 2. Jahrhundert v. Chr. hatte der Aventin den Charakter einer Akropolis der Plebejer; so flüchtete Gaius Gracchus 123 v. Chr. mit seinen Freunden und Anhängern auf den Aventin und unternahm von hier aus einen letzten Versuch, sich zu verteidigen. Die Schilderung jener Vorgänge vermittelt eine recht gute Vorstellung von der Lage der wichtigsten Kultbauten. Gaius Gracchus flüchtete zunächst in den Tempel der Diana, dann in den der Minerva. Da auch hier kein Widerstand mehr möglich war, rettete er sich in den Tempel der Luna an der Ostseite des Hügels, wo er sich beim Sprung vom Tempelpodium einen Knöchel verrenkte. Von hier aus stieg er den Aventin hinab, eilte durch die Porta Trigemina und überquerte den Pons Sublicius, während einige seiner Freunde unter Aufopferung ihres Lebens die Verfolger aufhielten. Auf dem Gianicolo schließlich sah er keinerlei Rettungsmöglichkeit mehr und beging in dem Hain der Furrina Selbstmord.

In augusteischer Zeit wurden der Aventin und der Kleine Aventin der Regio XII *(Piscina Publica)* und der Regio XIII *(Aventinus)* zugeteilt. Die Grenze dazwischen bildete der *Vicus Piscinae Publicae*, der heutige Viale Aventino, und seine Verlängerung jenseits der Servianischen Mauer, der *Vicus Portae Raudusculanae*, der heutige Viale della Piramide Cestia. Die erste befahrbare Straße auf den Hügel war der *Clivus Publicius*, der heutige Clivo dei Publici, der vom *Forum Boarium* herkam und bis zum *Vicus Piscinae Publicae* den gleichen Verlauf hatte wie die heutige Via di Santa Prisca. Von ihm zweigte eine der heutigen Via di S. Sabina entsprechende Straße ab, bei der es sich wahrscheinlich um den *Vicus Armilustri* handelte, der die Stadt im Süden durch die *Porta Lavernalis* verließ. Von der *Porta Trigemina* führte eine Straße zwischen Tiber und Aventin hindurch, die dem Verlauf der heutigen Via della Marmorata folgte und das erste Stück der *Via Ostiensis* bildete.

In der Kaiserzeit verlor der Aventin immer mehr den Charakter eines einfachen Wohn- und Geschäftsviertels und verwandelte sich in ein Wohngebiet des römischen Adels. Die ärmere Bevölkerung zog ins Flachland an der Südseite in die Nachbarschaft des *Emporium* und auf das rechte Flußufer nach Trastevere. So kennt man aus der republikanischen Zeit nur die Häuser einiger Dichter, die auf dem Aventin wohnten (z. B. Naevius und Ennius), aus der Kaiserzeit ist dagegen eine Fülle bedeutender Namen bekannt: der Kaiser Vitellius, L. Licinius Sura, der Freund Trajans, Trajan und Hadrian selbst, bevor sie Kaiser wurden, und L. Fabius Cilo, der Stadtpräfekt zur Zeit des Septimius Severus, wohnten auf dem Aventin. Dieser Charakter eines vornehmen Wohnviertels war schuld daran, daß Alarich den Hügel fast vollständig zerstörte; die Goten plünderten damals die luxuriösen Häuser auf dem Aventin besonders verbissen. Dies geht nicht nur aus den archäologisch nachweisbaren Spuren, sondern auch aus den Briefen des heiligen Hieronymus hervor.

Die von Licinius Sura oder seinem Freund Trajan beim Haus des Sura erbauten *Thermae Suranae* und die von Kaiser Decius angelegten *Thermae Decianae* müssen in ihrer Ausstattung der vornehmen Gegend angemessen gewesen sein. Die großen, aber gewöhnlicheren Caracalla-Thermen waren für die Bewohner der einfachen, dichtbesiedelten Regio XII da. Die orientalischen Kulte waren auf dem Aventin weniger zahlreich vertreten als in den volkstümlichen Vierteln in Trastevere. Es gab ein Heiligtum des *Iuppiter Dolichenus*, das sogenannte *Dolocenum*, und ein Mithräum unter S. Prisca.

Außerdem weiß man von einem Heiligtum der Isis auf dem Kleinen Aventin. Das Viertel muß schon sehr früh von Christen bewohnt gewesen sein, wie die Geschichte des *Titulus* von S. Prisca zeigt. Während in den ersten Jahrhunderten der Republik das Geschäftsleben sich an den Nordhängen des Aventin, der als Wohnviertel eng mit dem Hafen verbunden war, auf dem *Forum Boarium* abspielte, verlagerte es sich seit dem Anfang des 2. Jahrhunderts v. Chr. immer mehr in die Ebene an der Südseite. Hier baute man den neuen Hafen, das *Emporium*, außerdem die *Porticus Aemilia* und dahinter große Lagerhäuser und Vorratsschuppen, wie die *Horrea Galbana*, die *Lolliana*, *Aniciana*, *Seiana* und *Fabaria*, sowie das *Forum Pistorium*, den Brotmarkt. Die heute noch gebräuchliche Bezeichnung dieser Gegend als „Marmorata" erinnert an eines der wichtigsten Produkte, die hier verladen wurden: den Marmor.
Hinter all diesen Gebäuden, die man als den „Bauch von Rom" bezeichnen könnte, erhebt sich der 30 m hohe *Mons Testaceus*, der Scherbenberg. Er besteht nur aus Amphorenscherben vom benachbarten Hafen, die hier aufgeschüttet wurden. Der Berg ist gewissermaßen das noch unerforschte Archiv der römischen Wirtschaftsgeschichte.

Beschreibung der Denkmäler

Die Tempel der Diana und der Minerva. In der Mitte des Hügels standen die Tempel der Diana und der Minerva, von denen nichts mehr erhalten ist. Da sie jedoch auf einem Fragment des severischen Marmorplans dargestellt sind, kennt man ihren Grundriß und ihre Lage genau. Sie standen ungefähr an der Stelle der heutigen Via di S. Domenico in dem Gebiet zwischen S. Alessio, S. Sabina und S. Prisca.
Der *Diana-Tempel* wurde 36 v. Chr. von L. Cornificius wieder aufgebaut. Der Bau hatte acht Säulen an den Schmalseiten und doppelte Säulenreihen an den beiden Längsseiten; sein Grundriß erinnert stark an den des *Artemision* in Ephesos. Um den Tempel stand ein Portikus mit zwei Säulenreihen. Der weiter nördlich gelegene Minerva-Tempel war anders orientiert, er ist auf dem Marmorplan als Peripteros mit sechs Säulen an den Schmalseiten dargestellt.

Die Ausgrabungen unter S. Sabina. Unter der Kirche S. Sabina an der Nordwestseite des Aventin wurde mehrfach gegraben. Die wichtigsten Ausgrabungen fanden 1855–1857 und 1936–1939 statt. Im vorigen Jahrhundert erforschte man das Gebiet im Norden der Kirche am Rand der modernen Gartenanlagen und fand dabei Reste der Servianischen Mauer, bei denen sich deutlich zweierlei Phasen unterscheiden ließen: eine archaische aus Cappellaccio und die vom Anfang des 4. Jahrhunderts v. Chr. stammende Schicht aus Tuff von Grotta Oscura. Mehrere Häuser wurden an die Mauer herangebaut. Die ältesten sind aus *opus incertum* und haben Mosaikfußböden mit Marmoreinsprengseln. Es handelt sich offensichtlich um private Wohnhäuser aus dem 2. Jahrhundert v. Chr. Außerhalb der Mauern wurden einige Häuser aus *opus reticulatum* angebaut und zugleich vier Durchgänge geöffnet. Einige Räume wurden im 2. Jahrhundert n. Chr. wiederhergestellt und, wie aus den erhaltenen Malereien und Kritzeleien hervorgeht, von einer Isis-Gemeinde benutzt. Im 3. Jahrhundert n. Chr. baute man einen Teil dieser Gebäude mit Ziegelmauern in eine Thermenanlage um.
In den Jahren 1936 bis 1939 wurde bei Grabungen unter dem Kreuzgang der Kirche eine antike Straße gefunden, die parallel zum weiter östlich gelegenen *Vicus Armilustri* verlief. Da sie dem Hügelkamm folgt, wurde sie mit dem *Vicus Altus* identifiziert. An der Straße stand ein Ziegelbau mit einem Innenhof und einigen kleinen Räumen; nach dem Befund von Mauerwerk und Mosaiken kann er spätestens aus augusteischer Zeit

stammen. In der Kirche selbst fand man Wohnhäuser mit prächtigen Marmorfußböden vom Anfang der Kaiserzeit. Außerdem entdeckte man einen kleinen Tempel mit zwei Säulen aus Peperin zwischen den vorgezogenen Längsmauern (Anten-Tempel), der ungefähr aus dem 3. Jahrhundert v. Chr. stammt. Bemerkenswert ist, daß die Vorderseite am Ende der Republik oder zu Beginn der Kaiserzeit mit *opus reticulatum* zugemauert wurde. Es ist auszuschließen, daß es sich um den Tempel der Iuno Regina handelt, der zwar in dieser Gegend gewesen sein muß, der aber sicher sehr viel länger in Gebrauch und wahrscheinlich auch ein ansehnlicheres Gebäude war. Es kommt also nur eines der kleineren Heiligtümer dieser Gegend in Frage, etwa der Tempel der *Libertas*. Seit dem Beginn des 1. Jahrhunderts n. Chr. stand an dieser Stelle ein reiches Wohnhaus.

Das Dolocenum. Die Regionskataloge und andere Quellen erwähnen ein Heiligtum des *Iuppiter Dolichenus* auf dem Aventin. Es ließ sich durch mehrere Funde in der Nähe von S. Alessio und S. Sabina lokalisieren. Beim Bau der Via di S. Domenico fand man 1935 einen 22,60 m langen und 12 m breiten Bezirk, dessen nördliche Längsseite mit einem Teil der Schmalseiten freigelegt wurde. Diese Anlage, wahrscheinlich ursprünglich ein Hof, gehörte zu einem größeren Gebäude, das zum Teil schon in augusteischer Zeit gebaut wurde. Es bestand aus einem weiten Saal mit einem Vorraum und einem annähernd quadratischen Zimmer dahinter. In dem Mittelsaal fand man noch an Ort und Stelle Reste eines Altars und eine große Inschrift für den *Iuppiter Dolichenus*, gestiftet von Annius Iulianus und Annius Victor. Außerdem entdeckte man eine Fülle von Statuen, Reliefs und Inschriften in dem Gebäude, aus denen die synkretistische Tendenz des aus Kleinasien stammenden Kults hervorgeht: die verschiedenartigsten Gottheiten, vor allem aber die auf dem Aventin verehrten (Diana, Isis und Serapis, Mithras, die Dioskuren, Sol und Luna u. a.), werden in den Kult einbezogen. Die Fundstücke sind jetzt im Kapitolinischen Museum (Sale dei culti orientali) ausgestellt.
Das ursprünglich nicht überdachte Gebäude wurde in der Zeit des Antoninus Pius nach 138 n. Chr. errichtet, wie aus Ziegelstempeln und einer Inschrift von 150 n. Chr. hervorgeht. In der zweiten Hälfte des 2. Jahrhunderts n. Chr. wurde es überdacht, was sich wiederum aus Ziegelstempeln ergibt. Der Bau wurde mehrfach restauriert, besonders im 3. Jahrhundert n. Chr., als der Kult in seiner höchsten Blüte stand.
Das Dolocenum ist zur Zeit nicht zugänglich.

Das Mithräum von S. Prisca und die Thermae Suranae. Bei der Kirche S. Prisca soll der älteste christliche Kultplatz des Aventin gewesen sein, jener *Titulus* des Aquila und der Prisca, bei denen der heilige Petrus und der heilige Paulus zu Gast gewesen sein sollen.
Bei den 1934 begonnenen und von holländischen Archäologen fortgesetzten Grabungen fand man ein prachtvolles Mithräum, das in die Räume eines älteren Hauses (II) hineingebaut war. Das Gebäude ist nach den Ziegelstempeln um 95 n. Chr. oder wenig später zu datieren. Es liegt nördlich der Kirche und wird durch einen vierseitigen Portikus abgeschlossen (R–X). Um 110 n. Chr. baute man den Hof in eine Wohnung um und errichtete weiter südlich in einem angrenzenden Haus (I) ein großes Nymphäum mit einer Apsis (C; unter dem jetzigen Tennisplatz). Gegen Ende des 2. Jahrhunderts n. Chr. wurde südlich davon ein zweischiffiges Gebäude errichtet, auf dem die heutige Kirche steht; vielleicht war dies der frühchristliche *Titulus*. Gleichzeitig baute man in dem Saal W ein Mithräum, das um 400 n. Chr. kurz vor der Errichtung der Kirche offensichtlich von den Christen zerstört wurde.

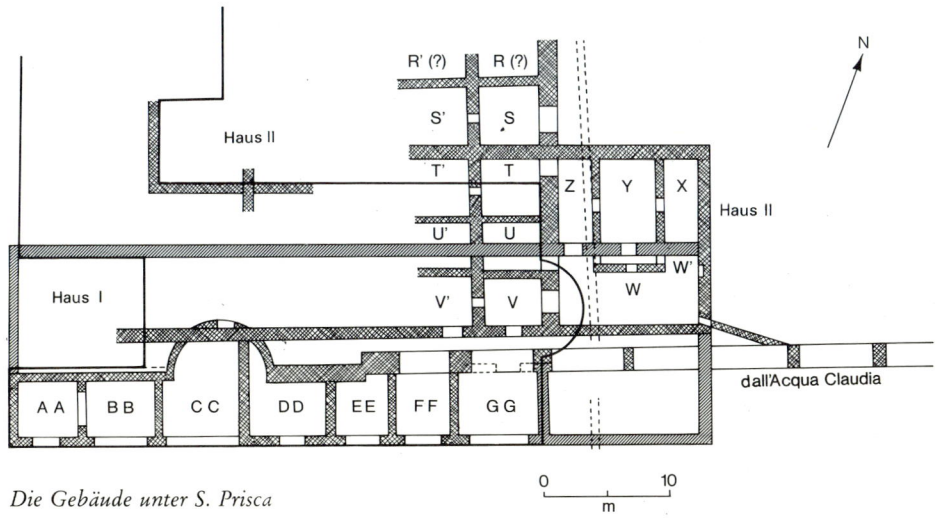

Die Gebäude unter S. Prisca

0   10
m

Die Ausgräber halten das erste Gebäude für das Haus, in dem Trajan wohnte, bevor er Kaiser wurde. Wahrscheinlicher ist jedoch, daß es sich um das Haus des Licinius Sura handelt. Die Thermen des Sura sind auf dem Fragment des severischen Marmorplans dargestellt, das an das Stück mit dem Tempel der Diana anschließt. Daraus geht hervor, daß die Thermen unmittelbar westlich von S. Prisca unter der jetzigen Tanzschule lagen, wo bei neueren Grabungen bedeutende Überreste zutage kamen. Hinzu kommt, daß die Bögen der *Aqua Marcia*, die zu den Thermen des Sura führten, das Gelände der späteren Kirche durchquerten. Vermutlich lag das Haus des Licinius Sura neben den Thermen. Sie wurden von Gordian und dann nochmals 414 n. Chr., nach der Plünderung durch Alarich restauriert.

Auf dem severischen Plan ist nördlich davon ein zweifellos republikanischer Tempel dargestellt, dessen Benennung unsicher ist. Es könnte der Tempel der Luna oder der des Vertumnus sein.

Über eine Treppe an der rechten Seite der Kirche gelangt man in das Mithräum. Man durchquert zunächst das halbrunde Nymphäum, in dem ein kleines Museum mit den Fundstücken aus der Grabung eingerichtet ist. Man beachte die prächtige Darstellung des Sonnengottes aus buntem Marmor *(opus sectile)* und die Köpfe aus Stuck, darunter einer des Serapis, die zur Dekoration des Mithräums gehörten. In einem kleinen Raum in der Nähe sind einige Säulentrommeln aus Peperin mit einem Durchmesser von 90 cm verbaut, die zweifellos von einem in der Nachbarschaft liegenden republikanischen Tempel stammen.

Durch die Krypta der Kirche kommt man in den Vorraum (V) des *Spelaeum.* Im älteren Mithräum war hier eine Art Eingangsraum, der jedoch später mit seitlichen Bänken ausgestattet und durch die Verbreiterung der Durchgangstür in den Hauptraum einbezogen wurde. Der ursprünglich nur 11,25 m lange und 4,20 m breite Saal bekam so eine Gesamtlänge von 17,50 m. Wahrscheinlich ersetzte man damals die erste Malereischicht und vervollständigte die Dekoration der Rückwand durch neue Figuren aus Stuck.

In den beiden Nischen beim Eingang standen die Statuen des *Cautes* und *Cautopates.* Die des Cautes ist erhalten; wahrscheinlich stellte sie ursprünglich einen Merkur dar und wurde durch Stuckergänzungen umgewandelt. Die kürzlich restaurierte Nische in der Rückwand zeigt eine in Rom einzigartige Szene: außer dem üblichen stiertötenden Mithras, der allerdings sonst nicht nackt dargestellt wird, gibt es einen liegenden Saturn, dessen Körper aus Amphoren besteht, die mit Stuck überschmiert sind. Links der Nische ist eine große Inschrift eingeritzt, wahrscheinlich von einem Gläubigen, der am 21. November 202 n. Chr. „geboren", das heißt nach der Einführung in die Mysterien wiedergeboren wurde. In jenem Jahr bestand das Mithräum also schon. Bemerkenswert sind vor allem die Malereien auf den seitlichen Wänden oberhalb der Bänke. In der Mitte der rechten Seitenwand war ursprünglich eine Tür, die verschlossen und in einen Thron umgebaut wurde. Die Malereien liegen in zwei Schichten mit sehr ähnlichen Darstellungen übereinander.

Rechte Wand (von links nach rechts): 1) Sitzender Mann mit phrygischer Mütze und einem roten Gewand. Links von seinem Kopf eine Inschrift: *Nama [patribus] / ab oriente / ad occidente[m] / tutela Saturni*. 2) Ein jugendlicher Mann mit einer Aura um den Kopf und einem Globus in der Hand. Die Beischrift lautet: *[na]ma tute[l]a S[ol]is*. Oberhalb davon sieht man unter dem heruntergefallenen Verputz die Beischrift der früheren Malereischicht: *nama h[el]iodrom[i]s / t[utela ...]*. 3) Füße und rechter Arm einer Gestalt mit der Beischrift: *[na]ma persis / tutela [mer]curis*. 4) Eine andere, kaum noch sichtbare Gestalt mit der Beischrift: *nama l[e]on[i]b[us] / tutela Iovis*. 5) Eine Gestalt in Dreiviertel-Ansicht, die den Mantel des Vorhergehenden trägt und einen runden Gegenstand an die Brust drückt. Die Beischrift lautet: *nama militibus / tutela Mart[is]*. 6) Ein Stehender mit einem roten Gegenstand in der Hand. Über seinem Kopf steht: *nama nym[phis] / tut[ela]*... Auf der unteren Schicht erscheint die Beischrift: *[n]a[ma] nymph[i]s / tut[ela Ve]n[eri]s*. 7) Reste einer weiteren Gestalt.

Die Bedeutung dieser Prozession und der seltsamen Namen wird in einem Brief des heiligen Hieronymus aus dem Jahre 403 aufs schönste erklärt: „Hat nicht Euer Verwandter Gracchus... vor wenigen Jahren, als er Stadtpräfekt war (im Jahre 377), eine Mithras-Grotte mit all den seltsamen Mysterien, in die man hier eingeführt wird, als Rabe (corax), als Nymphus, als Soldat (miles), als Löwe (leo), als Perser (Perses), als Heliodromus oder als Vater (pater), zerstört und die Anhänger wie Belagerte gezwungen, sich christlich taufen zu lassen?" Wie man sieht, hat man hier einen sehr ähnlichen historischen Fall von der Zerstörung eines Mithräums durch Christen ungefähr in den gleichen Jahren. Der heilige Hieronymus gibt ein Verzeichnis der Initiationsstufen des Mithras-Kults, die man in der gleichen Reihenfolge auf der Wand unseres Mithräums findet. Die Beischrift der letzten, nicht erhaltenen Gestalt ist als „*nama coracibus – tutela Lunae*" zu ergänzen. Jedem der sieben Initiationsgrade, die in aufsteigender Rangfolge aufgezählt sind (*corax, nymphus, miles, leo, perses, heliodromus, pater*), entspricht ein Planet. *Nama* ist ein persisches Wort, das Ehre oder Verehrung bedeutet. Die immer wiederholte Formel läßt sich etwa übersetzen: Ehre den Löwen, die von Juppiter beschützt werden, u.ä. Die Planeten sind in einem kosmischen Kult nicht weiter verwunderlich; im Fußboden des als „Mitreo delle Sette Sfere" bezeichneten Mithräums in Ostia sind die sieben Himmelskörper dargestellt.

Hinter der Tür sind auf der rechten Wand sechs weitere Gestalten mit ihren Namen bezeichnet. Sie gehörten alle zum Grad der *leones*. Sie tragen einen Stier, einen Hahn, einen Widder, einen Mischkrug und ein Schwein. In der früheren Schicht muß, wie an einigen Stellen zu sehen ist, eine ähnliche Szene dargestellt gewesen sein.

Die Prozession der *leones* setzte sich auf der linken Wand fort. Am Ende des Zuges sieht man rechts eine Grotte mit vier Personen: Mithras (rechts) und Sol (links) werden beim Gelage von zwei anderen, von denen einer einen Rabenkopf hat, bedient. Hier muß das Bündnis zwischen Mithras und Sol dargestellt sein.

Die Räume links vom Hauptsaal wurden wohl für andere Kultaufgaben, beispielsweise für Initiationsriten, verwendet.

Die Decius-Thermen. Im Jahre 242 n. Chr. ließ der Kaiser Decius eine Thermenanlage bauen, die nach ihm benannten *Thermae Decianae*. Ihre Lage ist durch die Reste des riesigen Komplexes gesichert. Hinzu kommen einige zum Teil an Ort und Stelle gefundene Inschriften (eine davon ist jetzt im Hof des Casale Torlonia), aus denen die Geschichte des Bauwerks hervorgeht. Es wurde einmal von Constantius und Constans und einmal, nach der Zerstörung durch Alarich, im Jahre 414 n. Chr., restauriert. Zahlreiche Kunstwerke stammen von hier, unter anderem auch ein Herkules-Knabe aus grünem Basalt und ein Relief mit dem schlafenden Endymion (beide im Kapitolinischen Museum).

Der Grundriß ist durch eine Zeichnung von Palladio überliefert, so daß die erhaltenen Reste – am beachtlichsten ist die Apsis eines Saales an der Südecke – genau bestimmt werden können. Der zentrale Baukörper war ungefähr 70 m lang und 35 m breit.

Die Thermen stehen über einer Anzahl älterer Gebäude, die in den Kellerräumen des Casale Torlonia und unter der Piazza del Tempio di Diana noch zu sehen sind. Einige der Mauern aus *opus quasi reticulatum* tragen eine Dekoration aus dem Ersten Stil, vom letzten Viertel des 2. Jahrhunderts v. Chr. Es ist das einzige Beispiel dieses Dekorationsstils, das in Rom bis jetzt bekannt ist. Das bedeutendste dieser Gebäude geht auf trajanische Zeit zurück, wie die Ziegelstempel beweisen. Zahlreiche Räume sind mit Mosaikfußböden und Malereien, in deren Feldern Landschaften, Masken, Blumen und andere kleine Motive dargestellt sind, bis zum Gewölbe erhalten. Möglicherweise gehörten diese Häuser Decius selbst (man weiß, daß einige Mitglieder seiner Familie auf dem Aventin wohnten). Es ist jedoch nicht auszuschließen, daß es sich um das Haus Trajans (*Privata Traiani*) handelt.

Der Kleine Aventin. Die östliche Fortsetzung des Aventin gehörte zur Regio XII und wurde zum Teil von der Servianischen Mauer umschlossen, in der an der Ostseite die *Porta Naevia*, das einzige Tor in dieser Gegend, lag. Die Regio XII ist nach einem vermutlich künstlichen Becken, *Piscina Publica*, benannt, das 215 v. Chr. erstmals erwähnt wird, bald jedoch wieder verschwindet. Auf dem Hügel stand in der Nähe von S. Saba die Kaserne der Vierten Kohorte der *Vigiles* (Feuerwache). Unterhalb des Felsens an der Nordseite lag der Tempel der *Bona Dea Subsaxana*.

Von den zahlreichen bezeugten Wohnhäusern dieses Viertels ist nur die *Domus Cilonis* nachweisbar. Septimius Severus schenkte das Haus seinem Freund L. Fabius Cilo, dem Stadtpräfekten von 203 und Konsul von 204 n. Chr. In der Kirche S. Balbina am Nordhang sind bedeutende Teile dieses Hauses verbaut. In dem benachbarten Kloster, dem heutigen Ospizio di S. Margherita, sind noch beachtliche Mauerreste aus hadrianischem *opus mistum* zu sehen. Die Kirche selbst wurde erst im 4. Jahrhundert erbaut.

In der Gegend zwischen der Servianischen und der Aurelianischen Mauer standen südlich der *Via Appia*, deren erstes Stück außerhalb der *Porta Capena* Septimius Severus durch die breite *Via Nova* ersetzte, hauptsächlich Gräber und kaiserzeitliche Häuser. Einige davon wurden für den Bau der riesigen Caracalla-Thermen abgerissen. 1858 grub man in der Vigna Guidi ein solches Haus mit zahlreichen Räumen aus, die mit Mosaiken, Malereien und Skulpturen reich ausgestattet waren. Bei einer Nachgrabung konnte 1970 das Gebäude genauer datiert werden; man fand guterhaltene Fragmente einer prächtigen Deckenmalerei aus späthadrianischer Zeit (etwa 130–138 n. Chr.), mit denen die Dekoration rekonstruiert werden kann.

Die Caracalla-Thermen. Die Caracalla-Thermen, das großartigste Beispiel einer kaiserzeitlichen Thermenanlage, sind in ihrem Baubestand noch gut erhalten und wurden nie überbaut. Wie die Ziegelstempel beweisen, wurde der Bau 212 n. Chr. von Caracalla und nicht, wie bisweilen behauptet wird, bereits 206 von Septimius Severus begonnen. In jenem Jahr wurde von der *Aqua Marcia* eigens eine Abzweigung, die *Aqua Antoniniana*, gebaut, die kurz vor der Porta S. Sebastiano auf dem sogenannten *Arco di Druso* über die Via Appia führt. Der Arco di Druso war vor dem Bau des Stadttors eine Art Eingangstor zur Stadt. Die Bauarbeiten an den Thermen müssen bis ungefähr 217 n. Chr. gedauert haben. Die äußere Umfassung *(porticus)* wurde erst von den beiden letzten severischen Kaisern, Elagabal und Alexander Severus, gebaut. Aurelian, Diokletian und Theoderich restaurierten die Thermen. Als Witigis 537 die Wasserzufuhr abschnitt, verfielen die Thermen. Bei den Grabungen, die vor allem im 16. Jahrhundert hier stattfanden, kamen zahlreiche Kunstwerke zutage. Es seien hier nur die drei riesigen Skulpturen der Sammlung Farnese genannt, der Stier, die Flora und der Herkules, das 1824 gefundene und jetzt im Lateranischen Museum im Vatikan aufbewahrte Ath-

Caracalla-Thermen
(Detail)

Caracalla-Thermen
(Luftaufnahme)

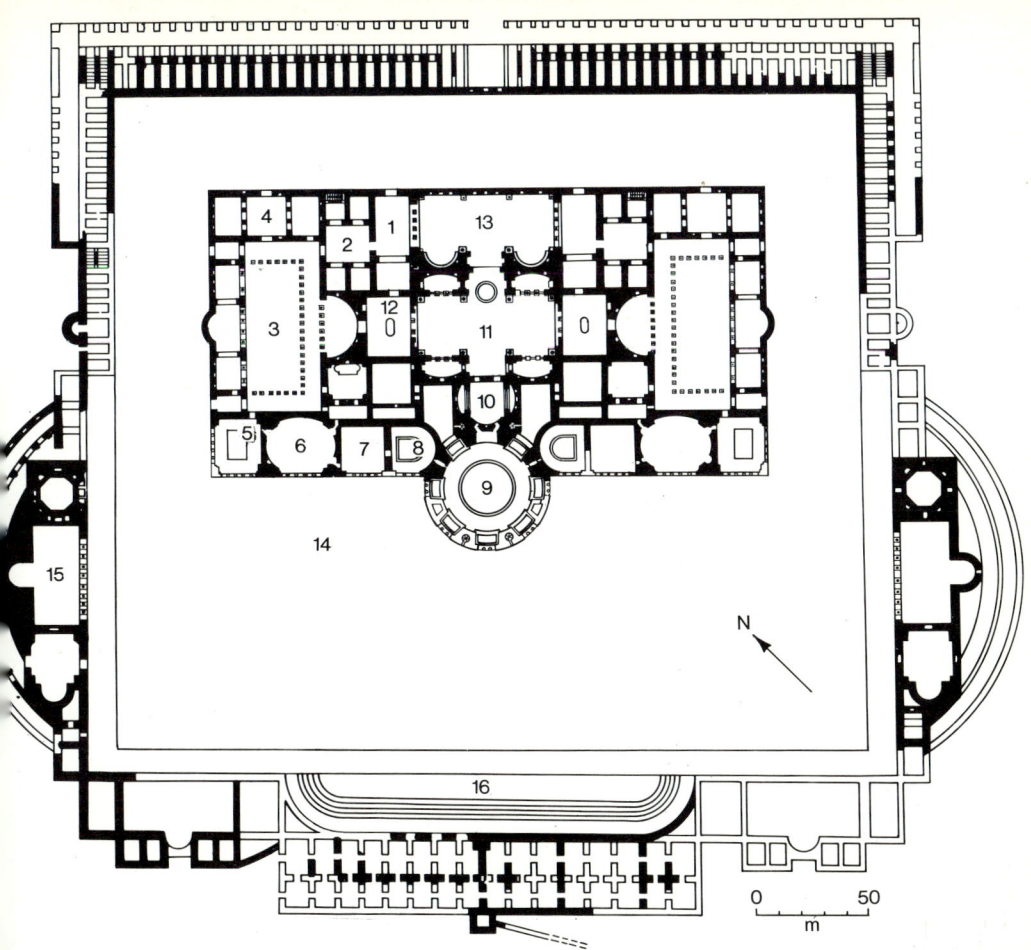

Grundriß der Caracalla-Thermen

letenmosaik und die beiden Granitwannen auf der Piazza Farnese. Auch in diesem Jahrhundert wurden noch bedeutendere Grabungen durchgeführt. So legte man 1901 und 1912 einen Teil der Kellerräume frei, 1938 wurde bei der Fortführung dieser Arbeiten ein großes Mithräum gefunden.

Die Anlage hatte mit den äußeren Umfassungsbauten eine Breite von 337 m und eine Tiefe von 328 m, mit dem beiden Exedren überstieg die Breite 400 m.

Der mittlere Baukörper maß 220 × 114 m; mit dem runden Caldarium betrug die Tiefe mehr als 140 m. Diese Maße wurden erst von den Diokletians-Thermen übertroffen.

Die äußere Umfassung bestand an der Nordwestseite aus einem Portikus, von dem so gut wie nichts mehr erhalten ist. Davor lag eine Reihe zweistöckiger Räume, die eine Seite der riesigen, für die Thermen angelegten Terrasse abstützten. An den beiden Seiten waren große Exedren (15) angebaut. Sie umschlossen einen Mittelsaal mit einer Apsis und einer Säulenstellung davor sowie zwei nicht symmetrische, kleinere Räume an den Seiten. An der Rückseite verdeckte eine flache Exedra (16) in der Form eines halben Stadions mit zwei Stufen die riesigen Zisternen. Sie bestanden aus einer doppelten Reihe von Kammern und konnten 80 000 Liter Wasser fassen. Rechts und links davon lagen zweifellos die beiden Bibliotheken, von denen nur die rechte erhalten ist. An der Innenseite führte ein etwas überhöht liegender Umgang an der gesamten Umfassung entlang; wahrscheinlich bestand er, wie die antike Bezeichnung der Umfassungsmauer als *Porticus* nahelegt, aus einer offenen Halle. Um die eigentliche Thermenanlage in der Mitte herum war ein Park angelegt.

Die Thermen hatten ungefähr denselben Grundriß und dieselbe Orientierung wie die älteren Anlagen, zum Beispiel die Trajans-Thermen. In der Fassade auf der Nordost-seite waren vier Eingänge, zwei davon führten zum Vorraum der Natatio, die beiden anderen unmittelbar zu den beiden Sportplätzen. Heute betritt man die Thermen durch den rechten Mitteleingang (1), von wo aus man am besten etwa denselben Weg nimmt, wie ein Benutzer der Thermen in der Antike. Von dem Vorraum (1) der *natatio* (13) kommt man in einen quadratischen Raum (2), der an beiden Seiten von zwei tonnen-überwölbten Kammern flankiert wird (im zweiten rechts führt eine Treppe in das Obergeschoß). Hier war wohl der Auskleideraum, das *Apodyterium*. Dann folgte einer der beiden spiegelbildlich angeordneten Sportplätze (3). Er bestand aus einem offenen, 50 m langen und 20 m breiten Hof, der an drei Seiten von überwölbten Portiken mit Säulen aus Giallo Antico eingefaßt war. Hinter sechs Säulen lag eine große halbrunde Nische am Portikus, gegenüber, wo keine Säulen standen, befanden sich fünf Räume – der mittlere mit Apsis. Hier begann der Badegast seinen Rundgang mit verschiedenen teils im Freien, teils in überdachten Räumen ausgeführten sportlichen Übungen. Auf dem Fußboden liegen noch einige bemerkenswerte vielfarbige Mosaiken; aus der halb-runden Nische stammt das Athletenmosaik im Lateran-Museum. Von hier aus ging man in die anschließenden Räume an der Südwestseite (6, 7, 8). Der nach Südwesten geöffnete Raum mit zwei gebogenen Seiten (6) könnte ein *Laconicum* (Türkisches Bad) gewesen sein. Man beachte die kleinen, schrägen Eingänge, durch die Wärmeverluste vermieden werden sollten.

Vom *Caldarium* (9) steht nur noch ein Teil. Es war ein großer, runder Saal mit einem Durchmesser von 34 m und einer Kuppel, die auf acht mächtigen Pfeilern ruhte, von denen noch vier völlig erhalten sind. Vier große, in zwei Reihen übereinander angeord-nete Fenster ließen vom späten Vormittag bis zum Sonnenuntergang Licht und Wärme ein. In der Mitte muß ein rundes Becken gewesen sein; sechs kleinere lagen jeweils zwischen den Pfeilern.

Die andere Seite des Gebäudes war genau gleich, so daß man den bisher beschriebenen Rundgang auch von dort aus beginnen konnte. Vom Caldarium an vereinigten sich die beiden Besucherströme. Nach dem Schwitzbad im *Laconicum* und dem Warmwas-serbad im *Caldarium* betrat man das mäßig erwärmte *Tepidarium* (10), einen kleinen Raum mit zwei seitlichen Becken. Dann durchquerte man den großen Mittelsaal, die *Basilica* (11), und beendete das Bad mit einem Sprung in das Schwimmbecken (13).

Die Grab-Pyramide des Gaius Cestius. Um
20 v. Chr. Blick von Westen auf den Mittelbau
der Caracalla-Thermen

Die Basilika (11) ist wie immer der größte Raum: sie ist 58 m lang und 24 m breit. Die drei großen Kreuzgewölbe ruhen auf acht Pfeilern, vor denen ursprünglich ebenso viele Granitsäulen standen. In den beiden rechteckigen Räumen an den Schmalseiten der Basilika standen wahrscheinlich die beiden heute auf der Piazza Farnese aufgestellten Granitwannen.

Auch die zweifellos nicht überdachte *Natatio* (13) war mit vier Granitsäulen geschmückt; die einzige erhaltene steht seit 1563 auf der Piazza di Santa Trinità in Florenz. Die Rückseite der Fassade ist mit Nischen aufgelockert, in denen zweifellos Statuen standen; zwischen zwei Säulen sind jeweils drei Nischen in zwei Reihen übereinander angeordnet. Gegenüber lagen in der Mitte eine zur *Basilica* hin offene, rechteckige und daneben zwei weite halbrunde Nischen, in denen jetzt vier große mit Götterdarstellungen geschmückte Kapitelle aufgestellt sind. – Man kann die Besichtigung auf der anderen, in einigen Teilen besser erhaltenen Seite fortsetzen.

Auch die Kellerräume, in denen die wichtigsten Versorgungseinrichtungen der Thermen untergebracht waren, sind sehr sehenswert. Sie bilden ein regelrechtes unterirdisches Straßennetz. In der Nähe der großen Exedra an der Nordwestseite (15) wurde das größte bisher bekannte Mithräum Roms eingerichtet (Zugang von der Außenseite, Schlüssel beim Wärter). Der mittlere Raum ist mit einigen Kreuzgewölben, die auf Pfeilern ruhen, überdeckt und hat zwei große seitliche Bänke. Der weiße, mit schwarzen Streifen eingefaßte Mosaikfußboden ist noch erhalten. Davor liegt wie immer ein Eingangsraum. Eine der folgenden Kammern deutete man als Stall für die Opferstiere.

Das Emporium und seine Umgebung. Seit dem Beginn des 2. Jahrhunderts v. Chr. war infolge des wirtschaftlichen Aufschwungs und des Bevölkerungszuwachses der alte Hafen am Forum Boarium zu klein geworden und konnte wegen seiner Lage zwischen den Hügeln auch nicht erweitert werden. Lucius Aemilius Lepidus und Lucius Aemilius Paullus, die Censoren des Jahres 193 v. Chr., entschlossen sich zu einer radikalen Lösung und bauten in dem freien Gelände südlich des Aventin den neuen Hafen, das *Emporium*, und dahinter die *Porticus Aemilia*. Die Censoren des Jahres 174 v. Chr. pflasterten das *Emporium*, unterteilten es mit Schranken und schufen Treppen zum Tiber hinunter. Außerdem vervollständigten sie die *Porticus Aemilia*, von der zwischen der Via Marmorata und der Via Franklin noch bedeutende Reste erhalten sind. Auf dem severischen Marmorplan ist sie sehr genau wiedergegeben. Das aus Tuff errichtete Gebäude ist eines der ältesten Beispiele für die Mauertechnik des *opus incertum*. Es war 487 m lang, 60 m breit und mit 294 Pfeilern in einzelne Räume unterteilt, die in sieben Reihen in die Tiefe gestaffelt waren und fünfzig jeweils 8,30 m breite überwölbte Schiffe bildeten. In der Via Branca, der Via Rubattino und der Via Florio sind noch einige Mauern sichtbar. In diesem eng mit dem Hafen verbundenen Gebäude wurden ganz offensichtlich die ankommenden Waren gelagert. Die 90 m betragende Strecke bis zum Fluß wurde später, besonders in trajanischer Zeit, mit anderen Lagerhäusern zugebaut.

Bei Befestigungsarbeiten am Tiber fand man in den Jahren 1868 bis 1870 das *Emporium*, das 1952 nochmals erforscht wurde. In der Mauer am Lungotevere Testaccio sind einige Teile des Emporiums verbaut. Es bestand aus einem etwa 500 m langen und 90 m tiefen Hafendamm mit Stufen und Rampen zum Fluß. Eine ähnliche, besser erhaltene Anlage befindet sich in Aquileia. Aus dem Damm ragten große Travertinblöcke hervor, an denen die Schiffe vertäut wurden. Die zumeist in *opus mistum* gebauten Mauern stammen von einem trajanischen Wiederaufbau.

Mit den wachsenden Bedürfnissen der Stadt füllte sich allmählich die ganze Ebene um den Testaccio mit Bauwerken, vor allem mit Getreidespeichern. Als die Gracchen damit begonnen hatten, kostenlos Getreide und andere Lebensmittel an die Bevölkerung der Stadt zu verteilen, mußten neue Lagerräume geschaffen werden. So entstanden mit der Zeit die *Horrea Sempronia, Galbana, Lolliana, Seiana* und *Aniciana*. Am besten kennt man die *Horrea Galbana*, die früheren *Horrea Sulpicia*, die auf denselben Fragmenten des severischen Plans dargestellt sind wie die Porticus Aemilia; sie lagen dahinter und waren anders orientiert. Beim Bau des Wohnviertels am Testaccio fand man mehrere Mauern der ganz aus Tuffretikulat gebauten *Horrea Galbana*. Sie bestanden aus drei rechteckigen, mit Portiken eingefaßten Höfen, an denen langgestreckte Räume *(Tabernae)* lagen. Kaiser Galba restaurierte das Gebäude, dessen erste Bauphase genau datiert werden kann. Vor den Horrea war das Grab des Konsuls Sergius Sulpicius Galba, der sicherlich mit dem Konsul des Jahres 108 v. Chr., dem Erbauer der Horrea, identisch ist. Der Bau stammt also aus den Jahren um 100 v. Chr., der Zeit des Tribunen Saturninus, und ist das älteste Beispiel für Retikulat-Mauerwerk.

Die Cestius-Pyramide. Die bei der Porta S. Paolo in die Aurelianische Mauer einbezogene Pyramide des C. Cestius war seit dem Mittelalter bekannt als *Meta Remi*. Ebenso wie die *Meta Romuli* (an der Kreuzung der *Via Cornelia* und der *Via Triumphalis*) war sie ein Grabdenkmal. Dies zeigen zwei gleichlautende Inschriften an Ostseite und an der Eingangsfront des Gebäudes im Westen: *C(aius) Cestius L(uci) f(ilius) Pob(lilia tribu) praetor, tribunus plebis (septem) vir epulonum* („Dem Gaius Cestius, Sohn des Lucius, aus der Tribus Publilia, Praetor, Volkstribun und Septemvir epulonum" [Mitglied eines Priesterkollegiums zur Ausrichtung kultischer Gastmähler]). Nur auf der Ostseite folgt noch eine weitere Inschrift in kleineren Buchstaben, die besagt, daß das Bauwerk auf Grund testamentarischer Verfügung in weniger als 330 Tagen vollendet wurde. Zwei Inschriften auf den zur Aufstellung der Bronzestatuen des Verstorbenen bestimmten Basen, die jetzt in den Kapitolinischen Museen aufbewahrt werden, erwähnen als Erben des Toten Träger berühmter Namen, darunter den Konsul des Jahres 31 v. Chr., M. Valerius Messalla, sowie den Bruder des Toten, Lucius Cestius, und M. Agrippa, den Schwiegersohn des Augustus. Die Statuen wurden angefertigt aus dem Verkaufserlös kostbarer attalischer Teppiche aus Pergamon, die wegen eines Gesetzes gegen den Luxus nicht im Grab niedergelegt werden durften. Dieses Gesetz wurde 18 v. Chr. erlassen; der in der Inschrift erwähnte Agrippa starb 12 v. Chr.: zwischen diesen beiden Jahren muß der Bau der Pyramide erfolgt sein.
Man kann den Bestatteten mit C. Cestius, dem Praetor des Jahres 44 v. Chr., identifizieren; dessen Bruder Lucius war vielleicht Praetor im Jahr darauf. Es ist nicht ausgeschlossen, daß der Bau der Cestius-Brücke auf einen dieser beiden zurückgeht. Die Erwähnung der kostbaren pergamenischen Teppiche *(attalica)* läßt aber auch an den römischen Ritter C. Cestius denken, der – vermutlich als Kaufmann oder Steuerpächter – zwischen 62 und 51 v. Chr. in Kleinasien ansässig war.
An den vier Eckpunkten der Pyramide standen ursprünglich Säulen; zwei davon wurden bei der durch Alexander VII. veranlaßten Ausgrabung im Jahre 1663 wieder aufgestellt; dies berichtet eine dritte Inschrift.
Die Seitenlänge der quadratischen Basis beträgt 29,50 m, die Höhe 36,40 m. Das Grabmal geht auf ägyptische Vorbilder zurück, deren Nachahmung in Rom nach der Eroberung Ägyptens im Jahre 30 v. Chr. in Mode kam. Stilbestimmend waren freilich weniger pharaonische als vielmehr ptolemäische Bauten, wie der Vergleich mit den Ruinen von Meroë in Nubien am deutlichsten zeigt.
Der mit *opus caementicium* ausgeführte Bau ist an den Fundamenten mit Travertin, sonst mit Marmorplatten verkleidet.
Man betritt das Grabmal durch eine kleine Pforte auf der Westseite (1,10 m × 1,80 m),

durchschreitet einen 10 m langen mit Ziegelsteinen verblendeten Gang und gelangt in die Grabkammer. Auch sie ist aus dem massiven Gußmauerwerk ausgespart und mit Ziegeln verblendet. Der Raum, einer der ältesten datierbaren römischen Ziegelbauten, ist 5,85 m × 4 m groß und mit einem Tonnengewölbe überdeckt. Auf dem Verputz waren prächtige Dekorationen des Dritten Stils: Wandfelder mit Kandelabern, in deren Rahmen zwei stehende und zwei sitzende Frauengestalten, vielleicht Priesterinnen, dargestellt waren. An den vier Ecken der Decke wiesen vier Viktorien mit Kronen auf die Mitte des Gewölbes. Sie gehörten vielleicht zu einer Darstellung der Apotheose des C. Cestius. Sowohl die Wanddekoration wie die Deckenmalerei sind heute völlig verblaßt. Sie waren die frühesten bekannten Beispiele des Dritten Stils.

Der Mons Testaceus. Der sogenannte Testaccio, der Scherbenberg, erhebt sich ungefähr 54 m über den Meeresspiegel und 30 m über seine Umgebung. Sein Umfang beträgt 1000 m, seine Oberfläche umfaßt ungefähr 20 000 m². Der etwa dreieckige Hügel liegt in der Ecke zwischen der Aurelianischen Mauer und dem Fluß am äußersten Südrand der Stadt. Er entstand aus dem Schutt zerscherbter Amphoren, die als Transportbehältnisse für eingeführte Güter gedient hatten.

Eine wahrscheinlich antike Rampe, die sich an der Nordostecke gabelt, wurde ursprünglich von den Schuttkarren befahren. Die oberste Schicht des Testaccio – nur diese ist einigermaßen erforscht – besteht fast ganz aus Ölamphoren spanischer Herkunft. Sie sind beinahe kugelrund und tragen einen Fabrikstempel auf einem der Henkel. Auf dem Körper sind mit einem Pinsel oder einer Feder der Name des Exporteurs, die verschiedenen Aus- und Einfuhrvermerke und das Konsulatsdatum angegeben. Der größte Teil der Amphoren stammt aus der Zeit zwischen 140 und der Mitte des 3. Jahrhunderts n. Chr. Der Testaccio ist ein Archiv der römischen Wirtschaftsgeschichte von der späten Republik bis zur Kaiserzeit. Leider ist er dem allgemeinen Zugriff ausgeliefert, so daß unwissende Sonntagsarchäologen ein unersetzliches Kulturgut zerstören können.

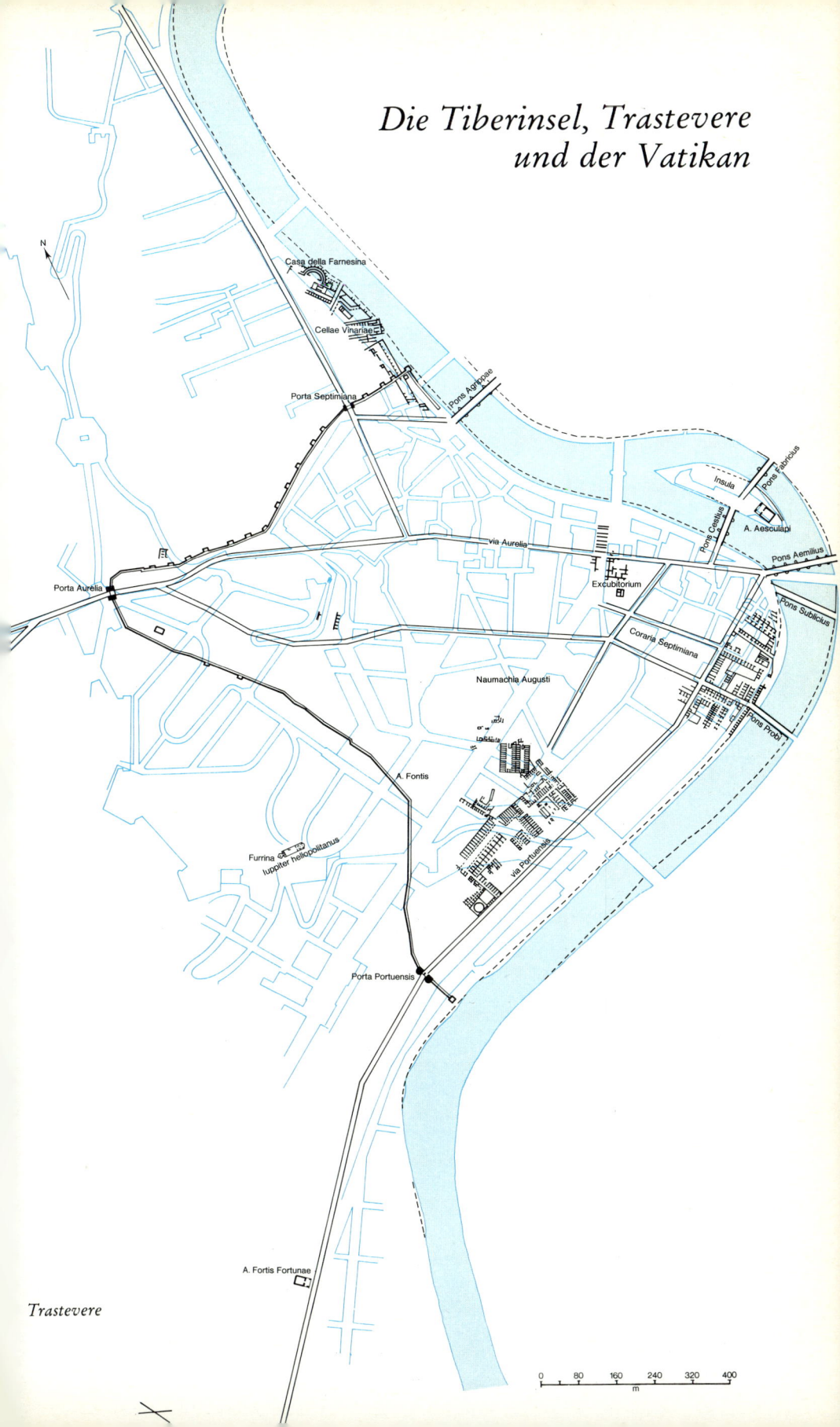

*Die Tiberinsel, Trastevere
und der Vatikan*

N

Casa della Farnesina

Cellae Vinariae

Porta Septimiana

Pons Agrippae

Insula

Pons Fabricius

via Aurelia

Pons Cestius

A. Aesculapi

Pons Aemilius

Excubitorium

Porta Aurelia

Pons Sublicius

Coraria Septimiana

Naumachia Augusti

Pons Probi

A. Fontis

Furrina
Iuppiter heliopolitanus

via Portuensis

Porta Portuensis

A. Fortis Fortunae

Trastevere

0   80   160   240   320   400
m

Geschichte und städtebauliche Entwicklung

Die letzte der 14 augusteischen Regionen umfaßte die Tiberinsel und die Wohnviertel am rechten Ufer des Tiber, das eigentliche Trastevere im Süden, den Gianicolo in der Mitte und den Vatikan im Norden. Dieses ganze Gebiet lag bis zur Zeit des Augustus außerhalb der Stadt, bis zur Zeit Aurelians außerhalb des *Pomerium*.

Der König Ancus Marcius soll den Gianicolo besetzt haben, der als natürlicher Brückenkopf am rechten Flußufer, auf der Höhe des *Pons Sublicius*, für die Verteidigung der Stadt von entscheidender Bedeutung war. Der zweifellos sehr alte Brauch, während der Versammlungen auf dem Marsfeld außerhalb der Stadt auf dem Hügel zum Zeichen der Gefahrlosigkeit eine Flagge zu hissen, unterstreicht die strategische Bedeutung der Anhöhe. In dem Viertel gab es einige alte Heiligtümer, wie das der *Dea Dia* an der *Via Campana* (im heutigen Quartiere della Magliana) und das der *Fors Fortuna* am ersten Meilenstein der Via Portuense, der antiken *Via Campana*, das von Servius Tullius gegründet worden sein soll. Die ersten privaten Siedlungen waren bäuerliche Anwesen: die *Prata Mucia* gehörten Mucius Scaevola, die *Prata Quinctia* zwischen dem Gianicolo und dem Tiber dem nicht weniger berühmten Cincinnatus. Einige bekannte Persönlichkeiten sind auf dem Gianicolo begraben: der sagenhafte König Numa und die Dichter Ennius und Caecilius Statius. Seit dem Ende der Republik entstanden immer mehr Nutzbauten und Wohnhäuser in Trastevere, wo vor allem Arbeiter und Krämer wohnten, die von dem benachbarten Hafen angezogen wurden. Inschriften und Schriftzeugnisse beweisen, daß Trastevere in der Kaiserzeit schon ein riesiges Viertel geworden war. Es bestand aus 78 *Vici*, das sind mehr als doppelt soviel wie in der nächstkleineren Regio IX. In Trastevere wohnten Töpfer, Arbeiter in den Gerbereien, Elfenbeinschnitzer, Kunsttischler, Müller, die ihre Mühle am Tiber betrieben, Lastträger der unzähligen Lagerhäuser und Arbeiter aus den Ziegeleien an den Vatikansbergen, die noch bis vor wenigen Jahren in Betrieb waren (Via delle Fornaci und Valle dell'Inferno).

Daß es sich um ein einfaches Viertel handelt, zeigen die hier angesiedelten Kulte, die, abgesehen von den älteren Heiligtümern der *Dea Dia*, der *Fors Fortuna*, der *Furrina*, der *Fons* und der *Divae Corniscae*, alle aus dem Orient stammen. In Trastevere gibt es Heiligtümer der *Dea Syria*, des *Hadad* und des *Sol*, im Vatikan Kultstätten der *Kybele* und der *Isis*. Der Isis-Tempel, das sogenannte *Phrygianum*, war in der Nähe der Fassade von St. Peter, das Heiligtum der syrischen Gottheiten wurde 1906 am Gianicolo gefunden. Seit dem Ende der Republik lebten hier viele Syrer und Hebräer; in der Nähe der Porta Portese wurde der älteste jüdische Friedhof von Rom entdeckt. In dieser Gegend, die das mittelalterliche Ghetto gewissermaßen vorwegnahm, muß auch die Synagoge gewesen sein.

Wie in allen Außenbezirken standen auch hier die Hütten der Armen in den ungesunden Niederungen, während an den Hängen, auf den Hügeln und an den Ufern des Tiber Vorstadtvillen und Gärten lagen. Cicero erwähnt in einigen Briefen aus dem Jahre 45 v. Chr. eine beachtliche Anzahl solcher Villen. Eine der bedeutendsten gehörte jener berühmten Clodia, der Lesbia Catulls, die eine Schwester des Tribuns Clodius, Ciceros Todfeind, war. Die Villa lag am Tiberufer. Man hat sie mit der Villa unter der Farnesina identifiziert, einem großartigen Gebäude aus spätrepublikanischer Zeit, dessen prächtige augusteische Dekorationen sich jetzt im Thermen-Museum befinden. Die Anlage wurde gleich nach der Ausgrabung im Jahre 1880 wieder zugeschüttet. Neben der Villa waren Weinkeller, die in einer Inschrift als *cellae vinariae novae et arruntianae* bezeichnet werden. Außerdem stand hier das aus der ersten Hälfte des 1. Jahrhunderts n. Chr. stammende Grab der Platorini, das abgetragen und in einem Saal des Thermen-Museums wieder aufgebaut wurde. Die wichtigsten Gärten in Trastevere gehörten Cae-

sar. Sie lagen in der Gegend, wo Augustus später die *Naumachia* erbaute (zwischen dem Tiber, dem ersten Meilenstein der Via Portuense und den Abhängen des Monteverde). Caesar vermachte diese Gärten in seinem Testament dem römischen Volk. Im Gebiet des Vatikan lagen zwei große Parks. Die Horti der Agrippina reichten vom Tiber bis zu St. Peter, wo Caligula später seinen Circus baute, die Horti der Domitia lagen bei der Engelsburg und dem Justizpalast. Durch Trastevere führen zwei sehr alte, ursprünglich außerhalb der Stadt gelegene Straßen, die von der ältesten Brücke, dem *Pons Sublicius*, ausgehen. Die Brücke lag etwas weiter flußabwärts als der spätere *Pons Aemilius*, der heutige Ponte Rotto. Von hier aus führte die *Via Campana-Portuensis* nach Süden und die *Via Aurelia* nach Westen. Die *Via Campana* führte ursprünglich zu den Salinen an der Tibermündung und bildete nach dem Bau des claudinischen und des trajanischen Hafenbeckens das erste Stück der *Via Portuensis*. An dieser Straße lagen einige uralte Heiligtümer, wie das der *Fors Fortuna* und das der *Dea Dia*. Ein Fragment des severischen Marmorplans zeigt ein Stück der Straße in der Gegend gegenüber der Porticus Aemilia: an den Seiten stehen große Lagerhäuser und ein Rundbau auf einem quadratischen Sockel, bei dem es sich wohl um ein Grab handelt.
Die im 3. Jahrhundert v. Chr. angelegte *Via Aurelia* ist sehr viel besser erhalten. Zweifellos gab es schon zuvor eine Straße vom südlichen Etrurien zur Furt durch den Tiber und von da nach Campanien. Der Verlauf der antiken Straße entspricht genau dem der heutigen Via della Lungaretta bis zur Piazza S. Maria in Trastevere. Dann führte sie auf den Gianicolo und durch die *Porta Aurelia*. Etwa zwischen der Piazza del Drago und der Piazza Tavani Arquati überquerte die Straße auf 5 m hohen Bögen aus Tuffquadern eine Sumpfniederung. Wahrscheinlich stammt dieses eindrucksvolle Bauwerk, von dem mehrfach Reste gefunden wurden, wie der *Pons Aemilius* aus der ersten Hälfte des 2. Jahrhunderts v. Chr. Zu Beginn der Kaiserzeit füllte man die Niederung auf und baute an den Viadukt große Zweckbauten aus Ziegelsteinen mit Travertinpfeilern.
Von der Via Aurelia zweigte kurz vor der Porta Aurelia eine ungefähr parallel verlaufende Straße nach rückwärts ab, folgte ein Stück weit der heutigen Via Luciano Manara und erreichte den Tiber südlich von S. Cecilia. Dann führte sie über eine Brücke, deren Reste etwas flußaufwärts vom Ospizio di S. Michele zu sehen waren. Dies muß der *Pons Probi* gewesen sein. Im Westen verlief parallel zur Via Portuensis eine weitere antike Straße, deren Verlauf dem der Via della Luce entspricht.
Trastevere und der Vatikan waren mit einer Straße verbunden, die auf der Höhe der Piazza S. Egidio von der Via Aurelia rechts abzweigte. Sie führte wie die heutige Via della Scala nach Norden bis zur *Porta Septiminiana* und von da aus höchstwahrscheinlich wie die heutige Via della Lungara zwischen dem Gianicolo und dem Tiber hindurch. Beim *Pons Agrippae* und dem *Pons Aurelii*, dem heutigen Ponte Sisto, müssen Straßen zum Marsfeld abgezweigt haben.
Die wichtigsten Straßen im Vatikan waren die vom *Pons Neronianus* kommende *Via Triumphalis*, die zum *Mons Marius* führte, und die links von ihr abzweigende *Via Cornelia*, die wie die heutige Via della Conciliazione zum Circus des Caligula und daran entlang verlief. Außerdem ist die *Via Aurelia Nova* zu erwähnen, die auf dem Stück südlich der Mauern des Vatikans noch ihren antiken Namen trägt.

Beschreibung der Denkmäler

Die Tiberinsel. Bei der Vertreibung der Tarquinier sollen die auf dem Marsfeld geernteten Getreidegarben in den Tiber geworfen worden sein. Nach der Sage ist dies der Ursprung der Tiberinsel, die jedoch kaum so spät entstanden sein kann. Bei Befesti-

*Blick vom Ufer auf den Pons Fabricius. Über
dem Brückenbogen die Inschrift des Erbauers
L. Fabricius, der 62 v. Chr. curator viarum war.
Im Hintergrund die nördliche Spitze der
Tiberinsel*

gungsarbeiten wurde im vorigen Jahrhundert festgestellt, daß die Insel aus vulkanischem Fels besteht, ähnlich wie das benachbarte Kapitol. Darüber lagerten sich mit der Zeit Schichten von Schwemmland ab. Wann die Insel zuerst besiedelt wurde, weiß man nicht. Der älteste Kult galt dem Flußgott *Tiberinus*, der hier ein Heiligtum hatte, dessen genauer Ort nicht bekannt ist.

Das erste wichtige Gebäude war der Tempel des *Äskulap*, durch dessen Bau die Entwicklung der Insel entscheidend beeinflußt wurde. Als 293 v. Chr. eine schwere Seuche die Stadt heimsuchte, entschloß man sich nach Befragung der sibyllinischen Bücher, eine Gesandtschaft nach Epidauros zu schicken, zum wichtigsten Kultplatz des griechischen Gottes der Heilkunst. Dies geschah 292 oder 291 v. Chr. Die römische Trireme (Dreiruderer) kehrte aus Epidauros mit einer heiligen Schlange, dem Symbol des Gottes, zurück. Bei den *Navalia* am Marsfeld tauchte die Schlange in den Fluß und schwamm bis zur Insel, wo sie verschwand. Auf diese Weise wurde der Platz für den Tempel bestimmt.

Der gleich begonnene Bau wurde 289 v. Chr. eingeweiht. Er stand an der Stelle der heutigen Kirche S. Bartolomeo. Der mittelalterliche Schacht beim Altar der Kirche muß zu der Quelle geführt haben, die es bei dem Tempel zweifellos gab. Das Heiligtum mit seinen Portiken war wie in Epidauros eine Art Sanatorium. Es sind mehrere Inschriften, die Wunderheilungen bezeugen, Votivtafeln und Weihegeschenke an die Gottheit erhalten; die ältesten stammen aus republikanischer Zeit.

Durch ihre abgeschiedene Lage war die Insel für den Aufenthalt der Kranken besonders geeignet. Wahrscheinlich gehen die heutigen Hospitäler der Insel in ungebrochener Tradition auf ihre antiken Vorgänger zurück: das Ospizio Israelitico und das 1548 gegründete Ospedale dei Fatebenefratelli.

An der Nordseite müssen einige kleinere Heiligtümer, wie die 194 v. Chr. gegründeten Kultstätten des *Faunus* und des *Veiovis*, die vermutlich nebeneinanderstanden, gewesen sein. An der Stelle der kleinen Kirche S. Giovanni Calibita stand ein Tempel des *Iuppiter Iurarius*, des Beschützers der Eide; hier wurde ein Mosaik mit dem Namen der Gottheit gefunden. Der Kult des sabinischen Gottes *Semo Sancus* vom Quirinal und der *Bellona*, der sogenannten *Insulensis*, ist inschriftlich bezeugt.

Die Wohnungen auf der Insel gehörten alle zu einem einzigen *Vicus*, dessen Name auf einigen Inschriften überliefert ist: *Vicus Censorii*. Eine Straße verband die beiden Brücken, den *Pons Fabricius* und den *Pons Cestius,* und damit auch das Marsfeld und Trastevere. Wo heute das kleine, von Pius IX. errichtete Denkmal steht, stand wahrscheinlich der kleine Obelisk, von dem zwei Fragmente im Museo Nazionale in Neapel und ein drittes in München aufbewahrt werden. Der *Pons Fabricius* (heute Ponte Fabricio oder volkstümlich Quattro capi genannt) verbindet die Insel auf der Höhe des Marcellus-Theaters mit dem Marsfeld. Cassius Dio überliefert das Baujahr der Brücke: 62 v. Chr., ein Jahr nach dem Konsulat Ciceros. Ob es zuvor schon eine andere Brücke oder eine Fährverbindung gab, ist unbekannt. Die Brücke ist 62 m lang und 5,50 m breit. Sie besteht aus Tuff- und Peperinblöcken und war mit Travertinblöcken, die nur zum Teil erhalten sind, verkleidet. Die Ziegelverkleidung stammt, wie die an der Seite zur Insel angebrachte Inschrift von Innozenz XI. zeigt, wahrscheinlich von 1679. Die beiden großen, leicht eingedrückten Kreisbögen überspannen jeweils etwa 24,50 m und ruhen auf einem Mittelpfeiler, über dem sich in der Brückenwand eine bogenförmige Öffnung befindet, die bei Hochwasser den Druck auf die Brücke vermindert. Auch die Brückengeländer, die am Ende des vorigen Jahrhunderts entfernt wurden, waren mit ähnlichen kleinen Bögen durchbrochen. In das moderne Geländer sind auf der Seite zum Marsfeld zwei vierköpfige Hermen eingebaut, an denen vermutlich das ursprüngliche Bronzegeländer befestigt war.

Oberhalb der beiden großen Bögen sind auf beiden Seiten der Brücke insgesamt vier gleichlautende Inschriften mit auffallend hohen Majuskeln angebracht, aus denen hervorgeht, daß die Brücke von dem *Curator viarum* (Straßeninspektor) Lucius Fabricius, dem Sohn des Gaius, erbaut wurde. Das Aussehen der Inschrift stimmt mit dem von Cassius Dio überlieferten Baudatum 62 v. Chr. überein. In der dem Marsfeld zugewendeten Brückenhälfte finden sich auf dem Bogen zwei kleinere spätere, ebenfalls gleichlautende Inschriften, in denen die Namen des Marcus Lollius und des Quintus Lepidus, der Konsuln des Jahres 23 v. Chr., erscheinen. Offensichtlich restaurierten sie nach dem Hochwasser des Jahres 23 v. Chr. die Brücke.

Die Brücke, welche die Insel mit Trastevere verband, wurde leider zwischen 1888 und 1892 abgerissen. Sie muß wie der Pons Fabricius im 1. Jahrhundert v. Chr. entstanden sein. Die abgerissene Brücke war 370 n. Chr. von den Kaisern Valentinian, Valens und Gratianus restauriert worden, wie aus der in das rechte Geländer der neuen Brücke wieder eingebauten Inschrift hervorgeht. Möglicherweise geht der mittelalterliche Name der Insel, „Lycaonia", auf eine vielleicht auf dieser Brücke aufgestellte Statue mit der allegorischen Darstellung dieser kleinasiatischen Landschaft zurück, die 373 n. Chr. römische Provinz wurde.

An der Ostspitze der Insel ist ein Stück von einem Schiffsschnabel aus Travertin erhalten, der auf die charakteristische schiffsähnliche Form der Insel anspielt. Vielleicht war am anderen Ende einst ein Schiffsbug angebracht; daß die ganze Insel einmal in ein

Blick von Süden auf die Tiberinsel mit dem Pons Cestius auf der linken und dem Pons Fabricius auf der rechten Seite. Im Vordergrund links die Reste des Pons Aemilius, der sog. „Ponte Rotto"

einziges steinernes Schiff verwandelt wurde, ist auszuschließen. Der Kern des Schiffsschnabels ist aus Peperin und mit Travertinblöcken verkleidet. Seine Form spielt offensichtlich auf die Trireme an, jenes Kriegsschiff, das die Schlange des Äskulap nach Rom gebracht hatte. Auf dem Schiffsschnabel ist Äskulap mit dem Stab, um den sich die Schlange windet, dargestellt; trotz der starken Zerstörung ist der Oberkörper noch gut zu erkennen. Außerdem sieht man einen Stierkopf, wie er möglicherweise auf Schiffen dieser Art zum Befestigen der Haltetrossen an Bord vorhanden war. Da die Bauweise dieses steinernen Schiffsteils auf die erste Hälfte des 1. Jahrhunderts v. Chr. hindeutet, mithin auf die Zeitspanne, in der auch die Brücke des Fabricius erbaut wurde, kann man annehmen, daß im Jahre 62 v. Chr. die Insel baulich neugestaltet wurde.

Trastevere. Vom antiken Trastevere ist, abgesehen von der im Mittelalter teilweise beibehaltenen Straßenführung, fast nichts mehr erhalten.

Die 1860 in der damaligen Vigna Bonelli gefundenen Reste gehören vielleicht zum Tempel der *Fors Fortuna* am ersten Meilenstein der *Via Portuensis*. 1898 entdeckte man auf halbem Weg zwischen der Piazza Nievo und dem Bahnhof Trastevere am Viale Trastevere das Heiligtum des *Hercules Cubans*, in dem unter anderem eine Anzahl Porträts von Wagenlenkern gefunden wurde. Das Heiligtum der *Fons* muß an der Stelle des heutigen Ministero della Pubblica Istruzione gewesen sein; beim Ausheben der Fundamente entdeckte man 1914 eine Weihinschrift an *Fons*, die am 24. Mai 70 n. Chr. von zwei Freigelassenen gestiftet wurde. Das Heiligtum der *Furrina* läßt sich aufgrund einer Inschrift in der Gegend der Villa Sciarra lokalisieren (vgl. zum Heiligtum der syrischen Gottheiten auf dem Gianicolo das folgende Kapitel).

Von dem größten öffentlichen Bauwerk in Trastevere, der von Augustus 2 v. Chr. in der Nähe der Gärten Caesars erbauten *Naumachia*, in der die Einweihung des Tempels des *Mars Ultor* mit Seeschlachten gefeiert wurde, ist nichts mehr erhalten. Sie wurde von einer eigens dafür gebauten Abzweigung der *Aqua Alsietina* gespeist. Das 536 m lange und 357 m breite Bauwerk muß in der Nähe von S. Cosimato gewesen sein, wo ein Stück der Wasserleitung gefunden wurde.

Folgt man dem Verlauf der antiken *Via Aurelia*, so kann man in einem kurzen Rundgang das wenige, was vom antiken Trastevere noch zu sehen ist, aufsuchen.

Unter der Kirche S. Cecilia sieht man eine Gruppe antiker Gebäude, die 1899 ausgegraben wurden. Es handelt sich um Quadermauern und eine dorische Tuffsäule, die vielleicht zu einem republikanischen Wohnhaus gehörten. An der Rückwand einer Nische ist ein Relief aus Tuff angebracht, das Minerva vor einem Altar zeigt. Die beiden Seiten sind mit zwei Terrakottaplatten vom Typ der sogenannten Campana-Reliefs verkleidet; sie stammen beide aus der gleichen Form und zeigen eine dionysische Szene. Zwischen dem 2. und 4. Jahrhundert n. Chr. wurde das Gebäude mehrfach restauriert und mit einigen weiter westlich, im Hof vor der Kirche gelegenen, ebenfalls aus republikanischer Zeit stammenden Gebäuden vereinigt. Die Datierung ergibt sich aus einem schönen Marmorfußboden mit dreifachem Mäander. Besonders bemerkenswert ist ein großer Raum mit sieben zylinderförmigen, aus Ziegeln gemauerten Becken, die wohl zum Gerben von Leder dienten. Das Gebäude wurde mit den *Coraria Septiminiana* identifiziert, einer in der Regio XIV gelegenen Lederfabrik.

In der Nähe des Viale Trastevere liegt an der Ecke der Via di Montefiore und der Via della VII Coorte ein kaiserzeitliches Gebäude, das für die Topographie und die Geschichte der XIV. Region von großer Bedeutung ist: das *Excubitorium* (Wachposten) der VII. Kohorte der *Vigiles*. Die 1865 bis 1866 angefangenen, erst sehr viel später abgeschlossenen Grabungen brachten ein ursprünglich privates, im 2. Jahrhundert in eine Kaserne umgebautes Haus zutage. Die Hauptwache der VII. Kohorte, die für die *Regio IX* und die *Regio XIV* zuständig war, muß anderswo gelegen haben.

Das 8 m unter dem heutigen Niveau liegende Gebäude besteht aus einem großen, ursprünglich mit Schwarz-Weiß-Mosaiken ausgelegten Saal (die Mosaiken sind seit dem letzten Krieg verloren). In der Mitte befindet sich ein sechseckiges Brunnenbecken mit konkaven Seiten. In der gleichen Achse ist in die Südwand eine rechteckige Nische eingetieft, deren gebogener Eingang von zwei korinthischen Pilastern und einem Giebel eingerahmt wird. Die architektonischen Elemente bestehen ganz aus Ziegelsteinen. In der Nische sind noch einige Fresken erhalten. Eine Kritzelei auf der Wand nennt den Zweck dieser Anlage: hier war die Kapelle der Kaserne, eine Art von Lararium, das dem Genius des Excubitorium geweiht war; ringsherum lagen weitere Räume.

Auf den Wänden des großen Saals wurden zahlreiche Kritzeleien gefunden, in denen häufig die Bezeichnungen *sebaciaria* oder *milites sebaciarii* vorkommen, die offenbar mit dem Wort *sebum* (Talg) zusammenhängen. Bei den *milites sebaciarii* muß es sich um Soldaten der Nachtwache gehandelt haben, die bei ihren nächtlichen Kontrollgängen Talglichter mitführten. Die Kritzeleien enthalten häufig Daten und stammen aus der Zeit zwischen 215 und 245 n. Chr.

Das *Excubitorium* in Trastevere vermittelt eine klare Vorstellung von der Organisation und der Lebensweise der *Vigiles*, einer von Augustus 6 v. Chr. geschaffenen Truppe, die ungefähr die Aufgaben der heutigen städtischen Polizei und Feuerwehr hatte.

In unmittelbarer Nachbarschaft der Kirche S. Crisogono am Viale Trastevere wurden mehrfach Gebäude aus der Zeit zwischen dem Beginn der Kaiserzeit und der Herrschaft der Severer gefunden. Bis auf einige Reste unter der Kirche ist nichts mehr zu sehen; im 5. Jh. wurde auf diesen Häusern der Vorgängerbau der heutigen Kirche errichtet.

Das Heiligtum der syrischen Gottheiten auf dem Gianicolo. Im Jahre 1906 fand man am Südhang des Gianicolo ein kleines Heiligtum der syrischen Gottheiten (der heutige Zugang ist im Haus Via G. Dandolo 47). Von den drei Bauphasen, die man bis jetzt hat trennen können, ist zur Zeit nur die letzte sichtbar. Eine an Ort und Stelle gefundene griechische Inschrift enthält eine Zueignung an *Zeus Keraunios* und die Furrinischen Nymphen. In unmittelbarer Nachbarschaft (wahrscheinlich in der darüberstehenden Villa Sciarra) befand sich mithin der heilige Hain der *Furrina*, wo sich im Jahre 121 Gaius Gracchus nach seiner vergeblichen Flucht vom Aventin selbst den Tod gab. Hier sprudelte eine der Nymphe Furrina heilige Quelle, die unterhalb des Tempels kanalisiert wurde. Nach und nach wurde der alte Kult mit dem der syrischen Gottheiten verknüpft und schließlich durch diesen verdrängt.

Der neue Kult dürfte an dieser Stelle schon im 1. Jahrhundert n. Chr. entstanden sein. Dies ergibt sich aus einigen Inschriften und den ältesten ausgegrabenen Bauteilen. Die erste Restaurierung des Tempels geht vermutlich auf den Syrer Marcus Antonius Gaionas zurück, einen Zeitgenossen von Mark Aurel und Commodus, der zweifellos ein reicher Kaufmann war. Außer seiner Grabinschrift sind mehrere andere Inschriften von ihm erhalten.

Der wieder aufgebaute Tempel behielt die Orientierung der ersten Bauphase bei. In seiner heutigen Form wurde das Heiligtum nach einer Zerstörung, vielleicht einem Brand, mit einer etwas anderen Orientierung wieder aufgebaut. Dies geschah im 4. Jahrhundert; der genaue Zeitpunkt ist umstritten. Der langgestreckte Bau ist zum größten Teil aus kleinbehauenen Steinblöcken mit ungefähr parallelen Seitenflächen errichtet. Er besteht aus drei Teilen: einem rechteckigen Eingangshof (A) in der Mitte, an dessen Südseite der Haupteingang war, einem eigenartig geformten Raum (C) an der Ostseite und einer Basilika (B) mit einer Vorhalle und zwei seitlichen Räumen an der Westseite. Ein einziger Eingang führte in das Mittelschiff der Basilika, dessen Abschluß eine Apsis mit einer halbrunden Mittelnische und zwei kleineren seitlichen Nischen

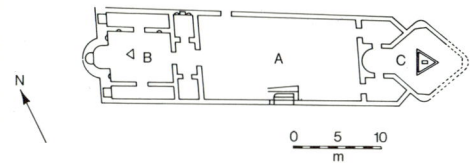

Das Heiligtum der syrischen Götter auf dem Gianicolo

bildete. Unterhalb der Mittelnische fand man einen menschlichen Schädel. Die Seitenschiffe, die mit rechteckigen Nischen abschlossen, waren nur vom Mittelschiff aus zugänglich. In den Trennwänden zwischen den drei Schiffen waren rechts und links von den Türen weitere vier halbrunde Nischen eingetieft.

In der mittleren Nische der Apsis stand die Kultstatue der wichtigsten hier verehrten Gottheit. Bei den Ausgrabungen wurde eine Statue vom Typus des sitzenden Juppiter gefunden, deren Kopf und Attribute leider fehlen. In ihr ist der oberste der drei Götter von Heliopolis zu erkennen, nämlich *Hadad*. In den beiden Nischen der Seitenschiffe müssen die beiden anderen Gottheiten aufgestellt gewesen sein, *Atargatis*, die von den Römern als *Dea Syria* bezeichnet wurde, und der mit Merkur gleichgesetzte *Simios*. In der Mitte des Mittelschiffs steht ein dreieckiger Altar.

Am eigenartigsten ist die Anlage auf der Ostseite des Heiligtums. Durch zwei Türen, deren eine später zugemauert wurde, trat man vom Hof in zwei kleine Räume, und von dort aus durch zwei Türen in den Seitenwänden in einen achteckigen, an der Westseite mit einer Apsis abgeschlossenen Saal. Hier fand man eine ägyptische Statue aus schwarzem Basalt, die in der Apsis war, und eine Bacchus-Statue mit vergoldeten Händen und Gesicht. Diese Skulpturen stammen, wie auch alle anderen hier gefundenen, nicht aus der letzten Bauphase, sondern wurden aus den früheren Stadien des Tempels übernommen. In der Mitte des achteckigen Saals stand auch hier ein dreieckiger Altar, der die wichtigsten Fundstücke dieser Grabung enthielt. In einer Vertiefung fand man einige Eier und eine Statuette aus Bronze, die eine männliche, von einer Schlange umwundene Figur darstellt. Es handelt sich um Adonis, der hier wie Osiris, den die ägyptische Statue wohl darstellt, als Gott der Natur aufgefaßt ist, der jedes Jahr stirbt und wieder aufersteht. Das Begräbnis und die Wiedergeburt des Gottes, die durch die sieben Himmelsbögen, dargestellt durch die sieben Windungen der Schlange, bewirkt wird, beziehen sich wie die Eier auf den allegorischen Tod und die Wiedergeburt des neu in den Kult Eingeführten: der Initiationsritus fand ganz offensichtlich in diesem abgeschiedenen Raum statt.

Der Vatikan. Der *Ager Vaticanus*, das heißt die vatikanischen Hügel und die anschließende Ebene zum Tiber hin, hat nie zur eigentlichen Stadt gehört. Er war von gräbergesäumten Straßen durchzogen. Hier standen Villen, von denen die bedeutenderen schon bald in kaiserlichen Besitz übergingen. Auch der Circus des Caligula, neben der Naumachia Trajans und dem Mausoleum Hadrians das größte Gebäude in dieser Gegend, war vermutlich zunächst – wie der Circus des Maxentius – ein privater Circus und gehörte zur Villa der Agrippina. Die 1959 unter dem Krankenhaus S. Spirito gefundenen Reste waren wahrscheinlich Bestandteile dieser Villa. Es lassen sich drei Komplexe unterscheiden: einer auf der Westseite mit Retikulatmauern und eingeschobenen Ziegelschichten, einer in der Mitte, bei dem eine erste Bauphase mit Retikulatmauern und eine zweite mit Retikulat- und Ziegelmauern festzustellen ist, und ein dritter im Osten mit einer großen Exedra und Ziegelmauern. Wie die Bauweise und die mehrfarbigen Mosaikfußböden zeigen, stammen die ältesten Bauteile vom Anfang des 1. Jahrhunderts v. Chr. Vor einigen Jahrzehnten fand man hier ein großes Marmorbecken mit Seewesen, das jetzt im Thermen-Museum aufbewahrt wird. Das Stück wurde um 100 v. Chr. von einer neoattischen Werkstatt ausgeführt und läßt sich dem „Altar des Domitius" an die Seite stellen.

Der Circus des Caligula, die Vatikanische Nekropole und die Peterskirche. Der Circus des Caligula lag an der linken Seite der Peterskirche. Seine Nordseite entsprach dem linken Seitenschiff der Kirche und wurde von den Gräbern der Vatikan-Nekropole begrenzt, die an den Circus anschlossen.
Der Obelisk stand bis 1586 an seinem ursprünglichen Platz und wurde erst damals auf den heutigen Petersplatz versetzt. Die Fundamentierung, die an Ort und Stelle verblieb, wurde vor einiger Zeit zwischen Peterskirche und Sakristei ausgegraben.
Als der Circus schon nicht mehr benutzt wurde, entstand neben dem Obelisken ein großes Mausoleum, die sogenannte Rotonda di S. Andrea, das ungefähr aus der Zeit Caracallas stammt. Der Obelisk hat eine Länge von 25 m; er wird nur vom Obelisken vor dem Lateran, der aus dem Circus Maximus stammt, um 7,50 m überragt. Plinius d. Ä. beschreibt das riesige Schiff, auf dem der Obelisk des Caligula aus Ägypten nach Rom gebracht wurde. Claudius versenkte es und baute darüber eine Mole des künstlichen Hafens in Ostia, wo kürzlich Reste des Schiffes gefunden wurden, die genau der Beschreibung des Plinius entsprechen. Auf zwei Seiten der Basis des Obelisken stehen Weihinschriften von Caligula für Augustus und Tiberius. Außerdem finden sich einige Löcher, die anscheinend von der Befestigung der Metallbuchstaben einer früheren

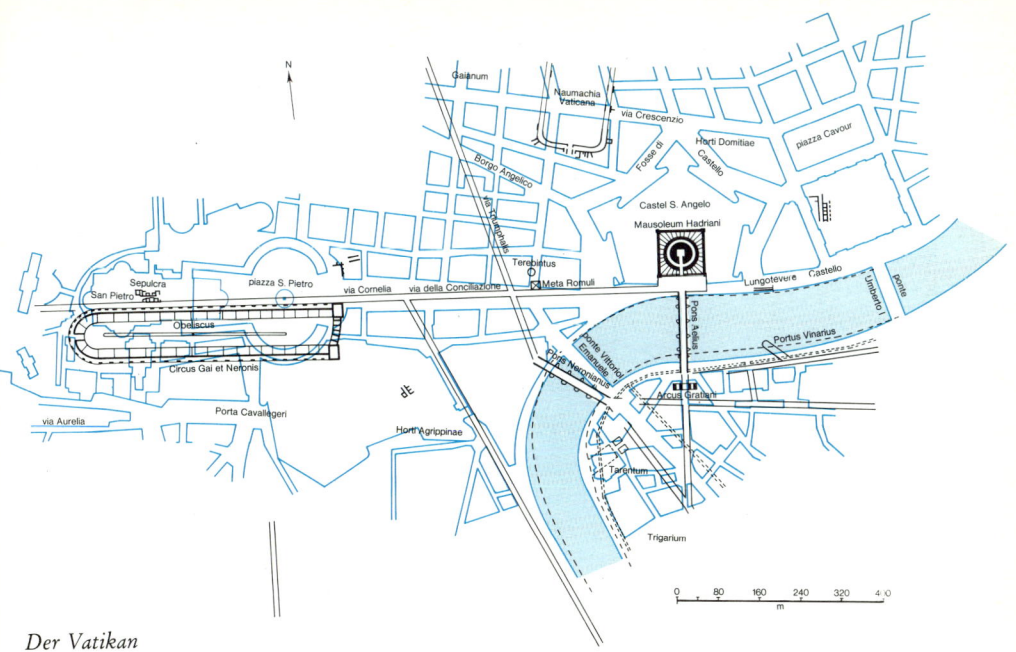

Der Vatikan

Inschrift herrühren, von der man kürzlich den Namen C. Cornelius Gallus entziffert
hat, der unter Augustus Präfekt von Ägypten war; er soll den Obelisken für ein von
ihm geschaffenes *Forum Iulium* in Alexandria in Auftrag gegeben haben.

Der Circus war sehr viel größer, als man bis vor einiger Zeit vermutete: in der Via
del S. Uffizio, jenseits der Kolonnaden Berninis, fand man die Mauer der *Carceres.*
Unter der Peterskirche hat man mehrfach Ausgrabungen vorgenommen. Dabei wurde
eine doppelte Reihe von Gräbern aus dem 2. Jahrhundert gefunden, die in Ost-West-
Richtung an dem weniger steilen Abhang des vatikanischen Hügels angelegt waren.
In der nördlichen, älteren Reihe gibt es Skelett- und Aschengräber, in der südlichen
überwiegen die Skelettgräber. Die Architektur dieser Grabbauten, die reichen Freigelassenen gehörten, ist einheitlich. Ihre Außenseite ist aus Ziegelsteinen, der Innenraum
ist dagegen mit Stuck, Malereien und Mosaiken reich geschmückt und mit prächtigen
Sarkophagen ausgestattet. In den stark stilisierten, eleganten Figuren der Wandmalereien zeigt sich ein ausgeprägter, aufs Dekorative gerichteter Geschmack. Auch Szenen

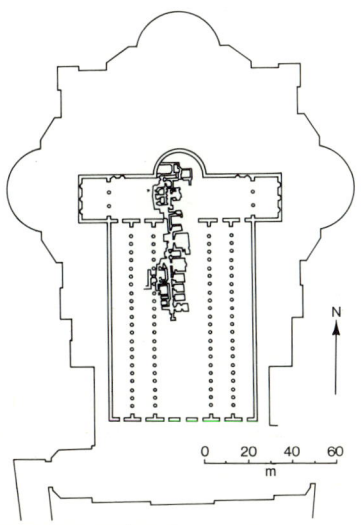

Die Bauphasen der Peterskirche

319

des täglichen Lebens sind dargestellt, zum Beispiel ein Sklave, der seinem am Tisch sitzenden Herrn Geld übergibt (Grab G). Bemerkenswert ist das mit Nischen und Statuen aus Stuck geschmückte Grab der Valerier (H).

Inschriften bezeugen, daß hier später auch Christen bestattet wurden. Besonders wichtig ist eine vieldiskutierte Inschrift im Valerier-Grab: *Petrus roga Iesus Christus* [sic] *pro sanc(tis) hom(ini)b(us) chrestian(is) [ad] corpus suum sepultis* („Petrus, bitte Jesus Christus für die heiligen Christen, die bei seinem Leibe begraben sind"). Die Mosaikdekoration im Grab der Julier (M) wurde am Ende des 2. oder zu Beginn des 3. Jahrhunderts erneuert. Die dargestellten Begebenheiten sind zwar von gebräuchlichen Vorbildern hergeleitet, aber dennoch durch christliche Symbolgehalte beeinflußt. Zwischen einer Einfassung mit Weinreben sind mehrere aufeinanderfolgende Szenen dargestellt, zum Beispiel Jonas im Maul des Wals, ein Fischer, der sein Netz auswirft, und der Gute Hirte. Auf dem Deckenmosaik ist Christus auf dem Sonnenwagen dargestellt: das ikonographische Schema ist das gleiche wie bei früheren Apollo-Darstellungen. Der gesamte vorhandene Raum wurde später mit Gräbern zugebaut, doch gibt es hier nur wenige Spuren christlicher Gräber, während sie weiter westlich in großer Zahl vorkommen. Hier liegt ein ungefähr 7 × 4 m großer rechteckiger Platz (P), der sich nach Osten halb öffnet, an den übrigen Seiten aber geschlossen ist. Ihn umgeben Grabbauten, die sich zwischen dem 1. und 4. Jahrhundert n. Chr. um ein Grab gruppierten, das als die Gruft Petri galt. Sie bestand ursprünglich nur aus einer Grube, über der ungefähr in der Mitte des 2. Jahrhunderts gleichzeitig mit den umliegenden Grabbauten ein Denkmal errichtet wurde.

Dieses auch als „Tropaion des Gaius" bezeichnete Monument war an eine dahinterstehende Mauer gebaut und konnte nur über zwei Treppen an der Südseite erreicht werden. Es bestand aus zwei mit einer Travertinplatte überdeckten Säulen vor einer Nische, über der sich eine zweite, kleinere Nische befand, die ebenfalls von einer Ädikula gerahmt wurde. Die Nischen waren nicht regelmäßig, sondern an der rechten Seite tiefer. Sie entsprachen jedoch genau einer darunterliegenden, unterirdischen Nische, die das Grab des Apostels umschloß. Auf der rückwärtigen Mauer ist neben der größeren Nische der Name des Petrus mit griechischen Buchstaben eingeritzt.

Das Denkmal muß von den Gläubigen immer verehrt und besonders gepflegt worden sein. Obwohl es im 3. Jahrhundert beschädigt wurde, was von einigen Forschern mit der Verlagerung der Reliquien des Heiligen *ad catacumbas* im Jahre 258 erklärt wurde, fügte man seitliche Mauern hinzu und schmückte den Fußboden und die größere Nische mit Marmor. Der Vorplatz wurde mit Mosaiken verziert. Im 4. Jahrhundert wurde die Basilika so angelegt, daß das Grabmal in der Mitte des Presbyteriums stand und von den Gläubigen gesehen werden konnte. Daß man den Abhang eines Hügels als Platz für eine Basilika zu Ehren des Apostels wählte, hängt also mit der Lage seiner Grabstätte zusammen. Aus dieser Situation ergaben sich schwierige Probleme.

Auf der einen Seite mußte ein Höhenunterschied bis zu 8 m aufgefüllt und an der Nordseite ein Teil des Hügels abgetragen werden. Auch einige der vorhandenen Bauteile mußten geopfert werden, so zum Beispiel die beiden Enden der sogenannten Roten Mauer, an die das Denkmal herangebaut war, und der obere Teil des Denkmals selbst. Die konstantinische Basilika maß 85 × 64 m, hatte 5 Schiffe, die mit je 21 Säulen abgetrennt waren, und einen riesigen, von Portiken eingefaßten Vorhof.

Die Apsis lag an der Westseite des schmalen, von der übrigen Basilika durch eine Mauer abgetrennten Querschiffs. Es ist mit den Seitenschiffen durch zwei Triforien, die durch zwei Säulen gegliedert waren, verbunden gewesen. Die Säulenreihen endeten also vor dem Querschiff, während die Außenmauern der Seitenschiffe sich längs des Querschiffs fortsetzten und rechts und links zwei helle, offene Räume bildeten.

Unter der Mitte des Querschiffs lag das Grabmal des Petrus, dessen Basis 36 cm unterhalb des Presbyteriums war. Das Grab wurde mit einem Sockel aus Pavonazzetto umschlossen, auf dem man in der Mitte des Presbyteriums eine Art von Ädikula errichtete, die mit Pavonazzetto und Porphyr verkleidet war. Darüber erhob sich ein von vier gewundenen Säulen aus parischem Marmor getragener Baldachin. Auf den Säulen waren Putten bei der Weinlese dargestellt. Rechts und links der Apsis standen zwei ähnliche Säulen. Wie aus einer Inschrift hervorgeht, wurde der obere Teil der Apsis von einem der Söhne Konstantins mit Mosaiken ausgeschmückt. Ob sie die Übertragung der Schlüsselgewalt an Petrus oder Christus im Kreise der Apostel oder etwas anderes dargestellt haben, ist nicht bekannt. Die konstantinische Basilika war eine Grabeskirche, deshalb wurde kein Altar darin errichtet.

Um regelmäßige Gottesdienste abhalten zu können und um die Reliquien zu schützen, wurde im 6. Jahrhundert der Fußboden des Presbyteriums erhöht. Man stellte zwei Reihen mit je sechs gewundenen Säulen davor und verschloß die innere Säulenreihe mit Schranken. Zum Grab stieg man zwei seitliche Treppen hinab, die durch einen im Halbkreis herumgeführten Gang zu dem Denkmal führten. Von den 12 gewundenen Säulen stehen in der Peterskirche noch 11: die sogenannte Heilige Säule war bis vor einigen Jahren in der Kapelle mit der Pietà Michelangelos, zwei Säulen stehen in der Cappella del Santissimo Sacramento, die übrigen acht stellte Bernini in den Reliquienkapellen auf.

Die Basilika blieb fast unverändert, bis Papst Nikolaus V. im 15. Jahrhundert wegen Baufälligkeit ihren Neubau anordnete.

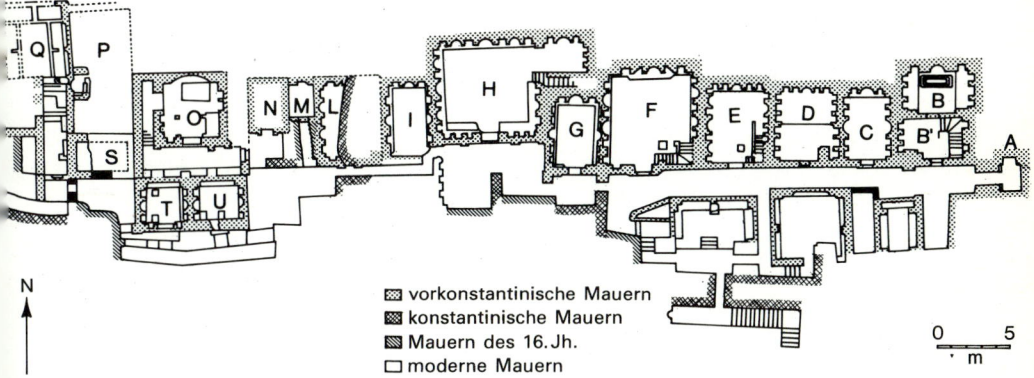

Die Nekropole im Vatikan

In der Vatikanstadt wurden nördlich des Petersplatzes an der Via del Pellegrino Reste einer römischen Straße gefunden, bei der es sich um die *Via Triumphalis* handeln muß. An ihr standen mehrere Gräber, zum Beispiel bei der Fontana della Galera, unter dem Gebäude der Annona Vaticana und unter dem 1956 errichteten Parkhaus. Bei der Aushebung der Fundamente dieses Gebäudes fand man einen Grabbezirk von ungefähr 240 m² mit Aschen- und Skelettgräbern aus der Zeit zwischen der Herrschaft des Augustus und dem 5. Jahrhundert.

Besondere Erwähnung verdient unter den Gräbern des *Ager Vaticanus* die *Meta Romuli*, eine dem Mausoleum des Cestius sehr ähnliche Grabpyramide, deren Fundamente beim Bau der Casa del Pellegrino am Anfang der Via della Conciliazione im Jahre 1948 gefunden wurden. Der Bau hatte bis zu seiner Zerstörung durch Papst Alex-

ander VI. im Jahre 1500 gestanden. Bis ins 14. Jahrhundert stand in seiner unmittelbaren Nachbarschaft der sogenannte *Terebintus Neronis,* ein großes, aus zwei übereinan-
dergestellten zylindrischen Bauteilen bestehendes Grabmonument.

Das Mausoleum Hadrians. Nerva war als letzter Kaiser im Augustus-Mausoleum be-
stattet worden; Trajans Asche wurde im Sockel der Trajans-Säule eingeschlossen.
Hadrian begann mit dem Bau eines neuen Mausoleums, das dann das Familiengrab
der antoninischen Herrscher wurde.
Um das Grab mit dem Marsfeld zu verbinden, wurde eine neue Brücke gebaut, der
Pons Aelius, die heute noch unter dem Namen Engelsbrücke besteht. Wie die vom
Anonymus von Einsiedeln überlieferten Inschriften an den beiden Zugängen der
Brücke berichten, fand die Einweihung 134 n. Chr. statt. Etwas weiter flußabwärts
führte der *Pons Neronianus* über den Tiber. Die hadrianische Brücke bestand aus drei
großen Mittelbögen, die erhalten sind, und zwei schrägen Rampen, die auf dem linken
Ufer von drei, auf dem rechten von zwei kleineren Bögen gestützt wurden; diese 1892
bei der Befestigung des Tiberufers entdeckten Rampen wurden später beseitigt.
Das in die Engelsburg eingebaute Mausoleum ist zum größten Teil erhalten. Es stand
gleich hinter der Brücke am rechten Ufer. Die Bauarbeiten begannen wohl um 130
n. Chr., wurden jedoch erst ein Jahr nach dem 138 in Baiae erfolgten Tod des Kaisers
vollendet. Bis dahin war Hadrian in Pozzuoli beigesetzt.
Im Innern des 15 m hohen und 89 m langen und breiten quadratischen Unterbaus aus
Ziegelmauerwerk sind überwölbte, strahlenförmig angeordnete Räume, deren Trenn-
wände auf den Kern des zylindrischen Grabbaus zulaufen, dessen Umfassungskreis
in das Quadrat des Unterbaus einbeschrieben ist. Es hat den Anschein, als sei aus unbekannten Gründen das äußere Geviert nur wenig später zugefügt worden.
An den mit Marmor verkleideten Umfassungsmauern waren Marmortafeln mit Grabinschriften der im Innern des Mausoleums Bestatteten angebracht. An den Ecken
des quadratischen Unterbaus befanden sich Pilaster, den oberen Abschluß bildete ein
Fries mit Stierschädeln und Girlanden, dessen Reste im Museum der Engelsburg zu
sehen sind. Prokop erwähnt Bronzegruppen mit Männern und Pferden, die auf den
vier Ecken des Unterbaus aufgestellt waren. Die äußere Umfassung bestand aus einem
Gitter zwischen Pfeilern, deren Peperinfundamente gefunden wurden. Die heute im
Cortile della Pigna im Vatikan aufgestellten Pfauen aus vergoldeter Bronze dienten
zum Schmuck der Pfeiler.

Grundriß des Hadrians-Mausoleums

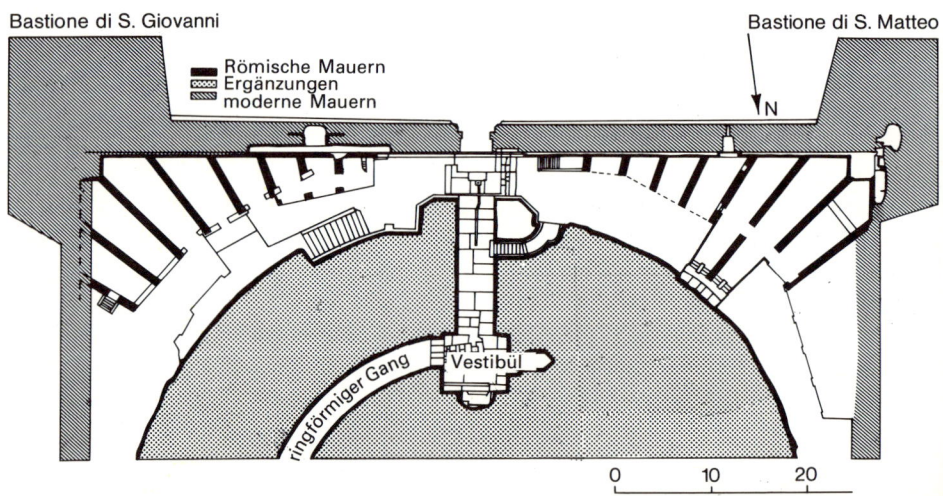

Der ursprüngliche Eingang, der aus drei Bögen bestand, ist nicht erhalten. Der moderne Zugang liegt 3 m über dem antiken. Von hier sieht man den runden Grabbau, auf den später die Festung gebaut wurde. Er besteht aus *opus caementicium* mit einer Verkleidung aus Peperin-, Tuff- und Travertinblöcken. Das Ganze war mit Marmor verblendet.

Durch einen kurzen Gang gelangt man in den quadratischen Eingangsraum, in dessen Rückwand eine halbrunde Nische eingetieft ist. Hier stand wahrscheinlich die große Statue Hadrians, deren Kopf heute in der Sala Rotonda der Vatikanischen Museen ausgestellt ist. Wo die große Statue des Antoninus Pius stand, deren Kopf im Museo del Castello aufbewahrt wird, ist fraglich. Der Eingangsraum war mit Platten von Giallo Antico verkleidet; die Befestigungslöcher sind noch zu sehen. Rechts beginnt ein Gang, der in Spiralen zur Grabkammer hinführt. Er ist aus Ziegelsteinen gemauert und bis zu einer Höhe von 3 m mit Marmor verkleidet, den ein Gesims abschließt. Der weiße Mosaikfußboden des überwölbten Ganges ist zum Teil erhalten. Als Lichtquellen dienten vier senkrechte Schächte. Der Gang beschreibt einen vollen Kreis und steigt dabei insgesamt 10 m an. Er stößt auf einen anderen Gang, der in die Mitte des Denkmals führt, wo sich die 8 × 8 m große Grabkammer befindet. Sie war ursprünglich ganz mit Marmor verkleidet. Das Licht kommt durch zwei schräge Fensteröffnungen im Gewölbe. An drei Seiten sind rechteckige, mit einem Rundbogen abgeschlossene Nischen, in denen die Aschenurnen von Hadrian, Sabina und Aelius Caesar standen. Vom Kaiser und seiner Frau weiß man, daß sie auf einem *Ustrinum* verbrannt wurden; dieser Verbrennungsplatz wurde am Ende des vorigen Jahrhunderts bei der Piazza Sforza gefunden. Alle antoninischen Kaiser und bis zu Caracalla auch alle severischen wurden im Hadrians-Mausoleum bestattet.

Oberhalb der Grabkammer lagen in dem viereckigen Baukörper, der in der Mitte aus dem Monument herausragte, zwei oder auch drei Räume. Darüber stand ein Viergespann aus Bronze mit der Statue Hadrians. Zwischen der zylindrischen Außenmauer und dem Mittelkern war ein Erdhügel aufgeschüttet.

Das Mausoleum wurde schon bald in ein Vorwerk der Aurelianischen Stadtmauer einbezogen, das wahrscheinlich Honorius im Jahre 403 n. Chr. anlegte. 537 mußte es der Belagerung der Goten unter Witigis standhalten. Prokop berichtet, wie die Verteidiger

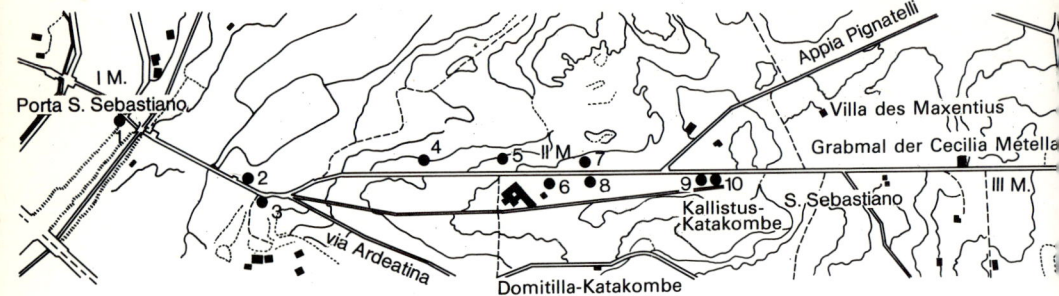

Der erste Abschnitt der Via Appia außerhalb der Stadtmauern.
1. Hinter dem ersten Meilenstein, dessen Original auf der Rampe zum Kapitol steht, befindet sich ein großes zerstörtes Ziegelgrab; 2. sogenanntes „Grab des Geta"; Mauerkern eines turmförmigen Grabbaus; 3. Großer zylindrischer Grabbau über einem quadratischen Sockel. Wahrscheinlich Grab des Abascanthus, eines aus der Literatur bekannten Freigelassenen Domitians; 4. Columbarium der Freigelassenen des Augustus; 5. Columbarium der Freigelassenen der Livia; 6. Unterirdisches Grab der Vibia; 7. Grab der Freigelassenen der Volusier; 8. Columbarium der Freigelassenen der Cäcilier; 9. Schola, Sitz der Priesterschaft des Gottes Silvanus; 10. Grab des L. Volumnius und der Iulia Tyrannis

damals die zahlreichen Statuen, mit denen der Bau geschmückt war, als Wurfgeschosse benutzten. Mit dem Umbau in eine Festung begann, wahrscheinlich im 10. Jahrhundert, ein neuer, nicht weniger bedeutsamer Abschnitt in der Geschichte des Bauwerks. Nördlich des Mausoleums wurden zwischen der Via Alberico II und der Via Cola di Rienzo mehrfach Reste eines 102 m breiten und mindestens 300 m langen Bauwerks aus Retikulat- und Ziegelmauern gefunden. Wie bei einem Circus ist die eine Schmalseite gebogen, die beiden Längsseiten verlaufen parallel. Wahrscheinlich handelt es sich nicht um das wohl weiter westlich gelegene *Gaianum*, die private Pferderennbahn des Caligula, sondern um die *Naumachia Vaticana*, die Trajan als Ersatz für die *Naumachia Augusti* in Trastevere erbaute.

Die Via Appia innerhalb der Stadtmauern

Die *Via Appia*, die besterhaltene der großen römischen Straßen, wurde von Appius Claudius Caecus, dem Censor des Jahres 312 v. Chr., gebaut, demselben, der die erste Wasserleitung der Stadt angelegt hat. Es war das erste Mal, daß eine große Straße nicht nach ihrer Funktion, wie die Salaria, die „Salzstraße", oder nach ihrem Ziel, wie die *Via Praenestina* oder die *Via Tiburtina*, sondern nach ihrem Erbauer benannt wurde. Nicht umsonst ist Appius die erste große Persönlichkeit der römischen Geschichte, deren Wirken wir mit Sicherheit nachzeichnen können.

Die Straße führte zuerst nur bis Capua, und zwar an der Küste entlang durch die Pontinischen Sümpfe. Später wurde sie bis nach Benevent und schließlich noch vor 191 v. Chr. bis nach Brindisi verlängert. Horaz gibt in einem seiner Gedichte eine lebendige Beschreibung einer Reise auf der Via Appia.

Die Straße war schon bald von Gräbern gesäumt. Die ersten waren Kammergräber, wie das Grab der Scipionen und die von Cicero erwähnten Gräber der Servilii, der Metelli und des Calatinus. Als am Ende des 2. Jahrhunderts v. Chr. einzelnstehende Grabbauten aufkamen, bekam die Straße allmählich ihr bis heute großenteils erhaltenes Gepräge. Es entstand eine fast ununterbrochene doppelte Reihe von Gräbern unterschiedlichster Form aus den verschiedensten Zeiten, deren Inschriften den Vorübergehenden zum Verweilen, Lesen und Gedenken einladen. Auch die Christen legten, der Tradition folgend, an der Via Appia ihre bedeutendsten Katakomben an. Hier und da unterbrach der Eingang einer Villa das eintönige Bild.

Die Via Appia begann an der runden Seite des Circus Maximus bei der *Porta Capena*, deren Reste, die 1867–68 ausgegraben wurden, heute nicht mehr zu sehen sind. Von hier aus wurden die Meilen gezählt. Gleich außerhalb des Tors stand der Tempel der *Honos* und der *Virtus*. 234 v. Chr. errichtete Q. Fabius Maximus ein Heiligtum für *Honos*, 208 v. Chr. baute M. Claudius Marcellus, der Eroberer von Syrakus, das der *Virtus*. Das Grab der Marcelli lag neben dem Tempel. In einiger Entfernung stand außerhalb der Aurelianischen Mauer ein bedeutendes Mars-Heiligtum, das wahrscheinlich 388 v. Chr. errichtet wurde.

Kurz hinter der Gabelung der Via Appia und der Via Latina steht auf der rechten Seite der Via Appia die Kirche S. Cesareo. Sie wurde über einem Gebäude aus dem 2. Jahrhundert n. Chr. errichtet, von dem ein großes Schwarz-Weiß-Mosaik mit Meerwesen dicht unter dem Fußboden der Kirche erhalten ist.

Das Grab der Scipionen. Die Lage des Scipionen-Grabs war schon vor den beiden Ausgrabungen von 1616 und 1780 durch die Angaben einiger antiker Schriftsteller ungefähr bekannt. Das Grab liegt zwischen der Via Appia und der Via Latina, etwas näher an der Via Appia und wenige hundert Meter vor der Porta S. Sebastiano.

Als die Eigentümer des Grundstücks, die Gebrüder Sassi, im Mai 1780 einen Keller aushoben, stießen sie auf das Grab, das damals mit recht fragwürdigen Methoden durchstöbert wurde. 1926 nahm die Stadt Rom eine Restaurierung vor, entfernte die Mauern, mit denen die Entdecker die einstürzenden Decken abgestützt hatten, und grub die Anlage vollständig aus. Dabei wurden auch die Inschriften kopiert und so gut wie möglich den Sarkophagen, deren Originale man entfernte, zugeordnet.

Die Fassade, von der nur noch rechts ein kleines Stück erhalten ist, steht nach Nordwesten gewendet. An der rechten Seite befindet sich der Eingang zu der kleineren Grabkammer (11–12), ein aus Anienetuff gebauter Bogen.

Die Fassade muß, soweit sich dies heute noch feststellen läßt, mit Tuffpilastern, von denen nur noch einer erhalten ist, gegliedert gewesen sein. Sie hatten attische Basen und standen auf einem Tuffprofil, das mit dem gewachsenen Fels darunter verzahnt war. Das aus dem Felsen gehauene Fundament, auf dem die Halbsäulen stehen und in das die Zugänge zum Grab hineingehauen sind, war auf seiner ganzen Länge mit Fresken verziert. Die wenigen Überreste zeigen drei Malereischichten übereinander: in den beiden ältesten, unteren Schichten erkennt man einige Soldaten, wahrscheinlich die Darstellung historischer Begebenheiten, während die oberste Schicht ein einfaches rotgemaltes Wellenornament zeigt. Die Malereien müssen zwischen der Mitte des 2. Jahrhunderts v. Chr., als, wie noch darzulegen ist, die Fassade erbaut wurde, und dem Anfang des 1. Jahrhunderts v. Chr. entstanden sein, als das Grab, wie aus einer Bemerkung Ciceros hervorgeht, nicht mehr benutzt wurde.

Der Haupteingang, dessen architektonische Gestaltung verloren ist, lag weiter östlich. Links davon sieht man eine große runde Aushöhlung, die eine Ecke des Grabs zerstört hat; dabei handelt es sich ohne Zweifel um einen mittelalterlichen Kalkofen. Das Grab ist in den hier anstehenden Cappellacciotuff eingeschnitten. Daß hier ein schon vorhandener Steinbruch ausgenutzt worden wäre, ist unwahrscheinlich. Eher ist anzunehmen, daß die Aushöhlungen eigens für diese Grabanlage vorgenommen wurden. Der etwa quadratische Grundriß ist regelmäßig. Vier Gänge laufen an den Seiten entlang, zwei weitere kreuzen einander in der Mitte (Nr. 1–10 auf dem Plan).

Grundriß des Scipionen-Grabs

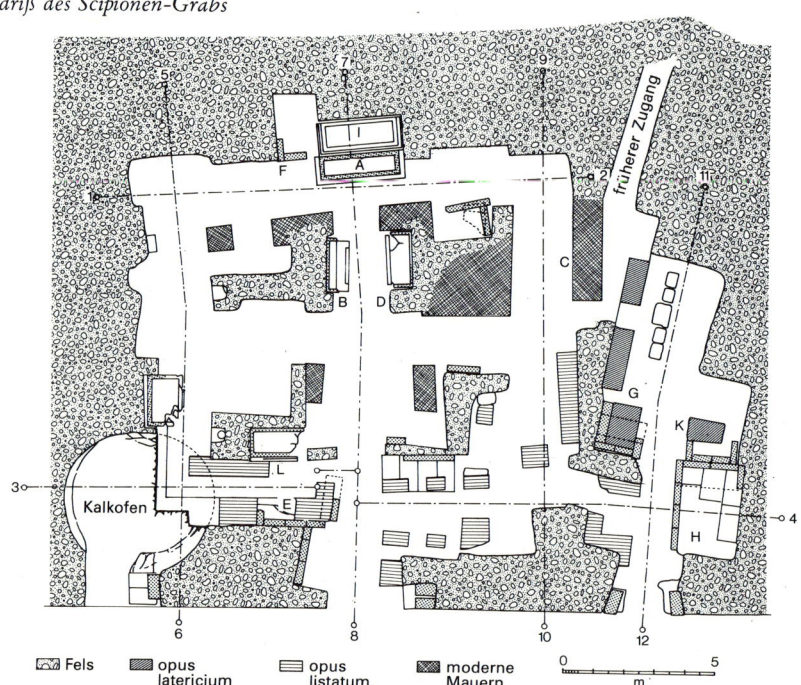

Rekonstruktion der Fassade des Scipionen-Grabs

Die Sarkophage wurden an den Wänden, in die hierfür zum Teil Nischen eingetieft sind, und um die vier großen natürlichen Felspfeiler, die nach dem Einschneiden der Gänge stehengeblieben sind, angeordnet. Es müssen mindestens dreißig Sarkophage hier gestanden haben. Sie sind entweder aus einem einzigen Tuffblock herausgearbeitet oder bestehen aus miteinander verbundenen Platten. Die ältesten noch vorhandenen Sarkophage, die des Scipio Barbatus und seines Sohnes, vertreten den ersten Typus; alle übrigen gehören dem zweiten Typus an. In dem kleineren Grabraum (11–12), der sich auch durch seine andere Orientierung abhebt, stehen sehr viel größere Sarkophage, die zum Teil wie kleine Kammergräber aussehen.

Bei der Besichtigung des Grabs folgt man am besten der zeitlichen Reihenfolge, auch wenn das lästige Umwege mit sich bringt. Es empfiehlt sich deswegen, den Stammbaum der Scipionen bei dem Besuch vor Augen zu haben. Die Inschriften sind im folgenden mit den Nummern des Corpus Inscriptionum Latinarum (CIL) und denen der Inscriptiones Latinae Liberae Rei Publicae, Bd. I, hrsg. von Degrassi (De), zitiert.

A) Kopie des Sarkophags von L. Cornelius Scipio Barbatus, Konsul des Jahres 298 v. Chr. Das Original dieses Sarkophags ist, ebenso wie die Inschriftentafeln sämtlicher Sarkophage, in den Vatikanischen Museen ausgestellt.

Der von großgriechischen oder sizilischen Vorbildern beeinflußte Sarkophag ist als einziger künstlerisch gestaltet und wegen seiner genauen Datierung, um 280 v. Chr., von kunstgeschichtlicher Bedeutung. Er besteht aus einem nach unten schmaler werdenden Kasten, der oben mit einem dorischen Metopenfries abschließt. Auf dem Deckel sind rechts und links Polster aufgesetzt, deren Voluten an jonische Kapitelle erinnern. Die auf dem Deckel gemalte Inschrift nennt Namen und Vatersnamen des Verstorbenen: *[L. Corneli]o(s) Cn. f. Scipio.*

Die längere Inschrift ist in Saturniern, einem altlateinischen Versmaß, abgefaßt. Sie wurde später anstelle einer nur anderthalb Zeilen langen Inschrift eingemeißelt. Wahrscheinlich geschah dies in den ersten Jahren des 2. Jahrhunderts v. Chr. zur Zeit des Scipio Africanus. Die Inschrift lautet nach Mommsens Übersetzung: „Cornelius – Lucius / Des Vaters Gnaevos Sohn – ein Mann so klug wie tapfer / Dess Wohlgestalt war seiner – Tugend angemessen / Der Konsul, Censor war bei – euch wie auch Aedilis / Taurasia, Cisauna – nahm er ein in Samnium / Bezwingt Lukanien ganz und – führet weg die Geiseln." *(CIL I², 6–7; De I, 309.)*

B) Reste des originalen Sarkophags und Kopie der Inschrift für L. Cornelius Scipio, Sohn des Scipio Barbatus, Konsul des Jahres 259 v. Chr. Auch hier gibt es zwei Inschrif-

327

Stammbaum der Scipionen

L. Cornelius Scipio Barbatus (A)
cos. 298

Cn. Cornelius Scipio Asina
cos. 260, 254

P. Cornelius Scipio Asina
cos. 221

L. Cornelius Scipio
cos. 259 cens. 258 (B)

P. Cornelius Scipio
cos. 218

L. Cornelius Scipio
Asiaticus, cos. 190

L. Cornelius Scipio
quaest. 167 (E)

Cornelius Scipio
Asiagenus Comatus (F)

L. Cornelius Scipio

L. Cornelius Scipio
Asiaticus, cos. 83

L. Cornelius Scipio

Cn. Cornelius Calvus
cos. 222

P. Cornelius Scipio Africanus
cos. 205, 194, cens. 199

L. Cornelius Scipio
pr. 174?

P. Cornelius
Scipio 180? (C)

P. Cornelius
Scipio Aemilianus
cos. 147, 134, cens. 142

P. Cornelius Scipio
Nasica, cos. 191

Linie der Scipiones
Nasicae

Cn. Cornelius Scipio
Hispallus, cos. 176
(verheiratet mit Paulla Cornelia) (I)

Cn. Cornelius Scipio
Hispanus pr. 139 (H)

Cn. Cornelius Scipio
pr. circa 109

L. Cornelius
Scipio (D)

CORNELIO L F SCIPIO
AIDILES COSOL CESOR

HONCOINO PLOIRVME COSENTIONT R
DVONORO OPTVMO FVISE VIRO
LVCIOM SCIPIONE FILIOS BARBATI
CONSOL CENSOR AIDILIS HIC FVET A
HEC CEPIT CORSICA ALERIAQVE VRBE
DEDET TEMPESTATEBVS AIDE MERETO

CORNELIVS LVCIVS SCIPIO BARBATVS GNAIVOD PATRE
PROGNATVS FORTIS VIR SAPIENSQVE QVOIVS FORMA VIRTVTEI PARISVMA
FVIT CONSOL CENSOR AIDILIS QVEI FVIT APVD VOS TAVRASIA CISAVNA
SAMNIO CEPIT SVBIGIT OMNE LOVCANA OPSIDESQVE ABDOVCIT

L CORNELI L F P
SCIPIO QVAIST
TR MIL ANNOS
GNATVS XXXIIII
MORTVOS PATER
REGE M ANTIOCO
SVBEGIT

QVE APICE INSIGNE DIAL   AMINIS GESISTEI
MORS PERFE   TVA VT ESSENT OMNIA
BREVIA HON   OS FAMA VIRTVSQVE
GLORIA ATQVE INGENIVM QVIBVS SEI
IN LONGA LICV ISET TIBE VTIER VITA
FACILE FACTEIS SVPERASES GLORIAM
MAIORVM QVA RE LVBENS TE IN GREMIV
SCIPIO RECIPIT TERRA PVBLI
PROGNATVM PVBLIO CORNELI

L CORNELIVS CN F CN N SCIPIO MAGNA SAPIENTIA
MVLTASQVE VIRTVTES AETATE QVOM PARVA
POSIDET HOC SAXSVM QVOIEI VITA DEFECIT NON
HONOS HONORE IS HIC SITVS QVEI NVNQVAM
VICTVS EST VIRTVTEI ANNOS GNATVS XX IS
DAT VS NE QVAIRATIS HONORE
QVEI MINVS SIT MANDV

AVLLA CORNELIA CN F HISPAL LI

CN CORNELIVS CN F   IISCIPIO HISPANVS
PR AID CVR Q   TR MIL II X VIR S L IVDIK
                           X VIR SAC R FAC

VIRTVTES GENERIS MIEIS MORIBVS ACCVM   AVI
PROGENIEM GENVI FACTA PATRIS PETIEI
MAIORVM OPTENVI LAVDEM VT SIBEI ME ESS   E CREATVM
LAETENTVR STIRPEM NOBILITAVIT HON   OR

Inschriften im Scipionen-Grab.
Links (von oben nach unten):
1. und 2. Sarkophag des L. Cornelius Scipio,
Sohn des Barbatus (B); 3. Sarkophag des Scipio
Barbatus (A); 4. L. Cornelius Scipio (E), der
mit 33 Jahren starb. Rechts (von oben nach

unten): 5. L. Cornelius Scipio, Quästor des
Jahres 167 v. Chr. (C); 6. L. Cornelius Scipio,
wahrscheinlich Sohn des Hispallus (D): 7. Paulla
Cornelia, Frau des Hispallus (I); 8. Cn. Cornelius
Scipio Hispanus, Prätor des Jahres 139 (H)

---

ten: die gemalte auf dem Deckel nennt den Namen und die wichtigsten Ämter: L.
Cornelio(s) L. f. Scipio/aidiles, cosol, cesor.
Lucius Cornelius Scipio war 259 v. Chr. Konsul, 258 Censor; wann er Ädil war, ist
unbekannt. Die auf den Sarkophag gemeißelte Inschrift ist wieder in Saturniern abgefaßt. „Dieser ganz allein, so stimmen die meisten Römer überein / sei der allerbeste
Mann gewesen / Lucius Scipio, der Sohn des Barbatus / Konsul, Censor, Ädil ist dieser
bei euch gewesen / Dieser nahm Korsika und die Stadt Aleria / Den Wettergöttern gab
er den Tempel nach Verdienst." (CIL I², 8–9; De I, 310.)
Wegen ihrer altertümlichen Formen erscheint die Inschrift für Lucius Cornelius Scipio,
den Sohn des Konsuls von 298, älter als die seines Vaters. Wahrscheinlich wurde sie
gleich beim Tod des jüngeren Scipio, etwa 230 v. Chr., abgefaßt.
C) Kopie der Grabinschrift aus Stein von Gabii für P. Cornelius Scipio, den Sohn des
Publius, Flamen dialis. Man nimmt im allgemeinen, vielleicht zu Unrecht, an, daß es
sich um den Sohn des Scipio Africanus handelt, der, wie man von Cicero weiß,
schwächlich war und früh starb. Die Inschrift lautet: „Der du die Kopfeszier des Fla-
men Dialis getragen / Der Tod hat bewirkt, daß alles Deine kurz sei / Ehre, Ruhm und
Tapferkeit, Berühmtheit und Talent / wenn es dir vergönnt gewesen, diese in einem
langen Leben zu verwirklichen / leicht hättest durch deine Taten du der Vorfahren
Ruhm / überflügelt. Deshalb nimmt willig dich in ihrem Schoß / Scipio, die Erde auf,
Publius / des Publius' Sproß, Cornelius." (CIL I², 10; De I, 311.)
E) Reste eines Sarkophags aus Platten von Anienetuff und Kopie der Inschrift für L.
Cornelius Scipio, den Quästor des Jahres 167 v. Chr. „Lucius Cornelius Scipio, der

Sohn des Lucius, der Enkel des Publius, Quästor, Militärtribun, ist, 33 Jahre alt, gestorben. Sein Vater unterwarf den König Antiochos." *(CIL I², 12; De I, 313.)*
Zweifellos handelt es sich um den Sohn des Scipio Asiaticus, der 190 v. Chr. in Magnesia den syrischen König Antiochus besiegte, den Neffen des Scipio Africanus und Vetter des obenerwähnten Publius.

F) Reste des Sarkophags und Kopie der Inschrift: „... Cornelius Scipio Asiagenus Comatus, Sohn des Lucius, Enkel des Lucius, gestorben im Alter von 16 Jahren." *(CIL I², 13; De I, 314.)*
Aus dem Namen des Vaters und des Großvaters sowie dem Beinamen geht hervor, daß es sich um den Sohn des Vorigen, des Quästors von 167, handelt.

I) Sarkophag aus Travertin und Anienetuff mit einer Inschrift (Kopie): „Paulla Cornelia, Tochter des Gnaeus und Frau des Hispallus." *(CIL I², 16; De I, 317.)*
Für diesen Sarkophag wurde die Nische, in welcher der Sarkophag des Scipio Barbatus stand, vertieft, um dahinter Platz für eine weitere Begräbnisstätte zu gewinnen.

D) Reste eines Sarkophags aus Stein von Gabii und Kopie der Inschrift: „Lucius Cornelius Scipio, der Sohn des Gnaeus, der Enkel des / Gnaeus. Große Weisheit / und viele Tugenden birgt dieser Stein zugleich / mit einem kurzen Leben. Ihm fehlte das Leben, nicht / die Ehre zur Auszeichnung. Er liegt hier, der niemals / an Begabung übertroffen wurde. 20 Jahre war er alt / Von den Manen(?) ist es bestimmt: Nicht sollt ihr nach Ehre fragen / weil er ja noch kein Amt bekleidet hat." *(CIL I², 11; De I, 312.)*
Der Name des Vaters und der des Großvaters bezeichnen den hier Begrabenen als einen Sohn des Hispallus und Bruder des Hispanus, des Prätors des Jahres 139 v. Chr.

H) Reste eines Sarkophags aus Anienetuff und Kopie der Inschrift: „Gnaeus Cornelius Scipio Hispanus, der Sohn des Gnaeus / Prätor, kurulischer Ädil, Quästor, zweimal Militärtribun / Dezemvir der Gerichtsbehörde für Freiheit und Bürgerrecht / Dezemvir des Aufseherkollegs der sibyllinischen Bücher / Meines Geschlechts Verdienste habe ich durch gute Art gemehrt / Nachkommen habe ich mir gezeugt, des Vaters Taten angestrebt / Der Ahnen Ruhm habe ich behauptet, auf daß sie sich freuen über / ihren Sproß. Den meinen adelt meine Ehre." *(CIL I², 15; De I, 316.)*
Es handelt sich um den Sohn des Scipio Hispallus, des Konsuls des Jahres 176 v. Chr., und vielleicht auch der Paulla Cornelia (I), einen Bruder des im Alter von 20 Jahren verstorbenen Lucius Cornelius (D).

G) Sarkophag aus Anienetuff und Kopie der Inschrift: ----- [is / ----- Sc]ipionem / [cum qu]o adveixei. *(CIL I², 14; De I, 315.)*
Die Geschichte der Grabstätte der Scipionen läßt sich in großen Zügen aus dem Denkmal selbst, besonders aber aus den Inschriften und den Angaben der antiken Schriftsteller erschließen. Vor allem Cicero, der ein glühender Verehrer der Scipionen war, ist für uns als Quelle wichtig.
Im Gegensatz zur allgemeinen Auffassung geht das Grab nicht auf das 4. Jahrhundert v. Chr. zurück. Sein Gründer muß Lucius Cornelius Barbatus, der Konsul des Jahres 298 v. Chr., oder sein Sohn gewesen sein. Beim Eintreten bemerkt man sogleich die beherrschende Stellung, die der Sarkophag des Barbatus, der heute durch eine Kopie ersetzt ist, im Hintergrund des mittleren Ganges gegenüber vom Eingang einnimmt. Eine solche Stellung konnte nur der erste und wichtigste Sarkophag erhalten. Außerdem ist der Sarkophag des Barbatus der älteste von allen.
Die Entstehungszeit des Grabs, das vielleicht noch zu Lebzeiten des Scipio Barbatus gebaut wurde, läßt sich damit sehr genau bestimmen: es wurde am Anfang des 3. Jahrhunderts v. Chr. angelegt. Auch die Dauer der Benutzung läßt sich ungefähr erschließen. Das Grab besteht aus zwei verschiedenen Teilen; dem in sich abgeschlossenen Hauptteil, der ein ziemlich regelmäßiges Viereck darstellt, und dem anders orientierten

Gang (Nr. 11–12), der einen eigenen Eingang besitzt und ursprünglich vielleicht keine Verbindung zum anderen Teil des Grabbaus hatte. Dieser zweite Teil ist zweifellos später entstanden. Die ältere Grabanlage enthielt ungefähr 30 Sarkophage, was recht gut der Zahl der Scipionen zwischen dem Anfang des 3. und der Mitte des 2. Jahrhunderts v. Chr. entspricht. Scipio Africanus war nicht hier, sondern bei seiner Villa in Liternum bestattet, wie Livius und Seneca berichten. Wahrscheinlich war der Hauptraum des Grabes um die Mitte des 2. Jahrhunderts v. Chr. schon vollständig besetzt. Eine Untersuchung der Inschriften bestätigt diese Annahme.

Der Sarkophag mit der Inschrift für Paulla Cornelia (I) wurde an einer eigentümlichen Stelle gefunden; er stand hinter dem des Scipio Barbatus (A). Ohne Zweifel handelt es sich um eine spätere Bestattung, denn der Deckel mit der Inschrift liegt unmittelbar auf dem Sarkophag des Barbatus, dessen Rückwand gleichzeitig die Vorderseite des Sarkophags der Cornelia bildete.

Daß man eine solche Notlösung wählte, zeigt, daß das Grab inzwischen völlig besetzt war. Paulla Cornelia wird in der Inschrift als Frau des Hispallus, des Konsuls des Jahres 176 v. Chr., bezeichnet.

Eine weitere Bestätigung dafür, daß seit der Mitte des 2. Jahrhunderts keine Bestattungen mehr vorgenommen wurden, gibt das Grab F, das ebenfalls in einen engen Raum neben dem Sarkophag des Barbatus gezwängt wurde, und zwar senkrecht zum Gang 1–2 in die Tiefe hinein. Hier wurde Cornelius Scipio Asiagenus Comatus bestattet, der im Alter von 16 Jahren starb, zweifellos der Enkel des Siegers über Antiochus und Sohn des Quästors des Jahres 167 v. Chr., der seinerseits schon mit 33 Jahren kurz

Der Circus des Maxentius an der Via Appia

nach seiner Quästur und sicherlich vor 160 v. Chr. starb (vgl. den Stammbaum). Scipio Asiagenus Comatus starb demnach nicht nach 145, sondern wahrscheinlich um 150 v. Chr. Auch der Sarkophag seines Vaters bekam nur noch einen dicht am Eingang (E) gelegenen, engen Platz.

Hinzu kommt der Hinweis, den uns die einzige erhaltene Inschrift aus dem jüngeren Grabraum (11–12) gibt: diejenige für Gnaeus Cornelius Scipio Hispanus (H), den Sohn des Hispallus und wahrscheinlich auch der obenerwähnten Paulla Cornelia (I), dessen Bruder Lucius Cornelius Scipio (D) im Alter von 20 Jahren starb. Hispanus war 139 v. Chr. Prätor und muß, da keine anderen Ämter aufgezählt werden, kurz darauf gestorben sein. Es ist bemerkenswert, daß seine Inschrift in Distichen abgefaßt ist, einem griechischen Versmaß, das in der ersten Hälfte des 2. Jahrhunderts v. Chr. durch Ennius in Rom eingeführt wurde. Alle andern Grabinschriften sind in Saturniern gedichtet, die in der älteren römischen Dichtung verwendet wurden.

Der jüngere Grabraum wurde mithin nach 150, dem Zeitpunkt der spätesten Bestattungen im älteren Grabraum, und vor 135 v. Chr., dem Zeitpunkt, zu dem vermutlich die erste durch eine ausreichend erhaltene Inschrift bezeugte Bestattung hier vorgenommen wurde, angelegt. Aus jenen Jahren stammt wahrscheinlich die Fassade mit den Halbsäulen über einem Podium, von der ein kleines Stück erhalten geblieben ist; der bogenförmige Eingang des neuen Grabraums ist in diese Fassade einbezogen, die schon unter dem Einfluß der hellenistischen Architektur steht, der nach den Eroberungen im Osten während des 2. Jahrhunderts v. Chr. wirksam wird.

Wahrscheinlich gehen diese Baumaßnahmen auf Scipio Aemilianus zurück, der in eben jenen Jahren zwischen der Zerstörung Carthagos 146 v. Chr. und der Zerstörung von Numantia 133 v. Chr. das politische und kulturelle Leben in Rom beherrschte. Mehrere Anzeichen sprechen dafür, daß damals in dem älteren Grab, das eine Art von Museum zum Ruhm der Familie werden sollte, bauliche Veränderungen vorgenommen wurden. Die ursprüngliche Inschrift auf dem Sarkophag des Scipio Barbatus war schon zuvor abgearbeitet und durch eine Ekloge in Saturniern ersetzt worden, die später entstand als die auf dem Sarkophag seines Sohnes. Man weiß, daß in dem Grab, und zwar vermutlich in der Fassade, die Statuen des Scipio Africanus, des Scipio Asiaticus und des Ennius aufgestellt waren. Zumindest das Bildnis des Dichters war aus Marmor.

In der Kaiserzeit kamen einige Aschengräber hinzu, die wie aus den Inschriften hervorgeht, den Cornelii Lentuli gehörten. Nach dem Erlöschen der Scipionen hatten sie anscheinend das Grab geerbt. Diese Bestattungen sind kein Zeichen für eine ununterbrochene Benutzung des Grabs, da die letzten republikanischen Inschriften aus dem 2. Jahrhundert v. Chr. stammen. Wahrscheinlich wollten einige Mitglieder der Familie der Lentuli neben den berühmteren Scipionen bestattet sein. Sie unterstrichen so aus einem snobistischen Ehrgeiz heraus, der wohl nicht frei von politischen Absichten war, ihre Bindungen an jene bedeutende Familie.

Zwischen dem Scipionen-Grab und der Via Appia wurden 1927 bei Restaurierungsarbeiten Gräber verschiedener Epochen entdeckt. Am bedeutendsten ist ein großes unterirdisches Columbarium. Die Decke des rechteckigen Raumes lag auf zwei mächtigen zylindrischen Pfeilern, deren einer fast vollständig erhalten ist, während vom anderen nur noch wenige Reste vorhanden sind. In den Pfeilern und den Wänden waren übereinander fünf Reihen halbrunder Nischen mit Einrahmungen aus Stuck eingetieft, die größtenteils noch gut erhalten sind. In jeder Nische standen zwei Aschenurnen aus Terrakotta. Der Verputz der Mauern ist auf weiten Strecken erhalten. Unterhalb der Nischen sind jeweils mit lebhaften Farben (Blau, Rot und Gelb) kleine Felder umrahmt, in denen die Namen der Toten angegeben werden sollten, wovon man jedoch keinerlei Spuren fand. Die Anzahl der Bestattungen ist auf ungefähr 470 zu schätzen. Während des 3. Jahrhunderts n. Chr. errichtete man über dem Scipionen-Grab an der zur Via Appia gelegenen Seite ein mehrstöckiges Wohnhaus, wobei der jüngere Grabraum zerstört wurde. Offensichtlich wußte man in jenen Jahren nichts mehr von der Bedeutung des Grabs oder hatte es sogar ganz vergessen, ein krisenhaftes Zeichen von Traditionsverlust.

An der Südseite des Hauses kann man eine kleine Katakombe mit zwei oder drei Reihen von Begräbnisnischen übereinander besichtigen.

Das Columbarium des Pomponius Hylas. Das Columbarium des Pomponius Hylas liegt zwischen der Via Appia und der Via Latina, nicht weit von der Via Latina und der Aurelianischen Mauer. Pietro Campana entdeckte es 1831 während einer Grabung, die weiteren Aufschluß über das Scipionen-Grab geben sollte.

Man steigt über die originale steile Treppe hinunter. Das Columbarium ist aus *opus caementicium* mit Ziegelverkleidung erbaut, einer Mauertechnik, die in die ersten Jahrzehnte der Kaiserzeit zu datieren ist. Den untersten Stufen gegenüber ist eine Nische eingetieft, deren Apsis wie bei Nymphäen mit Kalksteinchen verziert ist. Darunter ist ein Mosaik aus Glaspasten eingesetzt, das mit einem Streifen von Muschelwerk eingefaßt wird. Ein Flechtband umrahmt das innere Feld, in dem mit Mosaik zwei Namen im Genitiv stehen: *Cn(aei) Pomponi Hylae* und *Pomponiae Cn(aei) l(ibertae) Vitalinis*. Unter der Inschrift sind zwei Greifen rechts und links von einer Leier dargestellt. Rechts schließt sich der rechteckige, zum Teil aus dem Felsen herausgeschnittene Raum (etwa 4 × 3 m) des Columbariums an, der wegen seiner architektonischen Gestaltung und seiner reichen Dekoration mit Stuck und Malereien überaus sehenswert ist. In der Rückwand ist eine geräumige Apsis, in der eine Ädikula aus verputzten Ziegelsteinen mit einem Podium, zwei kleinen Säulen, einem Fries und einem Giebel steht. Rechts und links befinden sich zwei weitere Ädikulen mit unregelmäßigem Grundriß, gesprengten Giebeln an den Seiten und einem Rundgiebel über der Mitte. Rechts bildet eine Ädikula mit dreieckigem Giebel den Abschluß der Wand. Dann folgt unterhalb der Treppe ein rechteckiges Gelaß, in dem ein Sarkophag aus Terrakotta mit einem Deckel aus Ziegeln steht.

Auf der linken Seite des Columbariums gibt es deutliche Anzeichen für einen späteren Umbau. Hier überlagern zwei größere Ädikulen mit leuchtend bemalten Stuckverzierungen und dreieckigen Giebeln ältere architektonische Motive, die, nach dem Erhaltenen zu schließen, denen auf der rechten Seite genau entsprechen. Nach der Dekoration und den Inschriften mit den Namen der Verstorbenen ist dieser Umbau in flavische Zeit zu datieren. Der ursprüngliche Bau und die übrige Dekoration stammen mithin aus einer früheren Zeit. Die erste Phase des Bauwerks ist aufgrund einiger Inschriften, vor allem jener, in denen ein Celadius, ein Freigelassener des Tiberius, und eine Paezusa, Friseuse der Octavia, der Tochter des Kaisers Claudius und Gemahlin Neros, genannt werden, in julisch-claudische Zeit, genauer in die Jahre 14–28 n. Chr. zu datieren. Aus dieser Zeit stammen die Malereien in der Apsis und auf dem Gewölbe, ein zartes Rankenwerk mit schwebenden weiblichen Gestalten, von denen zwei geflügelt sind. Außerdem gehören der Bogen über der Apsis, der Giebel und der Fries der mittleren Ädikula dieser Phase an. Auf dem Bogen sind Flügelpferde und menschliche Gestalten dargestellt, auf dem Giebel ein Satyr (?) zwischen zwei Tritonen und auf dem Fries eine dionysische Szene. Auf den Seiten der Nische, in der die Urnen stehen, sind ein Mann mit einer Buchrolle, eine Frau und dazwischen eine *Cista mystica* dargestellt. Es handelt sich bei dieser Darstellung, deren dionysische Bedeutung ganz offensichtlich ist, zweifellos um die beiden hier Bestatteten, deren Namen auf der Marmortafel darunter angegeben sind: Granius Nestor und Vinileia Hedone, die beiden Begründer der

Grabstätte. Auch die Darstellung auf einer der Ädikulen an der linken Seite, die aus flavischer Zeit stammen, hat symbolischen Inhalt; sie zeigt den Kentauren Chiron und Achill sowie im Fries eine Gruppe, die sich als Darstellung der Marter des Oknos deuten läßt.

Die Columbarien der Vigna Codini. Zwischen dem Scipionen-Grab und der Aurelianischen Mauer wurden um die Mitte des vorigen Jahrhunderts in der ehemaligen Vigna Codini drei noch heute erhaltene Columbarien gefunden. Das Grundstück ist in Privatbesitz.

Erstes Columbarium: 1840 von G. P. Campana gefunden. Der viereckige, 5,08 m breite und 7,06–7,42 m lange unterirdische Raum ist vollständig aus Ziegeln gebaut; nur der untere Teil der Wände besteht aus Retikulatmauerwerk. Der Fußboden liegt etwa 6 m unter der Erde. In der Mitte steht ein viereckiger, 1,68 m breiter und 3,58 m langer Pfeiler, der als Stütze dient, jedoch auch für Bestattungen genutzt wurde. Die Begräbnisnischen nehmen die ganze Wandfläche ein. Sie sind gebogen und enthalten meist zwei eingemauerte Aschenurnen. Auf den Wänden B und D sind je neun Nischen, auf den Wänden A und C je elf in neun Reihen übereinander angeordnet, insgesamt sind es etwa 500 Nischen. Über allen ist ein kleiner Rahmen gemalt, in den der Name des Bestatteten eingeritzt werden sollte. Über 60 solcher Namen wurden gefunden. In vielen Fällen ist eine Marmortafel über den gemalten Rahmen angebracht; knapp 200 solcher Täfelchen sind erhalten. Hinzu kommen etwa ein Dutzend Urnen und marmorne Grabsteine, die jetzt im Magazin des Thermen-Museums aufbewahrt werden. An den Schmalseiten des Pfeilers sind oben vier Bilder mit dionysischen Szenen gemalt. Aufgrund der Inschriften ist das Columbarium in spättiberische Zeit zu datieren. Auch die Malereien gehören nach dem stilistischen Befund in die Zeit von Tiberius bis Nero. In dem Columbarium befindet sich ein severisches Marmorrelief mit der Darstellung einer *dextrarum iunctio* (Eheschließung). Wie das Relief in das Grab kam, das im 3. Jahrhundert n. Chr. schon lange nicht mehr in Benutzung war, ist unerklärlich.

In dem Columbarium konnte jedermann gegen Bezahlung bestattet werden. Nur wenige Sklaven und kaiserliche Freigelassene waren hier beigesetzt; es gibt keine Familie, deren Name hier häufiger vorkäme als der anderer.

Zweites Columbarium: 1847 von Campana gefunden. Auch in diesem Fall handelt es sich um ein viereckiges, 5,90 m langes und 5,20 m breites unterirdisches Bauwerk, das in Retikulattechnik errichtet ist. Der Fußboden liegt etwa 7 m unter der Erdoberfläche, er ist aus „Cocciopesto" mit Marmoreinsprengseln in der Mitte. („Cocciopesto" nennt man eine auf den geglätteten Boden ausgegossene und dort geebnete Gips- und Mörtelmasse, die entweder mit zerstoßenen Ziegeln oder einem anderen Stoff gefärbt wurde und dadurch das Ansehen roten Granits erhielt, wodurch zugleich die Festigkeit erhöht wurde, oder in welche man vor der völligen Erstarrung verschieden gestaltete Ziegel- oder Steinstückchen inkrustierte.) Die gebogenen Begräbnisnischen, in denen je zwei Urnen standen, sind in neun Reihen übereinander angeordnet; die neunte Reihe ist nur auf der Wand B erhalten, die Wand A ist größtenteils restauriert. Auf den Wänden B und D sind je acht, auf den Wänden A und C je neun Begräbnisnischen in einer Reihe; insgesamt sind es weit über 300. Auf der Wand C und teilweise auch auf D

gibt es Reste ornamentaler Malereien mit Zweigen, von denen in regelmäßigen Abständen Tympana, Masken, Trinkhörner, *Cistae* und ähnliches herabhängen. Im Gegensatz zu dem ersten Columbarium sind die gemalten Wandfelder durch kleine Marmortäfelchen ersetzt, von denen viele keine Inschrift tragen; offensichtlich wurden die Täfelchen gleich beim Bau der Anlage eingefügt. Die heute sichtbaren Inschriften gehen fast alle auf Restaurierungen aus dem 19. Jahrhundert zurück, viele gehören wahrscheinlich gar nicht zu diesem Columbarium, so daß der ursprüngliche Bestand an Inschriften kaum mehr rekonstruiert werden kann. Wahrscheinlich bezieht sich eine Inschrift, welche die Belegung der Nischen mit Urnen auf das Jahr 10 n. Chr. datiert, auf dieses Columbarium. Wichtig ist die Mosaikinschrift, in der die Stiftung des Fußbodens durch zwei *Curatores* des Beerdigungsunternehmens erwähnt wird.

Viele Inschriften nennen Beschäftigte dieser Gesellschaft. Außerdem werden zahlreiche Sklaven und kaiserliche Freigelassene erwähnt, wobei jedoch immer fraglich bleibt, wie viele Inschriften tatsächlich zu diesem Columbarium gehören. Ausgeschlossen ist, daß es sich um ein Grab der Familie der Marcelli handelt. Einige Vasen und unbedeutende Urnen aus dem Columbarium sind jetzt im Thermen-Museum, außerdem drei wahrscheinlich hier gefundene Porträts guter Qualität: ein weibliches aus neronischer Zeit sowie zwei männliche, eines aus claudisch-neronischer, das andere wohl aus flavischer Zeit.

Fest steht, daß das Columbarium in spätaugusteischer Zeit gebaut und wahrscheinlich erst später ausgemalt wurde. Viele Angaben über Berufe und Ämter, die auf den Inschriften, deren Zugehörigkeit immer zweifelhaft bleiben muß, genannt werden, weisen auf den Umkreis des Kaiserhauses.

Drittes Columbarium: 1852 von Pietro Codini gefunden. Der Grundriß des Grabes ist hufeisenförmig. Die Begräbnisnischen sind größer als gewohnt und rechteckig und mit zahlreichen Ädikulen und Bögen verziert. Das Grab ist sehr viel reicher ausgestattet als die beiden anderen; es ist mit Marmorplatten verkleidet, mit Pilastern, deren Kapitelle aus farbigem Marmor sind, und mit Malereien geschmückt. Die zum großen Teil noch erhaltenen ornamentalen Motive auf dem Gewölbe wurden sicher erst später gemalt. Mehr als 30 Grabsteine und kleine Urnen, von denen einige recht wertvoll sind, stammen von hier und sind jetzt im Thermen-Museum. Auch ein kleiner Sarkophag wurde gefunden. Das Columbarium muß also auch in späterer Zeit, als man die Toten nicht mehr verbrannte, benutzt worden sein. Im Vergleich mit der Größe der Anlage gibt es nicht besonders viele Inschriften: nicht mehr als 150. Bemerkenswert sind die Travertinkonsolen, auf die Bretter gelegt wurden, damit man auch die höhergelegenen Nischen erreichen konnte. In den Inschriften erscheinen häufig Namen von Sklaven und kaiserlichen Freigelassenen; der Bau muß auf die Zeit des Tiberius zurückgehen. Da außer Freigelassenen des Claudius und der Flavier auch Freigelassene Hadrians, des Antoninus Pius und Mark Aurels vorkommen, muß die Anlage während des ganzen 2. Jahrhunderts weiter benutzt worden sein. Viele Inschriften erwähnen Berufe und Ämter aus dem Umkreis des Kaiserhofes.

ANHANG

Die am meisten verwendeten Marmor- und Steinsorten (von links nach rechts und von oben nach unten; die in Klammern gesetzten Zahlen beziehen sich auf die Erläuterungen im Anhang): Pavonazzetto (4); Cipollino (5), Rosso Antico (6); Giallo Antico (7); Portasanta (8); Africano (9); rötlicher ägyptischer Granit („Obelisken-Stein"; 11); grauer ägyptischer Granit (10); Porphyr (12); grüner Porphyr oder Serpentin (13)

Die in Rom gebräuchlichen Baumaterialien (von links nach rechts und von oben nach unten, die in Klammern gesetzten Zahlen beziehen sich auf die Erläuterungen im Anhang); Cappellacciotuff (1); Tuff von Grotta Oscura (2); Tuff aus Fidene (3); Monteverdetuff (4); Anienetuff (5); Peperin (6); Tuff vom Kapitol (7); Travertin (8)

Bautechniken und Baumaterialien

Bautechniken

a) *Opus quadratum*. Mauern aus regelmäßigen, quaderförmigen Blöcken. Seit der Archaik (Ende 7. bis Anfang 8. Jh. v. Chr.) gebräuchlich, seit dem 4. Jahrhundert v. Chr. mit einer römischen Sonderform, bei der die Läufer- und Binderschichten miteinander wechseln.

b) *Opus incertum*. Die Einführung des Mörtels *(opus caementicium)* erforderte ein kleinteiliges, mit dem Mauerkern verbundenes Mauerwerk zur Verschalung. Der älteste Typus ist das *opus incertum*, das aus kleinen, pyramidenförmigen Tuffblöcken besteht. Die unregelmäßig geformte (viereckige, vieleckige oder abgerundete) glatte Vorderseite bildet die sichtbare Mauer, die Spitze steckt in dem Mauerkern. Die ältesten Beispiele für *opus incertum* gehen in Rom bis auf die ersten Jahrzehnte des 2. Jahrhunderts v. Chr. zurück (Tempel der *Magna Mater, Porticus Aemilia*), die spätesten stammen vom Ende des 2. Jahrhunderts v. Chr.

c) *Opus quasi reticulatum*. Bei den Verschalungsmauern läßt sich die Entwicklung zu einer immer gleichmäßigeren Gestaltung der Oberfläche feststellen. Das *opus quasi reticulatum* stellt innerhalb dieses Prozesses die Stufe dar, auf der die aneinanderstoßenden Kanten der Tuffblöcke schon fast regelmäßige Linien bilden. Es ist eine Vorstufe zum *opus reticulatum* („Netzmauerwerk"). Die ältesten Beispiele stammen aus dem letzten Viertel des 2. Jahrhunderts v. Chr. (*Iuturna-Quelle*, zweite Bauphase des Tempels der *Magna Mater, Casa dei Grifi* auf dem Palatin), die spätesten sind gleichzeitig mit den ersten Mauern in *opus reticulatum* im ersten Viertel des 1. Jahrhunderts v. Chr.

d) *Opus reticulatum*. Die kleinen Tuffsteine haben eine genau quadratische Vorderseite und bilden ein gleichmäßiges Netzmuster. Diesen Typ gab es seit etwa 100 v. Chr.; die ältesten Beispiele sind die *Horrea Galbana* (100–90 v. Chr.) und das *Pompejus-Theater* (61–55 v. Chr.). Die Technik lebte bis in julisch-claudische Zeit fort und wurde dann durch Ziegelmauern und Mischtechniken mit *opus reticulatum* und Ziegelschichten verdrängt.

e) *Opus mixtum*. Das *opus reticulatum* wurde, wie auch Vitruv berichtet, leicht rissig. Man verstärkte es deshalb mit waagrechten Schichten aus Backsteinen oder zerbrochenen Dachziegeln. In der Kaiserzeit fügte man seitliche Verstärkungen hinzu, so daß das Netzmauerwerk schließlich von Ziegelsteinen eingefaßt war. Diese Bautechnik war in der Zeit von den Flaviern bis Antoninus Pius verbreitet.

f) *Opus latericium* (oder *testaceum*). Seit dem Ende der Republik gab es statt des *opus reticulatum* auch Verschalungsmauern aus Ziegelsteinen; das erste, ganz aus Ziegelsteinen errichtete Gebäude waren die tiberischen *Castra Praetoria*. Seit dem 1. Jahrhundert n. Chr. versah man die Ziegel mit Fabrikmarken, die eine wertvolle Hilfe für die Datierung darstellten. In der ersten Zeit waren die Stempel länglich, zur Zeit der Flavier bekamen sie dann die Form einer Sichel, die sich immer mehr schloß, bis sie unter Caracalla schließlich kreisrund war. Seit 123 n. Chr. mußte das Konsulatsjahr mit angegeben werden, ein Brauch, der allmählich wieder zurückging und um 164 n. Chr. schließlich völlig verschwand. In der Zeit Mark Aurels und Caracallas gingen alle privaten Ziegelfabriken in kaiserlichen Besitz über, so daß die Ziegelherstellung ganz verstaatlicht war. 70 bis 80 Jahre nach Caracallas Tod kamen die Ziegelstempel ganz außer Gebrauch, erst unter Diokletian wurden sie wieder eingeführt.

g) *Opus vittatum*. Verschalungsmauer, in der jeweils eine Schicht mit Ziegeln und eine mit Tuffquadern gebaut ist. Diese seit dem Anfang des 4. Jahrhunderts n. Chr. gebräuchliche Mauertechnik ist in Rom für die Zeit von Maxentius und Konstantin typisch. Sie wurde während des ganzen 4. Jahrhunderts verwendet.

340

Baumaterialien

I. Marmorarten

1. *Pentelischer Marmor.* Weißer, feinkörniger Marmor aus den Brüchen am Osthang des *Pentelikon* (etwa 15 km nordöstlich von Athen).
2. *Parischer Marmor.* Weißer, grobkörniger Marmor aus den Steinbrüchen im nordöstlichen Teil der Kykladen-Insel Paros. In der Antike für Marmorstatuen am meisten verwendet.
3. *Marmor aus Luni.* Der feinkörnige weiße Marmor heißt heute Carrara-Marmor. Zur Zeit Cäsars eröffnete man die Steinbrüche, die unter Augustus dann voll arbeiteten und unter Tiberius in kaiserlichen Besitz übergingen.
4. *Pavonazetto (Marmor synnadicum* oder *phrygium).* Violetter Stein mit weißen Kalkeinlagerungen aus Dokimeion bei Synnada (Kleinasien).
5. *Cipollino (Marmor carystium).* Marmor mit parallelen weißlich- bis dunkelgrünen Streifen aus den Steinbrüchen bei Karystos an der Südostspitze von Euböa (Griechenland).
6. *Rosso Antico.* Kräftig roter Marmor aus den Steinbrüchen am Tainaron (Kap Matapan auf der Peloponnes).
7. *Giallo Antico (Marmor numidicum).* Feinkörniger, kräftig gelber Marmor mit dunkelgelben und dunkelroten Adern aus den Steinbrüchen von Chemtou in Tunesien, dem antiken Numidien.
8. *Portasanta (Marmor chium).* Gefleckter Marmor mit Einlagerungen. Auf einer dunklen, von Grau zu Fleischfarbe spielender Grundlage heben sich orange- bis blutrote Äderungen ab. Aus den Steinbrüchen von Chios in der Ost-Ägäis.
9. *Africano (Marmor luculleum?).* Gefleckter Stein mit Äderungen und Einlagerungen in mannigfachen, kräftigen Farben, der durch Lukull aus Teos in Kleinasien nach Rom eingeführt wurde.
10. *Grauer Granit.* Vom *Mons Claudianus* in Ägypten.
11. *Rötlicher oder roter Granit* („Obelisken-Granit"). Aus Syene, dem heutigen Assuan in Ägypten.
12. *Roter Porphyr (Lapis Porphyrites).* Außerordentlich harter, rotvioletter Stein mit kleinen, weißen Tupfen aus Oberägypten (vom Roten Meer).
13. *Grüner Porphyr oder Serpentino (Lapis Lacedaemonius).* Porphyr von kräftiger grüner Grundfarbe mit hellgrünen Kristallen. Aus der Gegend von Sparta.
14. *Verde Antico.* Gefleckter Stein von grüner Grundfarbe mit dunkelgrünen, weißen, schwarzen und tiefschwarzen Einschließungen. Aus der Gegend von Larissa in Thessalien.

II. Zum Bauen verwendete Steinarten

1. *Cappellaccio.* In Rom selbst anstehender brüchiger, körniger Tuff von grauer Farbe. Er wird fast nur in archaischer Zeit (7.–5. Jh. v. Chr.) für sehr sorgfältig gearbeitete Mauern aus *opus quadratum* verwendet. Die Blöcke haben nur eine beschränkte Tiefe. – Älteste Teile der *Servianischen Mauer,* Tempel des *Iuppiter Capitolinus,* archaische Brunnen auf dem Palatin.
2. *Tuff aus Grotta Oscura.* Graugelber, poröser Tuffstein, erst seit der Eroberung von Veji (396 v. Chr.) in großer Menge verwendet, da die Steinbrüche auf dem Gebiet Vejis lagen. Frühere Beispiele: bei S. Omobono und Inschrift beim *Lapis Niger.* Die Tuffblöcke von Grotta Oscura sind als einzige mit Marken des Steinbruchs gezeichnet. Sie sind doppelt so groß wie die aus Cappellaccio (Höhe 59 cm). Der Abbau hört um 100 v. Chr. oder wenig davor auf, gleichzeitig mit dem Vordringen des Anienetuffs. – Inschrift vom *Lapis Niger,* republikanische Stadtmauer aus dem 4. Jahrhundert v. Chr., Tempel A und C auf dem Largo Argentina, *Basilica Aemilia, Pons Aemilius,* Tempel des *Veiovis,* Rundtempel am *Forum Boarium, Pons Milvius.*
3. *Tuff aus Fidene.* Charakteristisch sind die in den Tuff eingeschlossenen schwarzen Schlacken. – Die Steinbrüche liegen bei Castel Giubileo. Das Material war, wie der Tuff aus Grotta Oscura, bis zum Ende des 2. Jahrhunderts v. Chr. in Gebrauch. – Stützmauern am Palatin und am Kapitol, republikanische Stadtmauer aus dem 4. Jahrhundert v. Chr., Tempel C und zweite Phase des Tempels A auf dem Largo Argentina, dritte (republikanische) Bauphase der Tempel bei S. Omobono.
4. *Tuff vom Monteverde.* Hellbrauner, fester und nicht besonders feinkörniger Tuff mit vielfarbigen Schlackeneinschlüssen. Die Steinbrüche lagen am Fuß des Gianicolo und bei Magliana. Der Stein wurde seit dem 2. Jahrhundert v. Chr. häufiger verwendet.
5. *Anienetuff.* Rötlicher, fester Tuff aus den Steinbrüchen bei Tor Cervara. Kurz vor der Mitte des 2. Jahrhunderts v. Chr. begann der systematische Abbau. Seit dem Ende der Republik wurde vor allem diese Tuffsorte verwendet. – *Aqua Marcia* (144 v. Chr.), *Pons Milvius,* oberer Raum im *Carcer,* u. a.
6. *Peperin (Lapis Albanus).* Fester, aschgrauer Tuff aus den (noch heute genutzten) Steinbrüchen bei Marino. Seit dem 4. bis 3. Jahrhundert v. Chr. verwendet, für Bauwerke seit dem 2. Jahrhundert v. Chr. bis zur späten Kaiserzeit. – *Aqua Marcia, Scipionen-Grab,* Tempel der *Magna Mater,* Grab des *Ser.*

Sulpicius Galba, Tempel am Forum Holitorium und in der Via delle Botteghe Oscure, *Tabularium*, *Pompejus-Theater*, Brandmauer am Augustus-Forum, Tempel des *Mars Ultor*, *Hadrians-Tempel*, Tempel des *Antoninus und der Faustina*.

7. *Pietra Sperone (Lapis Gabinus)*. Ähnlich wie Peperin, jedoch weniger feinkörnig, mit mehr Einschlüssen. – *Aqua Marcia, Pons Aemilius, Pons Milvius*, Einmündung der *Cloaca Maxima* in den Tiber, *Tabularium, Pons Fabricius, Pompejus-Theater, Tabernae* am Cäsar-Forum, *Augustus-Forum*.

8. *Travertin (Lapis Tiburtinus)*. Kalkstein aus den (noch heute genutzten) Steinbrüchen bei Tivoli. Seit dem 2. Jahrhundert v. Chr. in Gebrauch, am Ende des 2. Jahrhunderts auch in der Architektur. Diese Steinsorte wurde bei einem Großteil der spätrepublikanischen und kaiserzeitlichen Bauwerke angewendet, z. B. beim *Marcellus-Theater* und dem *Kolosseum*.

Mauertechniken (von links nach rechts und von oben nach unten): opus quadratum, opus incertum, opus quasi reticulatum, opus reticulatum, opus mixtum, opus vittatum

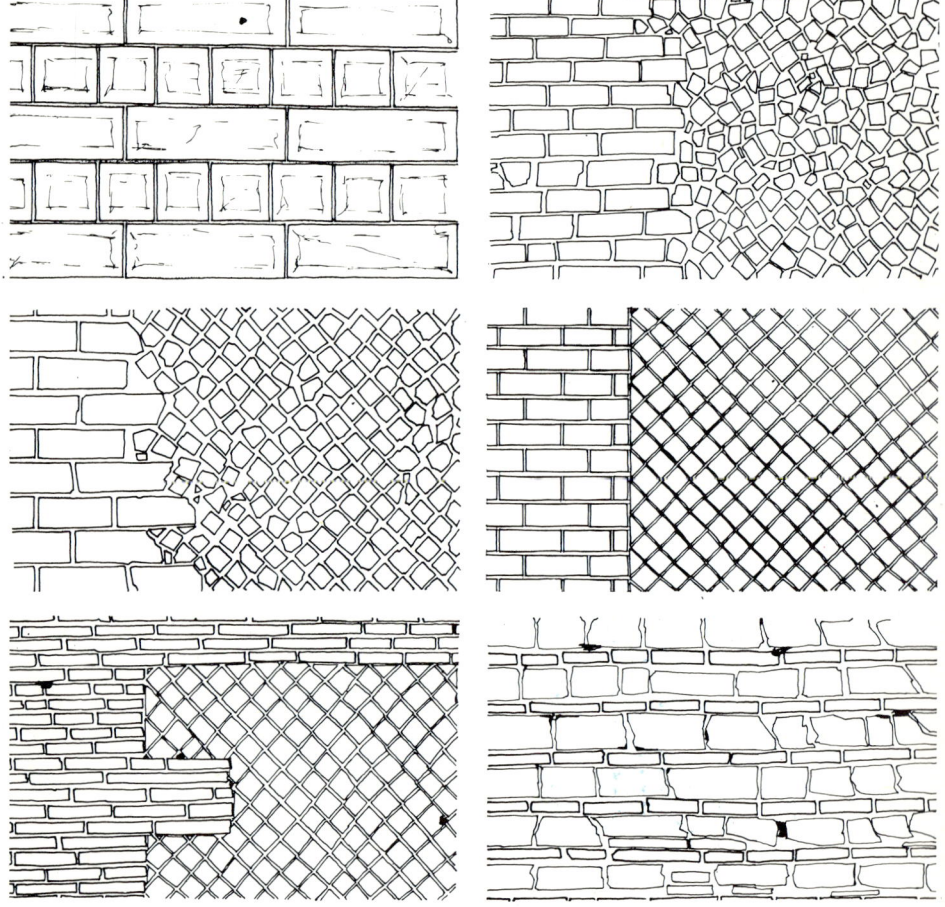

Die römischen Kaiser

Praktische Hinweise

Denkmäler, die gewöhnlich dem Publikum zugänglich sind, mit ihren Öffnungszeiten:

1. Unter staatlicher Verwaltung

Forum Romanum und Palatin
Im Winter 9–16 Uhr, im Sommer 9–19 Uhr. Dienstags geschlossen.

Domus Aurea
9 Uhr bis Sonnenuntergang. Sonntags geschlossen.

Diokletians-Thermen
Werktags 9–14 Uhr, sonntags 9–13 Uhr. Montags geschlossen.

Pantheon
9 Uhr bis Sonnenuntergang.

Caracalla-Thermen
9 Uhr bis Sonnenuntergang.

Hadrians-Mausoleum (Engelsburg)
Werktags 9–14 Uhr, sonntags 9–13 Uhr. Montags geschlossen.

2. Unter städtischer Verwaltung

Aurelianische Mauer (Porta S. Sebastiano)
Führung nur sonntags 9.30 Uhr, 10.30 Uhr und 12 Uhr.

Augustus- und Nerva-Forum
Im Winter 10–17 Uhr, im Sommer 9–13 und 15–18 Uhr. Sonntags 9–13 Uhr. Montags geschlossen.

Trajans-Forum
wie Augustus-Forum

Ara Pacis
wie Augustus-Forum

Scipionen-Grab
wie Augustus-Forum

3. Unter kirchlicher Verwaltung

Carcer Mamertinus
8–12.30 Uhr und 14 Uhr bis Sonnenuntergang.

Mithräum unter S. Clemente
9–11.30 Uhr und 14.30 bis Sonnenuntergang. Von Ostern bis Oktober 15–18 Uhr.

Katakomben von S. Sebastiano
Im Winter 9–12 Uhr und 14.30–17 Uhr. Im Sommer 9–12 Uhr und 15–18 Uhr.

Katakomben von S. Domitilla
Im Winter 9–12 Uhr und 14.30–17 Uhr. Im Sommer 9–12 Uhr und 14.30– 18 Uhr.

Katakomben von S. Callisto
Im Winter 9–12 Uhr und 14.30–17 Uhr. Im Sommer 9–12 und 15–18.30 Uhr.

Zum Besuch der übrigen Denkmäler benötigt man eine besondere Erlaubnis („Permesso speciale"), die von der jeweiligen Verwaltung erteilt wird, in vielen Fällen allerdings nur Wissenschaftlern.

Welcher Verwaltung die Denkmäler jeweils unterstehen, geben die im Namenverzeichnis enthaltenen Zeichen an.

Die wichtigsten staatlichen, städtischen und kirchlichen Denkmälerverwaltungen sind folgende:

Soprintendenza alle Antichità di Roma (staatlich). Piazza S. Maria Nuova 53 und Piazza delle Finanze 1.

Soprintendenza ai Monumenti del Lazio (staatlich). Via Cavalletti 2. Das einzige antike Denkmal, das noch ihrer Verwaltung untersteht, ist das Pantheon.

Soprintendenza ai Musei, Monumenti e Scavi del Comune di Roma
Via del Portico di Ottavia 29.

Pontificia Commissione di Archeologia Sacra (kirchlich). Via Napoleone III, 1.

Um den Zugang zu den unter den Kirchen S. Prisca, SS. Giovanni e Paolo u. a. gelegenen Grabungen bemühe man sich an Ort und Stelle.

Bibliographie

Von der umfangreichen Literatur über das antike Rom können hier nur die wichtigsten Werke genannt werden. Das 1968 in zweiter Auflage erschienene Werk von Nash (vgl. unten) enthält umfassende Literaturangaben bis zum Jahr 1968. Neuere Literaturangaben sind unter dem Stichwort „Rom" im „Supplemento" der *Enciclopedia dell'Arte Antica*, Rom 1973, S. 665 ff enthalten.

1) Allgemeine Werke

Das klassische Handbuch zur Topographie des antiken Rom ist noch immer
H. Jordan – Ch. Hülsen, Topographie der Stadt Rom im Altertum I, 1–3; II, Berlin 1878–1907

WEITERE NÜTZLICHE WERKE SIND:

R. Lanciani, The Ruins and Excavations of Ancient Rome, London 1897
S. B. Platner – Th. Ashby, A Topographical Dictionary of Ancient Rome, Oxford – London 1929
H. Berve (Hrsg.), Das neue Bild der Antike, Leipzig 1942
A. Wotschitzky, Das antike Rom, Innsbruck 1950
Th. Kraus, Das römische Weltreich. Propyläen-Kunstgeschichte II, Berlin 1953
E. Nash, Pictorial Dictionary of Ancient Rome (²1968) [dt. Übersetzung der ersten Auflage: Bildlexikon zur Topographie des Antiken Rom. Deutsches Archäologisches Institut, 2 Bde., Tübingen 1961 f
L. Curtius u. *A. Nawrath*, Das antike Rom (hrsg. v. E. Nash), Wien ⁴1963
H. Stützer, Das alte Rom, Stuttgart 1971
St. Perowne u. *E. Smith*, Rom. Von der Gründung bis zur Gegenwart, Köln 1972

DIE BEKANNTESTEN HANDBÜCHER IN ITALIENISCHER SPRACHE

G. Lugli, I monumenti antichi di Roma e suburbio, I–III, Rom 1931–1940
G. Lugli, Roma antica, Il centro monumentale, Rom 1946
G. Lugli, Itinerario di Roma antica, Mailand 1970
Enciclopedia dell'Arte Antica, Stichwort „Rom", Bd. VI, S. 764 ff

STADTGESCHICHTE UND STÄDTEBAU

E. De Ruggiero, Lo Stato e le opere pubbliche in Roma antica, Turin 1925
A. v. Gerkan, Grenzen und Größe der vierzehn Regionen Roms, Bonner Jahrbücher 149, S. 5 ff
L. Homo, Rome impériale et l'urbanisme dans l'antiquité, Paris 1971
F. Castagnoli, Topografia e urbanistica di Roma antica, Bologna 1969
F. Castagnoli, Topografia di Roma antica, in: Enciclopedia Classica III, 10, 3, Turin 1957
L. Crema, L'architettura romana, in: Enciclopedia Classica III, 12, 1 Turin 1959
W. MacDonald, The Architecture of the Roman Empire, New Haven – London 1965
N. Neuerburg, L'architettura delle fontane e dei ninfei, Neapel 1965
C. D'Onofrio, Gli obelischi di Roma, Rom 1965
E. Iversen, Obelisks in Exile, I: The obelisks of Rome, Kopenhagen 1968
P. Grimal, Les jardins romains, Paris ²1969
A. Boethius, J. B. Ward Perkins, Etruscan and Roman Architecture, Harmondsworth 1970
F. Coarelli, Roma (I grandi monumenti), Verona 1971

LITERARISCHE QUELLEN UND INSCHRIFTEN

G. Lugli, Fontes ad Topographiam veteris urbis Romae pertinentes, 7 Bde., Rom 1952–1969
R. Valentini – G. Zucchetti, Codice topografico della città di Roma, I–IV, Rom 1940–1953
D. R. Dudley, Urbs Roma, a source book of classical texts on the city, Aberdeen 1967

RÖMISCHE KUNST

L. v. Matt, Architektur im antiken Rom, Zürich 1958
V. Poulsen, Römische Kunst, Bildwerke und Bauten, Königstein i. T. 1964
G. Picard, Die Kunst der Römer, Stuttgart 1968

H. Blanck, Wiederverwendung alter Statuen als Ehrendenkmäler bei Griechen und Römern, Rom 1969
H. v. Heintze, Römische Kunst, Stuttgart 1969
H. Kähler, Der römische Tempel, Berlin 1970
R. Bianchi Bandinelli, Rom. Das Zentrum der Macht, München 1970
R. Bianchi Bandinelli, Rom. Das Ende der Antike, München 1971
B. Andreae, Römische Kunst (Ars Antiqua), Freiburg i. Br. 1973

AUSGRABUNGEN

R. Lanciani, Storia degli scavi di Roma, I–IV, Rom 1902–1904
R. Lanciani, L'antica Roma, Rom 1970
R. Lanciani, La distruzione di Roma antica, Mailand 1971

ZUR ÄLTESTEN PHASE DER STADT

G. Pinza, Monumenti primitivi di Roma e del Lazio antico, in: Monumenti Antichi dei Lincei 15, 1905, Spalte 5 ff
E. Gjerstad, Early Rome, Bde. 1–6, in: Acta Instituti Romani Regni Sueciae, Lund 1953–1973
H. Müller-Karpe, Vom Anfang Roms, Heidelberg 1959
H. Müller-Karpe, Zur Stadtwerdung Roms, Heidelberg 1962

STADTPLÄNE, BAUTECHNIK, BAUMATERIALIEN, ZIEGELSTEMPEL u. a.

G. Carettoni, A. M. Colini, L. Cozza, G. Gatti, La pianta marmorea di Roma antica, Rom 1960
A. P. Frutaz, Le piante di Roma, Rom 1962
Carta archeologica di Roma, Florenz 1962–1964.
G. Lugli, La tecnica edilizia romana, Rom 1957
M. E. Blake, Ancient Roman Construction in Italy from the Prehistoric Period to Augustus, Washington 1947
M. E. Blake, Ancient Roman Construction in Italy from Tiberius through the Flavians, Washington 1959
M. E. Blake, Ancient Roman Construction in Italy from Nerva through the Antonines, Philadelphia 1973
T. Frank, Roman Buildings of the Republic, Rom 1924
R. Gnoli, Marmora romana, Rom 1971
H. Bloch, I bolli laterizi e la storia edilizia romana, Rom 1947

2) Werke über einzelne Stadtviertel und Monumente

ÖFFENTLICHE BAUTEN

Die Servianische Stadtmauer
G. Säflund, Le mura di Roma repubblicana, in: Acta Instituti Romani Regni Sueciae I, 1932
Roma Medio Repubblicana, Catalogo della Mostra, Rom 1973, S. 7 ff

Die Aurelianische Stadtmauer
J. Richmond, The City Wall of Imperial Rome, Oxford 1930

Wasserleitungen
R. Lanciani, I commentari di Frontino intorno le acque e gli acquedotti, Rom 1880
E. B. van Deman, The Buildings of the Roman Aqueducts, Washington 1934
Th. Ashby, The Aqueducts of Ancient Rome, Oxford 1935.

Das Kapitol
A. Muñoz – A. M. Colini, Campidoglio, Rom 1930
A. M. Colini, Il Campidoglio nell'antichità, in: Capitolium 40, 4, 1965, S. 175 ff

DER TEMPEL DES IUPPITER CAPITOLINUS:
A. M. Colini, Indagini sui frontoni dei templi di Roma, I. I frontoni del tempio di Giove Capitolino, in: Bullettino Comunale 53, 1925, S. 161 ff

A. *Andrén*, Architectural Terracottas from Etrusco-Italic Temples, in: Acta Instituti Romani Regni Sueciae 6, 1940, S. 335 ff

E. *Gjerstad*, Early Rome III, in: Acta Instituti Romani Regni Sueciae 17, 3, 1960, S. 168 ff

F. *Coarelli*, Le tyrannoctone du Capitole et la mort de Tiberius Gracchus, in: Mélanges École Française de Rome 81, 1969, S. 137 ff

TABULARIUM:
R. *Delbrück,* Hellenistische Bauten in Latium, Straßburg 1907–1912, S. 23 ff

VEIOVIS-TEMPEL
A. M. *Colini*, Aedes Veiovis inter Arcem et Capitolium, in: Bullettino Comunale 70, 1942, S. 5 ff

Das Forum Romanum
Ch. *Hülsen*, Das Forum Romanum, Rom ²1905
E. *de Ruggiero*, Il Foro Romano, Rom 1912
Ch. *Hülsen*, Forum und Palatin, München 1926
G. *Lugli*, I monumenti minori del Foro Romano, Rom 1947
E. *Welin*, Studien zur Topographie des Forum Romanum, Lund 1953
M. *Grant*, The Roman Forum, Verona 1970
P. *Zanker*, Forum Romanum. Die Neugestaltung durch Augustus, Tübingen 1972

BASILICA AEMILIA:
G. *Fuchs,* Zur Baugeschichte der Basilica Aemilia in republikanischer Zeit, in: Römische Mitteilungen 63, 1956, S. 14 ff

G. *Carettoni*, Il fregio figurato della Basilica Emilia, in: Rivista dell'Instituto di Archeologia e di Storia dell'arte 19, 1961, S. 5 ff

COMITIUM
E. *Gjerstad,* Il comizio romano nell'età repubblicana, in: Acta Instituti Romani Regni Sueciae 5, 1941, S. 97 ff

LAPIS NIGER:
P. G. *Goidanich*, L'iscrizione arcaica del Foro Romano e il suo ambiente archeologico, in: Memorie dell'Accademica dei Lincei 7, III, 1943, S. 317 ff

R. E. A. *Palmer*, The King and the Comitium, in: Historia, Einzelschriften, Heft II, 1969

CURIA IULIA:
A. *Bartoli*, Curia Senatus, Rom 1963

BOGEN DES SEPTIMIUS SEVERUS:
R. *Brilliant*, The Arch of Septimius Severus in the Roman Forum, in: Memoirs of the American Academy in Rome 29, 1967

CONCORDIA-TEMPEL:
Th. *Pekáry*, Tiberius und der Tempel der Concordia in Rom, in: Römische Mitteilungen 73–74, 1966–1967, S. 105 ff

CARCER:
J. *Le Gall,* Notes sur les prisons de Rome à l'époque républicaine, in: Mélanges École Française de Rome 56, 1939, S. 60 ff

PFLASTERUNG UND UNTERIRDISCHE GÄNGE:
J. *Russel,* The Origin and Development of Republican Forums, in: Phoenix 22, 1968, S. 304 ff

P. *Romanelli,* L'iscrizione di L. Nevio Surdino, in: Gli archeologi italiani in onore di A. Maiuri, Neapel 1965, S. 379 ff

G. *Carettoni,* Le gallerie ipogee del Foro Romano e i ludi gladiatori forensi, in: Bullettino Comunale 76, 1956–1958, S. 23 ff

FÜNFSÄULENDENKMAL:
H. *Kähler*, Das Fünfsäulendenkmal für die Tetrarchen auf dem Forum Romanum, Berlin 1964

TEMPEL DES CASTOR UND POLLUX:
D. E. *Strong, J. B. Ward Perkins,* The Tempel of Castor in the Forum Romanum, in: Papers of the British School at Rome 30, 1962, S. 1 ff

CÄSAR-TEMPEL:
M. *Montagna Pasquinucci*, La decorazione architettonica del Tempio del Divo Giulio nel Foro Romano, in: Monumenti Antichi dei Lincei 48, 1973, S. 257 ff

AUGUSTUS-BOGEN:

A. *Degrassi*, L'edificio dei Fasti Capitolini, in: Rendiconti della Pontificia Accademia di Archeologia 21, 1945–1946, S. 57ff

G. *Gatti*, La ricostruzione dell'Arco di Augusto al Foro Romano, ebd., S. 105ff

REGIA:

F. E. *Brown*, The Regia, in: Memoirs of the American Academy in Rome 12, 1933, S. 67ff

F. E. *Brown*, New Soundings in the Regia, in: Les origines de la République romaine, Entretiens de la Fondation Hardt 13, Vandœuvre – Genf 1967, S. 47ff

HAUS DER VESTALINNEN:

E. B. *van Deman*, The Atrium Vestae, Washington 1909

TITUS-BOGEN:

K. *Lehmann – Hartleben*, L'Arco di Tito, in: Bullettino Comunale 62, 1934, S. 89ff

TEMPEL DER VENUS UND ROMA:

A. *Barattolo*, Nuove ricerche sull'architettura del Tempio di Venere e Roma in età adrianea, in: Römische Mitteilungen 80, 1973, S. 243ff

Die Kaiser-Foren

CÄSAR-FORUM:

P. *Gros*, Trois temples de la Fortune, in: Mélanges École Française de Rome 79, 1967, S. 503ff

G. *Fiorani*, Problemi architettonici del Foro di Cesare, in: Quaderni dell'Istituto di Topografia 5, 1968, S. 91ff

AUGUSTUS-FORUM:

P. *Zanker*, Forum Augustum, Tübingen 1968

NERVA-FORUM:

P. H. v. *Blanchenhagen*, Flavische Architektur und ihre Dekoration, Berlin 1940

TRAJANS-FORUM:

P. *Zanker*, Das Trajansforum als Monument imperialer Selbstdarstellung, in: Archäologischer Anzeiger, 1970, S. 499ff

Ch. *Leon*, Die Bauornamentik des Trajansforums, Wien – Köln – Graz 1971

TRAJANS-SÄULE:

K. *Lehmann-Hartleben*, Die Trajanssäule, Berlin u. Leipzig 1926

B. F. *Florescu*, Die Trajanssäule, Bukarest 1969

TEMPLUM PACIS:

A. M. *Colini*, Forum Pacis, in: Bullettino Comunale 62, 1934, S. 165ff

F. *Castagnoli* u. L. *Cozza*, L'angolo meridionale del Foro della Pace, in: Bullettino Comunale 76, 1956–1958, S. 119ff

Museen

W. *Helbig*, Führer durch die öffentlichen Sammlungen klassischer Altertümer in Rom, 4 Bde., Tübingen [4]1963–1973

I. *Iacopi*, L'antiquarium forense, Itinerari MPI 112, Rom 1974

Der Palatin

S. M. *Puglisi*, P. *Romanelli*, A. *Davico*, G. *De Angelis d'Ossat*, Gli abitatori primitivi del Palatino attraverso le testimonianze archeologiche, in: Monumenti Antichi dei Lincei 41, 1951, S. 3ff

P. *Romanelli*, Lo scavo al tempio della Magna Mater sul Palatino e nelle sue adiacenze, in: Monumenti Antichi dei Lincei 46, 1963, S. 201ff

M. *Guarducci*, Enea e Vesta, in: Römische Mitteilungen 78, 1971, S. 73ff

P. *Castrén*, H. *Lilius*, Graffiti del Palatino II, Domus Tiberiana, Acta Instituti Romani Finlandiae IV, Helsinki 1970

G. E. *Rizzo*, Le pitture della „Casa dei Grifi", Monumenti della pittura antica III. Roma, Faszikel I, Rom 1936

G. E. *Rizzo*, Le pitture dell'„Aula Isiaca", Monumenti della pittura antica III. Roma, Faszikel II, Rom 1936

G. E. *Rizzo*, Le pitture della „Casa di Livia", Monumenti della pittura antica III. Roma, Faszikel III, Rom 1936

M. L. *Morricone Matini*, Mosaici antichi in Italia. Roma. Regio X: Palatium, Rom 1968.

G. *Carettoni*, I problemi della zona augustea del Palatino alla luce dei recenti scavi, in: Rendiconti della Pontificia Accademia di Archeologia 39, 1966–1967, S. 55ff

G. *Carettoni*, The House of August, in: Illustrated London News 255, 1969, Nr. 6790, S. 24ff; Nr. 6792, S. 24ff

F. L. *Bastet*, Domus Transitoria, I, in: Bulletin Antieke Beschaving 46, 1971, S. 144ff

B. *Tamm*, Auditorium and Palatium, Lund 1963

G. *Wataghin Cantino*, La Domus Augustana, Turin 1966

H. *Finsen*, Domus Flavia, Hafniae (Kopenhagen) 1962

H. *Finsen*, La résidence de Domitien sur le Palatin, in: Analecta Romana Instituti Danici 5, Ergänzungsband, 1969

KOLOSSEUM:

F. *Colagrossi*, L'anfiteatro Flavio nei suoi venti secoli di Storia, Florenz 1913

G. *Cozzo*, Il Colosseo, Rom 1971

A. *Chastagnol*, Le Sénat romain sous le règne d'Odoacre, Mainz 1966

KONSTANTINS-BOGEN:

H. P. *L'Orange*, A. *v. Gerkan*, Der spätantike Bildschmuck des Konstantinsbogens, Berlin 1939

A. *Guiliano*, Arco di Costantino, Mailand 1955

LUDUS MAGNUS:

A. M. *Colini*, L. *Cozza*, Il Ludus Magnus, Rom 1962.

Der Caelius

A. M. *Colini*, Storia e Topografia del Celio nell'Antichità, in: Memorie della Pontificia Accademia Romana di Archeologia 3, VII, 1944

A. M. *Colini*, Horti Spei Veteris, Palatium Sessorianum, in: Memorie della Pontificia Accademia Romana di Archeologia, 3, VIII, 1955, S. 137ff

G. *Pelliccioni*, Le nuove scoperte sulle origini del Battistero Lateranense, in: Memorie della Pontificia Accademia Romana di Archeologia 3, XII, 1, 1973

Der Esquilin

DOMUS AUREA:

C. C. *van Essen*, La topographie de la domus Aurea Neronis, in: Mededeelingen d. K. Nederl. Akad. v. Wetenschappen, N. R. Deel 17, n. 12, 1954, S. 371ff

F. *Sanguinetti*, Lavori recenti nella Domus Aurea, in: Palladio, N. S. 7, 1957, S. 126ff

G. *Zander*, Nuovi studi e ricerche sulla Domus Aurea, in: Palladio, N. S. 15, 1965, S. 157ff

N. *Dacos*, La découverte de la Domus Aurea et la formation des grotesques à la Renaissance, London 1969

H. *Lavagne*, Le nymphée au Polyphème de la Domus Aurea, in: Mélanges de l'École Française de Rome 82, 1970, S. 673ff

FAGUTAL:

C. *Buzzetti* – A. M. *Colini*, Il Fagutal e le sue adiacenze nell'epoca antica, in: Rendiconti della Pontificia Accademia di Archeologia 36, 1963–1964, S. 75ff

A. M. *Colini*, Ricerche intorno a S. Pietro in Vincoli, in: Memorie della Pontificia Accademia Romana di Archeologia 9, II, 1966

CISPIUS:

F. *Magi*, Il calendario dipinto sotto Santa Maria Maggiore, in: Memorie della Pontificia Accademia Romana di Archeologia 11, I, 1972

Roma Medio Repubblicana, Catalogo della Mostra, Rom 1973, S. 188ff

E. *Gigli*, Cosa c'è sotto Roma? Il sottosuolo del Viminale e dell'Esquilino, in: Capitolium 46, 1, 1971, S. 24ff

A. M. *Colini*, Porta Maggiore attraverso i tempi, in: Capitolium 32, 11, 1957, S. 3ff

J. *Carcopino*, La basilique pythagoricienne de la Porte Majeure, Paris [10]1944

P. *Ciancio Rossetto*, Il sepolcro del fornaio M. Virgilio Eurisace, Rom 1973

Der Quirinal und der Viminal

M. *Santangelo*, Il Quirinale nell'Antichità Classica, in: Memorie della Pontificia Accademia Romana di Archeologia 3, V, 1941, S. 77ff

K. *Lehmann-Hartleben*, J. *Lindros*, Il palazzo degli Orti Sallustiani, in: Acta Instituti Romani Regni Sueciae 4, 1935, S. 196 ff
E. *Lissi Caronna*, Castra Praetoria, in: Bollettino d'Arte 50, 1965, S. 114 ff

Via Lata und Collis Hortulorum
H. *Riemann*, Pincius mons, in: Real-Encyclopädie 20, Spalte 1483 ff
G. *Gatti*, Caratteristiche edilizie di un quartiere di Roma del II secolo d. C., in: Quaderni dell'Istituto di Storia dell'Architettura 35–48, 1961, S. 49 ff

Das Marsfeld
F. *Castagnoli*, Il Campo Marzio nell'Antichità, in: Memorie dell'Accademia dei Lincei 7, I, 1946, S. 93 ff
G. *Gatti*, Dove erano situati il teatro di Balbo e il circo Flaminio?, in: Capitolium 35, 7, 1960, S. 3 ff
P. *Fidenzoni*, Il Teatro di Marcello, Rom 1970
F. *Coarelli*, Il Tempio di Bellona, in: Bullettino Comunale 80, 1965–1967, S. 37 ff
A. M. *Palchetti* – L. *Quilici*, Il tempio di Giunone Regina nel Portico di Ottavia, in: Quaderni dell'Istituto di Topografia 5,1968, S. 77 ff
P. *Gros*, Hermodoros et Vitruve, in: Mélanges de l'École Française de Rome, Antiquité, 85, 1973, S. 137 ff
F. *Coarelli*, L'„ara di Domizio Enobarbo" e la cultura artistica in Roma nel II secolo a. C., in: Dialoghi di Archeologia 2, 1968, S. 302 ff
F. *Coarelli*, Navalia, Tarentum e la Topografia del Campo Marzio meridionale, in: Quaderni dell'Istituto di Topografia 5, 1968, S. 27 ff
F. *Coarelli*, Il complesso pompeiano del Campo Marzio e la sua decorazione scultorea, in: Rendiconti della Pontificia Accademia 44, 1971–1972, S. 99 ff
G. *Marchetti-Longhi*, L'Area Sacra del Largo Argentina (Itinerari dei Musei 102), Rom 1960
L. *Cozza*, Pianta marmorea severiana: nuove ricomposizioni di frammenti, in: Quaderni dell'Istituto di Topografia 5, 1968, S. 9 ff
F. *Coarelli*, L'identificazione dell'Area Sacra dell'Argentina, in: Palatino 12, 4, 1968, S. 365 ff
G. *Gatti*, I Saepta Iulia nel Campo Marzio, in: L'Urbe 2, 9, 1937, S. 8 ff
G. *Gatti*, Il Portico degli Argonauti e la Basilica di Nettuno, in: Atti del III Convegno nazionale di Storia dell'Architettura, Rom 1938, S. 61 ff
R. *Lanciani* – E. *Schiaparelli* in: Bullettino Comunale 11, 1883, S. 33 ff
G. *Gatti*, Topografia dell'Iseo Campense, in: Rendiconti della Pontificia Accademia 20, 1943–1944, S. 117 ff
Ch. *Hülsen*, Die Thermen des Agrippa, Rom 1910
K. *De Fine Licht*, The Rotunda in Rome, Kopenhagen 1968
A. M. *Colini*, Stadium Domitiani, Rom 1943
V. *Passarelli*, Rilievo e studio di restituzione dell'Hadrianeum, in: Atti del III Congresso Nazionale di Storia dell'Architettura, Rom 1938, S. 123 ff
C. *Caprino*, A. M. *Colini*, G. *Gatti*, M. *Pallottino*, P. *Romanelli*, La Colonna di Marco Aurelio, Rom 1955
G. *Moretti*, Ara Pacis Augustae, Rom 1946
E. *Simon*, Ara Pacis Augustae, Tübingen 1967
G. *Gatti*, Il mausoleo di Augusto, in: Capitolium 10, 9, 1934, S. 457 ff
G. *Gatti*, Nuove osservazioni sul mausoleo di Augusto, in: L'Urbe 3, 8, 1938, S. 1 ff
K. *Kraft*, Der Sinn des Mausoleums des Augustus, in: Historia 16, 1967, S. 189 ff
J. Ch. *Richard*, „Mausoleum": d'Halicarnasse à Rome, puis à Alexandrie, in: Latomus 29, 1970, S. 370 ff

Forum Holitorium und Forum Boarium
R. *Delbrück*, Die drei Tempel am Forum Holitorium in Rom, Rom 1903
H. *Lyngby*, Beiträge zur Topographie des Forum-Boarium-Gebietes in Rom, in: Acta Instituti Romani Regni Sueciae" 8, VII, 1954

DIE AREA SACRA BEI S. OMOBONO:
Autori vari in: Bullettino Comunale 79, 1963–1964
F. *Coarelli*, La Porta Trionfale e la Via dei Trionfi, in: Dialoghi di Archeologia 2, 1968, S. 55 ff
M. *Torelli*, Il donario di M. Fulvio Flacco nell'area di S. Omobono, in: Quaderni dell'Istituto di Topografia 5, 1968, S. 71 ff

P. Sommella, Area Sacra di S. Omobono. Contributo per una datazione della platea dei templi gemelli, ebd., S. 63 ff

G. Ioppolo, I reperti ossei animali nell'area archeologica di S. Omobono, in: Rendiconti della Pontificia Accademia di Archeologia 44, 1971–1972, S. 3 ff

DIE TEMPEL AM FORUM BOARIUM:

E. R. Fiechter, Der ionische Tempel am Ponte Rotto, in: Römische Mitteilungen 21, 1906, S. 220 ff

A. Muñoz, Il restauro del tempio della Fortuna Virile, Rom 1925

F. Rakob, W. D. Heilmeyer, Der Rundtempel am Tiber in Rom, Mainz 1973

C. Pietrangeli, Il Mitreo del Palazzo dei Musei di Roma, in: Bullettino Comunale 68, 1940, S. 143 ff

Der Aventin

A. Merlin, L'Aventin dans l'antiquité, Paris 1906

F. M. D. Darsy, Recherches archéologiques à Sainte-Sabine sur l'Aventin, Vatikanstadt 1968

M. J. Vermaseren – C. C. van Essen, The Excavations in the Mithraeum of the Church of Santa Prisca in Rome, Leiden 1965

A. M. Colini, La scoperta del santuario di Giove Dolicheno, in: Bullettino Comunale 63, 1935, S. 145 ff

G. Gatti, Saepta Iulia e Porticus Aemilia nella Forma severiana, in: Bullettino Comunale 62, 1934, S. 123 ff

G. Gatti, L'arginatura del Tevere a Marmorata, in: Bullettino Comunale 64, 1936, S. 55 ff

E. Rodriguez Almeida, Novedades de epigrafia anforaria del Monte Testaccio, in: Recherches sur les amphores romaines, Rom 1972

E. Brödner, Untersuchungen an den Caracallathermen, Berlin 1951

Die Tiberinsel

M. Besnier, L'île Tibérine dans l'antiquité, Paris 1901

J. Le Gall, Le Tibre, fleuve de Rome, dans l'antiquité, Paris 1953

J. Le Gall, Recherches sur le culte du Tibre, Paris 1953

M. Guarducci, L'Isola Tiberina e la sua tradizione ospitaliera, in: Rendiconti dell'Accademia dei Lincei 26, 3–4, 1971, S. 267 ff

Trastevere

S. M. Savage, The Cults of Ancient Trastevere, in: „Memoirs of the American Academy in Rome 17, 1940, S. 26 ff

G. Gatti, Il viadotto della via Aurelia, in: Bullettino Comunale 68, 1940, S. 129 ff

P. Gauckler, Le sanctuaire syrien du Janicule, Paris 1912

A. M. Felletti Maj, Il santuario della triade eliopolitana e dei misteri al Gianicolo, in: Bullettino Comunale 75, 1953–1955, S. 137 ff

V. v. Graeve, Tempel und Kult der syrischen Götter am Janiculum, in: Jahrbuch des Deutschen Archäologischen Institus 87, 1972, S. 314 ff

Der Vatikan

G. Lugli, Il Vaticano nell'età classica, in: Vaticano, a cura di G. Fallarini e M. Escobar, Florenz 1946, S. 1 ff

B. M. Apollonj – Ghetti, A. Ferrua, E. Josi, E. Kirschbaum, Esplorazioni sotto la Confessione di S. Pietro in Vaticano, Vatikanstadt 1951

F. Castagnoli, Il Circo di Nerone in Vaticano, in: Rendiconti della Pontificia Accademia di Archeologia 32, 1959–1960, S. 97 ff

M. Guarducci, Pietro ritrovato, Verona ²1970

C. Buzzetti, Nota sulla Topografia dell'Ager Vaticanus, in: Quaderni dell'Istituto di Topografia Antica 5, 1968, S. 105 ff

S. R. Pierce, The Mausoleum of Hadrian, in: Journal Rom. Stud. 15, 1925, S. 75 ff

C. D'Onofrio, Castel S. Angelo, Rom 1972.

Via Appia

F. Coarelli, Il sepolcro degli Scipioni (Guide di Monumenti I), Rom 1972

F. Coarelli, Il sepolcro degli Scipioni, in: Dialoghi di Archeologia VI, 1972, 36 ff

G. M. De Rossi, I monumenti dell'Appia da porta S. Sebastiano alle Frattocchie, in: Capitolium 43, 9–10, 1968, S. 307 ff

A. M. Colini, F. Castagnoli, G. Macchia, Via Appia, Rom 1973.

CHRISTLICHE BASILIKEN:

R. *Krautheimer*, Corpus Basilicarum christianarum Romae, Vatikanstadt 1937 ff

F. W. *Deichmann*, Frühchristliche Kirchen in antiken Heiligtümern, in: Jahrbuch des Deutschen Archäologischen Instituts 54, 1939, S. 105 ff

KATAKOMBEN:

O. *Marucchi*, Le catacombe romane, Rom 1933

P. *Testini*, Le catacombe e gli antichi cimiteri cristiani in Roma, Bologna 1966

Register

□ unter staatlicher Verwaltung
△ unter städtischer Verwaltung
○ unter kirchlicher Verwaltung

Für Kunstfreunde und Romreisende

Bernard Andreae
RÖMISCHE KUNST
Reihe Ars Antiqua. Format
24,5 × 31 cm, 656 Seiten mit
über 900 Illustrationen,
darunter 158 vierfarbige
Abbildungen auf Kunstdruck.
Leinen mit Schuber.
Best.-Nr. 16285

„Über römische Kunst sind nachgerade ganze Bibliotheken geschrieben worden. Daß man das so gewal-
tige wie umstrittene Thema dennoch auf neue Weise
anpacken kann, zeigt dieser prachtvolle Band. Der
Archäologe der Bochumer Ruhr-Universität bringt
es fertig, ein tausendjähriges Phänomen auf ein
paar hundert Seiten in den Griff zu bekommen . . ."
Westdeutsche Allgemeine Zeitung

**DIE KUNSTSCHÄTZE
DES VATIKANS**
Architektur, Plastik, Malerei
Herausgegeben von Professor
Redig de Campos; unter Mit-
arbeit zahlreicher Historiker,
Archäologen und Kunst-
historiker.
Format 25,5 × 30 cm, 400 Seiten
mit 410 Farbabbildungen auf
256 Seiten Kunstdruck. Leinen
mit Schuber.
Best.-Nr. 16884

„Jedes Kapitel ist ein Meisterwerk für sich und
wird von einem Bildteil begleitet, der das Wort der
Fachleute eindrucksvoll ergänzt . . . Die Absicht
über allem noch so wichtigen Kunsthistorischem die
Gemälde, Bauten, Plastiken, Bücher, Archivalien
stets in den großen Zusammenhang zu stellen, ist
von der ersten bis zur letzten Seite verwirklicht."
Bayerischer Rundfunk

„Dem Rombesucher wird dieses Buch intensive An-
regung und Hilfe sein; dem Romkenner wird es
Gelegenheit bieten, sich immer wieder der Schön-
heiten Roms zu erinnern."
Saarländisches Ärzteblatt

**Werner Bergengruen,
Erich Lessing**
**RÖMISCHES
ERINNERUNGSBUCH**
Format 26 × 29,5 cm, 184 Seiten
mit 40 z. T. doppelseitigen Farb-
bildern von Erich Lessing und
57 Stichen von G. B. Piranesi.
Leinen mit vierfarbigem
Schutzumschlag und Schuber.
Best.-Nr. 13475

Dieses Rombuch vereinigt in sich drei Kostbarkei-
ten: den Text von Werner Bergengruen als literarische Kostbarkeit, die Farbbilder des Magnum-Foto-
grafen Erich Lessing als Kostbarkeit moderner
Farbfotografie und die Stiche von Giovanni B. Piranesi als historisch-zeichnerische Kostbarkeit. Das
Rombuch Werner Bergengruens wurde schon bald
nach seinem Erscheinen wegen seiner dichterischen
Kraft, mit der es die einzigartige Atmosphäre der
ewig jungen Stadt in ihrer Verbindung von Antike
und Christentum einfängt, zu einem Begriff.

**Francesca Boitani,
Maria Cataldi,
Marinella Pasquinucci,
Mario Torelli**
**DIE STÄDTE
DER ETRUSKER**
Herausgegeben von Filippo
Coarelli. Vorwort zur deutschen
Ausgabe und Übersetzung von
Bernard Andreae.
Format 22,8 × 28,5 cm,
312 Seiten mit 312 mehrfarbigen
Illustrationen und 59 Karten.
Gebunden. Best.-Nr. 17038

Ein grundlegendes, hervorragendes Buch über das
historische Etrurien, gleichzeitig ein informations-
reicher Führer zu Kunst und Kultur der Etrusker.
Zusätzlich zu den Ortsbeschreibungen sind drei
Kapitel den wichtigsten Museen mit etruskischer
Kunst gewidmet: dem Museum der Villa Giulia
und dem Gregorianischen Museum in Rom und dem
Archäologischen Nationalmuseum in Florenz.

„Das Buch lockt zu einer Reise, die vielen — ausgezeichnet reproduzierten — Bilder lassen sie fast
(nur fast) entbehrlich erscheinen . . ."
Frankfurter Neue Presse

Verlag Herder Freiburg · Basel · Wien